易經研究 7

周易探究

（下經）

王春元 著

 蘭臺出版社

源起與導讀

　　庚子年疫情席捲全球，六十年前的庚子年一個娃兒誕生在軍人家庭中，已經有了五個孩子的父親想的是甚麼家父未曾提過，但家母辭世之前提及我還有位未及成形的弟弟還是妹妹，苦字在我身上未曾感覺到，記憶中都是快樂，過年尤其是，母親是山東富家大小姐，凡事具體而微地照著那一個大門有三百口的大家庭過年的方式，口中也講的是她的回憶。銘記在心，心也嚮往。老么的我備受兄姊的照顧，小時大哥印象模糊，但記得溪中蝦子他是活生生的剝了殼就丟進嘴裡，二哥騎著單車帶著我去夜市吃冰，跟著三哥在大屯山邊認識花草蟲鳥，老姊的同學常來家中，她會唱歌，又會畫畫，多才藝，書也讀得好，腦海裡個子不高的她從眷村的大馬路揹著沉重的黑色書包，穿著黃色的景美女中制服，一步步走回家，家父說，就著麼一個女兒，讀吧！她考上離家最近的淡江大學，老爸甚是高興。我是五哥的尾巴，他去哪我就跟，去關渡看他同學在火車上被查票，躲在廁所中不敢出來，也不覺得怕，有哥哥嘛！有一位眷村李伯伯曾說你看看你爸媽多辛苦，養你們六個，這是我第一次感覺到爸媽是苦的，歐！原來我們過的是苦日子！我很快樂！苦甚麼？不知道。李伯伯的兒子後來是民航局副局長！

　　出版社要我寫簡介，一個不會讀書，不敢考聯考的小子，有啥好寫的！陽明山上，第一公墓對面的最高學府，惇敘高工改變了我一生，各科老師年歲大不了我們多少，數學老師讓我第一次考及格，英文老師教我們唱英文歌以便日後追女朋友，國文老師講故事的時間居多，在實習工廠塑料棚下打橋牌被記小過，晚上偷偷跑去洗溫泉，被教官抓到罰跑操場，在十大建設之一的台中港實習，第一次領到工資，七八人跑到木麻黃林中的小店吃著滷菜，喝著台灣高粱，樂著呢！至今這群傢伙每年要聚會好幾次！還有一位幹上了將軍！

　　基隆協和發電廠工程是我第一個工作，後來又去了八斗子漁港工程。一日數人鬼祟探頭探腦地進來工寮查看，原來經國先生路過，後來沒進來。服役是在總統出巡時我們是隨扈的憲兵，又在慈湖像是看遊客的標兵。休假回台北在天橋上買了第一本與易經相關的書，看了、讀了、抄了、寫了三十多年沒停，第一次買電腦就是因為要將讀過的書永久地記錄下來，九二一大地震雖然在五月就占出還是在驚嚇中逃出大樓，右手頭下腳上的抱著女兒，左手拎著電腦。

　　拜這疫情之賜，二十多年前的老友相聚研究易經，承蒙他們的鼎力協助我出了這本名為《周易探究》的書。為何？數千年前的占卜紀錄可以預測出將要發生的事！略舉一二，白曉燕案陳進興被捕之前四天就在被捕地點隔壁巷子，我們就預測出此案將迅速解決，還是一位十二歲的姑娘占出的純陽無陰的「乾」卦。九二一大地震當年五月就占出了，是「萃」卦，〈象傳〉〈序傳〉〈雜傳〉都解釋為「聚」，是啊！全世界還有哪一個地方比集集鎮更「聚」呢！2010年十月份來了一個號稱規模只有在教課書上見過的史上超級完美秋颱梅姬，直撲菲律賓，根本沒登陸台灣，同事Jerry說占一卦看對台灣的影響，隨手就占到「旅」上九：「鳥焚其巢，旅人先笑後號咷，喪牛于易，凶。」〈象傳〉曰：「以旅在上，其義焚也。喪牛于易，終莫之聞也。」結果是梅姬的外圍環流與東北季風相互作用的共伴效應，卻造成宜蘭超大破表降雨蘇澳時雨量達182毫米，一樓沒頂，半個宜蘭泡在水中。蘇花公路大坍崩是興建七十多年以來最大損害，四百餘名大陸旅客受困，大陸創意旅行團21人連車帶人，摧枯拉朽般衝進太平洋，滅頂異鄉。不能免俗，這次新冠肺炎在2019年5月9日占得「坤」初六：「履霜，堅冰至。」〈象傳〉曰：「履霜堅冰，陰始凝也。馴致其道，至堅冰也。」簡單，霜是秋季之物，堅冰是寒冬之象；霜的個性慘毒，能殺萬物。《類篇》：「霜，殺物也。」《釋名》：「霜，喪也；其氣慘毒，物皆喪也。」這爻粗看就知道是一隻秋天發作，寒冬堅冰未融化之前有一隻大的，要殺人的黑天鵝。想細讀，就請買了書回去細看。就在校稿這時美國大選轟動世界，川普得到「姤」初六：「繫於金柅，貞吉。有攸往，見凶。羸豕孚蹢躅。」〈象傳〉

曰：「繫於金柅，柔道牽也。」拜登得到「升」六五：「貞吉，升階」〈象傳〉曰：「貞吉升階，大得志也。」一看就知，川普總統失去了根基，拜登一步一步的終於更上一層階梯得到天子大位，大大的得志！

我是駑馬十駕，其功不捨的易經癡迷之人，用文字記錄《易經》！

這本書是我自己讀《易經》的筆記，有些心得也在網站上發表過，竟然也有網路上的朋友認為我說得有些道理，還跑來找我請教。也勸我集結成冊或許將來可以出版。欣喜之餘，就慢慢的在電腦中存檔，有了心得就加一點，看到先輩先賢的著作中有道理的也就加入筆記中，這一點一點的加，就成了今日這般模樣。

這前後也有三十多年的功夫，現在退休了，時間多了，整理之後可以出版了，心裡是高興也是害羞的。畢竟《易經》是萬經之首，真不知我這樣的解釋是否是對了，當然擔心誤己誤人。

但是，《易經》畢竟是經過時間歷練的，我想我是整不了他的。或許我可以提供另一個方向讓大家來認識《易經》。這書取名《周易探究》，至少我是探了很久，陷了很深，是不是探得夠深？我也不知，《易經》博大精深又焉能不深探之。每天爬梳在古籍與網路上，探個究竟好像偵探一般。

我忘了那本書，一開始就勸說要讀《易經》是件苦差事，最好不要學。但我是被一個字給吸引了，開始我深探《易經》的過程。哪個字？第五卦「需」，《說文解字》解釋說：「需，也。遇雨不進，止也。雨而聲。《易》曰：『雲上於天，需。』」「需」字上半部是「雨」，下半部是「而」；「雨」在上部是「雲雨」這可以理解，但「而」在下部就摸不著頭腦了。宋代的徐鉉、徐鍇注釋說：「臣鉉等案：李陽冰據《易》『雲上於天』云：『當天』」這就豁然開朗，原來不是「而」不是「而」，是「天」。小篆作 需，漢隸寫作 需，天上之雨為需，這與「需」卦上坎下乾的卦象是完全相符的，乾為天，坎為水，所以「需」卦也稱水天需。莫非這是祖先造字過程中的巧妙！還是因為到了秦朝李斯等人已經對《易經》的認識而多運用於生活之中的表現？對文字的認識絕對可以幫助你對《易

經》的了解，換句話說透過對文字的理解也是進入《易經》的一個法門。

先秦以前的職業多是世襲的，尤其是掌握知識技術實作的士，這一階層在西周亡後，平王東遷國力大衰，很多士跑到諸侯各國任職，晉國的士氏，祖先是周宣王的大夫杜伯，杜伯被宣王所殺，其子隰ㄒㄧˊ叔逃到晉國當上「士師」，就是法官，他的後人就以「士」為氏，在晉國的歷史上大放異彩。我相信在春秋之後戰國諸侯劇烈的兼併小國，一定也發生這類的事情，進而增加了知識的傳遞，光看那些口若懸河的策士就可證實。當然秦滅六國，六國的貴族和知識份子也都成了秦的奴隸，擁有知識的這群人雖然身為奴隸，卻能輔佐朝官理事，當政事繁瑣需要增加效率將李斯的小篆而簡化成隸書時這批人一定發揮了積極的作用。這時《易經》已經深入這些知識份子了。

既然可以用文字的創造過程來了解《易經》，那隨處可買到的《說文解字》《康熙字典》就是我最好的老師與工具。傅斯年曾經講過一句話：「上窮碧落下黃泉，動手動腳找東西」。我也就動手深探找資料了。這一找三十餘年，當了《易經》的偵探。

我的筆記做了三十多年，當然許多同好看過，有人說像是在讀字典。是的，很多字的古義今日已經不用，我們勢必要找回來認識一下古代的意思是甚麼，再以今人常用的話語說解出來，這樣就容易瞭解了。例如「夬」卦，音讀怪。上卦是兌，下卦是乾。卦象是 ䷪ 陽爻五根相連在下，上面頂著一根陰爻，是五陽聯合要除去掉那壓在頭上的陰，陽爻們是堅決的，但要五陽一體才能果決的去掉那陰爻。夬，就是決，決斷。因為五陽聯合力量大要去掉僅存的一陰，必快。這卦也好像一個完整的圓缺了一口。朱熹先生發明記住八卦卦象的口訣就說「兌上缺」。「乾」卦六陽爻是一個完整的圓，是一個玉璧、玉環（〈說卦傳〉說：乾為天，為圓，為玉），「夬」卦兌上缺就是玦了。這只要上網查一下就知道了。可見以「夬」為字根可以孳生出許多意思相近的字。處決前的遺言為訣（兌為口舌，為言），去之而後快（兌為悅）。兌上缺，玉石的缺口必尖銳，石器時代的武器製作就是敲出尖銳的缺口。占到這卦是高興不起來的，可不能問天氣，洪水決堤之象。問官司，處

決之象。問合約生意，更是分道揚鑣。還要當心小人（陽是君子，陰是小人，小人沒有三兩三是不敢站在頭頂上的。）

為了閱讀方便我把解釋《易經》的〈彖傳〉〈象傳〉〈序傳〉〈雜傳〉〈繫辭〉都集中在一起，除了方便，在解卦時也可以多方參考。人說《易經》包羅萬象，但若是占卦問卜總共六十四卦，三百八十四爻，換句話說不論你問啥千變萬化的問題，答案就是六十四卦、三百八十四爻。雖然《焦氏易林》擴充到四千零九十六條林辭，但萬變不離宗。這也是本書的特色之一。

其實《易經》是一本實用的書，也可把它當作是一位客觀理性的老師，或是參謀總長。你有問題時，占一卦問問，《易經》給你甚麼答案，有時會嚇死你。有一人剛從洗衣店拿回的衣服第二天要穿卻遍尋不得，急著占了一卦問衣服哪去了？得到「謙」，要知，謙字晚出。而甲骨文有兼字，相傳《歸藏》易此卦就名《兼》，本意是一手併執兩禾，《說文解字》：「兼，也。手禾。兼持二禾也。徐曰：「會意。秉持一禾，兼持二禾。可兼持者，莫若禾也。」我答她說，再找找，會不會一個衣套裡架者兩件衣服？果然。店家為了節省一個塑膠套套了兩件衣服。可見從認識卦名的造字由來，也是進入《易經》的一個途徑。

一位搞建設公司的朋友，蓋了大樓多時沒有成交，臨出門前問了一下當日的運勢，得「妄」初九：「妄，往吉。」「妄」是一個極凶之卦，卦辭直接就說「不利有攸往」〈彖傳〉也說「天命不佑。」〈雜傳〉更說「妄災也。」基本上是一個不得天時的大凶卦。《孟子》說：「雖有智能，不如乘勢；雖有鎡基（一種農具），不如待時。」可見天時的重要。一看此卦就涼了大半截，我答說，《史記・春申君列傳》中說到此卦，有妄之災，也有妄之福。而初爻是無望之中而能得福，是不得天時無有希望之時的一絲陽光，是絕望中的意外之福。當日突然進來一客，訂了一房，真是喜出望外，意外之福。

八十八年五月在家中和一群《易經》同好，占問下半年台灣的運勢，占到「萃」卦 ䷬，心中一震，卦象主要是九五天子和九四宰相、重臣，兩根陽爻相互的爭鬥，這很容易理解，因為同性相斥嘛！但國君與大臣的爭鬥非國家之福，震盪必劇。又上四爻（萃卦的重心）可以互成一個「大過」卦，過，禍也、動也。大過，大禍、大大的動。就是大地震。地震就是大大的過動而產生大禍。上卦兌為秋，翻開《焦氏易林》，「萃」卦應在「白露」，正是九月二十三日秋分前的白露（每十五天一個節氣）。而「萃」卦上兌下坤，兌為秋分。綜合而觀，宋楚瑜和李登輝鬧翻，應了天子與大臣的內鬥，且白露會發生猝然而碎的大地震。但發生在哪裡？大家一時也無有答案，做了紀錄就散去。九二一地震發生，翻開紀錄心中大驚，〈彖傳〉云：「萃，聚也。」〈序傳〉云：「萃者聚也。」〈雜傳〉云：「萃聚而升不來也。」還有哪個地方比集集更符合「聚」呢？應證了〈雜傳〉云：「大過顛也。」「大過」卦是釀災造禍，翻天覆地的大地震，「震」卦是猝然而來的驚嚇。而「妄災也」說的天時錯亂的異變，「大過」卦才是颱風、水災、地震的災變。

　　很多卦一開始讀不懂，也是「需」卦發生了作用，相錯的「晉」卦，激活了我。〈雜傳〉說：「需不進也」〈彖傳〉說：「晉，進也」一進，一不進；相錯原是相反。錯也稱「旁行」，直直衝撞遇險不能進，旁行換個方式就能進，豈不妙哉！而「屯」卦是開天闢地之後的第一卦，是「剛柔始交」是「物之始生」，「始」就是「胎」。相綜的「蒙」則是幼稚，〈序傳〉：「蒙，物之稚也」。相綜也是相續。反覆綜錯，可以更加理解卦義。但要小心錯綜複雜，更讓人糊塗。

　　因為是筆記，所以我儘量將我運用的書籍都記錄下來，為了方便考證，但也有許多沒記下來。小學的時候記得老師說學問知識都在字典裡，所以也耙梳了不少字典，這年頭網路發達，比起以前一本書，一個字的找是方便多了，但資料浩瀚如百科全書，要想得到珍貴的就如淘寶一般，當然我也淘了許多，有垃圾，有珍寶，至少古籍、工具書有許多值得好好運用。有幾個網站是我常用的，《漢典》、《萌典》《中國哲學書電子計畫》、《漢語多功

能字庫》、《搜韻～詩詞門戶網站》《中華大字典》、《說文解字》、《國學大師》（尤其是收錄甲骨文、金文、古文、籀文、隸書等各代文字）、《教育部異體字字典》、《中國古籍全錄》等，真的是讀書人的福氣。

這些年來許多同好送我一句話，沒讀過《易經》的，看了你的筆記，翻不到第二頁，好艱澀；讀過《易經》的，一看原來如此，真有奇妙、奧妙。這也讓我得意一笑。我說因為我笨，笨人只能用笨方法，我都清楚了大家自然也就清楚了。或許這就是野狐禪吧！

為了出版，編者要我試著將以往看的書而有記在筆記中的列出一表，希望讀者也可以參考之，陋室狹小，書進書出，記不全了，若有遺漏尚請見諒。

漢代許慎《說文解字》

清代段玉裁《說文解字注》

湯可敬先生撰《說文解字今釋》

《康熙字典》

楊伯峻先生編的《春秋左傳注》

清代高士奇的《左傳記事本末》

錢鍾書先生的《管錐編》書林出版有限公司

張文江先生的《管錐編讀解》上海古籍出版社

聞一多先生的《古典新義》

《聞一多全集》里仁書局

清代俞正燮的《癸巳類稿》世界書局

《故宮文物月刊》前100冊 國立故宮博物院

鈕先鍾先生的《中國古代戰略思想新論》

漢代焦延壽的《易林》（中華書局據士禮居校宋本校刊）

《焦氏易林》新文豐出版公司

《白話焦氏易林》岳麓書社出版

高敏先生的《睡虎地秦簡初探》

趙建偉先生的《出土簡帛〈周易〉疏證》

李學勤先生的《周易溯源》

流沙河先生的《白魚解字》

何新先生的《易經新解》

陳九金先生的《帛書及古典天文史料注析與研究》萬卷樓讀書有限公司

陳九金先生的《星象解碼》群言出版社

漢代司馬遷《史記三家注》新象書局

民初尚秉和《周易尚氏學》老古文化事業公司

民初尚秉和《周易古筮考》廣文書局

民初尚秉和《歷代社會風俗事務考》台灣商務印書館

夏曾佑先生《中國古代史》台灣商務印書館

于省吾先生的《易經新證》

連劭名先生的《帛書周易疏證》

李登橋先生的《明清俗語辭書集成·方言詞語補證》

柯茲能先生的《〈乾卦〉爻辭中星宿信息鉤沉》

《國語》《詩經》《說苑》《晏子春秋》上海古籍出版社

《爾雅義疏》文字據郝懿行民國24年商務印書館本

《周禮注疏》

《儀禮注疏》

陳子展《詩經直解》

翻經沙門慧琳撰《一切經音義》《漢文大藏經》網站

《中國土木建築史料彙編》台灣商務印書館

《韓詩外傳》維基文庫

《詩經·毛詩注疏》《搜》詩詞門戶網站

《古本山海經圖說》山東畫報出版社

《二南堂法帖》二南堂工作室

《李明仲營造法式》線裝書

楊寬先生的《西周史》台灣商務印書館

楊寬先生的《戰國史》台灣商務印書館1997增訂版

李鐵《漢畫文學故事集》商鼎文化出版社

《美國近代四位名將之研究》黎明文化事業公司

許進雄先生的《中國古代社會～文字與人類學的透視（修訂本）》台灣
　　商務印書館

楊樹達在《積微居小學述林》

徐中舒《甲骨文字典》四川辭書出版社

施耐庵《水滸傳》齊魯書社

魯實先、王永誠《文字析義注》台灣商務印書館

陳子展《詩經真解》復旦大學出版社

李靜池《周易著作全集》中華書局

清代阮元《揅經室集》中華書局

朱駿聲《說文通訓定聲》中華書局

周易探究

下經

第31籤 **咸**卦 又名澤山咸

咸　：亨，利貞。取女，吉。

彖曰：咸，感也。柔上而剛下，二氣感應以相與。止為說，男下女，是
　　　以亨利貞；取女吉也。天地感應而萬物生化。聖人感人心而天下
　　　和平。觀其所感，而天地萬物之情可見矣。

象曰：山上有澤，咸。君子以虛受人。

序傳：物不可以終過，故受之以坎。坎者也陷也。陷必有所麗，故　受
　　　之以離。離者麗也。有天地然後有萬物，有萬物然後有男女，有
　　　男女然後有夫婦，有夫婦然後有父子，有父子然後有君臣，有君
　　　臣然後有上下也。物不可以久居其所，故受之恆。恆者久也。

雜傳：咸速也，恆久也。

籀文　小篆

「咸」就是感，是無心之感。「咸」與「感」一有「心」一無
「心」；無心是咸，有心是感。無心的「咸」，是不假思索，全心全意的
憑直覺地「完全之感」。「感」則是經過思考之後的感。咸、感則都無
錯，一個一見鍾情一拍即合是「咸」，一個用心交往而「感」；咸、感都
是感，人與人要「心有所感」才能交往。但多心生疑就「憾」了，所以古
人造「憾」字用了兩個「心」別有深意。「咸」字就是古代的「感」字，
「心」是後來加上去的。《說文解字》說：「咸，皆也。悉也。」意思就
是全心全意毫無保留地交感。又《左傳》昭公二十一年：「窕則不咸」
《經典釋文》：「咸，本或作感。」感，甘也。《詩・衞風・伯兮》：
「願言思伯，甘心首疾。」

甘，厭也。《箋》云：「原，念也。我念思伯，心不能已。如人心
嗜欲所貪，口味不能絕也。我憂思以生首疾。」李道平《集解纂疏》說：
「咸、感古今字。」楊伯峻注：「咸，遍也。」

《荀子・大略篇》對此卦有解釋：「《易》之咸，見夫婦。夫婦之
道。不可不正也。君臣父子之本也。咸，感也，以高下下，以男下女，柔
上而剛下。聘士之義。親迎之道。重始也。」這跟〈序卦傳〉之義相類。

「以高下下，以男下女，柔上而剛下。」說的是男追女，君聘臣；這已經是文明社會中禮教建立之前的事。上卦兌是少女，下卦艮是少男，一對青春初始發情的少男少女，又在下經的第一卦，本是青春情竇初開的兩小無猜，雙方來電看對眼了。好像《詩經》第一篇就是「窈窕淑女，君子好逑。」

「咸」是交感，此卦下艮為山，上兌為澤，乾坤定位則山澤通氣，相應而動，故卦名曰「咸」。

「咸」是無心之感，無心是純純的愛，是少男、少女的相戀，至為單純，無有心機，兩相來電。激烈無所顧忌，故〈雜卦傳〉說：「咸速也」。

咸，也讀作「銜」，《說文解字》說：「銜，馬勒口中。」本義是馬嚼子，是馬含在口中，用以勒馬以控制行止之物。引申為含。《正字通》則引申說：「凡口含物曰銜」「銜」也有「感」的意思。《管子‧法法篇》：「法立而民樂之，令出而民銜之。」林景熙詩：「心銜造化仁」「銜」也有「憾」的意思，《前漢‧外戚傳》：「栗姬怒不應，言不遜，景帝心銜之。」可見咸、銜古字通用。而「銜」有「含於口中」的意思如銜枚，《周禮‧秋官‧伊耆氏》：「伊耆氏掌國之大祭祀，共其杖咸。」鄭玄注：「咸，讀為函。」陸德明《經典釋文》：「函，音含。」就含在口中；則「咸」亦含也。少男少女的初戀熱情如火，口銜就是親吻、親熱的行為了。粵語銜就讀作含、咸。何新先生引《廣雅‧釋言》說：「咸，銜。」又咸為古鹹字，《說文解字》說：「鹹，銜也。北方味也。從鹵咸聲。」又「鹹，齧也。從齒咸聲。」都有含於口中的意思。

咸，也是全，六爻全相應，感應是全方位的，全心全意的；《禮記‧月令》：「百工咸理」鄭玄注：「咸，皆也。」

《歸藏》、帛書作此卦都作《欽》，《帛書〈周易〉疏證》：「欽，古從金聲字可與從咸聲字通。」咸、欽古字相通，欽是欽慕，《詩‧秦風‧晨風》：「未見君子，憂心欽欽。」即是相互欽慕。欽也是親，至今接吻尚云親吻。

所以，咸是感，是銜，是欽，是親，是甘，是含，是齧，是親吻，是兩性交合。「咸」卦乃青春熱戀而親吻也。基本上「咸」卦說的是性愛之

前的調情，是古代的性教育。湖南長沙馬王堆漢墓出土帛書中記有「凡將合陰陽之方」男女性戲方法曰：「使體皆樂癢，悦懌以好。雖欲勿為，作相呴相抱，以恣戲道。戲道：一曰氣上面熱（熱），徐呴ㄏㄡ；二曰乳堅鼻汗，徐抱；三曰舌溥（薄）而滑，徐屯；四曰下汐（液）股濕，徐操；五曰嗌乾咽唾，徐（撼），此胃（謂）五欲之征（徵）。」有此五徵之時可以交合，可以參看。

「咸」字如「戌」，如「戊」，有「傷」意。咸、戌、戊，鉞都從「戈」。

咸字甲骨文、金文、籀文都從「戌」從「口」，「戌」是像斧鉞一類武器，「口」可能只是增繁筆畫，「咸」的本義是以斧鉞殺戮之。《尚書‧君奭》：「咸劉厥敵」，《逸周書‧世俘解》：「則咸劉商王紂」。「咸」、「劉」皆表示殺害。古典籍中或作「減」，《管子‧宙合》：「減溜大成」《註》：「減，盡也。」咸字，從戌，從口，有殺戮滅其人口的意思。引申為斬殺殆盡，滅絕如屠城也。反之《說文解字》：「或，邦也。從口從戈，以守一。一，地也。」「或」是持干戈以保衛城邑，「咸」就是全民皆兵了。這是「咸」字的初始本義，以「咸」為「感」當是借字。但青春初戀烈火情傷是免不了地。

〈彖傳〉曰：「咸，感也。柔上而剛下，二氣感應以相與。止為說，男下女。」「咸」卦是少男在下追少女，是情少男、少女之戀，是情竇初開。艮為山，為止是篤實；兌是悦；男子以誠實的態度與女子交往，女子愉悦而應之，男女交親，於是結為夫婦。年少心純，故無心之感；若多心生疑則為「憾」。「咸」是感，是交，是相與，互「姤」為交，為合，為遇。是情竇初開，不期而遇，是兩相來電，是初戀，熱戀。

「咸」是衝動，因為無心，未經深思熟慮就付諸行動。〈雜傳〉曰：「咸，速也。」上五爻互「大過」，「大過」是大動，是動的太過，太過故衝動。上四爻互「夬」是快，互「姤」為風是疾，太快，未經思考必不長久，久必有憾。

「咸」是一拍即合，氣味相投。上下六爻相應，又「山澤通氣」，故相交合。〈彖傳〉曰：「二氣感應以相與。」

「咸」是顯而易見，相感之情全在臉上，上兌悅下艮止；為心中所悅不能止而應於面色也。上兌悅下艮止，為心中所悅不能止而應於臉色。

「咸」是無心之感，是衝動，是速，所以是心電感應。

「咸」是情欲勝於理性。「歸妹」也是情欲勝於理智。「咸」為淫，是招蜂引蝶。兌金在外，財外露也。金生水在外不能止，水有淫之意，是淫蕩不能止。「咸」是憾，衝動不成熟，思慮未深，久必有憾。「咸」之愛，是衝動之愛，基礎不深，容易搖動，而過失。蓋互「大過」。

《歸藏》、帛書此卦作「欽」，有欽慕之義，也有禁止之義，蓋衝動所以禁止其行，如「三緘其口」、「封緘」。此乃一字正反兩訓。《禮記・喪大記》：「大夫士以咸」《註》：「咸讀為緘也」。

「咸」是物與物間的吸引力，是萬有引力。「咸」為無心之感，感為有心之感，無心之感為自然界之感，如萬有引力。

「無心之感」所言為發忽情之感，如少男少女之情感至純至性。「有心之感」為取悅、逢迎。皆可感，但心太多則成憾，必生悔吝之事。

「咸」是富貴之象，兌為金，艮為土；五行中土生金，金生水，水為財。是大富大貴象。

此卦上陰下陽交會，萬物亨通。天地相感萬物則生，男女感悅則家興；君臣感悅則國興；老板與部屬感悅則業成。

「咸」是「以虛受人」〈大象〉曰：「君子以虛受人。」虛者女性之性器亦曰虛。

「咸」是乘虛而入。

「咸」是縱欲失禮。互「姤」為遇，「女壯」故淫。

〈象傳〉曰：「二氣感應以相與，止而悅，男下女，是以亨利貞。」兌為少女，下艮為少男，少男居少女之下，為少男對少女謙順之意。乃表達情意，是「窈窕淑女君子好逑」之意。為少男少女求情求愛之意。此感所言為交感。

「咸」就是銜，是含，是咬。故有接吻、交合之意。所言為激情，〈象傳〉曰：「君子以虛受人歡其所感。」艮為少男為陽，兌為少女為陰，以艮男求悅少女，《詩・召男・野有死麕》：「有女懷春，吉士誘

之。」就是此象。是男女感而亨之意。故曰「取女吉」。

　　但卦辭在「取女吉」前曰「利貞」。「利貞」者，守正道也。就是說兩情相悅是發乎情，但也要「止乎禮」，要經正當的交往，才能婚配，如此可以得到大家的認同，才能「吉」。

　　「咸」先言「利貞」才說「取女吉」，不貞則不吉。要守禮合於節度才吉，不然不吉。

　　「咸」有濫情縱欲之象。互「大過」是太過。

　　「咸」是氣味相頭，衝動，欲望重於理智，雖然一時暢快，但為時不久，必產生問題而分離，其中有「姤」、「夬」、「大過」，是分分合合，吵架爭執不斷，「夬」是決裂，「大過」是死，千萬小心處理，不然禍大。「咸」互「大過」，是愛的熱烈，烈火傷身。

　　「咸」為速，綜為「恆」為久。「咸」是少年夫妻，是激情，當心來的急去的快。「恆」是老來伴，是舊情綿綿，天長地久。「咸」卦變的快，「恆」卦不易變。

　　講到男女婚姻關係的卦很多，「臨」卦一四互為「歸妹」，嫁娶之象。「睽」卦互為「既濟」，兩女不宜同居，兩女相處有如夫婦，不宜。「節」卦互為「歸妹」，卻是守節，主女子失其夫。「臨」卦初九，「咸臨，貞吉。」；「咸」是指男女相合，是利於婚姻。「漸」卦「女歸吉」是明媒正娶。錯為「歸妹」是陪嫁，是外室，小三，不利求親。「觀」卦互為「剝」卦，不利求親。

　　「咸」為速，為心電感應，又「咸」為「鍼」，「鍼「為古針字，為古代的針灸之術。「咸」卦上兌為巫，為醫；下艮為石為針。《靈樞經九鍼十二原》：「無用砭石，欲以微鍼通其經脈，調其血氣。」上兌為穴，為穴道，為醫；下艮為針，互巽為無孔不入，為刺探，是鍼刺入穴之象。又全卦六爻皆應，針入穴中咸感如電流，針得其所，相互調流，通其血氣，針到病除。故曰「速」。《淮南子・說山訓》：「病者寢席，醫之用針石，巫之用糈藉，所救鈞也。」

　　〈序卦傳〉：「有天地然後有萬物，有萬物然後有男女，有男女然後有夫婦，有夫婦然後有父子，有父子然後有君臣，有君臣然後有上下，有上下然後禮義有所錯。」依此想法，《易經》從「乾」卦至「離」卦，

十共三十卦，稱為上經；「咸」卦至「未濟」卦，共三十四卦為下經。上經所言天道也，下經所言人道也。「乾」卦辭曰「元亨利貞」，所言為天地生物之德，六爻皆以龍為喻，龍者神物也。「咸」卦辭曰「亨利貞取女吉」，所言人道娶妻建家也，六爻取象以人身體，交而感也。

初六：咸其拇。

象曰：咸其拇，志在外也。

「拇」，手或足之大拇指。初六在下當為足之大拇指，故曰「咸其拇」。「解」九四：「解其拇」《經典釋文》：「拇，馬、鄭、薛云：『足大指也』子夏作踇，荀作母。」《集解》拇作母，引虞翻曰：「母，足大指也。」《莊子・駢拇篇》云：「駢拇枝指，出乎性哉。」

「咸」，銜也，是親吻而感動也。

「咸其拇」，是口銜手指、腳趾，親吻手指、腳趾；此求愛歡愉的第一步。

「咸其拇」，廣言之是拇指受感應而動，想要行動，躍躍欲試。《管子・小問》：「東郭郵曰：『夫欣然喜樂者，鐘鼓之色也，夫淵然清靜者，繐絰之色也澩然豐滿，而手足拇動者，兵甲之色也』。」尹知章注：「中勇，外形必應，故手足拇動也。」拇動，就是躍躍欲試。

「咸其拇」有如「染指」，食指大動。故事出於此典出於《左傳》宣公四年春秋時的鄭國。楚人獻黿於鄭靈公，子公食指動，以示子家曰：他日我如此必嘗異味。鄭靈公卻故意不讓大夫子公食黿魚美食。子公大怒，伸指於鼎中沾點湯，嚐了一下黿魚的味道即走。鄭國貴族子公為了烏龜羹而逆弒鄭國國君。《史記・鄭世家》：「靈公元年春，楚獻黿於靈公。子家、子公將朝靈公，子公之食指動，謂子家曰：『佗日指動，必食異物』及入，見靈公進黿羹，子公笑曰：『果然！』靈公問其笑故，具告靈公。靈公召之，獨弗予羹。子公怒，染其指，嘗之而出。公怒，欲殺子公。子公與子家謀先。夏，弒靈公。」

「外」謂四，初與四應，初四相上下，則各當其位。

「志在外」，初爻感應在足，故欲往外。

「志在外」，想要行動尚未發動。

「志在外」，是志不同。道不同不相為謀。

「咸」也是「緘」，《廣韻》：「緘，封。」「咸其拇」，是躍躍欲試的衝動想要行動，要先制止其衝動的行為。

「咸」也是斬殺，「咸其拇」，是衝動的往外而傷於足之大拇指。

▤▤咸▤▤革

此爻變為「革」。「革」是去故，此爻是新交。

「咸」也「銜」，口含著腳拇子，是調情的初步。

「咸」而「志在外」是肉體之合，心不合。是求往更進一步。

六二：咸其腓，凶，居吉。
象曰：雖凶居吉，順不害也。

「腓」，腿肚，指小腿。《莊子・天下篇》：「禹腓無胈，脛無毛。」《說文解字》：「腓，脛腨也。」指的是小腿肌，即腿肚子。宋翔鳳注：「足脛也，今俗謂腿肚。」《經典釋文》：「腓，鄭云：『膊腸也』王廙云：『腓，腓腸也。』荀作肥。」朱熹曰：「腓，足肚也。」

「咸其腓」與「咸其拇」義同。親吻小腿肚，行動尚未具體，但比初爻更為急躁，深入。

「咸其腓」，傷及小腿，不宜外出，故凶。或謂不假思索的衝動往外衝，傷及小腿，故凶。

「凶」，進而有凶，外出必有凶。

「居吉」與「征凶」相對。出外則凶，居止則吉。止住衝動則吉。

「咸」之衝動前往而應之不吉，居止不前則吉；就是「征則凶，居則吉。」

此爻親吻小腿肚，凶。停止，吉。蓋初爻吻指不言吉凶，所感不動。二爻更進一步跡象明顯，但欲進還止，尚未進入狀況，停止觀待則吉。

「居吉」，安家定居則吉。衝動往外傷及小腿故凶，若居家中而止息，則可避傷，故吉。

在「咸」卦時衝動故「居吉」，是先成家後立業則吉。

初動於拇指，二動於小腿，雖然程度略有不同，但都是衝動的開始，禁止還來的急。

所以二爻才會吉，初爻幾乎不動故無吉凶。

「順不害」是順勢而為，不可強求；不然必害，必凶。

六二居巽體，變亦為巽，變不變都是巽，故「咸」時不宜動。

巽為順，為伏，六二本在「大過」之下（二至上互「大過」），是最危險的地方就是最安全的地方。

「咸」也「銜」，口含著小腿肚，是更進一步的調情。

▆▆ 咸 ▆▆ 大過

此爻變為「大過」，死象，是危險境。動則危，不動則安，故居吉。過了這一關就成好事。

此爻宜靜不宜動，動輒得咎之象。按二當位，承陽有應，怎會凶呢？這一爻，說明雖然發生感應，但不可妄動，不可強求。這與「革」六二同，「革」六二「征吉」，蓋「革」之義為「革新」，故「利于征。」

「咸」之義則取陰陽相感，宜靜止，感在五為正應，但三四亦陽，二獨與五應，三四忌之，故動則凶，居則吉。「同人」六二亦如此，「同人」六二往上應五，本為正應，然吝者，以三四亦陽也，招忌故吝。其故皆在三四。若近比三則失五之正應，遠應五則有近不承陽之嫌。「遯」六二「執之用黃牛之革」，亦戒之在動。

感於腓，必進，躁進而有咎，故凶。居則不動而承陽，故居吉。觀察等待欲進還休則吉。

二承陽有應，當位，本無凶理。〈小象〉之辭恐人生疑，所以解釋其原故。

這是說爻辭雖說動凶居吉，然陰順陽為天職，六二上承諸陽，亦無害也。五爻重取近，不必遠應。

九三：咸其股，執其隨，往吝。
象曰：咸其股，亦不處也，志在隨人，所執下也。

此爻與「艮」六二云「艮其腓，不拯其隨。」文法相似。又此爻與六二相對，一「居吉」，一「往吝」。

「股」，大腿，又可作為胯至足踵之間的通稱。《廣雅・釋親》：

「股，脛也。」王念孫疏證：「凡對文，則膝以上為股，膝以下為脛……散文則通謂之脛。」《詩・小雅・采菽》：「赤芾在股，邪幅在下。」鄭玄《箋》：「脛本曰股。」《淮南子・墬形訓》：「凡海外三十六國，自西北至西南方，有修股民。」高誘注：「股，腳也。」

「股」在「腓」上，故三爻從足趾、小腿、感及於大腿臀部。巽為股。也可解釋為臀，就是屁股。

「咸其股」，是更進一步了，由小腿上到了大腿甚至胯間而達屁股，動在股已不容易禁止，勢在必行，故「往吝」。

下卦三爻居艮體，艮為止，故止則吉，動則不吉；初爻剛剛開始無所謂動止；二爻居中可以動可以不動，但不動還是好的；三爻居艮之上，窮艮變震動，雖「執」不能制止故「往吝」。

「吝」，遴也；《說文解字》：「遴，行難也。」《孟子・題辭》：「然於困吝之中。」焦循注：「吝之義為難行。」《廣雅・釋詁》：「遴，難。」謂難行不進，或是遭遇到困難而事難成。猶今日之語「累」。

「咸其股」，是口銜及股，調情更近一步，再往則上身，雖吝，小麻煩，但好事將成，此是上下的關鍵。

「執」，止、處，緊緊抓住。初、二都沒這麼積極。

陽遇陽則窒，上雖有應，不能前往。往則為四、五所忌而吝生。

「隨」，是腿，隨著小腿向上到大腿。俞樾說：「竊疑『隨』乃『骹𠫔ㄨㄟˇ』之叚字。古無『骹』字，故以『隨』為之。」骹，就是腿，《說文解字》：「骹，股也。」從語意上來看這是對的。但也有釋「隨」為尻ㄎㄠ，就是屁股，也通。

「執其隨」，就是「執其骹」，往上抓住大腿拖住屁股，這也太急了，難免引起反感，所以說「吝」，進行得不順利。〈繫辭上〉：「悔吝者，言乎其小疵也。」

初、二皆陰，陰之性隨三之陽，三下履重陰，止於此，止而比於陰，不必前進，否則吝窮。

咸感已及股必行之意已盡露，故〈小象〉說「不處」，不停留，必行，必往，但太急，所以「吝」。

下卦象人體下半身，上卦象人體上半身。

下卦為艮卦，艮為止，故其義為止。該止則止，九三已經無法止故「往吝」。九三是拼命三郎，所以衝動。

「隨」是「隨便」，九三感應的太隨便，隨便必不合禮，隨隨便便必反感。

九三與上六相應，是陽隨陰，「咸」卦就是艮隨兌，陽隨陰。

此爻為卦主。

此爻「咸於股」是隨著趾、隨著腓而一路隨著上來到大腿，至此「股」是關鍵，若不趕緊制止則隨著勢順隨而上，登堂入室，要制止就不易了。生米煮成熟飯，到了上身就不容易制止了。

「隨」，是隋，《說文解字》：「隋，裂肉也。从肉，从隓省。」

「執其隨」，為大腿或臀部被刀斧斬傷而肉裂，故「往吝」。

☷☶咸 ☱☶萃

此爻變為「萃」，為聚，為鬥。玉石俱焚；寧為玉碎不為瓦全。又聚又鬥，欲拒還迎！

至此尚未成其好事。

九四：貞吉，悔亡，憧憧往來，朋從爾思。
象曰：貞吉悔亡，未感害也；憧憧往來，未光大也。

「貞」，筮問。

「悔」，困厄麻煩。

「貞吉，悔亡」，謂筮得此爻，以前有困厄麻煩如今順利。

「憧憧」，疑懼貌；心神不定，無有主見，左右徬徨。

三多凶，四多懼，九四不當位，上承下乘皆陽，上下不通，故必須要貞定，不宜衝動，以免生悔吝，故「憂心憧憧」。

「憧憧」，衝衝也、頻頻也。《廣雅・釋言》：「童童，盛也。」《經典釋文》：「憧憧，馬云：『行貌』王肅：『往來不絕貌』。」《廣雅・釋訓》：「憧憧，往來也。」此為兩性交合之隱語。又憂心，又衝動，又頻繁，已成其好事，既喜既憂。

此為性交之隱語。又憂心又衝動又頻繁，已成其好事，既喜既憂。

下三爻居艮卦，止而不動為義，四爻進入兌卦，兌是愛現衝動之卦，所以要動，但四爻上下皆陽沒有可以親比的，所以「憧憧」。

「往來」，俗稱男女交往為「往來」。

「憧憧往來」是即去即來，停留不住，定不下來。往來不停，心神不寧。又動作頻頻。

蓋九四來應初六，則三居中妨害。初六往應九四，則六二居中妨害，故初六與九四不宜動，宜靜。然阻礙愈多則感應之心愈急切，故曰「憧憧往來。」

「憧憧往來」，疑心不定，所下的決定必有失，故〈小象〉說：「未光大」。因為不公正有私心所以「未光大」。

「朋」，朋友，指初六，「爾」，九四自己。

「爾」，你也。

「爾」，辭也。《詩·衛風·竹竿》：「豈不爾思？遠莫致之。」《詩·周南·漢廣》：「漢有游女，不可求思。」《毛傳》：「思，辭也。」

「爾思」，思爾也，辭爾也。不可辭拒。

「朋」，賓也，跟隨也。聞一多先生讀為「蹦」，蹦走跳躍，急忙匆匆。

「從」，縱也。

「朋從」，與友人急忙奔走放縱而行。

「朋從爾思」者，謂初六不得應陽，而愈思慕九四。所以急急忙忙，心思不定，奔赴而往從思念之人。「咸」者速也，故疾走而奔。

「朋從爾思」者，與朋相從，並從朋之思而思，有理性被感行蒙蔽之意，因為喜歡他所以看不到他的缺點。

此爻不言身體的部位，應該是沒有明言，《周易正義》寫道：「居體之中，在股之上，二體始相交感。」指人體的私密部位。此爻已成其好事。

〈繫辭下〉說：「凡易之情，近而不相得則凶，或害之，悔且吝。」

今九三近九四，六二近初六，然九三亦陽，為九四之敵；六二亦陰，為初六之敵，故二、三為初、四之害。雖是九四之害，但九四不動，害能免去，故〈小象〉曰：「未感害也」。

「咸」是交感相通，九四上承九五，下乘九三，皆陽而為敵，上下不交通，故「未感」。

「未感害也」，未感所以未害。

九四定不下來，因為交感不誠心，德性不通達，尤其是與九五君王之間交往不良，賢佐必定留不住。

此爻寫盡初戀心境，前去時蹦躍歡喜，事畢歸時若有所失，一次次相互往來，順從你的心願。又急急忙忙，心思不定，奔赴而往從思念之人，擔心好事難成。

或謂與友人結眾同行，舉事有幫手，悔可以亡而得吉。

咸　蹇

此爻變為「蹇」，「蹇」是難，是寒冬，是跛足，是不通。左右不定，無有主見，必妄動跛足，難而有失。動而變「蹇」，不如不動，以靜制動，觀其所變。

從三爻的股、五爻的脢來看，四爻應該是腰，正是上下界限。此爻已銜至腰，近鄉情怯也。「未感害」是未能登堂入室則不害，登堂入室則害。

九五：咸其脢，無悔。
象曰：咸其脢，志末也。

「咸」，是銜，是感，親吻而有感也。

「脢」，背也。《說文解字》：「脢，背脊肉也。」但與身體的部位而言不協，王弼注：「心之上，口之下。」比較相協。五爻位當於身體的頸項之間。亦有謂「脢」為「枚」，喉結若喉間有枚核，亦是頸項之間的意思。

「咸其脢」是感於頸項，是咸感已及於上身。

其實解釋為後背也無不可；有「尼」一字，今作為親昵；《說文解字》：「尼，從後近之也。」《說文解字注》：「從後近之。尼訓近。故

古以爲親暱字。」字从尸从匕，尸是男人，匕是女人。《白魚解字》云：「男尸在女匕上親熱，又讀日聲。（昵）」「日」字與親暱有何關係？「日」是方言，是「入」的意思，章太炎先生說：「尼」字「《爾雅》訓定，『私之定也』。……今俗罵人之肏字實即尼。」「咸其脢」，謂由後背交合之意。

「悔」，困厄麻煩；九五當位得中，故「無悔」，沒有困厄麻煩。

「脢」居人身之上，故〈小象〉曰：「志末也」到了最後將要終了。凡事發展到了五爻已經成熟，到了上爻就熟透了而物極將反。

「末」謂上六。

「志末」是九五感應上六，近而無阻，近水樓臺先得月，故「無悔」。

按五正應在二，今舍二而感上，因為三四阻愛妨害。

「大過」云：「本末弱」，以上爻為末。此爻說「志末」，謂五為三四所隔，不能應二，故舍遠取近，感在上也。

九五不感於六二而感於上六，虛情假意，吃碗內，看碗外。

九五中正不敢亂咸，志小，故「無悔」。

此爻吻其後背頸項，由後背交合；無悔，無須畏懼。

或謂傷其後背，但無大礙。

䷞咸 ䷽小過

此爻變為「小過」，僅是小傷，所以「無悔」。

上六：咸其輔頰舌。
象曰：咸其輔頰舌，滕口說也。

「輔」，臉龐。《左傳》：「輔車相依」注：「輔，頰輔。車，牙車。」耳目之間謂輔頰。馬融：「輔，上頷也。頰，面旁（龐）也。」虞翻：「耳目之間稱府頰」錢大昕：「輔，面也。」

「頰」，含在口中。黃侃《說文段注小箋》：「今語說頰曰咀也。」《說文解字》：「咀，含味也。」《廣韻》：「咀嚼」。

此爻親吻其的臉、唇、舌。今語法式之吻。

以「輔頰」代替「口舌言語」。兌為口舌,為無言之說。

又「舌」字恐是「吉」字之誤。

「咸」,又作緘、感二義。

「感」於輔頰舌者,則言語說太多。

「緘」於輔頰舌者,則多言賈禍,言多必失,禁口少言,則吉。無言之說,能交感而應何需多言。

上六居兌體,兌為口舌,故好言;居「大過」故言多且急;變為「遯」,故禁言不語。

「咸其輔頰」與「坤」六四:「括囊,無咎。」「艮」六五:「艮其輔,言有序,悔亡。」相同。

〈小象〉:「滕口說也」之「滕」為「緘」,「緘其口說」是恐言多必失,言語不當而生婚訟。

「滕」,湧出。《說文解字》:「水超涌也。」《說文解字注》:「超、涌皆跳也。」《釋文》:「滕,達也。」「滕」與「騰」相通,即達。

此爻逞口舌之能,辯才無礙,奪人語言,俗稱搶白;然言多必失,多言賈禍。

此爻咸感其面頰、口舌,親吻之象。

此爻乘九五而應九三,是遠教近攻之象。

此爻適合利用口舌的行業。

「滕口悅」是口舌相感相交騰,法式之吻。

此爻居窮極之位,是說相愛太激烈,甚至不正常。「咸」是性愛,此爻性愛關係不正常。上爻窮極之位,是性愛的最後,也是性愛的激烈而生口角甚至非理性行為。

或謂傷及臉面,這是小小的警告,能守口慎言,則吉。

咸 遯

此爻變為「遯」,已經完其好事有人遁逃。

第32籤 ䷟ 恆卦　又名雷風恆

恆　：亨，無咎，利貞。利有攸往。

彖曰：恆，久也，剛上而柔下尸。雷風相與，巽而動，剛柔皆應，恆。恆亨無咎，利貞，久于其道也。天地之道，恆久而不已也。利有攸往，終則有始也。日月得天而能久照，四時變化而能久成，聖人久于其道而天下化成。觀其所恆，而天地之情可見矣。

象曰：雷風恆，君子以立不易方。

序傳：有天地然後有萬物，有萬物然後有男女，有男女然後有夫婦，有夫婦然後有父子，有父子然後有君臣，有君臣然後有上下，有上下然後禮儀有所錯。夫婦之道不可不久也，故受之以恆。恆者久也。物不可久居其所，故受之遯。遯者退也。

雜傳：咸速也，恆久也。

 籀文  小篆  亘小篆

「恆」字金文、小篆从「心」从「亙」，徐灝先生認為「恆」是「亙」的後起字，「亙」象缺月之形，因月亮大部分的時間是缺而不圓的，故以缺月為恆常。本義是恆常、恆久。《詩・小雅・天保》：「如月之恆，如日之升。」《毛詩注疏》：「恆，弦。」《箋》：「月上弦而就盈，日始出而就明。」但籀文字形像是「月」在「二」中，「二」是上天下地，會月在天地之中永恆之意，這是另一個說法。但小篆變「月」成「舟」不知為何？

「恆」與「恒」為一字異體，《字彙》：「恒，俗恆字。」「恒」，字从「亘」，「亘」為「回」的異體，《說文解字》：「亘，求亘也。从二从囘。囘，古文回，象亘回形。」字形上下「二」是水岸，中間象水流迴環圍繞的樣子，楊樹達先生認為就是漩渦的形狀。甚是。

「亘」即水流迴轉，後來作「洹」，即回漩的水流，乃深淵也。水流到深處而迴旋者為淵。《說文解字》：「淵，回水也。从水，象形。」《詩・衛風・定之方中》：「秉心塞淵，騋牝三千。」《毛詩注疏》：「淵，深也。」《莊子・應帝王》記壺子云：「鯢桓之沈為淵，止水之沈

為淵，流水之沈為淵。」郭象注：「桓，盤也。」意指水流盤回之處為淵。又孔子弟子顏回字子淵。

「亘」《ㄥˋ是「回」的異體字。亘就是回水，也作洹，即洹水，在殷墟出土的甲骨文中就有「戊子貞，其烄於洹泉。」的紀錄。另外《左傳》成公十七年：「聲伯夢涉洹」，以及《戰國策·趙策》：「蘇秦說趙肅侯，令天下之將相盟於洹水之上。」

小篆

所以，亘即洹ㄏㄨㄢˊ水也。洹水發源於山西，流經河南，注入衛河。也稱安陽河，殷墟遺址就在洹河邊上；《水經注》：「洹水出山，東經殷墟北。」《竹書紀年》：「盤庚即位，自奄遷於北蒙，曰殷……魏土地記曰：『鄴城南四十里，有安陽城，城北有洹水東流者也』。」《竹書紀年》：「文丁五年，洹水一日三絕。」（《太平御覽》卷八三引）《國語·周語》：「河絕而商亡也」《竹書紀年》：「少康十年，使商侯冥活河。帝杼十三年，冥死於河。」甲骨文中的「洹」，今稱安陽河。洹河在殷人心目中其實就是殷商的代名詞。殷人尊洹河為神。近代考古洹水從西往東向流，流經安陽的北面折向南流，經過安陽的南面再折向東流。水流迴環曲折繞。「洹河的彎曲部構成了一個環形防禦設施。于此，洹河成了保衛殷都安全的天然屏障。」（《洹水史話》）洹水，即殷商之母親河也。此卦或是記錄洹水之事。可能在殷商時代洹河不但有漩渦，水流還很湍急。

「亘」是「回」，「恒」是「回心」，就是後悔的「悔」，如回心轉意。所以恒、悔是同源字。

小篆 金文

今恒多作「恆」，金文作「亙」，象缺月之形，月亮以缺月為恆常。故其義為恆常、恆久。《詩·小雅·天保》：「如月之恆，如日之升。」日升、月恆皆是長久不變之意。《廣雅·釋詁》：「恆，久也。」《逸周書·周祝》：「天為古，地為久。」天地之道，恆久不息，循環往復，垂吉凶之象，君子當順其法則，故〈彖傳〉曰：「觀其所恒，而天地萬物之情可見矣。」《說文解字》：「恆，常也。……亙，古文恆从月。《詩》

曰：『如月之恆』。」段玉裁注：「月上弦而就盈，於是有恆久之義，故古文从月。」

〈彖傳〉〈序卦傳〉〈雜卦傳〉都將「恆」解釋為「久」，〈大象〉的「不易」也是「久」。

「恆」是恆心，持之以恆。「恆」大象為坎，坎為心，為水，水流不達目的不停。

「恆」是雷動風生，是夫唱婦隨。是天長地久不變，不輕易改變，不容易變動。「恆」是持平不躁進。大象為坎，坎為水，為平。持平守中才能持久。就是平常，是當一天和尚，敲一天鐘。「恆」是習以為常，常就是久，常就是很多次。所以「恆」是練習。震為飛，為翅，巽為風。「升」為飛，「小過」為飛，亦上震下巽。「恆」是有志者事竟成。是順勢而為，又有規律。「恆」是指上弦月之將滿時，月由缺而盈，是漸漸的，慢慢的，持之以恆的。

〈序卦傳〉：「夫婦之道不可以不長久也，故受之以恆，恆者，久也。」「咸」卦所言為男女結合之道，女子嫁與男子為夫妻，夫妻之道貴在長久，貴在終身不變，所以「咸」卦之後次之以「恆」卦。又「恒」從「亘」，迴轉還圓，有抱成一團之意。故為夫妻之道。亦為團結之意。

「恆」卦上震下巽，上震長男下巽長女，少男少女結合要持之以恆以至長男長女，老夫老妻；有恆久不變之義。恆久不變在於持盈之以保泰。是守舊的保守派。「恆」為夫唱婦隨。震為動，為鳴，為夫。巽為遜，為婦。是夫唱婦隨之意。「恆」為男主外，女主內。震之長男，動在外，巽之長女，順在內。男主外，女主內也。

「恆」是齊家之道。上震下巽有男尊女卑之義。震屬陽之木，巽屬陰之木，陽之木為喬木，陰之木為草為藤，是陰之木攀藤於陽之木，如藤攀附大樹。《家人・象傳》曰：「家人有嚴君焉，父母之謂也。父父、子子、兄兄、弟弟、夫夫、婦婦而家道正，正家而天下定矣。」也是齊家之道。

「咸」是少年夫妻，是激情。「恆」是老來伴，是平靜。

「恆」之義貴在常久，常久故可以亨通。如滴水可以穿石就是恆常也。六爻皆應，故「亨」。能「亨」自然「無咎」。「亨」也是變通，常

久而不知變通，不知因時而異，則物積久必腐，積久不變則蠹，故知變通才能常久，才能亨通，才能「無咎」。是「亨」有亨通、變通二義。

「巽」為權宜知變，床上象蕩婦，出門象貴婦，處事象主婦。如此才能常久。

「恆」不是不變，是不亂變。不堅守是不會常久的，要守得住。故曰「利貞」。滴水穿石，鐵杵磨成繡花針，火到豬頭爛，皆是常久而有功。故「利有攸往」。

〈大象〉曰：「雷風恆，君子以立不易方。」「恆」是「不易」，就是不變。「立不易方」就是掌握原則，不輕易改變。所謂「君子立志恆，小人恆立志。」

「恆」卦是方正君子，「咸」是躁動小人，「益」是善變的生意人，「損」是自己吃虧的慈善家，宗教家。

「恆」是正道，不是斜門歪道。

〈雜卦傳〉：「咸速也，恆久也。」「咸」是「速」，所以短暫；「恆」是「久」，所以是慢，是長期的。「咸」是衝動，「恆」則是慢慢的動，當動才動。「咸」之衝動是情欲蒙蔽了理智，「恆」之動是理性勝於感性。是墨守成規，因循舊法，滯留不變。是保守。是根深地固，是老頑固。「蠱」是積久不變，是食古不化。「隨」是蕭規曹隨，跟著屁股後頭。

「咸」是變化多端，創新潮流。「恆」是根深地固於內，「咸」是浮動於外。「咸」是無心之感，所以是「無情」，無情故變化無常。「恆」則是守舊，持久不變。「咸」是心電感應，心電感應是最速的，是速食快餐，「恆」是傳統風味，是家常菜，是慢火燉熬。「咸」是鹹，味道重；「恆」是常，是平淡，要細細品嚐。「咸」卦好動、浮動，衝動，故善變缺乏常性。「恆」卦根深地固，不易變動，難有變化，利不易見，長久才會見其功。

「恆」六爻全應但長男長女之交，不若「咸」少男少女之交來的短暫激情，而有常久之義。所謂「少年夫妻老來伴」。「常」者「平常」也，平常守恆之事無激情，味平而需。若空氣、水平時不覺其味，缺了就要命，夫妻之道以恆來喻就是這個道理。

「咸」上下三爻全應是激情，「恆」也全應卻是相讓，是「舉案齊眉」也，是居家平常也行禮如儀也。

就政治上而言，君王收攬人心，要有少男少女般的熱情，如孫中山、希特勒、拿破崙、甘迺迪等適合開創。而君主施政時要平穩，不能太多激情，要若老夫老妻般的安守平常，不要標新立異，朝令夕改，如此萬民必然順服。漢朝的興起前歷春秋、戰國、暴秦、楚漢相爭，天下激情太久了，故漢初諸帝相偕以黃老之術，不擾民息，而天下能大治，倉庫理串錢的繩子多因太久不動而腐爛無法清點，史稱「文景之治」，唐初「貞觀之治」，清之康、雍皆以不擾民而能大治。

「恆」互為「夬」卦，當心小人作耿。常常忍不了了就會潰決。「恆」互「姤」卦，小心外遇、偷吃、一夜情。「恆」互「大壯」，互「大過」。「恆」卦真是不容易。

「恆」錯為「益」卦，亦是「利貞，利有攸往也。」是堅持下去必能得益。是「恆」為不益，不益就是損，損要知節，是恆亦要知節。

「恆」是根深地固，墨守成規，因循舊法，但絕不是不知變，變必合理，變必順勢，常久全不變是「蠱」，「蠱」則亂則壞，不是「恆」。「恆」是方正君子，知變而不亂變，變必合於君子之志。不知變是不會天常地久的。「隨」是隨機應變，「蠱」是不變，「恆」是慢慢蘊釀，變的很慢。

初六：浚恆，貞凶，無攸利。
象曰：浚恆之凶，始求深也。

「恆」卦「久也」與河流之疏浚何關？可見此爻說的當是「洹水」的情況。

「浚」，深也，古通「濬」，疏通挖深；《說文解字》：「濬，深通川也。」《漢書‧趙充國傳》：「浚溝渠」。顏注：「浚，深治也。」虞翻：「浚，深也。」《史記‧索隱》：「濬，深也。」《春秋》莊公九年：「冬，浚洙。」冬季農民休閒時，動用民力疏浚挖深洙水；《公羊傳》莊公九年：「浚之者何？深也。」《左傳》兩言「浚」皆剝削疏浚之意，非善辭。〈小象〉也解釋為「深」。

又水深危險為「浚」，山勢陡峭為「峻」，馬壯難馴為「駿」。

此處的「浚」是既深也危，有過分、嚴格、急迫之意。

初在巽體之下，巽為伏，為風，為入，為無孔不入，往下探求，故為深。

「恆」為常，為定，堅固恆定不變。

「浚恆」即「浚洰」，即「浚河」，即治理疏濬河川過深。

初六在巽卦之下，巽為伏，為入，是埋藏深入在下；在「恆」卦，是積久深伏而不變，好像河底的爛泥，積阻河道，所以要疏濬而改變。

「恆」卦是「常而不變」，「浚恆」是要用力的改變，這與「常而不變」是相違背的。長此以往必凶，故曰「貞凶」。

又「貞凶」，出行凶。故「無攸利」，即無所利，往不得利，無有利。

初爻在「恆」卦本當做常久打算，慢慢來自然有功效，但初六作法太過分，想一圓鍬挖一個井，想一步登天，立竿見影的追求恆定，故曰「浚恆，貞凶。」

初六以柔居剛，在巽體之初，性躁急，對事求望太深，作法太嚴。

「浚」也是峻，嚴峻。《史記・淮南王傳》：「政苛刑峻，天下熬然若焦。」

巽為嚴，上乾下艮「遯」〈大象〉曰：「不惡而嚴」上巽下離《家人・象傳》曰：「家人有嚴君焉」。

此爻正在治理河水使之深浚，不利出行，無有利。深切嚴峻而不知變，有如酷吏。

巽在下初爻義都太嚴；「坤」初六：「履霜堅冰至」，「姤」初六：「羸豕孚蹢躅」，「井」初六：「井泥不食」，「蠱」初六：「厲終吉」，「巽」初六：「利武人」，「鼎」初六：「鼎顛趾」。

初爻一開始就要求太嚴，「恆」是久，要花時間慢慢來自然有其功效，一開始就要求嚴苛，奢求太過，故〈小象〉說「始求深也」。結果欲速則不達而忿事凶生。

「貞」是固執不知變。

「貞凶，無攸利。」是不思進取變通，一味的固執，常此以往必凶。

初在下卦之下，四在上卦之下，都不及恆常，故有拘泥不知權變之象，不通人情也。

「恆」是常，坎為常，居中才知恆常。

此爻變為「大壯」，不是居泥不知權變，就是一變就動的太猛，不知適可而止。

巽為權變，「恆」為常。恆常是「時時勤拂拭不使惹塵埃」是平常重維護，不是一口氣挖一口井；初在最下不變則永無脫身之日，一動又太猛，凶象。

九二變為「小過」，動的不大，「小過」大象為坎，坎為常。沒有超過限度，二陽居中，雖動合於中道。

〈小象〉說：「使求深也」，初爻在下，巽為入，故曰「深」，「深」也有「遠」之意；《玉篇‧水部》：「深，遠也。」《禮記‧禮運》：「深而通」，即「遠而通」〈繫辭上〉：「探賾索隱，鉤深致遠。」「深」、「遠」並稱，當可互通。〈小象〉說：「浚恆」的凶險，在一開始就尋求遠離恆德。長此以往必凶。故「貞凶」。

「恆」是老夫老妻，初爻當是剛剛結為連理的新婚夫婦，「浚恆」是有一結婚就想要離婚，從爻來看是妻子想逃離婚姻。下四爻互為「姤」，不安於室。

▦▦恆 ▦▦大壯

此爻變為「大壯」，是勇猛向前衝，〈繫辭下〉：「上古穴居而野處，後世聖人易之以宮室，上棟下宇，以待風雨，蓋取諸大壯。」「大壯」為屋宇之象，「恆」為夫婦，宜室宜家之象。於女吉，於男不吉。

「大壯」為「利貞」，利於出行。「恆」初則不利於出行。

此爻一開始就深究，要改變，不通情理，必受阻礙而受傷；宜靜觀則凶險可免。

九二：悔亡。
象曰：九二悔亡，能久中也。

「悔」，回也。回心轉意也。

「亡」，失也。

「悔亡」，回歸而返有所亡失。這是得到教訓，受了損失，但損失不大而可以悔。故不言吉凶。其實是有困厄而已。以前有困厄麻煩如今順利。

《易經》中有「大壯」九二言「貞吉」、「解」初六言「無咎」及本爻言「悔亡」，這三爻都只說結果，不說為何如此，是因為爻象已經很明白了。

九二不當位，前臨重陽而窒，本當有悔。但是因為居中位，所以「悔亡」。

九二不但要居中，還要常久居中才能「悔亡」。

「恆」是常，居中得位才是常，九二居中但不得位故有悔，常時間的居中，久了也就不失位了故「悔亡」。

「恆」卦貴於中，中則不偏不倚，不過其分。九二要「能久中」方能「悔亡」。

九二「悔亡」在於居中守分不亂動，合於「恆」定不變之意。所以，〈小象〉說「能久中」。

「恆」卦是夫妻，是老來伴的恆久；「悔」，是回心轉意。莫非有人悔婚？而能回心轉意，故〈小象〉曰「能久中也」。「小過」是小過不斷，大過不犯，所以可以回心轉意。要是「大過」就不能回心轉意了。

䷟恆䷽小過

此爻變為「小過」，雖動僅小動，未超過「恆」的範圍故「悔亡」。

「悔」就是小過失，過大則無法「悔亡」。

九二前遇重陽，陽遇陽則窒，九二前行不通，居中待變。要堅持下去才能「悔亡」，才能失而復得，改變情勢。

此爻苦撐待變，終可度過。

九三：不恆其德，或承之羞，貞吝。
象曰：不恆其德，無所容也。

「恆」，長久也。

「不恆」，是不常，不能長久。

「不恆其德」，不能長久其德，即未能感受其德，未能受其德之愛戴。

「不恆其德」，是意志不堅定，變化無常，無常性，無定性，朝秦暮楚。高亨說即「二三其德」《詩‧衛風‧氓》：「女也不爽，士貳其行。士也罔極，二三其德。」《毛詩注疏》：「士也行無中正，故二三其德。」

九三在巽體之上，〈說卦傳〉：「巽究為躁卦」，所以九三躁動不能恆。如「巽」九三「頻巽」。

「恆」是老夫老妻，「不恆其德」是不專情，水性楊花。

九三雖得位，但過剛不中，一直想往上卦前進，不能久安其位。如此常久下去必會出錯，或作出羞醜之事。

「或」，不定之詞，可能也。

「承」，接。《說文解字》：「奉，受也。」 甲骨文像兩手抬起一跪狀之人， 金文則又加一手，有承擔，繼承，接承之意。

「羞」，汙也，辱也。巽下斷為汙，故為辱；《漢書‧游俠傳‧陳遵》：「湛酒溷肴，亂男女之別，輕辱爵位，羞污印載，惡不可忍聞。」羞汙，同義字連詞，即玷污。

「不恆其德」，就是受到羞醜。《論語‧子路》：「子曰：『南人有言曰，人而無恆，不可以作巫醫，善夫，不恆其德，或承之羞』子曰：『不占而已矣』。」孔子引用《易經》此爻，以示人無恆是羞醜汙辱之事。

「吝」，遴也；《說文解字》：「遴，行難也。」《孟子‧題辭》：「然於困吝之中。」焦循注：「吝之義為難行。」《廣雅‧釋詁》：「遴，難。」謂難行不進，或是遭遇到困難而事難成。猶今言「累」。

「貞吝」，占得此爻將遭遇困難。

此爻未感受其恩德愛戴，反受其羞汙傷害。出行有小災。

「無所容」，無法容納接受，容不下這種朝秦暮楚，意志不堅，行事不常的人。

《焦氏易林‧賁之比》：「鳥飛無翼，兔走折足。不常其德，自爲羞辱。」可以參觀。

☰☷ 恆☷☰ 解

爻變為「解」，解散，分解。「不恆其德」故分道揚鑣，仳離，分手，天下沒有不散的筵席。此人無常性，不宜深交。久交必生吝。

九四：田無禽。
象曰：久非其位，安得禽也。

「田」，田獵；也是作戰，古者田獵、作戰不分。流沙河《白魚解字》認為「田」本義就是田獵，後來農耕才借去用於田地之稱。

「禽」，鳥獸之總名也，又擒獲也；《白虎通》：「禽，鳥獸總名，言爲人禽制也。」

⿰⿱ 籀文 禽 小篆

甲骨文、金文禽字作一張網，當是設陷阱以網羅捕捉獵物。所設陷阱之處必為獵物常出沒之地。九四失位，陷阱、狩獵選錯地方，所以久等無獲。

「田無禽」，是田獵無所獲，徒勞無功。「師」六五：「田有禽」是因為六五與九二相應，九二陽剛有財獲。此「田無禽」雖然九四與初六相應，但初六陰虛又是庶人無有財獲。九四、初六都失位不中，故「非其位」；「恆」是長久，故「久非其位」，也有長久不變，該變不變的意思。

「恆」是長久，「田無禽」是經過長久之後無所獲，雖有恆心但無所獲。

按四爻前臨重陰，如「豫」、「大壯」、「解」、「豐」之四爻皆吉，獨此爻不吉。蓋卦「恆」以常久為大義，九四失位，有「不恆」之象，故無所獲。

☰☷ 恆☷☷ 升

此爻變為「升」：「南征吉」，「田」就是田獵，就是「征」，就是

動。由「征」變「不恆長變」故「無禽」。

九四居震體好動，動而不安其位，故無所獲。用錯方法，待錯地方，男怕入錯行，女怕嫁錯郎。在基礎上就不好。

九四不中不正，縱使常久也無成就。

「久非其位」是不在其位，失位，是久在不該在的位置，不是妖言獲寵，就是以異術迷惑，絕非正道。是佔著茅坑不拉屎。

此爻是不在其位而謀其政，故無所得，切忌。

此處既然「無禽」不如「征」，不如求去，不如移居。

「恆」為不變，「田」又「無禽」，如守株待兔，拘泥不知權變，敢緊挪地方。不可固執，不知變則凶，九四不中不正，又九四不是躍飛升天，就是魚躍入淵，不變的長久，只是卡在半躍半飛之間，不能適性自然無所獲，無所歸，若知變則為「升」，飛升上天，由魚變龍。

六五：恆其德，貞，婦人吉，夫子凶。
象曰：婦人貞吉，從一而終也，夫子制義，從婦凶也。

「恆其德」與九三「不恆其德」相反。是感受其德之恩，感戴其德。

「恆其德」，是守常不權變的死硬派。

「恆其德」，就老夫老妻的婚姻而言是如婦女的貞節，從一而終，這對婦人而言是吉利的。

「從一而終」，柔順守恆不知變通。

「制義」，因地制宜，權衡知變。

九二以陽居陰，六五以陰居陽，都不當位但都居中，九二剛中故「悔亡」，六五以柔居中，是以柔順為常。這在「婦人」常守柔順，從一而終是「吉」的。但「夫子」是剛，剛不能一味柔順無主見，而是要知道為何而順，所以對「夫子」而言是「凶」的。

女子嫁雞隨雞，嫁狗隨狗，從一而終「恆其德」故吉。

夫子因地制宜，權量知變，只有婦人從他，若他從婦人又「恆其德」，必凶。

九二、六五為夫婦，乾為德。六五下遇重陽，往前正應九二，則相通而有利。

陰得陽應，終身順承，故曰「貞婦人吉」。

「貞」，出行。

「恆其德，貞，婦人吉，夫子凶。」謂感恩戴德，出行婦人則吉，男子則凶。

乾為夫；「大過」九二「老夫得女妻」。故「夫子」是九二。

六五陰柔是九二之婦，兩者本為正應，但是九二前往應六五而從婦人，則九三、九四橫阻在前，犯險犯難，故曰「夫子凶」。「大畜」初九曰「不犯災」，「需」初九曰「不犯難行」，兩卦初九，皆有正應，而皆二三得敵，故曰災難也。

五應二，故曰「從一而終」。

乾為制義者，陽得陰應，是正常之理，本不足貴，何況陽往前應陰上尚須犯災難而行，故曰「從婦凶」。

「婦人貞吉，從一而終也，夫子制義，從婦凶也。」是順勢則吉，逆勢則凶。陰要順，「先迷後得主」，乾為主，坤為後。

《周易》重視「中」，「恆」卦尤其重視「中」，「中」就能「恆」，不「中」就不能「恆」。九二〈小象〉曰：「能久中」就是「恆」，而能「悔亡」，六五就太恆不知變而凶，權衡知變才是真的「恆」。

䷟恆䷛大過

爻變為「大過」，動的凶，是動盪不安，天下倒懸之時，不可以不知權變，視若平常。

上六：振恆，凶。
象曰：振恆在上，大無功也。

此爻《說文解字》作：「楎恆凶」「楎」，《說文解字》：「楎，柱砥。古用木，今以石。《易》：『楎恆凶』。」又《尚書・禹貢》：「厎柱析城」《註》：「厎柱，山名。在河水中。」《晏子春秋・內篇諫下》：「吾嘗從君濟於河，黿銜左驂，以入砥柱之中流。」《史記・夏本紀・正義》引《括地志》云：「厎柱山，俗名三門山，在陝州硤石縣東北五十里黃河之中。孔安國云：『厎柱，山名。河水分流，包山而過，山見

水中，若柱然也』。」即中流砥柱是也。

「楮」，是大木，「屯」初九：「磐桓」之「桓」也是大柱。

「楮恆凶」，砥柱山恆久柱於波濤之中，但黃河大水波濤洶湧，撼動了中流砥柱，大凶。則「恆」作「撼動」解。中流砥柱都被撼動，故凶。因為不能保持其為砥柱之恆久，故凶。初至五互「大過」，「獨立不懼」故為中流砥柱。

「振」，動也，起也。又快又振，精神抖擻，振振有詞。《廣雅·釋詁一》：「振，動也。」《爾雅·釋詁》「震，動也。」可見「振」或「震」都有動搖義。

「恆」，恒也，洹也，河水也，撼動也。

「振洹，凶」，謂洹河水振動波濤洶湧，大凶。

又「恆」是堅定貞固，是不動；「振恆」則是動搖震動與「恆」義相反，故凶。這與初爻的「浚恆」相似，一個在下卦初爻有偷偷摸摸求變，一個在上卦震又是一卦之窮，窮則變，已經故不了許多，所幸大方的震了起來。

「振恆，凶」，動個不停，沒有絲毫的恆定，必凶。小人恆立志，君子立志恆。

「頻」也是動個不停，如頻率；「復」六三亦言「頻復」。但是「頻」之動不如「振」之動來的急，來的大，來的猛。

上六居動之極，恆定之終，變的好動，靜極變動，故曰「振恆」。震為決躁，《老子》：「重為輕根，靜為躁君。」又曰：「輕則失根，躁則失君。」失君者，失去主宰也。浮躁不靜者，將失去對情勢的主宰也。

所謂物極必反，動極必靜，終而返始，此爻卻動個不停，往而不知返，失去恆常之道，故凶。

爻至上而窮亢，不宜動，動有悔凶。

此卦以貞靜恆久為宗旨，「振」則於恆定之德有違失，故凶。

「恆」是常，是定，是不動，是小動、權動可以，大動不可以，大動就是變，不是定，不是常。所以：初六變「大壯」：「無攸利」，九三變為「解」：「貞吝」，九四變「升」：「田無禽」，六五變「大過」：

「夫子凶」，上六變「鼎」亦凶，只有九二變「小過」故「悔亡」。

換言之「大過」九五變為「恆」為定，可見「大過」九五之舉足輕重。亦可見要「恆」之不容易。

∷恆∷鼎

此爻變為「鼎」為「佈新」，「恆」為不變，竟然喜新厭舊，又為折足，故凶。

「大無功」，有絕滅之象，「鼎」為創新，「恆」久失，而要從新來過，所以「無功」。

「鼎」是「大器」，要從新來過，談何容易。

「鼎」是政權新立，此爻有朝令夕改之象，極不穩定。

「大無功」，是功高震主，因而無功。

「大無功」，是毫無建樹。

「大」，陽為大，陰為小，「大無功」是陽失變陰，由「鼎」變「恆」，「鼎」是鍋，是爐，是煉丹成仙，久練其功。

「大無功」，是躁動失機，無法堅持到最後關頭，前功竟棄；九轉成丹前的一刻竟「無功」，恐是走火入魔。

卦　又名天山遯

> 遯　：亨。小利貞。
>
> 彖曰：遯亨，遯而亨也。剛當位而應，與時行也。小利貞，浸而長也。
> 　　　遯之時義大矣哉。
>
> 象曰：天下有山，遯。君子以遠小人，不惡而嚴。
>
> 序傳：恆者久也。物不可以久居其所，故受之遯。遯者退也。物不可以
> 　　　終遯，故受之以大壯。物不可以終壯，故受之以晉。
>
> 雜傳：大壯則止，遯則退也。

遯小篆　　豚《說文古籀文補》　　逐　月　肉（月）小篆

「遯」字從豚，從辵；就是豚隻奔逃的意思。清代吳大澂先生
《說文古籀文補》「豚」字則作一手欲抓一豕，而一豕之腹下有一「月
（肉）」，這字看起來好有趣，一隻右手欲抓一豕，這隻豕當是小豬，不
然一手哪能抓住。而小豬腹下的肉，說明這是一隻肥嘟嘟的小豬。（「月
（肉）」字小篆像一隻肥肥的豬後腿）演變成篆文加上了奔走的辵部，形
容人抓小豬，小豬驚恐奔走的樣子，好像還聽見小豬唏唏的尖叫聲，可見
奔走逃竄快速。

「遯」，就是「遁」，陸德明《經典釋文》云：「遯，又作遁。」
《禮記・緇衣》：「教之以政，齊之以刑，則民有遯心。」陳澔《集
說》：「遯，謂逃遯苟免也。」《集韻》：「遯，遁本字。」所以「遯」
是「遁」的本字。「遯」卦是離去，遁去的意思。

與「遯」字最接近的就是「逐」字，從辵，從豕。豕，豬也。《說文
解字》：「逐，追也。從辵，從豚省。」中國字常一字有正反兩義，既是
追逐，有追者，必有逃者。逐也是逃也。本意大概是農夫追逐從山上下來
偷吃莊稼的野豬。若是獵豬當從犬字。

上乾為天，為日氣，為雲氣；下艮為山，為停留，為禁止，為畜止。
雲氣出於山之上，不為山所畜止而離去；又乾為健行，故遁去速離。又艮
為觀闕，為衙門官府；乾為良馬，為賢良；「遯」之象有如賢良不為朝廷

所畜養。亦有奪門而出之象。「大畜」上艮下乾，雲氣為山所止畜，象賢良為朝廷所畜養。

「遯」就是「退」，〈雜傳〉：「大壯則止，遯則退也。」退休、退位、退隱、貶謫、放逐、逃離都是「遯」。陰氣息長至二爻，陽氣退縮至三爻，勢不可擋陽氣只能遯退而去。陰是小人，陽是君子，正是小人道長君子道消的時候，陰氣再來就息長到三爻卦為「否」，要遯走避難就不容易了。所以〈大象〉曰：「君子以遠小人」。

「遯」者遠離也，遯時要遯的遠，要遯的無跡、隱蔽、迅速、遙遠。為何遯？希望的是能全身而退。《管子‧立政九敗解》：「人君唯無聽私議自貴，則民退靜隱伏，窟穴就山，非世間上，輕爵祿而賤有司。」天下小人當道，故賢者隱退。

「遯」也是「豚」，《說文解字》：「豚，小豕也。」《小爾雅》：「豬子曰豚」《方言八》：「豬其子謂之豚」卦辭「豚，亨。」當是以小豬為祭品的祭享。《左傳》桓公六年：「公曰：『吾牲牷肥腯，粢盛豐備，何則不信？』。」杜注：「牲，牛、羊、豕也。牷，純色完全也。腯，亦肥也。」孔氏疏云：「《曲禮》曰：『豚曰腯肥，肥腯共文，知腯亦肥也。重言肥腯者，古人自有複語耳。服虔云：『牛、羊曰肥，豕曰腯』案《禮記》豚亦稱肥，非獨牛、羊也。」此卦六爻皆與以豚為犧牲的祭祀有關。《禮記‧曲禮》：「凡祭宗廟之禮，牛曰一元大武，豕曰剛鬣，豚曰腯肥，羊曰柔毛，雞曰翰音，犬曰羹獻。」鄭玄注云：「腯亦肥也，《春秋傳》作腯。腯，充貌也。翰猶長也。」

「遯」是由「姤」而來，「姤」一陰在初，力敵五陽。是根基初被浸蝕，但卦辭說「女壯」，是陰在初就已壯的不能忽視，所以要「防微杜漸」。「遯」陰已浸長至二，可見當初防微杜漸沒有成功，陽對局勢失去掌握、主導的能力，由積極轉為消極。再不遯就要變成「否」了，洞察幾微該早遁。

下卦由巽轉為艮，巽是隱伏，陰氣雖壯還上不了臺面，只能暗地活動，不可大張旗鼓。艮為光，為明，陰氣至此以化暗為明，由消極轉為積極。巽是無孔不入、滲透、刺探無所不用。巽為病，「姤」之病尚輕，「遯」之病轉重。卦象由「姤」之小巽轉為大巽，巽亦為隕落，這由小轉大是勢態嚴重，再不尋求對策，將變為「否」，「天地不交而萬物不通

也」全局由陰掌控，那就不可收拾了。

此卦問病不吉。

陰氣逼陽，陽有岌岌可危之象，艮為指示，為星光，艮錯兌為祥，是徵兆顯露，敗象已露。艮為君子，為眼，為觀，「遯」是君子見機，速謀退路。艮為艱難，為退，巽為入，是知難而退。所謂明者保身，若與陰硬幹一場喪盡陽氣，則無復興之機。所以要保存實力，待機而動。艮為時，為待。〈序卦傳〉「遯」之後為「大壯」，就是此義。要跳的高就要先蹲的低。

巽為風，為進退。是「遯」要知進退。巽為權，「遯」要知權宜變通，「遯」只是暫時的手段，目的是要求進的。是暫時收斂以求進，是修養生息，積畜實力，在求進，休息是為走更長遠之路。

「遯」有迂迴，退避之義，是權宜之計。「遯」要知捨得才好，退就是「讓」，就是「謙」，就是「捨」。君子處「遯」之時可以先捨以求得。小人捨不得，易敗。「遯」是以退求進，不是敗。

「遯」卦說「亨」，是遯後能亨，〈彖傳〉曰：「遯亨，遯而亨也。」陰盛陽退之時，採取的非常手段。暫避鋒頭，迂迴求進，這都是「遯」。「亨」也是獻享，既要遠離，入宗祠家廟既享祭享之後祈求祖先庇佑再遯離，則出行小有利，而「小利貞」。

二、五兩爻相正應，雖一陽一陰，身處不同集團，立場也不一樣，在「遯」之時卻正應，要嚼味再三。

艮為時，〈彖傳〉曰：「剛當位而應，與時行也。」「遯」的時機非常重要，太早求遯會被譏怕事，也讓對手識破機關，那就遯不成了。太晚則遯不掉，身陷危難。所以時機的拿捏是關鍵。

乾陽健行本有嚴厲之象，今身處巽體，有巽之柔性，在此情勢不利陽剛之時，陽只得敷衍陰，應付陰，以委曲求全。

巽之隱伏，艮之退，是說退的要隱密，不可讓陰察覺。巽為風，為速，退的要隱也要速。好在陰居中也不會求之太甚，陽遯是有機會的。

「遯」是潛遯所以卦辭言「小」。「利貞」是堅定立場，要速遯，不必懷疑。是堅定立場不可以同流合污，「遯」為「遁」，從「盾」。盾是防禦的兵器，矛是進攻的兵器，皆是短兵相接的武備。遯之前要布置好後

路，也要有斷路的準備，有如行軍進攻容易撤退也不容易。

「遯」錯為「臨」，是陰氣以兵臨城下，陽氣要戒備，故〈大象〉曰「嚴」，是情勢嚴重，不可輕忽。巽為嚴，「遯」是大巽，則是大嚴。可見「遯」象已經嚴峻。

「嚴」是設置防備，是戒嚴，是採取消極的防備。

「遯」是兵臨城下，情勢不利，又無實力全面鬥爭，只能採取守勢，加強內部管理。

「嚴」有肅殺之意，是採取非常手段，互「姤」為昏，為夜，「遯」為夜嚴，現在所謂宵禁。「姤」為霜，「坤」初六「履霜堅冰至」故「遯」是嚴，是寒氣凜冽。

「家人」也是「嚴」〈象傳〉：「家人有嚴君焉」。「遯」綜為「大壯」，大象為兌，是深秋寒氣凜冽，萬物遯藏之象。李白詩：「霜朽楚關木，始知殺氣嚴。」

「不惡而嚴」是不可急言色厲，但要正色辭嚴，與看準時機一樣，不易拿捏。

小人得勢之時不可以對小人太惡，太惡必生仇怨。所謂「寧願得罪十個君子，不要得罪一個小人。」

「惡」字從「心」，有心為惡是惡，無心為惡是過，「不惡」是說要能駕馭心中對小人的厭惡之人，不要讓小人察覺。對待小人要敬而遠之，不要讓小人知道你憎惡他，否則他將加害於你，你想遠之也遠不了。但也不可與小人太接近，該嚴的時候要嚴，大原則是不可妥協的。「姑息養奸」就是「嚴」沒有作好。

「遯」是隱退，下野，遜位，推位讓國，禪讓，逼宮。「臨」是君臨天下，震為長子，是長子監國，繼任大統。錯為「遯」，是推位讓國，下野，禪位，遜位。

「遯」下卦為艮，艮為遁，為寺，為僧，為門。巽為入。是遁入空門。不利婚姻。

「遯」有迴避之意，是遁入空門，成為閒雲野鶴。

「剝」卦一陽在上為星光燦爛，身居最高之位，不能再上，故要急流

勇退。

「遯」卦二陰浸長，陽氣將消，「否」卦將至，故要知難而退。

「臨」為積極參與，「遯」為以退為進。「臨」是直線前進，「遯」是迂迴轉進。

「亨」是遯而後可以「亨」。

「遯」互為「姤」，是遁而有遇，有一番新的際遇，所以「亨」。

「姤」是內部有問題，是禍起蕭牆。「遯」的原因是內部出了問題。

「遯」是遠行，問前程，宜遠離家鄉，其志可伸，不然有志難伸。這與「旅」卦相同。

「遯」是退避，為禍福災凶，以遷地為良，退避三舍為上。

「臨」是積極參與，大顯其才，「遯」是消極退避，以求保全，是遯而後志伸。

「遯」之時僅能占問小事吉利，不宜大事、大為；這與他卦「小貞吉，大貞凶。」意思是一樣的。《易》例以陰為小，凡言不利大事而僅利小事者，皆當陰長陽消之時。如「巽」卦言「小亨」。

「遯」大象為巽，言「小利貞」。艮山在乾天之下，艮為止。天高山遠，正是君子脫離凡塵，避免災亂，掛冠求去，藏隱山林的理想境界。中國傳統的隱退有耕隱，樵隱，漁隱。如姜太公，垂釣於渭水之濱；諸葛隱於臥龍崗。藏與逃不同。退可以避小人之禍，為全身之計。乾為西北，艮為東北，以退往北方為利。上乾下艮，上乾為金，下艮為土，土生金，為大富大貴之局。

「遯」互為巽為木，又互為乾為金，金剋木，木又剋艮土，是相剋為財官之象，然艮止在其中，又處「遯」卦，不利晉升，有被貶官，流放之象。是一富貴之人隱退。乾陽在上已為後路可退，但大象為巽，遜也，順也，伏也。是順勢而退也。知難而退也。不會強求。是有大才能知進退，能衡量進退之道。乾上進，艮止進，是知進退也。

「遯」為夏曆六月之卦。天熱而伏藏。這不是冬眠，是夏眠。《史記集解·秦本紀》孟康曰：「六月伏日初也。周時無，至此乃有之。」《正義》：「六月三伏之節起秦德公為之，故云初伏。伏者，隱伏避盛暑

也。」《曆忌釋》云：「伏者何？以金氣伏藏之日也。四時代謝，皆以相生：立春，木代水，水生木；立夏，火代木，木生火；立冬，水代金，金生水；立秋，以金代火，故至庚日必伏。庚者金，故曰伏也。」從夏至後第三個庚日起，每十日為一伏，分別為初伏、中伏、末伏，是一年中最熱的時候。

「遯」為大巽，巽為伏，「遯」為大伏，大隱。小隱隱於野，中隱隱於市，大隱隱於朝。

「遯」從辶，從豚，大象為巽，巽為豕，是一大豕，豕也是天上星座之名，就是西方白虎七宿中的第一宿奎宿，有星十六顆，是白虎七宿的尾巴，《史記·天官書》：「奎曰封豕，為溝瀆。」《正義》：「奎，天之府庫，一曰天豕，亦曰封豕，主溝瀆。」《前漢·天文志》：「奎曰封豨，主溝瀆。」巽為入，為納故為府庫。《西遊記》中的豬八戒原是天庭中統領十萬天河水兵的天蓬元帥。這說明豬豕與水有關聯，《詩·小雅·漸漸之石》：「有豕白蹢，烝涉波矣。月離于畢，俾滂沱矣。」〈傳〉：「犬喜雪，馬喜風，豕喜雨，故天將久雨，則豕進涉水波。」奎宿與畢宿古人用來觀察天是否降雨。乾為天，巽為風，風向之變是天氣變化之徵候。

初六：遯尾，厲，勿用有攸往。
象曰：遯尾之厲，不往何災也。

「遯」，豚也，加辶，謂小豬竄走的意思。《說文解字》：「豚，小豕也。」《小爾雅·廣獸》：「豲，豬也，其子曰豚。」《方言》八：「豬，其子謂之豚。」

「尾」，微也。《釋名·釋形體》：「尾，微也。承脊之末，稍微殺也。」尾在脊椎骨之末端也。小篆尾字作 ，從尸，從毛，尸者人也，像人飾尾之形。

爻象初在卦下故為「尾」。其他的卦以初為始，但「遯」卦說的是逃，是遁，是陰逼陽遁，陽在上，陰在下，陽前陰後，初六在後故曰「尾」。上爻為首，為頂，為角，例如「大過」上六：「過涉滅頂」「比」上六：「比之無首。」「姤」上九：「姤其角」。

初六居艮止之下，也是大巽之下，有如 ䷟「恆」初六之「浚」，如深入黃泉之下，來不及遯，故曰「遯尾」。

「遯尾」，是尾巴被捉到，小豬想溜但小尾巴卻被抓到，逃的最慢，故「厲」而危險。不是被抓住小尾巴，就是給踩住以致遯的困難而「厲」。古人有斷小豬之尾為的是豢養易肥。此斷尾或尾被抓住都是危厲的情勢。

「遯尾」，是掃到颱風「尾」，無妄之災，要溜也來不及，只能就地躲藏。好在初位卑下，也是「潛伏」之地，故「勿用有攸往」。

「用」，宜也。

又「用」，用於祭祀之犧牲也，《左傳》僖公十九年：「己酉，邾人執鄫子用之。」注：「養之曰畜，用之曰牲，其實一物也。」

「厲」，危險也。《玉篇》：「厲，危也。」《廣雅・釋詁》：「厲，危也。」

「勿用有攸往」，尾被抓、被斷而危厲，當然不宜前往出行，宜靜不宜動，則危厲可以免。故〈小象〉曰：「不往何災也」，不往就無災。既然遯逃的太晚，最後的尾端才遯逃，來不急了，逃出必為所執，不如不逃，不往，不往就無災。

「勿用有攸往」，此豬尾巴受損不宜用作祭祀的犧牲。

初六往應九四，則為六二所阻，是危厲之道，勿往則免之。

艮為止，初居艮體，在艮體故宜靜止。

既是最後的「尾遯」，應該低聲下氣，不可聲張。艮為止，為掩；巽為遜。

「何災」，猶言無災。

「不往何災」，不前往，低身下氣的躲藏則無災。

初六爻處於微末，失位，前遇敵，不能往前，故厲。最後的遯已經來不及，所處的情況是危厲的。「坤」卦初六「履霜」，「姤」卦初六「羸豕孚蹢躅」，都有嚴厲而躁動之象，但「遯」卦初六欲遯而尾巴給抓住，既然遯不了，只能身處艱難而靜待其變。《朱子語類・遯》：「『遯尾厲，勿用有攸往』者，言不可有所往，但當晦處靜俟耳。」甚是。

▤▤遯 ▤▤同人

爻變為「同人」，遯而有同志，遠離是非之地，另往遠處發展可得同志。「同人」是群眾，「同人」象失是初爻離群落單之象。「同人」初九：「同人于門，無咎。」於家門之內杜門不出，可以無咎。遯入人群中。

六二：執之，用黃牛之革，莫之勝說。
象曰：執用黃牛，固志也。

此爻承上爻而來，初六小豬尾被抓住，此爻更甚之。

「執」，綁縛捉拿也。《禮記·檀弓》：「肆諸市朝，而妻妾執。」《廣韻》：「執，持也，操也，守也，攝也。」也可以當作「繫」，意思相同。《廣雅·釋器》：「繫，絆也。」《類篇》：「繫，繫也。」《詩·小雅·白駒》：「繫之維之。」〈傳〉：「繫，絆也。」又《毛詩注疏》：「繫之謂絆其足」。

「之」，指六二。

由卦意來看，此「執之」當是綁縛捉拿作為牲品的小豚。

「用」，宜也。

「革」，皮革做成的皮繩。《說文解字》：「獸皮治去其毛。革更之。」《註》：徐鍇曰：「皮去其毛，染而瑩之曰革。」《韻會》：「皮熟曰韋，生曰革。呂氏曰：革者，去毛而未爲韋者也。」又「革」也可作勒。《釋文》：「革，韓詩作勒。」《說文解字》：「勒，馬頭絡銜也。從革，力聲。一說馬轡也，有銜曰勒，無曰羈。」艮為牛，為止，為革。

「執之」，抓住它，綁住它。抓住亂竄的小豚綁住它的腳。

「用黃牛之革」，宜用黃牛皮做成的皮繩繫勒綁縛住。

「勝」，能也；「克」也是能，五行相剋亦曰五行相勝。

「說」，脫，逃脫、隱遁而去。古文脫、說、悅同字。

「莫之勝說」，使之不能脫逃。

六二與九五正應，想隨九五之「嘉遯」而去，但是身居艮體，艮為止，所繫不能遯去。但六二中正，能固守其志，故〈小象〉曰「固志」。

六二不言吉凶，可知六二無凶咎。既被「固」不能動，不動則無吉凶悔吝。

「革」是皮繩，用牛皮做的繩，堅固不容易斷裂之意。

六二意志堅定，固執的很。

「莫之能脫」，受到堅固皮繩的綁縛所以不能掙脫，故〈小象〉曰：「固志」。換句話說六二是想要脫之而遯去。

「莫之勝脫」，是說用黃牛皮繩綁縛祭祀犧牲用的豬，但豬隻極力掙扎，皮繩堅韌不致使作為犧牲的豬隻脫逃。

䷠遯 ䷫姤

此爻變為「姤」，不期而遇，意外也。

「姤」為下斷，皮革內有裂縫當心被掙脫。為禍起蕭牆，內部產生矛盾；「姤」又為合，這六二不能脫是因為兩者關係非比尋常。

九三：係遯，有疾厲。畜臣妾，吉。
象曰：係遯之厲，有疾憊也，畜臣妾吉，不可大事也。

「係」，同繫。巽為繩，故曰「係」。艮為止，故曰「係遯」。《廣雅・釋詁》：「紖，繫也。」《說文解字》：「紖，牛系也。」《說文解字注》：「牛系、所以系牛者也。」《禮記・祭統》：「君執紖。」鄭玄注：「紖，所以牽牲也。」

「係遯」，用繩子捆縛住豬豚。

「係遯」，欲遁去卻被繫縛住，受牽戀不能遁。

「有」，用也。

「疾」，傷也。《爾雅・釋言》：「疾，壯也。」壯，傷也。

「厲」，危險也。《玉篇》：「厲，危也。」《廣雅・釋詁》：「厲，危也。」

「疾厲」，泛指各種的疾病危難。巽為疾，三無應，往前遇陽為敵，故有「疾厲」。

九三以陽居陽，不中無應，在下卦之上，陽剛燥進，又居艮止之體，但仍匆遽欲遁，故有害患。

「係遯，有疾厲。」或訓作「繫豚，有蒺藜。」句謂用繩子捆縛豬豚，會生疾病。或謂繫守豬豚要用蒺藜作籬。「疾厲」就是「嚴」。

「係遯，有疾厲。」此豬豚為繩索繫不能遯去，然而有疾病，故不能用於祭祀當犧牲，故「厲」。不吉利。

〈大象〉云「不惡而嚴」如「小畜」般不易拿捏。

初、二、三皆言「時止則止」之理，初太慢，二固志，三燥進太急。四、五、上居乾體剛健而行，言「時行則行」之理。〈象傳〉：「時行則行」。

「臣妾」，臣仆侍妾，都是奴隸低賤卑微之民。古「臣」與「僕」不分。男奴為臣，女奴為妾。《左傳》僖公十七年：「男為人臣，女為人妾。」《尚書·費誓》：「臣妾逋逃」傳：「役人賤者，男曰臣，女曰妾。」《戰國策·秦四》：「百姓不聊生，族類離散，流亡為臣妾。」艮為臣，也為妾。艮為僮為僕，故為臣為妾。

「畜臣妾」，比喻小事。〈小象〉曰：「畜臣妾吉，不可大事也。」

「畜臣妾，吉。」購買畜養奴隸，吉。意謂當靜止不動。臣妾被畜，一如豬豚被捆，故吉。

然九三下有二陰，承順於九三，所以「畜臣妾則吉」。往外遇陽不能行，往內得陰故吉。九三既「係遯」不能遁走，陽爻君子又不能同流合汙，只能關在家中做些微小之事，等代良機。古人在「係遯」之時多「弄兒床前戲，看婦機中織。」以靜候時機。

「憊」，病也。《廣韻》：「憊，羸困也。」《通俗文》：「疲極曰憊，疲劣也。」

九三在艮止之時，若執意遁去，則必有患害，「疾」則「厲」。

「大事」者，古之大事惟祭與戎，皆天下之政。

「不可大事」如「小過」可小不可大，宜下不宜上，九三前遇陽敵，往下遇陰，故宜下不宜上。

潛遯之世，不宜治國大事，但可避居家中，畜養臣妾，自娛以避禍。

此爻繫於女子，小人，在互「姤」中，受慾望所牽連。

此爻變為「否」，故不宜變，不變則不動，不動則吉凶悔吝不生。

此爻言「繫」也可以說是「纏」，可能有訴訟之事，或是鬼纏身，或得罪小人。

☷☶ 遯☷☷ 否

變為「否」，則是惡疾。

此爻要明哲保身。

初、二、三在艮體，本當遯但不能遯，初在下就地掩躲，二在中宜然自得，三在上本可遯又受繫於蒺藜不能遯，悶的很。

九四：好遯，君子吉，小人否。
象曰：君子好遯，小人否也。

「好」，美好，適時適切。

「好」，交配，《詩‧周南‧關雎》：「關關雎鳩，在河之洲。窈窕淑女，君子好逑。」聞一多《詩經新義》：「字雖作好，義則或為妃。仇匹也，好訓為妃者，妃亦匹也。……『君子好逑』亦即君子匹儔也。」

「好」，美也，大也。《說文解字》：「好，美也。」「羊大則美，故從大。」

「好遯」，大豬也。

「好遯」，大豬豕交配以生崽豬。

九四居乾，乾為好，為君子；故曰「好遯，君子吉。」

九四已離艮居乾，艮止乾健，到了上卦，能健行故可遯了，適時而隱故曰「好遯」。

按四與初有應，「好遯」者，當禍患未形之時，從容而遯走。但只有能知幾察微的君子可以做到，若小人則繫戀初六，見小利而不知幾微故不能遯去。故曰「君子吉，小人否。」

「好遯」，以肥美大豬作為祭祀犧牲，可以得吉。小人則不合於禮，故不吉。《禮記‧內則》：「凡接子擇日，冢子則大牢，庶人特豚，士特豕，大夫少牢，國君世子大牢。」又君子之間相餽贈也用豚，《論語‧陽貨篇》：「陽貨欲見孔子，孔子不見，歸孔子豚。」則小人於禮是不能用豚的。

「否」，不也，兼有不吉之意。此爻對君子吉，對小人不吉。

小人不肯遯，不遯則凶咎至矣。戒之在貪，不可出仕。

▤ 遯 ▤ 漸

此爻變為「漸」，「漸」是「女歸吉」說的是婚姻。也是迂迴求進，按部就班，要先佈置一翻。要識時務，以退為進，好漢不吃眼前虧。「漸」是知進退之卦。「漸」是秩序，是滲透，曲折迂迴，慢慢的按部就班，「漸」失為「遯」，故遯的好又快，毅然果決之象。

九五：嘉遯，貞吉。
象曰：嘉遯貞吉，以正志也。

「嘉」，謂值得嘉讚崇尚的喜事。

「嘉」，也是美。《爾雅·釋詁》：「嘉，美也。」

「嘉」是喜上加喜。九四豬豕交配生子，九五則繁殖數量增加故曰「嘉」。

吳大澂先生《說文古籀文補》云，「嘉」字從喜，從力，從口。上部為喜字，下部為加字，本意是婦女生產旁放置一耕田的犁，取其順利、勉勵之意。

九五居中得位故得「嘉遯」。

乾為嘉，九五居中當位，下應六二，不必遯。因能識微慮遠，及此嘉時而遯，故曰「貞吉」。

「嘉遯」，以美好之大豬作為祭祀犧牲，得吉兆。

「貞吉」，貞卜得吉兆。

▤ 遯 ▤ 旅

此爻變為「旅」。

此爻能「正志」，或是可以伸展抱負，退而遇貴人或賢佐，但要旅行，遠離家鄉如商鞅、李斯等。

「嘉」也是受賞識，得賞賜，大富大貴。

「遯」是狼狽遁逃，「旅」是旅行遊覽，得此「嘉遁」故從容。

此爻卜病不死，為官不吉。

五爻為王，王遯，是天子巡狩，天子逃難，遜帝退位，落難的鳳凰變成雞。

上九：肥遯，無不利。
象曰：肥遯無不利，無所疑也。

「肥遯」，肥大多肉的豬豕，以此作為祭祀犧牲，故無所不利。

「肥」，寬大充裕。《說文解字》：「肥，多肉也。」是「疾、嚴。」之反。至此已經不嚴不急而寬欲、舒緩、從容之象。

「肥遯」遁的從容，不急不徐。

「肥」者蜚也，飛也。《淮南子・九師訓》云：「飛而能遯吉，孰大焉。」〈思玄賦〉：「欲非遯以保名。」曹植〈七啟〉：「飛遯離俗」；《子夏易傳》釋「肥」為饒裕。《焦氏易林・需之遯》云「去如飛鴻」，《節之遯》云「奮翅鼓翼」，《革之遯》云「退飛見祥」，是《焦氏易林》也把「肥」讀為「飛」。又《群書治要・周易》：「上九，肥遯，無不利，最處外極，無應於內，超然絕志，心無疑顧，憂患不能累，矰繳不能及，是以肥遯無不利也。」是「肥」即「蜚」字，即飛也。

蓋上九居亢極之位，乾為行，飛亦乾象，「乾」九五：「飛龍在天」。

「肥遯」是飛遯，遯的又高又遠又快。是飛來飛去的高人。

蓋上九居極上化外之地，內無應援，心無懸念，塵世之外，憂患喜樂皆不能牽累，矰繳箭矢不能加諸其身，故「肥遯，無不利。」桓溫《文選・薦譙元彥表》：「抱德肥遯，揚清渭波。」《真誥・稽神樞》之四言得道者：「肥遁山林，以遊仙為樂，非不能升天。」《管錐編》以此喻陶弘景曰：「是既為人君之外臣，復得為天地之外臣焉？」《抱朴子・暢玄》云：「其次則真知足，知足者則能肥遁勿用，頤光山林。」隱居避世而自得其樂。遠走高飛，無有阻礙，飛的輕鬆自在無有牽連，大大彰顯之象。

上九逍遙世外，無遷無掛，故「無所疑」。

「肥」，富裕也。

「肥遯」是荷包滿滿的遯。

☰☰遯 ☰☰咸

此爻變為「咸」，上卦為兌，為羊；肥羊高飛，是滿囊金銀的富裕之象，捲款潛逃。

「咸」是速，遯飛的又高又遠又快。

「咸」是衝動，要快遯，不遯可能有生命之憂。「咸」是無心之感，是萬物之間的感，上九居化外，是退隱高士，完全無牽掛，脫離世俗，超凡脫俗，臻至化外，不感於世俗，只應乎天地萬物，逍遙世外。

第34籤 ䷡ 大壯卦 又名雷天大壯

大壯：利貞。

象曰：大壯，大者壯也。剛以動，故壯。大壯利貞，大者正也。正大而
　　　天地之情可見矣。

象曰：雷在天上，大壯。君子以非禮弗履。

序傳：遯者退也。物不可以終遯，故受之以大壯。物不可以終壯，故受
　　　之以晉。晉者進也。進必有所傷，故受之以明夷。夷者傷也。

雜傳：大壯則止，遯則退也。

繫辭：上古穴居而野處，後世聖人易之以宮室，上棟下宇，以待風雨，
　　　蓋取諸大壯。

壯 壯 小篆 壯《說文古籀補》 壯 王羲之

「大壯」上震為雷，下乾為天，是天上雷鳴，聲勢威猛，驚動百里，所以名為「大壯」。

雷的震動上了天，是天威大壯，是太壯，過壯。

「大壯」陽爻生長積蓄到了四爻，超過三爻的 ䷊「泰」，若是生長到五爻就為 ䷪「夬」，陽盛將衰，故到四爻為壯；始、壯、究消息之理，故「大壯」就是大大的陽壯，震於天上者，是驚天動地也。

「壯」者，強盛也。《爾雅・釋詁》云：「壯，大也。」《廣雅・釋詁二》云：「壯，健也。」陽爻由初漸長至四，是陽氣大盛於人間故曰「大壯」。

「遯」是陰長陽消，是陽退去，「大壯」是陽過中已達四，直逼天際，故曰「大壯」。

「大壯」也是說陽氣已太多了，陽氣至三為「泰」卦最好。又初二為始，三四為壯，五上為究，陽氣至四故曰「壯」。上震動，下乾健，兩皆陽卦是陽氣大動也，故「壯」。

「壯」是年青力盛，是壯年。《說文解字》：「壯，大也。從士，爿聲。」段玉裁注：「壯，大也。《方言》曰：『凡人之大謂之奘，或謂

之壯』。」《釋名・釋長幼》云：「三十曰壯，言丁壯也。」《禮記・曲禮上》：「三十曰壯，有室。」壯年之後就是老年，《老子》：「物壯則老。」《老子・河上公》：「物壯則老，草木壯極則枯落，人壯極則衰老也。」下二爻為「始」，中二爻為「壯」，上二爻為「老」，下四爻皆陽，陽為「大」，故曰「大壯」。壯則當止，不然進于老究則枯亡而終。《歸藏》此卦作「耆老」，亦即《老子》：「物壯則老」之義。

震為動，乾為剛健，這是既剛強又行動、又積極，是內外皆強猛，其勢強壯。因其剛猛能動，所以不懼外物。外在環境的人、事、物皆不足影響。

上震動如雷，下乾健如天，雷動於天上，是震動天下，是轟動武林，驚動萬教，鬧的大家都知道。

「大壯」是君子當權又有所作為也。所以〈象傳〉說：「大壯，大者壯也。剛以動，故壯。」陽大而動，動而壯；「壯」者「傷」也，動必有傷，人傷己也傷。

▤▤「大壯」卦大象如 ▤▤ 兌卦；兌為羊，上、五兩爻如羊之牴角，有如刀刃，稱為羊刃，凶屬無比。

「大壯」如大兌，兌為秋，是大秋也；秋屬金，肅殺之象；又兌為毀決，又互為「夬」卦，兌乾皆為金，金強剛健，遇之輕者必傷，重者則亡。

「壯」、「戕」金文通假，壯古音強，強、戕一音之轉。壯，臧也；𢦏「臧」甲骨文从「戈」从「臣」，「臣」象豎目，表示以戈刺傷眼睛。甲骨文常以「目」字表示「頭」、「首」；整個字象斬敵之首，懸於戈之上，以壯其功之形。謂能斬敵之首者，壯也。可知「臧」為「壯」之本字。古人以梟首之刑，斬首之功，為有成就的善美之義；也訓為「武」也、「勇」也。「壯」，強音轉，壯、強、戕、臧、創皆音通。籀文作臧，从戕，从口；將原本象徵人首的「目」，改為計算人數的「口」（幼時隨母領取眷糧，還依年齡分小口、大口）小篆作臧，从戕，从臣；則將「目」改為「臣」，「臣」是被擄獲的俘虜。

戕字，从「爿」从「戈」，「爿」是「牀」的初文，作為「戕」的

聲符。「戈」是武器，用以傷人，本義是弒殺。《說文解字》：「戕，搶也。他國臣來弒君曰戕。从戈，爿聲。」段玉裁注改「搶」為「槍」，注云：「戕，槍者，距也。距謂相抵爲害。《小雅》：『曰子不戕』。傳曰：『戕，殘也』此戕之正義。」段玉裁說殘殺才是「戕」的本義，這也是對的。

壯字，從「爿」從「士」，是強壯的武士；戕，是武器尖銳傷人的戈。《說苑・辨物》：「陽溢而壯，陰源必塞，國必亡。」「大壯」大象如大兌，兌為毀決，兌為羊，強調的是羊角，羊角也稱為羊刃，其性兇猛觸之必傷。又「士」本義為陽具，秦始皇時有大陰人嫪毐，其陽具可以轉動車輪，「毒」字從士，可為旁證。

得此卦小心有血光之災。壯年而傷，有短命夭折之象。

「大壯」上、五兩陰爻為在下的眾陽爻所侵逼，陽爻欲得五爻之君位，其勢已壯，足以侵君，故「大壯」有以臣侵君，以子侵父，以下侵上之象。

壯同莊，《禮記・檀弓下》：「衛太史柳莊。」《漢書・古今人表》作「柳壯」。《禮記・曲禮上》：「非禮不誠不莊。」鄭玄注：「莊，敬也。」「大壯」大敬畏也。所以，〈大象〉曰：「非禮弗履」。既是敬，也是不合禮者不干犯踐履，不要去做，故「大壯」為「止」也。

《左傳》昭公三十二年，晉趙簡子問史臣史墨，魯昭公被季孫氏逐出魯國而魯國臣民服從無有怨，史墨以「大壯」回答，意謂震為長子為諸侯而在乾天之上，是君臣異位，猶如大臣強壯壓過天子。所以卦辭告誡曰「利貞」。「貞」者，固也，守也，止也。本卦示人以大壯則傷、則大戕之意，喻君子見此卦當懷有敬畏，戒慎恐懼之心，知時而止。故〈雜傳〉曰：「大壯則止」。

「大壯」既是戕壯，也是恃其陽壯好動而易發生衝撞而致傷害。所以，〈大象〉曰：「非禮弗履」恃其壯而不依規矩禮節莊敬行事，反之依禮行事以避免傷己害人。〈序傳〉曰：「物不可以終壯，故受之以晉。晉者進也。進必有所傷，故受之以明夷。」以陽壯衝突躁進必有傷害。都是戒之勿恃強躁進，要懷有敬畏之心。

「大」兼有「正」之義，「大壯」就是既正且壯，是堂堂正正之

師，無物可以遁逃。但所為所行要正才能壯。不能逞其私欲，不然必 ䷪「夬」。故卦辭曰：「利貞」，利於出征。四陽相連物壯而利於出行。「貞」也是止，「大壯」錯為「觀」，「觀」大象艮，艮為止。這也是戒之「大壯」之進必以正，以禮。

䷠「遯」是陰氣漸長將為 ䷋「否」，而「大壯」是陽氣過盛已過了陰陽平衡的「泰」，因此，「遯」卦告誡人們觀察幾微而遁；「大壯」戒人守弱知止。《老子》說「物壯則老」，歐陽修說「物既老而悲傷」「物過盛則當殺」。及時知止才能「壯」而不「傷」。所以〈雜傳〉：「大壯則止」。

壯年要「守」，要「貞」，老年要「節」，要「慎」，䷚「頤」〈大象〉：「君子以慎言語，節飲食。」

綜為「遯」，為退，故曰「利貞」，不宜再進，進必受傷。故「大壯」要知適可而止。

九四失位有逼君之象，故戒之以「利貞」。陽氣至四為「大壯」，九四為卦主。陽氣盛壯雖然可喜，但盛極必衰，所以爻辭反而戒以「利貞」不知「貞」必「凶」，這是警惕人們居安思危。陽壯又不正那是極危險的，所以要「利貞」。自恃陽壯而肆無忌憚則禍害更深。就人而言就是剛愎自用，如此，必凶。所以在各爻中以陽居陽者多凶屬。

「大壯」大象兌，兌為口舌，上卦震，震為言，是理直氣壯語多傷人。君子受責備則自身警惕，小人受責備則心多埋怨而思加害反撲。所以理要直，氣要平，語要緩。

「大壯」是實力堅實，積畜已豐，身心強康，待不住原地，必定會往前發展，向前衝刺，所以「大壯」之後為「晉」卦。

《易經》中卦名言「大」者有「大過」、「大畜」、「大有」、「大壯」四卦，除「大有」為五陽一陰之卦外，其餘皆四陽二陰之卦，並且四陽爻皆相比連。「遯」卦也是如此卻不言「大」。蓋「大」者，陽也；「小」者陰也。「遯」卦是陽將消所以不言大。或可曰「大遯」，陽要遯，不遯就「否」。

「大壯」之時不可自恃其壯而過於壯。「大過」也是因為陽壯而生的。陽受止不進為「大畜」，陽為陰所容才能「大有」。

「遯」卦言「亨，小利貞。」是陰之長故言小。「大壯」是陽之盛，為何不言「大利貞」僅言「利貞」就是誡之不可自恃其壯的道理。

事物衰則必盛，消則必長，遯則必壯，所以〈序卦傳〉說：「遯者退也。物不可以終遯，故受之以大壯」「大壯」就是大大的前進。「利貞」可以理解為「利於出征」。

「大壯」也是宮室，是大建築物。〈繫辭下〉：「上古穴居而野處，後世聖人易之以宮室，上棟下宇，以待風雨，蓋取諸大壯。」蓋「大壯」錯為「觀」，「大壯」大象為兌，兌為穴，故曰穴居。《大觀》大象為艮，艮覆碗，為止，故為宮室。艮為門戶，為防禦。兌為澤，為風雨。

「待」者，禦也。「以待風雨」，用以禦防風雨。不是等待是期待也。《孫子・九變篇》：「用兵之法，無恃其不來，恃吾有以待也。」 ䷏「豫」〈繫辭〉：「重門擊柝，以待暴客，蓋取諸豫。」也是相同的。

這全用的是錯象，「觀」卦為艮，艮為寺，為室，為館。又「大壯」就是大兌，兌為穴，為窯洞，古人穴居，以穴為宮室，在中國北方乾燥地區很普遍。

「大壯」是二月，是陽氣臨人，春到人間，雷聲大作之時。「大壯」錯為「觀」，陽氣至四為「大壯」，陰氣至四為「觀」。

「觀」就是陰氣大壯，為八月，陰氣凌人，所以七月底就要關鬼門關。《爾雅・釋天》說「八月為壯」是陰氣大壯之意，是秋天肅殺之意。所以「觀」為壯觀。

〈雜卦傳〉說：「大壯則止，遯則退也。」陽在上就成上兌下乾之「夬」卦，有崩決之象，故止。詳「夬」卦。

「大壯」就是陽壯，與「遯」卦相綜。「遯」是陰長陽消，君子要退避不然小人必加害君子，大則攸關國運，小則攸關個人名節，所以，「遯」多偏在進退的態度，「遯」可以說是 ䷖「剝」卦的先兆。「大壯」可以說是 ䷗「復」卦的具體結果，二陰為四陽所逼幾無容身之地，陽之氣勢大盛故名「大壯」。再來就是陽氣至五的「夬」卦，陰被逼到腳落已無容身之地，非與陽一「決」雌雄不可。陽氣盛陰氣自然不是對手，所以很「快」可以「解決」。陽氣頂盛，任意暢快。

震為木，乾為金，金剋木；此卦剛猛強壯，應「以柔濟之」一人之聲勢如雷鳴於天，勢傳千里，在下的部屬，在其旁的朋比，都難承當。若內心濟之以柔，則雖壯也無話可說，不然金剋木，其禍自嚐。其互卦為「夬」卦，有小人作梗。「大壯」聲勢浩大之時應濟之以柔順才可免咎。

《易經》陽為大，陰為小，陽氣大盛故曰「大壯」。只有陽稱「壯」，陰不稱壯，稱「觀」。陽爻佔六爻中四爻，也非有四陽就可以稱「大壯」，必須「剛以動」上震下乾，是陽剛之體而且在動，所以稱「大壯」。「大壯」是陽大且動，是「大壯利貞」是動且正。也就是說「大壯利貞」有三層意義，一、壯是因為陽，二、而且是勢盛，三、動要以正為本。只有「大」又「剛」才能「壯」，小又陰柔則不能壯。不僅如此要動才能壯，不動就成 ䷙「大畜」卦了。不但要動還要正，要體大、勢盛、且動之以無邪才行。最怕就是自以為剛正，聽不見他人的聲音，每每以自己的標準衡量他人，而剛愎自用。如此，所生之禍必大而傷，那就成了「酷吏」。

天地間萬物萬事雖大但不一定壯，大而無壯，也就是不動則無凶災悔咎。若壯而不正則凶災難免。這就是〈彖傳〉說的：「正大而天地之情可見矣」。「壯」而不合天地之情義，是傷不是壯。《論語・季氏》：「及其壯也，血氣方剛，戒之在鬥。」亦同。

〈大象〉曰：「君子以非禮弗履。」是說「大壯」動之以剛強威力浩大，若行之不正，動之不正，必傷人害物，所以要規範自己，也就是處於大壯之時一切行為要合於理，何於禮。「非禮弗履」，就是不合於理、禮、風俗習慣的不去做。「理直氣平」就是「非禮弗履」。用禮教法律來規範約束「大壯」。人處大壯之時，要注意行為舉止，不然行為言語極易傷人而不自知，久了就會傷己。

「大壯」是陽壯，壯陽也。互「歸妹」，野合失禮之象，故要節之以禮。「臨」為陽大之始，「泰」為陽大之中，「大壯」為陽大之極，「夬」為陽大之潰，「大過」為大之禍。

又「大壯」為男之壯，為陽之壯；䷫「姤」為女之壯，陰之壯。《易經》三畫之卦，以初為少，二為壯，三為究。六畫之卦以初為少，二三四五為壯，上為究。「大壯」錯為「觀」，「觀」為艮，艮為止；又

震為蒼筤竹，為藩籬之象。「利貞」是止之以貞，不使其越籬、出軌。可知「大壯」有出軌，衝越藩籬之象。互為 ䷵「歸妹」，外遇之卦。

陽氣由初一步步漸長至四，根基厚實，焉能不壯。這壯有囂張狂妄之意。「豫」亦陽在四，無奈下陰，根積不穩，又身陷坎險，故僅豫不壯。

一陰在下為「姤」是陰之壯，是女之壯。「大壯」四陽，是陽之壯，是男之壯。陰僅得一就壯，陽要四才壯。

初九：壯於趾，征凶，有孚。
象曰：壯於趾，其孚窮也。

《易經》多次以「趾」喻初爻。「夬」初九：「壯於前趾」，「咸」初六：「咸其拇」。

「壯」，是大動。

「趾」，是腳掌。《廣韻》：「趾，足也。」《說文解字》：「止，下基也。」《左傳》昭公七年：「今君若步玉趾，辱見寡君。」注：「趾，足也。」

「壯於趾」，是初動，剛開始動，動壯於趾，趾高氣昂也。《左傳》桓公十三年：「鬭伯比……謂其御曰：『莫敖必敗，舉趾高，心不固矣』。」

此爻之「壯」也是戕，受傷也。虞翻注：「壯，傷也。」《經典釋文》引馬融：「壯，傷也。」

初爻一動就「壯」，一動就傷於趾。故不可「征」，「征」必有「凶」。初動就壯，就受傷，故曰「征凶」，初行而有凶，不祥。「乾」陽初爻本當「潛龍勿用」而非「壯」，非「征」。又初爻至五爻是一個大兌，兌為毀決，故為傷。這與「夬」卦為一個大兌是一樣的。

「大壯」主要是「利貞」，不可躁動要靜守。初爻一動就傷，故「征凶」，故貞靜守分，不征則吉。初爻在乾體之下是「潛龍勿用」之地，在「大壯」之時若是勇於前往，則凶。

「孚」是徵兆。「有孚」是跡象明顯，就是一定會，信不信由你。

初六動於趾，想動的跡象明顯，最好不要動，征動一定凶。

初六以剛居剛又在乾體，本當「勿用」的也好動起來，若濟之以柔則

可用，用剛則凶。

「大壯」時用柔好，用剛不好。〈大象〉曰：「非禮弗履」就是戒「大壯」得理不饒人，自恃壯而恣意妄為。

「窮」字在《易經》多用於上爻，上爻是「亢窮」之地，可見初九與上九一樣，不知節制，用剛過了頭，不知「利貞」。

別的卦以趾喻初動，剛剛動還有救悔挽回的可能，此初九因為在「大壯」一動就動的兇，後悔莫及。故易「窮」，想要救悔也來不急。初九前遇陽敵，又無應爻，故「窮」。

「孚」帛書作「覆」，敗覆。〈小象〉曰：「其孚窮也」，敗覆而窮。

高亨先生將「孚」作浮，義為罰，如浮一大白。亦通。足趾受傷不利於行，出征有凶，故而受罰。

此爻居下力弱，故止於初，止於基下，就是止於動之初。不知止而健於前行，征之避凶，而敗覆。

☳☰ 大壯 ☴☰ 恆

此爻變為「恆」，「利有攸往」失，故不宜「征」。又「恆」初「浚恆」有太過之象，亦不利。

此爻傷足之象，足傷不利於行。古有斬趾之刑。

利於守常，要懂的「乾」初九：「不易乎世，不成乎名，遯世無悶，不見是而無悶，樂則行之，憂則違之，確乎其不可拔，潛龍也。」

「夬」初九與此爻相同，「壯於前趾，往不勝，為咎。」

九二：貞吉。
象曰：九二貞吉，以中也。

「貞」，是守，是固。

「貞吉」是安靜固守則吉。亦可謂占問得吉。

二爻得中，故「貞吉」。與九三的「貞厲」對文。

「以」，因為。

「中」，下卦之中。九二承乘皆陽，得敵，似不吉，然而吉者，因為在中位也。

在「大壯」剛爻用柔皆吉。「大壯」就是要「利貞」，九二能「貞」自然得吉。

九二雖在乾體，但以剛居柔，剛柔相濟，又能守中，行中道而不過剛便吉。

「貞吉」，也可釋為「征吉」，九二居中處於「大壯」，不會像初九趾高氣昂，故出行得吉。

☳☰ 大壯 ☳☰ 豐

此爻變為「豐」，多故也。貞固不動則吉，動則多故凶。

此爻是正仁君子，又多才之象。

九三：小人用壯，君子用罔。貞厲。羝羊觸藩，羸其角。
象曰：小人用壯，君子用罔。

「用」，以也。

「壯」，牆也，藩籬，籬笆，柵欄。上卦震為藩離。

「小人」是上六。

「君子」是九三。

「罔」，網也；網之於物，以柔克剛也。「網」是後起字，本作「网」。「網」從糸，從罔；是「网」字加上了「亡」作為聲符。

上六欲應九三，而為六五所阻，故「用壯」。九三欲應上，為九四所阻，故「用罔」。

「羝羊」，強壯公羊。《一切經音義》：「壯之歲曰羝。」《說文解字》：「羝，牡羊也。」《廣雅》：「吳羊牡三歲曰羝。」《急就篇註》：「牂羊之牡也。」九三居兌（三四五爻互兌），兌為羊，為角，「大壯」是陽壯，故曰「羝羊」。

「觸」，牴也，以角牴觸，衝撞也。

「藩」，藩籬，圍欄。四五六為震，震為藩。

「羸」，纏繞，困住，敗壞。聞一多《周易義證類纂》讀「羸」為「儡」，《說文解字》：「儡，相敗也。」「羸其角」，謂敗壞其角。董仲舒〈士不遇賦〉：「努力觸藩，徒摧角矣。」摧亦敗壞也。《太玄・

童》上九測曰：「童麋觸犀，還自纍也。」與此相彷。

「小人用壯」是說小人在此境況之下，一定會以剛用剛，陵犯於人。九三以陽居陽，居乾體，過剛不中，是個強有力的火爆小子。

「羝羊觸藩羸其角」是說如勇猛的羊以角衝撞藩籬，反而羊角被纏繞困住摧折其角，進退維谷；是說柔才可以剋剛，以剛克剛易憤事。或謂用網繩繫縛羊角，勿使衝撞，則無藩破之虞。但前義更甚。

四五六為震，為藩籬，而兌羊在震之中，故有羊角被籬所困之象。又兌為毀決，羊角折毀之象。

此爻用壯的結果自陷於困難之中，又是自作孽不可活之象。

「君子用罔」，是說君子不會如小人恃剛強凌於人。

「貞」，是征。

「貞厲」，是用剛出行危險，無法脫困而危厲。與九二「貞吉」相反。

「網」，是柔中帶剛，以柔剋剛。君子懂的用柔，知剛柔相濟，小人則不。

互為「歸妹」，爻變也是「歸妹」，進退皆「征凶，無攸往。」

「網」，也是情網，「歸妹」是情慾重於理智。

這是一隻發情的公羊。

「羸」，也是瘦弱，飢渴之象，是慾望需求強烈之義。又陷於情網中故消的人憔悴。壯陽用多傷身之象。

「君子用罔」，追求異性要用柔不可用強。

「網」，是法網；小人用強，此爻有強暴不遂，反遭法網所陷，入獄之象。

「大壯」是陽壯，也是壯陽。

「罔」帛書作「亡」，《廣雅・釋詁三》：「亡，避也。」謂小人用壯強行直進，君子則避之。用壯則「羸其角」。

☰☳ 大壯 ☳☱ 歸妹

此爻變為「歸妹」，為情所傷，事業無成，進退兩難，長久無法脫困。

這爻又言「君子」，又「小人」，與「遯」卦九四「君子好遯，小人否也。」同，這兩爻相綜同一爻。

九四：貞吉，悔亡。藩決不羸。壯于大輿之輹。
象曰：藩決不羸，尚往也。

此爻義當指羊以角觸藩。

「貞」，筮問。「貞吉」，占問得吉。

「悔」，困厄麻煩。

「貞吉，悔亡」，謂筮得此爻，以前有困厄麻煩如今順利。

九四與九三相反，九四處境比九三好的多。九三前臨陽故受阻不能前。九四前臨重陰故利於往。故曰「貞吉，悔亡。」謂出行得吉，反悔而歸必有亡失。前臨重陰當勇往直前。

「決」，斷裂毀折。

「藩決」，藩籬被壯而斷裂毀折，藩籬被撞破了。

「藩決不羸」與「羝羊觸藩，羸其角」義反。

「藩決不羸」是說以角觸藩籬，藩籬毀決而角不受羸傷摧折。

「藩決不羸」是打破藩籬，無有障礙，暢通無阻，無有羸角之虞。故〈小象〉說「尚往」。

「藩決不羸」故「悔亡」。

「輹」是車軝，束軸之物。古代車箱下面與軸相鉤連的木頭，用以止車之行。《左傳》僖公十五年：「車說其輹，火焚其旗。」晉朝杜預《注》：「輹，車下縛也。」唐朝孔穎達《正義》：「輹，車下伏兔也。今人謂之車屐，形如伏兔，以繩縛於軸，因名縛也。」陸德明《經典釋文》：「輹，本亦作輹，音服。」馬云：「車下縛也」即縛住車軸之繩，脫落則車不能行駛。即縛住車軸之繩，脫落則車不能行駛。宋人項安世《周易玩辭》曰：「按，輻，車糠也。輹，車軸轉也。輻以利輪之轉，輹以利軸之轉。然輻無脫理，必輪破轂裂而後可脫。若輹，則有脫時，車不行則說之矣。」這有理，輻不容易脫，輹則容易脫。「小畜」九三：「輿說輹」義同。

「壯」，戕也，傷也。三四五互兌，兌為毀決，故為傷。

「壯于大輿之輹」，是觸羊破藩籬又傷及大車，車輪受傷，不能前進。為大羊觸籬毀損還不趕緊繫縛猛羊則闖大禍。這是不知施以逞戒以預防後患之象。《詩・周頌・小毖》：「予其懲，而毖後患。」或謂猛羊破藩而出，勇往直前如堅固大車。〈小象〉：「尚往」取後者之義。

「壯于大輿之輹」，是以車輪為作藩籬。

「壯于大輿之輹」，《易經》所言吉凶，就是要知道趨吉避凶，九四前無阻礙，故要趨吉，如一部強壯堅固的大車往前奔馳。

九三前遇陽，陽遇陽為敵，所以九三「羝羊觸藩，羸其角」，九四前遇重陰，陽遇陰則通，又居震體，震為動，為雷，故九四「藩決不羸」。

「小畜」初九：「輿脫輹」是車輪脫去，車不能行。情況比此爻嚴重。

　　　　大壯　　　泰

此爻變為「泰」，通泰也，故利往。

「貞」是卜，「貞吉」是卜筮得吉象。不是「貞固」，〈小象〉用「尚」來解釋，告訴人們是進，不是不進。

「大壯」九四在二陰之下故「尚往」可通。「大畜」九三也前遇二陰故「利有攸往」。兩皆震體故皆曰「輿」。

「小畜」九三與此爻也類似，不同的是一遇重陰，一遇一陰，陽遇重陰有震象，故利往；遇一陰有兌象、坎象；兌為毀決，坎為陷皆不利往。故「小畜」九三：「輿說輻」行之不順，不利於行。

「乾」九四「或躍在淵」，如今九四「尚往」，可躍為「飛龍在天」。

六五：喪羊于易，無悔。
象曰：喪羊于易，位不當也。

「喪羊於易」，據顧頡剛在《〈周易卦爻辭〉中的故事》一文認為是有易國君綿臣殺商人王亥搶其僕牛的史實。故事詳見「旅」卦。

此時王亥只喪其羊，損失不大。「旅」上九「喪牛于易，凶。」則不只喪牛也喪其性命。

「旅」上九「喪牛于易，凶。」此爻「喪羊于易，無悔。」一凶一無

悔，為何？蓋牛大羊小，且《易經》言及動物者有「牛」是溫順之物，如「離」卦「畜牝牛吉」；「龍」是神妙之物，如「乾」卦；「虎」嚴利肅殺之物，如《履》卦「履虎尾不咥人」；「狐」是陰妖之物，如「未濟」「小狐汔濟」。「大壯」卦為何以羊為喻？蓋羊為剛狠之物，雖合群而不易牧養，例如牧牛一童即可，羊則容易受虎狼攻擊，個性執拗，非多人或輔之以牧羊犬則不易牧養。故喪牛凶，喪羊而無悔。

「易」，場一丶也，牧場。《說文解字》：「田畔也。大界曰疆，小界曰場。」《前漢・食貨志》：「瓜瓠果蓏，殖于疆場。」朱熹訓易為場。陸績說：「易異文作場，疆場也。經傳疆場之場多作易。」鄭玄注謂易，即田地之邊界，郊野也。《左傳》成十三年：「鄭人怒君之疆場」「場」從易，與「場」有區別，常誤。

「喪羊於易，無悔」，句謂羊群喪於牧場邊界野外。無有歸。

「喪羊于易，位不當也」是六五失位，也是王亥所處之地不是自己的地盤而有錯誤的行為而有小失，故「無悔」。謂有小失但無有困厄麻煩。

在「大壯」卦陽壯而猛，故以陽居陽而當位者皆不好，初九「征凶」、九三「貞厲」，因為陽盛不諧之故；又凡不當位的九二、九四皆「貞吉」，六五「無悔」皆好，因為陽盛能濟之以陰之故。六五雖不當位但能濟之以陰柔，有柔順和易之德故「無悔」。

≣大壯 ≣夬

爻變為「夬」，剛決柔，「夬」失為「大壯」陰陽相易之故。

「夬」與「大壯」皆陽壯，一必決，一利貞。故僅「無悔」而無吉凶。

「羊」為財富，既言「喪羊」有失財之象，破財消災，故「無悔」。

「羊」亦為陽，「喪羊」就是陽氣喪失，剛狠變成了平易，符合「大壯」「利貞」不躁進的大義，故「無悔」。

上六：羝羊觸藩，不能退，不能遂，無攸利，艱則吉。
象曰：不能退，不能遂，不詳也。艱則吉，咎不長也。

大象為兌，兌為羊，故仍曰「羝羊」。

上六欲應九三，為五所阻，得敵。九三之「藩」在九四，上六之

「藩」在六五，故上六退往內欲來應九三，為藩籬所阻。欲進前往，而已至上窮之位也不能進，故曰「不能退，不能遂。」

「遂」，進也，達也。《集解》引虞翻曰：「遂，進也。」《廣韻》：「遂，達也。」《禮記・月令》：「百事乃遂」。稱心如意也。

上六所處亢窮之地，卦之終，是壯之終，動之極，進無可進，退又遇敵是退無可退，有如羝羊之角牴觸藩籬之上卦在那動彈不得。強弩之末也。

「不能退，不能遂」，不能退，不能進，前路已窮，退而有險，動彈不得，什麼也不能幹故「無攸利」。

然上六本當為有應，雖遇敵受阻但艱貞自守，終能相應，故「艱則吉」。

「艱則吉」是處於動彈不得的「艱」況要知慎，要深思熟慮，不可吊以輕心，則可吉，不然必凶。所以〈小象〉說：「不能退，不能遂，不詳也。」

「詳」是審慎，詳細。《經典釋文》：「詳，審也。」審，慎也。

「不詳」是不知審慎於始，所以搞的進退不得。

「詳」是祥，兌為羊，為祥。

「不詳」是不祥，是不祥的徵兆。久於進退不得必凶。

「艱則吉，咎不長也」是艱貞慎審則可脫困。九三與上六為正應，終必和合，故曰「咎不長」。

此爻陽氣受困，自不量力，「艱則吉」是要經過一段艱難時期方可脫困。即出此艱難之時要心存謹戒之心，不可輕舉妄動，則可無此患難。

▉▉ 大壯 ▉▉ 大有

爻變為「大有」，「大有」卦辭：「元亨」，「大壯」卦辭：「利貞」。合之如「乾」：「元亨利貞」。

此爻不可輕率從事，終能脫困，加官晉祿。

此爻接下一卦「晉」而來。

晉　：康侯用錫馬蕃庶，晝日三接。

彖曰：晉，進也。明出地上，順而麗乎大明，柔進而上行。是以康侯用
　　　錫馬蕃庶，晝日三接。

象曰：明出地上，晉。君子以自昭明德。

序傳：物不可以終壯，故受之以晉。晉者進也。進必有所傷，故受之以
　　　明夷。夷者傷也。傷於外者必反其家，故受之以家人。

雜傳：晉晝也，明夷誅也。

𣊟 𣊟 晉

「晉」字金文像箭矢命中靶的的樣子。甲骨文、金文從二倒「矢」從「日」，「晉」小篆作「𣊟」，許慎《說文解字》「晉」字亦同。《說文解字》云：「𣊟，進也。日出萬物進。從日從臸。臣鉉等案：臸，到也，會意。」古文箭、晉同字通假，《周禮・大射儀》：「綴諸箭蓋」。鄭玄注：「古文箭為晉」。《周禮・夏官・職方式》：「其利金錫竹箭」。鄭玄注：「故書箭為晉」。《吳越春秋》五《勾踐歸國外傳》：「晉竹十廋ㄙㄡ」段玉裁《說文解字注》云：「晉竹卽箭竹。假借字也。」郭沫若認為「晉」字象日光似箭疾進；故「晉」字本義是疾進如箭矢。但竊以為下半部的「日」⬤ 像是圓形箭靶，上半部是箭簇；「晉」字就是箭簇射在箭靶上的樣子。「晉」九四居坎體，坎為矢，為箭，為疾，是進的快如飛矢。

「晉」卦上離為日，下坤為地；為日出天上，為如日中天，光天化日。反之「明夷」為曙光黎明，日蝕，黑暗時代。卦辭說：「晝日三接」，「晉」卦為白晝。〈雜傳〉也說：「晉晝也」。「明夷」為黑夜，為日落。離日在坤土之下故為夜盡明將初之象。「坤」卦皆陰爻無陽為黑夜。

「晉」為前進，為向上進昇之意。日出於地，日出萬物生長，故為「進」。日出地面跳躍飛升之象。《爾雅・釋詁下》亦云：「晉，進也」。

離為南。前朱雀，後玄武，故離為前。「晉」是向前升進。〈象傳〉曰：「晉，進也。」「明夷」為誅，為死，為滅。「晉」綜「明夷」故

「晉」為生，為向上前進，前途一片大好。

「晉」錯為「需」，「需」者須也，〈雜傳〉曰：「需，不進也。」故「晉」為進，是等待以求進。在進之前要懂得等待、忍耐。故〈雜傳〉：「需不進也」，「晉，進也。」

「需」是危險當頭，不宜躁進。「晉」是光明前景要積極進取。「晉」卦日出於地，是旭日東昇之象，前途一面光明。朝氣蓬勃，明昌茂盛。日出萬物受養而生長，故蓬勃。

離為虛心，為光明。坤為柔順。是在上者虛心求賢，在下者順應上意，政令得以推行、進行順利之意。「晉」是清明之治。離在上為明，為君，是君如日月光耀四方，是政治清明之象。離為虛心，為明，坤為柔順，是在上者虛明求賢，在下者順應上意，政通人和之象。

「晉」與「升」都有向上的意思，但有被動與主動的不同；「晉」是被在上位者賞識而提拔；「升」是自身向前提高往上。「漸」如「升」一般也是自我提升。《易經》中「晉」、「升」、「漸」三卦皆有「進」之義，但是有區別的。以「晉」卦之如日出於地最優；再來是如木將出於地之「升」卦。再來是風行山上的「漸」卦。

「晉」是開創新局，別開新面。「晉」在「大壯」之後，根基厚實，繼之以「晉」就是開創。「屯」是創業維艱，要先發展組織，細心布局。「豫」是團隊士氣高昂，戰力充沛，叱咤風雲，掌控大局。「晉」是光明昌茂，安康樂利。

「晉」是政治清明，是賞賜，是富貴之象，是加官晉祿。「明夷」則是受罰，蒙受大難，政治黑暗，天子亂政。

卦辭之「康侯」，應當就是周武王的弟弟，封在衛國的康叔，名封；亦稱「康王」，本封於康，後徙封于衛。《書・康誥》：「王若曰，孟侯，朕其弟，小子封。」偽孔傳：「封，康叔名。」古代聖人皆有異相，根據《史記正義・周本紀》引《帝王世紀》云：「文王龍顏虎肩，身長十尺，胸有四乳。」《焦氏易林・益之益》：「文王四乳，仁愛篤厚。子畜十男，無有夭折。」謂周文王能生養十子，《史記・管蔡世家》曰：「管叔鮮、蔡叔度者，周文王子而武王弟也。武王同母兄弟十人。母曰太姒。其長子曰伯邑考，次曰武王發，次曰管叔鮮，次曰周公旦，次曰蔡叔度，

次曰曹叔振鐸，次曰成叔武，次曰霍叔處，次曰康叔封，次曰冄季載。冄季載最少。同母昆弟十人。」康侯就是康叔封。周武王姬發封康叔於衛。〈康侯鼎〉：「康叔丰《尚書》作寶尊。」《史記・衛康叔世家》：「周公旦以成王命興師伐殷，殺武庚祿父、管叔，放蔡叔，以武庚殷餘民封康叔爲衛君，居河、淇間故商墟。」《左傳》定公四年：「昔武王克商，成王定之，選建明德，以蕃屏周。故周公相王室，以尹天下，於周為睦。……分康叔以大路、少帛、綪茷、旃旌、大呂，殷民七族，陶氏、施氏、繁氏、錡氏、樊氏、饑氏、終葵氏；封畛土略，自武父以南，及圃田之北竟，取于有閻之土，以共王職。」康叔封本封於康，後遷徙至衛；〈世本居篇〉：「康叔居康，從康徙衛。」叔封本為周司寇，初封於康，徙封於衛，故稱康叔，亦稱康侯。

　　毛奇齡《仲氏易》解「康侯」曰：「猶《考工記》稱寧侯也。或曰民功曰康，坤為民，故有康象。」《考工記》之「寧侯」鄭玄注曰：「寧，安也。」謂安國之侯。姚仲虞《周易姚氏學》曰：「鄭康成曰『康，尊也，廣也』尊廣之即所以安之。眾陰上進尊位，諸侯朝王之象也。諸侯朝王，王康之，故晉，康侯。」這也通，基本上「晉」是明君治世，「明夷」是昏君黑暗的時代。「康侯」是安邦定國之侯。是勞苦功高之領導人。康叔封據記載也是一位明君。

　　「錫」，賜也。賜貝曰賜，賜金曰錫。又「明夷」為誅，為逃，故「晉」為賞賜，晉升。其實中國字一字常有正反兩義，錫也是貢獻的意思。《書・禹貢》：「九江入錫大龜」。又曰「禹錫玄珪，告厥成功。」《書・召誥》：「大保乃以庶邦冢君初，取幣，乃復入，錫周公。」這些錫字都作進獻解釋。但這裡我以為當解為賜予。初封的諸侯王賜予民眾，馬匹是必應之物。

　　「馬」，在古代為一國武力強盛的表徵，《說文解字》：「馬，怒也。武也。象馬頭髦尾四足之形。」古人以四馬拉一兵車為一乘，也是計算國家大小的單位。周天子擁有萬輛兵車，稱「萬乘之國」，諸侯稱「千乘之國」，大夫稱「百乘之家」。家者，大夫之采邑也。《論語・學而》：「道千乘之國，敬事而信，節用而愛人，使民以時。」《孟子・梁惠王》：「萬乘之國，弒其君者，必千乘之家；千乘之國，弒其君者，必百乘之家。」康侯初封當勵精圖治繁殖馬匹以強盛國力。

「蕃庶」，繁殖，繁衍庶眾。

「晝日」，聞一多以為讀「周日」，謂一整日。

「三」，是約略之詞，猶言屢次、多次。汪中《述學‧釋三九》：「凡一二之所不能盡者，則約之三。以見其多。」

「接」，交合；《說文解字》：「接，交也。」《廣韻》：「接，合也、會也。」「蒙」九二：「子克家，剛柔接也。」男女、陰陽相合之象。《禮記‧月令》：「是月也，乃合㪍ㄌㄨㄟˋ牛騰馬遊牝於牧犧，牲駒犢舉書其數。」合，就是公母交合。遊牝，即動物發情。《呂氏春秋‧季春》：「是月也，乃合累牛騰馬游牝於牧。」高誘注：「騰馬，父馬也。」王引之曰：「累牛、騰馬皆牡也，於游牝正相對。」《註》：「累、騰，皆乘匹之名。」《疏》：「季春陽盛，物皆產乳，使牝就牡，欲孳生蕃也。」這「接」就是指動物發情之牡牝交合。

「晉」接著「大壯」而來，壯而能接，故曰「三接」者，多次交合。

「康侯用賜馬蕃庶，晝日三接。」說的是康侯始受封於衛，勵精圖治，努力繁衍馬匹強化國力之意。《史記‧衛康叔世家》：「衛康叔名封，周武王同母少弟也。……周公旦懼康叔齒少，乃申告康叔曰：『必求殷之賢人君子長者，問其先殷所以興，所以亡，而務愛民。』告以紂所以亡者以淫於酒，酒之失，婦人是用，故紂之亂自此始。爲梓材，示君子可法則。故謂之康誥、酒誥、梓材以命之。康叔之國，既以此命，能和集其民，民大說。」依照當時的體制諸侯國當有馬千二百九十六匹。《詩‧墉風‧定之方中》箋：「國馬之制，天子十有二閑，馬六種，三千四百五十六匹。邦國六閑，馬四種，千二百九十六匹。」又《詩‧墉風‧定之方中》：「騋牝三千」說的是魯閔公二年衛國為狄人所滅，宋桓公迎衛國之遺民渡河，立戴公以廬于漕。戴公立一年而卒。魯僖公二年，齊桓公築城於楚丘而再封衛，于是衛文公立而建國焉。衛文公勵精圖治終於讓衛國復興，而《詩經》以有馬「騋牝三千」來稱讚衛文公，可知馬匹的多寡為一國國力與殷富與否的指標。《左傳》閔公二年云：「衛文公大布之衣，大帛之冠，務材訓農，通商惠工，敬教勸學，授方任能。元年，革車三十乘；季年，乃三百乘。」說的是衛文公即位之初文公元年只有兵車三十乘，到了季年就是文公二十五年已經繁殖到十倍之眾；一乘四馬，三十乘一百二十匹馬，二十五年後繁殖一千兩百匹馬，也可見文公治國有

方。故《左傳》注：「三十乘，齊桓公所贈；三百乘，治國所得。」《詩經通論》：「文公操心塞實而淵深，故能致國富強，至于騋馬與牝馬共有三千匹。舉物之蓄息，則人之蓄息可知矣。」故卦辭言：「康侯用賜馬蕃庶，晝日三接。」句謂衛康叔初封於衛勵精圖治，治國有方，以武王所賜之馬匹，繁殖庶眾，國力日盛，為明君也。

古史大師顧頡剛在《燕京學報》的論文中認為這是康侯授命出征，一日三捷，俘獲馬匹眾多，用以進獻於王，將「接」解釋為「捷」，高亨先生舉《左傳》莊公十二年經：「宋萬殺其君捷」僖公三十二年經：「鄭伯捷卒」文公十四年經：「晉人納捷菑于邾」《公羊傳》「捷」並作「接」。可以參觀。我以為初授封國，勵精圖治，自然必翦除原本的勢力，甚至向外擴展，以加強國力。亦通。是則「晉」亦讀作「戩」，《說文解字》：「戩，滅也。从戈，晉聲。《詩》曰：『實始戩商』。」戩、翦相通，進軍攻擊滅除敵人之意。

「晉」為白晝；「明夷」為黑夜。「晉」為有明主大治天下；「明夷」為昏君亂政。

「晉」是攀緣依附以求進，如蔓藤依附大樹一般以求得陽光，得貴人提拔。〈象傳〉曰：「順而麗乎大明，柔進而上行。」坤為柔為順，離為陰卦，為附麗。「柔進而上行」以陰柔之法以求進，故有攀附權貴之意。「晉」雖有攀附之意，但本身大才受人舉薦，得明主大顯其才，是不次拔擢。「晉」是陰柔之才上進，陽剛之才下退。「順而麗乎大明，柔進而上行。」既是柔進，陽剛自然退下。是女子進，男子退。

「晉」是柔進，故曰「接」，接者妾也。接者交合也。以美色求進。離為麗，美麗、亮麗女子進。

何新先生以為「晉，通覲。本卦乃朝覲執禮之卦。」並引聞一多讀「晉」為「揖」、為「敬」，可從。其實中國字一字常有正反兩義，甚至多義；《周禮·夏官·田僕》：「凡田，王提馬而走，諸侯晉大夫馳。」《註》：「晉，猶抑也。」《尚書大傳·周》：「見喬實高高然然而上……見梓實晉晉然而俯。」之晉有俯義。故晉者，敬也；鄭玄注《尚書·大傳》：「晉，肅也。」敬肅而揖曰「晉」。《說文解字》：「晉，進也。日出萬物進，从日从臸。〈象〉曰：『明出地上，晉』。」又晉、跽古音通。跽，《說文解字》：「跽，長跪也。」《釋名·釋姿

容》：「跽，忌也，見所敬忌不敢自安也。」古人席地而坐，屁股坐在腳掌上，跽則雙膝著地，上身挺直，屁股不坐在腳掌上而挺直腰身，尊敬謹肅之象，也稱為「起」。《史記·項羽本紀》：「項王按劍而跽」。《索隱》：「跽，謂長跪。」這是說鴻門宴時項羽見樊噲勇猛由原本屁股坐在腳掌上而挺直腰身，屁股離開腳掌形成一警戒狀，以便隨時起身。敬、警古為同一字。《史記·范雎蔡澤列傳》：「秦王屏左右，宮中虛無人。秦王跽。而請曰：『先生何以幸教寡人？』范雎曰：『唯唯』有間，秦王復跽而請曰：『先生何以幸教寡人？』范雎曰：『唯唯』若是者三。」這是秦昭王以尊敬的姿勢求教於范雎。又「卩」ㄐㄧㄝˊ字，甲骨文作長跪之形，也是跪伏持敬姿態。故晉有敬意。《左傳》僖公三十三年：「敬，德之聚也。能敬必有德。……出門如賓，承事如祭，仁之則也。」《尚書大傳》：「跽，謂長跪。」可知在周代「敬」是當時貴族的重要禮德。敬即嚴肅謹慎。「晉」是推薦進升。《正韻》：「晉，薦也。」推薦求進。是延請。「晉」是賜，用錢延請之意。卦辭曰：「晝日三接」，就是接見。

「晉」上離火，下坤土；下土生金，是在下位者以金獻上，而上以離火剋之，不接受之意。是居上不接受賄賂。火生土，三四五為坎水，水剋火也。是上照顧下，只口惠而實不至也。但坤土在下，二三四為艮土，是眾土剋一坎水，終於可以化解得安。在下者欲攀附而上，要揣摩上意。

「需」卦下乾剛健前行遇險，故不進。「晉」卦下坤前行亦遇險，全賴上位者伸援手提攜。

「晉」是插隊，是不秩拔擢，是禮遇有嘉，是深受恩寵。九四一陽插於眾陰之中，故為插隊。既為插隊，故為非常之事，故為不秩拔擢。「賜馬蕃庶」、「晝日三接」皆非常態。

「晉」是強臣逼君。六五陰柔之君乘九四欲進之強臣，坐立難安，祇得以陰柔安撫之使其安其位，故破格進升，不但招見，親自延請，更賜賞豐厚。

「晉」為功高震主，有尾大不掉之勢，如年羹堯。九四為宰輔、近臣。居坎，坎為勞，是勞苦功高之象。坎為孚，是九四受六五信任。坎為疑，是君臣間的猜忌。坎為險陷，功高震主不祥。「晉」卦如日初躁進，進之太烈，故不祥。

「晉」是嚴以律己。九四功高震主，又身處險難，坎亦為律，為約束，為法律。〈大象〉曰：「君子以自昭明德」就是發揮自己的長處，更要約律自己不可光芒太露。

《明夷・大象》曰：「君子以蒞眾，用晦而明。」要睜一隻眼，閉一隻眼，寬以待人。

「晉」互「蹇」，為跛足，爬的高摔的重。

〈序卦〉傳：「物不可以終壯，故受之以晉，晉者進也。」凡物壯就有進的趨勢。進是因壯而來，故在「大壯」卦後繼之以「晉」卦。「晉」是壯而後進，所以是強臣逼主，尾大不掉。

「晉」綜為「明夷」，日出之後必有日落，今日之「晉」必為日後之落。「晉」錯「需」，是不進，旁通錯行為進，是遇險陷不能進則旁行邊道以求進。「需」為待，耐心等待，時後到了就可以進。

「柔進而上行」這句在六十四卦中「睽」、「鼎」、「晉」三卦中才有，但只要離卦在上的〈象傳〉就言：「上行」。

古人行事多依季節，《呂氏春秋・季春》：「是月也，乃合纍牛、騰馬，游牝于牧。」高誘注：「騰馬，父馬也。」陳奇猷校釋引王引之曰：「累牛、騰馬皆牡也，與游牝正相對。」累牛（纍牛），交配期的公牛，泛指公牛。《禮記・月令》：「（季春之月）是月也，乃合累牛騰馬，游牝於牧。」孫希旦《集解》引高誘曰：「累牛，父牛。」《禮記・月令》：「是月也，乃合擺牛騰馬遊牝於牧犧，牲駒犢舉書其數。」陳注：「春陽既盛，物皆產育，合累繫之牛騰躍之馬，使牲畜就牝。」《淮南子・時則訓》：「擇下旬吉日，大合眾致歡欣，乃合擺牛騰馬浴牝於牧。」可見「錫馬蕃庶，晝日三接。」必是在季春天暖之時。

初六：晉如摧如，貞吉。罔孚裕，無咎。
象曰：晉如摧如，獨行正也。裕無咎，未受命也。

「晉」，跽也，敬肅之義。如跽之跪坐敬肅之狀。

「晉」，或作「戩」，進而伐之也。《說文解字》：「戩，滅也。從戈，晉聲。《詩》曰：『實始戩商』。」《爾雅・釋詁》：「晉，進也。」《廣雅・釋詁》：「晉，進也。」

「如」，語末助辭。

「摧」，聞一多讀為折也，俯也，低頭彎腰臉朝地，亦為敬肅跪拜之意。

「晉如摧如」，同義字相連，意謂敬肅跪拜。應當是祭祀時候的肅敬態度。

「晉如摧如」，即進軍攻擊，摧折殲滅敵人。

又「晉」，進也。「摧」，退也。

「晉如摧如」是說初六與九四應，受九四牽引，故可以往前進升，但二、三爻亦陰爻，陰遇陰得敵受阻，故先進後退。初六力小，不可強攻故「摧退」，退回原位。初六保持可進可退，進退自如，故吉。

初爻本是「勿用」之位，初六失位，故不守貞而進取。又居坤體，坤為安，受九四牽引故能退能進而吉。

「罔」，否也，無也，不也。帛書作「悔亡」。《爾雅・釋言》：「罔，無也。」

「孚」，俘也。擄獲的敵人與財貨都可以稱之為俘；《說文解字》：「俘，軍所獲也。从人孚聲。」

「罔孚」，不孚也。與「有孚」相對。

「裕」，裕、欲古通。欲望，心中所期望。亦是寬裕、富裕，《說文解字》：「裕，衣物饒也。」

「罔孚裕」，不俘裕，不俘獲戰利品，即不掠奪俘虜財貨。

于省吾作「不孚欲」，以初六前遇六二，陰遇陰則窒，不能前進，故不能孚其所欲，無法滿足心中所欲。又初六陰遇陰得敵，故曰「獨行」。

有應故曰「正」。

「未受命」者，言初六居「勿用」之位，尚未膺官守之命，未受上命故寬緩以待進。

初是平民百姓，故「未受命」。

「貞吉」，征吉；敬肅而進故進取得吉。占問得吉。

此爻恭敬而能進取得吉，富裕而無咎災。或謂進軍攻伐敵人，摧折敵軍，雖無所獲，但行有餘力而無咎，也是吉占。

此爻變「噬嗑」，合也，故此爻不合。初六要求進升，要突破強梗的阻礙，很辛苦，不利為官。「噬嗑」是商場如戰場，是人吃人，要突破要用「裕」，要送火腿。

六二：晉如愁如，貞吉，受茲介福，于其王母。
象曰：受茲介福，以中正也。

「晉」，箭矢也。亦謂進擊攻伐也。

「晉如」，進擊攻伐迅速如飛射出的箭矢。

丘籀文

「愁」，何新先生說作「丘」，「丘」之本意為四周丘陵高地圍成的盆地，《說文解字》：「丘，一曰四方高，中央下為丘。象形。」《說文解字注》：「淮南墜形訓注曰。四方而高曰丘。象形。」《史記・孔子世家》：「魯襄公二十二年而孔子生。生而首上圩頂，故因名曰丘。字仲尼，姓孔氏。」《索隱》：「圩音烏。頂音鼎。圩頂言頂上窳（《集韻》與窪同）也，故孔子頂如反宇。反宇者，若屋宇之反，中低而四傍高也。」

聞一多作「遒也，圍困。」也，遒通囚，蓋如盆地四周圍繞故引申為圍困。高亨先生讀為「迫」，即以強盛兵力進迫壓抑敵人使之屈服。

「晉如愁如」，飛射出的箭矢堆積如山丘。或以箭矢量多形容兵力強盛如此可以壓迫敵軍，突破圍困。

「貞吉」，即征吉，出征吉祥。以強盛的軍力壓迫包圍敵人，可以戰勝得吉。

今人解「愁」字為憂愁。《釋文》：「愁，鄭云：變色也。」

六二無應六五，前進遇敵，又遇坎，坎為憂，故曰「愁如」。六二該進無法進故「愁」。

在「晉」升的時代，初爻是庶民受邀與否關係不大，故可寬待雍容自處，但六二為官守、仕紳，有身份地位，自然比初六急切。

「愁」字從「心」，只是心裡愁，不像「頻」應於臉色。聞一多說：

「憂愁者首常俯」所以此爻的「晉」，也可讀作「肅」，應該是觀見、祭拜「王母」時的敬肅態度。「晉如愁如」是觀見或祭祀時要持有恭敬嚴謹的態度。如此操持事情可以得吉。

「貞吉」與初六同，貞守不燥則吉。

「介」，大也。《爾雅·釋詁上》：「介，大也。」「坤」六二「直方大」。

「福」，金文像一個酒甕，「畐」是「酉」的變形當是指酒，意思是敬酒，祭祀時的奠酒。引申為福祉。

「介福」，大福，福祉。《詩·小雅·楚茨》：「報以介福，萬壽無疆。」《蔡中郎集》：「受茲介福，位極人臣。」《詩·周頌·烈文》：「烈文辟公，錫茲祉福。」

「王母」，即母，《爾雅·釋親》：「父之妣為王母」于省吾謂「王」為尊大之稱。下卦坤為母。

「受茲介福，于其王母」，句謂受大福祉惠及於母也。或謂出征得勝受到母親的嘉賞。

六二中正，時間久了必受福於王母，給與晉升，受與高祿，使其受大福。

此爻利於出征，福祿自然臨門惠及於母，雖愁不憂。

☲☷ 晉 ☲☵ 未濟

此爻變為「未濟」，所以要「貞」不可變，變則無濟於事。

六三：眾允，悔亡。
象曰：眾允之志，上行也。

三爻居坤體，坤為庶眾。

六三陰遇九四陽，故通，利於進。

《易經》以陰承陽為吉，何況在「柔進而上行」的時代，故眾陰求進。

「允」是允許、首肯，依允，承順。《爾雅·釋詁》：「允，信也。」眾陰一致支持、擁護六三向上前進，蓋馭下必以信為之，則眾人服允。

「眾允」，同一心意也，眾人同心也。

「悔」，困厄麻煩。

「悔亡」，後悔亡逝。以前有困厄麻煩如今順利。

何新讀「悔」為無。「悔亡」，即無有逃亡。

「眾允，悔亡」，謂眾人同心，一致向上進取無有悔亡、逃亡。

「上行」謂進而承陽。

初六、六二真皆「貞吉」想進升但都不容易，初六「罔孚」也是未受眾允，六二雖「受福」但還要等，只有六三，時機、地位皆成熟，故受允應升進。

≡≡ 晉 ≡≡ 旅

此爻變為「旅」，出外地任官，做生意，遠離家鄉、原駐地。外放。

「旅」為伙伴，有志一同，志同道合，一起晉升。

初爻得不到他人的支援幫助，三爻則是得眾人信任。

九四：晉如鼫鼠，貞厲。
象曰：鼫鼠貞厲，位不當也。

「碩鼠」，田中害蟲螻蛄。《詩・魏風・碩鼠》：「碩鼠碩鼠，無食我黍」、「碩鼠碩鼠，無食我麥」、「碩鼠碩鼠，無食我苗」。大意是農人擔心「碩鼠」啃食莊稼青苗。但是鼠類是不食禾稻等莊稼之幼苗的，可見「碩鼠」當非一般隻老鼠。孔穎達在註解時也說：「苗之莖葉以非鼠能食之。」那「碩鼠」是何方神聖？《說文解字》：「鼫，五技鼠也。能飛不能過屋，能緣不能窮木，能游不能渡谷，能穴不能掩身，能走不能先人。從鼠、石聲。」老鼠是不具備這樣條件的。「五技鼠」者，田中害蟲螻蛄也。陸德明《經典釋文・周易音義》：「鼫，音石。子夏傳作碩鼠。鼫鼠，五技鼠也。《本草》：『螻蛄。一名鼫鼠』。」《爾雅・釋蟲》：「螜ㄏㄨˊ，天螻。」邢昺疏：「螜，一名天螻，一名碩鼠，即今之螻蛄也。」崔豹《古今注・魚蟲》：「螻蛄，一名天螻。一名螜。一名碩鼠。有五能而不成伎術。」《廣韻・入聲二十二・昔》：「鼫，鼫鼠，螻蛄。」《廣雅・釋蟲》：「炙鼠、津姑、螻蟈、螻蛄也。」朱駿聲《說文通訓定聲》：「鼫，《古今注》：『螻蛄，一名鼫鼠。今目驗螻蛄，實似

此五技，故即以鼫鼠之名名之』。」牟應震《毛詩質疑・物名考》：「碩鼠，即鼫鼠。《古今注》：『螻蛄也』。方首、短翹，六足。前二足如鼫鼠，故以鼠名。其前身澀，後身滑。以羽鳴。春苗生時，恆穿田為苗害。故曰『無食我苗』。又名梧鼠。《荀子》曰：『梧鼠五技而窮』。能飛不能上屋，能緣不能窮木，能走不能先人，能穴不能掩覆身，其為螻蛄無疑也。而《爾雅》以碩鼠入鼠部，陸、郭因之，誤也。其所以又名梧鼠者，梧與碩、石同音也。」說的甚確。螻蛄為昆蟲節肢動物，前大肢因為要掘土所以碩大，彎曲像是雙手拱拜狀所引申敬肅之義，合於「晉」卦之義。《國語・晉語》：「敢三肅之」韋注：「肅，肅拜，下手至地。」《左傳》成公十六年杜注：「肅，手至地。」意思就是恭敬肅立如鼫鼠，又低首挖土像肅肅稽首至地。

　　「鼫鼠」是螻蛄，又稱五技鼠，《說文解字》：「五技鼠也；能飛不能過屋，能緣不能窮木，能游不能渡谷，能穴不能掩身，能走不能先人，此之謂五技。」是樣樣通，樣樣鬆。會的多都不精，什麼都想插一腳，但能力不足。是非份之想。是半吊子。

　　《擎經室集・釋雉》：「雉，野雞也。其飛形平直而去，每如矢矣……《左傳》都城過百雉。杜預說雉長三丈，許慎《五經異義・韓詩》說雉長四丈，何休《公羊學》雉二百尺，說雖不同，大約皆用長繩平引度物之名。」可知古人以物之特性造字取義。雉是野雞，也是度量長度的單位，一飛之距離如箭矢射飛之距離，俗語：一箭之地。「雉」用於度量是「一箭之地」，晉字從矢，進之距離、高度義當如矢之射、如雉之飛。此爻言「鼫鼠」者螻蛄也，可見其飛不高，其躍不遠，距離絕不如射箭之「一箭之地」而是「一螻蛄之地」。意謂螻蛄之進，既不高又不遠。

　　「晉」是搭弓射箭，「晉如鼫鼠」者，所射之箭如螻蛄之飛，既不高也不遠，是個半吊子，所以「貞厲」，出征有厲，不吉也。

　　「鼫鼠」謂貪求上位而能力不足，畏首畏尾，不知敬肅而身陷艱難處境，「乾」九四：「或躍在淵」，是真龍躍昇為飛龍。九四失位，貪求非位，能力不足，德不配位，是小人竊居高位，故「厲」。

　　聞一多先生以為「鼫鼠」是大地鼠之類，能作人立形，引《詩書・正義》陸機《疏》曰：「今河東有大鼠，能人立，交前兩腳于頸上，跳舞善鳴。」韓愈〈城南聯句〉曰：「禮鼠拱而立」。

「晉如鼫鼠」意謂拱手相拜而立如鼫鼠，但手不至地。是雖拱手而不肅敬不拜，是不敬之象，所以「貞厲」。

以上螻蛄、大鼠都是以前肢似人拱手作揖而拜，但總是昆蟲動物，雖有拱手之狀，卻無敬肅之心，態度不誠，雖皆釋「晉」為肅敬之義，但是一個半吊子而不恭敬，故「貞厲」。

九四雖然可以前進但是技不如人，是個半調子，色厲內荏，久必為人視穿，這是危厲的。

若是進軍攻伐敵人如螻蛄、大鼠偷食禾苗作物般的偷襲，乘人不備，出沒無常，於當時作戰以車戰為主之型態而言，必有戰敗之虞，故貞厲。

九四居坎，坎為陷險故危厲。在坎中故不能進。

「位不當」，即不中不正。高不高，低不低。

九四艮體，下據眾陰，有阻止三陰求進之象，自己又不能進，因為「晉」卦是「柔進而上行」，九四陽剛失位，是近臣，是宰相，自己不能進，又阻礙用人的管道，有私貪畏才，才不勝位，志大才疏之象。

≡≡ 晉 ≡≡ 剝

此爻變為「剝」，近比於五，有切身之災。上躍無法飛天，只能下退於淵。別人是進，或

不進，四爻不能進反退。

此爻居坎又居艮，是「蹇」故厲而不能進。

六五：悔亡，失得；勿恤。往吉，無不利。
象曰：得失勿恤，往有慶也。

「悔」，困厄麻煩。

「悔亡」，謂筮得此爻，以前有困厄麻煩如今順利。

「悔亡」是說本來有悔。什麼悔？九四進逼之悔，六五乘九四剛之悔。但九四力不足故悔可亡六五位尊，居離嚮明而治，故「悔亡」。「悔亡」是困厄之憂可以解除。

「悔亡」，晦盲也，天色昏暗也。離為明居坤地之上如黑暗變為日明，但六五為陰故為晦盲。《荀子・賦》：「列星殞墜，旦暮晦盲。」又

「暗乎天下之晦盲也，皓天不復，憂無疆也。」《呂氏春秋・音初》：「夏后氏孔甲田于東陽萯山，天大風晦盲，孔甲迷惑。」

六五失位居中為至尊，乘剛本當有悔，但居離體是「晉」卦之主，〈象傳〉說：「順而麗乎大明」的就是六五，下皆順附所以可以「悔亡」。就是先憂後喜。

「失」，當作「矢」，《周禮・大射儀》：「綴諸箭」鄭注：「古文箭為晉」。《周禮・職方氏》：「其利金錫竹箭」注：「故書箭為晉」。《吳越春秋・勾踐歸國外傳》：「晉竹十廋」。段玉裁曰：「即箭竹」《方言》：「自關而東謂之矢，關西曰箭。」此爻雖無晉字，而讀晉為箭，故曰「得矢」。

「矢」，誓也；《詩・大雅・大明》：「矢於牧野，維予侯興。上帝臨女，無貳女心。」馬瑞辰《通釋》：「《爾雅・釋言》：『矢，誓也』虞翻《易》注曰：『矢，古誓字』『矢於牧野』，謂周王誓師於牧野。」

「恤」，憂也，懼也，驚恐貌。

「勿恤」，不要驚慌恐懼。

又「恤」，止也。《漢書・韋賢傳》：「明明天子，俊德烈烈，不遂我遺，恤我九列。」顏師古注：「恤，安也。」安，即止也。《文選》左思〈蜀都賦〉：「疇能是恤」呂延濟注：「恤，居也。」居，即止也。

「勿恤」，不要止息，積極往前不要瞻前顧後。故下句接「往吉，無不利。」

「悔亡」，失而復得也。

「悔亡，矢得，勿恤。往吉，無不利。」句謂天色晦黯，得到箭矢，不要止息，積極前往吉無不利。

天子、老闆都喜歡順民，得下屬順附是領導有方，是眾志成城了，故「往吉，無攸利。」

「晉」卦本有「插隊」之意，六五失位得尊，就是插隊，但離明識大體，虛柔能容，大公無私，故悔亡往吉。

「失」，當作「矢」，坎為矢，離現坎亡，為失矢之象。《易經》以失矢為凶，得矢為吉。「噬嗑」九四：「得金矢，貞吉。」即以坎為矢。

「得矢」為意外之獲，「它」則是意外之災。古人以得矢為吉，蓋商周之時箭矢以銅為之，價貴勝於獵物。又古人以獵雁多以矰矢，就是箭上繫著絲線，以利射出後可回收。《玉篇》：「結繳於矢也」《三輔黃圖》：「佽飛具繒繳，以射鳧鴈。」注：「箭有繪曰繒，繳即繪。」故得矢為意外之獲。

「矢得勿恤」，是飛射出去的箭，失而復得，得箭矢有武備故勿止「往吉，無攸利。」

小篆 籀文

魏宜輝先生以為甲骨文、金文從「廌」從「心」或從「文」。「廌」是神獸，「心」、「文」象神獸身上的花紋，本義是廌身上的花紋。由美麗的花紋引申出美善、喜慶之義。古人在喜賀的典禮中用鹿皮作為禮物，如婚聘之禮，故有慶賀、喜慶之義。《說文解字》：「慶，行賀人也。從心從攵，吉禮以鹿皮為贄，故從鹿省。」

「恤」，止也。「勿恤，往吉，無不利」，勿止，積極前往，則無不利。

六五上承上九之陽，陰陽相通故「往吉」。往前遇陽，故曰「往有慶」。

六五上下皆乾陽，又居中，往承陽，故「有慶」。

此爻失物可得，憂悔可亡，勿憂，有所往吉且無不利。

晉 否

此爻變為「否」，「否」失為「晉」，故「悔亡，無不利。」

「失得勿恤」五爻為君，受九四逼宮，但九四才位不足。故得失皆不足憂，是坐的穩，老神在在。

上九：晉其角，維用伐邑。厲吉無咎，貞吝。
象曰：維用伐邑，道未光也。

爻例上為角，故曰「晉其角」。如「姤」上九：「姤其角」。

「角」，獸角，尖角，尖銳的樣子。

「晉其角」是尖銳的箭矢。是動用其角，獸用其角，是爭鬥之象。是動武之象，要動手教訓人了。

「維」是「惟」，僅能夠。

「邑」是城邑。「訟」九二：「歸而逋其邑人三百戶」。

「伐」是征伐。「離」上九：「王用出征，有嘉折首」，離為兵戈，有征之象。

「晉其角，維用伐邑」，是以鋒利的箭矢武器用來進攻城邑。或謂以精兵為前鋒突刺於敵陣之前。但不適合攻城作戰。所以危厲艱難。策略錯誤。

「厲」，艱難也，礪兵秣馬也。

「無咎」，雖艱難而無咎災，不必畏懼。

「厲吉無咎」是礪兵秣馬，充足準備，尖銳的箭矢，可以使危厲處境翻轉變為吉。

上九居窮亢之位，居離體，離為兵戈，為上升，但已無可進之地了，是進無可進之象。既是無可進之地又要進是躁進、亢進，這樣可不好，故曰「厲」。

「吝」，遴也；《說文解字》：「遴，行難也。」《孟子題辭》：「然於困吝之中」。焦循注：「吝之義為難行」。《廣雅‧釋詁》：「遴，難。」謂難行不進，或是遭遇到困難而事難成。猶今言「累」。

「貞吝」，占得此爻將遭遇困難。

「道未光」，是不光采，自己內部沒有管理好，有窩裡反之象，故「未光」。上九是離日之末，日落之象，故曰「未光」。

此爻以精兵突刺攻城，雖危厲而勝得吉，但是慘勝，故疲累難行而吝。

䷢ 晉 ䷏ 豫

此爻變為「豫」，「利建侯、行師。」也是征伐之象。是「侯」故曰「邑」。「豫」上六：「冥豫」，也是昏暗之象。

「晉」要用柔，上九卻用剛，故厲，故吝。

明夷：利艱貞。

彖曰：明入地中，明夷。內文明而外柔順，以蒙大難，文王以之。利艱
貞，晦其明也。內難而能正其志，箕子以之。

象曰：明入地中，明夷。君子以莅眾，用晦而明。

序傳：晉者進也。進必有所傷，故受之以明夷。夷者傷也。傷於外者必
反其家，故受之以家人。

雜傳：晉晝也，明夷誅也。

明 籀文 明 小篆 夷 籀文 夷 小篆

《說文解字》：「䀿（明），照也。從月從囧。」徐中舒先生以為甲
骨文、金文從「日」從「月」，會太陽剛昇起，月亮還沒落下之時，表示
天剛亮的時候。另一說右旁的「囧」象鏤孔的窗牖，會月光從窗外照射入
室內，本義是月明。

夷、尸、人、入古同字。《周禮・天官・凌人》：「大喪共夷盤
冰」。鄭玄注：「夷之言尸也」。尸者，主也。「晉」是白晝，為有道之
君。「明夷」是黑夜，為無道之君。離為王公，故亦謂有德之君，雖為重
重坤陰掩蓋於上而蒙大難，猶能守住自我的光明，以待時機之轉變，故卦
辭云：「利艱貞」。

「夷」有「悅」的意思，《楚辭》劉向《九歎・怨思》：「顧屈節以
從流兮，心羣羣而不夷。」王逸注：「夷，悅也。」離為明，為王公，居
於坤陰之下，如有德之君，上下眾人共赴艱險，雖暫時有艱難，終可化險
為夷。

「明夷」卦要從四個方向來認識，第一卦象，第二傳說，第三史實，
第四文字。綜合而觀才好明瞭。

我們先從卦象來看：

上坤下離「明夷」，坤為土，為地，為暗，為月，為夜；離為日，為
明。離日在坤土之下，象徵日落於地平線下，是黑夜。這與相綜的「晉」

相反，「晉」卦離上坤下，離為日，為明；坤為地，為闇。取象於日出地上，象徵太陽從地平線上出昇，就是日出於地，看過日出的人都知道，日出是日頭跳躍而出，所以〈象傳〉說：「晉，進也。明出地上。」可見「晉」卦的「進」是跳躍、躍升的進。以坤為夜，離為日，上坤下離「明夷」則是坤夜未退而離日初現於下，是黎明時黑暗中之曙光乍現。「晉」卦相錯為「需」，〈象傳〉說：「需，須也。」〈雜傳〉說：「需，不進也。」其實「需」是想進不能進，下卦乾陽剛健行得忍著不進，所以是戒急用忍，是憋著一肚子氣。「晉」卦則相反，時機到了，太陽出生，跳躍躍進豪不猶豫。

　　既然「晉」卦是日出白晝，太陽升的高高的。那「明夷」就是太陽下山黑夜降臨大地，所以象徵太陽的離中虛在坤土大地之下。當然也可以解釋為昏暗不明的黑暗社會，是離明被遮掩的時代，昏君在上，有才不顯，更被殘傷。是一個晦暗不明的時代，明者蒙難的時代。

　　從古代典籍中的傳說來看：

　　離為日，為雉，為鳥。古代有傳說日中有「三足烏」是以鳥為日的象徵，《春秋元命苞》：「日中有三足烏」王充《論衡·說日》記載：「《山海經》言：『日有十。在海外。東方有湯谷，上有扶桑，十日浴沐水中；有大木，九日居下枝，一日居上枝』《淮南書》又言：『燭十日。堯時十日竝出，萬物焦枯，堯上射十日』以故不竝一日見也。世俗又名甲乙為日，甲至癸

三足烏

凡十日；日之有十，猶星之有五也。通人談士，歸於難知，不肯辨明，是以文二傳而不定，世兩言而無主。」《山海經·海外東經》：「下有湯谷。湯谷上有扶桑，十日所浴，在黑齒北。居水中，有大木，九日居下枝，一日居上枝。」「大荒之中，有山名曰孼搖頵羝，上有扶木，柱三百里，其葉如芥，有谷曰溫源谷，湯谷上有扶木，一日方至，一日方出，皆

載於烏。」「有女子，名曰羲和，浴日於甘泉，羲和者，帝俊之妻，是生十日。」大概是古人以為日月在天又昇又降好比鳥禽一般，所以托日以為鳥喻。不只於此，天本有十日，為羲和所生，本當一日一出，皆由「烏」載著橫越過天，無奈十日並出，天下大旱，《藝文類聚》卷一百引《黃帝占書》：「日中三足烏見者，大旱赤地。」《淮南子·本經訓》：「逮至堯之時，十日並出，焦禾稼，殺草木，而民無所食。」大概是古人以為日月在天之昇與降好像鳥禽一般，鳥就成為日的代稱。不止於此，天本有十日，本當一日一出，但十日並出，天下大旱，堯射之，或謂后羿射之，《楚辭·天問》王逸注曰：「羿仰射十日，中其九日，日中九烏比皆死，隨其羽翼。」《北堂書鈔·天部一日》：「堯時，有十日並出，命羿射十日，中九烏皆死，墮羽翼。」《焦氏易林》：「十烏俱飛，羿射九雌；雄得獨全，雖驚不危。」唐代成玄英《莊子·秋水》疏引《山海經》云：「羿射九日，落為沃焦。」可知是堯時十日並出，天下大旱，堯命后羿射日，就是射三足烏，可見離為日，為鳥，本是古代傳說，或是另有故事已失傳。

鳥禽於夜集棲於樹，好像十日棲於湯谷上扶桑樹的十日。日剛出則鳥鳴騷動而飛，這是筆者多年熬夜至天明時觀察的經驗。天剛一亮鳥就鳴飛。或是古時之鳥與日的互動而有此傳說。總之白晝日出，夜晚日頭也如鳥一樣倦鳥歸巢，日就是鳥。日出白晝為「晉」，日落黑夜為「明夷」。

「明夷」就是日頭如鳥回到故鄉，即本來的扶桑樹上，比喻日落之處就是日出之處，「明夷」日落就是回歸根本的意思。

再來從〈彖傳〉中的周文王與殷商箕子的故事來看：

「明夷」卦日入地中就是黑夜倦鳥歸巢的時候，就人事而言，是黑暗時代，所以「明夷」卦辭說「利艱貞」雖艱困但要守住等待黎明。怎麼守？〈彖傳〉說：「明入地中，明夷。內文明而外柔順」，心裡明白，外表柔順，要順勢而為不可硬幹。跟同為「晉」卦相反的「需」卦一樣要忍，要卑順，不是「含章可貞。」就是「括囊，無咎無譽。」〈彖傳〉說了一個故事：「以蒙大難，文王以之。」以周文王被商紂王囚於羑里的故事比喻「明夷」卦。周文王在殷商時代是西伯（霸），是大諸侯，《史記·周本紀》：「崇侯虎譖西伯於殷紂曰：『西伯積善累德，諸侯皆鄉之，將不利於帝』帝紂乃囚西伯於羑里。閎夭之徒患之。乃求有莘氏美

女，驪戎之文馬，有熊九駟，他奇怪物，因殷嬖臣費仲而獻之紂。紂大說，曰：『此一物足以釋西伯，況其多乎！』乃赦西伯，賜之弓矢斧鉞，使西伯得征伐。曰：『譖西伯者，崇侯虎也』西伯乃獻洛西之地，以請紂去砲烙之刑。紂許之。」可見功高震主故蒙此大難，以後就不敢明著幹而來陰的；「西伯陰行善，諸侯皆來決平。於是虞、芮之人有獄不能決，乃如周。」這就是「內文明而外柔順」。〈彖傳〉又說：「利艱貞，晦其明也。」「晦」是闇的意思，《廣韻》：「晦，冥也，又月盡也。」《釋名》：「晦，灰也。火死爲灰，月光盡似之也。」本意是火滅剩灰，又是陰曆每月的最後一日，黑夜中連月光都沒有，是黑到頂了。所謂「風雨如晦，雞鳴不已。」也像是「明夷」的「利艱貞」，一個人遇到昏君，碰到壞時機，人倒楣的時候至今還說「晦氣」。〈彖傳〉又說了一個故事：「內難而能正其志，箕子以之。」箕子是商紂王的叔叔，《史記・宋微子世家》《集解》引馬融曰：「箕子，紂之諸父。」又《史記・殷本紀》：「紂愈淫亂不止。微子數諫不聽，乃與大師、少師謀，遂去。比干曰：『爲人臣者，不得不以死爭』乃強諫紂。紂怒曰：『吾聞聖人心有七竅』剖比干，觀其心。箕子懼，乃詳狂爲奴，紂又囚之。……周武王遂斬紂頭，縣之白旗。殺妲己。釋箕子之囚。」箕子之狂見諸《莊子・外物篇》：「外物不可必，故龍逢誅，比干戮，箕子狂，惡來死，桀、紂亡。」《尸子》：「箕子胥餘，漆身爲厲，被髮佯狂。」《戰國策・秦策三》：「箕子、接輿，漆身而爲厲，被髮而爲狂，無意於殷、楚。」《楚辭・天問》：「何聖人之一德，卒其異方？梅伯受醢，箕子佯狂。」《惜誓》：「比干忠諫而剖心兮，箕子被髮而佯狂。」《荀子・堯問》：「箕子佯狂」。《韓詩外傳》卷七：「紂殺比干，箕子被髮佯狂。」箕子裝狂避禍，《淮南子・齊俗訓》說得清楚：「王子比干，非不知箕子被髮佯狂以免其身也，樂直行盡忠以死節，故不爲也。」這段箕子是「明夷」時裝狂以避難，比干是知其不可爲而爲之，是「節」卦：「苦節，不可貞。」兩人處理的方式不同，《易經》是比較尊崇箕子的方式。

「明夷」舉的周文王與箕子兩個故事都是先被囚後釋放，雖然「以蒙大難」但都未死，歷經艱難都能回歸本位。好像太陽日落回到本來的扶桑樹上，都能逢凶化吉。「明夷」錯「訟」，「訟」是爭訟，下卦坎是監獄，而今坎象失而變離，故爲釋囚。又「蒙」初六：「用說桎梏」也是以

坎為監獄之象。

最後以文字原本的意思來看：

（籀文）「明」是離卦，〈說卦傳〉：「離為火，為日」，故為明。

「夷」字甲骨文、金文字像帶繩的箭矢，是專門用來射飛禽的繒矢，也稱繒繳，繳為繫在短箭上的絲繩。《三輔黃圖》：「佽飛具繒繳以射雁」。《焦氏易林・剝之革》：「鵠求魚食，道遇射弋。繒加我頸，繳縛羽翼。欲飛不能，為羿所得。」《淮南子・說山訓》：「好弋者先具繳與繒」。《中華古今注・雁》：「雁自河北渡江南，瘠瘦能高飛，不畏繒繳。」又唐代陸希聲〈鴻盤〉詩：「如今天路多矰繳，縱使銜蘆去也難。」《藝文類聚・鳥部中・鵬》：「夫雁從風而飛，以愛氣力；銜蘆而翔，似備弋繳。」「夷」字是以繫著絲繩的箭矢用以射鳥禽正合著后羿射日（三足金烏），天無日而闇晦。「明夷」正是象徵日頭的三足烏鳥為后羿所射的故事。

〈大象〉：「明入地中，明夷。」與〈象傳〉相同，謂處於黑暗時代。

「蒞眾」者，臨治百姓。

先秦青銅器圖樣

「用晦而明」者，將聰明隱藏起來，不露鋒芒，明哲保身。《菜根譚》：「藏巧於拙，用晦而明，寓清於濁，以曲為伸，真涉世之一壺，藏身之三窟也。」可以參觀。

〈大象〉：「明入地中，明夷。君子以涖眾，用晦而明。」意謂黑暗時代來臨，掌位者不應用巧智治理百姓而當清靜無為。則是以離明比喻為掌位的君王。離為日，為王公，故為君王。又《左傳》哀公六年：「是歲也，有雲如眾赤鳥，夾日以飛三日。楚子使問諸周大史。周大史曰：『其當王身乎！若禜之，可移于令尹、司馬』王曰：『除腹心之疾，而置諸股肱，何益？不穀不有大過，天其夭諸？有罪受罰，又焉移之？』遂弗禜。」注：「日為人君，妖氣守之，故以為當王身。」即以日為君王。

〈序傳〉說：「夷者傷也」以「夷」者解釋為「傷」，「夷」本是繳繳利矢，中之則傷，當作「痍」，《說文解字》說：「痍：傷也。」《廣韻》：「瘡痍」也是解釋「痍」為傷，但從字形上看，「痍」就是箭傷，《公羊傳》成公十六年：「晉侯及楚子、鄭伯戰于鄢陵，楚子、鄭師敗績。敗者稱師，楚何以不稱師？王痍也。王痍者何？傷乎矢也。」這是晉楚爭霸中晉國大敗楚國的鄢陵之戰，楚共王被晉大夫魏錡（廚武子）一箭射中眼睛。以「痍」為傷是引申之義。

〈雜傳〉：「晉畫也，明夷誅也。」是將「明夷」擴大而言，「誅」者，《廣雅》曰：「殺也」「夷」，《說文解字》：「平也」，《孔叢子・廣言》：「夷，傷也。」《廣韻》：「夷猶等也，滅也，易也。」《周禮・秋官》：「薙氏掌殺草，夏日至而夷之。」如除草、薙頭般。兩字義近。周文王與箕子明哲保身「用晦而明」得以不死，比干剖心而死，可見「明夷」是有殺身之禍，死亡之危。

從卦象來看，離明在坤土之下，如日月大地被遮掩，故曰「明夷」。「明夷」是黑暗，「晉」為畫，為白日。兩卦相綜，即相反故「明夷」為黑夜。「姤」為黃昏，「姤」一陰起於下故為夕陽將落。

「明夷」是日蝕，月蝕。離明為日所掩，明日被殺，故為日蝕、月蝕之象。天上之明，不只是日月，隕石、彗星也是廣義的「明」。

「明夷」是君主被弒。離為王公，是至尊，明主也，「明夷」就是失去至尊。又「明夷」是眼傷，是失明。離為目，為明，故為失明。故〈象

傳〉曰：「晦其明」。「明夷」是名譽受傷，暗箭中傷，是欲加之罪何患無辭，是失寵，打入冷宮。「明夷」是日蝕，日都被蝕，如君王之明為坤陰小人所傷，所蒙閉，是黑暗時代，社會紛亂。「明夷」是聰明反被聰明誤。明者，聰明。夷者，平也，殺也。「明夷」是聰明被傷，是智慧被蒙敝，是處理錯誤。「明夷」為愚昧，智慧未開。又坎為智，離為明皆在坤土之下，故為愚昧之象。明也，是明辨，「明夷」就是無法明辨是非。是非不分無法看清被蒙敝。「明夷」是不能生長，無法萌發。明就是萌，「明夷」就是無法萌發。

「明夷」是有才不能彰顯。如「家人」、「困」、「蒙」、「旅」、「賁」、「屯」、「剝」。

「賁」卦離明在艮之下被掩蓋，也有明夷之象，也是有才不顯。

「蒙」卦坎智被掩，亦同。

「困」卦互「家人」，困居家中有是有志難伸。

「旅」卦寄人籬下，「遯」卦、「剝」卦小人得志，亦皆有此意。

離為才智，為幹才，為地所覆，是有才不顯之象，是失業離職之象，是重挫，是好人受苦，英雄落難，是虎落平陽。六二得位而與六五相敵，不為主所用故明夷。「明夷」是聰明幹才招忌，是君主斬除異己。

「明夷」是君主蒙塵，〈象傳〉：「以蒙大難」。

「明」就是盟，「明夷」就是終止同盟關係。

「明夷」是黑夜來臨，是黑暗時代，是最艱苦的時候，所以卦辭曰「艱」。

「利艱貞」是要長期抗戰。

「貞」貞是固，有長久之意。艱貞就是要長久的艱難，長期受苦，不是三兩下可以解決的。「利艱貞」是鼓勵人在艱難困苦之時，要能固守正道，不可懷憂喪志，不可心灰意冷，不可喪失原則，與魔鬼共舞。「噬嗑」九四：「噬乾胏，得金矢，利艱貞，吉。」「大畜」九三：「良馬逐，利艱貞，日閑輿衛，利有攸往。」這些都說「利艱貞」，但是在爻辭中，不像「明夷」是在卦辭中又僅得此三字，是說「明夷」整個卦都在苦難中，必須要艱貞自守，明哲保身，保持低調，苦撐待援，堅忍待時，以待旭日黎明。

相錯為「訟」，口舌之災。「訟」為爭，是有人競爭，「訟」為讒，是有人打小報告。

「訟」是口水戰，是相互叫陣，口舌之爭。「明夷」是「誅」，是動武討伐，是大打出手，是責罵，是翦除，是牽連甚廣的誅除。

「明夷」相綜為「晉」，事情要顛倒來看，要反面思考以求進。「明夷」要用陰柔以求上進。「晉」卦〈象傳〉曰：「柔進而上行」是因為用柔而上進。故其綜卦的「明夷」是因用剛而被夷。故要用柔，上坤柔順，下離明智，柔順而智之人必有出頭天之日。

「晉」是「柔進而上行」，「明夷」是剛強逞強，不知節制，剛愎自用的結果。「內難而能正其志，箕子以之」，「內文明而外柔順，以蒙大難。」是受此艱難者，心知肚明，外表要裝著如坤般的柔順，以免觸怒在上位者～就是六五這失位受蒙蔽之君～而立遭殺身之禍。

「明夷」是裝瘋賣傻，大智若愚，故〈大象〉曰：「用晦而明」。〈象傳〉曰：「箕子以之」「明夷」要自污以求自保。

「晉」卦是離火在坤土之上，是日出之時，旭日東昇。離火上昇如氣勢蓬勃，精力旺盛、年富力強的青年，橫衝直撞，自信滿滿，擴大信用，極力擴充，終於澎風吹牛，衝過了頭，環境一變，週轉不靈，陷入長期的黑暗當中，就是「明夷」。

「晉」進不已，猛向前衝，到了一個階段，沒有不收傷的。所以「晉」卦之後為「明夷」卦。人太紅了就成了箭靶，毀謗、中傷也隨之而來，不遭人忌是庸才，功高震主不祥。

「明夷」與「晉」相序相綜，盛衰榮辱，成功失敗，兩相依附，旭日初生雖美總有日落之時，黑夜漫長，黎明終將來到。這是循環不怠的。

「明夷」是受女主所逼，是小人當道，是非正常的罷除。六五若變九五，就成「既濟」。上坤土為陰，陰為小人，是小人主政，正是小人當道，君子道消之時。

《易經》中「既濟」為坎上離下，各爻當位，是吉利的。今坤上離下，離所處之位當位，雖然為大地所掩，如日初之前，晦暗不明，所處的情況不利，然離當位，故可以逢凶化吉。

六五為陰是受女上司所制，但是只要一陽之助，就可以化解現況，轉

為有利之勢。所以晦暗不會太久。有立刻大翻轉之機。

〈大象〉曰：「君子以蒞眾，用晦而明。」坤為眾，是黎民，在眾人之前，隱藏智慧，以存厚道，則有才之人可以顯露，可以為用，是大智若愚也。

「晉」卦〈大象〉曰：「君子以自昭明德。」就是發揮自己的長處，更要約律自己不可光芒太露。「明夷」〈大象〉曰：「君子以蒞眾，用晦而明。」要睜一隻眼，閉一隻眼，寬以待人。為何如此？「水至清無魚，人至察則無徒。」《老子》說：「以智治國，國之賊；不以智治國，國之福。」總而言之，就是晦隱聰明，示明以樸實愚魯，才能化民成俗。由此可知「明夷」之時是嚴厲肅殺的。所以，要以柔濟之。

「明夷」要「安」，「利艱貞」就是安。「明夷」有「死」，誅是殺，是死。是誅連，是連坐。「明夷」有「過」，犯錯被逐。「明夷」有「傷」，暗箭難防，名譽受損，身心皆傷。

「明夷」卦〈象傳〉曰：「內難」，是自己人難為自己人，是與大內斷了關係，是原來「晉」卦的攀附裙帶斷了，是死了老婆的丈人家。是心中的責難。但關係雖斷，志向不改。

「升」卦〈象傳〉曰：「柔以時升」，「晉」卦〈象傳〉曰：「柔進而上行」；「升」之後為困，「晉」之後為「明夷」。「明夷」之後為「家人」，〈序卦傳〉作者認為是受傷之後返家休養，從我們的分析應該是「離家外出後又歸於家」。

「明夷」卦黎明曙光出現。〈大象〉曰：「用晦而明」是晦暗中有明，是上卦坤為黑暗，下卦離為明，光明出於黑夜之下，光明並未抹滅，是黎明曙光出現之象。「明夷」即昧爽，上坤陰為昧，下離明為爽。昧，暗也。爽，明也。昧爽即黎明也。也稱為明曦。《說文解字》：「晨，早昧爽也。」《尚書・牧誓》：「時甲子昧爽，王朝至于商郊牧野，乃誓。」《尚書・太甲上》：「伊尹乃言曰：『先王昧爽丕顯，坐以待旦』。」《荀子・哀公》：「君昧爽而櫛冠，平明而聽朝。」《列子・湯問》：「二曰承影，將旦昧爽之交，日夕昏明之際。」可知昧爽之後將是黎明，就是旦。「明夷」卦黎明，是旦，是破曉之時。

初九：明夷于飛，垂其翼，君子于行，三日不食，有攸往，主人有言。

象曰：君子于行，義不食也。

「明夷」初九這個卦在歷史上有明確的記載，需要詳細分析。《左傳》昭公五年：「初，穆子之生也，莊叔以《周易》筮之，遇「明夷」之「謙」以示卜楚丘。楚丘曰：『是將行，行，出奔。而歸為子祀，奉祭祀。以讒人入，其名曰牛，卒以餒死。「明夷」日也。日之數十，故有十時，亦當十位。自王已下，其二為公，其三為卿。日上其中，食日為二，「明夷」之「謙」，明而未融，其當旦乎！故曰為子祀。日之「謙」，當鳥，故曰『明夷於飛』。明之未融，故曰『垂其翼』。象日之動，故曰『君子于行』。當三在旦，故曰『三日不食』。「離」，火也。「艮」，山也。「離」為火，火焚山，山敗。于人為言，敗言為讒，故曰『有攸往，主人有言』。言必讒也。純「離」為牛。世亂讒勝，勝將適「離」，故曰其名曰牛。「謙」不足，飛不翔，故曰其為子後乎！吾子，亞卿也，抑少不終』。」

大略說明這段故事，再來慢慢分析；穆子（叔孫豹，謚號為穆。有兄叔孫喬如，也稱宣伯，叔孫氏是魯國三大大夫世家之一，世掌司馬為魯之次卿）出生的時候穆子的父親莊叔得臣，用《周易》卜筮替這個次子算了一卦。得到「明夷」䷣之「謙」䷎，就是「明夷」的初九。莊叔請教了卜楚丘；卜，本是他的職掌，古人常以職業為氏，楚丘是他的名。也有說卜是他的職務，楚丘是他的姓名。不管，卜楚丘善卜是沒問題的，他解釋說，穆子叔孫豹因為是次子，遇難將出奔國外，後來歸回魯國接掌叔孫氏的族長並為司馬，就是繼承了家業。（『是將行，行，出奔。而歸為子祀，奉祭祀』「明夷」卦有「去而復歸於本的意思，這與太陽日出後日落歸於扶桑樹上棲息意思相似。」）注意穆子有兄長叔孫宣伯，「伯」就是嫡長子，當時常以行次為字，伯也是他的字，他的謚號為宣，故稱宣伯。於禮嫡長子當繼承，叔孫豹為次子本不能繼承，又出奔齊國，但卜楚丘鐵口直斷說穆子叔孫豹會歸國承嗣祖位，主持家族的祭祀，這與「震」卦說長子主持祭祀是相同的。但是叔孫宣伯與魯成公的母親，魯宣公的老婆，他的堂嫂穆姜私通，還想將魯國另外兩強族季孫氏、孟孫氏除掉，但事未成，季孫氏與孟孫氏將他驅逐出魯國。（穆子當也是預先見知宣伯與孟孫氏、季孫氏鬥爭之難而先出奔）宣伯於魯成公十六年冬十月出奔齊，但

十二月魯國「召叔孫豹于齊而立之」應了卜楚丘的鐵口「而歸為子祀，奉祭祀。」就是繼承了叔孫氏家族世襲的司馬卿大夫之位。此乃回歸根本之義。再來卜楚丘說「以讒人入，其名曰牛，卒以餒死。」「以讒人入」是將讒佞小人引進家門，這人名叫「牛」，最後使穆子餓死。「有言」就是讒言。當初穆子出奔齊國時半路上不期而遇苟合一婦人，到了齊國與娶了望族國氏之女，生了孟丙、仲壬兩子，一日夜夢被老天壓住不能勝任，回頭一看有一又黑又駝眼窩深邃長得像豬的人，嚎叫「牛！助我！」終於脫困。醒後叫下人記住此事，等穆子回國繼任叔孫氏之後苟合的婦人帶著生下來的私生子帶著贄禮一隻雉來見穆子，一見，就是夢中的「牛」，隨後留在身邊為僕豎小臣。長而有寵，命牛掌叔孫氏的家政。穆子暮年有病，牛孤立穆子亂叔孫氏，進讒言設計除掉了長子孟丙，最後穆子不得食而餓死。見《左傳》魯昭公四年，也應了卜楚丘之言。

此爻不言凶，而有讒言小人作亂、有不食餓死之凶。

再言「「明夷」日也」以「明夷」為日，〈說卦傳〉離為日，為雉；與《山海經‧海外東經》所述同：「下有湯谷。湯谷上有扶桑，十日所浴，在黑齒北。居水中，有大木，九日居下枝，一日居上枝。」「大荒之中，有山名曰孽搖頵羝，上有扶木，柱三百里，其葉如芥，有谷曰溫源谷，湯谷上有扶木，一日方至，一日方出，皆載於烏。」「有女子，名曰羲和，浴日於甘泉，羲和者，帝俊之妻，是生十日。」太陽如鳥，晝而出，夜則返歸湯谷扶桑之木。比喻穆子叔孫豹將出行避難如晝日之行，行者動也，出行也，故穆子出奔齊國。

「日之數十，故有十時。」謂天有十個太陽有如一天有天干十時，甲乙丙丁戊己庚辛壬癸。當時一日只有十時非十二時辰。

「亦當十位」，也相當於社會上的十等階級，《左傳》杜預注：「日中當王，食時當公，平旦為卿，雞鳴為士，夜半為皂，人定為輿，黃昏為隸，日入為僚，晡時為僕，日昳為台。」指的是王、公、卿、士、皂、輿、隸、僚、僕、台，身分地位的十個階級。故「自王已下，其二為公，其三為卿。」日中象徵王，「食時」象徵「公」就是諸侯，「平旦」則象徵卿大夫。《左傳》昭公七年也記載：「天有十日，人有十等，下所以事上，上所以共神也。故王臣公，公臣大夫，大夫臣士，士臣皂，皂臣輿，輿臣隸，隸臣僚，僚臣僕，僕臣台。」

「「明夷」之「謙」，明而未融，其當旦乎！故曰為子祀」，杜預注：「融，朗也。「離」在「坤」下，日在地中之象。又變為「謙」，謙道卑退，故曰『明而未融』。日明未融，故曰『其當旦乎』。」「平旦」為日剛出，位居三，相當於卿大夫。日出天微明而未大亮盛明，故曰「日明未融，其當旦乎！」。

「故曰為子祀」：謂穆子叔孫豹將回國為叔孫氏的繼承者，以庶子入嗣為宗廟的主持祭祀者。既然是叔孫氏的繼承者當然也是叔孫氏世代所掌的司馬卿大夫之位。

「日之「謙」，當鳥，故曰『明夷於飛』。」杜預注：「「離」為日、為鳥，「離」變為「謙」，日光不足，故當鳥。鳥飛行，故曰『于飛』。」《左傳正義》：「〈說卦〉：『離為日、為雉。』雉為鳥也。「離」之一卦，為日、為鳥，日為高明，鳥為微細。今日之謙退，不得高明，下當為細，是日光不足，故當鳥也。」謂初爻變由離卦為日，為雉，為鳥；變為艮，艮覆碗，有掩蓋之義，日光被掩，又「謙」卦「有而不居」如日之謙退，日不能高掛，日光不足現象；又艮為山，擋住鳥高飛；日光不足，鳥飛不高，是相對的。所以「垂其翼」。若是日高正午明朗，就不是「垂其翼」而是「振翅高飛」了。

「垂其翼」，鳥飛垂翼，謂低調的避難而走也。不是振翅高飛，走而不遠也。

「明夷于飛垂其翼」，謂饑而不得食，身處明夷亂世之時，低調而遠行，資源不足也。所謂「窮家富路」倉促遠行故而不得食。

「象日之動，故曰『君子于行』。」離為日，為王公，故為君子。「明夷」是黑暗明傷之時，又初爻位卑居下，與六四相應，六四居坤，上坤是明夷的加害者，所以初九有受難之象。

「君子于行」，是大難來臨出行避難之象。《左傳正義》：「成十六年出奔，襄二年始還，凡經五年，故豎牛五六歲，能奉雉也。」君子者當時之貴族高官也。

「三日不食」，日在「平旦」，居三，為卿位；「平旦」非進食之時，無物可食，故曰「三日不食」。亦謂行之匆匆不及於食也。「三」，是約略之詞，猶言屢也，多也。即久久不得食。汪中《述學‧釋三九》：

「凡一二之所不能盡者，則約之三。以見其多。」

「「離」，火也。「艮」，山也。「離」為火，火焚山，山敗。」下卦離變為艮山，故曰「火焚山，山敗。」

「于人為言」，震為言，艮為震之反，故為敗言，為讒言。

「純「離」為牛」，上離下離「離」卦辭：「畜牝牛，吉。」故言純「離」為牛。「明夷」下卦為離，故有牛象。

「世亂讒勝，勝將適「離」，故曰其名曰牛。」離火焚山，離火勝，比喻世道亂而讒言勝，山為火所焚，剩下離火，故知其名為「牛」。又其名「豎牛」非「牝牛」故不吉。

「「謙」不足，飛不翔，垂不峻，翼不廣，故曰其為子後乎！」，這是解釋「垂其翼」「謙」是「有而不居」謙而虛，而退。所以垂翼而不振翅，謂飛而不遠，翔而不高。故知「垂其翼」者飛不遠，必當歸反，故曰「其為子後乎！」

「吾子，亞卿也，抑少不終」，吾子，指的是穆子叔孫豹。亞卿非正卿，位居司馬為亞卿。魯國正卿是季孫氏世襲。旦日為卿，變「謙」為退，為「有而不居」故為亞卿。

以上是《左傳》的記載。

「明夷」是黑暗不明的時代，上六是卦主，以陰居陰又居窮極是至冥晦之象。上六爻辭說：「不明晦，初登于天，後入于地。」可見初爻是日出黎明，故卜楚丘說「平旦」。此爻所言「平旦」是將一日分為十時，楊伯峻《春秋左傳注》：「據《易》、《詩》、《書》、《三禮》、《左傳》諸書考之，大概有雞鳴（亦曰夜鄉晨、雞初鳴）、昧爽（亦曰昧旦）、旦（亦曰日出、見日、質明）、大昕（亦曰晝日）、日中（日之方中）、日昃（亦曰日下昃）、夕、昏（亦曰日旰、日入）、宵（亦曰夜）、夜中（亦曰夜半）。」漢朝時將一日分為十二時，為夜半、雞鳴、平旦、日出、食時、隅中、日中、日昳、晡食、日入、黃昏、人定。「平旦」當為天將亮而未亮的時候，接著才是日出。

初九居離卦之初，離為日，故為剛剛日出。就卦而言「明夷」上坤為闇，為黑夜，下離為明，離明在坤闇之下是黑夜；就爻而言，卦由下向上，離明是黑夜中之初明，故為「平旦」。初九居離體為賢明之士，能明

察知曉自己處於「明夷」之時，居初爻，能及早的識出徵兆故而遯行。就是〈大象〉說的：「用晦而明」。

「于」，語助詞。

「飛」，《廣韻》：「飛翔」。

「于飛」就是飛行，行的速故曰「飛」，如「鳳凰于飛」。《前漢‧袁盎傳》：「騁六飛，馳不測山。」《註》：「六馬之疾若飛也」離為雉，為鳥，故曰「于飛」。謂初九遯逃的疾速。

《詩經》常見：「于飛」一辭，其前皆有鳥名，如《詩‧小雅‧鴻雁》：「鴻雁于飛，肅肅其羽。」《詩‧小雅‧鴛鴦》：「鴛鴦于飛，畢之羅之。」《詩‧邶風‧雄雉》：「雄雉于飛，泄泄其羽。」《詩‧大雅‧卷阿》：「鳳皇于飛，翽翽其羽。」《詩‧周南‧葛覃》：「維葉萋萋，黃鳥于飛。」《詩‧豳風‧東山》：「倉庚于飛，熠耀其羽。」可見初九之「明夷」當是鳥名，斷無疑問。是啥鳥？各有說法，近人李鏡池以為「明」即「鳴」，「明夷」為鳴鵜，即今之鵜鶘，俗呼淘河，低飛掠過水面以大喙下額之囊袋淘水中小魚而食。我認為是貓頭鷹，又名夜鴉，其為夜行性之鳥。《意林‧莊子十卷》：「鴟鵂夜撮蚤，察毫末，晝出瞋目而不見丘山，言殊性也。」

「明夷」是貓頭鷹，也是跟整個卦有關聯，《爾雅‧釋鳥》：「狂，茅鴟。」郭璞注：「今鵂鴟也，似鷹而白。」清代郝懿行《義疏》：「鵂、茅聲轉也。茅鴟即今貓兒頭，其頭似貓，大目，有毛角，其鳴曰『轱轆貓』，故蜀人謂之『轱轆鷹』，揚州謂之『夜貓』。善笑，俗人聞其笑聲，云有凶禍也。」貓頭鷹古名為「狂」，六五的「箕子」也曾「佯狂」前後相呼應。又以「明夷」為雉鳥亦通；〈說卦傳〉：「離為雉」因為雉飛不遠，僅「一箭之地」一飛距離如箭矢飛射的距離故「雉」字從「矢」；李時珍《本草綱目‧釋名》：「雉，飛若矢，一往而墮，故字從矢」蓋穆子叔孫豹由魯奔齊鄰國而已，故去之不遠。

「翼」，羽翼，引申為掩護、遮掩。

「垂於翼」是飛的不高，不聲張，不露痕跡，不振翅也走不遠。

鳥將飛都是張其羽翼，初九曰「垂其翼」是將遠走高飛之前的準備動作，好像「艮」初六：「艮其趾」「大壯」初九：「壯于趾」「夬」初

九：「壯于前趾」。

「明夷于飛，垂其翼」謂雉鳥於天剛亮時伸翅欲飛想趕緊脫離而不為人知，低調而行。

「明夷于飛，垂其翼」謂天將亮，日初出，如鳥垂翼將飛而不揚。

「垂於翼」是傷了鳥翼，未傷其本體。

「三日不食」，速走，不及食，不可耽誤。

「君子于行，三日不食」是說君子決定要行動則劍及履及，連續急走不停三日，餓著肚子沒有飯吃，也沒有時間吃飯。因為初爻為「平旦」，尚未至「食時」。此爻避凶。

初九位卑為庶民，無官祿故曰「不食」。初九位卑，無牽無卦，故可以遁的速。

「有攸往」是初九與六四相應，前遇六二，無阻；中間隔著三爻故曰「三日」。

「言」，愆也，過也。「有言」，有小麻煩，是小過失，不是大災難。「需」九二：「小有言」。「困」：「有言不信」。「震」上六：「昏姤有言」。皆是。

「主人有言」有所抱怨責備，有讒言，受誨謗。好像周文王受讒言；《史記‧周本紀》：「崇侯虎譖西伯於殷紂曰：『西伯積善累德，諸侯皆鄉之，將不利於帝。』帝紂乃囚西伯於羑里。」初九往應六四，六四為居停，為主人，初九棄官而逃，六四陰柔不明初九的動機，故「有言」責備之。

初九見機得先，已經準備行動。

「明夷」是傷，及早見機而遁，難未發而先避去，故未受傷，或傷的小。主人雖然有責備還是得儘速前往。

初九力尚弱，雖「有言」，但依然天初亮就要行動，最後終能逢凶化吉。

初九本是「潛龍勿用」何況在「明夷」黑夜將亮之時就準備行動但尚未行動，方自晦之不暇，當然不得祿食也，故〈小象〉曰：「義不行」。

「明夷」之「垂其翼」因為飛不遠而終必反歸于根本。《後漢書‧張

衡列傳》記載：「順帝初，再轉，復為太史令。衡不慕當世，所居之官，輒積年不徙。自去史職，五載復還，乃設客問，作應閒以見其志云：……已垂翅而還故棲。」這位東漢大科學家張衡就稱自己官復為太史原位而感嘆自己是「已垂翅而還故棲」。

此爻雖有厄難讒言，走而避難，行之不遠，終歸本位，逢凶化吉。但所依因之主人有災禍。

☷☶ 明夷 ☶ 謙

爻變為地山「謙」卦，謙而不食，就是不為官，不食俸祿，是逆來順受，委屈求全，不爭言。

初處「明夷」的黑暗時代要「謙卑自牧」，不可以有作為。

不和的原因是因為主人有不義的要求所以不食。

君子趨吉避凶，要決斷立行，且不受不義之祿。

飛鳥遠離，往他鄉發展較好。

「賁」初「義弗乘」「明夷」初「義不食」，此兩卦皆昧暗於上。

六二：明夷，夷於左股，用拯馬壯，吉。
象曰：六二之吉，順以則也。

「明夷」，依然是鳥名。高亨先生以為是鳴雉。《爾雅·釋鳥》：「雉，絕有力奮。」雖不善飛彈生命力強。

「晉」卦所言為仕途上進，上有明主。「明夷」則是黑暗時代，為世道衰落，有才不顯，避難他走。

初九初入仕途，官卑職微，去留可以自如，見機該遁說走就走，故能「于飛，垂其翼。」

六二居中得位已為臣守，「坤」六二「直方大」是已有職責在身，不能擅自離去，雖知「明夷」已至（六二為離之象，離為明）昏君在上（六五），自己必受其傷也要克盡職守。

「夷」，痍也，傷也，如〈序卦傳〉：「夷者，傷也。」

「股」，大腿；《韻會》：「脛本曰股，輔下體者。」大腿在身體之下並不是要害。

「左股」，左腿。也可以說是左右手，是旁肢不是重心、中心。

「夷于左股」是被箭矢射傷大腿，受傷不重，傷的是旁肢左右為不是重心。但已經跑不了，飛不遠了。

「夷」，本意為帶著絲線的箭矢，就是繳矢；專門用來射鳥禽，《文字源流淺說》這裡當假為「痍」。前面引述《公羊傳》成公十六年：「王痍者何？傷乎矢也。」《陸氏音義》：「痍音夷，傷也。」則在此爻辭中，「明夷」仍似指鳥，言其被射傷了左股。然觀下文「用拯馬壯，吉。」似乎又像是指的是人。

「夷于左股」者，聞一多先生謂：「六二，『明夷，夷于左股』即《詩・小雅・大庖不盈》《毛傳》所謂：『射左髀（髀、股通），達於右髃，為下殺』者。」《疏》：「射左股髀，而達於右脅髃。」《唐書・禮樂志》：「左髀達於下髃，為下射。」《釋音》：「髃，肩骨也。」古人尚右，「夷于左股」是受傷於左股，是傷的不重，但已大大影響行動的能力。

「明夷，傷于左股。」是為暗器所傷，暗劍中傷，因為沒傷到要害故可救。所以下句接「用拯馬壯，吉。」

「用」，使用。

「拯」，舉也，救也，走也，援也，救助也。《經典釋文》：「拯，子夏傳作抍。」《左傳》昭公十一年：「是以無拯，不可沒振。」杜注：「拯猶救助也」。《說文解字》：「抍，上舉也。從手升聲。《易》曰：『抍馬，壯，吉』撜，抍或從登。」

「拯馬」，猶如《詩・大雅・綿》：「來朝走馬」。《箋》云：「『來朝走馬』，言其辟惡早且疾也。」

「用拯馬壯，吉」，得強壯馬匹之援助，速走可以避難，脫離險境故吉。

此爻與「渙」卦初六：「用拯馬壯吉」相同，可以參觀。

出土帛書此爻作「用橙，馬床，吉。」

「用」，甬，踴，躍也。

「抍」，蹬也，乘升也。《儀禮・子夏傳》作「抍」，借為乘。

「壯」，壯大也，雄壯、強壯也。《說文解字》：「壯，大也。」

「用抍，馬壯，吉」，句謂躍升騎乘強壯之馬，可以脫險，吉。授強而有力的援手搭救，可以脫險而吉。

六二天已明，所飛也比「垂其翼」高，故為箭矢所傷，不能遠揚。卻得有力者援助而化險為夷。

六二以陰居陰，居中得正，行事得宜使人無有可趁之機，為一聰明的大臣，故可不遭人忌，又不彰顯自己故能避禍，雖傷也是小傷，傷的不是重要部位。六二處「明夷」但不避禍遠遁所以受傷，但他有智慧足以自保，所以僅傷於「左股」。

「傷于左股」是從後面受傷，是自家人所為，是小人行逕，是傷於內賊。遠離可以避禍。

「馬壯」，即壯馬。

「用拯馬壯」是說六二處於此種狀況下，能夠採取強而有力的辦法迅速、及時去拯救。

「用拯馬壯吉」是乘騎壯馬可以迅速脫離險境而得吉。

「馬壯」馬要壯，要走的速才吉，要如壯馬一般強而有力迅速又及時，如此可以避免受傷過重而得吉。

「馬」，為武，《說文解字》：「馬，怒也。武也。」偉就是大，大馬也，有大助力也。

「馬」，就是財，要花錢消災。馬在古時不但是武力的象徵，乘馬車也是貴族的象徵。

六二是一位識時務的俊傑，知明哲保身之道，處「明夷」之時不宜螳臂當車。

六二與六五敵應，是六二得罪昏君，但在這時要救六二要「用壯」要強而有力才能拯救六二。六二以陰處柔，能以壯濟弱，果於速退，故可獲吉。上承九三就是六二的奧援。

「拯」解釋為「濟」也通。

「順以則也」六二居離體，有附麗之德，懂得依附攀附，借力使力而

吉。

六二上承九三，九三震體，就是「壯馬」。六二順九三故得吉。六二之能得吉，就是因為其中正，有「坤」六二「直方大」之性，謹守為臣之「則」為臣之本分，但不忤逆六五昏君。

「坤」是臣道，要「先迷後得主」，要「安貞」，〈象傳〉曰：「柔順利貞，君子攸行。」「後順得常」都在闡明以柔順處理臣道，故不忤逆，故曰：「順以則也」。這「吉」只是避免傷害而非「利有攸往」可有作為。

「坤」六二「直大方」，是正直大度方正之臣，不會因君主之昏庸而改其臣節，因為如此才受傷。六二乘初九之剛，是受初九之羈絆所以不能避遁故受傷。

初六垂其羽翼，低調而未傷，可以自救；六二傷及股，但未及要害，有援手還是可以得救。

「用拯馬壯，吉」，或謂進獻來的馬健壯可作為祭祀犧牲，吉利也。

初九低調地垂翼而行，六二未傷及要害依然可遠行避難。

明夷 泰

此爻變為上坤下乾之「泰」卦，六二終能安然無事。

二三四互為坎，九三為艮，是又險又止，是不宜有所往，除非有強而有力的援助。

九三：明夷于，南狩，得其大首，不可疾貞。
象曰：南狩之志，乃大得也。

「明夷于」下當有「飛」字，或是抄寫時脫去。

「明夷于飛南」，三爻天以明亮，鳥往南方、前方飛去。

「南」就是前方，中國習慣「座北朝南」，面朝南方就是前方。所謂「左青龍，右白虎，前朱雀，後玄武。」就是向前，往前。三四五爻互震，震為前，為南。「升」卦辭說：「南征吉」，也是以震為南。

「狩」是狩獵，古人常以狩獵為軍事演習，所以狩獵也是征戰。《左傳》隱公五年：「春蒐，夏苗，秋獼，冬狩。」《說文解字》：「狩，犬

田也。」田是田獵，犬田就是逐狗以行田獵。引申為征伐。「恆」九四：「田無禽」、「師」六五：「田有禽」義同。後來「狩」更引申為帝王出巡四方諸侯，《孟子‧梁惠王下》：「天子適諸侯曰巡狩。巡狩者巡所守也。」《禮記‧王制》：「天子五年一巡守」。今天台語稱「巡田水」。

「明夷于飛南，狩」，當為「某王于南，狩」，離為日，為王公，為雉，為鳥。卜楚丘說：「明夷，日也。」日亦是帝王之象。到底是哪一位王如今已無法考證。

九三在卦中，離上，已近於正午日中，故為王。《左傳》杜預注：「日中當王，食時當公，平旦為卿，雞鳴為士，夜半為皂，人定為輿，黃昏為隸，日入為僚，晡時為僕，日昳為台。」

「南狩」就是到南方去狩獵、征戰、去耀武揚威。如「升」卦的「南征」。

「南」是南方。「南狩」就是除去此南面之君，有人叛變或是一國兩君。

「明夷于飛南狩」就是採取積極的手段，激烈的手段，擒獲其元首。

「大首」是首要份子，是元凶，賊頭子，是首領，是魁首，就是匪首，古時之酋長。二三四爻互坎為大首。〈說卦傳〉：「坎為下首」于省吾先生以「下首」為「夏首」，即大首。詳《易經新證》。「夏」，大也。小篆 𦣻 夏字即一大首之人。

「得其大首」是擄獲元首、首要份子。陽遇重陰故往前征吉，故「得其大首」。

「得其大首」是擒賊先擒王也。

「可」，猶「利」。

「疾」，急也。

「疾貞」，疾征，速走。

「不可，疾貞」是說雖得其大首匪酋，擔心反撲，當速走。趕緊脫離戰場。

「南狩之志，乃大得也」，往南吉，往前去，大有獲得，吉也。

《孟子》說：「君之視民如土芥，則臣視君如寇讎。」「明夷」是

昏君，是無道，是黑暗時代。然六二居中得正，謹守臣節之象。以陰柔之資處「明夷」之時，只能消極的明哲保身，不能積極的除去昏君，採行革命的激烈手段。九三不然，以剛居陽又處離卦之極，又為進爻。是一剛陽力行又有智慧之人，怎能藏守不動。「大有得」是九三前臨四、五、上重陰，陽遇陰則通，則利。九三與上六相應。上六居冥暗之地，是「明夷」之主，就是那昏君。上六居卦之最外，是遭人民唾棄的昏君，是罪大惡極之人，是罪魁禍首。九三與上六正應，是以明剋暗之象。

「疾」，速也。

「貞」，正也，改正也，糾正也。

「不可疾貞」，是在昏君的統治下，人民習性必受影響，昏君既除，應以開明的政治來移風易俗，但不可過於激烈。

六二是救難故要速，故曰「用拯馬壯」輕騎脫離。九三則大動干戈，但去惡不可操之過急，故曰「不可疾貞」。

「南狩」就是要去其昏君，今九三能「得其大首」昏君已除故曰「乃大得也」，也就是「大得志」也。

「疾」是病疾，「不可貞疾」即不利疾病。猶如「豫」六五之「貞疾恆不死」亦問疾病之事。

「首」，也解為「道」；俞樾曰：「首當讀為道。古首道字通用。《周書‧芮良夫篇》：『予小臣良夫稽道』《群書治要》作稽首。《史記‧秦始皇本紀》：『追首高明』《索隱》曰：『會稽刻石首作道』並其證也。得其大首，猶云得其大道也。」

「得其大首」，謂得其大道利於行。是吉辭。

此爻或是野雉為獵人所逐，誤入密林但得其大道，終能飛遁。但問疾不可。

䷗明夷 ䷗復

九三變為「復」卦，「明夷」是「傷」、「誅」，是有才不顯，今變為「復」是「敗部復活」。九三得以敗部復活。又「復」卦為傾覆，當心大動干戈的後遺症，故速離為上策，不可戀戰。

震為足為動，離為兵戈，為王公，是出征討伐的動武之象，且打勝

仕。

九三燥進陽剛又身受其傷，處理事情不宜過急，也不可太過極端、激烈。

此爻有富貴之象，因為古時征討必掠貨俘人為戰利品。

六四：入于左腹，獲明夷之心，于出門庭。
象曰：入于左腹，獲心意也。

「入」有「傷」、有「沒ㄇㄛˋ」之意。震為左，為往；坤為腹；六四居坤體，故曰「入于左腹」。

「入于左腹」當是箭矢傷於左腹，這比傷於「左股」要嚴重了。

聞一多先生謂：「六四，『人于左腹，獲明夷之心』（即《詩・小雅・大庖不盈》）即《毛傳》所謂『自左腹而射之，達於右膈），為上殺』者。」並說「獲猶中也，……『獲明夷之心』又即何休注所謂『自左髎射之，達於右髃（肩前骨，《說文》：「肩前也」），中心死疾者矣』。」

從下句看來此種射法似乎不吉。

古人射獵為求野獸軀體的完整有多種的射法；《左傳》宣公十二年：「樂伯左射馬而右射人，角不能進，矢一而已。麋興於前，射麋麗龜。」注：「麗，著也。龜，背之隆高當心者。龜之形，背高而前後下。古之田獵者，其箭先著背以達於腋為善射。《北史・斛律光》：『羨及光並工騎射。……每日令出田，還即數所獲。光獲少，必麗龜達腋；羨獲雖多，非要害之所。光恆蒙賞，羨或被捶。人問其故，云：『明月必背上著箭，豐樂隨處即下手，數雖多，去兄遠矣』』則樂伯之射麋中龜，亦狀其善射也。」此是其一。可見「入於左腹」是善之射法。

「入于左腹，獲明夷之心。」是射法精準，當為吉象，但後一句「于出門庭」又不似吉詞。

「于」，聞一多先生認為當讀作「呼」，聞一多先生說：「于謂為呼，《孟子・萬章上》：『號泣於于旻天，于父母』《列女傳・有虞二妃傳》（舜往于田號泣，日呼旻天，呼父母）于作呼。」謂舜不見愛于父母，往耕田，嚎啕大哭，呼蒼天，呼父母。

「入于左腹，獲明夷之心。」謂一箭射中左腹深入鳥禽心臟。

「于出門庭」，即呼號著衝出門庭，當非吉象。

左腹受傷了，是傷及要害「獲明夷之心」當非吉兆，此地不宜久留，故「于出門庭」。

此爻要立即趨走出於門庭，離開所居之地以避禍患。

六四已過日中，居坤，坤為暗，謂日已昃，將一日分為十二時，為夜半、雞鳴、平旦、日出、食時、隅中、日中、日昳、晡食、日入、黃昏、人定。則為「日昳」之後。今謂之「午後」。

六四與六二一樣以陰居陰，但一中正，一僅得位。六二是大臣距上六明夷之君遠，是有中正之德的肱股之臣，行為不失臣節，處「明夷」之時是不阿諛，不趨炎附勢，為所當為，故「夷于左股」僅受輕傷，無傷大雅。

六四不同，六四與上六近，且為宰輔，已是心腹之臣。以柔居陰處「明夷」卦是柔順不拂逆昏君，事事討好，故未受明夷之傷，故曰：「入于左腹，獲明夷之心。」

「于出門庭」就是遁走，是一腳在內，一腳在外。門是外，庭是內。

「明夷」之義為「內文明而外柔順」，為「利艱貞」，為「晦其明」，為「內難而能正其志」。

初、二、三處離卦為明，是明曉自處之昏暗時代，是要能避，故初「于飛，垂其翼。」跑的低調但不敢張揚；六二「用拯馬壯」輕騎速遁既用力又快速；九三「南狩」大張旗鼓，耀武揚威，去其昏君；六四居坤為暗，在坤初是昏暗不深，所以六四以柔順侍昏君，內心明白伴君如伴虎，那天大禍臨頭也不可知。故在此艱難之境，要如何才能正其志？只有遁跑，所以六四如站在門庭之間，若大禍臨身，即出門而去，故曰：「于出門庭」。

「明夷之心」非吉兆，象徵禍源之所在，是造成黑暗時代的原因，也就是上六。

六四居坤體深入黑暗，所以能探知內情，故為上六的心腹。可是六四既無能力除去上六，又不甘心同流合污，最後終會「于出門庭」，長揚而去。

六四為近臣，是心腹，能窺伺昏君之心意動向。所以隨時準備退路以保全其身，如此才能「正其志」。

六四以柔處陰，如坤六四「括囊」不忤逆昏君。得位，是不失去自己的明哲，不失去自己的正。所侍者為昏君而自己內心知道是非，「內難而能正其志」是能為昏君之心腹，也能符合自己的心意。

這六四有如商紂王時的微子啟，微子啟是商紂王的庶兄。紂王無道被周武王在牧野打敗，自焚而亡。微子啟乃降周武王，封於宋，為宋國的始祖以祭祀殷商的祖先。這「于出門庭」就是微子啟棄殷投周。微子啟如此作是「獲明夷之心」的，「獲明夷之心」就是得明夷之義，就是君子處明夷之時應當如何行事？就是棄暗投明。

六四當位有應，本應吉，但「明夷」之時故無吉凶。

兩皆坤體故能深獲其心，為其心腹。

此爻處事當小心謹慎，以免得傷難。

䷣明夷 ䷶豐

六四變為「豐」卦，〈大象〉曰「君子以折獄致刑」。是此爻艱難，一不小心就有牢獄之災。

「豐」為假象，此心腹隨時勞跑，是知人知面不知心。「豐」是入贅，有狗仗人勢之象。「豐」是多故，是樹大招風，故要小心。「豐」是多故，是故舊多，故得心腹。又〈序卦傳〉曰：「得其所歸者必大」，「所歸者」就是同路人、同志。此爻可得心腹同道之助。

又「豐」之後為「旅」，出亡之象。

六五：箕子之明夷，利貞。
象曰：箕子之貞，明不可息也。

在《易經》中一向以五為君位，但「明夷」不同。「明夷」卦主為上六，以柔居陰又處「明夷」之最上，是最昏暗也，所以為卦主，為「明夷之君」而六五就為臣了。

《周易》以商紂王為最昏闇的「明夷之君」紂王無道，其叔父比干進諫而慘死，其庶兄微子啟只得遁逃降周。箕子為紂王之父的舊臣，既不忍如微子般的遁逃，也不願如比干般的慘死，於是披頭散髮佯狂而為紂王所

囚，以避紂王的傷害。後來武王滅紂之後即釋箕子之囚。

「之」，往也。

「箕子」，商紂王之叔父。

「利貞」，利於遠征，出行。

「箕子之明夷」：箕子往「明夷」。

「明夷」當為地名，即朝鮮。《左傳》昭公五年卜楚丘云：「明夷，日也。」並舉初九以為旦，日出之象。則「明夷」當為日出之地，東方的朝鮮。《尚書·大傳》：「武王勝殷，繼公子祿父，釋箕子之囚，箕子不忍為周之釋，走之朝鮮。」《山海經·海內北經》：「朝鮮在列陽東，海北山南。」《焦氏易林·大畜之大畜》：「朝鮮之地，箕伯所保。」《史記·匈奴列傳》：「而單于朝出營，拜日之始生，夕拜月。」「朝」與「夕」相對。《廣韻》：「武王勝殷，繼公子祿父，釋箕子之囚，箕子不忍為周之釋，走之朝鮮。」張岱《夜航船·卷十五·外國部·夷語》：「朝鮮（音招先），日初出，即照其地，故名。」〈說卦傳〉：「震為蕃鮮」注：「鮮，明也。」又「離為日，為明」，可知「朝鮮」義即「初升的太陽」，東方至遠，日出所照之地。亦黎明日出之義。

又「箕子之明夷」，即是箕子被髮佯狂。《淮南子·齊俗訓》：「王子比干，非不知箕子被發佯狂以免其身也，然而樂直行盡忠以死節，故不為也。」

顧頡剛先生說：「『箕子之明夷』這句話，仿佛現在人說的『某人的晦氣』而已。」這句話比較接近實際。箕子走了背運倒楣故佯狂而為紂所囚，但免遭了殺害，武王克殷後乃釋其囚，重獲自由，故占曰「利貞」。此爻可謂箕子裝狂以避禍，周武王滅殷紂，箕子不食周祿，率眾東走至遠之朝鮮。以貞守商朝臣子之節操。「箕子之貞」如此，其目的是要「明不可息也」箕子佯狂被囚雖身受傷，但保全了「臣道」，如此，「明」沒有被息滅。周之滅商箕子也不為周臣而東去朝鮮。所以古人認為殷之「三仁」皆不易為之，微子啟離殷商，比干被殷紂剖心而死，而箕子裝狂待機之法最不易。

六四為「日昃」午後，六五則天更暗，當為「日入、黃昏」之後。（將一日分為十二時，為夜半、雞鳴、平旦、日出、食時、隅中、日中、

日昳、晡食、日入、黃昏、人定。）

《易》以離在下為正，「既濟」就是如此。六五也是離，但失位不在下是不正。又處上六昏君之下，是有才不顯，有志難伸，憋曲憂悶。但六五之臣內心明白處境危險，有自知之明不能有所作為，故內心之明不滅。

▤ 明夷 ▤ 既濟

六五變為「既濟」卦，是處境雖危險但終將脫險，後勢看吉，是人格上完美。

此爻陰柔，明而不顯，是要假裝不知道而內心清楚，要裝糊塗，「晦其明」然後志可以正。

上六：不明，晦。初登于天，後入于地。
象曰：初登于天，照四國也。後入于地，失則也。

「不」，當作「丕」。〈大盂鼎〉銘文：「王若曰：『盂！丕顯文王受天有大令』」中的「丕」原文作「不」，西周銅器大豐鼎、小盂鼎等銘文多以「不」假借為「丕」。《說文解字》：「丕，大也。」《廣韻》：「大也」。

「晦」也是暗。《廣韻》：「晦，冥也，又月盡也。」《釋名》：「晦，灰也。火死爲灰，月光盡似之也。」

「不明晦」就是「大明，晦」，亦即《天問》中所云的「由明及晦」指的是「日」，登於天故「大明」，入於地故「晦」。上六居坤之極，坤為暗，為夜，當是深夜「黃昏、人定」入眠之時。（將一日分為十二時，為夜半、雞鳴、平旦、日出、食時、隅中、日中、日昳、晡食、日入、黃昏、人定。）「不明晦」就是暗到極點了。初爻居離，離為日，初為晨旦故曰「初登于天」；上六居坤，坤為暗，為「先迷後得」，為後；則為日落故曰「後入于地」。

「初登于天，後入于地」，謂三足金烏的離日，在初九如旦辰初生于天照耀大地；在上六則如日落黑夜降臨。一如《淮南子‧墜形訓》所云：「日中無景，呼而無響，蓋天地之中也。若木在建木西，末有十日，其華照下地。」有此可證初爻是日出「平旦」。此爻為日落。

上六以陰居陰又在「明夷」之極，是至為晦暗之象，是冥頑不靈之象，故為卦主。

古人以紂王來比喻此爻。

初二三爻辭皆以「明夷」為句首，四五爻辭「明夷」在句中，上六不言「明夷」而言「不明晦」，是上六大明而歸晦，其他五爻皆是明而被傷。

「登天」是君王在位。「初登於天」是開始即位為天子。

「入地」是失位，去國。「後入于地」就亡國失位。

「明夷」在之後，兩卦皆以離為日，「晉」卦離日在坤地之上，如日初升，是「初登于天」，是明君在上光耀天下。「明夷」離日在坤地之下，是「後入于地」如日之西沉，是昏君當道，終失其國之象。《史記·殷本紀》：「帝紂資辨捷疾，聞見甚敏，材力過人，手格猛獸」可見紂王材質俱佳，能力過人。故曰「照四國也。」如日之初升於天。但後來變的昏暗無道，如日西沉。這是由於他「失則」了。

「則」是法則。

「失則」就是失去法則，就是無道。

《史記·殷本紀》：「好酒淫樂，嬖於婦人，愛妲己，妲己之言是從。於是使師涓作新淫聲，北里之舞，靡靡之樂。厚賦稅以實鹿臺之錢，而盈鉅橋之粟。益收狗馬奇物，充仞宮室，益廣沙丘苑臺，多取野獸蜚鳥置其中。慢於鬼神。大聚樂戲於沙丘，以酒為池，縣肉為林，使男女裸相逐其間，為長夜之飲。」這些都是紂之「失則」。

又「初登于天，後入于地」，謂十日並出，后羿射其九而入于地，好像天上隕石、流星雨之象。

上六之「失則」與六二之「順則」相對應。「順則」所以為文王，「失則」所以為紂王。

這上六為明夷之主，傷了初到五，是以傷人為樂，但終於傷了自己，自己終被滅掉。

䷣ 明夷 ䷕ 賁

為此爻變為「賁」卦，光彩輝煌的最後一霎那中化為無盡的黑暗。

「賁」為裝飾、掩飾、粉飾，原本就不明在裝飾就更不明了，是昏庸之極，是被蒙蔽之象。

「登於天」是好大喜功，盡作些錦上添花的不急之務。

「入於地」就是隕落，是毀滅之象，是下地獄。就是日落，如鳥之歸於樹巢。

參考資料：古籍中以「扶桑」神木為日鳥夜間棲息之所，《山海經・海外東經》：「湯谷上有扶桑，十日所浴，在黑齒北。」郭璞注：「扶桑，木也。」《海內十洲記・帶洲》：「多生林木，葉如桑。又有椹，樹長者二千丈，大二千餘圍。樹兩兩同根偶生，更相依倚，是以名為扶桑也。」《太平御覽》卷九五五引舊題晉郭璞〈玄中記〉：「天下之高者，扶桑無枝木焉，上至天，盤蜿而下屈，通三泉。」唐李白〈代壽山答孟少府移文書〉：「將欲倚劍天外，掛弓扶桑。」日出於扶桑之下，拂其樹杪而升，因謂為日出處。亦代指太陽。《楚辭・九歌・東君》：「暾將出兮東方，照吾檻兮扶桑。」王逸注：「日出，下浴于湯谷，上拂其扶桑，爰始而登，照曜四方。」晉陶潛〈閒情賦〉：「悲扶桑之舒光，奄滅景而藏明。」逯欽立校注：「扶桑，傳說日出的地方。這裡代指太陽。」明凌雲翰〈關山雪霽圖〉詩：「扶桑飛上金畢逋，暗水流澌度空縠。」清顏光敏〈望華山〉詩：「天雞曉徹扶桑湧，石馬宵鳴翠輦過。」

家人卦 又名風火家人

家人：利女貞。

彖曰：家人，女正位乎內，男正位乎外。男女正，天地之大義也。家人
有嚴君焉，父母之謂也。父父、子子、兄兄、弟弟、夫夫、婦婦
而家道正，正家而天下定矣。

象曰：風自火出，家人。君子以言有物而行有恒。

序傳：晉者進也。進必有所傷，故受之以明夷。夷者傷也。傷於外者必
反其家，故受之以家人。家道窮必乖，故受之以睽。睽者乖也。

雜傳：睽外也，家人內也。

「家人」之「人」與「同人」之「人」，統言之是相同的，析言之是
不同的。「同人」之「人」指的是「眾人」。

「家」字，屋下一隻豕，豕字本義是野豬。許多人都說「豕」為家
豬，因為「家」字的直覺吧！有了成見便一味找尋證據附和。或許是有了
「家」之後馴養在家的豕當然是家豬。「豭」音唸家，是公豬的另一種稱
呼，與「家」同音。「家」字的意思可能是牽著公豬去家裡與母豬配種，
以繁殖崽豬。這個牽豬哥到家服務的行業我小時候還見過。流沙河先生認
為「家」字就是男子嫁入女家，反之，女子嫁入男家則稱「嫁」。

古人半穴居，「舍」籀文寫做 《說文解字》：「舍，市居曰舍。
從亼中，象屋也。口象築也。」許慎說的沒錯，上半部像中間一根柱子撐
住屋頂斜坡，下半部是凹下去的半穴。這樣的屋舍是沒辦法將豬豕養在家
中的。將豬養於屋舍之下的應該是高腳屋。諸侯有了封地稱之為「國」，
是持干戈以防禦城郭之意。大夫有了采邑稱之為「家」，也絕不會用與屎
汙同義的「豕」自稱，必是以一家之雄壯者自稱為「家」，乃雄壯之豬者
豭也。這當已是父系社會的事。

「家人」者，婦女也，家之主婦也。古人稱妻室為家人。《詩·
周南·桃夭》：「之子於歸，宜其家人。」《箋》云：「家人，猶室家

也。」《說文解字》：「妻，婦與夫齊者也。」《說文解字》又云：「婦，服也。从女持帚灑掃也。」表示嫁為人婦主持掃灑。《說文解字》又云：「婚，婦家也。《禮》：娶婦以昏時，婦人陰也，故曰婚。从女从昏，昏亦聲。」《釋名・釋親屬》：「士庶人曰妻，妻，齊也，夫賤不足尊稱，故齊等言也。」巽為婦，為齊，故為妻。又「婦，服也。服家事也。」服，即巽為伏之伏。蓋古稱妻為婦，《爾雅・釋親》：「子之妻為婦」。「蒙」九二：「納婦吉」上巽為婦，下離為女，像婦人執事於家內，以服侍其夫，故卦名曰「家人」。

古代女性未婚則稱女，已婚則稱婦，生子則稱母。男性未婚者稱子，及壯稱士，已婚則稱男，有子則稱父（伯、甫）。貴族稱為君子，庶民稱為小人。此卦所言為已經出嫁之婦人。卦辭解釋得很清楚：「利女貞」李鼎祚《周易集解》引馬融曰：「家人以女為奧主，長女中女，各得其正，故特曰『利女貞』矣。」〈雜傳〉說：「家人內也」是以女為主，以內為主。《詩・周南・桃夭》：「桃之夭夭，有蕡其實，之子于歸，宜其家室。桃之夭夭，其葉蓁蓁，之子于歸，宜其家人。」《箋》云：「家人，猶室家也。」《孟子・滕文公下》：「丈夫生而願為之有室，女子生而願為之有家。」《禮記・曲禮上》：「三十曰壯有室」。鄭注：「有室，有妻也。妻稱室。」《左傳》桓公十八年：「女有家，男有室，無相瀆也，謂之有禮。」則家室猶如夫妻也。男稱家，卿、大夫稱家。女稱室，門戶之內曰室。家室是相同的。又巽為長女，離為中女，都是婦。「小畜」九三：「夫妻反目」。虞翻注：「巽為妻」。「既濟」六二：「婦喪其茀」。虞翻注：「離為婦」。

但是從廣義而言「家人」是一家族之人。《墨子・耕柱》：「愛我親於我家人」。

「家人」上巽為入，下離為家。離為網羅，為圍，是四週有圍牆之家。「家人」是齊家之道，除上九一爻之外餘個爻皆當位，故〈象傳〉說：「家人，女正位乎內，男正位乎外。男女正，天地之大義也。家人有嚴君焉，父母之謂也。父父、子子、兄兄、弟弟、夫夫、婦婦而家道正，正家而天下定矣。」若非則是女子干預外事，牝雞司晨，禮儀制度混亂。所以「家人」強調「長幼有序」，是倫常，是謹守分寸，嚴謹治家。「家人」嚴也。「家人」除上爻外皆得位，與「既濟」僅差一爻，而且是上

爻，上爻是天外天，是化外之地，所以「家人」是家內之事，是齊家之象，是內部安定各守其分，是內部團結之象。「家人」是男主外，女主內。

「家人」以內，以婦為主，是聽婆嘴，大富貴。巽為命令，為婦。上巽為木，下離為火，木火相生，為旺，為運勢興隆之局。

〈雜傳〉：「睽外也，家人內也。」「家人」就是內人，就是妻子，是正室。「睽」是外，是外室，非嫡妻。「睽」中四爻失位，外以初、上兩剛強加約束使之合。是內部不安定、不諧調，非常緊張。

「家人」中四爻皆得位，外以初、上兩剛爻約束之，是內部安定、和諧，各守本分，但仍需嚴家管束。蓋「家人」陰卦也，陰柔之害在初始以柔媚，終則悍鷙難以駕御。故曰「利女貞」句謂齊家之道以女子之貞節為最重要。

〈象傳〉曰：「家人有嚴君焉，父母之謂也。」就是上、初兩陽爻。「遯」〈象〉曰：「君子以遠小人，不惡而嚴。」就是要加強管束內部，以防外力侵入。「家人」曰「嚴」是家教要嚴。

「家人」是整頓內務。「家人」是剋夫，故要「女貞」。「家人」卦二三四爻互為坎，為中男，夾於巽長女，離中女這二女之中。互卦為「未濟」。這情況下，坎水在下是「未濟」之象，是有夫妻相剋之象。卦辭曰「利女貞」也是要女子守正，不然夫被剋。

「利女貞」謂齊家之道在於家中主婦正還是不正。主婦正則家正，不正則一家不正。「利女貞」是說男子要齊家，必要靠女子貞才行。

此卦對女性及內部之人、事、物特別有利。

〈象傳〉：「家人，女正位乎內，男正位乎外。男女正，天地之大義也。家人有嚴君焉，父母之謂也。父父、子子、兄兄、弟弟、夫夫、婦婦而家道正，正家而天下定矣。」說的是男女各有職分，各司其職，男耕女織、男主外，女主內，各有秩序，即儒家說的五倫「父子有親，夫婦有別，君臣有義，長幼有序，朋友有信。」以及男尊女卑。先齊家，後治國再及於平天下。又俗語說「家有賢妻，夫少禍。」卦象除上爻屬天之外五爻君位以下皆得位，像倫理有序各得其位，故〈象傳〉曰「正位」、曰「男女正」曰「家道正」。

「家人」綜為「睽」。〈雜傳〉說：「睽外也，家人內也。」「睽」是外室，「家人」是守本份。「家人」是女，是未出嫁，未行笄禮，未成年的女子。「睽」是已出嫁，天癸方至青春女子。「家人」則年紀尚幼待在家中，「睽」則青春叛逆一心向外。「家人」是尋常百姓家之女，是小家碧玉，清秀佳人。「睽」是深閨怨婦，老想往外。「家人」是安份守己，謹守婦道。「睽」是不安於室，老往外跑。「家人」是齊家之道，「睽」是女子奪男主之權，是牝雞司晨。「睽」是深閨怨婦，無人搭理，貌合神離，漸行漸遠，離異分手，孤單一人。卦辭「小事吉」是大事不宜僅小事。可商量，僅維持的場面。「家人」是家和萬事興，如膠似漆，往內的向心力強，如此，萬事才能興。「家人」是規規矩矩，謹守正道。「睽」是非典型的叛逆小子。

兩卦相綜，一家人朝夕往來，如唇與齒，相親近，難免有咬到舌頭的時候。太近了難免情極生變，反目成仇而相睽。「家人」是謹守分寸，是乖乖牌。「睽」是叛逆小子，不按牌理出牌，是意料之外的非典型。

「家人」錯為「解」卦，〈雜傳〉：「解，緩也。」事緩則圓，內四爻皆失位，上、初兩爻以陰柔無法約束故緩慢圖之。外力太弱無法約束內部不安而解散。「家人」團聚，內部團結，向心力極強，但也終有崩解的一天，天下無不散的宴席。

〈序卦〉傳「夷者，傷也。傷于外者，必反其家，故受之以家人。」「家人」就是家，就是家庭。家庭是庇蔭之所。「家人」為回家，返家，得家人庇護，是包庇掩護，是寵愛。「家人」是靜養，是受傷後返家。受傷返家，有靜養、修身、反省貞靜之意。

上離下巽為鼎，「鼎」是國家，「家人」是家庭。也是相反之義。「家人」是謹守分寸，是乖乖牌。「睽」是非典型的叛逆小子，不按牌理出牌，是意料之外。「家人」錯為「解」為「緩」也，是鬆，是寬，是綽綽有餘。「家人」為「嚴」，「家人」〈象〉曰：「家人有嚴君」。「嚴」是嚴格、嚴肅、嚴正，棒下出孝子。「家人」是齊家，是嚴格，是矜持莊重，是修養。「家人」是內，是內人，是妻子。又卦辭曰「利女貞」，是對女子、妻子要嚴家管束。內是自己，外是他人，是對自己要嚴，是嚴以律己，是修身養性，安靜自守，是反求諸己。

「內」是巽，巽為入，故為內，「坤」六四：「括囊」就是內。就是

只為自己不為別人。

「內」是納，是小器，只進不出。是訥，是恬恬不說話，是「有耳無嘴」。是納，是納婦，是娶妻納妾。是小家子器。是家臣。

「家人」要嚴，是嚴家管束內部。「家人」互「未濟」，有夫妻相剋之象。此卦男子問事業不吉。

「內」是巽，是入，是反家。此卦對內部之事、陰事、女子之事極有利。《爾雅》云：「室內謂之家」。〈大象〉曰：「風自火出，家人。君子以言有物而行有恆。」「中孚」為言之有物。「中孚」為商議，為實，故言之有物。「家人」初、上皆陽，內四爻皆得位，是家中人各安其位之象。「睽」也是初、上皆陽，但內四爻皆不得位，是雖受初、上二陽強壓然積極反抗之象，故一為內一為外；一乖乖牌一叛逆；一人眾一孤單。「家人」也是言之有物，家人的嚴，是尊嚴，是教庭教育，訓誡。要嚴謹，要言之有物，不可浮濫。要以身作則。「言有物」是言教；「行有恆」是身教。

「蒙」是教，是啟迪智慧，是學校教育；「家人」也是教，是家庭教育，行為準則，生活教育。內是巽，巽是入，只進不出。是權宜，該省則省；是利市三倍，生財有道。是吉富之道，生財之卦。內火得外木的支援，而燃燒不斷，是吉富之象。「坤」文言：「積善之家必有餘慶，積不善之家必有餘殃。」凡互「家人」卦常是得子之兆。

〈序卦傳〉說：「夷者傷也。傷於外者必反其家，故受之以家人。」〈雜傳〉說：「家人內也」。「家人」卦有受傷返家修養，反躬自省，巽順貞靜，接受嚴格的再教育之意。

「家人」內也，「家人」嚴也，家教要嚴，嚴於家人，關門教訓，反身修為省。是齊家之道。有才不顯，困居家中，修養靜守。「家有賢妻，夫少禍。」是聽婆嘴，大富貴。是嚴以律己，謹守婦道。對內部有利，外部無利。是包庇掩護，是寵愛。是小家子氣。

初九：閑有家，悔亡。
象曰：閑有家，志未變也。

「閑」，柵欄，引申為戒備、防衛。《說文解字》：「閑，闌也，門中有木。」徐曰：「閑，猶闌也；以木距門也。」《經典釋文》：「閑，

闌也。」《廣韻》：「閑，防也，禦也，法也。」可知閑的本義是關上門並用木頭加強鞏固以為防禦。

「閑」，帛書作門。《廣雅》：「門，守也。」又門字與戶字同源，門是兩扇戶，《說文解字》：「門，聞也，從二戶。」戶，猶守護也。《說文解字》：「戶，護也。」《說文解字》：「闌，門遮也。」意思是相同的。

「閑有家」，即「家有閑」。或解「有」為「於」，「閑於家」，作柵欄於家門戶也，以守護家也。《周禮・天官・掌舍》：「掌王之會同之舍，設梐枑再重。」梐枑，即門前柵欄，放置於官署之前用來遮攔人馬。《周禮・夏官・虎賁氏》：「舍則守王閑，王在國則守王宮，國有大故則守王門。」鄭玄注：「舍，王出所止宿處；閑，梐枑。」孫詒讓《正義》：「蓋梐枑所以遮闌行人，故亦謂之閑……是其閑與梐枑皆禁衛之物。」閑、門、梐枑意思相同。元稹〈夢游春七十韻〉：「石壓破欄干，門摧舊梐枑。」相互對稱。拒馬當為引申之義。

「閑有家」，家中門戶加強守護則盜莫能入，故悔亡。

初九居「潛龍勿用」之位，宜靜心自守於家中，杜門不出。

離虛外堅，又為隔離，故離有閑之義。城郭是閑，巷弄也是閑（防火巷），皆因外堅中虛也。

「悔」，困厄麻煩。

「悔亡」，謂筮得此爻，以前有困厄麻煩如今順利。

「閑有家，悔亡」，謂家前有柵欄護衛，靜守家中，杜門不出，無有人出亡。

初九居一卦之下本為「勿用」之爻，故曰「閑」。「閑其家」者，避居家中，足不出戶，故能「悔亡」。〈繫辭下〉：「吉凶悔吝者，生乎動者也。」不動則無吉凶，故能悔亡。

「家人」大義是「內修自省」、「受傷返家」是外有敵人，在「家人」初爻，不宜往外亂跑，當先戒備防禦，以無後顧之患，悔事則可以消亡。要先安內將老巢顧好。

此爻與六四正應，本該往外卦應四，但要先安家；此爻恐人不知戒備於初而使禍起蕭

牆。「家人」是「內」，要重視內部。要慎於初，慎於內。

「志未變」者，言初與四正應，不會只蹲在家裡；其修省之心不變，其志向也未變。

▆▆▆ 家人 ▆▆▆ 巽

此爻變「巽」，入也，伏也，潛伏以待，先屈待時而後伸。「家人」內也，「巽」伏也。

六二：無攸遂，在中饋，貞吉。
象曰：六二之吉，順以巽也。

「攸」，安也。《說文解字》：「攸，行水也。」段玉裁注：「水之安行為攸。」

又「攸」，所也。

「遂」，進也。「大壯」：「不能退，不能遂。」《廣韻》：「遂，達也、進也、往也。」《禮・月令》：「百事乃遂」。

又「遂」，墜也。《左傳》僖公二十八年：「俾隊其師」。杜注：「隊，隕也。」《國語・楚語》：「自先王莫隊其國」。韋注：「隊，失也。」俗字作墜。《爾雅・釋詁》：「墜，落也。」《廣雅・釋詁》：「墜，失也。」

「無攸遂」，安居家中，不可出行、遠遊，如此不至於隕墜，失落。

坤之道「厚德載物」、「無成而有終」，六二應五承三，順以巽可矣，不必專事也，故曰「無攸遂」柔順之道，不以己之事為事。

「饋ㄎㄨㄟˋ」，供應食物。《說文》：「饋，餉也。」《廣韻》：「饋，餉也。」《周禮・天官・膳夫》：「膳夫掌王之饋」注：「進食於尊曰饋」《前漢紀・高祖皇帝紀三》：「夫運籌帷幄之中。決勝千里之外。吾不如子房。鎮國家，撫百姓，給餉饋，吾不如蕭何。」具備飲食糧餉奉與他人稱之為「饋」，也作「餽」。

「在中饋」者，家中之饋也。這與野炊是相對的。六二居中得位，俱坤陰順從，職掌中饋，以酒食為專，主持家務也，女主內也。「中饋」乃是家中婦人之職。《喻世明言・木綿菴鄭虎臣報冤》：「奴家職在中饋，炊爨當然。」

或謂「在」，載也。《廣韻》：「載，運也。」即車之行也。「饋」，遂也，正道也。「貞」，固守也、定也。

「在中饋」，亦謂不宜遠行，在家中克盡職守，自然得吉。「家人」：「利女貞」又「內也」，為操持家中之主。故主持公道以持正，不宜遠行，而得吉。即整頓家庭內部。

「貞吉」者，堅貞能克盡職責而吉也。又「貞」者，占問也。「貞吉」者，占問得吉。

「順以巽」，言二承三應五也。「漸」六四、「蒙」六五皆言「順以巽」，皆陰上承陽也。王弼曰：「六二居內處中，履得其位，盡婦人之正義，無所必遂，職乎中饋，巽順而已。」

此爻婦女在家中職司飲食的事，主持家務，克盡職責，自無不吉。《漢書·谷永傳》作「在中餽，無攸遂。」餽與饋同，但辭氣較直。

☰家人☲小畜

此爻變為「小畜」是小康之家。「小畜」是「夫妻反目」，此則家有賢妻。所謂家中婦人就是主中饋。

九三：家人嗃嗃厂ㄜˋ、，悔，厲，吉。婦子嘻嘻，終吝。
象曰：家人嗃嗃，未失也。婦子嘻嘻，失家節也。

「嗃嗃」，嚴肅貌。《說文解字》：「嗃，嚴酷貌。」《玉篇》：「嗃嗃，嚴大之聲。」《廣韻》：「嗃嗃，嚴厲貌。」《六韜·選將》：「有肅肅而反易人者，有嗃嗃而反靜愨ㄑㄩㄝˋ（恭敬）者。」孔穎達《疏》：「嗃嗃，嚴酷之意也。」「家人」本有嚴肅之義。〈彖傳〉：「家人有嚴君焉，父母之謂也。」又《經典釋文》：「嗃嗃，荀作確確，劉作熇熇。」高亨先生認為讀為嗷，《說文解字》：「嗷，眾口愁也。從口，敖聲。」義為哀鳴之聲。亦通。

「悔」，困厄恨惜也。詳見「乾」上九。

「厲」，危厲，比困厄嚴重。

「悔，厲，吉」，先言困厄，再加重為危厲，後言吉者，是困厄危厲之後終歸於吉。

九三以陽居陽得位而正，如「乾」九三：「終日乾乾」，治家嚴厲，

故有瑕疵而厲，傷了家人感情，但終究是吉的，故曰「悔厲，吉」是安不忘危。

「嘻嘻」，笑聲，驕佚笑樂之意，喜樂過度，得意忘形的樣子。《玉篇》：「嘻嘻，和樂聲。」

揚雄〈河東賦〉：「嘻嘻旭旭」。註：「師古曰：自得之象。」孔穎達《周易正義》：「嘻嘻，喜笑之貌也。」

「嗃嗃」與「嘻嘻」相對，「嗃嗃」是嚴肅而哀號，「嘻嘻」是放肆歡笑。

「婦子嘻嘻」，失家節之象，無有禮貌，無有家教，讓人見笑，得意過頭。

「婦子」用以比喻「小人」。整句謂家教嚴肅則無災害，吉祥也。婦女小子嬉皮笑臉，家教鬆弛，早晚有禍事。嚴厲處事，雖有小毛病，但危而能轉吉，若是得意忘形，雖處於安而禍患將滋生。

「婦子嘻嘻」是悅而淫，得意忘形，故曰「終吝」。「嗃嗃」有憂患意識故雖厲能吉，「嘻嘻」得意忘了身處坎中，故「終吝」。

「嗃嗃」者，嚴肅而哀嚎是身處艱難之境，而存有戒懼之心，有勉勵之志，故雖厲而吉。

「嘻嘻」者，是放肆歡笑，樂而忘憂，安而忘危，存而忘亡，驕佚無度，終至患難，故「終吝」。

「吝」，遴也；《說文解字》：「遴，行難也。」《孟子‧題辭》：「然於困吝之中」。焦循注：「吝之義為難行」。《廣雅‧釋詁》：「遴，難。」謂難行不進，或是遭遇到困難而事難成。猶今言「累」。

「終吝」，畢竟有艱難。

「失」、「佚」古相通。「未失」者，是說不敢放鬆而自安逸也。若「嘻嘻」則淫佚而不中而失去節度。是失去家禮無節之象。

此爻嚴肅以對雖危厄而能吉，若放肆縱容則難成事。

䷤ 家人 ䷩ 益

此爻變為「益」，上巽權變，知變化；下震為動，內外配合，轉的很快。

《左傳》襄公三十年：「或叫于宋廟曰嘻嘻出出（杜預注：嘻嘻，熱也；出出，戎伯姬。），鳥鳴于亳社，如曰嘻嘻（杜預：皆火妖也），甲午，宋大災（火災），宋伯姬卒。」鳥為雉鳥，

為離。甲為木，午為火，火為災。可以參觀。

九三為離之上，三多凶，上火下火，九三居坎，又「既濟」，又「未濟」，在濟與不濟之間，與上又無應，當嚴厲自處。

六四：富家大吉。
象曰：富家大吉，順在位也。

籀文「富」，福也。金文富、福為同源字。金文富字從「宀」，從「畐」，「酉」、「畐」為古代酒甕之形，「宀」象房屋，象屋中有酒甕。要有多餘的糧食才能釀酒，象徵生活富裕的人才有餘糧來釀酒，故以家中有酒來表示富裕。

六四當位上承重陽，當位有應故「大吉」，故〈小象〉云：「順在位」「順」者，陰承陽也。

《易》例凡上卦為巽，四爻當位無不吉，如「小畜」、「觀」、「益」、「巽」、「渙」、「中孚」等卦六四皆吉。若陰爻前臨重陽，而陰不當位，則不盡吉。

六四巽體，又得位，巽為利市三倍，「家人」為「內」，故為「富家大吉」。

李光地《御纂周易折中》云：「四在「家人」卦為妻道也，夫，主教一家人者也；婦，主養一家人者也。」六二是賢內助，六四則是「娶婆大姊坐金交椅。」不僅賢能更有幫夫興家大運。

家人 同人

此爻變為「同人」，六四主婦得大家的歡心有志一同，家和萬事興。

九五：王假有家，勿恤吉。
象曰：王假有家，交相愛也。

五爻為天子，故曰「王」。此「王」與「進食於尊曰饋」的「大人」意近，均指「貴人」。

「假」，降也，至也，到也，降臨也。《方言》：「假，⋯⋯至也。邠、唐、冀、兗之間曰假。」《說文解字》：「假，一曰至也。《虞書》曰：『假于上下』。」《正韻》：「假，至也。」高亨先生以為「假」借為「徦」，《說文解字》：「徦，至也。」甚是。

「有」，猶於也。

「家」，家廟。甲骨文「家」表示宗廟。此爻的「家」當是指大夫的「家」；古人諸侯的封地稱作「國」，大夫的采邑稱作「家」。

「王假有廟」，王至於家廟，是說君王降臨臣子的家廟中祭祀，這是破格的恩寵，故吉。這在流傳的青銅禮器的銘文常見。《十月敔簋》：「王各於成周大廟」。〈同簋〉：「王在宗周，格于大廟。」《善夫克鼎》：「王才宗周，旦，王各（格）穆廟。」〈免簋〉：「王各于大廟，昧爽。」〈師酉盤〉：「隹王元年正月王才吳各大廟」。〈無叀鼎〉：「王各（格）于周廟。」于省吾先生認為「假」即「格」解釋為「至」沒有疑問。九五為天子，所以言「王」。

「恤」，憂懼。

又「恤」，止也。《漢書・韋賢傳》：「明明天子，俊德烈烈，不遂我遺，恤我九列。」顏師古注：「恤，安也。」安，即止也。《文選》左思〈蜀都賦〉：「疇能是恤」呂延濟注：「恤，居也。」居，亦止也。

「勿恤」，不要止息，積極往前不要瞻前顧後。

「交相愛」，謂二、五相應。不止故能交相愛。

「交」是陰陽相交，是交配，是與王家結親。

爻辭謂大王降臨我家廟，別懼怕，吉祥也。言有貴人來到家中，得貴人之助，勿憂慮得吉。

此與「萃」之「王假有廟」同。

▤▤ 家人 ▤▤ 賁

此爻變為「賁」，是君王的鑾儀，是錦衣衛，是天子的使節。「賁」五爻「有喜」。

既是結親為何言「勿恤」，這與「匪寇婚媾」義同。以為錦衣衛是來抓人的實際是結親。

上九：有孚，威如，終吉。
象曰：威如之吉，反身之謂也。

「孚」，是徵兆的意思，此謂卦兆。上爪下子，如母禽孵蛋，有保護之義。又高亨以為讀為「浮」其義為罰，如浮一大白。《小爾雅》：「浮，罰也。謂罰爵也。」《晏子春秋・雜下十二》：「景公飲酒，田桓子侍，望見晏子而複於公曰：『請浮晏子』。」高誘注：「浮，猶罰也。」

「有孚」，卦兆顯示得保護孚佑。亦謂有責當罰，處罰而不徇私舞弊，如此可以豎立威嚴。

「威」，老也，德也。《說文解字》：「威，姑也。」並引《漢律》：『婦告威姑』」姑，指的是丈夫的母親，今稱「婆婆」。故「威」有「老」的意思。《詩・周頌・有客》：「既有淫威，降福孔夷。」《正義》：「言有德，故易福。」《呂氏春秋・應同訓》：「黃帝曰：『因天之威，與元同氣』。」故「威」有「德」意。又「威」者，畏也。于省吾先生謂威、畏二字古通。「大有」六五：「厥孚交如，威如，吉」同。

居上九有老、德、大之義，故有「巍然受人仰望之威」之義。此爻是說卦兆顯示俱有父老的威望而嚴，為人所信服，順人心願，最終得吉。有信、有威又受孚佑，齊家已成，故「終吉」。

上九居家之上，為全家所擁戴，故「終吉」。

「終」是終究，終於；「終吉」不是立刻就吉，是將來終究得吉。「終」者，將來也。

「反身」，反身修己，謙虛柔順。修身齊家已成。上九當亢又失位無應，居巽體而遜順隨潮流知權變故「反身」而吉。震為出，相錯巽為伏，出之反即「反身」。

上爻為陽，多如「乾」上九「亢龍」而「有悔」。「家人」上九不「亢」知「反」故「終吉」。

☲☴ 家人 ☲☵ 既濟

此爻變為「既濟」。齊家成功，受傷返家修養之傷已癒。

第38籤　䷥ 睽卦　又名火澤睽

睽　：小事吉。

彖曰：睽，火動而上，澤動而下，二女同居，其志不同行。說而麗乎
　　　明，柔進而上行，得中而應乎剛，是以小事吉。天地睽而其事同
　　　也，男女睽而其志通也，萬物睽而其事類也，睽之時用大矣哉。

象曰：上火下澤，睽。君子以同而異。

序傳：晉者進也。進必有所傷，故受之以明夷。夷者傷也。傷於外者必
　　　反其家，故受之以家人。家道窮必乖，故受之以睽。睽者乖也。
　　　乖必有難，故受之以蹇。蹇者難也。

雜傳：睽外也，家人內也。

繫辭：弦木為弧，剡一ㄅㄨ木為矢，弧矢之利，以威天下，蓋取諸睽。

睽小篆 瞿小篆

《說文古籀補》裡《御尊》上的銘文「觀」字。

「睽」字本義是左右眼珠不能集中視力同視一物，即斜視。《說文解
字》：「睽，目不相聽也。從目，癸聲。」段玉裁注：「聽猶順也，二女
志不同行，猶二目不同視也。」《說文通訓定聲》：「俟者，兩人之目神
不相屬；睽者，一人之目神不相貫。」

「睽」乃窺視之義。《太玄・曹》：「曹復睽天，不睹其珍。」范望
注：「睽，窺也。」

《歸藏》作「瞿」，《說文解字》：「瞿，鷹隼視也。」是鷹隼瞪著
一雙大眼注視。〈象傳〉：「二女同居，其志不同行。」可見是意見不和
瞪大雙眼而反目。但還有一字更傳神，清代吳大澂《說文古籀補》裡《御
尊》上的銘文「觀」字作梟鳥雙眼睽視獵物狀。這些應該都是同源字。這
更像張著大目而視，眾目睽睽也。

「睽」字從癸，從目，《正韻》：「癸者，歸也。」癸是歸，也是
鬼，陰氣重，可以通鬼神之情狀。又《一切經音義》卷一引《廣蒼》云：
「睽，目少精也。」目視無神，恍惚不定。

「睽」是睜大雙眼，驚嚇過度。是左顧右盼。是看不清楚，視力不良。離為目，又居坎，坎為隱，為闇，故視而不清。

　　「睽」是小事，小是陰，是見到鬼了。所以驚嚇過度，睜眼注視。

　　〈雜傳〉：「睽，外也。」是見到想像力以外的事。不可以常理斷之。是撞見不該見的事。

　　「乖」字從「北」，北字金文作兩人背對背之狀，背道而馳也。「背」與「面」相北故「背」字從北。「比」卦則是兩人面朝同一方向，是有志一同而相從。「睽」字小篆字從二止（足）相背，與「北」字二人相背相同。

　　〈序卦傳〉云：「睽者，乖也。」《廣雅·釋言》：「睽，乖也。」〈序卦傳〉：「家道窮必乖，……睽者，乖也。」乖者，背道而馳分離也，隔絕也。《後漢書·馬融傳》李注：「睽，離也。」《莊子·天運》：「三皇之知，上悖日月之明，下睽山川之精，中墮四時之施。」（悖與睽相對文）成玄英《疏》：「睽，離也。」《左傳》昭公三十年：「伍員曰楚執政眾而乖」乖者背離也。《三略·上略》：「夫統軍持勢者，將也；致勝敗敵者，眾也；故亂將不可使保軍，乖眾不可使伐人。」是乖有亂之義。《玉篇·目部》：「睽，乖也。」又「戾也，異也，睽也，背也。」離家人而孤單也。是乖字有北、背、離、散之義。

　　卦上離下兌，離為火，兌為澤，故不合。離火向上炎，兌澤向下流，故分離。又兌為毀折，物折而分離，故卦名曰「睽」。

　　「睽」是青春叛逆小子，故情緒無償，怒目而瞪。〈雜傳〉：「家人，內也。睽，外也。」家中待久了欲往外，長大了向外發展。離了家人故孤獨也。

　　「睽」見到不該見的事而乖，是見福得禍，見禍得福。

　　「睽」是乖，不成體統，體制之外，常規之外，非典型也。

　　「睽」是大眼瞪小眼，怒目相視，是爭吵不合，各自而去。如「噬嗑」卦、「訟」卦。「睽」是反目成仇，視而不見。「睽」是夫妻同床異夢，不是分居，就是離異。

　　「睽」是各持己見，言不聽，計不從。「睽」是以強力高壓的手段撮

合。卦中四爻皆失位而上初兩陽爻以陽剛而約束四爻使其合。「睽」卦全局處在極度不和諧的情況下，隨時會爆發，已經勢如水火。時間久了，必遭反彈，而乖離。上離為明，下兌為悅。是下位者服順在上之明君也。是強壓使其服。

「睽」是強邀的生意，勉強合作，但個懷鬼胎，面和心不合，久必有事。

「睽」者，兩個事物必須有相同者為前提，根本不相干的事物無所謂「睽」。

「睽」卦「小事吉」是婦人吉，夫不吉。

「小事吉」者，「睽」背道而遲，力量分散，胳臂向外，不宜大事，僅能小事，不可大事。

「小事吉」是大事不吉。

「小事吉」是陰吉，陽不吉。是只有少數幾件事吉，多數不吉。是家裡的事吉，外面的事不吉。「睽」綜為「家人」曰：「利女貞」多是說家裡的事。

「小事吉」是陰事吉。

「遯」之「小利貞」，「家人」之「利女貞」，「旅」之「小亨」，與此「小事吉」義相近。

陰事是婦人之事，「睽」是說家中內眷不和。

陰事是逐利之事，古人「前朝後市」都市規劃時王宮之前面陽朝南為朝廷辦公之處。其後背陰朝北為市集，陰背陽居後，陰事就是市集買賣之事。這與「噬嗑」：「日中為市，致天下之民，聚天下之貨，交易而退，各得其所，蓋取諸噬嗑。」是相同的。「睽」卦利於買賣，交易能成，擔心後遺症。

「睽」卦雖說「小事吉」，但強壓之下反彈亦大，要維持這吉很難。「噬嗑」與「睽」都是競爭激烈，唯利是圖人吃人的世界。

「睽」是深宮後院，離為王公，兌為妾，故為王公諸侯的嬪妃。是深閨怨婦。

「睽」〈象傳〉：「兩女同居，其志不同行。」這與「革」〈象

傳〉：「其志不相得」是一樣的，皆指陰遇陰則窒也。但「革」更勝於「睽」。

「睽」是形同陌路，貌合神離。是同床異夢，背道而馳，意見相左，分道揚鑣。是同性戀，是乖離之情。

「兩女同居」是後宮佳麗三千人，是大婦與小妾，是深閨怨婦。「其志不同行」是爭寵，是爭風吃醋，是相處不諧。是妻、妾所來自不同之處，勉強居處一處。齊家之道在於和，「睽」是怒目相視，是家道不諧，持家的道理沒有了，主人行之不正。蓋六五、九二皆失位。

「家人」為齊家之道，內聚力強。「睽」則家道不興，胳臂往外。

「睽」〈象傳〉：「說而麗乎明，柔進而上行。」「晉」〈象傳〉：「順而麗乎大明，柔進而上行。」「柔進而上行」有攀附權貴之意。「麗乎明」說的都是離，離為耦，為附麗，為明。

「晉」之攀附是插隊，是不次拔擢。「睽」之攀附，是抱大腿，送火腿，小心伺候，主動巴結以創造機會。

「睽」是空降，裙帶關係。「睽」是揆，是閣揆，是九四，是以「小」事大求得攀附。

「睽」〈大象〉曰：「以同而異」是同中求異，特立獨行，與人家不一樣，不會人云亦云，有自己的想法，不隨波逐流，不盲從，作自己的主人，但也犟得很。

「睽」是撮合，貌合神離，同中求異，異中求同，是藉內部的矛盾以達到目的。

〈雜傳〉：「「睽」外也，「家人」內也。」

「外」是離家出走。「睽」是外人，不是親朋好友。所以是視而不見，形同陌路。「家人」是聚，聚而後散，「睽」就是散，「家人」是內，「睽」是自內往外散。「睽」是往外，「渙」為散也是往外。「睽」是不節，外是勾結外人，不守節。「睽」有外遇之象。

「外」是外子，是夫。家人是賤內，是妻。

「外」是有二心、異心；睽內部不諧故有向外之心，胳臂往外彎。

「睽」是「外」，是天癸，是紅潮，是女大不中留。

「二女同居，其志不同行。」是女大不中留，女心向外。

「外」是妻子心向娘家，是外戚。「睽」之結合是靠外力的干與。

「外」是外地來的結合。

「外」是化外，是荒遠之地。是意料之外，「睽」不能以常理視之。

「睽」與「家人」相綜，「家人」內而睽外，「家人」之心向內，是家和萬事興。「睽」心向外，所只能小事。

「睽」是孤，是與親朋不合，與「家人」不一致，故孤。

「睽」是家道不興，「家人」是家和萬事興。

「睽」是二心、異心，是人心向外；「家人」是向心力，團結一致。

「內」是親人，「外」是外戚。「睽」是家道衰落。

〈序傳〉說：「家道窮必乖，故受之以睽。」「睽」是家道窮乖。家和則萬事興，不和則萬事衰。「睽」是不和，故是家道乖離。「家道窮」是持家的道理沒有了。家有賢妻，夫不犯錯。內部不和是妻小不和，是大、小老婆不和。中間四爻失位，是陰佔了陽位，是女強人奪男權。所以是家道乖離，持家之道沒有了。「家人」是父子兄弟夫婦和諧相處一處，到了人口繁衍，家大業大之時，就要分家各立門戶，是合久必分也。這分離不是相輔相成，是志向不同各走各的路，以至反目，相見不識。是在家父子相責，兄弟鬩牆，夫妻反目，骨肉分離。在國則上下猜忌，割據分治，分崩離析，兵戎相見，國之不國，家之不家。

「睽」是乖，乖是分離，隔絕。《後漢書‧馬融傳》李注：「睽，離也。」上離下兌的「睽」，離是依附，兌為毀折，是一個外在依附，內在毀則，兩相矛盾，貌合神離的卦。最終還是分離。

「睽」是人際關係不好。但少女在下中女在上，是長幼有序，所以雖互相乖離但不至於相革。「革」更加激烈，水火不容，不顧情面，翻臉不認人，大打出手，大動干戈，武裝鬥爭。必去之而後快。

「睽」、「革」是同性戀，兩卦皆曰「同志」。「睽」為乖，是背離正道，故為同性戀。革互「大過」卦為顛，顛鸞倒鳳，女扮男裝，男扮女裝。

「睽」互「既濟」，是強力撮合，而能成功。是先睽而後能安於，是

認命。

「家人」互「未濟」，是本為一家人而分離。

「睽」是由遠而近，由疏而密。「家人」是由親而疏，由近而遠。「既濟」是合，是交。

「睽」〈大象〉曰：「上火下澤，睽。君子以同而異。」何謂「君子以同而異」？「睽」就是以同而異，也就是不同的異要和而為同，也就是「合」與「和」。「合作」要「和諧」才能「合而為一」步調一致。如一個樂團，個種樂器組合。都是樂器，這是「同」。各種樂器的性質、音色又各有不同，這是「異」。組何成樂團，這是「合」。彈奏的不能各有各的調，要步調一致，這是「和」。和諧與共才能演奏出美妙的音樂。若世間所有的樂器皆一樣而無不同，則所奏出之音月又怎能聽聞。人群社會也是一樣，所以君子悟察此道，當於「同」中保持「異」。富貴者，之所欲也，但君子取財有道，小人取財無道。在大同中存小異，要保持自己的個性與特色建立自己的原則。

講到男女婚姻關係的卦很多，「臨」卦一至五爻互為「歸妹」，嫁娶之象。「睽」卦互為「歸妹」，兩女不宜同居，兩女相處有如夫婦，不宜。「節」卦互為「歸妹」，卻是守節，主女子失其夫。「臨」卦初九，「咸臨，貞吉」；〈小象〉曰：「咸臨，貞吉，志行正也。」「咸」是指男女相合，是利於婚姻。「漸」卦錯為「歸妹」，一明媒正娶，一為陪嫁側室。「觀」卦中互為「漸」卦，不利求親。

〈繫辭下〉云：「弦木為弧，剡一弓丷木為矢，弧矢之利，以威天下，蓋取諸睽。」弧矢即弓矢，冷兵器時代的遠射武器，上九：「先張之弧，後說之弧。」即是弓箭。

錢鍾書《管錐編》論「睽」〈象〉曰：「火動而上，澤動而下；『二女同居，其志不同行。……天地睽而其事同也，男女睽而其志通也，萬物睽而其事類也，睽之時義大矣哉！』雖然水火不合但相感應而通。萬物因為不同而各分其類，《正義》：「水火二物，共成烹飪，理宜相濟；今火在上而炎上，澤居下而潤下，無相成之道，所以為乖。……歷就天地、男女、萬物，廣明睽義，體乖而用合也。」按此亦明物相反而相成，有相間隔而能相通之義。「睽」有三類，一者體乖而用不合，火在水上是也；二

者體不乖而用不合，二女同居是也－此兩者皆睽而不咸，格而不貫，貌合實離，無相成之道；三者乖而能合，相反而相成，天地事同，男女志通，其體睽也，而其用則咸矣。「革」〈象〉亦曰：「二女同居其志不相得。」「咸」〈象〉又曰：「咸，感也；柔上而剛下，二氣感應以相與。……男下女。」註：凡感之為道，不能感非類者也，故引取男女，以明同類之義也。皆與「睽」之〈象傳〉相印證。《左傳》昭公二十年晏子論「和」與「同」，所謂「若以水濟水，誰能食之？琴瑟之專壹，誰能聽之？同之不可以如是。」蓋全同而至於「壹」絕異而至於「睽」，則不能「感」。必異中有同，同中有異始可。

「睽」卦二女相視故乖，但男女相視則能「天地睽而其事同也，男女睽而其志通也，萬物睽而其事類也，睽之時義大矣哉！」這睽字音轉為「窺」，窺視而情相通，〈雜傳〉的「外」是內不通而外通。總之，「睽」卦有乖離散亂而終相遇合之義。

初九：悔亡，喪馬勿逐，自復，見惡人，無咎。
象曰：見惡人，以辟咎也。

「悔亡」是「無亡」，謂無人逃亡。

「馬」是貴重之物，是財；「喪馬」是失，是禍，是遭殃，是破財。

「逐」，《帛本》作「遂」，追隨也。

為何「勿逐」？因為「睽」卦乖離，見福得禍，見禍得福；雖「喪」可以「自復」。「睽」也是先合後背離再合，故曰睽違。

「逐」是其欲逐逐，追逐欲望稱「逐」。「勿逐」是不宜進取。

初九在「睽」之初，乖離不深，雖「喪馬」但離的不遠，故能「自復」。

初本為少，在「睽」則為老，老馬識途故可以「自復」，「喪馬勿逐」就是「睽」，越追跑的越遠，越扶越醉，正是青春叛逆的小子，故不理他反到無事。

「喪馬勿逐」是稍安勿燥，不要急，慢慢來。

「惡人」，是形體殘缺，面貌醜陋，歪瓜劣棗，受刑有殘疾的不祥之人。《莊子·德充符》：「衛有惡人焉，曰哀駘它。」《孟子·離婁

下》：「雖有惡人，齊戒沐浴，則可以祀上帝。」皆指形體殘缺之人。避邪之物多醜惡猙獰，為的是以惡止惡。字亦可作「兀人」，李頤《集解》：「刖足曰兀」。兀即刖足之人。《莊子·德充符》：「魯有兀者王駘，從之遊者，與仲尼相若。常季問於仲尼曰：『王駘，兀者也』。」

古時遇惡人必避之，《禮記·王制》：「刑人於市，與眾棄之。是故公家不畜刑人，大夫弗養，士遇之塗弗與言也。屏之四方，唯其所之，不及以政，亦弗故生也。」《穀梁傳》襄公二十九年：「禮，君不使無恥，不近刑人，不狎敵，不邇怨。」

「惡人」是九四，在坎體，坎為匪，與初敵，故為「惡人」。

「咎」是懼，「無咎」，是無懼，不須害怕。

「無咎」，在它卦敵應不好，在「睽」卦，敵應反可以應，故能「無咎」。

「見惡人，無咎」，句謂見不祥之人而無須懼怕。《韓非子·解老》：「其喜人之有福，而惡人之有禍也。」

「咎」，是不祥之物，是鬼魅。「睽」是外，見到想不到的東西。

「辟」，避也，躲避，設法躲開。

「見惡人」、「以避咎」，是不必害怕惡人，因為一物剋一物，惡人自有惡人降。是鬼都怕惡人，是以毒攻毒。

「睽」是先離後合，「悔亡」、「喪馬勿逐，自復」、「見惡人，無咎」都是此義。

「以辟咎」，是說仇人也要相見，以免有咎，以免他人說嫌話，見面是為了闢謠。所謂「見面三分情」、「伸手不打笑臉人」。

此爻失物莫追，自己會回來。遇見惡人，不要畏懼。不要急於求合，會適得其反。

▤ 睽 ▤ 未濟

爻變為「未濟」，面合心不合。

《易》曰「悔亡」皆是變爻，此爻由「未濟」變為「睽」，本不濟之卦變為睽合，意外之合。蓋初九居「潛龍」之地，是「勿用」之時，居止

而待命，無所動作，故「悔亡」而「無咎」。

「以辟咎」言無咎之故，在避也。「潛龍勿用」，「遯世無悶」就是避。

九二：遇主于巷，無咎。

象曰：遇主于巷，未失道也。

「遇」是不期而遇，又古人禮儀齊備的會面叫「會」，禮儀簡約的會面稱「遇」。非正式的會面也稱作「遇」，「睽」是睽違，是「歸」，二爻的遇就是回歸。《穀梁傳》隱公四年：「遇者何？志相得。」雖是不期而遇，但雙方志趣相投，故曰「遇主」。

主，主人；於旅途中得到東道主，未迷失於旅途道路中，後世稱「居停」，《紅樓夢》：「且說雨村在旅店偶感風寒，愈後又因盤費不繼，正欲得一居停之所，以為息肩之地。」《儒林外史》：「一向在都門敝親家國子司業周老先生家做居停，因與通政范公日日相聚。」這與「坤」：「先迷後得主」。〈象傳〉曰：「先迷失道，後順得常。」之「失道」都是迷亂於道途之中因為得到東道主協助義同。

「巷」是小巷，非大道，非正道。《說文解字》：「里中道，從邑，從共，皆在邑中所共也。」《廣韻》：「街巷也」《增韻》：「直曰街，曲曰巷。」「睽」本不正而是「外」，所以遇之於曲巷而不是正道大路。巷小，比大道更容易迷失。

六五為「主」，「豐」九四云：「遇其夷主」也是上承五爻之主。而「睽」九二應六五，六五居離體，離中虛，有如里中之巷道，故曰「遇主於巷」。雖正應而詞言不正。雖不應而詞「勿逐自復」。皆乖之意。六五、九二雖正應，在「睽」是遇於不該遇的地方。

「遇主於巷」是於半道不期而遇，是私下之會，非正式之會，不期的意外之遇，是遇於不該遇的地方，是撞見不該見的，是私暱之會，是狹路相逢。但「無咎」，無須畏懼，也無咎災。

九二應六五，自有其通天的管道、私下、見不得人的管道。九二為六五的心腹。

「睽」是「小事吉」，九二以「小」事六五。「小者」，陰也，私也。密而不為人知的遇。不拘形式能見面就好。

「無咎」，雖遇之於不該遇之所，但能溝通就好。能溝通就可化解而無咎，無須畏懼。

「未失道」就是有管道，雖私暱而不失為一管道，權宜之計，不失正道。

「睽」是隻身在外的旅人，能偶遇居停得主，等於得到寄宿之地，受人援助，故無咎。

☰☲ 睽 ☲☲ 噬嗑

爻變為「噬嗑」，吃力不討好，是有人作梗不能遇合，故要用「睽」的方法，私下迂迴會面。既慎密又委屈，雖非正常，卻也未脫離常道。九二居中行中道，盡人臣之義，雖不滿意但可以接受。故小象曰「未失道」。迫不得已只好用力除去中間的梗以求合。終究必合。

六三：見輿曳，其牛掣。其人天且劓。無初，有終。
象曰：見輿曳，位不當也。無初有終，遇剛也。

「見」，是「睽」之見，即瞿也，是驚見也，嚇一跳也。可見情況緊張。

「輿」，是大車，能載重。

「曳」，是拖拉，從後面用力拉引之，這裡作拖累。《說文解字》：「臾，束縛捽抴為臾。從申從乙（丿）。」又「曳，臾曳也。從申，丿聲。」高亨以為「曳」為自後引之。

「輿曳」，是大車受牽拉而移動。

「掣」，牽拉也。《經典釋文》：「掣，鄭作挈，《說文》作㓞，子夏作契，荀作觭。」《玉篇》：「掣，牽也。」《釋名·釋姿容》：「掣，制也，制頓之使順己也。」「掣」是獸角一仰一俯之狀，因為牛用力的拉大車。人從後牽引拖拉之。

「掣」，是掣肘，滯隔不能前進，是九四橫阻在前之故。《唐書·陸贄傳》：「可任，則當要之於終，不宜掣肘於內也。」又何新以為「掣」的異文作「挈」鄭玄注：「牛脊皆聳曰挈」謂牛背高隆以利牛軛之牽拖，這拉車的牛脾氣倔犟，一股牛脾氣。「睽」是外，是叛逆。這牛倔犟不聽人使喚。

「見輿曳，其牛掣」，驚見大車被倔犟地牛費力地拉著，不聽人使喚，馭牛之人往後拖動難前之狀。這牛不肯服從，馭牛之人費盡氣力而不放棄也。

六三應上九當往前行，但下乘九二之剛受九二拖累，前行又遇坎（三四五互坎）坎為險陷，為盜匪，受九四掣肘，故雖有牛拉大車，但費力滯隔往前艱難。離為牛。

「其人」，指駕車之人。

「天」，為首。《說文解字》：「天，顛也。」又《說文解字》：「顛，頂也。」《爾雅·釋言》：「顛，頂也。」疏：「謂頭上也」即是惡人。又「天」這裡作受薙髮之刑，髡刑。是個禿子。也有以「黥額」為「天」。「黥額」，即黥刑、黥面，也是古代的一種刑罰。馬融：「黥鑿其額曰天」，即削髮黥墨。墨刑是古代五刑中最輕的一種刑罰。六三在下卦之上故曰「天」。

「天」，可能也是「兀」，即初九之「惡人」，受刑不祥之人。

「劓」，截鼻之刑。《說文解字》：「劓，刑鼻也。」虞翻：「割鼻為劓」六三兌體，錯為艮，艮為鼻，艮象失，故鼻被滅。

「天且劓」，既禿又無鼻，受傷不重，受辱很深，貌形醜陋，也是初爻所言之「惡人」。

「天且劓」，俞樾說：「讀為兀且劓」兀，刖足。《莊子·德充符》：「魯有兀者叔山無趾，踵見仲尼。仲尼曰：無趾，兀者也。」《周禮·秋官·司寇》：「墨者使守門，劓者使守關，宮者使守內，刖者使守囿，髡者使守積。」這些受刑者令其為小臣奴僕以為驅使。

六三受委曲，前有「牛掣」，後有「輿曳」，又受截鼻與髡髮之辱。可見六三應上九之難。

「無初」，是過程受阻撓，受拖累的辛苦。

「有終」，是上九、六三終究正應，經過一番艱辛終可應合。相合而「有終」是有好結果。倔犟之牛拉著車欲前而不聽使喚，馭者欲往後而與牛相堅持，但力有不逮，這情形是「其志不同」，有所失誤而受天劓之刑。但最終可以有成，故「無初有終」。

二三四互離，六三在中，承乘皆陽，凡此陰爻承乘皆陽，易例皆有先

難後通之義。就是「無咎」。

「位不當」，是六三失位，誤入歧途，迷途知返。睽而又失，失之大矣。

「遇剛」，是六三上遇九四之剛，九四居坎為盜，是遇強梁，故受阻、受辱。坎也是訟，也是獄，也是暗，又冤被刑，倒楣衰運。

九四如「噬嗑」中的梗。

此爻費力向前，雖受阻如牛費力地，倔犟地，拖拉大車，雖受刑遭難，但終能意外的向前而達目的。

䷌睽 ䷌大有

此爻變為「大有」，先苦後甜，堅持到最後則轉為吉。

「天」也是天生如此，天闍之象。

九四：睽孤，遇元夫，交孚。厲，無咎。
象曰：交孚無咎，志行也。

「睽」是外，是離家出走，失親故曰「孤」。

「孤」，孤子孤單在外，孤立無援，四處碰壁，離家遠隔而不能相見。《說文解字》：「睽，目不相視也。」

「睽孤」，離群孤獨，乖戾不合群。《漢書·諸侯王表序》：「小者淫荒越法，大者睽孤橫逆，以害身喪國。」顏師古注：「睽孤，乖剌之意。」

九四坎體，與初九無應，孤立無援，性情孤僻。

「睽孤」，又作「睽瞿」亦作「睽睢」。《文選·魯靈光殿賦》：「顧頡而睽睢，狀若悲愁于危處，憯嚬蹙而含悴。」驚恐的張大眼睛，嚇得六神無主。《釋名·釋親屬》：「孤，顧也。顧望無所瞻見也。」

「厲」，是指九四身處危厲，孤立無援。九四身單影隻，處處擔心受怕，驚慌失措。

「元」是「原」，是原夫，是前夫。或是元配之元，《史記·周本紀》：「姜原為帝嚳元妃」。

又「元」是「兀」古同字，即兀夫，足被刖也。《莊子·德充福

篇》：「魯有兀者王駘」。又「申徒嘉，兀者也。」又「魯有兀者，叔孫無趾。」李注曰：「刖足曰兀」。《說文解字》：「跀，斷足也。」亦即「惡人」。

金文元、大二字相似，又疑「元」是「大」之訛。元夫，即大夫。

「睽孤，遇兀夫」者，在孤立無援的絕望之境，又遇跛足惡人、嚇人鬼魅，受到驚嚇，六神無主。凶象。

九四與初九敵應而曰「遇」，非正常之合。九二之遇得助力，九四之遇雖是意外也是乖離之遇。

「交孚」，是打的火熱，是坦誠相見，相互信任。

「交」與「接」不同。「交」是相互其間，是兩情相願。《廣韻》：「交，共也，合也。」「泰」卦云：「上下交而其志同」。「接」是下接上，從妾，是奴隸，是承接，接續。「蒙」：「子克家，剛柔接也。」「晉」卦「晝日三接」。九四與初九坦誠相見，脫去孤立無援的危厲，可以轉危為安。

「睽」是同性戀，初九得位「元夫」是一號，九四失位是零號。

「交」是陰陽相合，九四、初九同性相合，故為同性戀。〈小象〉說：「志行」。

「厲」也是砥礪，性情乖孤的九四，離家出走，處境危厲，飽受磨鍊之後回頭反家（元，為始，為復）。

「厲，無咎」，是危險但無災害。

☲☱ 睽☶☱ 損

爻變為「損」，雖回頭已受損，磨練就是投資。

「損」是吃虧就是佔便宜，吃虧人常在。

六五：悔亡，厥宗噬膚，往何咎。
象曰：厥宗噬膚，往有慶也。

《易》例陰爻乘、承皆陽爻，則有先苦後甘之象。六五上承上九下乘九四正是如此。

「悔亡」，其悔可以亡。開宗明義就是說六五失位乘剛，故有悔之

難；上承陽有靠山相助故「悔亡」，不但「悔亡」因為靠山強更進一步「往有慶」，可知上九對六五的支持。

上九為天，為宗廟，為元老資政，是具聲望、威望的退休老人，是五爻天子的指導者對五爻天子的支持極為重要，參看「大畜」六五「豶豕之牙，吉。」〈小象〉曰：「六五之吉，有慶也。」上九：「何天之衢，亨。」〈小象〉曰：「何天衢，道大行也。」「蒙」卦六五〈小象〉：「童蒙之吉，順以巽也」，「損」六五〈小象〉：「六五元吉，自上祐也」，「晉」六五〈小象〉：「得矢勿恤，往有慶也。」可知六五承上九的重要，尤其是在狀況不佳的卦。

「厥」，蹶也，跳也，走也。《廣韻》：「蹶，走也，速也。」

「宗」者，家廟、宗社。宗族之主也，也是貴人。上爻為宗廟，故此「宗」為宗廟。

「厥宗」，奔走赴宗社。六五承上九，上九為宗，為宗廟，為老天爺。

「厥宗」，是說貴人相助，靠山伸出援手，老天庇祐。

「噬」，食，咬噬。

「膚」，肉，是脆柔易食之肉，如耳朵、腳蹄、內臟等，都是易食豐腴之物。《廣雅・釋器》：「膚，肉也。」馬融云：「柔脆肥美曰膚」又云：「腹下肥者」又作「腴」，又作「肪」。

「厥宗噬膚」，是祭祀之後去宗社吃肉的饗宴。蓋祭祀後分享牲肉。有上九助祐使六五食好吃的肉；又古人以夢肉為吉。

「往何咎」，不至於有災害，六五既有上九貴人邀請食肉，前往自然無害。「無咎有慶」就是吉。六五前遇上九，陰陽相通，往而無救災。

「有慶」，大喜也。大慶典，大拜拜，大事慶祝。

「吉」再來是「嘉」這兩字都出於「吉」，「嘉」是吉上加吉；最大的就是普天同慶的「慶」。

六五既將出乖離睽，脫運交運之際。吃肉是升官之象，《左傳》魯莊公十年：「食肉者鄙」春秋之時，大夫以上之人，每日必有肉食，襄公二十八年傳說子雅、子尾之食云，「公膳日雙雞」，昭公四年傳說頒冰之

法云，「食肉之祿，冰皆與焉，大夫命婦喪，浴用冰。」蓋位為大夫，乃得食肉也。《孟子·梁惠王》論庶人：「五畝之宅，樹之以桑，五十者可以衣帛。雞豚狗彘之畜，無失其時，七十者可以食肉。」一般人民非七十歲難以常食肉。

「噬」是噬而能合，「噬膚」是輕鬆一咬就能合，不花什麼力氣就可以合。

「睽」本來有合的意思，睽違就是好久不見而又相逢，二爻「遇主於巷」就是睽違而合。「噬嗑」六五就沒這麼輕鬆，「噬乾肉」就較辛苦。

「噬膚」而能「合」，是有肌膚之親。

「厥宗噬膚」是骨肉相殘，因為祭祀後分享利益不均引起骨肉相殘。

☲☱ 睽☱ 履

此爻變為《履》，化險為夷，得貴人相助。

此爻是吃拜拜，古人祭祀後分食祭肉。《履》為禮，上乾為天，為父，祭天祭父，就是宗社之祭。

「睽」之慶，是慶祝，乖離失而能合，是叛逆小人，離家出走，私生子，返家歸宗。

爻變為《履》是父喪，回家歸宗可能是因為父喪。

上九：睽孤，見豕負塗，載鬼一車，先張之弧，後說之弧。匪寇，婚媾。往遇雨則吉。
象曰：遇雨之吉，群疑亡也。

「睽孤」，即「睽顧」，張大眼驚視望顧。

「孤」，單獨也，也有一意孤行，不聽人勸，不知如何是好的意思。

「豕」，豕的鼻上翻，猶人的鼻被劓；鬼的披髮，有如人的禿頭，都是不祥之兆。《左傳》莊公八年：「齊侯田獵，見豕欲射，豕人立而啼，從者以為公子彭生（杜預注：皆妖鬼也）。」這是公子彭生受齊襄公之命殺魯桓公，後齊襄公冤殺公子彭生，公子彭生化為豕鬼報冤，之後田獵被殺。《論衡·訂鬼》：「鬼之見也，人之妖也。天地之間，禍福之至，皆有兆象，有漸不卒然，有象不猥來。天地之道，人將亡，凶亦出；國將亡，妖亦見。……國將亡，妖見，其亡非妖也。人將死，鬼來，其死非鬼

也。……齊襄公將為賊所殺，游于姑棼，遂田于貝丘，見大豕。從者曰：「公子彭生也」公怒曰：「彭生敢見！」引弓射之，豕人立而啼。公懼，墜于車，傷足，喪履，而為賊殺之。夫殺襄公者，賊也。先見大豕於路，則襄公且死之妖也。」則此豕即惡人，是惡禍之凶兆。

「負」，背負。

「塗」，泥塗。《廣雅疏證・卷三下・釋詁》：「塗，泥也。」《莊子・秋水》：「此龜者，寧其死為留骨而貴乎？寧其生而曳於塗中乎？」

「見豕負塗」，驚見豬豕在泥潭中滿身是污泥。

「睽孤，見豕負塗」，驚訝地望見豬隻搏鬥於泥涂之中。「睽」卦同中求異，本有意見相左，爭鬥之義。下卦兌澤，故見豕行于沼澤，滿背污泥。上離為見，互坎為泥，為豕。

聞一多認為「豕」，是雨神，亦即天上的奎宿，是西方白虎星座的第一宿，有星十六顆。《史記・天官書・正義》：「奎，天之府庫，一曰天豕，亦曰封豕，主溝瀆。……熒惑星守之，則有水之憂，連以三年。」《前漢・天文志》：「奎曰封豨，主溝瀆。」《淮南子・本經訓》：「封豨長蛇，皆為民害。」「封豨」，就是大豕；高誘注：「封豨大豕，楚人謂豕為豨。」《焦氏易林・履之豫》：「封豕溝瀆，水潦空谷，容止舍宿，泥塗至腹，處無黍稷。」《詩・小雅・漸漸之石》：「有豕白蹢，烝涉波矣。」〈傳〉：「犬喜雪，馬喜風，豕喜雨，故天將久雨，則豕進涉水波。」故曰「往遇雨則吉。」《西遊記》中的豬八戒原是天庭中統領八萬天河水兵的天蓬元帥。可見此爻的「豕」與末句「往遇雨則吉」是相關聯的。

又「鬼」，為南方朱雀七宿第二宿，鬼宿，為朱雀之目，有星四顆，象斗形如車廂，所以稱為「輿」，四星圍成的斗形中有一團白色星宿稱為「積尸氣」。故又稱「輿鬼」星光暗淡，其中有一星團，晦夜深暗時可見，就是「積尸氣」。《史記・天官書・正義》：「輿鬼四星，主祠事，天目也，主視明察奸謀。」《開元占經》引石氏曰：「中央色白、如粉絮者，所謂積屍氣也；一曰天屍，故主死喪，主祠事也。」《觀象玩占》：「鬼四星曰輿鬼」又曰：「鬼四星曰輿鬼，為朱雀頭眼，鬼中央白色如粉絮者，謂之積尸，一曰天尸，如雲非雲，如星非星，見氣而已。」又「一曰天尸，主死喪祠。」《廣雅・釋詁》：「輿，載也。」《集韻》：

「輿，眾也。」故「輿鬼」，也稱「載鬼」。鬼宿四星象車斗，故曰「輿」。互坎為車輿。「輿鬼」即「載鬼一車」。

「鬼」，是人死的徵兆，如國亡妖生。《中庸》：「國家將興，必有禎祥；國家將亡，必有妖孽。」上九與六三相應，六三之「夭」與「劓」與上九「豕」與「鬼」相應。互坎為鬼。

這句話主要的意思是見到奇異之象。此爻所言亦為豕妖之事，此爻變為「歸妹」，「歸」就是鬼。

「見豕負塗，載鬼一車」，謂驚見奎星出見，大雨降下，豬豕滿身泥濘，喜孜孜地，但天雨朦朧，又見輿鬼積尸之星，心身疑慮，防衛之心油然而起。

「見豕負塗，載鬼一車」，皆是凶兆。是夜路走多了，見到鬼；是眼花撩亂，作了虧心事，疑神疑鬼。互坎為豕，為鬼，為車，為疑；離為目，為見。

上九「睽」乖之極，又居離卦之上，離為明而變不明；「睽」極則乖而生戾，剛極則陽亢暴躁，明極則疑心生暗鬼。

又「鬼」，古代北方有異族為「鬼方」，上爻也是化外之地。《史記·殷本紀》有「九侯」，《集解》徐廣曰：「一作『鬼侯』」。

「說」，脫也。古文說、脫、悅為同一個字「說」《說文解字》：「說，釋也。」

「張」，拉弓預射；《說文解字》：「張，施弓弦也。」《禮·曲禮》：「張弓尚筋」。

「弧」，弓；《說文解字》：「弧，木弓也。」〈繫辭〉：「弦木為弧，剡一弓木為矢，弧矢之利，以威天下，蓋取諸睽。」互坎為矯輮為弓。

「弧」，亦天上星宿，《史記·天官書》：「有四星曰弧」《正義》：「弧九星，在狼東南，天之弓也。以伐叛懷遠，又主備賊盜之知奸邪者。」

「先張之弧」是先張弓欲射，因為以為遇見妖魅強寇惡人，情勢緊張。

「後脫之弧」是後來鬆弛放下弓箭，因為「匪寇婚媾」，是來迎親的親戚不是匪寇，憂疑得釋，緊張的情勢得以舒緩。「婚媾」是親戚，是自己人。

古之弓與弦是分開的，遇敵將射則將弦扣上弓，搭著箭矢張弓而射，故曰「張弧」。脫箭鬆弛而不射，故曰「脫弧」。

蓋鬼宿為天目主司明察姦謀。弧星則主抓盜賊而知姦邪。「張弧脫弧」，即警戒之象。與〈繫辭下〉云：「弦木為弧，剡一𠃌˘木為矢，弧矢之利，以威天下。」相呼應。

「後說之弧」之「弧」也作「壺」，酒壺，即尊。是高興的置酒歡樂。

「婚媾」是指與上九相應的六三，是送婚的隊伍，是親戚，疑心暗鬼先張弓警戒，釋疑之後脫弦弛矢而相結合。「賁」六四的「匪寇婚媾」指的是初九，也是迎親的隊伍，是親戚。

既有「婚媾」就有交合之象，交合則「睽」乖離之象就解除，又上九居「睽」之極故睽違之象變為「相合」。陰陽相合故有「雨」，如「小畜」上九由「密雲不雨」變為「既雨既處」。

「雨」為陰陽合和之象，「睽」是兩股勢力僵持，今上九「婚媾」有「雨」，由乖離變為交合，是吉兆。「豕」為封豕之星，奎星。「鬼」、「車」即輿鬼四星。為「天目也，主視，明察奸謀。」有睽顧之意。「弧」，弧星，「主備賊盜之知奸邪者」。這些天象主降大雨，豬豕喜雨，所以說「往遇雨吉」。互坎為水為雨。

又「先張之弧，後說之弧。」本作「先張之弧，後說之壺。」「說」，吳摯甫先生讀作「稅」，意思是「遺」于省吾《易經新證》引《禮・檀弓》：「未士者不稅人，如稅人則以父兄之命。」注：「稅謂遺於人」即送人禮物。第二個「弧」讀作「壺」，惠棟《九經古義》有詳解：「《釋文》云：『下弧字本亦作壺』……楊子《太玄》曰：『家無壺婦承之姑』壺者家之禮法，故家無壺婦無以承姑，妻無以事夫。上九、六三婚媾之象，始以為寇也，故先張之弧；非寇乃婚媾，故後設之壺。昏禮設尊於室內，又尊於房中東為外尊，此之謂設壺。」又惠士奇《說易》：「弧一作壺。昏禮設尊是為壺尊。……楊子《太玄》曰：『家無壺

婦承之姑』，測曰：『家無壼無以相承也』然則設壼者，婦承姑之禮歟？離為大腹，故為壼；三至五互坎，坎為盜，故稱寇。始以為寇，故先張之弧；匪寇乃婚媾也，故後說之壼。始則拒之如外寇，終則禮之若內賓，言始睽而終合也。」文中的「姑」今日稱作婆婆，是媳婦對夫家母親的稱呼。《爾雅·釋親》：「婦稱夫之母曰姑」。

上九由乖戾暴躁多疑的情境使得對自己的親黨產生懷疑。好像六三是泥潭中滿身泥濘的豕豬，疑神疑鬼，心生恐懼，張弓欲射之，後來釋疑，發現是求婚的親戚而不是匪寇。心中釋懷獲得澄清，終於婚媾結合，如大雨洗去了泥汙，消除了猜疑。

《易經》言「匪寇婚媾」者凡三：「屯」二、「賁」四、「睽」上。

《漢書·五行志》：「六月，長安女子有生兒，兩頭異頸面相鄉，四臂共匈俱前鄉，犢上有目長二寸所。《京房易傳》：「『睽孤，見豕負塗』，厥妖人生兩頭。……群妖推此類，不改乃成凶也。」此爻有見鬼異象之義。

☲☲ 睽 ☳☱ 歸妹

此爻變為「歸妹」，終能結合，但「征凶，無攸利。」故「脫弧收矢」不征相合而得利。

此爻先疑後喜，見禍得福。天雨得喜。「歸妹」為歸昧，暗夜遇鬼，要仔細監察警戒。

「睽」為乖，為外，不依正道而行，老搞體制外，上爻是夜路走多了，總會遇見鬼。

第39籤 ䷦ 蹇卦 又名水山蹇

蹇　：利西南，不利東北。利見大人。貞吉。
彖曰：蹇，難也，險在前也。見險而能止，知以哉。蹇利西南，往得中
　　　也。不利東北，其道窮也。利見大人，往有功也。當位貞吉，以
　　　正邦也。蹇之時用大以哉！
象曰：山上有水蹇，君子以反身修德。
序傳：家道窮必乖，故受之以睽。睽者乖也。乖必有難，故受之蹇。蹇
　　　者難也。物不可以終難，故受之以解。解者緩也。
雜傳：解緩也，蹇難也。

𡧛 蹇 𢎿 𩙄 寒

　　「蹇」字《漢石經》作「蹇〱一𠃌」，我覺得「蹇」字從走，「走」
在古文是奔跑的意思，更傳神。《說文解字》：「蹇，走貌。」走，《釋
名》云：「疾趨曰走」意思是跑的急快。又「謇」字，是口吃，說得既急
又快又難。《廣雅》：「吃也」《註》：「口吃，難於言也。」

　　又「謇」字還有一義為直諫，《廣韻》：「謇，正言也。」《韻
會》：「謇，直言貌。」《後漢·魯丕傳》：「廣納謇謇，以開四聰。」
《全唐詩》：「謇諤言無隱，公忠禍不防。」《一切經音義》十引本卦名
作《謇》。《說文解字》沒有收入「謇」字，可見此字晚出。「蹇」與
「謇」字通用。

　　又「𩙄」字，躁進輕急也。《康熙字典》：「𩙄，輕儇躁進貌。《柳
宗元·乞巧文》：『沓沓𩙄𩙄』。」又得病，難也。《說文解字》：「徐
曰：『馬腹病』。」又「𩙄」字，《康熙字典》：「𩙄音掀，從鳥，註飛
貌。」鳥飛疾，也有快速的意思。又「𢎿」字為強弓，也有難義；《康熙
字典》：「《集韻》：『音繭。弓強也』《揚子·方言》：『𢎿，展也。
齊晉曰𢎿，山之東西，凡難貌曰展。荊吳之人，相難謂之展。若齊魯之言
相彈矣』。」又「塞」字，是天寒地凍，阻塞不通。《廣韻》：「塞，滿
也，窒也，隔也。」《禮記·月令》：「孟冬，天地不通，閉塞成冬。」

天寒地凍，天地陰陽不通，好像「否」卦「天地不交而萬物不通也」又「寒」字甲骨文、金文從「宀」從「人」從「茻」，是天寒地凍，人在屋子中放著草薦用以隔地之寒氣又覆蓋著草以保暖狀，是在家取暖，足不出戶，也是艮止、坎藏的意思。「足」，為腳跟。《釋名・釋形體》云：「足後曰跟，又謂之踵。」《說文解字》云：「跟為足踵」《說文解字》：「蹇，跛也。」可知「蹇」字本意是又急、又輕佻、又難，一如寒天凍地，大地難行，阻塞不通，卻放足飛奔陷入艱難而跛足難行也。上卦坎為冬，為險陷；下卦艮亦為冬，為終；又震為足，為出，艮為覆震，為敗足，故為跛足難行，為艱難險阻。此為一年之中最寒冷的時節。

「蹇」字像一腳踏入寒冬陷阱之中，故難行而跛。又坎為正北為冬，艮為東北為深冬、年終。坎為險難，艮為艱難。內外皆難，故蹇；〈彖傳〉：「蹇，難也。」清楚的點出就是艱難。君不見拿破崙、希特勒都敗於嚴冬。「屯」、「蹇」都以坎為難。

蹇小篆　塞隸書

「塞」字也意涵著冬季寒冷的意思，塞北一詞常連用，也可以說是同義字連詞。但小篆的塞字從宀，下非「茻」而是四個「工」形，這是因為中國北方的建築多是座北朝南，以便冬季時多吸收日照。朝北的牆面開窗以通風，但冬季時北風寒冷故用泥磚將朝北的窗砌磚堵塞，避風以度寒冬。四個「工」形當是砌磚地泥縫，到了隸書就看不出來砌磚的磚縫痕跡了。

「蹇」之意為跛足，是不良於行的意思，是行之不順而難也。《說文解字》：「蹇，跛也，跛行也。」《說文解字注》：「行難謂之蹇。言難亦謂之蹇。俗作謇。非。從足。」《廣韻・上聲・阮・湕》：「蹇：跛也，屯難也。」「屯」之難在於初出生幼小力弱。「蹇」之艱難在於適逢寒冬，結凍難行。《釋名》：「蹇，跛蹇也，病不能執事役也。」《莊子・達生篇》：「聾盲跛蹇」《史記・晉世家》：「卻克僂，而魯使蹇，衛使眇。」《前漢・敘傳》：「駕蹇之乘」。《焦氏易林・姤之蒙》：「躓跌未起，失利後市，不得鹿子。坎蹇故跌。」都是蹇為跛足不良於行。

蹇，即「捷」之本字，與「徐」字相反。「驀」字從馬，《康熙字

典》云：「輕儇躁進貌」，可見「蹇」輕意冒進而受傷。故〈序卦傳〉說：「蹇者難也。物不可以終難，故受之以解。解者緩也。」「解」緩即徐緩而充容也。

「蹇」上坎為水，為險；下艮為山，為艱。是水在山中流行，委曲難進之意。卦象人行走艱難險阻之中，步履艱難。《左傳》哀公六年：「彼皆偃蹇，將棄子命。」《註》：「偃蹇，驕敖。」則以蹇為遇艱難而不順利，困頓窘迫的意思。上坎險，下艮艱，又險又艱如何不艱難危險。「蹇」上坎為險，二三四爻互坎，重險也。下艮為艱，亦難也。

「蹇」也是險要之地，是要塞，是一夫當關萬夫莫敵之地。坎為狹隘險要，艮為門關，故為險關。「蹇」是外險內阻，形勢險峻危惡，寸步難行。內外皆不宜。故「蹇」卦有「止」的意思。〈彖傳〉說：「險在前也。見險而能止，知（智）以哉。」「蹇」是如履薄冰，是處於危險之中。是謹慎，慎重其事，不可掉以輕心。

「蹇」是止於危險之中，若處理不當，則凶。「蹇」是殘障，為跛足，為口吃。

〈序卦傳〉說：「睽者，乖也。乖必有難，故受之以蹇。蹇者難也。」這是說「蹇」是在乖離之中行事故「難」。「睽」是背離家人，孤獨出外，如人之足跛，不良於行也。如口吃，不良於言。是在家時時好，出外時時難，故「蹇」在「睽」之後。

「蹇」是單打獨鬥。「睽」是人際關係不好，夫妻反目，情人分手，股東拆夥，朋友斷交，如此面對險難無法一心一德，眾志成城，只能單打獨鬥，有道是雙拳難敵四手，所以行而蹇了。「蹇」有一意孤行之意，一如寒冬出門。

「蹇」之前為「家人」與「睽」，是家人失和而同床異夢，意見不合的分離之象，終於反目成仇這是造成行蹇不順的原因。

「蹇」為急，為跛足，思慮不深，粗略不週，是吃緊弄破碗，不聽人勸，一意孤行，不聽老人言，吃虧在眼前，有後遺症。

「蹇」是不良於行，而急於行。「解」是快刀斬亂麻，解緩急難。「蹇」是冒險涉難，「睽」是攀附求全，兩面手法。

「蹇」互「睽」，為外，是意料之外，意想不到而跛足。「解」是求

147

外力支援而能解決。

　　「蹇」卦遇艱難之況，不可以強行，強行必有損傷，所以繼之以解卦，《雜卦》說「解，緩也。」要將行動緩下來思考，事緩則圓，迎刃而解，由蹇難而解緩了，就是知謹慎行。

　　「蹇」上四爻得位，是「既濟」之象；「蹇」不是不能行，是不良於行，要慎行，要以智行。「蹇」遇險而不躁動，是智者的行為，所以〈象傳〉曰：「見險而能止，知以哉。」

　　「解」為緩，「蹇」為難，為嚴厲，嚴酷，嚴峻，是山高水深。〈象傳〉也申明此意說，「蹇，難也，險在前也。見險而能止，知矣哉。」就是說「蹇」之難不可以硬闖，故艮止。要以智慧來解此難，故坎智。

　　坎水是險難，艮止是靜而不動，險難在前不得行，是當止則止，是智者的表現。不是懦弱。艮為賢，為慎。坎為險陷，艮為止，見險而止，要觀察研判險之為何？則可以避險、剋險、化險為宜，甚至為利。艮為觀，靜觀後決定行止。坎為水，艮為土，「兵來強擋，水來土掩。」不進取，很簡單，只要停步不前就可以。不進取又要能達到目標，是要智慧的，就不容易了。所以難啊！所以是智者。「蹇」是不可為而不為，不強為，是明哲保身。

　　「蹇」為跛也是殘，是行而難，是險陷在前冒險而行，有如跛足。雖是冒險而行，但不能冒然而行，要先止，要先停止，觀察可不可行。不可行就要止，也就是明哲保身，才是智。坎為智，為憂心，智為山所止，是智慧不通，思路受阻之象。

　　「屯」之難在於草昧未通的萬事起頭難，是初之難。「困」也是難，是綁手綁腳，無法施展，是道窮力竭，無以為繼之難。「蒙」是蒙敝，也有難之意。蒙是艮在外坎險在內，是險在內而止於外。止於外是心欲受阻於外，是為外在的環境所止不能進，是被蒙住了。「蹇」之難是身陷危險之中，動輒得咎，切不可妄動。「蹇」卦是止於險中，不可冒犯。「蹇」卦是止於險之內，進，必險。遇險而止，不能往矣。「屯」卦上坎下震，是動於險，是遇險不避，遇險能動，是可為可行也。「屯」是動於險中，是動能出險。「蹇」是止於險中，不動久陷於險，也要動，但不可冒險。「蹇」卦的互卦是上離下坎之「未濟」卦，是難行不能濟事也。蹇、塞、

塞皆有不通之意。「蹇」也有遷之意。險在前，不可冒險，故遷地為良。「蹇」之險難絕非不可濟之，因為水往下流終有離山之時。離了山就成「蒙」卦。「蹇」綜為上震下坎之「解」卦，是險象可以解，怎麼解？動才能解。怎麼動？緩動，不可急。一寒冬，一春暖，綜就是顛，是顛倒從另一角度，反一百八十度來思考則險難可解。等到春暖驚蟄時就可以解了。

「蹇」是寒冬，從足，如在寒凍的冰上急走，當然摔斷腿，是內憂外患，寸步難行。「解」是春暖花開，春冰出解，扶一把，就能蹺出泥濘。「蹇」卦有思慮不深，就想表現，故行不週全。〈大象〉說：「山上有水，蹇。君子以反身修德。」震為出，艮為反，為身；見險知反。是返回，也是反省。「反身修德」，身處逆境，反躬自省，修身養性之謂。

「蹇」是行事艱難，是因為睽，是因為人際關係不好，是內部不和，所以要反省自己的處事待人，以求改進，這就是孟子所說的「反求諸己」，為的是「動心忍性，增益其所不能。」「蹇」之關鍵在於人事不諧，所以治「蹇」之方是消除歧見，集合眾力。水之性往下，雖山高嶺峻也無法阻擋其流往低濕之處而終歸大海。「防民之口甚於防川」，川壅而潰，傷人必多，民意亦是如此。是故，「為川者決之使導，為民者宣之使言。」要修身反省，順應民情，才能合眾力集民志。

「蹇」綜為「解」，「解」錯為「家人」，「家人」是嚴，是內，是對內嚴，對外寬，也是修身之意。險在前，艮止不進；艮為退，為反；反而修身養性，畜才積德，來日方長，待機而進。西南是坤的方位，坤是腹，是大地，是順，是易於行走之境，故曰「利西南」。「蹇」是深澗峻嶺，入平原自然安順為利。東北是艮的方位，艮為山，為止，為艱難之境，不利行，故曰「不利東北」。

「利西南，不利東北。」就是說處於「蹇」卦之時，要順著平易之處，不可止於艱難之中。順勢而為可以紓解，止於險中則難上加難。

「蹇」如寒，如塞，是社會受到極大的約束。坎為律，重坎是法律多如毛之象，故要繼之以「懈」，繼之以「緩」，不可再繼之以嚴厲，要讓人民、社會可以「緩口氣」。不然，「蹇」互「睽」，人民、社會、朋友、家人背你而去。漢高祖劉邦解放咸陽之後，盡去多如牛毛的秦法，只與關中人民約法三章：「殺人者，死；傷人及盜抵罪。」舒緩了關中百姓

149

的情勢，大得民心。終為最楚、漢相爭得天下的重要原因之一。

「蹇」因「睽」而來，人際關係不好的原因很多，要改善那就以寬容為不二法門了，所以利往西南的坤地，坤厚載包容，故利。東北的艮山，險艱嚴峻，稜角太多，故不利。「蹇」難之時，大敵當前，要捐棄前嫌，包容寬處，同舟共濟，所以利西南，不利東北。

「蹇」是處於危難之中，思路不通之時，小人怎能濟險，必要陽剛賢明的大人聖賢偉人才可以出來濟險，如此方可出險為濟。要眾志成城，也要有一大人來作領袖，結合各黨派，以其眾望所歸。所以「利見（現）大人」，要「大人」出頭才行。凡大難之際，必是人才倍出之時。

「蹇」時要民族救星，要明星，要英雄，才能上下一心，同仇敵愾。在危難之中，最容易見異思遷，不守正道，同流合污。所以濟險最重要的就是堅守正道。能堅守正道則吉。不然苟合於亂世逞能於一時，終是有凶咎的。二五兩爻皆中正有「貞」之性。相應為「亨」，亨則可濟，故曰「貞吉」。

「解」在「蹇」之後，是「蹇」的危惡嚴峻之勢可以解緩。「解」是結合外力以解難，

「蹇」之危厄要能靜思固守以求外援，要廣結善緣，不可躁動惹禍，凡事要往寬平之處去思維。故曰「利西南，不利東北。」

「利見大人」就是居「蹇」之時要氣度宏大，能堅守正道才能出險。人在艱難之時除知反省外也要得外援，要沉的住氣。要有千斤重擔一肩挑的氣魄，舉重若輕，才能穩定軍心，不然互「睽」必會分崩離析。「蹇」之前為「睽」，「睽」為內部矛盾，自家人不合，如今「蹇」難當頭，內部矛盾獲得減緩，一致對外，共禦外侮。

「蹇」外坎水，內艮山，雲出於山之象，問天氣，下大雨，大雪。

「蹇」是天時不濟，又急躁輕進，疾走失足，陷於險境。是不良於行，拖拖拉拉。是外險內阻，形勢險峻危惡，寸步難行。要慎重其事，反省修德，不利於外行，利於內處。不可掉以輕心。是口吃，有理也說不清。是單打獨鬥，一意孤行。是身陷危險之中，動輒得咎，切不可妄動。

初六：往蹇來譽。
象曰：往蹇來譽，宜待也。

「蹇」卦為艱難，二陽四陰，陰爻柔弱無法濟此艱難，須要陽爻的幫助才行。初六失位無應且遇陰而窒又處蹇險艱難之時，是前行無人牽引提攜，故曰「往蹇」。

「蹇」，也是疾速奔走，急於前往，在蹇險艱難之時是不智的。這險冒的不高明。

「往蹇」，急於前往而奔走。是前往必蹇難，初六往則遇二三四之坎險。又初六陰爻前遇陰爻，陰遇陰則窒，而且與六四無應，故往必蹇。

初六居艮體之始，艮為止，初六最早涉險即知止。有自知之明。如「坤」初六「履霜堅冰至」能見微知著。

「來」，是由外往內，「來」是回來，是「不往」。初六能止而不往，是不失，則不會墜入「蹇」難之中。不失則可得譽，故曰「來譽」。就是「反身修德」。

「得譽」是吉象，得好名聲，實際好處不多。宜靜不宜動。

初六上比鄰六二，「二多譽」，所以初有得譽之徵。

「譽」，或讀為允。「允」，順也。也通，謂「往蹇來順」，退一步海闊天空，不要急於一時，再等等不要急。蘇東坡烹煮「東坡肉」有一訣：「淨洗鍋，少著水，柴頭罨煙燄焰不起，待他自熟莫催他，火候足時他自美。」台灣俗語：「吃緊弄破碗」。

「譽」，也是明。《墨子・經上》：「譽，明美也。」有自知之明也。

初六在「蹇」之初，是險難不深之象，故可以「不往」往則陷於蹇難之中。所以初六不往的好，且居艮體，艮為止，初為「勿用」之地，故不往。

「往蹇來譽」，是初六具獨道的見識，能知險而止，以待時。是去時急急奔走，來時徐徐順當安穩。

聞一多先生以為「譽」讀為「懊」，並引《漢書序傳》：「長倩懊懊」注曰：「懊懊，行步安舒也。」「往蹇來懊」，謂往來遲難。遲難者不利於行之謂，故「宜待也」。

初六之不往，不是畏難而是等待有利的時機，故曰「宜待」，宜待時

而動也。

「宜待」，就是待時機的成熟。就事「宜時」，謂此時此刻宜於如此。

「蹇」或作為「謇」義為直諫。「往蹇來譽」，句謂我上言直諫於君而眾人稱譽我也。

此爻是說自己無力實行，前途有險，不如待時，宜靜不宜動。或謂居上位者急躁前走，眼見將失足而不知止，當上直言諫阻止，宜待時而動，而眾人稱譽於我。

☷☶ 蹇 ☵☲ 既濟

此爻變為「既濟」卦。是待初六之陰成熟為陽，變為初九時則事可濟。

稍安勿燥，待而必濟，光明在望。

六二：王臣蹇蹇，匪躬之故。
象曰：王臣蹇蹇，終無尤也。

「臣」，帛書作「僕」，艮為閽寺，為臣，為僕。《說文解字》：「臣，牽也，事君也。象屈服之形。」《廣韻》：「臣，堅也。厲志自堅固也。」《禮・禮運》：「仕于公曰臣，仕于家曰僕。」臣、僕都是賤役，下階層的奴隸。又〈說卦傳〉云：艮「其於木也為堅多節」是竹之象，竹直而內虛外堅，高而下彎，謙卑有節之象。故為賢臣。

「王臣」，王之臣僕也。六二與九五相應，九五為剛正之君，六二居中守正之臣，故曰「王臣」。

「蹇」是跛足難行，「蹇蹇」是難上加難。又「蹇」是捷，疾走也，「蹇蹇」是心中著急，腿上快走。六二為何難上加難？第一個「蹇」是九五的處境。九五居坎之中又處「蹇」卦，正是蹇難之時。第二個「蹇」是六二自己的處境。六二是陰柔才弱之臣與九五正應，是欲救身陷坎險的九五之君，但自己才弱居「蹇」怎能救濟他人，真是「泥菩薩過江自身難保」。

「蹇蹇」，奔走忙碌。雙重險難，是以難濟難怎會成功！只能自堅勞苦艱難。故王之臣僕，劬勞辛苦，奔走辛勤。

上卦坎，二、三、四爻也互坎，故曰「蹇蹇」如「坎」卦之「習坎」，「乾」九三之「乾乾」。六二身在坎中坎，險中險。六二是「泥菩薩過江」又怎會妄動的去救九五之險？但相應不得不去，六二是中正之臣，以臣赴君之難是臣的本分，所以六二是萬死不辭。君子不謀己利，但求大義，故曰「王臣蹇蹇」。是六二之臣與九五之君皆難。

「躬」，自身。在此指六二自己。如事必躬親。

「故」，事故。《廣雅·釋詁》：「故，事也。」

「匪躬之故」之意是說六二濟九五不是為了自己的原因，身不由己也。

「王臣蹇蹇，匪躬之故」，是王之臣子奔走救急，忙碌不已，上言直諫，為國君公家之事而非為一己之私。

六二濟九五之難，不是為了自己，是急君之難，是勤王，是匡正王室故甘冒險難。

此爻有事故，非好事。

「尤」，過失，罪過。《詩·小雅·四月》：「廢為殘賊，莫知其尤。」《箋》：「尤，過也。」

「無尤」，是沒有過錯。六二志在勤王，雖不成功但也不為過。

「蹇」初六是雖衝動但離險尚遠，又是位卑力薄的老百姓，容許其觀望等待。但六二不同，六二是大臣，是食君之祿忠君之事，赴君之難是理所當然的。

六二得位有「貞」之性。貞者，貞節也。六二守其臣節非去不可。

六二變為「井」卦，是從井裡救人，一不小心自己也會捧下去。六二雖是從井裡救人，但在臣節上無可責咎，故曰「終無尤也」。六二中正，所以「無尤」。

六二居艮，艮為背，是弓著身子，是辛苦，是承重擔。

▦蹇▦井

六二變為「井」，六二本在重險之下，泥菩薩過江自身難保，爻變為巽下坎上的「井」

卦於陷阱之中故蹇，又「井」為「通」，往上不能出蹇往下找通路可以出蹇險艱難。

六二為臣，是食君之祿的公務人員。

此爻是險難在前，但下定決心冒險難反而得生。

周易探究‧下經

154

蹇

六二九五正應，本當大有作為，無奈時運不濟。「井」是辛勞，是在困境中力求出路，若無有功效，也非六二之過。正大光明是不濟事的，要私下潛規則才辦的通。

九三：往蹇來反。
象曰：往蹇來反，內喜也。

「往蹇」，急於前往奔走。前往則蹇，往而有險。與初六同。

九三與上卦坎險為鄰，雖與上六相應，但上六陰柔才弱又是退休老人無力援助九三，故九三前往必蹇難，故曰「往蹇」。

由外往內曰「來」，九二若不往外而往內來「反」，情況就不同了。「反」是〈大象〉說的「反身修德」就是「反求諸己，反身修省。」《禮記‧學記》：「知不足然後能自反也」。鄭玄注：「自反，求諸己也。」就是反躬自省，修整自己。

「來反」，是上言直諫後居上者反言而辯駁。

「往蹇來反」，險在前而急急冒險而有錯失，知難反省者故喜。或解為向上直言而居上位者反駁相辯。〈小象〉說：「內喜」，可見是溝通商量而有結果。

九三得位為進爻，本該往上涉險，但在「蹇」卦如〈象傳〉：「見險而能止，知矣哉。」

九三剛陽能知，故止而不往；又居於艮卦之上，故能止。

九三得位處下卦之上，初六、六二兩爻必與之附比，「來反」就是下來往內不往，歸回自己的原位。是說九三不往前涉險，也能得初、二的親附。

「來」即「復」，謂返回。九三艮體止不進而反。

「往蹇來反。內喜也。」是去時艱難，來時平順，故有喜。

此爻變為「比」，比為樂，為結友，為輔佐，九三「返」而「樂」，故曰「內喜」。

九三在艮之上為陽，下據二陰，陰質柔弱處於「蹇」時是不能自立，必附於九三之陽。如果九三「往而蹇」，則二陰失其所依必惶恐。今九三止而不涉險回到本位，初二有所依據得安慰，故曰「內喜」。

九三艮止而不涉險，反下與初二親比，是九三助六二而齊心合一。

九三不涉險而返是能化險為夷。

本爻能化險為夷之重點在「反而能比」，以退為進，以虛為實。

得此爻要知真相應反觀另一面。

「反而內喜」，是功成應身退，是外人反比內人親。

六四：往蹇來連。

象曰：往蹇來連。當位實也。

六四本身就在坎險中，往則更深入險故曰「往蹇」。蹇字從足，還是急忙忙奔走。六四得位，以柔居陰是軟弱無能之象。又在上坎之初，是初涉於險難、艱難，又與初六無應，是無外援故曰「往蹇」。

「連」，難也。《漢書‧揚雄》：「孟軻雖連蹇，猶為萬乘師。」顏師古《集注》引張晏：「連，蹇難也。言值世之屯難也。」這個「連」字不好解釋。「連」有難的意思，也有連續的意思，連續的難、斷斷續續不停的難。《呂氏春秋‧審為》：「民相連而從之」。高誘注：「連，結也。」《一切經音義》卷十四引《字林》：「連，縷不解也。」六四居互離之中，離為網羅，故連也。

又「連」，車也。《周禮‧地官‧鄉師》：「雄師旅會同，正治其徒役與其輦輦。」鄭注：「輦，挽車也。」《說文解字》：「連，負車也。」《說文解字注》：「負車者、人輓車而行。車在後如負也。」負重挽車不易故難，力不足，路不平故斷斷續續。《焦氏易林‧乾之乾》：「道陟石多，胡言連謇（蹇）。」意謂山坡阰斜多石難行，有如口吃之人說外國胡語斷斷續續難成整句。所以「連」也有遲久、流連、遲滯之意。

「往蹇來連」，去則遇蹇難，來則亦難，險難連連續續不斷，身背負

著艱難不斷。

六四為近臣，欲往上濟九五之險但才弱，力不能逮。「連」有連合同為九五之臣的六二低同濟九五之險。但九四與六二無應也無比，怎麼連？六四往上必蹇南，〈象傳〉又云，「見險而止知矣哉」。六四得位有「貞」之性。「貞」是固，固則不前，不前則「來」，往內也。往內則附比於九三，也是乘剛，也是難。但〈象傳〉云，「當位貞吉」六四九三皆當位，有貞吉之象，在此卦此位是有同處難厄，不謀而合之象。這「連」是連九三也連六二。

六四本當找初六，初六與之不應自己在下也有貞之性，又是一知險在前不願前往的明哲保身之人，所以找上九三。六四比九三是不謀而合，九三陽剛居艮止，可為靠山。六四才弱一定要找個幫手才行。來是自外往內，是回到家中找幫手，但九三也在坎中～二三四爻為坎～是難兄難弟。

「連」者，難也。古有連坐法，是自家人一同受難。「連」，高亨引解為「讕」，《說文解字》：「讕，詆讕也。」讕者，偽辭飾過之義，今人謂之抵賴。「往蹇來連」，句謂我上言直諫但是上位之君卻以偽辭飾過也。

從「當位實也」這句話可知六四找的是九三，易經以陽為實，九三以陽居陽，故曰「當位實也」。得位是貞是守本分，也是實。六四、九三、六二皆當位，初六在下也算當位，皆是「當位實也」。是連者，連合當位之人也。

「往蹇來連」，前後皆蹇，絕望困境之象。找的是有實力之人，是實力雄厚所以可以往來自如。雖險在前，可以阻擋也可以退後。是進可功，退有據。可見「蹇」之義為聯合以濟險。但要找有實力之人。

「來」是由外往內，六四才弱回家內找幫手。九三也在坎中（二三四為坎）是難兄難弟。六四已經身在上卦之坎險，不能自返，又與初六相敵不應，故身陷險難之中，難以脫身。

☵☶ 蹇 ☱☶ 咸

六四變為上兌下艮之卦。連者連姻，有婚媾之象。是找一有實力之人結為親家，以尋求協助。

「咸」是衝動，很難返了。

初六、九三、六四，皆是前往艱難，知返而止才是上策，宜靜不宜動。

九五：大蹇，朋來。

象曰：大蹇朋來，以中節也。

「大」，廣大而多也；《詩・唐風・椒聊》：「彼其之子，碩大無朋。」《毛詩鄭箋》：「大謂德美廣博也」。《說文解字》：「美，臣鉉等曰：羊大則美，故从大。」

從初到四除五爻之外皆曰「往蹇」，其意在不要急於前往，合於「險在前」、「見險則止」之義。但九五身在坎險之中，正當患難臨頭之時。九五至尊故曰「大蹇」。這是大大艱難，不易脫險。

又「大蹇」，急言上諫也。

「朋」，一連串也。朋是古代貨幣，古人用一個一個貝殼串成一串，便於提攜。所以「朋」有一個接著一個的意思。也有聚集並排的意思。

九五為卦主將險難集於一身。為君者承擔天下之險也。《老子》：「受國之不祥，是為天下主。」是「大蹇」就是一切之險。

「朋」，也是朋友，朋黨。《周禮・大司徒》：「五曰連朋友」。鄭玄注：「同門曰朋」。《廣雅・釋詁三》：「朋，類也。」又「朋」是「風」的古字。（見「坤」卦）風、鳳古字相同，《說文解字》：「鳳，，古文鳳，象形。鳳飛，羣鳥從以萬數，故以爲朋黨字。」

「朋來」，是說有朋黨來相助，就九五而言就是有賢臣來助，也就是相應的六二。九五剛中之主得六二守中之臣來助為何不言吉？在「大蹇」之時要陽剛中正之臣來輔佐才能濟險，六二雖中正但陰柔不能濟天下之險難，僅贊助而已，僅能搖旗助威吶喊一番，不能成大功，故不言吉。

「大蹇，朋來」，是身陷一連串一個接著一個的蹇難，急奔而來，但有朋友伸出援手。或謂急言直諫忠言，而有同伴附議而來。

《易經》凡六五得九二之助的多有功，如「蒙」、「泰」。凡九五得六二之助的功多不足，如「屯」、「否」。

「大蹇」要「大朋」來助，六二為陰為小，以小朋濟大蹇，功不成，

故不言吉。九五能得朋之助，是因為九五中正之故。處「蹇」之時能不改其貞節之志，進止得宜，不失人君之節，故得朋來助。

〈繫辭下〉：「三與五同功而異位，三多凶，五多功。」三有能幹練才之意，但三與五非應，五只得二患難，故此爻曰「朋來」是指二。九五變為上坤下艮之「謙」卦，九五位尊能謙是不卑不亢也，所以稱「大」。大者，大方也，臨危不亂也。因為謙虛能懷所以在患難之時有朋來助。

「謙」也是節，是行為舉止有節度，其他之爻又都貞正，無背叛之行，是雖臨大難而能成大功也。

「中節」，《禮記·中庸》第一章：「喜、怒、哀、樂之未發，謂之中。發而皆中節謂之和。中也者，天下之大本也。和也者，天下之達道也。」九五就是如此之君。

聞一多以為「大」與「天」古文通用。《說文解字》：「天，顛也。」「大蹇」者，顛蹇也；顛仆蹇難。《莊子·秋水》：「以道觀之，何貴何賤，是謂反衍；無拘而志，與道大蹇。何少何多，是謂謝施；無一而行，與道參差。」稱「大蹇」為「屈曲」謂道路曲折，又九五居坎，是岧崁崎嶇道路艱險，「蹇」有疾走之義；又讀「朋」為「蹦」，跳躍奔走之義。

「大蹇，朋來」，句謂寒冬之時，前途岧崁崎嶇道路艱險，心急腳快地往回奔，摔倒爬起顛簸而走，艱難頻頻而來。亦通。

䷂蹇 ䷎謙

「謙」者，兼也，一手抓著兩禾，有多的意思。不知「謙」者，當有蹇難之行。

上六：往蹇來碩，吉，利見大人。
象曰：往蹇來碩，志在內也。利見大人，以從貴也。

「碩」，大也，引申為寬緩順利的意思。

上六是「蹇」卦之終，是蹇難的終了。上六不能再前往。但對上六而言，不能前往就是往，就是要變成另一局面，另一境界。故曰「往蹇」。

初六在全卦之下卻曰「來」，也是相同的，不往就是來。往上六「往蹇」就是「來」。

上六既不能再往，窮則變就是要「來」，不來不往則永遠不變，永遠陷於蹇難必會壞事。上六來則與九三相應，九三以陽剛之質又得位，又居艮止之終，其力足以止難。上六「蹇」之終而得力足以止難者相助。故心寬。

「來碩」，來而能碩，是能寬裕，蹇難可以紓緩，但未全盤改善。因為上六是陰柔之質不是剛陽中正，是不可能出蹇的，僅可以改善情況，也算吉了。

「來碩」，來而能碩，是能寬裕；「往蹇來碩」，謂上言直諫於君，君以緩言諮詢。故「吉，利見大人。」

「大人」指九五。「利見大人」是指上六見九五。上六乘九五之剛兩相比從。以九五為主來看，九五自己不能不濟難上要六二來輔助。以上六為主來看，上六從九五，九五有大人之德，若得其助便有出險的可能。

上六能得九五、九三之助，故寬裕而吉。

「往蹇來碩，吉，利見大人。」是去時心急奔走於艱難，來時則寬裕舒緩順利，吉祥。利於會見大人者，終於脫險又得貴人相助也，故吉。

「志在內」，是說內應九三。上六不往而來與九三應，故曰「志在內也」。

大人為九五為君為天下主，上六以柔順之得從九五之君，是從貴之象，故曰「以從貴也」。

在各卦之中，上六遇九五凶吝的多而吉者絕少，此爻能得吉，是不再一味蹇急而知反求緩，亦或許是「蹇難」已至極就要變寬裕了？故緊接著是「解」，緩也。

蹇 漸

上六變為上巽下艮之「漸」卦。是上六之「蹇」能變吉但要慢慢來，情況之改善也要假以時日。本爻之重點在於從貴而吉。

「蹇」卦之初六、九三、六四、上六這四爻皆根據其去險之遠近，其情勢之可否，確定或往或來。雖獨六二正應九五，二者有君臣的關係，所以，不論遠近、不論情勢，非去不可。

六爻除二五之外，皆曰「往蹇」，就是說往不好，來好。初六來則

「譽」，九三來則「反」，六四來則「連」，上六來則「碩」。是不進好，止而不進好。六二「蹇蹇」、九五「大蹇」，意思是應當往。一君一臣，它們義不容辭，非往不可。它們之往是有條件的，居中得正。這與「利西南」「貞吉」的思想是一致的。各爻中除初外皆正，但只上六言吉，其餘各爻皆不言凶咎。

　　總之，「蹇」卦是處於逆境之卦，在逆境之中最要緊的是「見險而止」爻變為「漸」是從貴而有結果。問婚姻猶吉。四爻變「咸」，「咸」、「漸」都是婚姻之卦。又「咸」是不理智的衝動，「漸」是理智的按部就班，所以吉。

解	：利西南，無所往，其來復吉。有攸往，夙吉。
彖曰	：解，險以動，動而免乎險。解，利西南，往得眾也。無所往，其來復吉，乃得中也。有攸往夙吉，往有功也。天地解而雷雨作，雷雨作而百果草木皆甲坼。解之時大以哉。
象曰	：雷雨作，解。君子以赦過宥罪。
序傳	：蹇者難也。物不可以終難，故受之以解。解者緩也。緩必有所失，故受之以損。
雜傳	：解緩也。

解 小篆

解字甲骨文从「角」从「牛」从「臼」，「臼」象雙爪之形，「解」字會以雙手剖解牛角之意，本義是分解、離析。小篆則从角，从刀，从牛，是以刀解剖牛角。隨時代進步所以解角的工具也由雙手轉為利刀。

「解」是拆解、拆卸，從字結構看是用刀支解牛角或牛隻。《莊子·養生主》：「庖丁解牛」。《左傳》宣公四年：「宰夫解黿」。《史記正義·呂太后本紀》：「解，節解也。」《漢書》顏師古注：「解，支節也。」引申為困難解釋、解開。要動刀子解開困難。

「解」是一刀兩斷，快刀斬亂麻。《說文解字》：「解，判也。从刀判牛角。」就是一刀分成兩半。又是解散，《漢書·陳余傳》：「是故天下解也」。顏師古注：「解謂離散其心也」。《廣雅·釋詁》：「解，散也」《儀禮·大射儀》鄭玄注：「解猶釋也」。「解」卦有分散、離散之義。

「解」是藉外力將物分開，用的是強力手段，但其結果是緩解，是生。「噬嗑」是用力咬合，是撕咬，其結果是凶。

「解」卦上震下坎，是坎險在內，震動在外。因為在外之震動可以支解在內坎險，故曰「解」。是靠外力、外援而得解。「解」字從刀，就是強有力的外在力量。一如開刀動手術之後可以解難除病患而得以緩和。

〈序卦傳〉：「蹇者，難也。物不可以終難，故受之以解。」事物的變化，蹇難發展到一定的程度必能解其難。故「蹇」卦之後為「解」。「蹇」卦之寒冬繼之以「解」卦春雷甘霖萬物緩解。

「解」卦跟著「蹇」卦之後，「蹇」是難，「解」是難已經解脫了，得以舒解。「屯」是上坎下震，是動於險內，是難而未出險。「蹇」是坎險在前，止而不前。「解」卦上震下坎，震為動在外，坎為險在內，是動於險外，是已出險了。

「解」是「蹇」之險難、「屯」之難已解，所以〈象傳〉曰：「動而免乎險，解。」

「解」是解放，解救，舒解，解釋，解放，解脫。是天下患難解散的時代。

「解」是外科醫生，是屠夫。

「解」是解釋，是「冤家宜解不宜結」。

「解」也是被抓，押解，蘇三起解。受外力而解。

「解」也是一種神獸，《說文解字》：「（解）一曰解廌，獸也。」《史記‧司馬相如列傳》：「弄解豸」。《集解》：「《漢書音義》曰：『解豸似鹿而一角。人君刑罰得中則生於朝廷，主觸不直者。可得而弄也』。」《索隱》：「張揖云曰：『解豸似鹿而一角。人君刑罰中則生於朝，主觸不直者，言今可得而弄也』。」豸似鹿而只生一角又名神羊「古者決訟，令觸不直者。唐御史法冠，一名解豸冠，取其能觸邪也。」明清御史官服前的補子上繡一獸，就是解豸。下卦坎，三四五爻互坎，坎為刑獄，震為判解，二三四互離為明，亦為大人君子審理獄訟之象，故〈大象〉曰：「解，君子以赦過宥罪。」赦、宥皆寬恕赦免之意。《左傳》莊公二十二年：「幸若獲宥，及其寬政。」杜預注：「宥，赦也。」此卦雖有訴訟而得赦免。

「解」是雷雨大作。震為雷，坎為水，雷下之水為雨，是雷作雨施之象，是未下雨前的悶燥得以紓解。所以〈象傳〉曰：「天地解而雷雨作」是春雨雷作，大地回春。「解」是鬧得轟轟烈烈，然後驚雷雨降而解悶。

「解」正當雨水、驚蟄之候，是春雷大作，春雨初下之時，萬物破殼鑽土而出，是人們脫去厚重冬衣迎接春風之時，故〈象傳〉曰：「雷雨作

而百果草木皆甲坼」。《文子・上德》：「雷之動也萬物啟，雨之潤也萬物解。」《禮記・月令》：「雷乃發聲，始電，蟄蟲咸動，啟戶始出。」是漫漫長冬已盡，春臨大地，百花綻放，萬重蠢動之時。震為雷，為龍，為動，為生是春的蓬勃意象，春雷一聲起驚蟄，萬物復甦回春。《說文解字》解釋「龍」云：「能幽能明，能細能巨，能短能長，春分而登天，秋分而潛淵。」其「能幽能明」可指一年四時陰陽循環周期，包括各種「能細能巨，能短能長。」的動植物，春天陽氣生發，萬物出生，是為登天；到了秋天，陰盛陽衰，萬物生機退減，潛淵而休藏。東方木為春、為震、為龍，為春天，嫩芽剛剛頂開種籽外殼，坼甲而出，捲曲如鉤。接著嫩芽漸漸伸展，如尖矛冒出地面。

「蹇」卦上坎下艮，一是正北，一是東北，皆是冬日冰封之地。「解」卦震正東，將坎東拋之於後，是以春雷解冰封為春雨解凍之象。

「解」是快，解之象是雷作雨施，是雷雨之候，是大雷雨，故有速之意，所以是快刀斬亂麻。是去職。是受到外部壓力而解開去職。

「解」是雨過天晴。震為雷，坎為雨，離為日。是春動雷，雨佈施，離日照，雨過天晴之象。

「解」卦是春天驚蟄之時，是一天日出於東方之時，是有一定的時限，所以解要及時，不然因地、因人、不因時，也不能解。

「解」也是邂，邂逅也，不期而遇。是古井生波，心動又行動。是久旱大地得甘霖滋潤。是巫山雲雨，但來的急去的快。雨過水無痕。

「解」是事緩則圓，時候到就好了。〈雜卦〉、〈序卦〉皆以「緩」釋解。

「解」是緊繃的情勢得以疏緩。可以鬆口氣，喘口氣。〈雜傳〉說：「解，緩也。」

「蹇」、「屯」之難，無力解決可以暫緩，事緩則圓，「解」卦互「既濟」是一定可解。

「解」之前為「蹇」，「蹇」是跛足難行；「蹇」前為「睽」，「睽」是家人失和，是同床異夢，是意見相持不下反目成仇；「解」而緩之是讓緊張的情勢放鬆。

坎為險，為冬是造成「蹇」難、「屯」難的原因，「解」卦是「解

坎險之難」。因險而難的卦有見天為「訟」，見澤為「困」，見山為「蹇」，在外為「屯」。

「蹇」之坎險在上，是正位～「既濟」卦坎在外～是真正處於危險，故不能動它。「解」之險在內，是把「蹇」之險移到外就可以避險了，險也就不來了。所以，「蹇」之險不是動險，是移位。自己由內往外，以外之力救險，圍魏救趙就是如此。

「蹇」卦內止外險，「解」卦內險外動，一是不動不涉險，一是動以出險。一靜一動，一消極，一積極。

「解」字從刀，從牛，從角，是開刀動手術，以外力解內部險難之病。是動手術可解。從刀是一切紛難過結可以一刀兩半，有離婚之象。

「解」是懈怠，險難疏解，情勢舒緩，人易懈怠。故〈雜傳〉說：「解，緩也。」

「解」也是第一名，古代科舉取士，一省之鄉試第一名稱為「解元」。

〈象傳〉曰：「雷雨作而百果草木皆甲坼」正是春雷雨下驚蟄之時萬物復甦，春暖之時種籽脫去外殼而萌生，野獸蛻去厚重的冬毛。此「解」卦之時義。徐鍇《說文繫傳‧通釋》：「東方萬物所，甲坼萌動，平秩東作，故為動也。」《說文解字》云：「甲，東方之孟，易氣萌動。從木戴孚甲之象。」所以「解」是春天萬物復甦脫甲萌生，是驚蟄之候。

「解」是奮力脫去外在的束縛，要動一翻手腳。是苦盡甘來，春回大地。

「解」是奮動出險，是屯之難得以解，是苦進甘來，冬去春來，欣欣向榮，百花爭放之時。

〈大象〉曰：「君子以赦過宥罪」「赦過宥罪」是一笑泯恩仇，是誤會得以冰解。赦免過失，寬待罪責。蓋坎過失，為獄。震為生，為動，為出。故「解」卦「赦過宥罪」，震為春，為生，《禮記‧月令》：「（孟春之月）某日立春，盛德在木。」孔穎達疏：「盛德在木者，天以覆蓋生民為德，四時各有盛時，春則為生，天之生育盛德，在於木位。」故「赦過宥罪」就是應了春生之德。兌為秋，為金，為殺，故秋天主殺，古人處決犯人在秋季。

周易探究‧下經

164

解

「解」錯為「家人」，「家人」為嚴，「解」為寬宥，為緩。自己家人有什麼化不開的結；又家人親近，如齒咬唇，易生心結，緩而能解。

六五居尊位主持此和解之局，心寬能容，又有九二援助，有這兩大支柱解局可成。六三下乘剛，上承陽，不易解；就爻辭看是最彆扭的一位，自己上車身分已是不同，還背著包袱，甩不掉，脫不了，志大才疏，出盡洋相，小人心態。所以〈小象〉：「亦可醜也」。

「利西南」是說要用寬緩之法，要順勢而為。西南是坤的方位，坤之性柔順厚載，寬大簡易，「解」卦在「蹇」卦之後，是天下剛剛解脫於患難之時，剛剛進入舒解之時，所以宜寬不宜嚴，宜簡不宜繁，宜儉不宜奢，不可無事找事，無事求功。如劉邦攻下咸陽與關中父老相約，盡去秦法苛政，僅「約法三章，殺人者死，傷人及盜抵罪。」解民於繁雜的秦法中。坤也是眾「利西南」也是解萬民於蹇難之中。坤也為順，也是順應民情輿論。

「無所往，其來復吉。」要乾淨利落。「無所往」就是無所為而往，不要無事生非也，庸人自擾也。「蹇」之難在於自救，「解」之難則是靠外力以救，能救他人者，自己必無需被救。若他人無需被救，自己又勞師動眾的去救他人之難，必得不到他人的歡迎，自己反而有難，故曰「無所往」，時候到了就好。

「其來復吉」是說回來就好，不必「無事生非」故曰「來復吉」。若「不來復」一意孤行，不辨時勢，就凶了，就不吉了。總而言之，不要無事找事。雷在外就是告誡不要妄動。

「有攸往，夙吉。」是要及時。「有攸往」與「無所往」相對，就是要前往，他人有難要去解難。

「夙」，是早，是及早。「夙吉」，就是要及早，不可等到無可救時才去解救，如此，則吉。

總之處於「解」之時，利往西南，無所往，即歸來則吉。無事宜靜，有事要當機利斷，宜速不宜遲。

《易經》中說「利西南」的卦有「坤」、「蹇」、「解」三卦。「坤」卦「西南得朋」，「蹇」卦「利西南，往得中也。」

初六：無咎。

象曰：剛柔之際，義無咎也。

初六在「解」卦之初，患難初解，與民休息的時候，又承九二應九四，受到支援故「無咎」。即無災害。

初六在下卦坎險之下，不宜妄動，雖承陽有應也不可動，因為大難初解就是要靜養，初六也能怡然自得。

「際」，交也。是說初爻承九二之陽，剛柔交際，故於義是無咎的。初六正是「蹇」難之後的第一爻，是由蹇難到解緩之交際。

初六雖居「解」但也身在坎中並未全然解去難。

大難初解，百廢待興，還是艱難的，但不會再艱難下去，故「無咎」。

☷☵ 解 ☱☳ 歸妹

初六變為「歸妹」「征凶，無攸利」，故「解」初不利征，要靜守。初六不變則安靜無事，躁動則凶。此爻為解之緩。

九二：田獲三狐，得黃矢，貞吉。

象曰：九二貞吉，得中道也。

「田」，是田獵，是積極主動出擊，大顯身手。

「田獲」，是出獵有收穫，是大顯身手有成效。「乾」九二「見龍在田」也。

「狐」，是陰物。是鬼魅之物，是邪物，是說陰爻如小人的陰邪柔媚。

「三」，多也；汪中《述學・釋三九》：「凡一二之所不能盡者，則約之三。以見其多。」

「田獲三狐」，除去陰邪小人。坎為陷故為「獲」。設陷阱而得。

「黃」，是中色。二居中故黃。

九二居中是賢良君子。

「矢」，是堅直而利的象徵，公正不阿，可直可輮，韌性足。坎為矢，為智，為矯輮。要去掉如「狐」的陰邪小人是不容易的，要有「黃

矢」的條件才行。

「黃矢」，就是銅劍矢。

古人爭訟之前要先以財物「束矢」、「鈞金」為抵押，《周禮‧秋官‧司寇》：「以兩造禁民訟，入束矢於朝，然後聽之。以兩劑禁民獄，入鈞金三日乃致於朝，然後聽之。」「得黃矢」是訴訟得直，是吉辭。詳見「噬嗑」卦。

「獲狐得矢」，皆是吉象。

「貞」，卜問也。

「貞吉」，卜問得吉。

「貞」也是守中，「貞吉」是守中則吉，不中則不吉。

「貞吉」，也是征吉，謂出行，往前得吉。

此爻田獵得獲，訴訟得直，積極向前，利於出征。

要去掉陰邪小人，自己要把握得住，不然以邪對邪自己也會迷失正道，那就不吉了。去小人過柔不行，過剛也不行，九二以剛居柔適中得宜，故可大顯身手，手到擒來。所以〈小象〉說「得中道」。

「中道」也是中間的道路，就是「巷」，兩面是牆中道狹窄，一夫當關萬夫莫敵。九二居坎，坎為天險，為隘道，故為「巷」。坎錯為離，離為巷。

解 豫

此爻變「豫」，「利建侯、行師」，也是預備、預測、預見，可見此爻獲「狐」是用智，也要充分的準備。

六三：負且乘，致寇至，貞吝。
象曰：負且乘，亦可醜也，自我致戎，又誰咎也？

「負」，是身背負物，這是說小人，小人不能乘車，自己背著東西走，是勞力者。三、四爻為艮半象，艮為背，為負。

「乘」，是乘車，這是說君子，君子大人乘車，車是君子之器。大夫才能乘車。二、三為震半象，震為乘。

「負且乘」，是說小人背著東西但乘坐著君子的車駕。車上載著貨又

167

乘著人，一副鬆懈沒有警覺，得意忘形之象。

負 小篆 **負** 漢隸曹全碑。《說文解字》：「从人守貝」，小篆負字从人从貝，隸書訛成从力从貝。「負」字本義是人背著一貫貫錢貝，一貫千貝，是大數目。坐在車上而還背著不放下可見價值不斐。如此必然招致匪盜覬覦。

「負且乘」，是君子之器為小人所用。

「負且乘」，是小丑跳樑，望之不似人君，難登大雅之堂，飛揚得意的暴發戶。

所以，〈小象〉說：「亦可醜也」。

六五居尊位主持此和解之局，心寬能容，又有九二援助，有這兩大支柱解局可成。但六三下乘剛，上承陽，不易解；就爻辭看是最彆扭的一位，自己上車身分已是不同，還背著包袱，甩不掉，脫不了，志大才疏，出盡洋相，小人心態畢露。所以〈小象〉：「亦可醜也」。

六三小人乘九二之剛，小人站在君子頭上。坎為乘，為車。

「醜」，小人也。或謂小人之醜態，羞醜見不得人的行為。坎為污，故醜。

「致」，招擾導致。〈繫辭〉：「備物致用」。《疏》：「謂備天下之物，招致天下所用。」

《說文解字》：「致，手呼也。」《廣韻》：「致，來之也。」

「寇」是敵人，是競爭者，是盜匪賊寇。《增韻》：「寇，仇也，賊也。」《書・舜典》：「寇賊姦宄」。《註》：「羣行攻刧曰寇，殺人曰賊。」《左傳》文公七年：「兵作於內爲亂，於外爲寇。」故曰內亂外寇。

「致寇至」是「負且乘」的結果。

「致寇至」是小人佔用君子之器，也是在位者濫用名器，不成體統，讓人心生「取而代之」覬覦之心。

「致寇至」是招來禍害，匪寇盜賊攻伐。是自作孽不可活，是咎由自取。故〈小象〉說：「又誰咎也」。

六三在下卦坎險之上，上承九四、六五又是一坎，是剛剛出坎之險，又墜入坎險。

「吝」，遴也；《說文解字》：「遴，行難也。」《孟子題辭》：「然於困吝之中」。焦循注：「吝之義為難行」。《廣雅・釋詁》：「遴，難。」謂難行不進，或是遭遇到困難而事難成。猶今言「累」。

「貞吝」，占得此爻將遭遇困難。

「貞吝」與九二「貞吉」對文。常此以往必吝，更可能凶。

「自我」，自己惹的，怨不得別人。

《說文解字》：「戎，兵也。」「寇至」故謂「致戎」。

〈繫辭上〉對這一爻有所解釋：「子曰：作《易》者，其知盜乎？《易》曰：『負且乘，致寇至。』負也者，小人之事也；乘也者，君子之器也。小人而乘君子之器，盜思奪之矣。上慢下暴，盜思伐之矣。慢藏誨盜，冶容誨淫。《易》曰：『負且乘，致寇至。』盜之招也。」「上慢」是上位者對名器輕慢，竟將重器受與小人。「下暴」是在下位的小人強暴奪取君子之器。這爻鬆懈得過了頭！

☷☵ 解 ☶☴ 恆

此爻變為「恆」姑息養奸。

九四：解而拇，朋至，斯孚。
象曰：解而拇，未當位也。

「解」，鬆解，解脫，解放。

「拇」，足之大拇指。九四在上卦之下故稱「足」，「鼎」九四：「鼎折足」與此象同。

震為足，九四前遇重陰，陽遇陰則通，故曰「解而拇」，就是「利往」。

「而」，於也，其也。帛書作「其」。就是「解其姆」。

「解而拇」，就是解放足，解除束縛放開腳步，利於前往西南。見卦辭「利西南」。九四以居震體，震為動，故要迅速的放開腳步大步前往。「而」，也作「汝」解，「解而拇」解開你的縛束。

「解而拇」，就是除去束縛，放開腳步，逃脫羅網，解除牢獄。〈大象〉：「赦過宥罪」。

下三爻居坎，坎為束縛，四爻亦居互坎之中，故下三爻辭中無「解」，初解患難，尚未安未定，故雖解猶未解。蓋坎為冬，故嚴。上三爻居震，爻辭皆有「解」，震為春故患難解除，這才算真正的解。

「朋」，朋貝，錢財。也是朋友。「解」卦之解脫需要外力。朋，是金錢也是朋友，都是外力。聞一多先生讀為「蹦」，跳躍急走，足被解放，所以大步急奔。

「朋至」，即外力貴人幫助，也是金錢的助益。趕緊蹦離，亦通。

「斯」，乃，於是。

「孚」，徵驗，報應。信有可徵，徵兆有善報、有惡報；六五「有孚于小人」則是惡報。

「朋至斯孚」這是說放開腳步往西南行進，乃有得財、得助的徵兆。

「孚」，借做縛，束縛。

「朋至，斯孚」，雖有朋友資助幫忙，但又將被束縛。或是初出網羅，朋友至，又將其束縛。此爻不言吉。因為三四五爻互坎，坎為險陷，為束縛。所以雖「解其拇」，逃脫羅網，得外力朋友之資助，但鬆懈忘形雀躍蹦蹦跳跳，粗心大意，又陷入束縛之中。真是一波初平一波又起。何以？〈小象〉以為九四「未當位」，就是失位。

此爻謂剛脫險而又陷於險，剛脫去束縛又被綁縛。麻煩尚未解除。

䷧ 解 ䷆ 師

此爻變「師」，勞師動眾，大張旗鼓。

此爻若非解緩就是勞師動眾，解小人要動武。緩是拖一拖，拖不下去還是會動武。

此爻很緊張。情勢緊繃。

六五：君子維有解，吉，有孚于小人。
象曰：君子有解，小人退也。

「維」，是粗的大繩，如四維八德，《管子・牧民篇》：「禮、義、

廉、恥國之四維。」

「維」，是係，繫縛，束縛，係捆。《博雅》：「維，係也。」與「隨」上六：「拘係之，乃從而維之。」義同。

「維有解」是係而得釋，束縛得解，粗大的束縛除去，大困難解除。〈大象〉曰：「赦過宥罪」是解除牢獄之災。

九四「解而拇」是小難，六五「維有解」是大難。九四為臣可解小難，六五為君可以解除大困難。

「君子維有解」是障礙除去，君子賢良可以受任用。這與九二呼應，九二也是大顯身手的時候。

「孚」，防範。帛書作「复」。又「孚」作浮，罰也。《小爾雅》：「浮，罰也。謂罰爵也。」《禮·投壺》：「無偝立，無踰言，若是者浮。」今語「浮一大白」之浮，亦罰也。

「有」，宜也。

「有孚于小人」，謂宜提防小人報復。君子的束縛得到解開而轉吉，但小人將有惡報受罰而反彈報復。

〈小象〉說「小人退」是君子升進，小人消退，是君子道長，小人道消。

☷☵ 解 ☱☵ 困

此爻變為「困」，六五君子不解則必困。困，捆也。「困」象失故解。

此爻終於將難解除。

上六：公用射隼于高墉之上，獲之，無不利。
象曰：公用射隼，以解悖也。

〈繫辭下〉對這一爻有所解釋，「《易》曰：『公用射隼於高墉之上，獲之，無不利』。子曰：『隼者，禽也；弓矢者，器也；射之者，人也。君子藏器於身，待時而動，何不利之有？動而不括，是以出而獲，語成器而動者也』。」

「公」，是公侯，是尊位者，上爻為王公，震為公。

「用」，有也。

「隼」，是鷹隼，其性陰鷙，是說小人陰狠的個性，是梟雄也。震為飛，故為隼。亦為射。九二「狐」是說小人陰邪。上六「隼」也是。但隼狠，狐猜。《國語‧魯語》：「有隼集于陳侯之庭而死」。韋注：「隼，鷙鳥，今之鶚也。」

「高墉」，城牆。鷹隼當盤旋於天際，停棲於高林，如今停於宮牆之上，比喻小人得志。「高墉上的隼」是說強有力又居高位顯要的小人。君子要除去這樣的小人要藏器於身，待時而動，一旦時機成熟，下手除去小人，絕不遲疑。抓準時機，不動則已，一動必要中的，才能「獲之」。打蛇要打在七寸上。〈象傳〉云：「解之時大以哉」就是要及時抓住時機，上六正是時候，該動手了。

居「高墉」之「隼」是小人竊據高位，顧盼自雄，是梟雄。是小人囂張頑強之象。除去梟雄要等待最佳的時機。不可輕舉妄動。

「獲之，無不利」，擊獲陰鷙小人，除去禍害，故無有不利。

「悖」是背，是背離正道的大亂子。除去陰鷙小人故「解悖」。

解 ䷿ 未濟

爻變為「未濟」，妄動則失機無濟於事，事敗自己也憂。

卦辭說「夙吉」直譯是「早吉」，謂及早動手則吉。於此爻則是抓到時機就動手，切不可懈怠遲緩，不然時機一過就成「未濟」了，功虧一潰。

第**41**籤 ䷨ **損**卦 又名山澤損

損 ：有孚，元吉，無咎，可貞，利有攸往。曷之用二簋，可用享。

彖曰：損，損下益上，其道上行。損而有孚，元吉，無咎，可貞，利有
攸往。曷之用，二簋可用享。二簋應有時，損剛益柔有時，損益
盈虛，與時偕行。

象曰：山下有澤損，君子以懲忿窒欲。

序傳：解者緩也。緩必有所失，故受之以損。損而不已必益，故受之以
益。益而不已必決，故受之以夬。夬者決也。決必有所遇，故受
之姤。姤者遇也。

雜傳：損、益，盛衰之始。

173

扐 小篆

　　損字在金文、甲骨文中不見，但損字从「員」字，《歸藏》這卦就
作《員》。員、雲兩字於古相通，《詩·商頌·玄鳥》：「景員維河」，
《箋》解釋：「員，古文作雲。」鄖、縜皆音雲。廈門有一篔簹湖。從卦
辭「曷之用二簋，可用享。」來看可能是古代之雲祭。《白虎通·德論·
災變》：「日食，大水則鼓於用牲於社，大旱則雲祭求雨，非苟虛也，
助陽責下，求陰之道也。」民國初年《易經》大家尚秉和先生說此卦：
「《說卦》山澤通氣，氣即雲，中互坤，坤正為雲。卦二至上正反震，震
為出，雲出澤中，至上而返，正回轉之形，與《說文》合。」《說文解
字》云：「雲，山川气也。从雨，云象雲回轉形。」

云 云小篆 **㝩** 甲骨文雲

　　尚秉和先生的意思是說，下卦澤水蒸發為雲，所以說三四五爻互卦為
坤，坤六斷就是雲。二三四互震，四五上為艮，艮是反震，下震出，上艮
反震往下就是返回。故曰「至上而返，正回轉之形。」〈象傳〉解釋說，
「損，損下益上，其道上行。」即澤水蒸發向上發展為雲之象。雲為水
氣，再下降為水，循環不已，故「損」、「益」兩卦相循還，已損彼益，
今損後益。

「損」就是損失、減損、虧損之意。《說文解字》：「損，減也。」《廣雅・釋詁》：「損，減也。」《潛夫論・遏利》云：「《易》曰：天道專盈以沖謙，故以仁義施於彼此者，天賞之於此。以邪取於前者，衰之於後，是以持盈之道，挹而損之，則亦可以免於亢龍之悔，乾坤之愆矣。」《文選・為幽州牧雨篷寵書》李注引《倉頡篇》云：「挹，損也。」就是貶損、自貶、吃虧之意；俗語說：「吃虧就是佔便宜」、「吃虧人常在，刁鑽不到頭。」所以「利有攸往」。《老子》云：「道沖。而用之久不盈，深乎，萬物宗。挫其銳，解其紛，和其光（將光芒和化，謂內斂不露鋒芒），同其塵。」《道德真經註》：「銳挫而無損，紛解而不勞，和光而不汙，其體同塵而不渝。」《群書治要・傳》：「諫曰：今劉、孫用事，眾皆影附，大人宜小降意，和光同塵，不然，必有謗言。」《太平廣記・老子》：「老子恬淡無欲，專以長生為務者，故在周雖久，而名位不遷者，蓋欲和光同塵。」自損不求，內斂不露，損鋒芒不張揚。今日之損，他日之益。《老子》云：「天之道，其猶張弓與，高者抑之，下者舉之，有餘者損之，不足者補之。天之道，損有餘而補不足。」「損」卦下實而上虛，故當損盈而益虛，故〈象傳〉云：「損，損下益上，其道上行。損而有孚，元吉，無咎，可貞。」

下卦兌，兌為銳，《莊子・天下篇》：「堅則毀矣，銳則挫矣。」上卦艮，艮為止，為山，為石，為堅。兌銳受挫於艮止之堅，挫之、毀之，使之平易。故〈大象〉云：「君子以懲忿窒欲」上艮為止，下兌為欲。〈象傳〉云：「損剛益柔」又兌為少女，為現，有衝動銳健躁進之象，故損之。

「損」卦辭說「元吉」、「利有攸往」、「可用享」多是吉語，可見是塞翁失馬焉知非福。反之「益」是塞翁得馬焉知非禍。「益」卦之後就是毀決的「夬」卦。

「損」是損傷，是「損有餘而補不足」，是損己利人，是慈善家；「益」是損人利己，是實業家，生意人。

「損」是自傷、自損降職，貶謫，外放。〈象傳〉曰，「損，損下益上，其道上行。」「損」是損下益上，是損己以利人。內卦是自己，外卦是他人，所以是損己利人。

內卦是基層老百姓，外卦是上為管理者；「損」是讓在上位的基層

獲益，在下位的受損。是根基受損，受傷，如此整體必損。「益」施惠於上，注益於下層，根基厚實，自然得益。

「損」、「益」兩卦無論施下或益上都要知節制，不然上下異位，就不是「損」、「益」而是「大過」了。

「大過」顛也，上下顛倒，損己利人，損人利己都是顛。損太過成益，益太過成損。所以「損」與「益」都不可太過，要知節制。〈大象〉曰，「君子以懲忿窒欲」就太過則忿，要節制欲望。「損」時「懲忿」不要氣餒，惱羞成怒，「窒欲」則是節制，不可在損減中自暴自棄。太過則原本施與的「損己利人」也損不下去，就變成索求的「損人利己」，反之亦然。

「損」卦在「解」卦之後。「解」是緩，事緩則圓，困難危機已經解除，正是通體舒暢，精神放鬆，最易出錯的時候，稍有閃失就會出錯有「損」失。「解」是支解，支解必有減損。

「損」之後為「益」，要先損才能得益，是要先投資後才能獲益。先自損以求眾益，「損」之道的宗教情操很重。「滿遭損，謙獲益」，損是因為滿，故損為滿。謙才能獲益，「損」卦是勸導要能謙，能內斂。《說苑・敬慎》：「孔子曰：『高而能下，滿而能虛，富而能儉，貴而能卑，智而能愚，勇而能怯，辯而能訥，博而能淺，明而能闇，是謂損而不極，能行此道，惟德者及之』。」此「損」之道也。

「孚」，俘也，《說文解字》：「俘，軍所獲也。从人孚聲。《春秋傳》曰：『以為俘馘』。」謂征戰擄獲敵方的俘擄與財物。

金文「曷」字上下从二「口」，下口中間「亡」字，或是失亡之義。故渴、竭皆無水之義。《說文解字》：「渴，盡也。从水，曷聲。」段玉裁注：「渴、竭古今字，古水竭字多用渴。」所以聞一多先生讀「曷」為「匃」，是乞丐的「丐」的異體字。

「匃」，《漢書・廣川惠王越傳》：「盡取善繪匃諸宮人」。注：「匃，乞遺之也。」

又「曷」借作「鶡」，《禮記・月令》：「曷旦不鳴」。《坊記》：「相彼鶡旦」曷旦即鶡旦。《詩經・豳風・七月》：「同我婦子，饁彼南

畞，田畯至喜。」《左傳》僖公三十三年：「見冀缺耨，其妻饁之。」
《說文解字》：「饁，餉田也。」《廣雅·釋詁》：「饁，饋也。」《經
典釋文》引《字林》：「饁，野饋也。」一則以乞討，一則以餽贈。餽贈
義較長。

「用」，以也。

「簋《ㄨㄟˇ》」：為盛飯器具，形似如今天的碗，是圓形的器皿，
盛黍稷食用，也是祭祀禮器。《周禮·地官·舍人》：「凡祭祀，共簠
簋，實之陳之。」鄭玄注：「方曰簠，圓曰簋，盛黍稷稻粱器。」《說文
解字》：「簋，黍稷方器也。从竹从皿从皀。匭，古文簋从匚、飢。匭，
古文簋或从軌。朹，亦古文簋。」「簋」可用竹、木、陶、土或青銅等不
同材料製成，其中「土簋」是最簡陋的，《韓非子·十過》：「臣聞昔者
堯有天下，飯於土簋，飲於土鉶」，《史記·秦始皇本紀》：「飯土簋」
《集解》引徐廣：「飯器謂之簋」。

「二簋」，即兩籃飯食。鼎是盛牲肉，簋則盛黍稷。二簋是儉薄之
象。盛裝之器多寡代表隆重與尊貴的級層。《公羊傳》桓公二年何休注：
「禮祭，天子九鼎，諸侯七，大夫五，元士三也。」鼎為正為奇數，簋為
副為偶數，天子用九鼎八簋，諸侯用七鼎六簋，卿大夫用五鼎四簋，士用
三鼎二簋。此爻祭祀之主或為士而非大夫。《書經·微子傳》：「牛羊豕
曰三牲」「三牲」俱備是隆重的祭祀。《禮記·祭統》曰：「三牲之俎，
八簋之實，美物備矣。」有了三牲再配上用「簋」裝盛的黍稷。也就是
說，三牲俱全，再加上穀類，則祭祀的美物就備全了。此爻無牲而只有簋
是簡約或是身分低的祭祀，主祭者當為「士」一階層。「損」時不豐故儉
薄。

「曷用之二簋」，謂有人餽贈食物二簋。

「享」，亨也，煮也。古亨、烹通用。

「可用享」，可以烹煮享用，也可以祭祀。

卦辭是說，獲得俘虜。大吉。無災。可以出征。利於前往。有人贈送
二簋食物，可以先祭神享用。

〈大象〉曰：「山下有澤損，君子以懲忿窒欲。」懲，懲戒也。就
是止息以往的行為。窒，閉息也。就是閉禁以後的行為。「損」是自我約

束，上下皆陽，中間為陰，陽包陰有約束之象。「頤」〈大象〉：「慎言語，節飲食。」亦同。

「懲忿窒欲」，就是自我節制，是儉約內斂。是修身節欲，是由奢入儉難，一開始難習慣後就容易。所以〈繫辭〉說，「損，德之修也。」就是自損。

「懲忿窒欲」是節制欲望，控制脾氣，是修身養性，是強調內在的修為。

上艮為止，下兌為情欲，為衝動，為剛鹵，止之故曰「懲忿窒欲」。

「損」錯「咸」，「咸」衝動，浮躁，縱情私欲。「損」則為雍容大度，外靜內悅，行為節制恬靜，內心愉悅，怡然自得。

〈繫辭下〉說，「損以遠害，益以興利。」「懲忿窒欲」修身養性，自斂儉約，修養德行，所以能遠害。「益」則「見善則遷，有過則改」，從善如流，所以能興利。

「益」是追逐利益，振興實業，賺取利益。「益」是興利，「損」是逐敝。「損」之道就是要儉約。於財貨要儉，於行為要約束，要修身養性。

「損」互「剝」。「損」就是剝，「損」是減少，損失；「剝」是剝削，也是減少損失。

「損」互「復」。是雖損而有復元之機，是可以恢復。並未喪失生機。是「損」有節制，不是漫無目的的一味損貶自己，受傷太深無法復元，就不是「損」。雖損但要保留復興的元氣。

「損」互「頤」。「頤」是退休，是安養天年。「損」是不可以超過安養的標準。

「損」、「益」皆互「頤」，是「損」、「益」皆以「頤」為準。「頤」為養，損、益太過皆會失養，失養則為「大過」。養是羞身養性。退休老人要知止，不然老而不死謂之賊。

〈雜傳〉：「損益，盛衰之始。」「損」再變為「泰」，是「損」而後安；「益」再變為「否」，是增益不止反而不通。儉約能安，損己利人，如慈濟，紅十字會，人人如此社會安樂天下太平。利己不利人，專求聚斂，天下之利皆歸於一人，則否塞不通，社會動亂。

「損」上艮下兌，上為者清靜無為，下位者恭敬愉悅，天下安靜而無進步，雖「損」而安。「益」上巽下震，上者無孔不入，下位者汲汲營求，天下騷動，上下交征利，雖益而終否。

「損」卦可以當作投資來看，反之就是獲利的「益」。

初九：已事遄往，無咎，酌損之。
象曰：已事遄往，尚合志也。

「已」，是竟也。

「已事」，是竟事，是做完了事情。

「遄」，速也。跑的快會「喘氣」。有些版本作「顓」《說文解字》：「顓，往來數也。」來回頻往也。《詩・墉風・相鼠》：「人而無禮，胡不遄死。」《毛傳》：「遄，速也。」

「遄往」，儘速前往。就是趨吉避凶之趨避，要快，不可怠乎。

「酌」，《說文解字》：「酌，盛酒行觴也。」祭祀所獻之酒亦曰酌。《禮記・曲禮下》：「酒曰清酌」是也。

「酌損之」，謂將所祭獻之酒減損之也。

「損」是損下益上，損剛益柔；初九陽剛正應六四之陰柔。陽為富，為實，初九當自損減以益六四，六四依靠初九來增益。故「尚合志也」。

但初九益了六四之後，會不會忿而不知節？變得自以為是？初九變的自己以為了不起那就不何「損」卦的意義了。因為〈大象〉說「懲忿窒欲」，要冷靜不可衝動。所以要「已事遄往」，增益他人後要趕緊回到自己原來的位置。

初爻位卑，是「潛龍」，實力不夠，能力不強，自以為是，是不智之舉，而陷入不可自拔之境。

「已事遄往」，也可解釋為趕緊處理則事可以完成。也有成事不居功之意。

事小篆　使小篆

又「巳」是古「祀」字。甲骨文祀字亦作巳。于省吾：「祀事乃周人恆語。《詩・小雅・楚茨》：「祝祭于祊，祀事孔明。」《左傳》昭公元

年：「祀事不從」。「革」卦，「巳日乃孚」也可作「祀」字解釋。

損下益上本有祭享之義，初爻兌體，兌為享，為巫。巫祝自損以益上，如乩童自傷。

「祀事」、「酌損」，正是接承著卦辭「用二簋可用享」而來。

「事」，祭祀之事，《左傳》成公十三年：「國之大事，在賜與戎。」《詩・昭南・采蘩》：

「于以用之，公侯之事。」《毛詩注疏》：「之事，祭事也。」

「益」六三「凶事益之」與此爻「祀事酌損之」正好相反。「益」六三為凶事，可知此爻「祀事」字為祈福的祭祀。

「已事遄往」是「損」時祭祀時快，要早，要誠心。

初九益六四，則初九變虛為初六，六四變陽為九四，如此卦成「未濟」，故初九要知節。

「酌」，斟酌。

「損」，減損。初九自損。

「酌損之」，是量力而為，不可彭風自大。適度的損己以益六四，不可過與不及。

初九居兌體，兌是無心之悅，無言之說，有衝動之意；擔心「剃頭的擔子一頭熱」弄的進退兩難就不好了。

「酌損之」，是不要大事舖張，心誠最重要。如「既濟」九五，「東鄰殺牛，不如西鄰之禴祭。」

「已事遄往」言初九宜往應六四。

「尚」同「上」，上謂四，初四相應如婚媾，故曰「合志」。

「尚」也是入贅女家。「尚」有崇尚巴結之意，風尚。又娶公主曰「尚」，《前漢・王吉傳》：「娶天子女曰尚公主」。

初六自損求尚，以為贅婿。入贅就是自損。《說文》：「贅，以物質錢。」古之贅婿如奴隸。

此爻大意是祭祀之事要速，若遇災難，可以酌量逐漸減少。又事已至此，儘速酌量而自損可以共合其志，這是吉象。也是〈大象〉所言：「懲忿窒欲」之義。

此爻量力而為，斟酌自損已能合其志，能達成雙方之協議。

☰☰損☰☰蒙

爻變為「蒙」，為萌，初九力弱，根本之位不能太損，太損則生機喪失就完了。

「蒙」為不明，初九幼稚，搞不清楚，故要警告之。

初九能「已事遄往」故「無咎」，「損」是先損後益，初九剛開始損，要得益還早呢！

能損而無咎就已經很好了。

此爻捐助他人，破財消災。

九二：利貞，征凶，弗損益之。
象曰：九二利貞，中以為志也。

「貞」，止也，固也。

「利貞」，利於居止。

「征」，大張旗鼓，熱熱鬧鬧，堂堂正正的出行。也可說是作戰。

「征凶」，大張旗鼓的行動必凶。利於止不利往故「征凶」。「損」要知節制，征戰則花費大，也不合「懲忿窒欲」，所以征之必凶。

九二前臨重陰，《易》例陽遇陰則通，利於往，為何「征凶」？

「損」要知節制，九二雖居中但居震體，又互「歸妹」有歸於暗昧，不知節制之象。「歸妹」卦詞：「征凶，無攸利。」

九二有衝動之象，「損」時這是不利的，九二利於自守不妄進，妄動而進則失中不節故凶。

「弗」，不也，非也。

「弗損益之」，是不可自損以益上。不可減少而要增加。不出行，不征戰，則可損減之，若要出行、征戰，則不可減少反而要增加，所謂「窮家富路」。出門在外要多帶點盤纏錢財。「弗損益之」是貞靜不妄動，求增益不可損。

九二不可損，因為卦從「泰」來，「損」了初，已非善徵，二再損將成「否」。

九二在「損」時是全局的支柱，是國之棟樑，又就二在下是在野不在朝，這是說「損」時安定的力量在民間。

九二是全局重心，為卦主，九二損則陽變因，六五變九五，九二變六二，卦成上巽下震的「益」卦。天下皆受益而無人願「損」，則無人投資以創造利益了。

故九二是不可動的，動了天下大亂，天下就懈怠了，益就跑走了，以〈序卦傳〉來說「益而不已必決」。

九二動，則局勢大變，故不可動。

九二為重心，天下大任全在它身上，當上位者求益時，在下位者該上益才上益，九二不可上益。

《周易》最重視「時」，次重視「中」，再次重視「正」（得位）。

初九酌損是知節，九二互「歸妹」是不知窒欲。

九二桃花重，受人歡迎，是大眾情人，要當心，節制可安。這與「臨」九二「咸臨，吉，無不利。」相反。因為兩卦相差上九一爻，可見天時不適合征，也不可「損」，要忍耐的住才行。

損 頤

此爻變為「頤」，〈大象〉：「君子以慎言語，節飲食。」也是節止。

九三：三人行則損一人，一人行則得其友。
象曰：一人行三則疑也。

「三人」，眾人，庶人，小人也。《國語·周語》：「人三為眾」。《爾雅》：「庶，眾也。」《韓非子·問田》：「立法術，設度數，所以利民萌，便眾庶之道也。」

「一人」，君子，大人。《國語·周語上》：「在《湯誓》曰：『余一人有罪，無以萬夫；萬夫有罪，在余一人』。」韋昭注：「天子自稱曰余一人」。《尚書·呂刑》：「一人有慶，兆民賴之，其寧惟永。」孔傳：「天子有善，則兆民賴之，其乃安寧長久之道。」艮為少子，是庶，為眾；震為長子，是嫡，是一人。

「三人行則損一人」，是三減一為二，為偶。是小人眾庶人多則損。

乾為人，「泰」卦下乾三陽者即「三人」，九三往上應上六，乾變兌，故曰「三人行則損一人」。這爻是由「泰」卦演化而成。乾三陽，三畫陽爻形似三，故乾為三。

「一人行則得其友」就是一加一為二，亦為偶。是大人、君子用則得。

損三以益上，上乘重陰，陽以陰為友，故曰「一人行則得其友」。「得其友」謂三應上也。

一損一得皆變為偶，如此才可以平衡，才可以再生；一與三為陽數，陽數太活潑，或太單調，三則可能相爭而亡，不能成事，如三個和尚無水喝；一則孤單不能再生，也終會滅亡。

一、三皆不利，〈繫辭下〉：「天地絪縕，萬物化醇，男女構精，萬物化生。《易》曰：『三人行，則損一人。一人行，則得其友』言致一也。」這就是強調「二」，一天一地是最大的二，一男一女、一雌一雄是最明顯、最常見的二；陰陽、天地、男女、雄雌皆是以二合一，再滋生不息，萬物化醇，所以萬物的生成是由二而一，沒有二便沒有一，二必發展為一，故三損一為二，一得一為二，結果都是二；或損或益為二以合於自然的規律。

六三變為「大畜」生機厚實，又得天時之象。又六三上，上九下則卦成「泰」，陰陽交泰，萬物皆通，生生不息。

三爻也互「歸妹」求偶嫁娶之象。是送作堆、野合的原始交媾。

又「大畜」「時也」，此爻宜待事機成熟，蘊化的時間長，結果尚需待。

此爻不言吉凶是因為剛剛配對還不知道結果，要等待，但利婚姻媾合。

此爻重平衡，要知損知益。當損則損，當益則益。

初爻酌損，二爻不可損，三爻或損或益。

「一人行三則疑也」此句是「一人行則得其友，三人行則疑也。」的省句。

三陽上行則卦成「否」，「否」上九為九四、九五所阻格，不能下應，陽遇陽為敵。

敵則相疑相忌，而不互相為友。

「一人行則得其友」是配偶，故無疑。

「三人行則疑也」無法盡配，故疑。

此爻三人出行，則減一人。一人出行，則得一友。求其均衡，過與不及皆非。

☷損☶蠱

此爻變「蠱」。三人眾庶不知如何減損故疑，「蠱」卦為疑，為孝，為承先啟後。

六四：損其疾，使遄有喜，無咎。
象曰：損其疾，亦可喜也。

「疾」，疾病，缺點，錯誤，是小的厄，不是大的凶災。「疾」也是速。

初九之剛來益六四之柔，陰陽相濟，故六四的疾病可以損去。

「損其疾」，是損去其疾，是病去而癒，損去厄害也。但也要速速決斷，不可拖延。才能無災害。

「遄」，速也、疾也。《爾雅·釋詁》：「遄，疾也。」《說文解字》：「疌，疾也。」《廣韻》：「捷，獲也，伇也，疾也，剋也，勝也，成也。」《說文解字》：「捷，獵也。軍獲得也。从手疌聲。」

「使遄有喜」，帛書作「事端有喜」。即事成有功。《釋名·釋言語》：「業，捷也，事捷乃有功業也。」

「使遄有喜」與初九「已事遄往」相對；一有喜，一有事。

「損其疾，使遄有喜」，有疾病者，祭祀之事趕緊辦好，趕緊前往祭禱，疾病可以痊癒，事業功成而有喜。前往相應而得喜。前往相應，剛柔得濟，疾損故可喜。問病吉。

「喜」是個人的，「慶」是群體的。

「有喜」，是疾病痊癒。也是有身孕，陰陽相濟故「有喜」，此爻得

孕之象。這比九三更進一步，已有結果，已有喜訊。下卦多損失，上卦開始轉為增益。

此爻有疾病者趕緊醫之以減去其病，使病能速痊癒，而有喜，故能無咎。

☷損☱睽

此爻變為「睽」，是孤單力薄之象。是叛逆出走去家之象。「睽」象失而有成，意外之喜。

六五：或益之十朋之龜，弗克違，元吉。
象曰：六五元吉，自上祐也。

「或」不定之辭，指有人，六五處君位，「或」可能是指大人、貴人。也是很多人，不確定是那一位。

「益」，加也，易也，在古文同「賜」。郭沫若以為甲骨文、金文中的「易」字是由「益」字簡化而成。「益」象器皿中盛水，「易」字簡化了所盛的三點水和器皿上把、柄的鋬，演變為交易、加益、賞賜之義，是使受賜者的財富有所增益，所以由「益」分化出「易」字，「易」是「賜」的古字，本義是賜與。甲骨文中「易（賜）貝二朋」，金文中〈兮甲盤〉：「王易（賜）兮甲馬四匹」。又《孟子‧萬章下篇》：「賜之則不受」注：「賜者謂之禮之橫加也。」這有「馬無野草不肥，人無橫財不富。」之意。聞一多說：「益讀為錫，賜也。」亦通作「遺」，贈送、賜予。《尚書‧大誥》：「天降威，用寧王遺我大寶龜，紹天明。」《太玄經‧太玄棿》：「古者寶龜而貨貝，後世君子易之以金幣，國家以通，萬民以賴。」

「或益之」，來益的人很多，不確定是那一位。坤為多，為眾，為荒，為亂。六五為君，上承上九，是老天爺，是得天之助，得神之助故「或」而不定。

丗二十朋金文 丗五朋

「朋」，古人以貝為貨幣，用繩串起，一串十個貝為一朋，手提中間則左右各五貝。像艮覆碗☶形。

「十朋」，就是一百個貝幣，百貝之龜，即為古人所謂大寶龜，長一尺二寸。詳見《史記・龜策列傳》。鄭玄曰：「按《爾雅》言十朋之龜者：一曰神龜，二曰靈龜，三曰攝龜，四曰寶龜，五曰文龜，六曰筮龜，七曰山龜，八曰澤龜，九曰水龜，十曰火龜。」艮一陽在外為堅，為甲，故為龜。此爻與「益」六二相同，用的是艮卦的相綜震。相綜為同一卦。

「十朋之龜」，價值菲淺的百貝之龜的寶貝，實力堅強的靠山，是神聖之寶物。《藝文類聚》卷九六引晉郭璞《爾雅圖贊・龜》：「天生神物，十朋之龜。」《漢書・貨殖志下》：「元龜岠冉長尺二寸，直二千一百六十，為大貝十朋。」《周易集解》引崔憬曰：「雙貝曰朋。價值二十大貝，龜之最神貴者。」《詩・菁菁者莪》：「錫我百朋」鄭箋：「古者貨貝五貝為朋」。

「或益之十朋之龜」，是說有貴人以大寶龜助益之，是富貴大吉之兆。得大寶，得大助力，得實質幫助。

「十朋」，為一百個貝幣，其價值很難以今日貨幣衡量，西周當時有一個叫做「德」的貴族在西周時於成周雒邑參與了祭祀周武王的典禮，受到周成王的賞賜「二十朋」就高興的鑄了一個鼎以示榮耀，這鼎名為「德方鼎」高約二十五公分。現藏於上海博物館。鼎上的銘文為：「惟三月，王在成周，祉武王裸自蒿，咸，王賜德二十朋。用作寶尊彝。」

有大寶注益，五爻已脫離損了。此有貴人相助，投資獲利之象。

「克」，能，可。

「違」，違背，拒絕。

「弗克違」，是不能違，是不能拒絕。富貴逼人；好運來了，城牆也擋不住。

「或益之十朋之龜，弗克違」，得十朋價值之龜用來占卜必靈，不可違背。

「元吉」，大吉。有人贈賜以十朋之大寶龜，不可違逆拒絕，大吉。

「益」六二爻辭與此同。坤為泉，為布，為錢，為多，為小，為眾。艮為貝。

六五與九二正應，九二堅貞自守而不來益六五，六五必慌亂，幸得上九之助，有老天保祐，貴人相助。

䷨損䷼中孚

此爻變為「中孚」。終於浮現出來。投資終得注益，減損終能得益。

上九：弗損益之，無咎，貞吉，利有攸往，得臣無家。
象曰：弗損益之，大得志也。

「弗損」，不減損。

「益之」，增益之。

「弗損益之」不再減損而有所增益。

上九在「損」之極，變的不損了，反而要益了。若下卦自損而來益上九，上九陽實富有，再受他人之益助，是貪得無饜之象，這樣會有咎患的。能「無咎」是因為上九要反其道而行。

「無咎」，無災也。

「貞」，是卜、征也。

「貞吉」，卜問吉也。也可以解釋為「征吉」即出行吉。〈繫辭〉說，「吉凶悔吝生乎動」，得吉必採取行動。

上九乘重陰，故曰「利有攸往」。與「頤」上九同。

「利有攸往」，是上九反其道而行，往內走，往下返則前遇重陰故則通。艮為返。震為出，為前行。

「臣」，是臣子、奴僕，是古代征戰所獲之俘虜。臣子，奴隸，是低下賤民，是坤。

「得臣」是獲得臣奴。坤為臣，上九乘坤故曰「得臣」（陽上陰下也稱據）也是天下歸心，得百姓愛戴。

「家」，主也。大夫稱家，諸侯稱國。《左傳》襄公二十九年：「大夫皆富，政將在家。」諸侯、大夫多畜養臣僕，為臣僕的主人，故這裡引申為「主」也。也可謂大夫之采邑。

「家」謂六三，上九與六三應，在內卦故曰「家」。

「得臣無家」是不以自己的利益（采邑）為主，四海歸心，而得人心，以天下為主。是得到無主的奴僕，奴僕亦是財富。「旅」六二「得童僕」相同。

「大得志」是損之最後變為益，由投資轉變為收益。

䷨損䷒臨

此爻變為「臨」，是君臨天下，大行其道了，大才得顯。

「臨」為大震，為管理，走動式管理，辛苦。

「損」上九以益六三卦成「泰」，國泰民安，天下歸心。

卦由損而益，下卦三爻多自損，是投資者，上卦三爻是受益者，收獲者。六四之「喜」於個人，是小收益。六五之「十朋之龜」是大收益。上九則是天下人皆受益，是真正收獲。

益　：利有攸往，利涉大川。

象曰：益，損上益下，民說無疆。自上下下，其道光大。利有攸往，中
　　　正有慶。利涉大川，木道乃行。益動而巽，日進無疆。天施地
　　　生，其益無方。凡益之道，與時偕行。

象曰：風雷益，君子以見善則遷，有過則改。

序傳：解者緩也。緩必有所失，故受之以損。損而不已必益，故受之以
　　　益。益而不已必決，故受之以夬。夬者決也。決必有所遇，故受
　　　之以姤。姤者遇也。

雜傳：損、益，盛衰之始。

繫辭：包犧氏沒，神農氏作，斲木為耜，揉木為耒，耒耨之利，以教天
　　　下，蓋取諸益。

 小篆

　　甲骨文益字從皿從水，是個會意字，像器皿中水滿而溢出的意思。
「益」是古「溢」字。三點水的偏旁是後來加上去的，是「溢」字的初
文，引申為增益、利益，富饒。《說文解字》：「益，饒也，從水從皿，
益之意也。」小篆「益」字還可以看出本意。

　　用卦象來看「屯」上坎為水，下震為盂，造型上就是一個「益」，
〈象傳〉說，「雷雨之動，滿盈。」也以水滿溢出為意。

　　「益」卦上巽為風；下震為盂，為船，為動；像風吹船行之象，所以
卦辭說「利涉大川，利有攸往。」又上巽為風，下震為動，六爻皆應，上
下交通，溝通無礙。巽為風，為探，為化，是風吹草動探知風潮的變化，
震為動則積極因應採取行動配合風潮的改變，如此，可以大獲利。「益」
卦是個生意的卦。

　　「益」卦象巽上震下，後天八卦，震為正東，為春，巽為東南，為深
春將入夏之時，風雷始動，陰陽相交，天氣下降，地氣上升。故〈象傳〉
曰：「益，損上益下，民說（悅）無疆，自上下下，其道大光。」上巽為
順，為下探，下震仰盂之動如手握，如天施而地得，故卦名曰「益」。

「天施地生」者，天氣下降，地氣上升，解釋了「損上益下」。

何新引帛《易》佚書《要》篇：「孔子治《易》，至於損益二卦，未尚（嘗）不廢書而嘆。戒門弟子曰：『二參（三）子，夫損益之道，不可不審察也。吉凶之門也。益之為卦也，春以授夏之時也，萬勿（物）之所出也，長日之所至也，產之室也。故曰益。損者，秋以授冬之時也，萬物之所老衰也。長夕之所至也，故曰產。道窮，益之始也吉。其冬（終）也凶。損之始凶，其冬（終）也吉。損益之道，足以觀天地之變，而君者之事已。事以察於損益之道者，不可動以憂喜。故明君不時不宿，不日不月，不卜不筮，而知吉與凶，順於天地之道也，此謂易道。故易有天道焉。……損益之道，足以觀得失矣！』。」

〈繫辭下〉說：「包犧氏沒，神農氏作，斲木為耜，揉木為耒，耒耜之利，以教天下，蓋取諸益。」古人得益主要是在農耕收穫。耜，是古代翻土的農具。《釋名》：「耜，似也，似齒之斷物也。」耒，是古犁的柄。耨，是鋤草工具。耒耨謂農具也。巽、震皆為木，耜耒是翻土農具，上古以木為之，後世改用金屬。耒是上半部，是木把；耜是下半部，形狀象齒，可以斷物。《周禮・冬官考工記・匠人》：「耜廣五寸，二耜爲耦。」《疏》：「耜謂耒頭金，金廣五寸。」形狀也似震卦。

「凡益之道與時偕行」這句是說想要獲益重要的是時機。耕作於春時，生意更是要知、要識時機早風潮來臨一步，常說「機會是給準備好的人」，「益」卦強調識機、得機的重要。

「益」是利益、富饒。陰為小人在內，陽乘陰故得益，此象為五鬼運財。故「益」卦為生意、富饒之象。

益是天府之國，四川古稱益州。

益，古代金之單位，《六書》：「二十四兩為益」假借為鎰。

益也是果名，就是龍眼。《博雅》：「益智，龍眼。」

「益」是富貴之象。是資助、寬裕、富裕。是獲益，是實業，是作生意。

〈象傳〉曰，「益，損上益下，民說無疆。」「益」是損人利己。內卦是自己，外卦是他人，所以是損人利己。內卦是基層老百姓，外卦是上為管理者；「益」是讓在下位的基層獲益，在上位的施惠於下。上位者自

損以益下，施惠於下，注益於下層，根基厚實，自然得益。施惠於下，就是重視基層，與基層分享利益，基層自然欣悅，士氣高昂，激發出無限潛能，源源不斷。

「益」錯為「恆」，「恆」，久也。是石古不化，根深地固，墨守成規，一層不變。「益」是機動知權，從善如流，抓著潮流，說變就變，標準的變色龍。這與「隨」的靈活善變是一樣的。

〈大象〉曰：「見善則遷，有過則改」，遷、改就是變，是從善如流，不背包袱，不設限制，當改則改，變則變。巽為風，為權變，季節之變以風向之變為始；六爻皆應，上卦變則下卦相應而變。故「益」卦要知權變，切不可拘泥。「益」卦的空間極大，不可設限拘泥。

外巽為遜，為無孔不入，為權。是謙讓，能與人打成一片，態度好彈性佳，人際關係極棒。內震為動，為主宰。是全然的主動積極，掌控能力一流，不會逾越分寸。所以能「見善則遷，有過則改。」

〈序傳〉說，「益而不已必決，故受之以夬。夬者決也。」「益」之後為「夬」，「益」是增益，「夬」是潰決，求益不知節制，漫無目的，變成聚斂，終會潰決。

「損」的反面是「益」，「損」發展到一定程度必轉為益，故「益」卦繼於「損」卦之後。

「益」是增加，是實業家。

「益」二至五為「剝」，「剝」卦「不利有攸往」為止，上九為陽，是陽在止之外為溢之象，是水溢而木沉。告誡不可求益太過。

「益」是塞翁得馬焉之非禍。「損」是塞翁失馬焉之非福。

「益」互「頤」。「頤」是退休，是安養天年。增益是不可以超過安養的標準。

〈繫辭下〉說，「損，德之修也；益，德之裕也。」道德學問的增加，要循序漸進，揠苗助長，強施外力則不易成功。虛心敬業，不預設立場才能得益。

基本上「損」、「益」兩卦皆是彈性極大的，互「頤」，「頤」中虛外堅，如彈簧。故不可拘泥的來看這兩卦。時間長就能看出真章。

「益」錯為「恆」，「恆」，久也。雖有拘泥之意，卻是長久之計，

萬年大策。

〈繫辭下〉說，「損以遠害，益以興利。」「益」就是興利，得利。「損」卦「懲忿窒欲」，要修身養性，所以能遠害。

「益」卦「見善則遷，有過則改」，從善如流，有極大的彈性，所以能興利。上巽為風，為變，為過；下震為動，為遷，為改。所以說遷善急如風，改過決如雷。遷善容易改過難，需要勇氣，故曰「知恥近乎勇」。

「益」卦上巽下震。震為出，為動，為神，為主宰；巽為風，為入，為無孔不入，為刺探深入，為權變，為遜；要想獲利要先搜集資訊，深入問題，掌握先機，權宜知變，掌握緩疾輕重，態度遜讓，心中充滿自信，自有主張，又與人打成一片，關係良好。

「益」是權宜之變，從善如流，知機求新，錯「恆」為墨守成規，因循舊法，一心到底。

「益」與「損」互為綜卦，「損」卦是「損下益上」，是剝削在下者以增益在上位者故名「損」。「益」卦則是「損上益下」，是在上位者分潤在下者，使在下者得益，故名「益」。所以「損」是損己利人，「益」是損人利己。「損」是施與，「益」是索求。 損上益下就是益民，益民就是益君，本卦之旨在於益民。上與下本是利害相關的，下為上之本，損下則本傷，本傷則上亦受損，故曰「損」。益下則本固，本固則枝葉繁茂，損上益下實際是上下皆益，故名「益」。兩者皆是長久之計。取下謂之損，是私；與下謂之益，是公。

「益」施潤於下，九五、六二相應相濟，是君臣相得，得有助益的幫手，亦得明主。「利有攸往，利涉大川」就是濟。「益」是從善如流，是震陽之動濟巽陰之柔。互坤為荒，為亂，為大川，故曰「利涉大川」。初九之陽前臨重陰，陰陽相引、相交，故「利有攸往」。「益」知權能變「見善則遷，有過則改。」故能「利有攸往，利涉大川。」是說「益」之義利於有所行動，有所作為，利於做大事。

「益」卦震、巽為木，互離為火，火猛木多，又巽為風，震為鼓動，有火有木又有風鼓動，相互增益。是官符如火，利升官、考試、求進取。

「益」是冒險犯難，「利涉大川」就是遇艱難而能濟渡。

「益」是生意，是賺取財益，獲財得利必有風險。巽為風，為伏。伏

為險。利益愈高風險愈大。

「益」是木道，震為木，「風到柳先知」巽亦為木。雙木為林。震仰盂為舟，坤為荒為大川，巽為風，故利涉大川。

得此卦有久旱逢甘霖之象。但忌水過多，欲多則凶。

本卦忌水多水多為淫，戒忌驕夸。益不知止則損溢，「滿遭損，謙受益。」益而能謙是真益。

綜為「損」。是先損後益，先益後損。中互為「剝」，是益則剝，「剝」就是損，此乃「益」卦之真義。

「損」、「益」兩卦相前後又相錯，損中有益，益中有損。此乃「禍為福所倚，福為禍所依。」

「益」卦上巽，〈彖傳〉曰：「益動而巽」、「凡益之道，與時偕行。」〈大象〉曰：「見善則遷，有過則改。」〈彖傳〉曰：「天施地生，其益無方。」謂陽施陰成，《淮南子·天文訓》：「吐氣者施，含氣者化，是故陽施陰化。」陰陽配合無疆，生生不息。皆言巽之權不可以拘泥不變。《焦氏易林·漸之蠱》：「隨時逐便，不失利門。多獲得福，富於封君。」《淮南子·人間訓》：「孔子讀易至損益，未嘗不噴（嘖）然而歎曰：『益損者，其王者之事歟！』。」向秀曰：「明王之道，志在惠下，故取下謂之損，與下謂之益。」又「西門豹治鄴，廩無積粟，府無儲錢，庫無甲兵，官無計會，人數言其過於文侯。文侯身行其縣，果若人言。文侯曰：『翟璜任子治鄴，而大亂。子能變道則可，不能，將加誅於子』西門曰：『臣聞：王主富民，霸主富武，亡國富庫。今欲為霸王者也，臣故蓄積於民。君以為不然，臣請升城鼓之，甲兵粟米可立具也』於是升城而鼓之。一鼓，民挾甲笴、操兵弩而出。再鼓，服攜載粟而至。文侯曰：『罷之！』西門豹曰：『與民約信，非一日之積也。一舉而欺之，後不可復用也。燕常侵魏八城，臣請北擊之，以復侵地』遂比兵擊燕，復地而後反。此有罪而可賞者也。」此乃「利有攸往，利涉大川。」也。以上益下也！

初九：利用為大作，元吉，無咎。
象曰：元吉，無咎。下不厚事也。

「作」，就是震；震為動，為起，為作，為東，為春，耕作也。《虞書》：「平秩東作」。注：「歲起于東，而始就耕，謂之東作。」

「大作」，耕種之利，亦是大興土木，從事大建設、大工程。《詩·鄘風·定之方中》：「作於楚宮。」《詩·小雅·鴻雁》：「之子于垣，百堵皆作。」高亨說：「蓋古謂造物為作」古代流傳之銅器銘文多云作某器，興設建築亦謂之作。

「利用為大作」與卦辭「利有攸往，利涉大川。」意義相近。《漢書·百官表》注曰：「承秦，曰將作少府，景帝改為將作大匠。掌修作宗廟、路寢、宮室、陵園土木之功。」後漢設司空，又設將作大匠，統左右校，令掌土木工役之事。可證。

「利用為大作」，是國家大事，是經國利民之事。

此爻可以承擔重責大任；大手筆之事，利非常之功，絕非小事；小事不吉。

初爻是基礎，基層，大興土木是從事基礎建設。既是基礎建設也是投資。

此爻初陽遇重陰故利，故「元吉無咎」。利於興築建設，大吉，無災害。

初爻震體，震健而決躁，故《左傳》以震為射，形容其速也。積極任事也。

「厚」，餘也。「不厚事」行速故無餘事。乾淨俐落也。

「下不厚事」者，言初爻雖在下，往前利而無阻，無有積滯，「利涉大川」之意。

初爻得位有應，在四爻的協助之下可以有一番作為，爻在初而可有一番作為的僅「屯」初與此爻。此爻也是唯一「元吉，無咎」的。

初九本當「潛龍勿用」之爻，但在「益」時有九四支持可以有一番作為。此爻隨卦轉是也。

☶ 益 ☶ 觀

爻變為「觀」，是大建築，故曰「大觀在上」，是大興土木，亦是大事。又「觀國之光，利用賓于王」，有見君之喜。

六二：或益之十朋之龜，弗克違，永貞吉，王用享于帝，吉。
象曰：或益之，自外來也。

「或」，不定之辭，指有人。

「或」，可能是指大人，貴人；也是很多人，不確定是哪一位。但與九五應，或是五爻，天子或是老天爺。

「益」，加也，易也，在古文同「賜」。郭沫若以為甲骨文、金文中的「易」字是由「益」字簡化而成。「益」象器皿中盛水，「易」字簡化了所盛的三點水和器皿上把、柄的鋬，演變為交易、加益、賞賜之義，是使受賜者的財富有所增益，所以由「益」分化出「易」字，「易」是「賜」的古字，本義是賜與。甲骨文中「易（賜）貝二朋」，金文中《兮甲盤》：「王易（賜）兮甲馬四匹」。又《孟子・萬章下篇》：「賜之則不受」注：「賜者謂之禮之橫加也」這有「馬無野草不肥，人無橫財不富。」之意。聞一多說：「益讀為錫，賜也。」亦通作「遺」，贈送、賜予。《尚書・大誥》：「天降威，用寧王遺我大寶龜，紹天明。」《太玄經・太玄梡》：「古者寶龜而貨貝，後世君子易之以金弊，國家以通，萬民以賴。」

「或益之」，來益賜的人很多，不確定是那一位。坤為多，為眾，為荒，為亂。六五為君，上承上九，是老天爺，是得天之助，得神之助故「或」而不定。

二十朋金文 五朋

「朋」，古人以貝為貨幣，用繩串起，一串十個貝為一朋，手提中間則左右各五貝。像艮覆碗 ☶ 形。

「十朋」，就是一百個貝幣，百貝之龜，即為古人所謂大寶龜，長一尺二寸。詳見《史記・龜策列傳》。鄭玄曰：「按《爾雅》言十朋之龜者：一曰神龜，二曰靈龜，三曰攝龜，四曰寶龜，五曰文龜，六曰筮龜，七曰山龜，八曰澤龜，九曰水龜，十曰火龜。」此爻與「損」六五相同，艮一陽在外為堅，為甲，故為龜。艮相綜震。相綜為同一卦。

「十朋之龜」，價值菲淺的寶貝，實力堅強的靠山。是神聖之寶物。《藝文類聚》卷九六引晉郭璞《爾雅圖贊・龜》：「天生神物，十朋之龜。」《漢書・貨殖志下》：「元龜岠冉長尺二寸，直二千一百六十，為大貝十朋。」

「或益之十朋之龜」，是說有貴人以大寶龜助益之，是富貴大吉之

兆。得大寶，得大助力，得實質幫助。

有大寶注益，六二已增益富饒了。此有貴人相助，投資獲利之象。

「克」，能，可。

「違」，違背，拒絕。

「弗克違」，是不能違，不能拒絕。富貴逼人；好運來了，城牆也擋不住。

「或益之十朋之龜，弗克違」，得十朋價值之龜用來占卜必靈，不可違背。

「益」是以上益下，是長者之賜，老天之賜，「長者賜，不可違。」

「益」是以上益下，上也可以說是大自然，老天爺，所得之益是開發大自然之益。如〈繫辭下〉所說，「包犧氏沒，神農氏作，斲木為耜，揉木為耒，耒耨之利，以教天下，蓋取諸益。」

此爻財源滾滾自外來。

「永貞吉」，是要知堅持固守。既已開創新局而得利，必要能堅守，不然前功盡棄。

「用享」，用犧牲獻享祭祀。《左傳》僖公十九年：「邾子執鄫子，用之。」楊伯峻《春秋左傳注》：「用之者，謂殺之以祭於社也，『用』義與『用牲於社』之『用』同。」

「王用享於帝」，是要知道回饋報恩，受恩要知報恩。要去廟裡還願。來而不往非禮也。

此爻有人贈賜十朋之大龜。不可違背，堅守中正則吉祥。大王祭祀獻享於上帝。吉祥。

「龜」也是祭品，台灣現在拜拜還用「紅龜粿」。

「損」六五爻辭與此同。蓋相綜則為同一爻。

☷☳ 益 ☴☱ 中孚

此爻變為「中孚」，信也，有信用故可以往來。

六三：益之用凶事，無咎。有孚中行，告公用圭。
象曰：益用凶事，固有之也。

三爻為地方官員，六三說的是當地方遇到凶事災難時如何益民。

「益」，助益、幫助。

「用」，有也。

「凶事」，凶年，荒年，大凶之事。凡言「事」皆是大事，「凶事」是大災大難之事。

「益之用凶事」，幫助他，因為有大凶災。「無咎」，不用害怕，沒有災難。

「益之用凶事」，官府開倉賑濟災民，益注於百姓。

「益之用凶事」，也是益注消災的祭祀；《左傳》成公十三年：「國之大事，在祀與戎。」

「益之用凶事」，把受益的財物用於除去災禍之凶事，如祭祀祓除、施捨財物等，即「破財消災」。

六三在震之極，有剛猛之象，〈說卦傳〉：「震為馬」，馬即武人之象。又與上九相應，上為天，得天之助；故有剛決果敢之象。未經上級同意許可即專擅自處。但能「無咎」為何？

「有孚」，信而可徵。「中行」，行中道。六三平日的行為信譽卓著，所行之事大公無私，故「有孚，中行。」

「有孚中行」，不只是秉公處理更能中和的對上。

「公」，主也。

「圭」，瑞寶也。《說文解字》：「瑞玉也。上圜下方，圭以封諸侯，故从重土。」也是古代貴族間相互禮聘、傳遞消息的信物。根據《周禮》的記載，主要有兩種用途。一是身份的象徵，即所謂「六瑞」，從王到公侯伯子男諸爵，用不同的圭來區別等級。另一個用途是為某種目的而用圭。比如祭天用的叫「四圭有邸」，祀地用的叫「兩圭有邸」，祀先王用「祼（音貫）圭」，祀日月星辰用「圭璧」，起軍旅用「牙璋」……這裏所講的「公用圭」顯然是指的後者。

「告公用圭」，向上級報告，負責之謂。《周禮・大宗伯》：「以凶禮哀邦國之憂」，這是說當諸侯國有凶事發生，如國君亡故，飢饉，天災，戰亂等，要報告天子，通知鄰國，請求援助。《國語・魯語》：「國

有飢饉，卿出告糴，古之制也。」所以〈小象〉說：「固有之也」，本當如此。求救不需要報告，自行前往，這爻權宜專擅積極主動之意。又有凶事則以圭祭告祖先。

☶益☲家人

爻變為「家人」。視災如親，做不好回家吃自己。

六四：中行，告公從，利用為依遷國。
象曰：告公從，以益志也。

「中行」，行中道。

「從」，聽從。即《尚書‧大禹謨》：「枚卜功臣，唯吉之從。」的「從」，謂聽從龜筮之占。也讀為叢，古人所祭祀之社多在叢林之中，故社林曰叢。祭社占卜是一個儀式。

「公從」：社林、社木也。各國有各國之社，也各有名稱。《墨子‧明鬼》：「燕之有祖，當齊之社稷，宋之桑林，楚之雲夢也。」宋國之社就稱為「桑林」又《呂氏春秋‧順民》篇：「昔者湯克夏而正天下，天大旱，五年不收，湯以身禱於桑林。」就是於社中舉行祈禱儀式。社中所祭奉的為祖先，故「從」也可以解釋為宗，為先王。《詩‧小雅‧天保》：「禴ㄩㄝˋ祠烝嘗，于公先王。」即此義。

「告公從」，祭告宗社先祖，並占卜。

「遷」，遷建也。遷地建城立國。如西周犬戎之變遷國於雒邑，是為東周。更早盤庚從奄遷國於殷。

「為」，立也。

「依」，即衣戎、殷人也。《尚書‧康誥》：「殪戎殷」。《中庸》引此句作「壹戎衣」。《呂氏春秋》：「湯立為天子，夏民大說，如得慈親，朝不易位，農不去疇，商不變肆，親郼如夏。」高誘注：「郼，讀如衣。今兗州人謂殷氏皆曰衣。稱依（殷）為家，《易》或殷之祖先所為作乎？」這是認為此爻是記載古代殷人遷徙建新都之事。

于省吾先生以為衣、依古相通，衣、殷古亦通。《說文解字》：「衣，依也。」《釋名‧釋衣服》：「衣，依也。人所以依以庇寒暑也。」《韻補》：「齊人言衣聲如殷，今姓有衣者，殷之謂歟。」所以這

爻「依」即「殷」。

又有解「依」即《尚書‧大禹謨》：「鬼神其依，龜筮協從。」的「依」，與「從」同，依順，依從；謂依順龜筮之占，順從天意。

「告公從」者，言下三陰爻宜共同承五也，有如「剝」六五：「貫魚以宮人寵」。艮為止，一陽在外為殼，為衣，故曰「依」。《左傳》隱公六年鄭伯如周，始朝桓王也。王不禮焉。周桓公言於王曰：「我周之東遷，晉鄭依焉。」《說文解字》：「依，倚也。」幽王、褒姒之亂犬戎入侵，太子宜臼即位為周平王，東遷雒邑，依靠晉、鄭等國安定王室重建周王朝是為東周。

《左傳》中所載之遷國都是被迫遷國的。遷國就是遷都。「國」字本意就是「郭」，外口是方城郭的圍牆，內口是人口，戈是捍衛的武器。

「益」是善變，外卦巽為風，內卦震為動；外在風向轉了，環境變了，內在的思維要配合而調整，並且行動。故「見善則遷，有過則改。」就是要知權衡調整。

「為依遷國」，帛書作「為家遷國」于省吾先生以為即《書序》所言「成周既成，遷殷頑民。」

「利用為依遷國」，於宗社祭祀祖先、占卜，利於遷建國家、采邑建立邦國。

「利用為依遷國」，言坤國撥遷，至五艮而止，依以建國，陰從陽故利，小從大，獲他人的庇祐。

于省吾先生以為是殷商被周武王滅了之後，遷殷遺民於宋的故事。《史記‧周本紀》：「成王少，周初定天下，周公恐諸侯畔周，公乃攝行政當國。管叔、蔡叔群弟疑周公，與武庚作亂，畔周。周公奉成王命，伐誅武庚、管叔，放蔡叔。以微子開代殷後，國於宋。頗收殷餘民，以封武王少弟封爲衛康叔。」

三爻見凶事，因為開倉稟注益，或因為別國借糴注益，可以無咎。四爻之凶事，災事更甚三爻。

 益 ䷘ 无妄

爻變為「无妄」，〈雜傳〉說：「無妄災也」。

「遷」是變，變遷也。〈大象〉：「見善則遷，有過則改。」此爻要知權變。

此爻是順勢而為，擴大戰果，順著竿子往上爬。

九五：有孚，惠心勿問，元吉。有孚，惠我德。
象曰：有孚，惠心勿問之矣，惠我德，大得志也。

「有孚」，信而可徵，徵象明顯，自信滿滿。

「有孚」，亦可解釋為擄獲俘虜。俘虜可為奴隸也是得益獲利。

「惠」，賜也。《曾韻》：「惠，賜也。」《孟子·滕文公上》：「分人以財謂之惠，教人以善謂之忠；為天下得人者謂之仁。」

聞一多先生說後世專以施德於人謂之「惠」，《賈子·新書·道德篇》曰：「親愛利子謂之慈，反慈為嚚；子愛利親謂之孝，反孝為孽。愛利出中謂之忠，反忠為倍。心省恤人謂之惠；反惠為困。兄敬愛弟謂之友，反友為虐。」甚是。

「惠心」就是「惠德」。又「惠」，仁愛也。《說文解字》：「惠，仁也。」

「有孚惠心」，謂所得卦兆順隨人心，順勢而為不可強求。與「坎」「有孚唯心」同。

「問」，是贈與。《左傳》成公十六年：「問之以弓」。《疏》曰：「遺人以物謂之問」。《左傳》哀公十一年：「使問弦多以琴」。《疏》曰：「禮以物遺人謂之問」。《正字通》：「古謂遺曰問」。

「惠」、「問」都是施予、贈與，施與德曰「惠」，施與財曰「問」。可見「益」卦在此爻的意思是施予、贈與，就是益而助之。

「惠心勿問」是說以德施惠於人而不以財物贈人，《論語·堯曰》：「君子惠而不費」王注曰：「惠而不費，惠心者也」同此義。《說文》：「費，散財物也。」詳聞一多先生《周易義證類纂》。

「坎」卦辭「有孚唯心」與「益」九五「有孚惠心」同。

「德」，得也；古德、得同字通用。本義為征伐獲得的俘虜，就是奴隸臣妾。

「有孚，惠我德」，句謂征伐獲得俘虜，分賜得臣奴。故〈小象〉

曰：「大得志」。

此爻獲得俘虜，對待要仁愛，不要責問俘虜，大吉。俘虜懷念我之仁德。增益大吉也。

☲☲益☲☲頤

此爻變「頤」，養也，穩穩的吃到老。

上九：莫益之，或擊之，立心勿恆，凶。
象曰：莫益之，偏辭也。或擊之，自外來也。

上爻與五爻皆陽故為敵，故曰「莫益之」，不益五而益六三也。上九應在六三，然上爻若益三爻，則為九五之敵所忌，故「或擊之」「恆」九三：「不恆其德」「益」上九與「恆」九三同居巽上，故亦曰「勿恆」「大過」九三巽體之上云「棟橈凶」，義同。總之巽卦上爻多不吉。

「莫益之」，不可助益。

上爻益注已滿不可再益，再益就會溢決。〈序卦傳〉：「益而不已必夬」。故不可再益。

「擊之」，或作「繫之」；拘繫，羈絆，阻礙，打擊。

「勿恆」，不恆。〈說卦傳〉：「巽究為躁卦」，上九巽體之極，躁震而動，故不恆。

「立心勿恆」，謂不恆常而亂，不持久。

〈繫辭〉：「子曰：『君子安其身而後動，易其心而後語，定其交而後求，君子修此三者，故全也。危以動，則民不與也。懼以語，則民不應也。無交而求。則民不與也。莫之與，則傷之者至矣？《易》曰：『莫益之，或擊之，立心勿恆，凶』。」

此爻將要滿溢，不可再助益之，又遇外來阻礙打擊之。若不能持之以恆，則凶。

☲☲益☲☲屯

爻變為「屯」，難行。可見辛苦建立的一切被打回原形，從頭來過。屯墾艱難之後終得收益。

第43籤 ䷪ 夬卦　又名澤天夬

夬　：揚於王庭，孚號：「有厲」。告自邑：「不利即戎」。利有攸
　　　往。彖曰：夬，決也，剛決柔也，健而說，決而和。揚于王庭，
　　　柔乘五剛也。孚號有厲，其危乃光也。告自邑，不利即戎，所尚
　　　乃窮也。利有攸往，剛長乃終也。

象曰：澤上于天，夬。君子以施祿及下，居德則忌。

序傳：損而不已必益，故受之以益。益而不已必決，故受之以夬。夬者
　　　決也。決必有所遇，故受之姤。

雜傳：夬決也，剛決柔也；君子道長，小人道憂也。

繫辭：上古結繩而治，後世聖人易之以書契，百官以治，萬民以察，蓋
　　　取諸夬。

夬㳫㲁珙 小篆

　「夬」就是「缺」；卦上兌下乾，兌上缺，卦象缺一陰即純陽。夬
通缺，《說文解字》：「缺，器破也。」《小爾雅‧廣雅》：「缺，隙
也。」乾三連，為圓，為環；卦象像圓形完整的器具上有缺口，即缺裂之
象，故名曰「夬」。兌上缺，缺口在上，顯而易見。巽下斷，巽為伏，表
面看似完好，卻陷隱伏在下，為隱患也。

　「夬」就是「決」；故〈彖傳〉曰：「夬，決也。剛決柔也。」夬、
決字通。《廣雅‧釋詁》：「夬，空也。」《玉篇》：「夬，空也。」潰
決一空也。乾為健，兌為銳。下卦及上下互體皆為乾，精剛健銳，勇進不
息，疾行而快。《莊子‧逍遙遊》：「我決起而飛」。《釋文》引李注：
「決，疾貌。」又崔注：「疾走不顧為決。」

　夬、缺、決相通。〈序卦傳〉也解釋為：「夬者，決也。」《釋名‧
釋言語》：「夬，決也。有所破壞夬裂之於終始也。」

　「夬」就是「快」；何新引馬王堆出土戰國《縱橫家書》，「速決」
作「遬ㄙㄨˋ夬」。「遬」即速；洪流潰堤，摧枯拉朽，故速決。

　「夬」就是「玦」；「玦」是有缺口，週而不全的玉環。〈說卦傳〉
云：「乾為圓，為玉。」玦為圓形玉珮，上有缺口，正與卦象相合，可知

卦名亦取象於玦。《廣韻》：「佩如環而有缺，逐臣待命於境，賜環則返，賜玦則絕，義取絕。」《荀子·大略篇》：「召人以瑗，絕人以玦，反絕以環。」《大戴禮記》：「人臣賜玦則去」。《白虎通·諫諍篇》：「臣待放於郊，君賜之環則反，賜之玦則去」，皆是其意。被放逐的臣子待命於邊境，君王賜無缺口的玉環，表示回返得到君王的赦免；若賜與的是有缺口的玦，就訣別而去。有此可知，《周易》之周乃週遍，週圓之週。陽實陰虛，「夬」五陽一陰，故缺為玦。若六爻皆陽則為圓，為環，為璧。

《左傳》閔公二年，狄人伐衛，衛懿公愛鶴，並以大夫之祿供養鶴，國人不願抵抗，懿公知無民心，將與狄人戰之前賜與石祁子玦，以示訣別，戰死，《呂氏春秋》記狄人「殺之，盡食其肉，獨捨其肝。」同年晉獻公命太子申生伐東山皋落氏，並佩戴金玦，大夫狐突嘆曰：「金，寒；玦，離；」蓋古人以玉溫潤而金寒，佩戴金玦，大子之位及性命不保也。兌為金，為秋，肅殺之時，故寒而有去之意。又下軍將罕夷說：「金玦不復」亦知得配金玦將去而不復返也。《史記·項羽本紀》鴻門宴時亞父范增數度示意項王，舉所佩玉玦以示之者三，欲去漢王劉邦，亦是此意。

〈說卦傳〉：「兌為附決」〈繫辭上〉：「闔戶謂之坤；辟戶謂之乾」，辟即開，開天劈地也。「夬」卦上兌下乾，上毀決下開闢，故有劈開決斷之意。「夬」就是「決」，決斷也。「夬」，決斷之卦。

〈繫辭下〉：「上古結繩而治，後世聖人易之以書契，百官以治，萬民以察，蓋取諸夬。」由結繩記事進步到使用書契，蓋刻字於甲骨之上，故為書契。「夬」是書契。上兌為金，下乾亦為金，以金治金，是金石之術。是書契之象，即以刀筆刻文於於甲骨、竹簡之上。

「夬」是小人得志。一陰據五陽，小人站在君子頭上。「夬」卦上兌下乾，初至五皆為陽爻，五為王，為天子，陽已正王位，但上六一陰壓五陽，有如小人壓在九五之尊的頭上。

「夬」是太后之威盛於君王，如慈禧垂簾聽政，這與「姤」卦很相仿，「姤」是夫死妻代，「夬」是母壓子。

「夬」是決除、決斷，是眾陽聯合決定要除去上陰。五陽逼一陰，一陰退至上窮之位，無處可退，陰陽兩者要作一決斷。

「夬」是有所顧忌，眾陽雖欲去上六小人，上六退至窮極之地，退無可退，所謂「困獸猶鬥」「狗急跳牆」「投鼠忌器」，怕傷了九五，但情勢已成必可去之，故不利於節制用兵，當一鼓作氣而去之。

「夬」是缺憾，五陽一陰，只差臨門一腳事即可成，更要謹慎行事。乾為惕，故要小心行事。「夬」為缺，是不圓滿，有缺失，缺憾。「夬」卦五陽決一陰，事可成，陰必去，但不圓滿，有後遺症。

「夬」是困獸之鬥。上六是小人，以陰居陰，是冥頑不靈，自己處亢極之位，而猶做困獸之鬥，但陽已大盛不容陰僥倖，故陰必被處決。《易經》坤陰以居後為吉，居前在先為凶。

「夬」時當心有人通敵，九三與上六相應，眾陽之中有人通敵，欲去上六，也不是易事。

「夬」是決定，外悅內剛，外表和悅，內心剛健，是已有定見，是已下決心，只等待行動。但情勢已經成熟必定很快地處決。此狀況，君王雖有眾臣支持亦不能以武力犯上，除去太后，只能面容和悅以待時機、情勢對自己有利時順勢將上六推離。

陽已升至九五，然上陰壓頂，九五應往下收攬臣子之心施之恩澤，才是正道，故施利祿於下，則吉。

「夬」上兌為金，下乾亦為金，有兵戈已陳之象，肅殺之氣滿盈也，兵戎決鬥之象。

「夬」是秋決，兌為秋，乾為深秋，古時處決犯人多在秋季，所謂「秋決」。兌為秋，大象亦為兌，兌為金，乾亦為金，金多肅殺之氣極重，互卦亦為純陽。又兌為秋，為斧鉞，為毀折，乾為西北，為戰，為惕。時、器皆俱，不死很難，此卦殺氣騰騰。「夬」是快，是稱心如意，是暢快。是快刀斬亂麻。一陰在上如小人，如阻塞之物，去除之就可以舒暢。是君子去小人而社會可以安定也。五陽在下，一陰在上陽，逼陰至絕地，事至此必決之，五陽力強，必「快」「決」之。是去之而後快。「夬」也是疾，五陽去一陰，乾陽健行故疾。快是樂喜，兌為愉悅，是兌就是快。是去之而後快。

「夬」為五陽去一陰故快，「剝」為五陰去一陽，以陰去陽故慢，是「剝」為慢。「夬」大象為兌，故兌為快。「剝」大象為艮，是艮不動如

山，為不快。卦辭「不利有攸往」故不快。

「夬」是富貴之象，兌為金，乾也為金，金剛兩重，是勢力豐厚也。是暴發戶，兩重金，財多，又是小人得志，故是暴發戶之意。金為貴，身分不低。陰居上是因為財富而擠身於上流社會得高官，是「紅頂商人」。

「夬」是以下去上，有子弒父，臣弒君之象。

「夬」卦是氣勢將窮，眾陽已決要去除上六之陰，陰去則陽升為上，為乾卦，則陽之勢亦將窮，是家道將窮之象。陰將去，則只陽不陰，人丁單薄之象。以身委下以收得人心，若非如此，剛陽將終，勢將窮。

「夬」是決，是訣，是訣別，分離。兌為口舌，是遺言也，該交代後事。

六爻皆陽，是完整的圓環，「夬」兌上缺，是圓環缺了一口，為玦。

六爻皆陽，是圓環，「夬」兌上缺，其缺一口，是刻鏤出的花紋、文字。

「夬」是玦，也是戒子，又曰「韘」。射手套在右大拇指用以鉤弦者，《詩·衞風·童子佩韘傳》：「韘，玦也。」《疏》：「玦，挾矢時所以持弦飾也。」

「夬」是三月卦，十二消息卦中「夬」為農曆三月，季春之月。

▤「夬」是分，▤「姤」是合，故「夬」為符節，為契約。〈繫辭下〉：「上古結繩而治，後世聖人易之以書契，百官以治，萬民以察，蓋取諸夬。」書契是刻於木上，一分為二，各有缺，各持其一，相合為驗，就是符節、合約。由文字不發達時代的結繩記事進步到有文字書契，「夬」卦若六爻皆陽的「乾」最上有了刻文形成的缺痕，成為兌上缺，故為書契。〈繫辭〉所言之「契」，亦是符節，一物分為二，兩造各持一，合而孚信。《禮記·曲禮》：「獻粟者執右契。」《註》：「兩書一契，同而別之。」蓋「夬」為分，綜卦「姤」為合也。亦可證綜體本為一也。

又「夬」也是一分為二的決裂，各持一端，兩相合若符節。如此有了文字也增進了交易信用。《慎子·威德》：「書契，所以立公信也。」《文心雕龍·徵聖》：「書契決斷以象夬」就是此義。有了書契文字消息可以遠達，天下百官與萬民都可以文字交通，故曰「百官以理，萬民以察。」秦始皇更進一步統一天下後就「書同文」而影響至今。

夬

上巽下兌「中孚」卦，像是兩個正反的兌上缺相對合，所以〈序卦傳〉、〈雜卦傳〉都解釋「中孚」為「信」。好像兩片剖開的符節對合一般。「節」卦也是符節。

「夬」如「大壯」如羊，兌為羊。九五曰「莧陸」。《說文解字》云：「莧，山羊細角也。」

為何五陰上逼一陽的卦名「剝」，蓋陽居窮之位，是具陽明之德，知自己所處之位定被陰侵剝。所以，在此狀況下，由上潛下，是自知之明，是識實務者為俊傑也，即剝落往下。「夬」上六以陰居陰，坤之德「先迷」也，故不自知，終被處決；「剝」上九，自知，故潛藏待復興之機。

〈序卦傳〉說：「益而不已必決，故受之以夬，夬者決也。」「益」是增益，「夬」是滿溢，潰決，崩潰，所以「夬」是潰決。是洪水滔天，是大水潰決之象；兌為澤，乾為天，澤水上天，是洪水滔天，大水潰決之象。這與 ䷛ 「大過」上五爻相同，「大過」：「澤滅木」「夬」澤上天，皆是洪水之象。

「夬」是天下大雨，天候惡劣。

「夬」錯為「剝」，都是是節骨眼。「剝」上為艮，艮為節。一個陰去陽，一個陽去陰，都到了推車撞壁要決定的時刻。

「夬」與「姤」相綜。「夬」是一陰據高上之位，「姤」是一陰隱伏於下。「夬」是五陽去一陰，是明爭。「姤」是一陰與五陽不期而遇，是暗鬥。「姤」是不期而遇，「姤者，媾也」，交媾也，是一陰與五陽交，又是不期而遇，是個個有機會，人人無把握。是爭風吃醋，暗中較勁，如此，疑心生暗鬼，故為暗鬥。不及早加以防阻則星星之火足以燎原。

「夬」是陰陽對決，是與舊有的勢力決裂；「姤」是不期而遇，是新的機緣。「夬」是五陽決去一陰，是共禦外患。「姤」是一陰伏生五陽之下，代表內部紛爭，是禍起蕭牆。

「揚」，是高舉在上的意思，是要將小人之醜行表於王庭之上，公諸于世也。是耀武揚威，是小人居高位趾高氣昂的囂張氣燄。

又「揚」，是大武之舞。《禮記·樂記》：「樂者非謂黃鐘、大呂、弦歌、干揚也。」揚是鉞的別稱。形似大斧。兌為斧鉞。「干揚」猶干戚，即以盾和大斧兵器為道具起舞。

又揚，禳也，攘疫之祭，大儺之祭，大儺之舞。〈郊特牲〉注：「禳，強鬼也。」《論語・鄉黨》：「鄉人儺」，注云：「毆逐疫鬼。即〈月令〉所謂『難陰氣』也。」《小爾雅》曰：「無主之鬼謂之殤」「殤」與「禳」通。大儺ㄋㄨㄛˊ者，《呂氏春秋・季冬》：「命有司大儺，旁磔，出土牛，以送寒氣。」即上爻一陰。高誘注：「大儺，逐盡陰氣，為陽導也。今人臘歲前一日擊鼓驅疫，謂之逐除，是也。」《東京賦》：「爾乃卒歲大儺，毆除群厲。」《文昌雜錄》卷二：「今歲暮大儺，謂之逐疫是也。」此歲暮年終去陰除寒驅疫的大祭禮。蓋「夬」有年終之義。一陰居上爻，如年終有陰患厲疫惡鬼，故祭祀以除災疫。

「揚于王庭」是於王之宗廟起舞祭祀除災祈福。

「揚于王庭」是上六陰柔小人囂張跋扈。「夬」是五陰去一陽，是君子道長，小人道消，是君子去小人之時，雖陽剛氣盛但小人據高位乘九五之君，是極有利的位置，要去之必有危險。就是說上六以陰居天位，如處王庭，是小人在君主之側用事，故要謹慎行事。

「揚于王庭」是在廟堂上占卜決斷。上爻為「夬」主爻，上爻為宗廟，所謂「廟算」是也。

此卦《歸藏》作《規》，謀斷也。《淮南子・主術》注：「規，謀也。」《戰國策》：「齊無天下之規」。《註》：「規猶謀也，謂無謀齊者。《後漢書》凡謀皆作規。」與「夬」之決斷意義相似。「夬」陽氣剛強動而能決斷，利於行事。

上六為陰，不是太后就是佞臣～宦官、內侍。是小人在高位，羽翼豐滿，要去之不易，是尾大不掉也。所以要小心行事，卦辭說「不利即戎」不宜衝動，要從容佈署，一舉除之。

「夬」卦上兌下乾，初至五皆陽爻，是陽已正君位，然上六為陰爻，是一陰壓五陽也。

有如小人得志，揚威於王庭之上。也如太后之威盛於君王，如慈禧垂簾聽政也。此狀況，

君王雖有眾臣支持亦不能以武力犯上，除去太后，也投鼠忌器。只能面容和悅以待時機，情勢對自己有利時順勢將上六推離除去。

「孚」，發也。兌為現。

「號」，是呼叫、嚎叫。兌為口舌，故曰「號」。

「孚號」，發聲大嚎，嚎啕大呼。祭祀中用生人活祭，以戰俘為犧牲祭品，故號。

「有厲」，鬼也。《正韻》：「厲鬼」。《左傳》昭公七年：「子產曰：『鬼有所歸，乃不為厲』。」

「夬」卦言「厲」亦是見危而自勵，鼓勵，砥礪，不得鬆懈，要團結。五陽爻皆是賢陽，有自以為是，各自為政之意，故強調團結。

「夬」是決，是決斷，決策。「揚于王庭」是於朝堂之上舉行公議。是公諸於世。

「夬」五陽各有各的意見，九三又與上六暗通款曲。「揚于王庭」是凝聚共識的手段。以柔乘剛故厲，是陽受陰制之象。

「告」，歸也，告歸為同義字連詞。《尚書·咸有一德》：「伊尹既復政厥辟，將告歸，乃陳戒于德。」孔穎達傳：「告老歸邑」。

「告自邑」，是歸回自己的采邑。蓋告急之訊來自采邑封地，急於歸之。是內部有紛歧。

「尚」，上也。謂上六一陰居卦之上。「所上」，謂陰爻居上已到了窮途末路。

「即」，節也。馬王堆帛書《易經》「即」作「節」，即 𝕰、節 𝕾 古相通為假借字。《大戴禮記·保傅》云：「進退節度無禮」。盧辯曰：「節度，或為即席。」即席，就是入席就坐，參加重要的場合，所以講究禮節；《禮記·曲禮上》：「將即席，容毋怍。兩手摳衣去齊尺，衣毋撥，足毋蹶。」《大戴禮記·保傅》云：「進退節度無禮」。《新書·傅職》：「將學趨讓進退即席不以禮，登降揖讓無容，視瞻俯仰周旋無節。」又《說文解字》：「節，竹約也。」《廣韻》：「節，制也，止也。」進退揖讓有節不肆意妄為，故節者止也。

「戎」，兵戎，用兵也。《書·泰誓》：「戎商必克」。蔡沈《集傳》：「知伐商而必勝之也」。

「即戎」，從兵也。《論語·子路》：「善人教民七年，亦可以即戎

矣。」蘇軾〈論積欠六事并乞檢會應詔所論四事一處行下狀〉：「夫民既富而教，然後可以即戎。」皆以即戎為人民從軍作戰。

「不利即戎」，不利於制止戰爭，應當主動乘勢出擊。

「不利即戎，所尚乃窮也」，上六一陰居窮途末路，退無可退又力弱，當一鼓作氣主動出擊。故云「利有攸往」。

君子要主動去小人，不主動小人不會自行決去。「夬」卦的「利有攸往」是有條件的，就是不要莽撞，要用陽不要用陰，用陰只會助長上六之氣燄。

「夬」說「利有攸往」，相錯「剝」說「不利有攸往」。五陽必去一陰故「利有攸往」。「需」卦上坎水下乾健「利有攸往」，「夬」卦上澤水下乾健故亦「利有攸往」。

〈雜卦傳〉：「兌見巽伏」，「姤」卦失物不易找到，「夬」卦失物很快可以找到，時間

長了就決去不得見。

初九：壯於前趾，往不勝，為咎。
象曰：不勝而往，咎也。

凡言「趾」的多在初爻，「大壯」卦象與「夬」相似，初爻曰「壯於趾」與此爻極為相似，故爻辭、爻義也相類。

「趾」是腳掌。《廣韻》：「趾，足也。」《說文解字》：「止，下基也。」《左傳》昭公七年：「今君若步玉趾，辱見寡君。」注：「趾，足也。」趾是後起字，本作止 ，即腳掌。

「壯於前趾」比「大壯」初爻「壯於趾」更壯，「大壯」初爻「壯於趾」是趾高氣昂，「夬」初爻「壯於前趾」是更加任性。《左傳》桓公十三年：「鬥伯比…謂其御曰：『莫敖必敗，舉趾高，心不固矣』。」

初九本「勿用」之爻，「壯於前趾」是妄動貪功之象，銳意冒前，任性而為，耍性子。

比「大壯」初爻只多一個「前」字，語氣加強，也是說非壯於前行不可。「夬」初爻比「大壯」初爻更甚於壯。

「壯」也是戕，受傷。虞翻注：「壯，傷也。」傷於腳趾，故一「征

凶」一「往不勝」。

「大壯」陽勢正盛，「夬」陽過盛勢將衰。

「往不勝」是說本當「勿用」之爻，實力不足，卻銳意向前，任氣而為，必不能勝。不能勝任，必僨事。腳趾受傷即腳掌受傷，所以不利往前。陽遇陽則窒，故不利往。

陽遇陽不通，不可往前，故有「咎」。「咎」者，災也。

離上六太遠故僅有「咎」。

「為」，有也。

「為咎」，將有咎災。

「不勝而往」，是明知不可為而為之，衝動囂張，自不量力，自大才疏。

初九躁動力弱，傷於腳趾，不堪前去，故前往不能勝任。又前遇陽則窒。

「夬」卦以去上六陰柔小人為宗旨，上六盤據高位，據天子九五頭上，去之不易，又恐傷及九五至尊，不可不慎，故〈象傳〉說：「夬，決也，剛決柔也，健而說，決而和。」而初九力弱又勇於前往，有自不量力之象，不可能做到「和」。

☰☱ 夬 ☱☴ 大過

此爻與「姤」上九一樣，爻變為「大過」，要「遯世無悶」的好，不然必有「禍」甚至喪身。「大過」初始就要慎，此爻該慎而不慎。失之於輕燥。「夬」卦「不利即戎」，就是要小心謹慎；「夬」也是缺，初九缺乏憂患意識，又傷於腳趾故咎。

此爻要知守知退，可以安享富貴，若銳意向前，恃才傲物，仗勢欺人，則有殺身之禍。

九二：惕號，莫夜，有戎，勿恤。
象曰：有戒勿恤，得中道也。

「惕」，警惕，害怕。《說文解字》：「惕，敬也。从心易聲。又怵惕也。憂也，懼也。」

「惕號」，帛書作「啼號」，啼哭悲號也。乾為惕，為言，故曰「惕號」。警戒憂懼而號，發出警戒啼號。「啼號」，是遇難悲號，恐內心懼不知所措，呼天喊地的意思。亦是古代習語。《荀子・禮論》：「歌謠謸笑哭泣諦號，是吉凶憂愉之情發於聲音者也。」楊倞注：「諦，音啼。《管子》曰：『豕人立而啼』古字通用。」《論衡・變動》：「秦坑趙卒於長平之下，四十萬衆同時俱陷，當時啼號，非徒歎也。」《潛夫論・明忠》：「夫惻隱人皆有之，是故耳聞啼號之音，無不為之慘悽悲懷而傷心者。」《群書治要・傳》：「未戰而病死者過半，親老哭泣，孤子啼號，破家散業。」《焦氏易林・既濟之兌》：「初雖啼號，後必慶笑。光明照耀，百嘉如意。」

「莫夜」，暮夜。出土的楚簡、帛書作「莫譽」，即「無譽」；「坤」六四：「括囊，無咎，无譽。」「大過」九五：「枯楊生華，老婦得其士夫，無咎，無譽。」相同。其義即無有美譽，不值得稱譽。

「啼號，無譽」，意謂啼哭悲號不值得稱譽。《莊子・至樂》：「至樂無樂，至譽無譽。」《莊子・山木》：「無譽無訾，一龍一蛇，與時俱化，而無肯專爲。」《天下》：「夫無知之物，無建己之患，無用知之累，動靜不離於理，是以終身無譽。」《易經》之「無譽」當也是古人習語。

「戎」，是兵戎，戰事。

「有戎」，謂用兵。

「恤」，憂也。勿恤，勿憂。《增韻》：「愍也，災危相憂也。」

又「恤」，止也。《尚書・君奭》：「商實百姓、王人，罔不秉德明恤。」孫星衍《尚書今古文注疏》：「恤者，《漢書・韋玄成傳》注：『師古曰：安也』……言是商之異姓百官及王族，無不奉德明安。」安，即止也。《文選》左思〈蜀都賦〉：「疇能是恤」呂延濟注：「恤，居也。」居，即止也。

「勿恤」，是不必擔心，不必停止，積極往前。

「有戎，勿恤。」即謂已經有了兵備，武裝齊備，所以不須憂慮，不要停止，應該戰鬥對抗。

「惕號，莫夜，有戎，勿恤」，句謂情況危急，啼號憂戚，得不到稱

譽；動用武力，主動出擊，與之對抗，無須憂慮，不要停止。此爻當停止悲觀的號啼，要積極警戒武備與之對抗，不可放棄鬥爭。

此爻有驚無險，有備則能無患，與「豫」卦〈繫辭下〉：「重門擊柝，以待暴客，蓋取諸豫。」相類。

九二若「臨」，為監，盯的緊故能「勿恤」。

▤夬▤革

此爻變為「革」，「去故」也，將動干戈。以戰止戰。此爻剛冷，常保戒心，內斂深藏。

九三：壯於頄，有凶。君子夬夬獨行，遇雨，若濡，有慍，無咎。
象曰：君子夬夬，終無咎也。

「頄ㄎㄨㄟˊ」，為面顴，面頰顴骨。三居下卦之上，故曰「頄」。「大壯」初以「趾」為喻，三以「角」為喻；「鼎」初以「趾」為喻，三以「耳」為喻。「夬」初以「趾」為喻，三以「臉面顴頰」為喻。

「壯於頄」，謂勇壯形於顏色，壯形于外，過於壯，沉不住氣，溢於言表，故曰「有凶」。不合「利貞」之德。

「壯」，也是傷，傷於臉頰，故凶。九三以陽居剛，又處下卦之極，是拼命三郎，剛亢外露，悻悻然於臉上，故曰「壯於頄」。這比初九傷於腳趾更危急，傷於臉面就是頭首。

四、五皆陽，九三前遇陽敵故傷而有凶。

九三欲去上六小人之意志全現於臉上，小人必有所備故不利。違背「不利即戎」，但要如呢？

九三處境很尷尬，因為他與上六正應，有通敵的嫌疑，所以他更要顯示必去小人之志，故曰「君子夬夬獨行」。不然就成了害群之馬。

「夬夬」，快快，急速也。獨行夬夬，無所依也。也是心志堅定之象。

「君子夬夬」，是說九三以陽居剛，是純純君子，為了表明心跡，故加強語氣，積極表態。

乾陽為君子，九三承乘皆陽，故「夬夬獨行」。

211

夬

「獨行」，是說只有他應上六。

「雨」，是九三與上六相應之象。陰陽相合而為雨，調和九三陽剛之性以合「健而說，決而和。」

「遇」，是不期而遇，是偶遇，是說相應不是出自九三本心。

「若」，是假若，倘若。

「濡」，是沾溼，沾染，同流合污。這也是受眾陽懷疑之因。

「慍」，作兩解，一是怒，一是溫，即熅，《說文解字》：「熅，鬱煙也。」即火種。前謂顏色柔和。後謂遇雨寒冷有火種以取暖。

「若濡有慍」，句謂假若有濡，受到上六沾染則怨怒，相責讓；若能堅定不移有「夬夬」去陰之志，則雖沾染陰而能調劑為溫和則符合「健而說，決而和。」則「無咎」。

「濡」為需，「需」卦本有假之義，詳「需」卦。

「若濡有慍」與「壯於頄」相對。勇壯於顏色則有凶，果決獨行本有咎，但以溫潤和悅的態度顏色則「無咎」。

「無咎」，小過失，可以補救，補救則無災害。〈繫辭上〉：「無咎者，善補過也。」

☰☱ 夬 兌

此爻變為「兌」。化剛為柔，兩情相悅，雙贏之象。

這爻由「夬」之勇壯變為「兌」其間轉折變化富有戲劇性，九三過剛衝昏了頭（兌有衝動之性，見「咸」，但在下卦三爻，不在上卦的兌，故可以轉環，九四就不行了。）以致有過當的遇合而腦怒，也受到同類的責難，好在九三是純純君子，能以陰柔調劑陽剛而溫和，故「終無咎」；〈小象〉一語道破。

此爻獨立行事，易受人疑，行事不可偏失。

盧小篆　　臚小篆

九四：臀無膚，其行次且。牽羊悔亡，聞言不信。
象曰：其行且次，位不當也。聞言不聽，聰不明也。

這爻與「姤」九三相類，為相綜的同一爻。

「臀」，臀部，屁股。

「膚」，是柔軟肥美之肉，容易咬食。「膚」與「臚」通，《康熙字典》：「《正字通》說文：臚，从肉盧聲。孫氏力居切，籀文作膚，義同音別，二文宜竝存。臚音盧，膚音趺ㄈㄨ，皮膚通作皮臚，臚傳必不可言膚傳，鴻臚必不可稱鴻膚，各從其類，則言義兩無殽互。」《說文解字》：「臚，皮也。」馬融注：「柔脆肥美曰膚，臀肉曰膚。」或說為鮮肉，《儀禮‧士聘禮》注：「膚，鮮魚鮮臘。」至今人們喜食豬頭皮、耳朵、蹄腳等皮厚膠多之肉，因其柔軟。即腴ㄩˊ，《說文解字》：「腴，腹下肥也。」《論衡‧語增篇》引古語曰：「桀紂之君，垂腴尺餘。」張顯《析言論》引《古諺》作：「桀紂無道，肥膚三尺。」

「臀無膚」，是瘦瘠，屁股無肉坐不長久，要離開，受傷也走不遠，也難行。居臥兩不安，行之不順。故「其行且次」。艮一陽在外故為膚，此爻居兌體，艮象伏失，故「無膚」。震為初，故艮為尾；故為臀。

「臀無膚」，是躁動不安，無有耐心之象。瘦屁股坐不住，坐不住就想走；至今俗語謔人「屁股是尖的，坐不住。」

「次」，居止不進。《左傳》僖公四年：「師進，次於陘。」又《左傳》莊公三年：「凡師一宿爲舍，再宿爲信，過信爲次。」

「次且」，趑趄ㄐㄩ，卻行不前。《說文解字》：「趑，趑趄，行不進也。」進而不前，暫時居止，故為猶疑行難之貌。《太平御覽》：「趑趄失步」。《藝文類聚‧總載山》：「一人荷戟，萬夫趑趄，形勝之地。」大象兌為毀決，故傷而難行。

此爻相綜為「姤」卦九三，皆曰「臀無膚，其行次且。」正覆兌，故有此象。

乾為行，九四失位且承乘皆陽，故「其行次且」。

「臀無膚，其行次且。」是不良於行又非要行不可，故難行，以致不利於行。

九四失位居兌體而有衝動之性，故坐不住，沉不住氣，是個急性子。

「悔」，困厄麻煩。

「悔亡」，謂筮得此爻，以前有困厄麻煩如今順利。

初九因為在下卦，以陽居陽，無陰可以調和，故亦生咎災；九二居中可以調和，故「勿恤」；九三應上六故「終無咎」，九四以陽居陰受到調和而能「悔亡」。

「羊」，是剛很倔強執拗難牽之物。《史記‧項羽本紀》：「因下令軍中曰：『猛如虎，很如羊，貪如狼，彊不可使者，皆斬之』。」《說文解字》說：「很，不聽從也。」所以「聞言不信」。兌為羊。

「牽」是牽制，用柔也；「姤」初六〈小象〉：「柔道牽也」。徐鍇在《說文繫傳》說「羊之性愈牽愈不進」。朱駿聲的《六十四卦經解》卷六：「凡牽牲者人在前，惟羊則人在後，陽順之而陰制之。」

「牽羊」，牽羊在前，羊狠剛亢難行也。隨之在後趕羊，順勢而為，則可以悔亡。用剛則不前，用柔則可。「牽羊」是牽制調化九四如羊般剛拗之性，故能「悔亡」。

又「悔亡」者，亡失也。「牽羊悔亡」者，牽引羊隻，歸而亡失。

「聞言不信」，是「牽羊」可否成功的但書，條件。

「聞言不信」，是不聽勸，不受牽制，則「悔」不可「亡」。

「聰」，是聽覺，引申為明察，《說文解字》：「聰，察也。」《淮南子‧本經》：「則目明而不以視，耳聰而不以聽。」《管子‧宙合篇》：「耳司聽，聽必順聞，聞審謂之聰。」《註》：「耳之所聞，既順且審，故謂之聰。」也是順從的意思，如聽從。但羊剛狠，犖拗不聽從。

「聰明」是明察是非。則可分清楚何為謠言，何為諍言。

「不明」謂不清。剛很不聽從所以「聰不明」。小篆聰字從耳從囪從心。囪是窗，一扇窗放在心上表示心思開竅，故有聰明一詞。「聰不明」是「不聰明」，是耳聾心閉不開竅，自作聰明，自以為是，不能明察，不聽勸諫，一意孤行。是聽信謠言。

兌為穴，故為耳，為聰。兌為昏闇，故聰不明。

「聞言不信」，是聽勸可以「悔亡」。但此爻是凶爻，一是位不當，二是聰不明；這與「噬嗑」上九：「何校滅耳，凶。」《象曰》：「聰不明也」相同。

《左傳》宣公十四年：「鄭昭，宋聾。」楊伯峻《春秋左傳注》：「昭謂眼明，聾則耳不聰，此猶言鄭解事，宋不解事。」可參觀。

䷪夬䷄需

爻變為「需」，不進也，戒急用忍，暫時等一等，不急於一時，也是「不利即戎」。

用剛很故凶，用柔戒急用忍可以免禍。等一等，忍一忍，想清楚不要急就不會猶豫。

九五： ㄏㄨㄢˊ陸夬夬中行，無咎。
象曰：中行無咎，中未光也。

九五近比於上六，上六是小人，是全局欲去之而後快的壞份子，竟佔據九五天子的頭上，是不祥之兆；這也是其他四陽去陰時的顧忌，深怕傷了九五，故要「決而和」。

九五是至尊，是卦主，是眾陽的領袖，卻與上六比鄰，關係密切，難免叫人生疑，惹人非議，小人不知分寸太近則狎本當有咎。但九五中正，去小人之心不受影響，但要表明心跡必除去上六故曰「夬夬」。這與九三正應上六的處境是一樣的故皆曰「夬夬」。

九五中正故可以「決而和」能好好的解決與上六的關係，不會過於剛暴失於偏頗而能「無咎」，即無咎災。

「莧ㄏㄨㄢˊ」，是一種惡羊，是獸名；《說文解字》：「莧，山羊細角也。」又作「羱」、「羦」，《集韻》：「音桓。山羊細角者。」《玉篇》：「獸似羊，惡也。」《廣韻》：「羦，山羊細角而形大也。」「夬」大象為兌，五居兌體，故為羊。

「陸」，跳躍也。《莊子・馬蹄》：「齕草飲水，翹足而陸，此馬之真性也。」李善注引作「翹尾而踛」，並引司馬彪注：「踛，跳也。」

「夬夬」，則作趹踶ㄅㄧˋ解。《說文解字》：「趹，踶（踢）也。」《類篇》：「趩趹，走貌。」為獸類前蹄一上一下的踢地，羊隻快走跳躍之象。

凡五爻皆可謂「中行」，此謂行於中途半道。

但此爻受疑，故行為舉止合於中道可以無咎。九五率眾陽去上六一陰

要出師有名合於中道。

「莧陸夬夬中行」，謂兇猛之羊跳趈趈然於道中也。九五躍躍欲試，要動手了，但要合於中道、公正。

「中未光」，是受疑，與上六親比，也受上六蒙蔽，可見九五多少受到上六影響。不能真心純正的決。

「未光」，是受上六的蒙蔽。兌為黯昧，故未光。九五陽承上六陰，陰蔽陽，陽為光，為陰蔽，故曰「未光」。「兌」上六也說「未光」。

夬大壯

爻變為「大壯」是去陰沒有問題，「利貞」是要小心謹慎，守住中正的態度，堅持下去。

此爻要以斬草除根之心行事。

上六：無號，終有凶。

象曰：無號之凶，終不可長也。

「號」，是呼號。兌為口，故曰「號」。

上六居兌體之上，是一油嘴滑舌的小人。

「無號」是沒有呼號，意謂無有警戒，喪失警惕。「號」就是今日的「口令」。九二：「惕號……勿恤。」上六囂張，以陰居陰，昏夜至冥之時，又無警戒，忽略了下面五爻要去除其之心。上六乘五剛，是凶之極。當兵的都知道，夜晚出行，沒有口號警戒，有性命之憂。

「無號，終有凶」，言不戒備警戒，終被消滅。《詩·大雅·蕩》：「式號式呼，俾晝作夜。」指不分晝夜地尋歡作樂。上六是跳樑小丑，行徑囂張，故曰「長」。

「終不可長」，是不能長久；上六終究得凶，終於凶了，不可讓上六長此以往。上六一陰在上，為眾陽所推，不能長久。囂擺沒有落魄的久。

夬乾

此爻變為「乾」，缺口得補，圓圓滿滿。

又「乾」卦純陽，太凶；無陰不能獨生，故不可長。死象。

第44籤 ䷫ 姤卦 又名天風姤

姤　：女壯，勿用取女。
彖曰：姤，遇也，柔遇剛也。勿用取女，不可與長也。天地相遇，品物
　　　咸章也。剛遇中正，天下大行也。姤之時義大矣哉。
象曰：天下有風，姤，后以施命誥四方。
序傳：益而不已必決，故受之以夬。夬者決也。決必有所遇，故受之以
　　　姤。姤者遇也。物相遇而後聚，故受之以萃，萃者聚也。
雜傳：大過顛也。姤遇也，柔遇剛也。

后 后 昏 小篆 遘 遘 溝 媾 媾 構 講 購 篝

《歸藏》此卦作「夜」。蓋震為日出東方，為日之初出；震錯巽為日
落夜暮。「姤」是一個後起字，意思是婚媾。婚字從昏，《說文解字》：
「婚，婦家也。《禮》：娶婦以昏時，婦人陰也，故曰婚。從女從昏，昏
亦聲。」《禮記‧郊特牲》：「天地合，而後萬物興焉。夫昏禮，萬世之
始也。」《儀禮‧士昏禮》：「士昏禮，凡行事必用昏、昕。」鄭玄：
「陽下陰也，婚亦陰陽交時也。」意思是黃昏是陰陽相交之時，故於黃昏
舉行婚禮。昏、夜義相通。意思是婚媾。

《易經》古本無「姤」字，字皆作「遘」。今本《易經》作「姤」，
許慎老夫子所作的《說文解字》並無「姤」字，徐鉉的版本後來增附才加
上「姤」字。姤，《經典釋文》云：「古文作遘，鄭本同。」《後漢書‧
魯恭傳》注云：「姤本多作后，古字通。」

遘，遇也；《說文解字》：「遘，遇也。」後又為媾，《說文解
字》：「媾，重婚也。」都有相交合的意思；木相交為架構，言語相交為
講，交尾為媾合；構、溝、購、篝都有相交合的意思。李白《草創大還‧
贈柳官迪》：「天地為橐籥，周流行太易。造化合元符，交媾騰精魄。」相
會遇曰遘、邂遘。相交感亦曰媾，即姤，即交尾媾合、婚姤、婚偶、婚配。

「姤」是黃昏，日將盡，黑夜初降，陰陽交接之時。陰已萌，陽將
盡。震為日初出，如「復」卦。巽為月初出，如「姤」卦，故曰「昏」。

「復」與「姤」兩卦相錯，所以一為日出，一為黃昏。以古代娶嫁必於夜晚黃昏之時，故曰「婚」，取其黃昏陰陽相交的意思。

▤▤「姤」是黃昏，相綜的 ▤▤「夬」卦是黎明之前。「姤」是夜之始，「夬」是夜之終。

「姤」卦陰萌如昏，宏運將衰也。

「姤」也是「媾」，邂媾、遇合也，上乾為天，下巽為風，風上雲天，兩相遇合。又乾為天，為雲氣；巽為風，風雲際會之象。

艮為狗，巽為臭，也為狗；又巽為茅，為莽，為芻，《老子》云：「天地不仁，以萬物為芻狗；聖人不仁，以百姓為芻狗。」《說文解字》：「芻，刈艸也。象包束艸之形。」巽為筭，筭為計數之籌碼，以草莖為之，與古之芻狗同。《三國志・周宣傳》：「芻狗者，祭神之物。」《朱子語類・伐木》：「某亦嘗疑今人用茅縮酒，古人芻狗乃醉ㄌㄟˋ酒之物。」故巽為狗。狗、媾、遘古音相通。乾為西北為「天門」，巽為東南為「地戶」。《周禮・地官・大司徒》賈公彥疏引《河圖括地象》：「天不足西北，地不足東南，西北為天門，東南為地戶，天門無上，地門無下。」《山海經》：「天傾西北，地陷東南。」天門地戶相合、相遘故名「姤」卦。〈彖傳〉曰：「天地相遇，品物咸章也。」即此義。

「姤」卦所言為陰遇陽，即女遇男，亦婚媾也。卦辭「取女」就是婚媾。

「姤」卦也是十二消息卦之五月卦。

十二消息卦

卦象	復	臨	泰	大壯	夬	乾	姤	遯	否	觀	剝	坤
夏曆	11月 子	12月 丑	1月 寅	2月 卯	3月 辰	4月 巳	5月 午	6月 未	7月 申	8月 酉	9月 戌	10月 亥
國曆	12月	1月	2月	3月	7月	5月	6月	7月	8月	9月	10月	11月

〈雜卦傳〉：「兌見而巽伏也」。巽有伏之意。五月「姤」，六月

姤

「遯」，大象皆巽，是天最熱之時，所謂「三伏天」也。熱，故伏。

　　「姤」是夏至，西曆六月二十或二十一日。日最長，夜最短。「復」是冬至，國曆十二月二十或二十一日。夜最長，日最短。故「復」卦〈大象〉說：「先王以至日閉關，商旅不行，后不省方。」「至日」就是冬至、夏至二至也。《漢書·薛宣傳》：「至日休吏，由來已久。」注：「至日，夏至冬至也。」蓋古時最重視二至日，自周訖南宋，可考見者，至日皆停止工作。〈大象〉曰：「后以施命誥四方」。言君王以夏至之日，施命令止四方行旅也。巽為入，為無孔不入，故施及四方。案「姤」一陰在下為伏，「復」是一陽在下為潛，一潛一伏，故是休息之時。

　　「姤」也是后，《禮記·曲禮》：「天子有后；后，後也；言其後于天子，亦以廣後胤也。」《白虎通》：「商以前皆曰妃，周始立后。」姤從后聲，《左傳》文公十八年：「使主后土」。杜預注：「后土，地官。」疏云：「天稱皇天，故地稱后土。」

　　諸侯亦稱后。又君主也稱后。后就是君主。夏時稱后，商時稱帝，周時稱王。《說文解字》：「后，象人之形失令以告四方，發號者君后也。」「姤」上乾為君，下巽為命，是王命頒行如風遍天下也，所以，〈象〉曰：「天下有風，姤。后以施命誥四方。」「姤」既是后，是君命。乾為君，巽是命令，故君命也。

　　「復」震為帝，「姤」巽為后，為女主。

　　「姤」為妃后，是大貴之象。

　　巽為權衡，暫代。〈繫辭下〉：「巽以行權」。註：「權，反經而合道者也。」巽有權衡之義。「姤」為君主，故能行權。《說文解字》：「權，一曰反常。」《廣韻》：「權：權變也，反常合道又亘也。」為攝官暫代，「姤」為女主，是女主暫代為王。如慈禧，如呂后，如武后。

　　為土神，《左傳》昭公二十九年：「土正曰后土」。註：「土為群物主，故稱后也。」《正韻》：「后土亦取厚載之義」。

　　「姤」是防患於未然，一陰生於下卦辭就說「壯」，又說「勿用取女」引以為戒，在乾陽的勢力尚處於壓倒性的優勢下尚要全面戒備，不讓星星之火有燎原之機。防微杜漸，思患防預有如「豫」卦。《古樂府·君子行》：「君子防未然，不處嫌疑間；瓜田不納履，李下不整冠。」這

也是警誡之意，因為陰伏於下，根本已爛，如「坤」初六「履霜，堅冰至。」也是警告大家預思防範防微杜漸之意。陰初至，小而微，故可防微杜漸。

「姤」是邂逅，是不期而遇，是可遇不可求，偶然相遇，相遇成偶。「姤」就是偶，一陰遇五陽為偶，也偶的太多了，所以「女壯，勿用取女。」「乾」初九陽在下曰「潛龍勿用」，「姤」一陰在下卦辭說「女壯，勿用取女。」上乾下巽，巽風在乾天之下，風行天下，吹拂大地萬物，有乾陽與坤陰交遇之象。一陰遇五陽，是五陽爭合一女，是爭風吃醋，競爭激烈，個個有希望，人人無把握，此是不正當之遇，是外遇。

但萬物間的遇合皆是邂姤。〈象傳〉說：「天地相遇（偶遇），品物咸章也。」天地者，陰陽也。咸者，交感也。章者，繁衍昌盛也。天地陰陽萬物皆因邂姤交感而繁衍也。

〈序卦傳〉說：「夬者決也。決必有所遇，故受之姤。」是「大水沖到龍王廟」無法預計。

君王尋賢輔，賢良尋明主，皆是遇，是知遇也。《穀梁傳》隱公四年：「遇者何？志相得也。」君臣之間相知遇也是「姤」。如諸葛之於劉備，姜太公之於周武王。可見好人才是可遇不可求的。宇宙萬物間的遇合皆無法預計，都是偶遇。

〈雜卦傳〉說：「姤遇也，柔遇剛也。」一柔遇五剛，這有陰主動，剛被動之意。「會」是有計劃的約訂，經過充分安排準備，是照表施行。「遇」是臨時起意，沒有約定的偶遇，知變通，不拘泥形式，要有彈性。《穀梁傳》隱公八年：「不期而會曰遇」不期者，沒有約定日期。《春官・大宗伯》：「時見曰會」時亦期也。反正約好時間的相見曰「會」，沒有約好時間的就是「遇」。

「姤」卦大象如巽，巽為風，是八卦中最有彈性的。小如春風拂面水波不興，大如颶風飛砂走石，摧枯拉朽，正是「橈萬物者莫疾乎風」。

「剝」卦上艮，一陽在上，艮為果，「姤」巽卦一陰在下，伏於地如瓜，一樹一藤，藤陰伏於地，攀蔓牽連，鉤搭也。又少女為瓜，女少而壯，是情竇初開，是巽下已斷缺，是已破瓜。

巽為臭，為魚，是偷腥，是臭味相投。下巽風為隱伏，隱伏在下不是

正當場所，是風月場所。巽風兌月也。所以說，「女壯，勿用取女。」

「女」就是陰。此卦說的是初六，為卦主。

「壯」，是戕，傷也。陰傷陽，故曰「女壯」。

「女壯」，女子已經長大成人，可以出嫁許配。

「勿用取女」，是趕緊出嫁，不可留。留來留去必成仇。所謂「天要下雨，（姑）娘要嫁人」攔不住的。「勿用取女」，是此女壯，一女遇五男，不宜。〈象傳〉說：「姤之時義大矣哉」，女子長成當婚，時候到了就當嫁；萬物之交媾都有其時，時至順應而交合姤遇，非時則為淫。

陽息至四為「大壯」，陰初萌便曰「壯」，可見陰柔之兇性。「姤」卦為一陰遇五陽，巽為長女，是一壯女遇合五男，是女壯之象。

女為陰，壯為戕，為傷；是陰壯而傷陽也，是柔消剛也，故曰「女壯」。女壯如后，陽不負荷，故曰「勿用取女」。

「女壯」不合《易經》之理，故「勿用取女」，是淫蕩也，遇而合之，一女交媾五男，其壯可知，故曰「勿用取女」。就品德而言，一個人行為如此，是有奶便是娘了，無有貞德，故不可用。是也隱含了「士濫不可用」的意思。就女子而言是人盡可夫的蕩婦，就士大夫而言是朝秦暮楚的不忠之臣。「勿用取女」是告誡之語。「蒙」六三也說「勿用取女」。

陽至四為大壯，云「利貞」。陰伏於初為女壯，云「勿用」。可見「壯」之不利。

陽可以壯，陰不可以壯，因為「姤」是陰佔了陽的位置，不正，所以，「姤」之遇為不當之遇故「勿用取女」。

又「姤」是病，巽為病，一陰伏於內，是已病，當防範。巽為風，是傷風，是受風寒，陰初，是小病。是中風，互為乾，乾陽壯盛於夬，是高血壓。是陰淫之病，見不得人的風流病。亦是花柳病。巽為隕落，不可輕忽。

又「姤」是寡婦，巽為寡，故為寡婦。又「坤」初六說「履霜」，霜者，孀也，毒也，死也。故曰「寡」。「姤」一陰，為長女，巽為寡，是獨身女，是寡婦。俗說：「寡婦門前是非多」。

又巽為制，「母亡曰慈制，父亡曰嚴制。」乾陽為陰所變，乾亡而生陰，故是父喪，故是寡。

「夬」是分，「姤」是合，兩卦相綜。〈序卦傳〉：「夬者，決也。決必有遇，故受之以姤，姤者，遇也。」「夬」是一陰在五陽之上，「姤」是一陰在五陽之下，兩卦相綜，義也相反。天下大事分久必合，合久必分。「夬」上缺，顯而易見，「姤」隱伏，不易察覺。「夬」是一陰顯於高上之位，囂張自傲；「姤」是一陰隱伏於下，內斂不住。「夬」是五陽去一陰，是明爭。「姤」是一陰與五陽不期而遇，是暗鬥，內鬥。

「姤」者不期而遇，「姤」者媾也，交媾也，是一陰與五陽交，又是不期而遇，是個個有機會，人人無把握。是爭風吃醋，暗中較勁，如此，疑心生暗鬼，故為暗鬥。不及早加以防阻則星星之火足以燎原。

「夬」是陰陽對決，是與舊有的勢力決裂；「姤」是不期而遇，是新的機緣。「夬」是五陽決去一陰，是共禦外患；「姤」是一陰伏生五陽之下，代表內部紛爭，是禍起蕭牆，是內鬩。「夬」是上缺，「姤」是下爛。「大過」是上也缺下也爛。

陽息至四為「大壯」，陰伏於初便曰「女壯」。陽可壯，女不可壯，女壯「勿用」，陽壯「利貞」。〈雜卦傳〉：「大壯則止」。可見「壯」不好。陰至初就壯，陽至四才壯，可見陰壯有澎風之意，陽壯比較實在。故一「勿用」，一「利貞」。

又巽為入，是無孔不入，是刺探，組織中有密探。

又陰長陽消，是運氣將衰之象，小人害君子，部屬以下犯上。虞翻說，「姤」之卦為乾之消，以陰消陽，往而成坤，成「遯」卦為子弒父，「否」臣君。

「夬」是往陽去一陰，是新勢力要驅逐舊勢力，兩者攤牌決鬥。「姤」是勝負定了以後有一番新的際遇。

此卦是獨生女，長女，剋夫寡婦，是女強人。是防患於未然。是邂逅，是不期而遇，新際遇，是情竇初開，是外遇。是傷風，中風，花柳病。是有內奸，是暗鬥，是禍起蕭牆。

初六：繫於金柅，貞吉。有攸往，見凶。羸豕孚蹢躅。
象曰：繫於金柅，柔道牽也。

初六為唯一之陰爻，是卦主，就是「女壯」，就是「陰壯」。一陰在下就曰「壯」，絕不可以輕忽。一陰在下看似柔弱，但言「壯」必是凶猛

的。

「繫」，綑綁住。巽為繩，故曰「繫」。聞一多以為「繫」當為「擊」，義為「礙」。

「金」，堅固，剛強。陽之象。

「柅」，ㄋㄧˇ止車木，《說文解字》：「柅，止車木。」《廣韻》：「柅，絡絲柎也。」是以絲繩縛於金柅之上，並將之塞在車輪下的制動木塊。是阻止、遏止的意思。《周易正義》：引馬注云：「柅者，在車之下，所以止輪令不動也。」又《爾雅・釋詁》：「尼，定也。」注：「止也，止亦定也。」《孟子・梁惠王下》：「行或使之，止或尼之。」尼猶曳止之，別作柅。聞一多以為「柅」即「軔」《說文解字》：「軔，礙車也。」

乾卦為圜、為健行，故為輪；一陰出於乾下為「姤」；圓輪週行之象失，若止輪而不行。又乾為金，故曰「金柅」。

「繫於金柅」，以剛強的制動器制止以阻礙之，又以繩索繫纏繞綑住，是牢之又牢，固之又固，這不可能再前進了。就是將下句說的豕栓圈住使之無法掙脫。要萬無一失才行。意謂將陰柔之物係於陽剛之上，以陽制陰也。故〈小象〉曰：「柔道牽」。這比「革」初九「鞏用黃牛之革」更甚、更強。

「擊於金軔」，句義為，車為軔所阻礙不能行也。

初爻陰柔，要制止陰爻息長以免陽爻消弱。初爻在下卻如此不放心，因為在下為伏，容易被忽略，若任其發展必成大害。又在初爻，為根本基礎，陰虛下斷，是已被侵蝕，故要加強補救。

「貞吉」，貞固而吉，不貞固則不吉。綁住在金柅上，唯獨的一陰不能前往遇陽，故吉。

「攸」，所也。

「見」，有也。

「有攸往，見凶」，放任初六陰柔之勢發展，前往侵陽則凶必立現；陰長侵陽故凶。

「有攸往，見凶」，前往必凶。這是以陽的角度來看，告誡要見微知

著，消弭於初萌之際。

「羸ㄌㄟˊ」，是瘦，《說文解字》：「羸，瘦。」一曰繫。《釋名・釋言語》：「羸，累也。」《禮記・儒行》：「不累長上」。鄭注：「羸，由繫也。」與「繫於金柅」相對應。陽實陰虛，初六陰爻虛，故瘦弱。

「豕」，就是野豬，凶猛剛武邪惡之物，勇猛兇悍，足與虎狼相搏。〈說卦傳〉：「巽為豕」，《說文解字》說：「豕，彘也。竭其尾故謂之豕。」又段玉裁注：「竭，負舉也。……豕怒而豎其尾則謂之豕。」商周之時野豬初受人畜養，其野性尚未完全馴服。《禮記・曲禮》：「豕曰剛鬣」。《疏》：「豕肥則毛鬣剛大也」。古人以豕為凶猛剛武之象徵，《史記・項羽本紀》鴻門宴中樊噲為救劉邦闖入帳中，「項王曰：『壯士，賜之卮酒。』」則與斗卮酒。噲拜謝，起，立而飲之。項王曰：『賜之彘肩。』」則與一生彘肩。樊噲覆其盾於地，加彘肩上，拔劍切而啗之。」彘就是豕，《說文解字》：「彘，豕也。後蹢（蹄）發謂之彘。」野豬長吻、獠牙、尖蹄、長身、短尾。古俗有「一豬二熊三老虎」之說，野豕皮厚毛濃堅韌異常，野性生猛，樊噲生啖而食之益顯其勇。

「豕」音同「屎」，《林氏小說》：「以其食不潔，故名之豕。」巽為污，為不潔，故為豕。又豬隻繁殖力強，約三、五個月大的豬崽就會發情，此後每隔三十日就會發情一次，去勢後的豬崽，性情溫順，易肥，肉無臊味。

「豕」自古即為貪婪無饜的象徵，《左傳》昭公二十八年：「實有豕心，貪婪無饜，忿纇無期，謂之封豕。」又定公十四年衛靈公夫人南子與宋朝淫亂，野人歌之曰：「既定爾婁豬，盍歸吾艾豭？」婁豬，求子豬，以喻南子。艾，美貌。豭，未去勢之公豬；《說文解字》：「豭，牡（公）豕也。」以喻宋朝，宋國公子名朝。是以豬喻貪色。又《史記・秦始皇本紀》：「防止內外，禁不淫泆，男女絜誠，夫為寄豭，殺之無罪。」注：「夫淫他室，若寄豭（種豬）之豕也。」又《寒山詩》曰：「世有一等愚，……貪淫狀若豬。」又《太平廣記・張璟藏》條引《朝野僉載》云：「准相書，豬視者淫。」台灣人叫好色之徒為「豬哥」。《西遊記》中的豬八戒更是典型的「食腸如壑」、「色膽如天」，第十九回八戒自稱「色膽如天叫似雷」。初六正是一個食腸如壑，色膽包天的大豬「哥」。

「豕」在《易經》中多為「頑愚邪惡，剛躁貪婪卑賤」之意。

「羸豕」，是繫縛住的野豬，初爻一陰故為瘦豬。但肥大則剛鬣故不可不「繫於金柅」。

「羸豕」，是瘦豬，是饑餓的豬，饑不擇食，貪得無饜，不知滿足。

來知德《周易集註》：「羸豕者，小豕也。」瘦弱的小豬，但是豬隻繁殖力強，約三、五個月大的豬崽就會發情，此後每隔三十日就會發情一次，《本草綱目》說：「豬孕四月而生」一胎生個七八隻，十隻是平常的。

「孚」，是跡象，也是浮躁，饑餓欲食故浮躁、躁動。

「蹢」，是獸蹄；《詩·小雅·都人士之什·漸漸之石》：「有豕白蹢」，傳：「蹢，蹄也。」《爾雅·釋獸》：「蹢，足也。」

「蹢躅」，是野豬躁動不停，以腳蹄擊地，蠢蠢欲動之狀。《釋文》：「蹢躅，不靜也。」《易程傳》：「跳躑也」，《荀子·禮論篇》：「躑躅焉」。註：「躑躅，以足擊地。」

「羸豕孚蹢躅」，饑瘦野豬，見眼前美物，蠢蠢欲食，以蹄刨地，浮躁不安之狀，欲前往大嚼可惜礙於金柅，雖蹢躅刨地但被繩索纏繞不能進，其欲不能填。醜態盡露。

《易》以「羸豕」喻初六，實非祥兆。《聖經·創世紀》第四十一章中有以瘦牛吃掉肥牛以喻荒年的故事，可以參觀。「法老連得二夢，中偶一夢見有七隻母牛從河裡上來，又肥壯，又美好在蘆荻中吃草。隨後又有七隻母牛上來，又軟弱，又醜陋，又乾瘦……這又乾瘦，又醜陋的母牛，吃盡了那以先的七隻肥牛……。」這初爻一陰就如這些瘦牛一般蠢蠢欲動，欲吃盡眾陽。

《周易正義》：「此女壯甚，淫壯如此，不可與之長久，羸豕謂牝豕也，孚猶務也，躁也。不貞陰，失其所牽，其為淫醜，若羸豕之孚務蹢躅也。」甚是。

「姤」卦說的就是交媾，初六饑渴欲食，味口極大甚至饑不擇食，故「繫於金柅」。

「牽」，是牽制。「小畜」九二：「牽復吉」，也是用「牽」，是往回拉，不是往外拉。

「牽」，也是速，陰以萌於下息長快速。「坤」初爻言，「履霜堅冰至」即言陰發展快速。又巽為風，為疾，為速。

「柔道牽」，是陰息長速，要將陰柔之道往回拉，不使向前。故「繫於金柅」。巽卦所以為繩索，就是以其初為陰柔之故。

俞樾先生讀「孚」為「乳」，意謂哺乳之母豕無不羸瘦，故曰「羸豕」。「羸豕孚蹢躅」，即母豕且哺乳且走路之狀。見《周易義證類纂》。參考之。

此爻饑瘦之豬，貪欲難填，腳蹄刨地，急躁不安，蠢蠢欲前，無奈被縛捆，受制於金柅，欲不能填，足不得往，而疲乏累喘。故往前有凶，能克制則吉。宜靜不宜動。靜則吉，動則有凶。又在全卦之初爻，初爻是基礎，此爻要修其根本。

☰☴ 姤☰ 乾

爻變為「乾」，這饑餓瘦豬要是動起來像乾般剛健，不可不慎。

九二：包有魚，無咎，不利賓。
象曰：包有魚，義不及賓也。

「包」，民初尚秉和先生作「苞」，包、苞古通。《尚書‧禹貢》：「厥土赤埴墳，草木漸包」，陸德明《經典釋文》：「包，必茅反。字或作苞。」《詩‧國風‧召南‧野有死麕》：「野有死麕，白茅包之。」《箋》：「欲令人以白茅裹束野中田者所分麕肉為禮而來」謂其以白茅草包裹著麕肉。則此「包」亦是以草包著魚。又「苞」或是漁網，是將已經被捕獲的魚用繩索包裹，作為進階之禮。

「魚」，吉祥貴重之物。孔子三歲喪父，十五歲有志於學，十九歲娶妻，二十得子。恰好魯昭公派人送來鯉魚一條給孔子，遂命其子名為鯉，字伯魚。《孟子‧魚我所欲章》：「魚與熊掌不可兼得」。這「魚」多的是指「鯉」。《易經》以陰爻為魚，即初六。

又聞一多先生認為「魚」是性的隱語，即交媾之隱語。

「包有魚」，捕獲得魚，以白茅包之，以繩繫之，是好兆頭，也是富有之象。

「包有魚」，是求歡也。九二與初六相比鄰，有近水樓台之便，可是

初六志在九四，故「不利賓」，入幕之賓；賓，服也。「不利賓」，初六不服從，無以為入幕之賓。

「包有魚」，是好兆頭，是網中有魚可以款待賓客。故「無咎」，無災害、不須畏懼。

但是「姤」卦為遇，是不期而至，所以九二與初六之近比而逢遇，九二沒有充分的準備，雖有「魚」也僅「無咎」，無災害也。倉促，沒有充分的準備故「不利賓」。

「賓」，嬪也，《說文解字》：「嬪，服也。謂服事人者。」《爾雅·釋詁》：「賓，服也。」《疏》：「賓者，懷德而服。」

「不利賓」，是不利賓客，不宜出外作客。不利為入幕之賓，求歡索愛不成。

「賓」，嬪也。嫁入女家即男入贅曰嬪，即「姘」。《倉頡篇》：「男女私合曰姘」。《漢律》：「與妻婢姦曰姘」。《說文解字注》：「高注淮南曰。齊民、凡人齊於民也。禮、士有妾。庶人不得有妾。故平等之民與妻婢私合名之曰姘。有罰。此姘取合幷之義。」

「不利賓」，是不利入贅，不利私合、野合。

此爻手有晉身之禮，無須畏懼。但不利於正常婚姻之外的私合、野合、入贅。即初吉而終凶也。「姤」卦是陰將息長而侵陽，九二第一個被陰消，只能顧得自己，故不得他人。

▆▅ 姤 ▆▅ 遯

爻變為「遯」。能及早遯去保存實力最好，以免被陰消蝕，及早脫身。

九二近比初六，初六是饑餓貪得不饜的瘦豬，九二手中雖有魚，卻不能填飽初六的貪欲，只可暫時應付，故「無咎」，長久必支撐不住，溜之大吉，走為上策。

「魚」有另解，詳九四。

初六受繩索金柅牽制，六二為草繩包縛。皆以巽為繩之義。

九三：臀無膚，其行次且。厲，無大咎。
象曰：其行次且，行未牽也。

此爻與「夬」九四相同。

「臀」，臀部，屁股。

「膚」，是柔軟肥美之肉，容易咬食。馬融注：「柔脆肥美曰膚。臀肉曰膚。」或說為鮮肉，《儀禮·士聘禮》注：「膚，鮮魚鮮臘。」至今人們喜食豬頭皮、耳朵等皮厚膠質多之肉，因其柔軟。即腴，《說文解字》：「腴，腹下肥也。」《論衡·語增篇》引古語曰：「桀紂之君，垂腴尺餘。」張顯《析言論》引《古諺》作：「桀紂無道，肥膚三尺。」

「臀無膚」，是屁股無肉坐不長久，要離開行走受傷也走不遠，難行也。居坐不安，行之不順。故「其行且次」。艮一陽在外故為膚，此爻居兌體，艮象伏失，故「無膚」。震為初，故艮為尾；故為臀。

「臀無膚」，是躁動不安，無有耐心之象。臀部無肉，也是瘦；瘦屁股坐不住，坐不住就想走；至今俗語謔人「屁股是尖的，坐不住。」

九三居巽體之上，〈說卦傳〉：「巽，其究也為躁卦。」初為始，二為壯，三為究，故九三躁動不安。

《易》例下卦為巽卦的九三皆不吉；

上坎下巽「井」九三：「井渫不食，行惻也。」

上艮下巽「蠱」九三：「幹父之蠱，小有悔。」

上震下巽「恆」九三：「不恆其德，或承之羞，貞吝。」

上巽下巽「巽」九三：「頻巽，吝。」

上離下巽「鼎」九三：「鼎耳革，其行塞。」

上坤下巽「升」九三：「升虛邑」。

上兌下巽「大過」九三：「棟橈，凶。」

「次且」：趑趄ㄐㄩ，卻行不前。《說文解字》：「趑，趑趄，行不進也。」進而不前，暫時居止，故為猶疑行難之貌。《太平御覽》：「趑趄失步」。

此爻相綜為「夬」九四，皆曰「臀無膚，其行次且。」正覆兌，故有此象。此為《易經》用覆象之一證。

「其行趑趄」，是不擅於行而欲行。九三上下皆陽，陽遇陽則窒，故不利於行。且居巽下斷之上，巽下斷故不利行。

「臀無膚，其行次且」，是不良於行又非要行不可，故進退猶疑、遲疑，行之不順。震為行，錯巽下斷，為不良於行。巽為股，故腿骨無肉不良於行。又巽究為躁卦，九三極想下應初九但為九二所阻，故「厲」。但得位能安於本分，而「無大咎」。

「厲」，是危厲。

又九三以陽居陽，本是拼命三郎，剛愎自用，自以為是；承乘皆陽，易陷自己於險境故曰「厲」。

「無大咎」，是有小咎，無大災而有小災。因為九三得位為正，處境雖危，但動機純正，不會執迷不誤，若能耐住性子不妄動則可「無大咎」；與初六隔著九二，故僅小咎。

「牽」，牽制。

「行未牽」，是牽制不得，九三要牽制初六之志願未得。

九三躁動，想牽也牽不動他的躁行。

此爻指豬隻不肥，腳步趑趄，卻行難前，雖危厲，無大災害。沒有交合。

初、三用牽，二、四用包。初可牽，三以不可牽，二可包，四已不可包。

姤 訟

此爻變「訟」，所作所為受到爭議。「中吉，終凶」，長久以往必不吉。

九四：包無魚，起凶。
象曰：無魚之凶，遠民也。

「包無魚」與「包有魚」相反。兩手空空，連個進階之禮都無，可知是「空想」，是輕蔑不知禮數。

「起」，啟也，動也，作也。

「起凶」，是漁網中無魚，撈起漁網空空無魚，此凶之兆。

「起凶」，即出現凶兆。九四「包無魚」是凶兆。

九四與初六正應，九二與初九近比，故皆曰「包」。

九四與九二不同，九二中正故可以「包」，九四不中正故不可「包」。

九二「包有魚」是「近水樓台先得月」，九四與初六中間隔著九三、九二「遠水救不了近火」。可見有時位置近比較好。

「民」，是初爻，初位為庶民。「遠民」是九四與初無有交集，無有遇合。

初爻在巽下，巽為風，為俗，是民俗，是野俗，九四為大臣，在朝無應不能接地氣，故不能與民打成一片，不知民間疾苦。初爻陰是壞份子，是陋俗，大臣不能體察民俗是凶兆，不能消弭陋俗也是凶兆。「屯」初九「以貴下賤，大得民也。」深入民眾故得民力可以開創。

「魚」也是「魚水之歡」。「姤」為偶遇，為交媾，故此「魚」為性愛，交媾的隱語。詳見《聞一多全集》。

九二親比故「有魚」，是「近水樓台先得月」，九四太遠故「無魚」，只能「望洋興歎」。為何九四正應卻不能「有魚」？因為初六是饑渴難忍的瘦豕，饑不擇食之故。九三、九四爭風吃醋。

䷫姤 ䷸巽

爻變為「巽」，由主婦變為悍婦故凶。

九四之凶有兵災之象。《史記・周本紀》：「白魚躍至王舟中」。註：馬融曰：「魚者介之物，兵象也。」

「姤」卦所說的魚非一般的魚，應是「鯉魚」。「復」一陽在下是「潛龍」，其錯「姤」，兩卦相匹配，故必為鯉，因為鯉也是龍，鯉魚溯黃河而上得躍過龍門者化為龍，故有鼇魚龍首魚身之像。又《陶弘景本草》：「鯉最為魚中之主，形既可愛，又能神變，乃至飛躍山湖，所以琴高乘之。」又《酉陽雜俎》：「道書以鯉多為龍，故不欲食。」《正字通》：「神農書曰：鯉為魚王。」「井」卦也是水，也是下，但九二「井穀射鮒。」是一隻泥鰍而已，不能與震龍相配。

《聞一多全集・說魚》：「剝」六五：「貫魚以宮人寵，無不利。」「以」：於。「以宮人寵」，猶言「於宮人有寵」。「貫魚」，是一連串的魚群。「宮人」是個集體名詞，包括后、夫人、嬪婦、御女等整群的女

性。李後主〈木蘭花詞〉：「晚妝初了明肌雪，春殿嬪娥魚貫列。」可以參觀。

《左傳》哀公十七年：「衛侯貞卜其繇曰：如魚竀尾，衡流而方羊。」《疏》引鄭眾說：「魚勞則尾赤，方羊游戲，喻衛侯淫縱。」

以魚的游戲喻衛侯的淫縱，則「魚」是象徵男性偶的隱語。舉一、二民謠為例：

鯉魚在水魚尾擺，大樹風吹尾搖搖，我倆有情當天拜，何用拿香進廟燒。

因為乾坤愁憂憶，困在學堂難過秋，兩步合成心歡喜，同如春水配鯉魚。

十字街頭哥愛坐，□水灘頭魚愛游，鯉魚就愛灘頭水，情哥就愛妹風流。

九五：以杞包瓜，含章，有隕自天。
象曰：九五含章，中正也。有隕自天，志不舍命也。

「以」同「與」，給與。

「杞」，巳也，祀也。杞作祀，或是型近而誤。

「包瓜」，孔穎達《正義》讀為「匏瓜」。《子夏傳》「包」作「匏」，是吉祥之物。

「匏瓜」可以用來作酒尊稱為「匏尊」或「匏爵」，用以祭天祀福，故為吉祥之物。

又《詩經·大雅·綿》：「瓜瓞綿綿」。《毛傳》：「瓞，紹也。」《爾雅·釋草》郭璞注：「紹者，瓜蔓緒亦箸子，但小如ㄅㄠˊ。」意寓子孫萬代，綿延不斷，多子多孫。又古人用匏瓜涉水渡河稱之為腰舟，如今日的救生圈，又可以盛水，為遠行必備之物。

金文孫字，从子，从系，象絲線連續不斷之義，會兒子續有孫兒之意。故以「瓜瓞綿綿」比喻字孫繁衍綿長。

「以杞包瓜」讀作「與己匏瓜」，賜予得到吉祥的匏瓜，與「損」六五「或益之十朋之龜」義同。〈說卦傳〉：「乾為圜，為木果」，九五

乾體故為瓜果。又巽為瓜，艮為果。

「杞」者，記也，識也。《釋名‧釋典藝》：「記，紀也，紀識之也。」

「以杞包瓜」者，知天命也。子孫繁衍皆係於天命也。故〈小象〉曰：「志不舍命」。

聞一多以為「匏瓜」為北斗星之名。蓋古人以匏瓜為杓，形似斗，北斗星俗稱勺子星。《古樂府》：「崢嶸北斗著地垂，手去瓠瓜不盈尺。」聞一多《周易義證類纂》引《莊子‧齊物論》：「注焉而不滿，酌焉而不竭，而不知其所由來，此之謂葆光。」《文子‧下德》對「搖光」的解釋即為：「搖光者，資糧萬物者也。」可見「葆光」就是「搖光」，為北斗七星中的第七星，位於杓端。故即北斗星也。乾為天，為圜是因為天體繞著北極而旋轉，天空中最能體現天體旋轉的就是北斗星，故乾為北斗。

「匏瓜」為星名蓋無疑問，只是不一定指的是北斗，可能是歷朝代之變遷而名有異。《史記‧天官書》：「匏瓜，有青黑星守之」。《索隱》引《荊州占》：「匏瓜，一名天雞，在河鼓東。」《爾雅翼》：「天之匏瓜星，一名天雞，在河鼓東。」

聞一多以為此「杞」讀為繫，《論語‧陽貨》：「予豈匏瓜也哉？焉能繫而不食？」《莊子‧逍遙篇》：「今子有五石之瓠，何不慮以為大樽而浮乎江湖。」瓠即匏瓜。司馬彪注：「慮猶結綴也」。唐成玄英疏：「慮者，繩絡之也。」慮通「絡」，用繩子結綴。《莊子‧天道》：「知雖落天地，不自慮也。」朱桂曜《莊子內篇證補》云：「慮亦落也。落同絡。」慮通「絡」，以繩結綴。

「以杞包瓜」者，以繩絡綴之以為樽，裝飾以美。或是用為祭器故裝飾之。

「含章」，謂匏瓜內含文彩。吉祥的象徵。《藝文類聚》卷八十七引《神仙傳》曰：「有青登瓜，大如三斗魁，玄表丹裡，呈素含紅，攬之者壽，食之者仙。」所謂「含章」就是這種「玄表丹裡，呈素含紅。」外以絲線綴之以美，內有文采以美。內外皆美。

「含章」，如「坤」卦六三有才難顯。

「含」，是含在嘴裡，用嘴包合住。《釋名‧釋飲食》：「含，合也，合口亭之也。」「坤」六三：「含章可貞」。這是坤的德性。

「含章」，是瓜瓞成熟味美的好徵兆。是已經熟透了。瓜熟瓞美籽多，可以繁衍庶眾。

「含章」，或作「葆光」，《莊子・齊物論》：「注焉而不滿，酌焉而不竭，而不知其所由來，此之謂葆光。」成玄英《疏》：「葆，蔽也。至忘而照，即照而忘，故能韜蔽其光，其光彌朗。」是「含章」即「葆光」。謂隱蔽其光輝，是含忍。

「以杞包瓜，含章」，祭祀北斗星，因為北斗星之光被遮蔽不明。

「隕」：流星也。乾為天，巽為隕落。

「有隕自天」，謂天降流星，其光遮蔽北斗星。或謂天降隕石大如匏瓜。

「有隕自天」，是此瓜得天賜，有預兆將有福祿喜慶隕自于天。「損」六五：「或益之十朋之龜」。〈小象〉說：「自上佑也」相同。都是知天命，得天保佑。乾為天，巽為隕落。

「舍命」，于省吾先生以為「猶今人言發號施令也」。《詩・鄭風・羔裘》：「彼真之子，舍命不渝。」《善夫克鼎》：「王令善夫克舍令（命）于成周遹正八自（師）之年」，「舍令」即發號施令。

籀文命作 命 有兩口，一從口朝下，從卪；令字作 令 從口朝下，從卪。令即命，命即令。

「有隕自天，志不舍命也」，謂並未受到命令，而是天命所賜。俗說「君子不跟命爭」即知天命。是大環境氣勢已經形成。

不要違背客觀的條件規律，待瓜熟蒂落，水到渠成，船到橋頭自然直。九四強求不如九二近比。等待陰息長自二就能應合了。九五中正之故。

「瓜」，也是女子之象，女子初夜曰「破瓜」。

䷫姤䷱鼎

此爻變為「鼎」。「取新」，是喜新厭舊，是開創新局，初夜就是新。此爻說的是君王殞落，改朝換代的天象徵兆。不要急自有一翻新局。

上九：姤其角，吝，無咎。
象曰：姤其角，上窮吝也。

「姤」，是媾，是交，是合，在這作「搆」、「構」。「搆」，觸及，搭建。《說文解字》：「冓，交積材也。」

「角」，獸角。《說文解字》：「角，獸角也。」又犄角。

「姤其角」，是兩角相搆、相交錯、交叉，相抵角，是相爭鬥之象。

上爻由相合變為相鬥。上九亢龍之位欲爭奪初六可惜無勞用。故曰「吝」，小災也。

「吝」，遴也；《說文解字》：「遴，行難也。」《孟子·題辭》：「然於困吝之中」。焦循注：「吝之義為難行」。《廣雅·釋詁》：「遴，難」謂難行不進，或是遭遇到困難而事難成。猶今言「累」。

「吝，無咎」，是先有小麻煩，終而無有災害。

「姤其角」，是爭奪交媾權，是勇於向前，當面迎擊。也有鑽牛角尖之象。巽為風，無孔不入，有鑽研之意；「角」是越走越窄之象。

上爻至上，逼到角落，困獸猶鬥。

「角」也作「交」，交媾也。

「姤其角」是爭鬥之中倉促交媾，糾纏不清。雖「吝」而有阻礙麻煩，但「無咎」，無災害。

上九距初最遠交合之前要與眾陽爭鬥，但過剛不中，故「吝」。

「角ㄐㄩㄝˊ」也作躍動，陽氣在上，如「亢龍」躍動高昂。《白虎通·禮樂》：「角者躍也，陽氣躍動。」

此爻相互牴角，力拚交媾權，變「大過」，關乎交媾後嗣繁衍，生死交搏鬥。

觀察野獸爭奪交媾權中，展現實力即可，弱者即退，不常有生死之鬥。

姤 ䷱ 大過

爻變為「大過」，〈大象〉曰：「君子以獨立不懼，遯世無悶。」亢拗難合。又「大過」為死亡之卦，故以死力爭奪交媾之權。爭不過則無後而絕嗣，爭得過則子孫繁衍。

「姤」卦六爻皆言無咎，可見初六的影響深遠，求合之前的心理總是憂懼，但終能合而無咎。

萃 ：亨。王假有廟，利見大人，亨利貞。用大牲，吉。利有攸往。彖
　　曰：萃，聚也。順也說，剛中而應，故聚也。王假有廟，致孝享
　　也。利見大人，聚以正也。用大牲吉，利有攸往，順天命也。觀
　　其所聚，而天地萬物之情可見矣。

象曰：澤上於地，萃。君子以除戎器，戒不虞。

序傳：決必有所遇，故受之姤。姤者遇也。物相遇而後聚，故受之以
　　萃，萃者聚也。聚而上者謂之升，故受之以升。升而不已必困，
　　故受之以困。

雜傳：萃聚而升不來也。

小篆

「萃」卦帛本作「卒」。萃、卒古音相通。以「卒」為字根的字很
多，猝就是。《說文解字》：「卒，隸人給事者衣爲卒。」卒在象棋中與
兵並稱，可見卒本為隸人、庶人。卒、庶、諸音與義是相通的。《周禮・
地官・小司徒》：「乃會萬民之卒伍而用之。五人爲伍，五伍爲兩，四兩
爲卒。」卒即眾也。《管子・大匡》：「五年諸侯附，狄人伐，桓公告諸
侯曰：『請救伐，諸侯許諾，大侯車二百乘，卒二千人，小侯車百乘，卒
千人』。」《廣雅・釋詁》：「萃，聚也。」〈序卦〉：「萃，聚也。」
「萃」下卦為坤，坤為庶眾。〈序卦傳〉：「物相遇而後聚，故受之以
萃，萃者聚也。」《左傳》成公十三年杜預注：「聚，眾也。」聚為眾之
聚。此卦對卒字要多了解些。

卒，終也。《爾雅・釋詁》：「卒，盡也。」《疏》：「終盡也」。
《禮記・曲禮》：「大夫死曰卒」。《韓非子・解老》：「人始於生而卒
於死」。「萃」之為卒，為死；蓋九四、九五為卦之重心，而上四爻互為
「大過」，「大過」是死亡災禍之卦。這對此卦非常重要。

又《爾雅・釋詁》：「卒，終也。」孫注：「病之終也」上卦兌，
〈說卦傳〉：「兌為常」，《周禮・考工記》：「輪已庳，則於馬終古登
阤ㄊㄨㄛˊ也。」鄭玄注：「齊人之言終古，猶言常也。」上下兼有聚、

終之象。可知卦名亦合於兌象。

　　卒，猝也，暴也，急速，倉促。《漢書・食貨志》：「行西逾隴卒」注：「倉卒也」。《漢書・辛慶忌傳》：「則亡以應卒」。《註》：「卒謂暴也」。《廣韻》：「卒，急也。」《韻會》：「卒，匆遽之貌。」「大過」是大大的過動，動的急猝。

　　卒，倅也，副貳也。《禮記・燕義》：「庶子，官職，諸侯，卿大夫，士之庶子之卒。」《周禮・春官》：「車僕掌戎路之萃」注：「萃猶副也」。可知，「萃」卦的主爻當為九四。九五中正為天子之位，為一卦之重心理所當然，但九四這失位之爻橫柴出灶阻隔了九五與下卦眾陰的聯繫，而自己下據眾陰；為近臣宰輔的九四竟然橫刀架空了九五可見一斑。

　　卒，崒也，高峰也。《爾雅・釋山》：「崒者，厜㠒。」《疏》謂：「山巔之末，其峯巉巖也。」《詩經・小雅・漸漸之石》：「漸漸之石、維其卒矣。」《正義》：「《釋山》云：『崒者厜㠒』郭璞曰：『謂山峰頭巉巖者』《箋》云：『崒者，崔嵬』，謂山巔之末。」「大過」是「顛」，《說文解字》：「顛，頂也。」《玉篇》：「山頂曰顛」又顛是顛倒，《陸機・文賦》：「如失機而後會，恆操末以續顛。」《註》：「言先後失序也」。九四與九五相鬥，九四據眾陰，眾陰仰望九四宛若天子。故臣顛君也。

　　萃，鬥也。萃為眾，為聚。九五君王，九四下據重陰是權臣。一山不容二虎，同性相斥，雖聚而鬥。「乾」九四「或躍淵」，九四升則逼九五，故「萃」為九五、九四兩者之爭，九四欲「取而代之」。九四為宰輔近臣，九五為君王天子，是政爭、鬥爭。

　　「萃」的本義是草木茂盛，《說文解字》：「萃，草貌。」《小爾雅・廣詁》：「聚，叢也。」坤為水，兌為澤，水澤之畔，蒹ㄐㄧㄢ葭ㄐㄧㄚ叢聚，如草木茂盛而薈萃，故卦名曰「萃」。

　　上兌澤，下坤地；澤卑下萬流聚匯，湖澤為草木茂盛叢聚之處。坤為荒，為大地，為萬物；兌為澤，為窪地，大荒地中有一澤，所以聚萬物於澤。

　　「萃」錯為「大畜」，「大」者，陽也；「畜」者，聚也；陽之聚為「萃」。故〈彖傳〉曰：「萃，聚也。」《說文解字》：「聚，會也。」

《管子・君臣篇》：「聚所謂同歸湊也」。《玉篇》：「聚，斂也。」又聚者，居也、邑也、落也。《史記・五帝紀》：「一年而所居成聚，二年成邑，三年成都。」註：「聚謂村落也」。《史記・秦本紀》：「并諸小鄉聚集為大縣」註：「萬二千五百家為鄉聚」又「大畜」為畜牧，需要水草豐美之地。

卒又作萃，通於「顇」，《爾雅》：「顇，病也。」《荀子・富國》：「勞苦頓（純）萃」楊注：「萃與顇同」顇，即悴。

萃，聞一多讀啐，意即嗟、悴也。《說文解字》：「啐，驚也。」《詩・齊風・猗嗟》：「猗嗟昌兮」。《疏》：「猗是心內不平，嗟是口之暗咀，皆傷歎之聲。」九四鬥不過九五而驚嘆感傷也。

萃為天體之名，道家九重天中的第五天。《開元占經》引《太玄經》：「九天：一為中天，二為羨天，三為順天，四為更天，五為睟天，六為廓天，七為咸天，八為沉天，九為成天。」五為睟天，睟者萃也。

「萃」之義則是九四、九五陽剛的聚集，是出類拔萃之聚，是人才濟濟的時代。

「萃」九四、九五兩爻陽剛之賢才相鄰而聚，引領眾陰，是精英會集於中央領導階層。

「萃」是聚，團結力量大，故「利有攸往」。

「萃」有「比」象，「比」之聚為親密、私密，所聚之必不眾。「萃」為九四、九五相聚，是精英之聚，「萃」為群英會。精英之聚，人也必定不眾。

「比」是鄰里，「萃」是聚落。互「大過」，是大過之才，能力強幹。如楚漢、三國之時，人材濟濟。

「屯」之聚是君主帶領眾陰，開疆闢土建立封國，萬事起頭難。「萃」聚是人才精英之聚，是各顯神通，天下大治。（其綜為「升」）但九五剛正與六二正應，有聚眾的極佳條件。互「大過」是大動，是大地震，震的粉碎。五為天子，四為宰輔，是政局的天翻地覆。

「萃」為人文薈萃，綜為「升」卦，是五穀豐登。錯為「大畜」卦，是積畜豐厚。故「萃」是精英，「升」為四海昇平，「大畜」為天下富裕，皆是太平盛世。

「萃」上兌為金，下坤為土。土生金，財源滾滾。

「萃」卦大象如「觀」卦，卦曰「亨」、曰「王假有廟」、曰「用大牲」，皆是宗廟獻貢祭祀之象。

「亨」，享也，祭祀獻享。

「假」，降也，到也，至也，降臨也。《方言》：「假，……至也。邠、唐、冀、兗之間曰假。」《說文解字》：「假，一曰至也。《虞書》曰：『假于上下』。」《正韻》：「假，至也。」高亨先生以為「假」借為「徦」，《說文解字》：「徦，至也。」甚是。

「廟」，宗廟。《說文解字》：「尊先祖貌也」。段玉裁注：「古者廟以祀先祖」。《釋名‧釋宮室》：「先祖形貌所在也」。《玉篇》：「宗廟也」。《古今注》：「廟者，貌也，所以仿佛先人之形容也。」

「王假有廟」，大王親自降臨於宗廟。王之廟即一國之宗廟。此同「家人」九五：「王假有廟」，是說君王降宗廟中祭祀。這在流傳的青銅禮器的銘文常見。〈十月敔簋〉：「王各於成周大廟」。〈同簋〉：「王在宗周，格于大廟。」〈善夫克鼎〉：「王才宗周，旦，王各（格）穆廟。」〈免簋〉：「王各于大廟，昧爽。」〈師酉盤〉：「隹王元年正月王才吳各大廟」。〈無叀鼎〉：「王各（格）于周廟」。于省吾先生認為「假」即「格」解釋為「至」沒有疑問。九五為天子，所以言「王」。互艮為祖宗，為屋舍，故為祖廟。

「用」，殺犧牲祭品，用於祭祀之犧牲。《左傳》僖公十九年：「己酉，邾人執鄫子用之。」注：「養之曰畜，用之曰牲，其實一物也。」楊伯峻《春秋左傳注》：「用之者，謂殺之以祭於社也，『用』義與『用牲於社』之『用』同。」邾子用鄫子當牲畜祭品，是以生人祭祀，這是古時以人祭祀的遺俗，在殷商用俘虜臣奴為牲而祭是常事，入春秋之後即稀少。《易經》成書於商末周初，所記多為殷商之事，此「用大牲」或謂以戰俘臣隸為祭。無論如何「用大牲」都是豐盛之祭。

「大牲」，牛也，即太牢。《說文解字》：「牛，大牲也。」《大戴禮記》：「諸侯之祭，牲牛，曰太牢。」或謂牛羊豬三牲為太牢。坤為子母牛，兌為羊，互巽為豬。互艮為宗廟。又巽為白茅，用於祭祀縮酒。皆祭祀之象。卜辭中有「癸卯卜，王侑於祖乙。二牛。用。」「用三百羌於

丁」。《左傳》僖公十九年：「小事不用大牲」。

卦詞句謂君王降臨宗廟，利於會見大人，宜於獻享，利於出行。用隆重獻品，吉祥。

「王假有廟」，是說九五至尊天王親自祭奠，太平盛世之主，領袖群倫，不能僅以權威，財貨利祿，更要能「正」，要以德服眾，所以〈彖傳〉說「利見大人，萃以正也。」

「萃」是太平盛世，物產富饒，所以「用大牲」，最貴重的大禮祭神。用大牲與鬼神分享，與人分享也不能小器。「用大牲」是說要能同甘，要捨得與人分享財祿，不然，抬轎人不悅服，坐轎人也不安穩。就是要捨得。

「亨」字有祭祀，烹煮，分享三義。

「萃」卦互大坎，坎隱故為鬼神，互艮為祖宗，坤為牛為大牲，兌為巫，為亨。

「萃」卦是以祭祖拜神以聚眾，如今之大拜拜，集會、廟會、趕集等。是在宗廟前議事，是開祠堂。

「假」，假借也，假借祖先鬼神之名也。王至廟藉鬼神之名以御眾；古代政教合一，藉以鞏固權力。廟為信仰之所，「萃」卦所言要建立群眾的中心思想。這與「觀」卦相同。

「萃」眾聚而能「利貞」，利於出征。

「亨」，享也，祭祀獻享。《武韜》：「天下，非一人之天下也，取天下若逐野獸，得之而天下皆有分肉之心。」一針見血之言。所以「萃」連用二亨字，亨有亨、享、烹三意，要想政通，就要用各種方法來眾志成城，要分享，要藉祭祀建立中心思想，是政通、人通、天地鬼神也要通。

「萃」強調「亨」，「乾」卦〈文言〉說：「亨者，嘉之會也。」「萃」是精英，「嘉」是美善，是雙喜，是喜上加喜，〈彖傳〉曰：「萃，聚也。順也說，剛中而應，故聚也。」得細嚼其味。

「萃」卦九五、九四二陽緊鄰，一個君王在位「飛龍在天」，一個陽剛權臣「或躍在淵」。雖是人文薈萃之象，也是全局中的兩大勢力，各擁資源相抗爭；一居尊位高高在上，一處要津不相謙讓，彼此之間矛盾日深，必產生內鬥，中互「大過」，「大過」「棟橈」也，大廈將傾也。

九四下據眾陰，資源豐富，九五與六二正應，兩者皆有夥伴，相爭必烈。

「萃」卦之後為「升」卦，是陽剛之才受大用而晉升。「萃」是聚，「聚」就是團隊，團隊團結才能升。「夬」是分，是分崩離析。「萃」是團隊的凝聚。「萃」之前是「姤」，是先遇合再聚集。是先知遇而後相爭。「比」卦之親比為對外結盟，「萃」之聚為內部團結。「萃」是精英，「比」多私親。「萃」雖是人文薈萃，也是菁英相爭。九四專擅跋扈，九五大權獨攬，如此相爭必碎。

上兌為悅，坤為順；是在上者愉悅，在下者服順；在上為君的德澤能潤及在下之庶民，故能聚眾。

澤地「萃」是澤在地上，如水受堤岸約束而匯聚。兌澤水也，坤地土也，土剋水而生財，是富也。兌為金，坤為土，是土生金，亦是富貴之象。「姤」是不期而遇，「萃」是內聚為群，由遠而來。

〈大象〉曰：「君子以除戎器，戒不虞。」「萃」為聚，人多必雜，人民如水可載舟，可覆舟。故強調憂患防備。

「除」，治也。

「虞」，備也，度也。

「戒不虞」就是要防不備之需。《左傳》昭公十八年：「振除火災」振除者，救治也。

句謂修治兵器以戒備無慮，是戰備狀態，可見此卦有兵戈之象。

「萃」是聚、積是準備治理。是物質豐盛，人才聚集，必有所爭，爭則有所亂，為了防範未然，必須修治武器以預先戒備。《詩·大雅·抑》：「修爾車馬，弓矢戎兵。用戒戎作，用逷蠻方。質爾人民，謹爾侯度，用戒不虞。」《毛詩注疏》「不虞，非度也。」可與此卦相參觀。

「萃」是聚集人才，其綜「升」是向前發展而不回頭。「萃」積聚豐滿之後可以「升」。漢文、景無為治天下而萃聚天下財富之後才有漢武北擊匈奴，開疆拓土之功。「升」是往前出征，也是騰空凌虛。初為陰，下為巽下斷，根基不隱，「升」之不已必受限而「困」。「萃」中有「大過」，精英皆是大過之才，能用則事業成，不能用則如猛虎出柙。其錯為「大畜」，是無為而治，是包容。凡有才之人多少有些臭脾氣，非「大畜」是不能包畜的。

「萃」互為「漸」，「漸」為侵蝕，「萃」為豐厚資源，當心財利為所侵蝕。「萃」大象如「比」，但多個九四，九四不當位，卻是個功高震主的權臣，下又據眾陰，阻隔了九五與眾陰的連繫，惟六二與之正應，如此形成派系，一山難容二虎，臥榻之旁豈容他人鼾睡。《史記‧廉頗藺相如列傳》：「兩虎相鬥，其勢不俱存。」九四、九五兩陽比鄰相聚，《易》例陰遇陰、陽遇陽則窒，九四、九五兩不相通而相聚必窒；正是黃石公《素書‧安禮》所說：「同美相妒，同智相謀，同貴相害，同利相忌。」又「女無美惡，入宮見妒；士無不賢不肖，入朝見妒。」這是個雙首長制的政體，爭必難免，威令必不行。緊張、矛盾必多，若不善巧化解，整個團隊有逐漸分離之危。

「萃」是首腦，是猝死，是腦中風。巽風為疾，「大過」為死。「萃」上互巽下坤，巽為風，為疾，為氣候，為霜；是氣候變的太快易引起中風而暴卒。「萃」是猝，是突然。「萃」所言為九四陽剛賢才，居人臣至高之位，是一人之下，萬人之上，是位極人臣。又身居艮止，至高將下，猝然而倒，寧為玉碎。此卦利君，不利臣。

「萃」是淬，淬鍊也，火水相激也。「萃」百煉為精鋼。「革」是手段激烈。兌金離火，火煉金為鋼。「萃」是猝，是淬，是碎。

「萃」互「大過」，是大大的陽動，卦辭「棟橈」，是地震。總之是猝然而來的大地震，震的粉碎。又互「觀」，「觀」為高大的建築，是將高大的建物震的粉碎。「萃」上兌為秋，九二一大地震就是在秋季。南投縣集集鎮就是「聚」。

此卦是出類拔萃，是群英會，能力強幹，人文薈萃，財源滾滾，團結力量大。也是本是同根生，相煎何太急。以下犯上，內部爭權奪力，是政爭。是猝然發生，措手不急，是猝死。是粉碎，是大地震，是突然改觀。

「萃」卦大義是秋收後豐厚的祭祀，是大拜拜。君王親自祭拜祖先，以彰顯誠敬之意。利用豐厚的祭祀聚集眾人，可能是有外患，〈大象〉曰：「澤上於地，萃。君子以除戎器，戒不虞。」或是因為豐收而受他人覬覦，故要積極準備預防為未然。

初六：有孚，不終，乃亂乃萃。若號，一握為笑，勿恤，往無咎。
象曰：乃亂乃萃，其志亂也。

「姤」為遇合，「萃」為聚合。

初六離萃聚的中心九四、九五最遠，不利於萃聚。九四、九五近比，九四與初六正應，中間又有六二、六三阻窒。初六不知該萃聚於九四或九五，故「亂」。又九四與六三近比，六三無應也想萃聚於九四，所以初六「亂」。

「孚」，福也。又「孚」，是徵兆，「有孚」，是有徵兆顯示。即卦兆顯示。

「終」，長也。

「有孚不終」，即有福不長。有徵兆、卦兆顯示結果不善。

「乃」，有也。第二個「乃」是「你」，指初六。

「亂」，是紛亂，亂了方寸，亂了腳步，心慌意亂，不知如何是好。坤為荒，為迷，為亂。〈小象〉云：「其志亂也」。

「萃」，卒也，終也。萃也是猝。

「乃亂乃萃」，即亂即消。一會聚，一會散；莫衷一是，慌了手腳；烏合之眾，亂七八糟。

「號」，號咷，大聲急呼。與「笑」相對。

「若號」，發出號咷。初六與相應的九四中間隔著六三、六二，阻窒不通，不能及時萃聚，所以又急又亂又哭嚎。

「一握」，指的是手握拳頭的長度約四、五寸左右，是古人的度量單位，用以形容很短距離，引申為時間很短暫。「遠取諸物，近取諸身。」這是《易經》的基礎。古人無有度量工具前就只能用此法，例如至今常用手掌拇指與中指間的距離來丈量。又「雉」，是野雞，也是度量距離的單位，就是野雞一飛的距離，古人造城牆時常見，《周禮・冬官・考工記・匠人》：「王宮門阿之制五雉，宮隅之制七雉，城隅之制九雉。」《註》：「雉，長三丈，高一丈。」又如一箭之地，這也是用生活習慣來度量。

「一握」，頃刻之間。「萃」為猝，本有短而突發之義，故曰「一握」。

「一握」，也引申為器量之狹短，如《史記・酈生陸賈傳》：「及陳勝、項梁等起，諸將徇地過高陽者數十人，酈生聞其將皆握齱好苛禮自

用，不能聽大度之言。」《集解》引應劭：「握齪，急促貌。」韋昭曰：「握齪，小節也。」

「一握」，聞一多作「嗌喔」即「咿喔」，笑聲。

「一握為笑」，一會哭，一會笑；頃刻之間破涕為笑。

帛書作「一屋于芙」，「屋」，藏也。《釋名·釋宮室》：「屋，奧也。其中溫奧也。」《廣雅·釋詁》：「奧，藏也。」《說文解字》：「芙，艸也。味苦，江南食以下气。」「下氣」者，病名，指腸胃鬱結。《雜病源流犀燭·諸氣源流》：「下氣，腸胃鬱結病也。蓋惟鬱結，則腸胃之氣不能健運，所納谷食之氣，從內而發，不得宣通，往往上行則多噫氣，上行不快，還而下行，因復下氣也。」「一屋于芙」，謂心急而腸胃鬱結，得芙草而病癒，故曰「勿恤，往無咎。」坤為腹，為藏，為胃，為藏，為塞。故為腸胃鬱結之胃疾也。

「恤」，止也。《漢書·韋賢傳》：「明明天子，俊德烈烈，不遂我遺，恤我九列。」顏師古注：「恤，安也。」安，即止也。《文選》左思〈蜀都賦〉：「疇能是恤」呂延濟注：「恤，居也。」居，即止也。

「勿恤，往無咎」，勿止，積極前往，無有災害。

「往無咎」，前去無有災害。

「有孚不終，乃亂乃萃。若號，一握為笑。」如「同人」之「先號咷而後笑」。

「不終」，也是說不能堅定不疑。

「有孚不終，乃亂乃萃」，是說你若懷疑，不能堅定不疑，就會亂了你的萃聚。

一轉眼之間破涕為笑，像個小孩子，氣量短小，沉不住氣。

此爻變化於一瞬之間，戲劇性的變化。

䷬ 萃 ䷐ 隨

此爻變為「隨」。隨時會有變化，變化的很快。

「隨」是變，是分裂，也是隨變，也是雖機應變；隨隨便便會分裂，隨機應變而萃聚。

六二：引吉，無咎。孚乃利用禴。
象曰：引吉無咎，中未變也。

「孚」，是俘虜，奴隸小臣。

「用」，用於祭祀之犧牲，《左傳》僖公十九年：「己酉，邾人執鄫子用之。」注：「養之曰畜，用之曰牲，其實一物也。」邾子用鄫子當牲畜祭品，是以人祭祀，這是古時以人祭祀的宜俗，在殷商用臣奴為牲而祭是常事，入春秋之後即稀少。《易經》成書於商末周初，所記多為殷商之事。

「孚乃利用禴」，以俘虜作為犧牲而為祭品的祭祀。意謂誠心之祭祀。

引｜引 **弘**弘小篆

「引」，聞一多以為當作「弘」，字型相近而誤訛。《爾雅》：「弘，大也。」帛書作「景」，《爾雅》：「景，大也。」

「弘吉」，卜辭中常見。「癸丑卜貞，今歲受禾，弘吉，在八月，佳王八祀。」「王醒曰：其佳丁娩，其庚弘吉，其佳壬戌，不吉。」「甲申卜，殼，貞婦好娩嘉。王占曰：其惟丁娩，嘉。其惟庚娩，弘吉。三旬又一日甲寅娩。不嘉，更（惟）女。」這是占卜武丁之妻婦好生孩子之事。

「引吉，無咎。」者，言大吉，無災害。謂進應九五則吉而無咎。

六二目標明確，不會像初六一般疑亂，故吉。

「禴」，夏、商二代為春祭，周代則改稱夏祭。又作「礿」《爾雅·釋天》：「夏祭曰礿」注：「禴，薄也。」夏季之時百穀未熟，可薦於廟的供品簡薄也。高亨先生以為「禴祭當是以麥菜為主，不用家牲，用野禽，春夏之時皆可行之，祭之薄約者也。」

「孚乃利用禴」，是祭物雖薄，而鬼神享之，是誠心敬意，的祭祀。是道義之交，是君子之交淡如水，不是酒肉朋友。

六二進應九五兩皆中位，故曰「中未變」。心有定見，堅定不疑，不會亂變。比初六要穩定。

䷬萃 ䷮困

爻變為「困」，六二在困中受人援引而脫困。是受貴人提拔，得貴人

相助，神靈保佑，是患難之交。堅定不移則吉，否則困。

六三：萃如嗟如，無攸利。往，無咎，小吝。
象曰：往無咎，上巽也。

「萃」，猝也，促也；急促突然也。

「嗟」，嘆也。《玉篇》：「嗟，歎也。」《釋名·釋言語》：「嗟，佐也。言之不足以盡意，故發此聲以自佐也。」又「萃」讀作「啐」，咄也。《增韻》：「咄啐，嘽也。」猶咄嗟，疾呼、喝斥也。啐、嗟同義字連詞。

「如」，語助辭。

「萃如嗟如」，猝然而來，驚嘆也。

「攸」，所也。

六三以因失位又過中，不合「剛中而應」所以和初六一樣不知如何萃聚，故發出「嗟如」的歎息之聲。六三要應九五，不可能因為九五應六二，故「嗟」。要應九四，九四與初六應，又「嗟」。故「無攸利」，無所利。

「往，無咎」，出行，無有災害。九四據六三，六三親比上承九四，可以萃聚，但不是正應，應之不正故不言「吉」，僅「無咎」。六三前遇重陽，故「往，無咎。」但既失位又非正應，萃之不正故「小吝」六三「無魚蝦也好」，故只能當「小老婆、側室、偏房。」

「巽」，順也，卑也。

「上巽」者，言上巽順四，故「無咎」「上巽」是順上，順九四，依附九四，委屈求全，不與人爭的乖乖牌。六三居巽體之下，故曰「巽」。

六三無應失位，巽為兌綜如口朝下，故曰「嗟如」。

萃聚之時爭先恐後，下卦三陰非往上聚陽不可。下卦為坤，坤為荒，為亂；初在最下所以又急又亂，擔心萃聚不到，十足小人心態。二爻在中目標清楚，有人援引，所以不致於亂。三爻坤之極，又巽體，只得胡亂卑順求萃聚。

除二中正言「吉」外，初「無咎」，三「小吝」皆不吉。蓋九四不正失位，萃聚於不正之人，如何言「吉」？

「吝」，遴也；《說文解字》：「遴，行難也。」《孟子題辭》：「然於困吝之中」。焦循注：「吝之義為難行」。《廣雅・釋詁》：「遴，難」謂難行不進，或是遭遇到困難而事難成。猶今言「累」。

「小吝」，小麻煩。

此爻突如其來，猝然而至，無所利。出行，無有災害。但會有小麻煩。

☰☰ 萃☰☰ 咸

爻變為「咸」，愛的無怨無悔。

九四：大吉，無咎。

象曰：大吉無咎，位不當也。

九四既然「大吉」故能「無咎」。九四下據三陰，故「大吉」。

「大吉」者，大吉祥。

「無咎」者，無有咎災。〈繫辭〉：「無咎者，善補過者也。」故「無咎」非全美之辭。

九四下據眾陰，坤為廣土眾民，受民愛戴；又居宰輔之位，陽剛幹材有極好的條件，往上欲逼九五之宮，「乾」九四「或躍在淵」，不是再上層樓為「飛龍在天」就是墜入初爻的深淵，打入地獄。可惜九四失位不正，可見所聚之眾也不正。又上比鄰九五中正之君，伴君如伴虎，終不敵九五，必被罷黜而有凶災。又九五正應六二，九四的群眾也不全是真正的愛戴九四；六二又是群眾的中堅份子，可以左右全局，故九四想逼九五之宮必不勝；必有「大吉」之功勞才能「無咎」不然必凶。「萃」是一山難容二虎啊！「豫」九四的情況就好多了，因為五爻為陰，才弱；與二又無應，無人支援。故豫樂。

「大」有周遍的意思，九四要做到無所不週，無所不正，達到盡善盡美才行，才叫「大吉」。

☰☰ 萃☰☰ 比

爻變為「比」，九四若抱九五大腿順承九五就吉，若非，必凶。

「萃」是猝，是碎，「寧為玉碎，不為瓦全。」但大多是瓦碎玉不碎。《容齋隨筆》：「人臣立社稷大功，負海宇重望，久在君側，為所敬

畏，其究必至於招疑毀。漢高祖有天下韓信之力為多，終以挾不賞之功，至於誅滅。……郭子儀再造王室，以身為天下安危，權任既重，功名復大，德宗即位，自外招還朝，所領副元帥諸使悉罷之。」可參觀。

九五：萃有位，無咎，匪孚，元永貞，悔亡。
象曰：萃有位，志未光也。

「萃」，悴也，瘁也；《詩‧小雅‧四月》：「滔滔江漢，南國之紀。盡瘁以仕，甯莫我有？」《詩‧小雅‧北山》：「或燕燕居息，或盡瘁事國。」《廣韻》：「瘁，病也。」《韻會》：「瘁，勞也。」

此「有」與「王假有廟」的「有」不同，是保有。

立、位金文同源，作一人正面張大雙手臂，及張大雙腳直立於地面之狀。《說文解字》：「位，列中庭之左右謂之位，从人立。」《毛公鼎》：「余一人在立」，「在立」即「在位」。

「位」，大位。〈繫辭下〉：「聖人之大寶曰位」即九五天子之位。

「萃有位」，勤勞辛苦，盡心疲悴才能保有此九五至尊大位。辛苦勞悴，勞心勞力而得人望，才能聚財、聚人。〈繫辭下〉：「何以守位曰仁，何以聚人曰財。」正是此義。

「無咎」者，無有咎災。九五居中得位，萃聚雖以正道，但上六陰爻遮頂，下乘九四之剛，要付出極大的辛勞，才得以「無咎」。

「孚」，福也，信也

「匪孚」，不是福。受九四威逼，上六遮頂，做得辛苦故非福，僅得無咎。

「匪孚」，是不孚，不信也；九五離坤陰眾人為九四所隔，眾人不服，不信任九五。

「萃」錯為「大畜」，〈大象〉說：「君子多識前言往行，以畜其德。」所以「萃」少德。

九五天子少德，天下必亂，但居「萃」能聚眾，故尚未亂，但久必亂；故曰「元永貞」。要做到「元永貞」才能「悔亡」，是反身修德之謂。

「悔」，困厄麻煩。

「悔亡」，以前有困厄麻煩如今順利。

「志未光」與「屯」九五「屯其膏，施未光。」一樣聚財，一樣有一陰蓋頂，一樣未光。「屯」、「萃」都是聚。「屯」九五在坎中，坎為隱伏故「未光」。「萃」九五在兌中，兌為闇，故「未光」。

九四的問題是地位不如九五，九五的問題是有位少德，因為上六陰爻掩遮住九五陽明之志。

䷱萃䷏豫

爻變為「豫」，寬裕、和樂、預備、預知。「萃」是急促，相鬥；若施以寬裕緩和則必豫。〈大象〉曰：「除戎器，戒不虞。」也是預先戒備。

上六：齎咨涕洟，無咎。
象曰：齎咨涕洟，未安上也。

「齎咨」，悲嘆之、怨嘆之聲。《釋文》：「齎咨，嗟嘆之辭也。」兌為口，故齎咨。

「涕洟」，眼淚鼻涕。《玉篇》：「目汁出曰涕」。《詩‧陳風‧澤陂》：「涕泗滂沱」。《毛傳》：「自目曰涕。自鼻曰泗。」泗即洟，鼻涕也；《說文解字》：「洟，鼻液也。」

「齎咨涕洟」，是身居化外，處境難為，萃聚不成，所以傷悲至此。

「無咎」，無災，不懼也。

上六乘九五之陽，先迷不安之象，欲下無法應三，故悲哀憂患如此。

「未安上」，言上六先迷不安於窮咨，又乘九五、九四之剛故「齎咨涕洟」。僅不安，並不凶。

此爻身居化外，位置極差，所以涕泗哀愁，但不要懼怕，沒有災害。因為聚合之時，要積極抱大腿，不然時間久了情勢就變了，變了就聚不成了。

䷱萃䷋否

爻變為「否」，不通。上六不通又在「萃」時，大家相聚，他孤單可憐。

離群索居非自願故「齎咨涕洟」。

第**46**籤 ䷭ **升**卦　又名地風升

升 ：元亨，用見大人，勿恤。南征，吉。

彖曰：柔以時升，巽而順，剛中而應，是以大亨。用見大人，勿恤，有
　　　慶也。南征吉，志行也。

象曰：地中有木，升。君子以順德，積小以高大。

序傳：姤者遇也，物相遇而後聚，故受之以萃，萃者聚也。聚而上者謂
　　　之升，故受之以升。升而不已必困，故受之以困。

雜傳：萃聚而升不來也。

𦫵 升小篆 **豋** 登小篆

《歸藏》此卦作《稱》，帛本作《登》。升、登同義。《爾雅‧釋
詁》：「登，升也。」《正字通》：「升，登也。」《左傳》僖公二十二
年：「及邾師戰於登陘」‧《釋文》：「登陘，本亦作升陘。」《詩經‧
小雅‧天保》說：「如日之升，如月之恆。」

升也是度量之器，《說文解字》：「籥也。十合爲升。」《前漢‧律
歷志》：「升者，登合之量也。古升上徑一寸，下徑六分，其深八分。龠
十爲合，合十爲升。」所以升者為聚而昇也，四海昇平也。

又上升也，《說文解字》「登，上車也。」《廣韻》：「登，成
也，升也，進也，眾也。」《爾雅‧釋詁》：「登，陞也。」《玉篇》：
「登，上也。進也。」「明夷」上六：「初登于天，後入於地。」朱駿聲
《說文通訓定聲》：「升假借為『登』。字亦作昇，作陞。」小篆「登」
字上頭是兩個「止」，即一左一右兩腳步，正是往上登升之象。

升、登都有豐收之義，《孟子‧滕文公上》：「五穀不登」。
《註》：「登，成熟也。」《禮記‧月令》：「農乃登麥」。鄭玄注：
「登，進也。」按：「登古音與得同」「登麥」即穀熟收獲得麥。

「升」是積少成多，五穀豐收，四海昇平。《穀梁傳》襄公二十四
年：「五穀不升為大饑」。《前漢‧梅福傳》：「民有三年之儲曰升
平」。

「升」也是祭品。古時供祭祀的牲體，放在鼎曰升。就是豐盛之祭祀。「萃」卦是聚，是「用大牲」；「升」積少成多，亦當用豐厚之犧牲來祭享。《儀禮・士冠禮》：「若殺，則特豚，載合升。」鄭玄註：「煮於鑊曰亨，在鼎曰升，在俎曰載。載合升者，明『亨』與『載』皆合。」《逸周書・世俘》記載，武王征商，「咸劉商王紂，執夫惡臣百人。」令四方「告以馘俘」。之後，「武王乃翼矢矢憲，告天宗上帝」，「王烈祖自太王、太伯、王季、虞公、文王、邑考以列升，維告殷罪。」「列升」蓋即同時祭祀先祖父兄，其犧牲就是戰勝所得俘虜。也可證「登」也是祭祀時盛肉類之禮器。《詩・大雅・生民》：「卬盛於豆，於豆於登。」《爾雅・釋器》：「瓦豆謂之登」謂登本陶器。

 金文  小篆

甲骨文、金文「登」會雙手捧食器（豆）雙腳登上祭台進獻祭品之意，小篆則將雙手省去，故「登」有進獻之義。

上坤土，下巽木，象樹木生長上升，故名為「升」，若相反則上巽下坤為「觀」，樹木長成可以為人所觀。

「升」上坤下巽，坤為地，巽為木，是樹木由地中往上生長，木剋土，是木破土而出。坤為柔順，巽為入遜，皆陰柔，是內順外柔，是依順而不悖背，其中二三爻為陽，是雖柔而自有主見。

坤為順，巽為卑，是順而謙卑，不犯上，以求進升也。〈彖傳〉：「柔以時升」，升之進升，是以順升，是先退後進。

「升」是凌虛騰空之象。下巽為風，三五互震，為羽，為飛，有鼓翅而飛，凌空騰躍之象，一飛沖天。互「大過」，是大大的動，是飛升之象。

「升」是積少成多，積砂成塔。〈大象〉說：「積小以高大」一步一階升高堂。

「升」是一帆風順。巽為風，震為舟。是受長官拔擢，有貴人相助。是四海昇平，一飛沖天，儘管前進，不必擔心。是大顯身手，前途光明。但「升」是升天、凌虛御空，不宜問生死。「蠱」上九變為「升」，蠱中蟄伏於繭中之蟲羽化升天。

「升」是得道升天，「升」錯為「无妄」，「无妄」是不可妄動，是災難。「升」是五穀豐收，積糧滿倉；「无妄」是天災，是飢饉。「无妄」是不可以妄動，就是不動；「升」則言「征」，是大張旗鼓。「升」是升天，是夫死婦守寡。互「大過」，是夫死。

「升」初爻為陰，巽下斷也。根基要注意，要穩紮穩打，不可急躁，不然全盤盡失。

「元亨」是大亨通，好的開始，有利於發展。倉有積糧，本錢厚實，故利發展。既是四海昇平，「元亨」也是大祭享。九二與六五相應，故可「用見大人，勿恤」，故「元亨」。

「用」，利也。「用見大人」就是「利見大人」二、五相應是受長官提拔而升，是升官發財大亨通的吉卦。

初至四互為「大過」，是棟樑之才，又受人提拔，是有才得顯，有志能伸之象。

「恤」，是憂心極了，患得患失。《增韻》：「愍也，災危相憂也。」可見「升」卦本有危厲。蓋初爻失位，居巽為伏，下斷的危機隱伏難測。「勿恤」是不必憂心。積極往前不要瞻前顧後。「升」有錢、有才、有靠山，故「勿恤」。

又「恤」，止也。《漢書·韋賢傳》：「明明天子，俊德烈烈，不遂我遺，恤我九列。」顏師古注：「恤，安也。」安，即止也。《文選》左思〈蜀都賦〉：「疇能是恤」。呂延濟注：「恤，居也。」居，即止也。不要止息，積極往前不要瞻前顧後。亦通。「萃」初爻、「晉」五爻、「夬」二爻亦同。

「南」，前也。左青龍東，右白虎西，前朱雀南，後玄武北。南，即前方。古人習慣座北朝南，故南就是前。

「征」，字從彳（彳`），從正（止、趾），從字形看是正步向前，就是出師征戰，也可引申為大張旗鼓的行動。

「南征吉」，是大步向前，可以大張旗鼓的幹，不必遮遮掩掩的。坤為西南，巽為東南，往南是坤巽相合，故「征南吉」。南離為火，君子嚮明而治，「南征吉」是前途一片光明之象。「歸妹」卦說「征凶」，大張旗鼓的征是凶的，要偷偷摸摸的幹。

「南征吉」是往前進必吉。九三互震，前臨重陰，陽遇陰則通，故征而吉。「升」卦像「師」，故曰「征」。

《易經》言「南」者，皆利。因為南方離火為日，向日溫暖之故。〈彖傳〉曰：「巽而順」是順著竿子往上爬。「柔以時升，巽而順」是以低姿態往上爬，有抱大腿，巴結之意。四海昇平，五穀豐收，就是得天時，故曰「柔以時升，巽而順。」機會大好，要擴大戰果。

「晉」說：「柔進而上行」，「漸」說：「止而巽」，「大有」說：「柔得尊位」皆以柔順用事而成功。「剛中而應，是以大亨，用見大人。」就是二五相應，朝中有貴人相援應。有錢能使鬼推磨。

小篆 籀文

「慶」字從鹿省，從心，從夊。古人以鹿皮為婚禮的贄禮，故從鹿省。見《說文解字》。小篆、籀文慶則像是傳說中的神獸「廌」，本義則是廌獸身的美麗花紋。由美麗的花紋引申為美善、喜慶的意思。

「慶」是普天同慶，是恩澤廣被。個人的是「喜」是「吉」，再好是「嘉」。「有慶」就是普天同慶，四海昇平。清仁宗年號為「嘉慶」。這是太上皇高宗乾隆皇帝取的，就有「五穀豐登，四海昇平」的意思。

〈大象〉說：「積小以高大」這是說陽由初息長至二為「臨」，「臨」為大。至「臨」而後能「升」。陽氣清而上行，故「升」。初陽「勿用」微小不合適升；二陽為「臨」已大，可以升。「升」是成熟，「升」從「臨」來；「臨」者大也，陽息至二根基已穩固，時機成熟自然往上升而得吉。「積小以高大」就如《老子》所說：「合抱之木，生於毫末。」集腋成裘。

「升」積穀三年，財資豐厚，資本雄厚，準備充足可以求進。「升」卦象如「師」，故曰「征」。所謂「兵馬未至，糧草先行。」打仗打的是物資，物資要經多年的屯聚。如漢朝文景二帝天下無為而治，倉廩所積之糧外溢，庫府所存之錢散斷，天下太平，才有武帝征匈奴、夜郎的大漢天威。

「積小以大」就是積少成多，積腋成裘，積砂成塔。《老子》說：「貴以賤為本，高以下為基。」《孟子》說：「民為邦本，本固而邦

寧。」強調根本、基礎的重要。「積小以大」高而必危，要重視根基的穩固。

「升」只說「元亨」不說「利貞」，「元亨」是好的開始，是成功的一半。但只成功一半，還要「利貞」知固守，不盲目前進。〈序卦傳〉說「升而不已必困」，瞻前不顧後，必「困」。

「升」是由「臨」而來。「臨」二陽在下根基厚實，但前臨重陰，坤為荒為亂，還是要小心從事，要以臨事而懼之心來面對挑戰，不可吊以輕心。若妄行躁進則卦成「升」，「升」是凌虛騰空，一時飛升在天，如氣球，隨風而飄，前途不能自主。根基下陰，為缺斷之象，如斷線的風箏。若按步就班，就成「泰」卦之局，則一切安泰。「升」卦下巽，初爻斷，由「臨」來的根基又被侵蝕。巽為隕落，大局基礎不穩，隕落是遲早之事，故「升」後為「困」。〈序卦傳〉說「升而不已必困」。只顧往上升而不回頭注意根基，照顧基層，則必「困」。「困」者綑也。綁手綁腳無法施展，有心無力，困坐愁城，升得太快反而一頭栽進深淵之中。二陽在「升」之後為「小過」，「小過」陰盛陽衰，實力不足，小試身手可以，大顯神通不行。所以卦辭說「可小事，不可大事。」又曰「不宜上，宜下，大吉。」就是要回頭照顧基礎，固本培元。可見「小過」之失不大，尚可挽救。挽救之則卦成「豐」或「恆」，或「大壯」皆大吉也。

「升」是升官發財。〈雜卦傳〉說：「萃聚而升不來」，是只能前進不能回頭，是過河的卒子，只能向前。「升」是陞，是昇，宜進不宜退，所以說「升不來」「萃」是往內聚集，「升」是往外奔升，一去不回頭，所以說「不來」。「升」是悔叫夫君覓封侯。巽為婦，為寡；震為去，為夫；是夫去婦守寡。是負心漢。

「升」是升官發財，有才得顯，大才得用，內互「歸妹」是桃花大發，人際亨通。「歸妹」是「征凶」，是衝動，是失去理智必凶。「升」忌衝動，要穩紮穩打。

六十四卦中只有「大有」與「鼎」兩卦的卦辭僅「元亨」二字而不加任何條件。而說「元亨」又無其他戒辭的僅「升」一卦。這三卦只「元亨」而無「利貞」，可見都是一開始前途光明，情勢大好，但無有堅定意志，持續堅持的耐力，守正不阿的態度，是不會成就完全的。

「漸」卦〈象傳〉曰：「漸之進也」，「進得位，往有功也」，所言也是進。〈序卦傳〉說「艮者止也。物不可以終止，故受之以漸。漸者進也。」這是說「漸」也是進，在「艮」之後，是等待以求進，漸漸的進，所進較慢，所待之時較長，一步一腳印，不躁進、冒進。「升」也是進，與「漸」不同，「升」是凌空飛騰，上升的快，也無阻礙。「晉」也是進，〈象傳〉曰：「晉，進也。」「晉」在「大壯」之後，進的快又壯，容易撞傷他人，自己也易受傷。

「升」與「萃」相綜，一聚，一升；是聚而後升，是升而後能聚。一聚財，一聚人。總之是四海昇平，人、財兩聚。

「升」為利於進，其錯為「无妄」，「无妄」：「其匪正，有眚，不利有攸往。」「升」是時機成熟故可進，「无妄」是不得天時，又揠苗助長，一定有災眚，因為「不正」，故「不利有攸往」。「升」卦〈象傳〉曰：「柔以時升」，「晉」卦〈象傳〉曰：「柔進而上行」；「升」之後為「困」，「晉」之後為「明夷」。「升」是求發展與成長，一昧的往前衝忽略了根基，必遇瓶頸必受「困」。

初六：允升，大吉。
象曰：允升大吉，上合志也。

「允」，古與鈗通，信其然也。于省吾先生以為「允者信然之辭，甲骨卜辭與事實相符每言允。」高亨先生以為「允」為進也。

「升」，上也，登也。《爾雅・釋詁》：「登，升也。」《正字通》：「升，登也。」

「允升」，謂信其往前行必升而登高也。初六前進則遇陽，於進升之時，故信其必升進，故「大吉」「坤」初六「履霜堅冰至」本就好進，今處「升」卦，更利於升進登高。

又「允」，允許也。《增韻》：「肯也」「允升」，是肯定會升，因為情勢大好「允升」是受人提拔，是可以前往而升。〈小象〉說：「上合志」「上」是指九二、九三。

「合志」，是志同道合。巽為志，為合，為苟合秘戲。故往上升而能合。

「升」卦「南征吉」，是積極向前之卦，初六失位力弱居巽體，柔順

之性，上又無應，不能自己進升，必須九二、九三允諾只能跟著二陽之升進而進升。

下陰承上陽乃《易》之義，初六力弱隨二陽之升而升，此乃大勢所趨。故曰「大吉」。

〈象傳〉：「柔以時升」是初六，所以六爻中唯初六「大吉」相錯的「无妄」卦〈象傳〉說：「剛自外來而為主於內」也是以初爻為主，也是只有初九曰「吉」。

初六巽卦，巽為「利市三倍」，此爻利財。

「升」者登也，《禮·月令》：「農乃登麥」農忙豐收進獻麥為祭祀。巽為秘戲苟合。祭祀歌舞之後的男女苟合。這也是「令會男女，奔者不禁。」

▤升▤泰

此爻變為「泰」，「天地交而萬物通也；上下交而其志同。」就是陰陽相交通。「泰」初九曰「志在外」。「泰」、「升」初爻都要往外交合以求升通。

九二：孚乃利用禴，無咎。
象曰：九二之孚，有喜也。

「孚」，信也。《說文解字》：「孚，信也。」《廣雅·釋詁》：「孚，信也。」《詩·大雅·文王》：「黃邦作孚」。《毛傳》：「孚，信也。」

「用」，用於祭祀之犧牲，《左傳》僖公十九年：「己酉，邾人執鄫子用之。」注：「養之曰畜，用之曰牲，其實一物也。」邾子用鄫子當牲畜祭品，是以人祭祀，這是古時以人祭祀的宜俗，在殷商用臣奴為牲而祭是常事，入春秋之後即稀少。《易經》成書於商末周初，所記多為殷商之事。

「禴」，夏、商二代為春祭，周代則改稱夏祭。《禮記·王制》：「天子、諸侯宗廟之祭：春曰礿（禴），夏曰禘，秋曰嘗，冬曰烝。」當為夏祭。又作「礿」《爾雅·釋天》：「夏祭曰礿」注：「禴，薄也。」夏季之時百穀未熟，可薦於廟的供品簡薄也。高亨先生以為「禴祭當是以

麥菜為主，不用家牲，用野禽，春夏之時皆可行之，祭之薄約者也。」

「孚乃利用禴」，是祭物雖薄，而鬼神享之，是誠心敬意的祭祀。是道義之交，是君子之交淡如水，不是酒肉朋友。「萃」六二同。

「利用禴」，是比喻九二陽剛之臣事奉六五柔弱之君，真誠之心無有花巧浮飾，如此才能「無咎」，無有災害。

「孚乃利用禴」，是說有卦兆顯示要祭祀通享天神，至誠感天。

積蓄至二尚未大，所以僅「有喜」，也是好事但僅及於個人。

九二前行遇九三之陽受阻，所以自己把自己的事辦好，僅得「喜」。不能大行其道。修練小成。

「有喜」，是懷孕得子。誠心祭祀感於天而得子。

初六因為柔而大吉，九二剛中僅能「無咎」，因為「升」是用柔的。

☷☴ 升 ☶☷ 謙

此爻變為「謙」。有而不居，二爻可以進升卻不進升。

九三：升虛邑。
象曰：升虛邑，無所疑也。

「升」，登高也。帛書作「登」。

「虛」，墟也，丘也。「虛邑」即丘邑，謂聚落城邑之高處。《說文解字》：「虛，大丘也。」〈說卦傳〉：「巽為高」三四五互為震，震仰盂，像一個碗，四周高中間低，故為「丘虛」。又《說文解字》：「古者九夫為井，四井為邑，四邑為丘，丘謂之虛。」可知「丘」就是「虛」，蓋古人居住建邑聚落多選址於四周山丘中間平坦之盆地，一如台北盆地。有山則有澤水，〈說卦傳〉：「山澤通氣」四周之山可為防禦，山中產物溪水則可為民生。為避水患，則在盆地中較高之處設寨為邑。後世發展為風水堪輿，而以後有靠山、龍脈；左有龍山，右有虎山，前有案山，遠有朝山者為佳壤寶地。這四周都是山的地形就是「丘」的本義。

古以「丘」為名之地多不勝數，《史記‧孔子世家》說「紇與顏氏女野合而生孔子，禱於尼丘得孔子。魯襄公二十二年而孔子生。生而首上圩頂，故因名曰丘。字仲尼，姓孔氏。」乍看之下是因為「禱於尼丘」，所

以取名為丘，因為是老二（長子庶出名孟皮，是跛子）所以字仲尼。其實是因為出生有異相，「生而首上圩頂」頭頂四周高而中間凹下。《索隱》對此解釋說「圩頂言頂上窊也，故孔子頂如反宇。反宇者，若屋宇之反，中低而四傍高也。」聖人生而有異相在中國文化中屢見，例如黃帝母親附寶在野外被閃電纏繞，感而懷孕，二十四個月之後產下黃帝於「壽丘」，「生日有角龍顏」，又見一丘。可見出生在「丘」是寶地，出聖人。《史記・五帝本紀》《索隱》：「皇甫謐云「黃帝生於壽丘，長於姬水，因以爲姓。居軒轅之丘，因以爲名，又以爲號。」這就有兩「丘」了。金文「丘」字就是兩山相夾中間低之狀，再來小篆為，而成為「虛」字，（隸變中還可以看出丘字的遺痕 小篆 北魏），以作為中間空虛之虛。「虗」為「虛」的本字。震仰盂，中空虛，震為丘虛。

「升虛邑」，進升到城邑中的高丘之上，居高臨下易守難攻，得地利，不畏水患，此為一城之主之象。此為吉占。或是遷國徙家於高地。

艮為山陵，故亦為邑。故古地名多有丘、虛者。有左阜右邑，此偏旁者多地名也。九三居下卦之極，巽為高，向上為震三四五互為震，故曰「升虛邑」。

「漸」九三有「夫征不復」之凶，而「升」九三〈小象〉說：「無所疑也」，蓋登高望遠，審視形勢，又上應上六有援引。

又「同人」九三：「升其高陵」與此同。

「邑」，是城邑，城郭。《鹽鐵論・散不足》：「邑居丘墟，而高其郭」又《說文解字》：「古者九夫爲井，四井爲邑，四邑爲丘，丘謂之虛。」可見「丘」本義為人群安營紮寨的聚落。「虛」也是聚落村邑，所以說「丘謂之虛」「墟」是後起字，而今成為廢墟，聚落村邑的本義喪失了。

「虛邑」，同義字連詞。

「升虛邑」，登上城邑中的高丘之上，得勝之象。又登高可以望遠，一覽無遺，審視情勢，取得地利，易守難攻，可攻可守，此為一城之主之

象。故「無所疑」此為吉占。《左傳》僖公二十八年城濮之戰：「晉侯登有莘之虛以觀師」。《詩·墉風·定之方中》：「升彼虛矣，以望楚矣。望楚與堂，景山與京。」《正義》曰：「先升彼漕邑之墟矣，以望楚丘之地矣，又望其傍堂邑及景山與京丘。言其有山林之饒，高丘之阻，可以居處。」又曰：「蓋地有故墟，高可登之以望。」九三居下卦之極，故曰「升虛邑」。

「漸」九三有「夫征不復」之凶，而「升」卦九三〈小象〉說：「無所疑也」，蓋應上有援。又「同人」九三：「升其高陵」同此。

九三積蓄以豐，可以出兵征戰，前臨重陰，陰為虛。如「臨」九二：「咸臨，吉無不利。」

「無所疑」，是不必疑慮，大膽前進，果敢不必猶疑。是吉詞。

九三前臨坤陰，利往，如入無人之境。

䷭升䷆師

此爻變為「師」，三爻「師或輿尸凶」、「大無功」，此爻反之，故大有功。

九三基本上前臨重陰利往是吉的，但爻辭無吉也無凶，因為九三以陽居陽，過剛不中，不合「柔以時升，巽而順，剛中而應。」長此以往必有所失。又在「師」恐殺戮太重，窮兵黷武之憂，不知收斂，必凶。又初爻為陰，基礎之虛伏於下，恐有變。

六四：王用享于岐山，吉。無咎。
象曰：王用享于岐山，順事也。

「用」，用於祭祀之犧牲祭品。

「享」有三義，亨、享、烹都是「亨」，《左傳》中「亨」即作「享」字。僖公二十五年：「筮之，遇《大有之睽》，曰：吉。遇『公用享于天子』之卦也。」朱熹云：「亨，春秋傳作享。謂朝獻也。古者亨通之亨，享獻之享，烹飪之烹，皆作亨字。」此「享」字謂祭享奉獻。

「用享」，用犧牲獻享祭祀。《左傳》僖公十九年：「邾子執鄫子，用之。」楊伯峻《春秋左傳注》：「用之者，謂殺之以祭於社也，『用』義與『用牲於社』之『用』同。」

古代的祭祀，帝王祭天，諸侯祭封地山川。四爻為宰輔，亦是諸侯，故祭山以告。這與古人對山嶽的崇拜習俗有關連。例如嵩山之「嵩」，從字義上來看「嵩」的字義是「高山」。又「崇」字是「山」「宗」就是「祖先之山」或謂「祖山」義為祖先發源地之聖山。

「升」為四海昇平，三爻「升虛邑」征戰已成功，四爻可以告山川，祭祖先。故曰「吉，無咎。」

「岐山」，是周朝的發祥地，為周王朝的祖山，周太王古公亶父遷都於岐山。「隨」卦上六：「王用亨于西山」相同。岐山在鎬京西故曰「西山」。《史記·周本紀》：「古公亶父復脩后稷、公劉之業，積德行義，國人皆戴之。薰育戎狄攻之，欲得財物，予之。已復攻，欲得地與民。民皆怒，欲戰。古公曰：「有民立君，將以利之。今戎狄所為攻戰，以吾地與民。民之在我，與其在彼，何異。民欲以我故戰，殺人父子而君之，予不忍為。」乃與私屬遂去豳，度漆、沮，踰梁山，止於岐下。豳人舉國扶老攜弱，盡復歸古公於岐下。及他旁國聞古公仁，亦多歸之。於是古公乃貶戎狄之俗，而營築城郭室屋，而邑別居之。民皆歌樂之，頌其德。」《集解》：「徐廣曰：『山在扶風美陽西北，其南有周原』駰案：皇甫謐云：『邑於周地，故始改國曰周』。」古公亶父是周文王的祖父實力不足受迫於戎狄，率部眾遷居於岐山之南的周原，各國慕古公亶父仁愛之名而歸之，到周文王十一年成邑，二年成都，三年五倍其初而強大為西伯，後周武王終有天下。國號周。周武王時，尊奉古公亶父為太王。

「王用享岐山」是祭祖，即後世之封禪大典。古帝王多於太平盛世行封禪大典，即祭祀泰山。這也是相同的意思。九三大獲全勝，四海太平，故九四祭山告祖。

「無咎」，無災害，祭享求神祖保佑故能「無咎」。

「順事」，順事而為必吉。

此爻或是用俘虜奴隸小臣為犧牲祭祖，必是盛大祭祀禮拜。吉祥，無有災害。或是古代周人祭祀其祖山的故事。

「隨」上六：「拘係之，乃從維之，王用亨于西山。」是周文王脫離商紂王的虎口，祭享岐山以告慰祖先，將要出征商紂。「升」六四是五穀豐收，太平盛世，四海昇平，故祭告岐山。

䷭升䷟恆

此爻變為「恆」。「恆」者常也，天下太平，故「順事」。

六五：貞吉，升階。
象曰：貞吉升階，大得志也。

「階」，階梯。就是「積小以高大」，層層臺階，步步升上廳堂。故曰「升階」。

「階」，是向上進升。《禮記・少儀》：「不得階主」。注：「階，上進者」。《疏》：「階是等級；人升階必上進，故以階為上進。」

「貞吉」，征吉，出征、出行得吉。

「升階」，是步步階升，更上一層樓。進身之階。

「升階」，五爻為天子，是登上君位。六五陰爻得九二的相應支援，可以登上君位，大得志於天下。

修鍊至五已可以登天為仙，升階至另一境界，故曰「大得志」。

「升階」，是升入廟堂，是進入中央核心，是提拔高升，登堂入室，享其好事。互為「歸妹」，嫁娶之卦。

此爻出征前往吉，利於登高，更上一層樓。

䷭升䷯井

此爻變為「井」為通，是通天。五爻陰柔可以得九二之助而「升階」，若變陽剛則與二敵，無人支助則陷入井中不能脫身。爬的高，跌的重。

上六：冥升，利於不息之貞。
象曰：冥升在上，消不富也。

「冥」，是晦，是夜。閩南語至今以暝為夜。《玉篇》：「暝，夜也。」昏冥黑暗。冥頑不靈。

上六陰柔居坤體，「坤」本義是「先迷後得」上六是犯了坤陰的大忌，在一卦之先，故冥頑不知，進升昏了頭，不是不知所措，就是搖搖欲墜。

「冥升」，是黑夜升起，黑暗降臨。黑夜中進擊，環境不利，卻能求進不止，故能成功。

「冥升」，升至幽冥黑暗至高之中，窮極必反，陰上必迷。

「不息」，是兢兢業業，不得休息。是警惕不可懈怠。

「不息」，是無息，無子息。

「貞」，是固，堅持。也是貞卜，徵兆。

「貞」，也是征，出行、出征。

「利不息之貞」，是昏暗冥頑降臨要時時努力。利於夜間出征，不可止息。

「冥升，利不息之貞」，是在黑暗中生育，是在夢中得生育徵兆，是利於無子息者的吉兆。

「消不富」，是喪失，消耗過度。「升」是積而富，至上爻以消耗過度了。

初到三為巽體，巽為入，為納，為利市三倍，為富。上體為坤，坤為虛，消耗愈多。至上爻則消耗過度。

孔穎達《疏》：「冥升者，冥猶暗也，處升之上，進而不已，則是雖冥猶升也。」後人謂不斷向上攀，在逆境中仍慎求上進登升。

〈序卦傳〉說：「升而不已必困，故受之以困」，所以利於貞固，不可再升，不可再進。

此爻升至極致，不能再升，已進入冥暗昏沌之界。

☷升☶蠱

此爻變為「蠱」，迷惑致深，不知警惕必亂。又「蠱」是幼蟲在繭中蛻變，像是母體得孕。

困　：亨。貞大人吉，無咎。有言不信。

彖曰：困，剛揜也。險以說，困而不失其所亨，其為君子乎。貞大人
　　　吉，以剛中也。有言不信，尚口乃窮也。

象曰：澤無水，困。君子以致命遂志。

序傳：物相遇而後聚，故受之以萃，萃者聚也。聚而上者謂之升，故受
　　　之以升。升而不已必困，故受之以困。困乎上者必反下，故受之
　　　以井。

雜傳：井通而困相遇也。

繫詞：困，德之辨也；井，德之地也。

小篆

帛書此卦也名為「困」。「困」卦上兌下坎；上是澤水，下是坎水，是湖澤河川之水，往下流失之象，漏也；水澤乾枯了，無水不能行舟，不能滋養，故困也。又坎為月，離為日，兌與巽皆陰卦，是日月之光為陰所遮蔽，是困之象。孔穎達云：「困者，窮困委頓之名，道窮力竭，不能自濟，故名為困。」《釋文》：「困，窮也。窮悴掩蔽之義。」《廣雅》：「困，窮也。」

「困」字，口ㄨㄟˊ者屋之四壁，木在其中，棟樑曲折崩落，是頹廢的房屋。《說文解字》：「故廬也。從木，在口中。」《六書本義》：「木在口中，木不得申也，借爲窮困，病困之義。」

上卦兌一陰在二陽之上，陽為陰所掩蓋；下卦坎，一陽陷於二陰之中，故〈彖傳〉曰：「困，剛揜也。」揜，音掩，困迫也。《禮記・表記》：「篤以不揜」。《疏》：「君子篤厚行於善道，不使揜逼而被困迫也。」故「困」卦是陽剛受陰所制而困迫也。

「困」是受制於小人，上卦為陰所掩蓋，下卦為陰所陷制。

「困」互「大過」，是大過之才被困。是有才不顯，是陽剛之才受陰所掩。「困」是捆，為「龍游淺灘招蝦戲，虎落平陽被犬欺。」「困」是

綑，縛手縛腳，不能施展。

「困」互「家人」，不利為官，懷才不遇，困居家中也。

「困」是災，困之木，家中之床也。「家人」也是家中之火爐，小心家中失火。

「困」是池水乾涸，澤水下漏，故為乾涸之象，故為窮困，為旱災。

「井」綜為「困」，「困」是資源枯竭，「井」是取之不盡，可以紓困。「困」是窮困，是資源匱乏。「井」是窮則變，變則通，通則源源不斷。「困」是窮途末路，「井」是挖掘潛能，另闢出路。「困」是上窮，「井」是下黃泉。

「困」為睏，故為憔悴。為病，屋中之木為床，古人生病才睡床。一般是席地而坐，席地而臥。「困」是死，中互「大過」，為死。互「家人」，死在家中。「大過」是深淵，死於深淵。

「困」為捆，受約束不得脫。為梱，為閫，是門檻。家宅近出之限制。段玉裁注「梱」字曰：「謂當門中設木也。」俞樾：「困者，梱之古文也。《木部》：『梱，門橛也。從木，困聲。』困既從木，梱又以木，縷梜無理，此蓋後出字，古字止作困。從口者，象門之四旁，上為楣，下為閫，左右為根也，其中之木即所謂橜也。」「困」的本義是門檻。由此義引申出阻礙之意。

〈大象〉曰：「致命遂志」，「致命」就是要命，就是死。「致命遂志」就是死期將近。

「困」互「家人」，躺在家中又遇大過，是病重不起之象，拖時間而已。困僅存一線生機，坎水剋離火，離火剋兌金，兌金剋巽木，只得木生火，是一線生機也。澤水為養命之需，水乾涸故死。「困」為墳。外口為墓壙，內木為壙中棺。「困」是口舌之災，「困」卦上兌為口舌，下坎為險陷，是遇險且有口舌之災。故卦辭曰「有言不信」。

「有言不信」，是真相不被人相信，是有口難言。有冤屈，不得申。是有人空口說白話，不可相信。九二、九五陽剛中實，就是信。〈象傳〉曰：「困，剛揜也」，陽剛真實被掩蓋，故不信。

「險以說」，是危言聳聽，故他人不信。所言為鬼神之事，故無法相信。

「有言不信」，是受冤，辯解無益，流言中傷，勿逞口舌之能。

「困，剛揜也」，坎為匪寇，是被匪寇所困。

「困」綜為「井」，「井」為通，是通敵、買通、私通，窮則通。

「困」是苦中作樂。上兌悅，下坎險；〈彖傳〉說：「險以悅」，又九五、九二剛中，是困而不失之象。

一個人遇到「困」卦時，最重要的是自信，不要人云亦云，受人左右，才是真能耐。

「困」九二、九五剛中堅忍，所以能亨，為脫困創造有利條件。

「困」互「頤」卦，「頤」者安也，是困而能安，「困」二五皆剛故能安。「頤」為養，有才不能顯，雖不能大有施為，但飯有的吃。

九二、九五剛中是經得起考驗之意。如「中孚」。

「困」而能亨，就在於能首正貞，所謂「時窮節乃見」這是大人的風範，小人是無法作的到的，所以「大人吉」。

孔子週遊列國時在陳、蔡之間絕糧，困於半道，子路抱怨：「君子亦有窮乎」孔子回答：「君子固窮，小人窮斯濫矣。」

《易經》中卦爻得位，就是說陰爻居陰位，陽爻居陽位；又上下相應，且居守中位，就亨通。此卦，九二、九五得中，守份也。是雖困而能守份，不因困而失其志如守節、守寡等；若困而失其志，胡作非為也。

「險以說，困而不失其所亨。」就是要樂天知命，苦中作樂，不要自怨自艾。

〈大象〉曰：「君子以致命遂志」是說是居困時堅定自己的原則，不可懷憂喪志，必有出困之日。

〈序卦傳〉說：「升而不已必困」。「困」是升的太高，升的太快。

「困」為相遇，〈雜卦傳〉說：「井通而困相遇也」。「井」為通，所以困不通。四面皆牆走不出去故不通。「困」是失勢，不得志。〈繫辭〉：「困，德之辨也；井德之地也。」人在艱困之時最容易分辨出品德行為的高下。「井」是源源不斷，是民生日用不缺，正是實踐品德之時。兌澤水，坎純水，兩水相遇，此卦有遇之義。困是為洪水所困。兩水相遇，水多故困。

《說苑・雜言》孔子曰：「……吾聞人君不困不成王，列士不困不成行。昔者湯困於呂，文王困於羑里，秦穆公困於殽，齊桓困於長勺，句踐困於會稽，晉文困於驪氏。夫困之為道，從寒之及暖，暖之及寒也，唯賢者獨知而難言之也。易曰：『困亨貞，大人吉，無咎。有言不信』聖人所與人難言信也。」可以參觀。

初六：臀困于株木，入于幽谷，三歲不覿，凶。
象曰：入于幽谷，幽不明也。

初爻失位，又處坎險之下，沒有脫困的希望故凶。

「株木」，木樁。《說文解字》：「株，木根也。」段注：「今俗語曰樁」。

「臀困」，亦即頓困，困頓。臀部受困就是身體受困。「臀」或作「身」解。

「臀困于株木」，是說受困而臀坐于木樁之上。初在下，故曰「臀」。與「夬」九四同。初與四取象常相似。「鼎」九四：「鼎折足」。

「臀困于株木」，是無有庇護。中國有句俗話「大樹底下好乘涼」，「株木」是只有樹幹，無有樹蔭，無法乘涼，所以這句話有困坐愁城無有庇護之象。「復」六二：「休復」與之相反。

「株木」，下卦坎為棘，此株木或為多刺之荊棘之木根，可為刑具，若「校」，「噬嗑」初九：「屨校滅趾」。上九：「何校滅耳」。《說文解字》：「校，木囚也。」段玉裁注：「校，木囚也。囚、繫也。木囚者、以木羈之也易曰。屨校滅趾。何校滅耳。屨校、若今軍流犯人新到箸木轌（靴）。何校、若今犯人帶枷也。」

「幽谷」，幽深的山谷。謂處境落魄，身處艱難環境中。《詩・小雅・伐木》：「伐木丁丁，鳥鳴嚶嚶，出自幽谷，遷於喬木。」坎為塹，為幽谷。亦為牢獄。

「三歲」，三年，是說經過長時間。「坎」上六：「係用徽纆，寘于叢棘，三歲不得，凶。」亦同。

「覿」，音笛，見也。指見到出深谷的大道。亦可讀為贖，寬恕也。或作遂，通達也。

「三歲不覿」，長時間找不到出路。罪大不得寬恕，運衰不能救贖。

此爻身受困頓於荊棘刺木之中，孤立於木樁之上，處於幽暗不明深谷之牢獄中。長久不得出路，罪大不得寬恕。意謂在劫難逃。

初六陰柔又陷於坎下，陰柔力弱，無力脫困，全靠九四伸援，無奈九四也在坎中（上四爻互大坎），又為陰所揜，自己也無力脫困，所以初六陷於困中之困，無法自拔。

「幽不明」，身處深塹之幽谷之中故不明。初六身處黑暗時代，自己也昏了頭，陷入絕境。坎為幽谷，為闇。

此爻有事難成，不見天日，生命大凶，緣由不明。

困 兌

此爻變為「兌」，顯而現。「兌」象失故不明。又兌為脫，爻變可以脫身。可見此爻深陷艱難多年，大環境的黑暗，有冤不明，三年是一個節點，撐得過有脫離險難的一天。過了三年就沒希望了。

九二：困于酒食，朱紱方來，利用享祀。征凶，無咎。
象曰：困于酒食，中有慶也。

「困」，困也，睏也。

「酒食」，富裕生活，口腹之欲，小人之欲。

「困于酒食」，困頓於酒食，就是睏於酒食，吃飽喝醉了愛睏。「需」九五：「需于酒食」。

我國古代的酒為釀造的低度酒，相當於現在的米酒，是古代的常用飲料。也是祭祀時的獻品，《儀禮·特牲饋食禮》鄭玄注：「祭酒，谷味之芬芳者，齊敬共之，惟恐美之，告之美，達其心，明神享之。」故曰「利用享祀」。

「紱」，蔽膝，《廣雅·釋器》：「紱，綬也。」《正字通·糸部》：「朱紱，朱裳也。」一說紱為系官印的絲帶。《文選·張衡·西京賦》：「降尊就卑，懷璽藏紱。」又通「韍」，為蔽膝，縫於長衣之前的一種祭服的服飾，用在膝前。就是紅色的繩巾。孔穎達《正義》：「紱，祭服也。」《聊齋志異》：「見有王者，珠冠繡紱，南面坐。」

「朱紱」，紅色蔽膝，高官服用。紱的顏色依官位品級而不同，周制天子、諸侯及藩國的上卿皆著朱紱。《太平御覽》：「朱紱承榮，無宜臥拜。」

可見這是在祭祀的場合祭酒喝多了而醉睏，失禮也。

「朱紱方來」，是位居高官。紅色的官印、官服將至。意謂將獲得君王授予的權力。

「困于酒食，朱紱方來」，謂喝醉了，臉紅如朱紱。得官慶賀，祭祀酒席中喝多了，睏而失禮。

「利用享祀」，利於獻貢祭祀，求神拜佛。得官位當然得祭祀謝祖拜神。

「征凶」，出征就凶，不征就「無咎」，可以免災。喝醉了不宜外出。

此爻祭享行禮中喝醉了面如紅巾，謂失禮。出征遇凶，最後無災。但「朱紱」是高官厚祿之象，雖吃醉而無大礙。故曰「有慶」。

困　萃

此爻變為「萃」。「萃」是菁英，進入中央首長。

此爻守的住困，可以轉為有福，並可得貴人相助，才能可顯。守不住而「征」必凶。

九二比初六好多了，初六位卑力弱，無法自拔，九二陽剛力盛，無奈有力無處施，僅能藉酒澆愁，心靈上苦極了。

《清稗類鈔·考試類·潘文恭應縣試》：吳縣潘文恭公世恩，試童子時，終日端坐不離席。吳縣令李昶亭逢春異之，拔置前列，因出對云：「范文正以天下自任」。潘對：「韓昌黎為百世之師」。又云：「青雲直上」。潘對：「朱紱方來」李決其必貴。後為狀元宰相，或贈以聯云：「大富貴亦壽考，蓄道德能文章」又吳縣潘文恭公以大學士領政府，相宣宗垂二十年，中外不甚稱其相業。本朝耆臣生加太傅者五人，重宴瓊林者八人，狀元作宰相者八人，惟潘文恭公兼之。又大拜不階協辦，樞廷不始學習，皆異數也。富貴壽考，子孫繼武，公之福祉，三百年一人已。潘為乾隆五十八年狀元，癸丑科狀元，官至武英殿大學士、軍機大臣；潘世

恩，初名世輔，小字曰麟，字槐堂（或云槐庭），號芝軒，吳縣（今江蘇吳縣）人。乾隆五十八年中狀元。嘉慶四年官內閣學士兼禮部侍郎。後屢次數持試事，負責續成《四庫全書》，主持編纂其他書籍；累官至軍機大臣。歷事乾隆、嘉慶、道光、咸豐四朝，咸豐帝即位後下召求賢，以八十歲高齡保薦林則徐、姚瑩等人。咸豐四年卒。諡文恭。

可以參觀。

六三：困于石，據于蒺藜，入于其宮，不見其妻，凶。
象曰：據于蒺藜，乘剛也。入于其宮，不見其妻，不祥也。

「石」，指的是堅硬之地，比喻險境。巽為石，六三前臨巽，故曰「困于石」。

聞一多先生以為此「石」是古代之「嘉石」；《周禮·秋官·司寇》：「以嘉（柳）石平罷（罪）民，凡萬民之有罪過而未麗於法，而害於州里者，桎梏而坐諸嘉石，役諸司空。」亦通。又《群書治要·秋官》：「以嘉石平疲民」。注：「疲民，謂為邪惡者也。」

「困于石」，困辱於嘉石之上，往前不濟也，事終不成。

「困于石」，亦謂道路石多難行，困於道路上。

「據」，依憑，靠恃。這裡當作拘困。

「蒺藜」，是牢獄之象，「石」觸法受辱之象。

「蒺藜」，有荊刺的植物。古人多以蒺藜、荊薪比喻不祥艱苦。如「臥薪嚐膽」又「蒺藜」，是監獄；古代的牢獄、墓塚四周種植蒺藜。《釋詁》：「茨蒺藜」。注：「布地蔓生，有子，三角刺人。」《詩·鄘風·牆有茨》：「牆有茨，不可埽也。」《正義》：「茨，蒺藜也。」孔疏：「蒺藜有刺，不可踐者是也。」故《左傳》襄公二十五年陳文子說：「據于蒺藜，所恃傷也。」因為不可踐踏，所以，用以比喻「乘剛」。石堅不可入，蒺藜刺人不可踐踏，皆喻不祥危屬也。

「據于蒺藜」，是處於是非之地，不祥之地，危礪之地。坎為蒺藜。六三身居坎，又乘九二之剛，故曰「據于蒺藜」帛書作「號於蒺莉」，號，為號啕。

「困于石，據于蒺藜」，亦謂道路上亂石阻礙前進，又有荊棘盤據於

其上，前途難行。處境困難。

「宮」，家。在秦以前庶人、王公的住處都可以稱「宮」，秦以後始分。《儀禮・士昏禮》母戒女曰：「夙夜無違宮事，古者貴賤所居，皆得稱宮，至秦始定爲至尊所居之稱。」

「入于其宮」，是往外遭遇「蒺藜」險境，只得往內返家。巽爲入，坎爲宮。故「入于其宮」。

「入于其宮，不見其妻」，是內外皆困，進退皆困。家中無妻內困之象。巽爲齊，妻者齊也，故巽爲妻。巽爲伏，與上又無應，故「入于其宮，不見其妻。」

「不見其妻」，老婆不是跑了就是亡故。家中無妻，無所歸之象。

「入于其宮，不見其妻，不祥也」，是厄運開始，家破人亡的徵兆。

六三前有重陽本當可往，但在「困」卦三四五六互爲大坎，前遇大坎，後有小坎，弄的六三進退不得。「坎」六三「來之坎坎，險且枕，入于坎窞，勿用。」也是進退不得。

初六臀坐於木樁，六三則「據蒺藜」，是如坐針氈了。

此爻鎖校於石枷，困於監獄之中而嚎啕，回到家中，不見妻子，大凶。

下
經
·
47
·
困

269

▦ 困 ▦ 大過

此爻變爲「大過」，內外皆險，過不了了。死象。「大過」兩極，不是死就是活的關卡。大過之才可過，一般人不可過。此爻身困名辱，死期將至。

〈繫辭〉：《易》曰：「困於石。據於蒺藜，入於其宮，不見其妻，凶。」子曰：「非所困而困焉，名必辱；非所據而據焉，身必危。既辱且危，死期將至，妻其可得見邪。」又《左傳》襄公二十五年：「武子筮之，遇『困之大過』，史皆曰：『吉』。示陳文子，文子曰：『夫從風，風隕妻，不可娶也。』且其繇曰：『困於石，據于蒺藜，入于其宮，不見其妻，凶。』困於石，往不濟也。據于蒺藜，所恃傷也。入于其宮，不見其妻，凶。無所歸也。」

崔武子就是崔杼ㄓㄨˋ，諡武，本是齊惠公的寵臣，位列正卿；東郭

偃是崔武子的家臣，他的姊姊嫁給了棠公，東郭偃駕車載著崔杼去吊唁，見棠姜（棠，夫之名號；姜是女子娘家的姓；棠姜就是東郭偃的姊姊）而美之，要娶東郭偃的姊姊棠姜；東郭偃說：「男女辨姓，今君出自丁，臣出自桓，不可。」古人很早就知道「男女同姓，其生不蕃。」崔杼的祖先出自於姜太公之子丁公，當為姜姓，東郭偃出自於齊桓公也是姜姓，所以勸說不可；崔杼執意娶棠姜，所以占筮了一卦得到「困之大過」，就是此爻。辯說棠姜的前夫棠公已經擋了卦的凶災，還是娶了棠姜；但棠姜又與齊莊公私通，崔杼不甘，弒殺了莊公，立了莊公的弟弟杵臼為齊國之君，就是齊景公。崔杼以正卿之位為景公之相，掌其國政。二年後崔杼家內鬨，左相慶封乘機滅了崔氏一族，棠姜自縊，崔杼回到家中也自縊。應驗了「入于其宮，不見其妻，凶。」

九四：來徐徐，困于金車，吝。有終。

象曰：來徐徐，志在下也。雖不當位，有與也。

「來」，是自上而下。

「徐徐」，是心神不定的樣子，來的遲疑徐緩。馬融：「安行貌，緩緩也。」

「來徐徐」，疑懼貌。

「金車」，是用銅作裝飾的車子。高亨注：「金車，以黃銅鑲其車轅衡等處，車之華貴者也。」《焦氏易林·小畜之剝》：「孔鯉伯魚，北至高奴，木馬金車，駕游大都。」富貴之人的乘車與「朱紱」一樣是尊貴之象。以官位而言都是「升而不已必困」。

「困」，梱也，門限也，今謂門檻，是門內外之限，限制進出。《爾雅·釋宮》宋邢昺《疏》：「閾為門限，謂門下橫木為內外之限也。」《墨子·備城門》：「試籍車之力，而為之困。」孫詒讓：「困，梱也。」《說文解字》：「梱，門橛。」就是門檻，段玉裁注：「謂當門中設木也」。《禮記·曲禮上》：「外言不入於梱，內言不出於梱。」《史記·循吏傳·孫叔敖傳》：「王必欲高車，臣請教閭里使高其梱。」《索隱》：「梱，門限也。」

「困于金車」，謂所乘的華麗車子受限於門檻不得前進。亦是受制於關隘不得前。九四陽爻故曰「金車」。

「困于金車」是解釋「來徐徐」的原因。是困阻於艱難險境，九四無法應初六。又九四前遇九五不通。

「吝」，不能脫困，遭遇困難無法脫困故「吝」，是小麻煩，不是大困難。

「吝」，遴也；《說文解字》：「遴，行難也。」《孟子題辭》：「然於困吝之中」。焦循注：「吝之義為難行」。《廣雅‧釋詁》：「遴，難。」謂難行不進，或是遭遇到困難而事難成。猶今言「累」。

九四略為好一點僅「吝」不「凶」。有小難，無大禍。然九四與初六為正應，故「初窒」但「終合」，故曰「有終」，有結果。

下卦三爻在坎，困而不宜前進，不可妄動。上卦三爻在兌，宜進以脫困，故九四曰「終吉」。「終吉」最後終於脫困。

九四與九二都是貴人，當官的，所困的不是財貨，困的是無法施展。只要沉潛養晦，從容等待，雖有「吝」但「有終」終究結果是好的。

「有與」，有同道的，有朋友。

「雖不當位，有與也」，是說初六相應，身雖困，心靈志向不是孤立的。

此爻金車受困於關卡限制，徐徐而來，雖有不利，但終於脫困有結果。

此爻變為「坎」。要想法子解決不然有後遺症，無法自拔。

九五：劓刖，困于赤紱，乃徐有說，利用祭祀。
象曰：劓刖，志未得也。乃徐有說，以中直也。利用祭祀，受福也。

「劓刖」，削去鼻子，斷其雙足。意謂情況危厲，心中不安。古代有五肉刑，墨、劓、刖、宮、大辟。劓刖是輕刑，並非極刑。《潛夫論‧夢列》：「傾倚徵邪，劓刖不安，閉塞幽昧。」《宋史‧呂公著傳》：「有欲復肉刑者，議取死囚試劓刖。」艮為鼻，上卦兌，艮伏不見，故曰「劓」。鼻子削去，斷其雙足。《尚書‧泰誓》作「杌隉」漢孔安國傳：「杌隉，不安，言危也」也作「兀臬」、「兀臲」、「阢隉」、「臲卼」。六三至上六互坎，坎為危，為憂，故危而不安。

「紱」，金文作「市」；《毛公鼎》：「朱市，悤黃，玉環。」《三年頌鼎》：「錫女玄衣，赤市朱黃。」《說文解字》：「市，韠也。上古衣蔽前而已，市以象之。天子朱市，諸侯赤市，大夫葱衡（玉飾）。」《左傳》桓公二年：「袞、冕、黻、珽」。注：「黻，韋韠，以蔽膝也。」

「赤紱」與九二的「朱紱」是同一種東西。是蔽膝，是祭祀時之禮服。但「赤紱」、「朱紱」的等級要低。顏色則朱深赤淺；《詩・小雅・斯干》：「朱芾斯皇」。《正義》引鄭玄注：「朱深于赤」。古者蔽膝以革為之，離為牛，為皮革。又三四五上互大坎，坎為赤；五爻下據離，故曰「困于赤紱」。

「赤紱」者，紅色之腰巾蔽幛。《詩・曹風・候人》：「彼其之子，三百赤芾。」《箋》：「芾，韠也。一命縕芾黝珩，再命赤芾黝珩，三命赤芾蔥珩。大夫以上赤芾乘軒。」《正義》：「《周禮》：『公侯伯之卿三命，下大夫再命，上士一命』然則曹為伯爵大夫再命，是大夫以上皆服赤芾。」

九五為君位，不當有去鼻斷足之象。因為君不會困，所以九五不是君，是一般的爻，故用「赤紱」。「困於赤紱」與九二「困于酒食，朱紱方來。」相似。

九二為臣，為高官；九五為君，為天子；九二困於官場，九五亦困於官場；九二尚能飲宴，九五位高更為不安，整天在提心吊膽之中，困之更甚。

「困於赤紱」，有受制於下之象，九四進逼。

「徐」，緩。

「乃徐有說」作「乃徐有脫」，徐緩可以脫困。兌為脫，五爻處於上卦兌之中，故有漸漸有脫困之象。

九五只能沉穩堅定、從容不迫，慢慢求脫困，是安於困也。五、二無應兩者皆困。

「受福」，比九二「征凶，無咎」好多了，可以得福。小遲而已，無有大凶。

「利用祭祀」，求心靈、精神上的慰藉。五、上爻半震，震為薦，為

祭祀，故曰「利用祭祀」。

　　此爻受到劓刖之刑，用穿在身上的紅巾捆縛；徐徐得以解脫，要好好地祭享。

☵☵困☵☵解

　　此爻變為「解」，春暖花開，但必要付出代價，故九五有「劓刖」之象，去卒保帥，犧牲一部分以求解困。

上六：困于葛藟，于臲卼，曰動悔有悔。征吉。
象曰：困于葛藟，未當也。動悔有悔，吉行也。

　　「葛藟」，是藤蔓。《詩·周南·樛木》：「南有樛木，葛藟累之。」《玉篇》：「葛，蔓草。」《博雅》：「藟，藤也。」

　　「困于葛藟」，是說被藤蔓纏繞所累困。

　　「臲ㄋㄧㄝˋ卼ㄨˋ」，是危險不安之貌。《郁離子·靈邱丈人》：「居處臲卼，出入障礙。」《全唐詩》：「荊棘深處共潛身，前困蒺藜後臲卼。」《廣韻》：「臲，臲卼不安書作杌ㄨˋ隉ㄋㄧㄝˋ。」上爻乘重剛無應，故有此象。

　　「曰」，發語辭，自警之詞。是說處於此藤蔓纏繞，臲卼之境，動、靜都不利。

　　「動」，是以行動進取。

　　前「悔」為「後悔」之「悔」，次「悔」為「晦」，晦暗、靜默也。

　　「征」是大動作，積極進取、爭取。「征吉」，是努力爭脫困境。不用大動作的「征」則不吉。

　　「動悔」，是說動而往應三，但三不應故「悔」。是動輒有悔，困之極，處處困，故動輒有悔。下乘剛故「有悔」。

　　「動悔有悔」，是動輒有悔，晦暗不見。不動更悔，若後悔於進取則有困厄麻煩不斷，前往爭取最後必能脫困，故「征吉」。帛書作「悔夷有悔」。何新讀「悔夷」，毀譽也。

　　「吉行」者，征吉也，行動故吉，趨吉也，宜動不宜靜。

　　上六之困已經不如初、二、三、四、五了，是小困，困的淺；物極必

反上六困極就要脫困了，所以可以「征」以主動求脫困，形勢上好多了，可以爭取出困。

此「動悔有悔」與「豫」六三「悔遲有悔」同。

于省吾先生以為「動」應該讀為「重」，第一「悔」讀作「晦」，《說文解字》：「晦，古文謀字」「動悔有悔，征吉」，應讀作「重謀有悔，征吉。」三四五上互坎，坎為謀；上兌為脫；上六處坎之極。意謂不應遲疑重於謀慮，想思再三，猶疑不決，當快決前往則可脫險而得吉。

此爻居卦上為陰爻，為蔓藤纏繞，昏暗不明，動、靜皆難。但必須果決極力掙脫，則吉。不然必有損折。

困　訟

此爻變為「訟」。有民事官司訴訟。

第48籤 ䷯ 井卦 又名水風井

> 井 ：改邑不改井，無喪無得，往來井井。汔至亦未繘井，羸其
> 　　瓶，凶。
>
> 彖曰：巽乎水而上水，井，井養而不窮也。改邑不改井，乃以剛中
> 　　也。汔至亦未繘，未有功也。井羸其瓶，是以凶也。
>
> 象曰：木上有水，井。君子以勞民勸相。
>
> 序傳：萃者聚也。聚而上者謂之升，故受之以升。升而不已必困，
> 　　故受之以困。井道不可不革，故受之以革。
>
> 雜傳：井通而困相遇也。
>
> 繫詞：困，德之辨也；井德之地也。

丼 古籀文

　　古「丼」字中間有一點，今「井」字則無。《說文解字》：
「丼，八家一井，象構韓象，『•』，罋之象也。古者伯益初作井」
韓，今作韓，宋代的徐鉉、徐鍇注釋曰：「韓ㄏㄢˊ，井垣也。周禮
謂之井樹。古者以瓶罋ㄨㄥˋ汲。本作丼，省作井」《說文解字》：
「韓，井垣也」瓶罋，是汲水的瓦罐。「丼」中間一點即是汲水器。

　　井是象形字，像古人挖井以木條作為井壁的井口的樣子，兩劃直
木與兩劃橫木相交之形，中間的方形象井口。挖地掘井深及黃泉，擔
心泉水被坍下之泥汙染，也怕井壁坍方壅塞了泉水。所以井不僅是一
個口，也將保持井水暢通的井壁一起涵義其中。新石器時代的河姆渡
遺址中就有木構古井，井邊木製圍欄成井形。

　　「井」卦下巽為順，巽為東南，為地戶，地勢順，故巽為地。上
卦坎為水，巽地而出坎水，像清泉湧出，源源不斷。故名「井」。

　　「井」卦是穿入地中以取水。上坎，初至四又互大坎，則坎中之
坎，窘中之窘如井，故曰「井」。下卦巽，陰伏於下，意謂泉水伏於
下，故為井。初爻在地之下，是深入黃泉之象。又巽為探求，故有鑿

地深入地中及泉以取水之象。

〈雜卦傳〉說：「井為通」，往下挖井以通泉水，亦如打隧道以求通。「井」是往上不通，往下通。正不通，旁則通。往上不通是因為上卦為坎，坎是險阻所以不通。又「坎」初六云：「入於坎窞」《說文解字》云：「窞，坎內之坎也」又曰「旁入也」。「井」卦下四爻為坎，所以旁入也不通。如上坎下震「屯」卦，是震往前遇險阻也是不通。「井」為通，是「屯」下震變下巽，震往前不通，變巽往下求而通。「屯」正行不通，下行則通。「屯」不通，往下探求則通。地上不通，往地下通。又震巽相錯，相錯也稱「旁通」。所以「井」卦是要懂得權宜變化，正大光明不通，權變旁行伏潛往下另求則通。巽為入，為深入探求，為權宜，為變化，為潛伏。

「井」是往下挖井探勘以求通，另闢行徑，抄小道，暗渡陳倉，開創新局。「井」卦綜為「困」，「困」是窮，困坐愁城。「井」是窮則變，變則通。

「井」是往下探求，是非常之法，釜底抽薪。是探求以求通，是開發潛能，是研究發明，成功了就通天，通地，通鬼神，大顯神通，研究發明。「困」是困居家中，故不通。堂堂正正的行不通，偷偷摸摸就通，內線就通，在桌面下進行就通。

「屯」上坎水，水大深塹在前不能通，震錯巽為入，變「井」在水下就可以通。「井」為隧道，在河床下挖隧道就可以通。北迴鐵路許多隧道貫穿河床之下，北海道與本州之間的青函隧道也是穿入海床之下，英倫隧道亦復如此。

「錯」也稱為「旁行」震錯巽而井成，巽為伏，於自然是地下伏流，於人工是「坎兒井」，其原意是井穴，古稱「井渠」《史記‧河渠書》：「於是爲發卒萬餘人穿渠，自徵引洛水至商顏山下。岸善崩，乃鑿井，深者四十餘丈。往往爲井，井下相通行水。水穨以絕商顏，東至山嶺十餘里間。『井渠』之生自此始。穿渠得龍骨，故名曰龍首渠。作之十餘歲，渠頗通，猶未得其饒」可見很早以前古人在中原地區就有用井渠的方式引水灌溉。相傳新疆吐魯番的坎兒井就是漢通西域以後傳入的。

「井」卦上坎下巽，巽震相錯，錯也是旁通。巽為入，為伏，是偷

襲，是偷偷摸摸，見不得陽光。巽為探求，為無孔不入。巽在下卦，初六位居地之下，是深入地中，是深入及泉之象。「井」以旁通之法以求通。所用為非常之術，是斜門歪道，是迂迴求進，是正不通歪通，神不通鬼通。

巽為遜，要知謙讓。震為征，為振，振振有辭則不通。巽為伏，下卦大坎，坎為水，是伏流。伏是躲藏，是在隧道中，故為伏。

巽為工，為巧。挖井鑿隧道皆是危險專業之行業。「井」為通，巽為工，坎為陷，巽施工而能通，不是隧道就是橋樑，錯震為道，亦是道路，故通。「井」亦為公共建設。巽為利市三倍，「井」為專業，風險高的行業，所以收入也高，報酬也大。

「井」是井田制度，是八家共耕一田，亦有公共之義。《釋名‧釋州國》：「周制九夫為里，其制似井字也」古代開闢土地為田以養民，故「井」也是基礎建設。〈大象〉：「君子以勞民勸相」句謂執政者勸勉人民勤於耕作。

「井」是私通，是走私。馬無野草不肥，人無橫財不富。故利市三倍。「井」是源源不斷，貨暢其流。「井」是隧道，是地下通道，是崁兒井，是地下鐵。「井」是井井有條，毫不紊亂，是專業之象，是秩序，是制度。

「井」是上窮碧落下黃泉，「井」卦下巽，巽是無孔不入，是探求。上卦為坎，為險，為陷，為堅忍，為勞。所以「井」卦所言為辛苦勤勞，風險又高，又有耐心、耐力、魄力。巽為權衡，在隧道中更要除了這些危險外，更要知權衡緩急輕重，該放棄或另闢行徑，皆要以權衡而作出決定。

「井」卦往下探求是與一般的狀況不同的，所以，「井」卦之後為「革」卦，「革」為除舊，要有拋棄傳統，創新思維的魄力。鑿井非一蹴而成，不可急功近利，要有耐力、毅力，不可半途而廢。

「改邑」，遷徙城邑，《後漢書‧班彪列》：「遷都改邑，有殷宗中興之則焉」《漢書‧眭兩夏侯京翼李傳》：「臣聞昔者盤庚改邑以興殷道，聖人美之」《前漢書‧孝元皇帝紀上》：「臣聞昔盤庚改邑。以起殷道」可見古人常遷徙城邑。

「改井」，清理井底的淤泥使泉水疏通清潔。古人多在春季三月時清理疏濬井底汙泥。《管子・雜篇・禁藏》：「當春三月，荻室熯造，鑽遂易火，杼井易水，所以去茲毒也」「杼井易水」者，即此「改井」。古籍中也有在秋季改井的記載，《後漢書・禮儀志》：「日夏至禁舉大火，止炭鼓鑄，消石冶皆絕止。至立秋，如故事。是日浚井改水，日冬至鑽燧改火。」《太平御覽・夏至》：「《續漢書・禮儀志》曰：『夏至日浚井改水，冬至鑽燧改火，可去溫病也』」改井、改水都是為了清潔水源，夏至天熱為用水高峰期，改井可清潔水源，以防疾病。《新序・雜事一》：「昔者，舜自耕稼陶漁而躬孝友，父瞽瞍頑，母嚚，及弟象傲，皆下愚不移。舜盡孝道，以供養瞽瞍。瞽瞍與象，為浚井塗廩之謀，欲以殺舜，舜孝益篤」記載舜曾經入井中清理井水時被父母陷害。

「改邑不改井」，意謂雖然遷徙城邑，但不清理水井使井中泉水清潔。

「無喪無得」，水井之泉水不絕，雖然汲用但始終維持著水位，不會因為汲用而乾涸。這是「改井」維護井之後得到的結果，就是保持井水的通暢。

「井井」，眾人使用水井，來來往往，使用水井要約之以法，有條不紊，保持井水潔淨，使水位不變。蓋《廣雅・釋詁一》：「井，法也」《一切經音義》引《易記》：「井為刑法也」《初學記》引《風俗通》：「井，法也，節也。言法制居人，令節其飲食無窮也。」

「往來井井」，既是人來人往的市集必有管理，尤其水源是公共所需，必使之清潔不受汙。《管子・小匡》：「處商必就市井」尹知章注：「立市必四方，若造井田之制，故曰井」《漢書・貨殖傳序》：「商相與語財利於市井」顏師古注：「凡言市井者，市，交易之處；井，共汲之所，故總而言之也」《玉篇》：「穿地取水，伯益造之，因井爲市也」《淮南子・齊俗訓》：「鑿井而飲，耕田而食」先有井而後聚為市。既城市集，就有聚落，故井也是古代地方單位。古代九夫為一井，四井為一邑。《周禮・地官司徒》：「九夫為井，四井為邑，四邑為丘，四丘為甸，四甸為縣，四縣為都」《釋名・釋州國》：「周制九夫為井，其制似井字也」孔穎達《疏》：「此明性常井井，潔靜之貌也。往者來者皆使潔靜，不以人有往來改其洗濯之性，故曰往來井井」是「井井」有往來，有

經營管理的意思。

《易經》創作於殷末周初之際，人們依然有游牧游農的習俗，故常遷地而居，而建築新的城邑，自然必須挖掘新井，井成水通則須改井以維持水源通暢。

「往來井井」，就是通。〈雜卦傳〉：「井，通也」卦義既是變通，也是通達。「泰」卦也是通。「泰」卦「天地交而萬物通也」是正大光明的通。「井」卦是往下暗暗的私通。一個大三通，一個小三通。

「往來井井」，往來急急。井是市集交易之所，如「噬嗑」卦，〈繫辭下〉云：「日中為市，致天下之民，聚天下之貨，交易而退，各得其所，蓋取諸噬嗑」「井井」，聞一多說讀為「營營」《廣雅·釋訓》：「營營，往來貌」《商君書·錯法》：「苟容市井，財貨可聚也」就是汲汲營營，熱鬧滾滾，財源滾滾。

「往來井井」，是奔走鑽營，勞碌煩忙，辛苦探求之後，新局開創之後，往來熱鬧之象。如抗戰時東南沿海被日軍佔領後，另闢飛越西馬拉雅山脈～駝峰～的空中走廊，以及滇緬公路。

聚眾人往來則成為市集聚落，再多則為城邑。如此，必有管理，故「井」也有以法約束管理之義。《廣雅·釋詁》：「井，法也」《一切經音義》卷二十引《易記》：「井為刑法」《初學記》卷七引《風俗通》：「井，法也，節也。言法制居人，令節其飲食無窮也。」

井，也為天上星宿之名，即南方朱雀的東井宿。《史記·天官書》：「東井主水事」《洪範·五行志》注：「東井主法令」《漢書·天文志》：「日冬則南，夏則北；冬至於牽牛，夏至於東井」「南方之星宿有東井」《後漢書·郎凱傳》李注：「東井，南方火宿也」「井」上卦坎為法，為水。離為火，下卦巽入，互兌為口，為通道，為井。卦之象義與星占亦合。《後漢書·禮儀志》：「至立秋，是日浚井改水。」

《易經》時代人們尚未定居，常遷地造邑，改邑攻井。井淺易汙，故三月而換井。《呂氏春秋·勿躬》說：「伯益作井」《淮南子·本經訓》云：「伯益作井而龍登玄雲，神棲昆侖」高誘註：「伯益佐舜初作井，鑿地而求水，龍知將決川谷，濆陂池，恐見害。故登雲而去，棲其神於昆侖之山」我看此井不只是水井，也是陷阱。陷阱難防故登雲而去。

「井」也是罙，陷阱以捕獵。《說文解字》：「罙，陷也，所以取獸者」《呂氏春秋・勿躬篇》：「伯益作井」《淮南子・本經篇》：「昔者倉頡作畫，而天雨粟，鬼夜哭；伯益作井，而龍登玄雲，神棲崑崙，智能愈多而德愈薄矣」伯益作井既然與倉頡造字並稱，可見此井是害人捕獸鬥智的陷罙，是陰以陷人的罙。伯益是虞舜的後代，根據《史記・秦本紀》：「帝舜乃妻之姚姓之玉女。大費拜受，佐舜調訓鳥獸，鳥獸多訓服，是為柏翳，舜賜姓嬴氏」「柏翳」就是「伯益」。虞舜之虞是「虞人」之虞，為掌管山林鳥獸之官；《周禮・地官・山虞》：「掌山林之政林，物為之屬，而為之守禁」伯益作陷罙是為了方便捕狩獵物。古時井、罙不分；伯益作罙捕獸獵物，連龍、神都不敢居處而離去。（見《聞一多全集・古典新義》）所以〈繫辭〉：「困，德之辨也；井德之地也」又《焦氏易林・觀之益》：「去辛就蔘，毒愈酷毒；避罙入坑，憂患日生」以罙和坑相並稱，罙者穿地陷獸也。《書・費誓》：「杜乃擭，斂乃罙」《疏》：「罙以捕小獸，穿地爲深坑，入不能出，其上不設機，小異于擭。」

「改邑不改井，無喪無得，往來井井」，句謂遷移城邑卻不疏浚眾人飲水的井，雖然無失無得，市集形成眾人往來不已。可能是因為選址良好，水泉充沛，管理良善，不需要經常疏濬之故。《字彙・二部》：「井，市井。市，交易之處；井，共汲之所。古於汲水處為市，故稱為市井。」

「汔」，水乾涸。《說文解字》：「汔，水涸」《抱朴子・外篇・詰鮑》：「其不汔淵剖珠，傾巖刊玉。」

「至」，窒也，窒塞。

「汔」，王引之說為「迄」。「汔至」，既至也。

「亦」，猶也。

「繘ㄩˋ」，矞也，挖掘使之穿通而出，就是挖穿、貫穿。《廣雅・釋詁》：「矞，掘、穿也」荀爽說：「繘者，所以出水」從「矞」之字多有「出」之義。《說文解字》：「矞，滿有所出也」，《廣雅》：「矞，出也」，《漢書・司馬相如傳》注引晉灼：「矞，水湧出聲也。」又《方言》云：「自關而東，周、洛、韓、魏之間謂之綆，關西謂之繘」《左

傳》襄公九年《正義》：「綆者，汲水之索，《儀禮》謂之繘。《方言》
云：『自關而東，周、洛、韓、魏之間謂之綆，關西謂之繘』。」

「繘井」，挖掘水井。將「繘」之取水之繩，假借為動詞，挖掘也。

「羸」，累也，敗也，破也。「羸」，聞一多、高亨說讀「儡」，
《說文解字》：「儡，相敗也」即擂。

「羸其瓶」，汲水之瓶被打破了。

「汔至亦未繘，井，羸其瓶，凶」，謂既然已經到了新的城邑，水井
挖了一半未及泉水掘出，而汲水之瓶卻意外破敗，故凶也。「井」卦有意
外之患。

「汔至亦未繘，井，羸其瓶，凶」，是說到了井邊汲水欲用，井卻乾
涸，壅塞不通，汲水瓶也被打壞。故凶。井未穿通則無水可汲用。水瓶毀
壞，無水可汲，皆凶。這說的是有變故，或是因為不改井疏濬久而久之淤
塞，終有一天井乾涸而無水可用。又或是「時衰鬼弄人」，無水可汲又弄
破了汲水瓦罐，凶象。古人掘井求水、求通不易，意外與未知因素多矣！

「井」卦是往下探求，不循正途，另闢行徑，抄別徑，出小道，暗渡
陳倉。但夜路走多了總會遇到鬼，所以「羸其瓶，凶」《京本通俗小說・
錯斬崔寧》：「自古道：『瓦罐不離井上破，將軍難免陣中亡』……只管
做這沒天理的勾當，終須不是個好結果」《左傳》襄公十七年：「衛孫蒯
田于曹隧，飲馬於重丘，毀其瓶。重丘人閉門而詬之，曰：『親逐而君，
爾父為厲』」衛孫蒯攻打重丘（邑名），毀其汲井水之瓶，這是缺德的行
徑，故重丘人汙罵之。

「井」互「大過」，上缺下斷，是上敝下漏，禍事也。

這是說「井」卦是一專業性強，風險高，未知數大的一卦。稍有不
慎，便前功盡棄。「井」卦的憂患意識很強。

「井」是市井，坎為勞，為流，為穿，為通；如市井往來穿流不息，
故〈雜傳〉云：「井通」即釋此義。貨暢其流也。

「井」錯為「噬嗑」，〈繫辭下〉曰：「日中為市」，也是市集。
《管子・小匡》：「處商必就市井」尹知章注：「立市必四方，若造井田
之制，故曰市井」坎為水為流，巽為利市三倍，為商，故為市井（集）。

「井」是公共設施，是服務眾人，是基層建設，基礎建設。

「井」是泉水，可以利人，是市集可以濟物，是有「養」的意思。此養有二個含意。一為養生，人依井而活，為聚落，為人們社交、交易之所。人因井而活，因依賴井而被井約束。一為人對自然的養護。井為人工所掏掘，費時、費工，且掏水不易，但是功成井通可以濟人利物，養民於常久。是養人也。井需要大家共同為護，污染、器壞都能傷民，則凶。井可以養生活命，也是保養維持，公共建設需要養護。也是養德，公共道德。

「井」卦是公務人員。「井」是一日作，一日食。辛苦但細水長流，源源不斷。

「井」是虹吸管，是虹吸作用。坎為水，巽為風，為氣，是大氣壓力使水上升。

「井」卦言「喪」，「井」是隧道，是深及黃泉，互「大過」，「大過」為棺郭，是古人天子喪葬之禮。「井」是通及黃泉，巽為伏為鬼，坎亦為鬼，是與鬼相通。

「汔至亦未繘，未有功也」，「井」是公共設施，是要維持的，要有恆心長久的保養，要小心奕奕，勤勞謹慎，建立法度，一不小心就會半途而廢，前功盡棄。

「羸其瓶，凶」是「功欲善其事必先利其器」無工具則其功不成，工具毀則功不能盡。

「困」之後為「井」，是從「困」境中求突破；再來為「革」，是大刀闊斧，開創新局；若不能突破就歸零入「困」。

「噬嗑」是咬合，是爭食，是鬥爭。「井」是通，是鴨子滑水，是暗潮洶湧。「噬嗑」是剷除障礙，「井」是深入基層，暗度陳倉。「噬嗑」是威權強勢，「井」是城府深潛。「噬嗑」是食，是爭食。「井」是不食，不爭食，公共設施，是分享，是公用，故不爭。

「困」是顛沛之時，是困居家中，受外在環境的限制。是陽剛之才受陰所掩，有才不能顯，是籠中之鳥，平陽之虎，淺灘之龍。困窮而求變，變則通為「井」。

「井」卦是專業性極重的一卦，專業態度不夠，不夠謹慎，以致意外頻傳。所謂「瓦罐不離井口破，將軍難免陣前往。」

鑿井，挖隧道，專業性高，禁忌多，危險大，最怕落盤、塌方等意外。這是說「井」卦的成功是有條件的，要專業，細心，謹慎，耐心，運氣，是不容易的。

「勞」，慰勞；于省吾先生讀「勸相」為「觀省」。《管子·七法》「立少而觀多，則天下懷之矣」注：「觀當為勸」；「相」讀作「省」，《說文解字》：「相，省視也。」省、相二字形音義並通。〈大象〉曰：「君子以勞民勸相」，應讀作「君子以勞民觀省」，即「君子以觀省勞民」的倒裝句，謂在上位的君子以觀視省察而慰勞庶民也。是說「井」卦要集眾人之力，是團隊合作的，是辛勞的。「勞民勸相」是勞動服務，是服勞役，是服役。「噬嗑」是「吃力」，「井」是「掘力」，都是跑斷腿。坎為勞，〈說卦傳〉：「坎者、水也，正北方之卦也，勞卦也，萬物之所歸也，故曰：勞乎坎」又巽為木，坎為水；水生木，如水之灌溉而生木。

惠士奇以為「井」卦是春季之卦，在其所著《易說》中云：「一說井者，東方春也，諸跂行喘息，蜎飛蠕動，當生之物，莫不以春生，歲始春日，始甲，故以井為始焉」而「勞民勸相」正是春耕之時。

「困」是受外在影響，天命不可違，難以突破。「井」則是窮則變，變則通，是天助自助，發揮潛能，另創新境。「井」卦是勞動生財。

「井」綜為「困」，「困」是資源枯竭，「井」是取之不盡，可以紓困。「困」是窮困，是資源匱乏，「井」是窮則變，變則通，通則源源不斷。「困」是江郎才盡，「井」是另闢出路，創新不斷。「困」是上窮，「井」是下黃泉，所謂上窮碧落下黃泉。「井」為通，是通敵、買通、私通、是黑市、走私。

初六：井泥不食，舊井無禽。
象曰：井泥不食，下也。舊井無禽，時舍也。

「井泥」，是井中之水受泥沙汙染。巽為污，故為「泥」。初六在卦最下，居天（五、上）、人（三、四）、地（初、二）之地之下，故曰「泥」。「乾」卦初九則曰「潛龍」。可以參對比照。

初六無應故水無法上汲，猶如無水只有泥。「姤」初六：「繫于金柅」雖相應九四而被繫止。二三四爻互兌為澤，初六在澤之下故為泥。

「井」，也是陷穽，即機穽，機關陷阱，用來捕獸獵物。《後漢書‧文苑傳下‧趙壹》：「有一窮鳥，戢翼原野。罩網加上，機穽在下」李賢注：「機，捕獸機檻也。穽，穿地陷獸」「井泥不食」，是水井底爛泥污染水質，不能食用。

「禽」，禽獸，也是擒捕。《說文解字》：「禽，走獸總名。」

古人以「蟲」總括大部分的動物，獸叫毛蟲，鳥叫羽蟲，魚叫鱗蟲，龜鱉叫介蟲，人叫裸蟲。難怪俗呼虎為大蟲，蛇為長蟲，九頭鳥蜀語叫九頭蟲。這裡的「禽」也應該是動物的統稱。

「無禽」，無有禽獸陷於穽中。亦謂無有捕獲禽獸。

「舊井」，就是廢棄的穽。許久未修治的陷阱，所以捕不到禽獸獵物。故緊接著曰「無禽」。「舊井無禽」之義與「田有禽」、「田無禽」義同。

「井泥不食，舊井無禽」，井中有泥無水，無所得，不得飲。久未維修之舊陷阱中只有泥沒有擒獲獵物。是空穽，也是枯井，不是吉詞。

《焦氏易林‧遯之井》：「老河空虛，舊井無魚。」惠士奇以為此爻的「禽」就是「魚」，而且是祭祀井的供品。《論衡‧祭意》：「五祀報門、戶、井、灶、室中溜之功。門、戶，人所出入，井、竈，人所欲食，中霤，人所托處，五者功鈞，故俱祀之」《白虎通‧德論‧五祀》：「五祀者，何謂也？謂門、戶、井、灶、中霤也」「一說：戶以羊，灶以雞，中霤以豚，門以犬，井以豕。或曰：中霤用牛，餘不得用豚，井以魚」意謂廢井無水，也無人祭祀。

「井」在古人的生活中，既是陷阱可以捕獵野獸，也是用水生活的泉源，所以古人有祭祀井的習俗。

「舍」，捨也，棄也。蓋井中既不能汲水飲用人必棄之，陷穽沒有維修不能捕獲野獸就捨棄不用。兩義皆通。

此爻為枯井，無水可飲。既然無水便可為陷阱，但又無禽可獲。雖不言凶咎，但長久就有凶咎。

☵☴井☵☰需

此爻變為「需」，止也。不進也，戒急用忍。「井」初六死泥一灘，

無有生機，只能忍著。

九二：井穀射鮒，甕敝漏。
象曰：井穀射鮒，無與也。

「穀」，谷也，窮也，空也；乾涸無水之意。《老子》注：「穀者，空虛不有」《釋文》：「穀者，中央無者也」又穀音與「瀆」近，假借為堵也。井久不治理，泉水受堵而成為乾涸之空井。〈吊屈原賦〉：「彼尋常之汙瀆兮，豈能容吞舟之巨魚？」意謂死水小河受堵汙穢而淺，怎能容得吞舟大魚？

「射」，厭惡也。《詩・小雅・車舝》：「式燕且譽，好爾無射」《箋》：「射，厭也」《詩・周頌・清廟》：「不顯不承，無射於人斯」《箋》：「射，音亦，厭也。」

「鮒」，小魚、鯽魚，若泥鰍之類。《戰國策》：「所謂無雉兔鮒魚者也」《註》：「鮒魚，魚之小者」《莊子》曰：「車轍中，有鮒魚焉」活存於車轍中之魚，必小。《古樂府・罩辭》曰：「罩初何得？端來得鮒。小者如手，大者如屨」《易經》以陰爻為魚，「剝」六五「貫魚」以初到五陰爻為魚。

「甕」，汲水之瓶。或是「甃」，以瓦製的井壁。

「敝」，漏也，殘破漏水。

這爻之井也是缺乏維修。意謂井中乾涸無水，井壁敗漏，只剩下幾隻耐旱的小魚如泥鰍，見之遭人厭惡，汲水之瓦罐也破了不能用了。此爻慘狀也。

九二居巽又居兌，巽下斷故漏，兌上缺故毀。

「井」是家，是市集，如今井涸瓶毀，市集城邑家庭破離分散之象。

高亨謂「井穀射鮒，甕敝漏」為「井穀猶井口也。山口出水謂之穀，故井口謂之井穀。鮒，小魚名。甕，汲水瓶。敝，破也。爻辭言：從井口以弓矢射井中之小鮒魚，不能中魚，反而穿其甕，甕以破漏矣。此比喻人行事所用之手段不適合客觀條件，以致失敗。」〈吳都賦〉：「雖復臨河而釣鯉，無異射鮒於井穀」即用此意。可以參觀。

「與」，應也。

九二失位處井谷之中，又無應援，故凶。〈小象〉故曰「無與」。

九二若有應援，九五變為六五，上卦為坤，變成「升」就好了。

此爻之井久未維修，汲水瓶破，水源收縮，是個空井。但九二「有魚」比初六的「泥」、「無禽」要好一點，水多一點，水就是財，可是還不夠用，也無濟於事。

穀、谷通用在古文常見。谷是兩山夾一水，是水流的通道。《說文解字》：「谷，泉出通川為谷。从水半見，出於口」《韻會》：「兩山閒流水之道也」《爾雅‧釋水》：「水注谿曰谷」《疏》：「謂山谷中水註入澗谿也」。《康熙字典》解釋：「《易‧井卦》井谷射鮒。《註》谿谷出水，從上注下。《公羊傳‧僖三年》桓公曰：無障谷。《註》水注川曰谿，注谿曰谷」就是以谷為流水通道。又《爾雅‧釋水》：「水注川曰谿，注谿曰谷，注谷曰溝，注溝曰澮，注澮曰瀆」亦同。「無障谷」是說不可堵塞水道使下流無水可用。

「井谷」，即是今日吐魯番的「坎兒井」，即井穴，古稱「井渠」；《史記‧河渠書》：「於是為發卒萬餘人穿渠，自徵引洛水至商顏山下。岸善崩，乃鑿井，深者四十餘丈。往往為井，井下相通行水。水積以絕商顏，東至山嶺十餘里間。『井渠』之生自此始。穿渠得龍骨，故名曰龍首渠。作之十餘歲，渠頗通，猶未得其饒」於自然界是地下伏流，於人工開鑿則是井渠。惠士奇並舉《焦氏易林‧艮之姤》：「操笱搏狸，荷弓射魚，非其器用，自令心勞。」「言捕狸不以笱罔，魚不以弓，則古無射魚之事矣。」

「射」是「流水之湍激」之象。

「甕敝漏」，是井渠徒然流水。因為汲水用的甕瓶破敗，無器可以汲水之故。九二向上無應於五，像是井中之水無以上汲，只有水流在下也。

☵☶ 井☶☵ 蹇

此爻變為「蹇」，寒冬之井，水枯而少。大環境不利，客觀條件不足，手段也不適合，弄的跛足自傷。

九三：井渫不食，為我心惻，可用汲。王明，並受其福。
象曰：井渫不食，行惻也。求王明，受福也。

「渫」，治也，通也，徹也。《說文解字》：「渫，除去也」「除」，治也。《萃‧大象》曰：「君子以除戒器，戒不虞」之「除」也是治之意。《漢書‧王莽傳》：「憒眊不渫」。注：「渫，徹也，通也。」

又「渫」，亦為壅塞，為淤汙。中國字一字常有正反兩種意思，例如「乖」，既是乖順，也是乖戾。此「渫」之所以要治井疏通是因為井已經壅塞不通，水泉已經枯竭、淤汙。故「渫」也可以解釋為枯竭壅塞、汙穢。《史記‧屈原賈生列傳》中「渫」作「泄」《集解》：向秀曰：「泄者，浚治去泥濁也」《漢書‧王褒傳》注引張晏：「渫，汙也」《列女傳‧有虞二妃》：「象復與父母謀，使舜浚井」可見井需浚渫以維持其通暢。

「井渫」，既是治理疏通井中的汙泥使之清澈，也如初六「井泥」。

「井渫不食」，意謂井以淤塞，井水枯竭，汙穢不可食用。

下三爻居巽體，巽為汙，故初六「井泥不食」，九二「井穀射鮒」，九三「井渫不食」。

「我」，宋人蔡清說釋作「你」。

「側」，惻也，憂也，歎息也。《史記‧屈原賈生列傳》中「側」作「惻」。

「為我心側」，今我為你擔心、嘆息也。《集解》引張瑤曰：「可為惻然，傷道未行也」初二三四爻互為大坎，坎為加憂，為心病，故心惻。

「可」，讀為何。

「用」，施行。

「可用汲」，何可施行汲水也。即何處可汲水？

「井渫不食，為我心側，可用汲？」，謂井水已枯竭汙穢，需要疏濬，無可飲用。令我心中悲愁。何處可以汲水？

「心」，聞一多讀為沁，《韓昌黎集‧同宿聯句》：「義泉雖至近，盜索不敢沁」注：「北人以物探水曰沁」字一作深，《爾雅‧釋詁》：「深，測也。」是則「側」讀為「測」也。

「井渫不食，為我心側，可用汲」，意謂井汙壅塞，我則探測其深

度，尚可汲水。不幸中之大幸。

「王」，謂九五，九五居坎為隱伏，故「不明」。但是「王」終有「明」的時候，「王明」則九五變六五卦成「升」則九三之水，養而不窮，天下大受其福。

「並」，并也，依傍，靠也。

「王明，並受其福」，句謂若大王明智，要依靠大王的福佑。《史記・屈原賈生列傳》：「易曰：『井泄不食，為我心惻，可以汲。王明，並受其福』」《索隱》：引《京房章句》曰「上有明王，汲我道而用之，天下並受其福，故曰『王明並受其福』也」王用則福，不用則不福。

又「明」，讀為「盟」，甲骨文、金文明、盟通假，其義為祭祀。《文字析義注》：「案盟與明通，是『盟祀』與『明祀』義同。盟、明義如《小雅・楚茨》及《信南山》『祀事孔明』之明。鄭箋云『明猶備也』是則盟祀、明祀乃謂備禮儀，盛祭品之大祭也」《詩・秦・小雅》：「此邦之人，不可與明」《箋》：「明當為盟」《釋名・釋言語》：「盟明也，告其事于神明也」《箋》：「射，厭也」于省吾先生《易經新證》：「古人言盟有祭告之義，《周禮・詛祝》：『掌盟詛』注：『盟詛，主於要誓，大事曰盟，小事曰詛』《詛楚文》：『以盟大神之威神』言以盟誓於大神之威神也。《邾公華鐘》：『以卹其祭祀盟祀，以樂大夫』是以祭祀，盟祀並稱」九五為王，三四爻半震，震為薦，為祭祀，故曰盟。又震為帝，為神。「王明」即「王盟」。

「並」，也可讀為「普」，王引之《經義述聞・周易上》：「並之言普也，通也。」巽為齊，為等，故為普。

「王明，並受其福」，王舉行盛大祭祀，普及於眾人而受其福。「隨」九四：「以明何咎」之「明」，亦可讀為「盟」。

《易》例凡爻有正應者，初雖有阻，終必相合，但此爻要有時間耐心才行。「同人」九五：「先號咷而後笑，大師克相遇。」就是說五克去三四之阻，終能遇二也。「漸」九五：「終莫之勝吉，得所願也。」言五終能勝三，與二相合也。

此爻九三相應上六者為九五阻害，五君位尊，三不敢言「克」、言「勝」，祇能冀望「王明」而已。若「王明」則化阻為利，三上終相應

也。故曰「王明，並受其福。」

「不食」之故，其因在五，故曰「求明王」。

既言「求」就是要努力，自求多福，汲汲營求。

此爻之井雖壅塞但水深尚可汲用。天子祈祀，以求福，普及眾人。靠老天爺賞飯吃。

☰井☵坎

此爻變為「坎」，坎為冬，為塞，受阻不通，然「坎」為險，象失，有化險為夷之象。

《史記‧屈原賈生列傳》：「人君無愚智賢不肖，莫不欲求忠以自為，舉賢以自佐，然亡國破家相隨屬，而聖君治國累世而不見者，其所謂忠者不忠，而所謂賢者不賢也。懷王以不知忠臣之分，故內惑于鄭袖，外欺于張儀，疏屈平而信上官大夫、令尹子蘭。兵挫地削，亡其六郡，身客死于秦，為天下笑。此不知人之禍也。《易》曰：『井泄不食，為我心惻，可以汲。王明，並受其福』王之不明，豈足福哉！」楚懷王之不明，以致屈原之諫言不通於王，如井之不通，無以汲水。此亦以「井」為通之義。通道受阻不通有待疏濬，故無水可汲。可以參觀。

六四：井甃，無咎。
象曰：井甃無咎，修井也。

「甃ㄓㄡˋ」，用瓦塼砌井壁為甃。《說文解字》：「甃，井壁也」段玉裁注：「井壁者，謂用塼為井垣也」這是挖掘水井技術的進步，以瓦磚砌貼於井壁以防坍崩。無甃之井，輕則汙染泉源，重則有坍方塞井之虞。故《儀禮‧子夏傳》說：「甃亦治也」干寶：「以磚累井曰甃」虞翻：「以瓦甃累井」。

「井甃」，即井有甃。《詩‧陳風‧防有鵲巢》：「中唐有甓，邛有旨鷊」《正義》：「《釋宮》又云：『瓴甋謂之甓。』李巡曰：『瓴甋一名甓』郭璞曰：『甋磚也。今江東呼為瓴甓』」《太平御覽‧居處部十七‧井》說得與〈小象〉一樣：「甃聚磚，修井也」正確。

「井甃」，是維修井壁，將通路打通後要維持通暢，這樣井水才可以汲用。〈小象〉說：「修井」是清楚的說明此井尚不通需要維護，但「無

咎」，沒有災害。

三爻水泉湧現但通路未修治，白幹一場；四爻通路暢達，水泉將可汲用。

此爻強調通路與維修。六四居二三四兌上，兌為口，為道，為剛，故為磚甃。

此爻是瓶頸，瓶頸通，潛能才可有效發揮。六四在上卦坎，坎為水，泉水可以湧上了。

何新讀「甃」為「秋」，以秋為焦，乾涸之意。帛書作「椒」，假借為「焦」。又通作「湫」ㄐㄧㄠˇ，《廣雅·釋詁》：「湫，盡也」《左傳》昭公元年：「壅閉湫底」。《註》：「湫謂氣聚，底謂氣止，皆停滯不散之意」《說文解字》：「湫，隘」狹隘不通之義。

「井湫」，可解釋為井水乾涸，也可以解釋為井被閉塞，要修井。打開通路。

「井甃，無咎」，即井水在冬日乾涸。不必憂慮，到了春天會復生，趁乾涸無泉湧時維修井壁。六四居上坎，坎為冬，為塞。

周易探究·下經

290

☰☰井 ☰☰大過

爻變為「大過」，從初開發至此，終於大大越過，大動手腳之後水泉可以飲用。

開發研究，終於越過瓶頸。渠道將要暢通。

九五：井洌寒泉，食。
象曰：寒泉之食，中正也。

「井」，清潔明澈之泉水也。《釋名·釋官室》：「井，清也。泉之清潔者也」《楚辭·愍命》：「或清激其無所通」王逸注：「清，明也。」

「洌」，這字許多版本誤作「冽」，當是三點水，不是二點冰。《詩·曹風·下泉》：「冽彼下泉，浸彼苞稂」《毛詩注疏》：「冽，寒也」而「洌」是清潔之水。《說文解字》云：「洌，水清也」段玉裁注：「毛詩有冽無洌。……凓冽、寒氣也。皆不從水。（〈思玄賦〉）玄泉洌清。薛曰。洌、清澄皃。从水。易曰。井洌寒泉食。井九五爻辭。王云。

絜也。崔憬云。清且絜也」這是對的。從初爻到五爻造井而通，泉水清澈而冷冽，終於可食，無有阻礙。

「食」，飲用，養殖；《釋名・釋飲食》：「食，殖也。所以自生殖也。」

「井冽寒泉，食」，甘甜清冷美味的泉水，可以食用。

「井」卦至此清澈水泉湧出，通路暢達，可以飲用，功用完全發揮，但尚未大功告成。

此爻掘井成功清泉湧出。但是爻辭並未言吉，因為離大功告成還差一步。可見「井」卦由底層一步步上升，非常不容易。

☰☰ 井 ☰☰ 升

爻變為「升」，由底上升，可以往上再進一步就大功告成。可惜差一步就可以大告功成。

上六：井收勿幕，有孚元吉。
象曰：元吉在上，大成也。

「井」，井水。

「收」，縮也、斂也。《禮・玉藻》：「有事則收之」《疏》：「當有事之時，則收斂之。」

「井收」，井水收縮而乾涸。陸績云：「井乾也」收縮，同義字連詞。蘇軾〈御試制科策〉：「夏則川澤洋溢，冬則水泉收縮」坎為冬，為終，為藏。上卦坎，六四也是因為進入枯水期而井乾涸。

勿 小篆

「勿」，是一個象形字，像一枝樹立的旗幟。右邊是柄，左邊是隨風的飄帶。本義是州里所建立的旗幟，枯水之井就是陷阱，樹旗標誌也為警告。又井水之處即市井聚集眾人之所。故必標明井所在之處。《說文解字》：「勿，州里所建旗。象其柄，有三游」其實「勿」的本義在甲骨文是象笏板形，其中兩撇表示書寫其上。小篆變形，古義被誤釋為旗桿上的三條飄帶。但也有標誌的意思。

「勿」，也是不。

「幕」，幎也，蓋也，覆也。《廣雅》：「幎，覆也。」《韻會》：「本作冖。或作幎」《說文解字注》：「冖，覆也。覆者、蓋也。」

「井收勿幕」，冬季井水枯少，但是來春水泉湧現，不可塞井封堵。

「有孚」，帛書作「有復」，可從。此爻謂時逢冬季枯水之時井水收縮，無水可用，不可覆蓋封堵，因為來年春季就會恢復的，大吉祥。上卦坎為冬，為終。春季將至。

又「收」，聚也，聚攏，即完工收尾。《詩·周頌·維天之命》：「我其收之」〈傳〉：「收，聚也」就是完成之義。

「大成」，大功告成。連劭名以為如「坤」九三：「含章可貞，或從王事，無成有終。」

〈小象〉以為是挖井工程最終成功加上蓋子，甚至有在上面搭建一個棚子，井蓋上鎖，防止人畜雜物掉入井中汙染水源及危險。徐光啟《農政全書》稱，「幎防耗損，亦防不潔，古人井故有幎」也通，可以參觀。

此爻大功告成，故大吉。「大成」二字是孔子的尊號，可見其吉。九五爻泉水湧出，卻不言吉；上六爻蓋上井蓋才算大功告成，而言吉。可知「井」卦不到最終都不吉。

爻變為「巽」，入也，內也，斂也。

《太平御覽·井》：「《風俗通》云：井者，法也，節也；言法制居人，令節其飲食，無窮竭也。久不滌渫，滯為井泥。《易》云，井泥不食。不停污曰井渫。《易》云：井渫不食。滌井曰浚井。水清曰冽井。《易》云：井冽，寒泉。甃聚磚，修井也。《易》云：井甃無咎」可以參觀。

革 ：已日乃孚，元亨，利貞。悔亡。

彖曰：革，水火相息，二女同居，其志不相得，曰革。已日乃孚，革而
　　　信之，文明以說。大亨以正，革而當，其悔乃亡。天地革而四時
　　　成。湯武革命，順乎天而應乎人，革之時，大矣哉。

象曰：澤中有火，革。君子以治歷明時。

序傳：升而不已必困，故受之以困。困 乎上者必反下，故受之以井。
　　　井道不可不革，故受之以革。革物者莫若鼎，故受之以鼎。主器
　　　者莫若長子， 故受之以震。震者動也。

雜傳：革去故也，鼎取新也。

革 小篆 金文

　　革，攻治也。《說文解字》：「革，獸皮治去其毛曰革。」革字之金
文象獸頭角足尾之形，並以雙手治去其毛。革之金文，作革，像以二手
分離牛的頭與身。故革之本義為除去獸之皮毛而治理獸皮。

　　革，更改，治也。《尚書・堯典》：「日永星火，以正仲夏。厥民
因，鳥獸希革。」孫星衍《疏》引鄭玄曰：「夏時鳥獸毛疏皮見」。《史
記・五帝本紀》：「其民因，鳥獸希革。」《集解》：「孔安國曰：『夏
時鳥獸毛羽希少改易也。革，改也』。」希讀為易，剔也。剔革，更毛、
剃毛也。夏季天熱鳥獸知毛皮蛻改更換新羽毛。《說文解字》：「革，獸
皮治去其毛曰革。革更之。」

　　革的本義是治獸皮，將獸皮變成堅韌的皮革，引申為皮革。又細分生
皮曰革，熟皮曰韋。《韻會》：「皮熟曰韋，生曰革。呂氏曰：革者，去
毛而未爲韋者也。」革是生皮僅經過去掉毛的獸皮。再經過揉製軟化的稱
為熟皮。《說文解字》：「鞼，以韋束也。」《廣韻》：「韋，柔皮。」
韋，是經過揉製的熟皮，製作的工序稱為鞣。《集韻》：「鞣，音揉。柔
皮也。」韌字從韋。廣言之則革、韋不分。「革」是治獸皮，撕去獸皮使
之變為皮革，「剝」則是撕去獸皮而已。

下離為夏，上兌為秋。夏季萬獸蛻毛，秋季則生毛。時節不同，順時而為。〈大象〉曰：「革，君子以治歷（曆）明時。」革就是順時而為。

革、勒兩字古代相通，是駕馭馬匹的韁繩。《詩・小雅・斯干》：「如鳥斯革」。《釋文》：「革，韓詩作勒。」《說文解字》：「勒，馬頭絡銜也。一說馬鑾也，有銜曰勒，無曰羈。」

「革」卦是更改、變革。「革」是勢如水火，兩相不容。上兌澤，下離火，澤下火上兩相革。「革」是非常手段。「革」如四季更替相改之時，必有疾風大雨之易變居其間而後寒暑溫涼之候才穩定。而有一翻新氣象。

〈雜卦傳〉：「革去故也」。「革」是除舊，要顛覆舊秩序，是先破後立。「革」互「大過」，為顛，故為顛覆，是天翻地覆，大刀闊斧的改革。又「大過」者，大大的過，急切之象，不容再等。「革」為死，蓋「大過」為死。「革」是摧枯拉朽，「大過」為枯，為朽。

「革」是霸，是大過之才；古者有天下者為王，諸侯之長為霸。「革去故也」為霸，「鼎取新也」為王。「革」去故，是病故。以非常手段除去病故，不死也要脫層皮。

「革」是去職。

「革」錯「蒙」，是遮掩，是盔甲，蒙以皮革。為古人皮革甲衣。《漢書・藝文志》：「後世燿金為刃，割革為甲，器械甚備。」

《方言》：「革，老也。」「大過」亦為老，老者窮也。《釋名》：「老，朽也。」「革」是革除陳舊，是老朽時再革。

「蠱」是飭，是整治、整頓，是在舊有體制下變法維新，以繼父祖之業，再創佳績，以成中興之局。如少康中新，商鞅變法，王安石新政，同光中興。

「革」是另起爐灶，改朝換代，推翻舊體制，建立新王朝，如商湯代夏桀，周武革商紂，陳涉革暴秦，朱明代元，中山革清。

「革」是革命，改革，推翻舊有體制，另起爐灶，改朝換代。是新舊兩勢力間的殊死戰，手段、情況激烈。內互「姤」、互「夬」、互「大過」，是分分合合，合縱連橫，拉左打右，拼的你死我活，天翻地覆。是動亂的時代。

「革」是疾風暴雨，兩個時代之間，相互交替之際，有如兩個季節交換，必有疾風暴雨。鼎定之後，又是一翻穩定的新氣象。如春雨之後迎春，梅雨之後盛夏來臨。

「革」互「同人」，要聚集同志，才能革命、改革。

《睽·象傳》曰：「睽，火動而上，澤動而下，二女同居，其志不同行。」「革」卦〈象傳〉曰：「革，水火相息，二女同居，其志不相得，曰革。」「其志不相得」這與「睽」「其志不同」是一樣的，皆指陰遇陰則窒也。但更激烈。「其志不同」背離各走各的。「其志不相得」，「得」是「行有所得」（《說文解字》），是獲得（《玉篇》：「獲也」）。是你吃掉我，我吃掉你。《韻會》：「與人契合曰相得」。「革」與睽同皆是二女同居，但「睽」僅相背，「革」則相爭。因為少女加於長女之上，故必爭而勢不兩立。

「睽」是怒目相視，大眼瞪小眼，同床異夢，背道而馳，意見相左，分道揚鑣。「革」更加激烈，水火不容，不顧情面，翻臉不認人，大打出手，必去之而後快。

「睽」、「革」卦是同性戀，兩卦皆曰「同志」。「睽」為乖，是背離正道，為同性戀。「革」互「大過」為顛，顛鸞倒鳳。

「革」是除舊，「革」錯「蒙」，是愚昧無知。故要革以啟發民智。

「鼎」、「革」相綜，實為同一卦。〈雜傳〉：「革去故也，鼎取新也。」「革」是除舊，「鼎」是佈新。「鼎革」就是改朝換代。互「大過」是社會動盪，天下鼎沸，人民倒懸，英雄豪傑逐鹿天下，問鼎中原。《全唐詩·謁禹廟》：「鼎革固天啟，運興匪人謀。」《清稗類鈔》：「既鼎革，兵戈阻絕三十年。」鼎是食器，也是國家政權的象徵。鼎革就是改朝換代，社會動盪，政權易手也。

「鼎」、「革」互「大過」，無論除舊或佈新都需要大有才幹之人。「棟橈」是獨木支撐大廈，是社會板盪紛擾不安之際，危機重重。所以要調和鼎鼐，擺平內部的矛盾。大凡新王朝的建立多是「馬上大打天下」，打的天下大亂，以非常手段行非常破壞。但不能「馬上治天下」，要擐武歸田，興立文教，與民休息，恢復元氣，才能開創恢宏新局。如趙匡胤的杯酒釋兵權。所以，面臨的第一件事情是要讓老百姓喫得飽。再來分封功

臣，這最不易擺平，故要調和。所以《說文解字》說鼎為調和五味之寶器。不但要眾人有飯喫，還要喫的好，喫的對味才行。

〈序卦傳〉：「井道不可革」。「井」是從困境中尋出一條生路，「革」是改弦更張，在舊體制中注入新寫血。「鼎」所言為烹器，是化生為熟，調和滋味之器，徹底改變了食物性質，是去故立新之意。鼎也是祭祀時的主器，以鼎傳給長子，代表繼位大統，所以「鼎」卦之後為「震」卦。曾國藩說過，辦大事以找替手為第一。作大事業要以培養接班人為要務。

「鼎」錯「屯」，「屯」是開天闢地，混沌不明。「鼎」是天下已定，新主確立。「屯」是創業惟艱，「鼎」是新局初定。

商朝革了夏朝，《白虎通・德論・禮樂》：「盛德在金其音商」，宮商角子羽之五音中之商屬秋，屬金，屬西方。秋革替了夏，如天時之順變，湯革替了夏朝，故立國名曰商，故〈象傳〉曰：「湯武革命，順乎天而應乎人。革之時，大矣哉。」鄭玄云：「革，改也。水火相息而更用事，王者受命，改正朔，易服色，故謂之革也。」

「治歷（曆）明時」，是頒布新曆法。古人改朝換代必頒新曆法，改正朔，易服色。《史記・曆書》：「王者易姓受命，必慎始初，改正朔，易服色，推本天元，順承厥意。」《史記・殷本紀》：「於是諸侯畢服，湯乃踐天子位，平定海內。……湯乃改正朔，易服色，上白，朝會以晝。」《孔叢子・雜訓》：「殷周之王，征伐革命以應乎天，因改正朔。」《春秋繁露・二端》：「故王者受命，改正朔。」《朱子語類》：「若使有王者受命而得天下，改正朔，易服色，殊徽號，天下事一齊被他改換一番。」夏、商、周、秦各朝地正月都不是同一天，夏朝以立春所在之月為一年的開始，這月就稱為正月，也就是今日我們習慣地農曆是相同的。古人稱為建寅。（子丑寅卯辰巳午未申酉戌亥十二地支為十二月，這是不動的，但是夏朝以農業為重，順應天候，故以立春之月為正月）商朝推滅了夏，就要改正朔，不以夏朝地正月為一年開始，就是我要行我的政令，我的正月就跟你的不一樣。商朝正月往前推一個月，以農曆十二月為正月，為一年的開始，稱為建丑。周朝再往前一個月，以十一月為一年的正月，稱建子。秦再推前一個月，十月為正月，稱建亥。《史記・曆書》：「夏正以正月，殷正以十二月，周正以十一月，蓋三王之正若迴圈

然，窮則反本。」一直到漢武帝才沿用夏朝，以寅月，立春所在之月為一年開始，這是極為科學的決定。所以夏朝以春為一月歲首，商朝以十二月為歲首，周朝以十一月為歲首，又民國改採西曆稱民國，共產黨建國北京以西元為紀元等都是。就是確立新朝的開始。《宋書・禮志》引高堂隆《改正朔義》：「按自古有文章以來，帝王之興，受禪之與干戈，皆改正朔，所以明天道，定民心也。《易》曰：『革，元亨利貞。有孚，改命，吉』湯武革命，應乎天，從乎人。」《漢書・律曆志》：「易金火相革之卦曰『湯武革命，順乎天而應乎人』，又曰：『治曆明時』，所以和人道也。」《白虎通・聖人篇》：「何以言文、武、周公皆聖人也？《詩》曰：『文王受命』非聖不能受命。《易》曰：『湯武革命，順乎天』湯與武王比方。《孝經》曰『則周公其人也』下言：『夫聖人之德，又何以家於孝乎？』。」又《白虎通・三正篇》：「王者改作樂，必得天應而後作，重改制也。《春秋瑞應傳》曰：『敬受瑞應，而王改正朔，是服爭』《易》曰：『湯武革命，順乎天而應乎民也』。」

「鼎」是好的開始，所以說「元吉，亨。」〈象傳〉曰：「鼎，象也。」象是象徵，鼎是國家政權的象徵。「鼎」互「大過」，就是大鍋，是火鍋，是灶與鍋的合體。大局鼎定，要先解決百姓吃飯的問題，以民生為第一。

「正位凝命」，是要穩固權位。政權建立後第一個挑戰就是功臣恃寵而驕，尾大不掉，

所以有宋太祖的杯酒釋兵權，漢高祖、明太祖的大殺功臣。

「革」卦辭曰「元亨利貞」是說革命、改革要如「乾」陽剛健之性才行，沒有「乾」陽順天應人之情勢是不會成功的。「革」卦互「乾」，故曰：「元亨利貞」。

「巳日」，祭祀之日。

「孚」，福也，信也。

「乃孚」，乃有福。

「元亨」，大獻享。

「利貞」，利征，利於出行。占筮遇此卦得利也。

「悔」，困厄麻煩。

「悔亡」，以前有困厄麻煩，如今則順利。

「睽」與「革」是不同的，「巳日乃孚，革而信之。」是說「革」要以信為基楚。「大亨以正」是要堂堂正正，出征誓師就是宣示以正。誓師，就是出征時的祭祀大典。此「巳日乃孚」也。可能是周武王誓師出征伐紂的紀念日。《尚書·武成》云：「惟一月壬辰，旁死魄，越翼日癸巳，王朝步自周，於（往）征伐商，既戊午，師逾孟津癸亥，陳于商郊，俟天休命。甲子昧爽，……會於牧野……。」「巳日」即「癸巳」之日。

「革」是兵戎，是以王者之師行霸者之道。「革」命除舊要順乎天應乎人，要聚眾同心，也要審度情勢，不然「牛耕荒地鼠得糧」便宜了別人。

此卦是更改、變革、革命，手段激烈，天翻地覆。是除舊，要顛覆舊秩序，是摧枯拉朽，是病故，是去職。是往者以逝，是斬斷舊關係，另起爐灶，自立門戶，從新來過。是動亂的時代。

初九：鞏用黃牛之革。
象曰：鞏用黃牛，不可以有為也。

「鞏」，鞏固也。《說文解字》：「以韋束也。《易》曰：鞏用黃牛之皮。」《廣韻》：「韋，柔皮。」韋，是經過揉製的熟皮，製作的工序稱為鞣。《集韻》：「鞣，音揉。柔皮也。」此爻之革乃皮革也、勒也、皮繩也。

「黃」，中之色。離為牛，色黃。《左傳》昭公五年：「純離為牛」。「離」六二曰「黃離」，故曰「黃牛」。

「牛革」，牛皮作成的繩索。牛皮繩堅韌，縛物最為牢固。離為牛，為革。

「鞏用黃牛之革」，是說初九正當「勿用」之時，不可妄動，宜固守。「牛革」是用以比喻其之堅固。故〈小象〉也解釋鞏為牢牢縛係住，故曰「不可以有為」。

何新先生謂「鞏」，貢也。「鞏用黃牛之革」，謂以黃牛皮革為貢獻之物。此爻「用」當作祭祀供品解，與「萃」卦「用大牲」意思一樣。這與「革」卦動兵戈之前要祭祀相關聯。既是動兵戈，則以黃牛之革為祭祀供品。而且皮革在當時是軍需物品，可製甲冑、皮繩，用處甚多。《漢

書‧藝文志》：「後世燿金為刃，割革為甲，器械甚備。」

《史記‧留侯世家》：「殷事已畢，偃革為軒，倒置兵戈，覆以虎皮，以示天下不復用兵。」即以革為兵車。《清稗類鈔》：「既鼎革，兵戈阻絕三十年。」初九雖處「革」卦但是「不可以有為」，只能儲存軍需製作兵器以備戰。這是行軍作戰前準備器械物資。

䷰革䷞咸

此爻變為「咸」，衝動之象，故用黃牛之革鞏固以免其衝動。

六二：巳日，乃革之，征吉，無咎。
象曰：巳日，乃革之，行有嘉也。

「巳日」，祭祀之日。巳、己形近，有作巳日，也有做己日。但當作「巳日」為確。

「乃」，則也。

「革」，除也，治也，殺也。

「巳日，乃革之」，謂舉行祭祀之日，則革剝獸皮作為皮甲。先行祭祀再治皮革。

又「巳日，乃革之」，選一個好日子，舉行祭祀之後，行革之事。就是武王誓師出征伐紂之日。

《易經》講到「征」，也與婚配有關，結婚也要選一個好日子。誓師出征也要選吉日。這爻辭與卦辭相同。初爻整軍備武，二爻誓師出征。

六二與九五相應，順天應人革之必成功，故曰「巳日乃革之」又六二前行遇陽利往，故曰「征吉」，「無咎」，無災害。

「嘉」，〈文言〉：「亨者，嘉之會也。」濟濟一堂也。

「行有嘉」，前往征革有所嘉會，往而成功之謂。

此爻祭祀之日，革殺犧牲，出征吉，無災害。

䷰革䷪夬

爻變為「夬」，剛斷果決。初爻備戰，二爻祭祀之後出征決戰。

九三：征凶，貞厲，革言三就，有孚。
象曰：革言三就，又何之矣。

九三前臨重陽，陽遇陽則窒，出征不利，故「征凶」。

「貞」，卜問。

「厲」，艱難。

「貞厲」，卜問得艱難，出行不利。「征凶」，故卜問有「厲」。

《易》一卦分上下卦，將事物的發展分作兩大階段，下卦三爻分為始、中、小終；上卦三爻分為始、中、大終。所以「乾」九二「現龍在田」，九三就要「終日乾乾」。

「革」六二「巳日乃革之，征吉。」九三便是「征凶」。三爻在第一階段之終，需要調整防止太過，但爻詞皆說「貞厲」，可見九三有革之太過之象。

「革」，聞一多讀「靳ㄐㄧㄣˋ」，馬當胸前的皮帶，引申為皮甲。《說文解字》：「靳，當（擋）膺也。」徐鍇曰：「靳，固也。靳制其行也。」《左傳》定公九年：「吾從子，如驂之靳。」《註》：「靳，車中馬也。」《疏》：「靳是當胷之皮也。驂馬之首當服馬之胷，胷上有靳。」本義是古代四馬駕車，中間兩匹馬當胸繫著的皮帶。孔穎達《正義》：「靳是當胸之皮（帶）也」。

「革言」，為「革靳」，《說文解字》：「靳，當膺也。」即皮製擋胸之甲衣也。

「三」，是約略之詞，猶言屢次、多次。汪中《述學・釋三九》上：「凡一二之所不能盡者，則約之三。以見其多。三之所不能盡者，則約之九，以見其極多。」

「三就」，三重、三匝；多重、多砸。《周禮・巾車》：「樊纓，十有再就」，再就，是兩匝。《儀禮・既夕禮》：「薦馬，纓三就，入門，北面，交轡，圉人夾牽之。」鄭玄注：「纓，當胸，以削革為之。三就，三匝三重也。」《文獻通考・王禮考》：「樊纓十有再就。」注：「樊，讀如鞶帶之鞶，謂今馬大帶也。鄭司農云：纓，謂當胸，以削革為之；三就，三重三匝也。元謂纓，今馬鞅。」

「革言三就」，束縛皮甲三匝，綁的牢牢的，整備兵戈裝備。

九三以陽居剛，在下卦之極，欲往上進，有急燥之象，又有「征凶，貞厲」之誡，故要整備兵戈，則有福。

「有孚」，有福。

「之」，往也。

「又何之」，往那裡跑？最好面對積極備戰。

此爻變為「隨」。時候未到隨時整備。又「隨」卦是夜晚，退兵休息，等待給養。

九四：悔亡，有孚，改命吉。
象曰：改命之吉，信志也。

「悔亡」，即逃而亡去。九四失位，上下皆遇陽而不通，與初又無應，無援。故「悔亡。」

「有孚」，有徵兆，有誠信，有福。

「命」，命令。命字從令字而來，甲骨文令，上半部是倒致朝下的口，表示由上向下宣達說講政策法令。《周禮・天官・小宰》：「徇以木鐸」。鄭玄注：「古者將有新令，必奮木鐸以警眾使明聽也……文事奮木鐸，武事奮金鐸。」《周禮・地官・鄉師》：「凡四時之征令有常者，以木鐸徇以市朝。」木鐸就是用木作舌的銅製大鈴，古代宣布政令時搖鈴遍巡各處以吸引眾人注意，以招集村民開會，所以鈴字從令。下部是一個人跪坐聆聽，命字則又加了一口。命令是同義字複詞。金文命從「卩」從「亼」從「口」，「亼」象一張由上朝下的大口，「卩」象跪坐之人形，命字會由上朝下張口向跪坐的下人發號施令之意。《說文解字》：「命，使也，從口從令。」《廣韻》：「命，使也，教也，道也，信也，計也，召也。」《玉篇》：「命，教令也。」《增韻》：「大曰命，小曰令。上出爲命，下稟爲令。」《爾雅・釋詁》：「命，告也。」

聞一多《詩經新義》：「命字則皆謂君命。金文令命同字，經傳亦每通。」

「改命」，改變君之命令、號令。巽下斷，口朝下，為命令，為誥命。

「改命」，革命、改革是老天將更改天命。蓋初九以時機未成熟而固守。六二應於九五合於天時故「征吉」。九三強弩之末，要收斂休息。至此九四時機、能力、經驗皆成熟遂可實行改革。雖然九四的位置極差，承乘皆窒又無應援，但「革」時就是要更改變化，故曰「改命」，革命也，故可以伸志。「乾」九四「或躍在淵」，與此同理。一改就成「既濟」而功成，而吉祥。

《史記・高祖本紀》記載漢高祖劉邦攻入咸陽城後招集父老仕紳探詢民情，「諸縣父老豪桀曰：『父老苦秦苛法久矣，誹謗者族，偶語者棄市。』於是劉邦「與父老約，法三章耳；殺人者死，傷人及盜抵罪。餘悉除去秦法』乃使人與秦吏行縣鄉邑，告諭之。秦人大喜。」

《漢書・刑法志》也記載：「高祖初入關，約法三章。」可以參觀。

「信志」，得行其志，志向可伸，故志行而吉。巽為志，故曰志。

革 既濟

此爻變為「既濟」，「改」就是「變」，九四變六四，卦成「既濟」，改革可以成功。

「或躍」可以升天。

九五：大人虎變，未占有孚。
象曰：大人虎變，其文炳也。

「大人」一詞初見於「乾」卦九二爻辭：「利見大人」。

籀文 大 人

「大人」，尊貴有地位之人，於此為國君，天子。「大」字甲骨文、金文作一人之正面立象。相對的是「人」，作側面，頭部略向前低垂，手在胸前作揖拱之狀，膝部微彎，謙卑之狀。甲骨文作正面形象的多為尊貴之意極少，如牛羊為大牲、美牲。作側面者多如馬犬豕等則賤。故「大人」即尊貴之象，本意為王、帝出現前的部族領袖。後來王的繼承者稱為「大（太）子」還遺留了「大」字的本意。詳見「乾」九二爻辭。乾為大人，為虎。

「大人虎變」，大人如虎，虎威懾人，其皮紋斑爛耀人。謂改革成效，事業輝煌。

「大人虎變」者，比喻大人踐履九五之尊，改變舊有，故曰「虎變」。

「變」，聞一多認為戀、變古今字。戀與亂古字相通。《釋文》：「戀，變也。」《說文解字》：「戀，亂也。」又通辯，《說文解字》：「辯，駁文也。」《廣韻》「辯」同「斑」，《漢書序傳上》：「楚人稱虎文斑」故「變」者，別也，斑也。《揚子法言》：「聖人虎別，其文炳也。君子豹別，其文蔚也。辯人貍別，其文萃也。貍變則豹，豹變則虎。」「別」讀為斑，辨也，通變。變、辨、斑字通。《說文解字》：「變，更也。」《小爾雅》：「變，易也。」

「虎變」者，虎皮斑爛，以虎皮為衣，或為衣之裝飾。或為車之裝飾，意謂身分地位崇高。

「大人虎變」者，天子皮甲以虎皮為飾。革命去故成功，大人以華麗服飾來彰顯自己大人的身分，虎皮衣飾為王者所服，或以虎皮為車飾，故《老子》二十五章謂：「天大，地大，王亦大。」

303

「炳」，紋彩顯明。「其文炳」，就是解釋虎斑燦爛。也是君王之服、乘車之裝飾以虎皮紋，彰顯身分。也是功業彪炳。

此爻以「虎」喻君，所謂「伴君如伴虎」，老虎變臉，天威顯赫。乾為龍，為虎。

「革」是「去故」，此「變」也是「去故」，改變也。

「未占」，即未卜。《禮記‧檀弓》上：「魯莊公即宋人戰於乘丘……公曰：未之卜也。」《經傳釋詞》：「言公卒出戰，未卜戎御，故不得其人。」古人臨戰前要占卜適任的駕兵車者與同車侍衛。

「有孚」，有福。

「未占有孚」，徵象明顯，不必占問。九五時間成熟順勢而為，改革定成。五應二，二離為文，故「其文炳」。

䷰ 革 ䷶ 豐

此爻變為「豐」，豐功偉業，官祿昌盛。「豐」：「折獄致刑」。又「多故」，人紅是非多，當心牢獄之災，官司纏身。此爻在「革」之「去故」與「豐」之「多故」之間擺盪，如洗三溫暖般。

上六：君子豹變。小人革面，征凶。居貞吉。

象曰：君子豹變，其文蔚也。小人革面，順以從君也。

「豹變」與「虎變」相似，差別在於豹小於虎。都是文采斑爛之物。均謂改革事業有成，勢位顯貴。

「豹」喻君子，「虎」喻大人。九五是大人，是君王、聖人。上六是君子，是諸侯，是大夫。《揚子法言》說得清楚，豹是狸（野貓）所變，虎是豹所變。「虎變」、「豹變」都是晉升顯貴，魚躍龍門。

「君子豹變」，是諸侯、大夫皮甲以豹皮為之，或為衣飾，或為乘車裝飾，彰顯自己大人的身分。

「革」上六之「君子豹變，小人革面」與「剝」上六之「君子得輿，小人剝廬」句法、句義相類。大夫之車裝飾以豹皮文。

「小人」，士也；大夫之下為士，士為大夫之臣，大夫是士之君。與「君子」相對故稱「小人」。

「革面」，士所乘之只有皮革，無有裝飾的車；聞一多說「面」讀為「鞔ㄇㄢˊ」《一切經音義》引《倉頡篇》：「鞔，覆也。」《周禮·春官·巾車》：「革路、革免、革而漆之，無他飾。」又曰：「木路，不鞔以革，漆之而已。」又曰「棧車，不革鞔。」「革面」即「革鞔」。是單單以皮革裝飾乘車，塗之以漆而已。

「小人革面」，大夫之下一階層，即士階層，皮甲只能用一般皮革。其車亦僅以皮革為裝飾。《尚書大傳·殷傳》：「未命為士者，不得乘飾車。」

又「小人」相對「大人」，為奴隸。「革」即「勒」，刻也。《禮·月令》：「孟冬，命工師效功，物勒工名，以考其誠。」《註》：「刻名于器，以備考驗。」「勒面」，黥面紋額之刑。大人、君子華服顯衣以彰榮華權位，小人黥面受刑淪為奴隸。故曰「順以從君」。也可以解釋士階層的小人乘著無有裝飾的車跟隨著大夫所乘之有豹紋裝飾的車而行。詳聞一多《周易義證類纂》。

「革」，改也，變也。

「面」，面向；《廣雅》：「面，鄉也」「鄉」同「嚮」，就是向。

「革面」，變臉，改其所面向。上六與九三相應，但九三過剛不中，

所以上六變革而反向面對中正之九五。故〈小象〉曰：「順以從君也」。
九五為君。大夫順君，士順大夫。士以大夫為君。

　　古代君主座北朝南，就是背朝北，面向南。臣子則座南面北，示意
臣服。「小人革面」，士或庶民歸順北向稱臣。「比」上六「後夫凶」，
因為反向面對九五太晚而凶。小人翻臉如翻書，變得快。上六審度情勢決
定由乘九五之剛變為順從九五之君。相比於「比」上六「後夫凶」識相地
多了。就是抱大腿啦！上六陰爻故稱「小人」。艮為面，艮伏故曰「革
面」。

　　「小人革面」，謂革命之後，局勢大變，除舊布新，小人被除，小民
皆改變背向。

　　「居貞」，居定，安居。至此革命成功，天下鼎定，應該由「馬上治
天下」改為「偃戈息武」與民休息，故「征凶。居貞吉」不宜再動干戈，
才能「順以從君」。

　　上六當位，坤陰「先迷後得」騎在九五頭上則迷，但「革」卦是改
變，所以上六不「執迷不悟」，反而從君而順，合於坤陰的德性，故「征
凶，居吉」上六順君所以不征而居吉。

　　䷰革䷌同人

　　此爻變為「同人」是在野不是在朝，由「同人」為在野變為在朝。
〈雜傳〉：「同人親也」與天下之民變為親人，得此爻有升遷、同盟、媾
和之象。

　　「君子豹變」在上爻為「革」命之後，佐命之勳，皆得封拜為官，受
土為爵，尊顯富貴也。

第50籤 鼎卦 又名火風鼎

鼎　：元吉，亨。
彖曰：鼎，象也。以木巽火，亨飪也。聖人亨以享上帝，而大亨以養聖
　　　賢。巽而耳目聰明，柔進而上行，得中而應乎剛，是以元亨。
象曰：木上有火，鼎。君子以正位凝命。
序傳：井道不可不革，故受之以革。革物者莫若鼎，故受之以鼎。主器
　　　者莫若長子，故受之以震。
雜傳：革去故也，鼎取新也。

籀文 金文鼎 小篆 金文貞

《說文解字》：「鼎，三足兩耳，和五味之寶器也。」卦象中虛外實
下缺若有足，正像一個鼎器之形狀。籀文鼎字其上有二耳，中有大腹，下
有三足，就是一個鼎象。

鼎，是祭祀時烹煮犧牲用的大器。《周禮・秋官・掌客》：「鼎簋
十有二」。鄭玄注：「鼎，牲器也。」《九家易》：「牛鼎，獸一斛。天
子飾以黃金，諸侯白金，三足以象三台。足上皆作鼻目為飾也。羊鼎，五
斗，天子飾以黃金，諸侯白金，大夫以銅。豕鼎，三斗，天子飾以黃金，
諸侯白金，大夫銅，士鐵。三鼎形同，飪煮肉。」也用來烹煮肉食於饗宴
食用。

鼎將生肉煮熟，調和其味，使為新的食物，故鼎為新。〈雜卦傳〉：
「革去故也，鼎取新也。」《周易集解》引韓康伯：「鼎，所以和濟萬
物，成新之器也。」鄭玄云：「鼎，象也。卦有木火之用，互體乾、兌，
乾為金，兌為澤，澤鍾金而含水，燃以木火，鼎烹熟物之象。」《玉
篇》：「鼎，所以熟食器也。」卦下巽為木，有柴薪之象。上離為火，以
木生火，故曰「取薪」。〈象傳〉：「鼎，象也。以木巽火，亨飪也。」
即是以鼎為烹煮之物。

鼎、貞古為同源字，甲骨卜辭中鼎、貞通用。《廣雅・釋詁》：
「貞，正也。」《釋名・釋言語》：「貞，定也，精定不動惑也。」上卦

離為列，下卦巽為序，序列指次位。下互乾為命，故〈大象〉曰：「鼎，君子以正位凝命。」

鼎者，定也，立也。《說文解字》：「鼎，三足兩耳，和五味之寶器也。昔禹收九牧之金，鑄鼎荊山之下，入山林川澤，螭魅蝄蜽，莫能逢之，以協承天休。《易》卦：巽木於下者為鼎，象析木以炊也。」又《左傳》宣公三年：「昔夏之方有德也，遠方圖物，貢金九牧，鑄鼎象物，百物而為之備，使民知神奸。」《帝王世紀》：「禹鑄鼎于荊山」。《資治通鑑外紀》：「禹復爲九州，收天下美銅，鑄爲九鼎，以象九州。」鼎為天命政權的象徵，春秋時楚莊王問鼎中原，更是明白地以鼎為天下政權的代表，《左傳》宣公三年：「楚子（莊王）伐陸渾之戎，遂至於洛，觀兵於周疆。定王使王孫滿勞楚子。楚子問鼎之大小輕重焉。」這故事大概無人不知。中國人以烹食之物象徵權力，西方人則以權杖，即以武器象徵權力。正是「民以食為天」。〈彖傳〉：「聖人亨以享上帝，而大亨以養聖賢。」聖人，即是君王；新得政權握有天下，上祭享於天地，象徵天授。故君王祭天，諸侯祭山川。

「鼎」卦辭「元吉」，是大大的吉祥。新政權成立故為大吉。「元」也是始，新的開始，是「好的開始是成功的一半」，因為政權、家業是要延續下去，所以「鼎」卦接著是「鼎震繼」的「震」卦，既是嫡長子，也是生命、事業的延續。

「亨」，享也，大祭祀也，大獻享也。新政權的成立自然要祭祀天地祖宗。

「鼎」卦上離火，中虛為腹。下巽為木，為風。是下灌風燃木以助火勢。故「鼎」卦是大鍋可以燒煮，故為燒饌。金文、小篆的鼎字，雙耳大腹明顯，但是下部不是鼎足而是一個木字，自上而下一剖為二爿，是柴火，鍋下燒柴以為烹飪。《周伯琦正譌》：「爿，判木也。从半木。左半爲爿，右半爲片。」（流沙河《白魚解字》）「亨」是烹，為烹飪，化生為熟，改變特質。巽為木，離為火，火附木而生，加柴薪於下以助火燃，故〈雜傳〉說：「鼎，取薪。」風助火勢，火附木而燃，愈燒愈旺，利於為官。

上卦離為明，下卦巽為順，是外顯聰明，內在柔順。〈象傳〉：「巽而耳目聰明」為眼觀四面，耳聽八方，耳聰目明，八面玲瓏。「噬嗑」卦

上九：「何校滅耳，凶。」〈小象〉曰：「何校滅耳，聰不明也。」皆以離為明。巽為風，為聽，故曰「巽而耳目聰明」。

「鼎」卦「養聖賢」又說「耳目聰明」，「耳目聰明」就是賢。賢字上部左為臣字，右部為右手（又），下部為貝（貝幣）。臣字的本義是張大眼，瞪大眼的看。又是伸出的右手，意思是眼明手快會搞錢，這就是賢。誰不希望有這樣的臣屬。

籀文賢 很清楚的表現出，尤其是眼珠將要奪眶而出的樣子，充滿動感。小篆賢 就文雅多了。

「鼎」是調和鼎鼐，《說文解字》說：「鼎，三足兩耳，和五味之寶器也。」調和鼎鼐是擺平內部矛盾，化解危機。互為「姤」。「鼎」有危機，內互「大過」。可見新權初立，內部矛盾尚未化解。歷史上新朝成立總要渡過一個瓶頸才能穩定。如漢初劉邦大殺功臣、呂后專政到七國之亂結束後才穩定，唐朝玄武門之變，明朝的「靖難」明成祖搶了姪兒的江山，清朝的三藩之亂等。秦與隋就無法渡過這瓶頸。

〈象傳〉說：「鼎，象也。」是食器，也是古代國家政權的象徵，法統的象徵。「象」就是鼎上所鑄的圖象，今稱為「圖騰」，就是「物」。《說文解字》：「物，萬物也。」物字从牛从勿，「勿」是旗幟飄揚的流蘇。「牛」是旗幟上的圖象，有如美國的星條旗，英國的米字旗，日本的太陽旗，就是古代部族、氏族的旗幟與標誌，代表當時個部族、氏族的風俗習性與禁忌、信仰。「鼎，象也。」也是以解釋為卦六爻就像一個鼎，初六陰斷象鼎足，二三四爻陽實象鼎腹，六五爻陰虛象鼎耳，上九陽實象鼎鉉。蓋鼎鉉需要移動鼎時方用，故至於上爻。

「鼎」卦為「新」，是新的環境，新鮮的事，陌生的環境（「鼎」錯「屯」）。就是說到了新的環境要打探新的知識，收集新的資訊，了解新的風俗，以免犯了禁忌。

籀文

「新」也是創新，「物」也是「則」，是創立新的制度規則，以為大家的依循。「革」卦是「去故」，革去舊有的當然要「創新」。「則」字

也源於鼎，象用刀在鼎上刻畫文字，作為法則（見籀文）《左傳》昭公六年：「鄭人鑄刑書」，杜預注：「鑄刑書於鼎，以為國之常法。」

鼎上之獸為饕餮，是凶惡之獸，用以驅鬼避邪。蓋「鼎」錯為「屯」，為生命之初，洪荒之始，為鬼物神話時期。鼎上之「饕餮」用以趨鬼避邪。至今尚遺留「龍生九子」「獅子銜劍」等廟中瑞獸等俱是其留遺。

烹煮食物的鼎在漢代以後消失，取而代之的是完全固定且立體的灶，因而形成定居重遷，有足的鼎成為多餘，所以炊煮之器就回復至以前鍋的形狀，但仍保留「鼎」之名。

「鼎」互「大過」是社會動盪，天下鼎沸，人民倒懸，英雄豪傑逐鹿天下，問鼎中原。無論除舊或佈新都需要大有才幹之人。

民以食為天故中國以炊煮之器象徵政權，政權的迭換稱為「鼎革」。又「巽而耳目聰明」是「聽」，新君當位要多聽以廣納，要放下身段以柔為手段則能「進而上行」。

「鼎」與「革」都互「大過」，「大過」是「棟橈」，是獨木支撐大廈，是社會板蕩紛擾不安之時，是危機重重。所以要調和鼎鼐，擺平內部的矛盾。大凡新王朝的建立多是「馬上大打天下」，打的天下大亂，以非常手段行非常破壞。但不能「馬上治天下」，要擐武歸田，興立文教，與民休息，恢復元氣，才能開創恢宏新局。如趙匡胤的杯酒勢釋兵權。所以，面臨的第一件事情是要讓老百姓喫得飽。再來分封功臣，這最不易擺平，故要調和。所以鼎為調和五味之寶器。不但要家有飯喫，還要喫得好，喫得對味才行。

「鼎」是分享，是論功行賞。「鼎」、「革」相綜，實為同一卦。「革」是除舊，「鼎」是佈新。

「革」是霸道，「鼎」是王道。「革」是霸，是「大過之才」。古者有天下者為王，諸侯之長為伯，為霸。伯、霸同一字。

「鼎」錯為「屯」，「屯」是開天闢地後的第一卦，是宇宙萬物的初始創造，是創業維艱。「鼎」是「取新」也是新階段的開始。「鼎」是好的開始，氣象一新，是新氣象，同樣也是艱難。「鼎」在「革」之後，是洗心革面，是改頭換面。「鼎」是政權新創，另創新局，另起爐灶，自

創品牌，建立新世界。「鼎」是另結新歡，是喜新，革厭舊。「鼎」、「革」兩卦皆無情。

「取」字從耳，從手；其義是古人作戰割取敵人之左耳以計功勞，「新」是以斧砍伐木材，《說文解字》：「新，取木也。從斤新聲。」都是要用霹靂手段。「取新」是「取薪」是要獲得新能源，要薪火相傳。所以「鼎」卦繼之以「震」。〈序卦傳〉：「井道不可不革」。「井」是從困境中尋出一條生路，「革」是改弦更張，在舊體制中注入新寫血。「革物者莫若鼎，故受之以鼎。主器者莫若長子，故受之以震。」鼎也是宗廟祭祀時的主器，以鼎傳給長子，代表繼位大統，所以「鼎」卦之後為「震」卦。曾國藩曾說辦大事以找替手為第一。作大事業要以培養接班人為要務。

「鼎」是開創新局，「震」是薪火相傳。〈大象〉曰：「君子以正位凝命」。「鼎」是政權新創，得位要正，也要端正安重，如此才能壓的住陣腳。「凝命」是嚴正命令，是鞏固新政權。是鞏固新的領導中心。

有人以為「吉」字是衍文。原文應為「元亨」。六十四卦中除「元亨」而無他辭的就僅有「大有」與「鼎」兩卦。「大有」之時站著五爻有利的地位，但是互「夬」是陽旺極將潰，短多長空。故有「元亨」而無「利貞」。「鼎」卦也只「元亨」而無「利貞」，「鼎」卦也互「夬」，一陰在眾陽之上，有小人作梗，受到蒙蔽。也是短多長空。互「大過」，是內部勢力沒有擺平。「大過」為上「夬」、為下「姤」，為分為合，是分分合合，又分又合，合縱連橫，拉左打右，連合次要敵人，打擊主要敵人，分爭未平，資源的分配，權力的爭奪，都可能讓新創的政權毀於一旦。所以錯為「屯」，綜為「革」不是再次的革命，就是混沌的局勢讓人摸不著頭腦。

「大有」是政治清明，大有為的政府，是領袖群倫，是人生志得意滿之時。與「鼎」所差異在於初爻，可見「鼎」卦的基礎不穩，內部勢力蠢蠢欲動，有禍起蕭牆之害。「大有」是「柔得尊位」，「鼎」是「巽而耳目聰明，柔進而上行，得中而應乎剛。」「柔得尊位」是虛懷若谷，虛心接納。「巽而耳目聰明」是八面玲瓏，手腕靈活。是聰明絕頂。「柔進而上行」不是攀附就是裙帶，要不就是趨炎附勢，皆非正法。「晉」卦也是「柔進而上行」。「鼎」是時勢造英雄，劉邦對項羽說「寧鬥智而不鬥

力」就是「柔進而上行」。「巽而耳目聰明，柔進而上行，得中而應乎剛。」是禮賢下士，是上下一心。政權新創要知禮賢下士，初爻為陰若變陽為大有，可見基層的重要。不然顛覆全局，全局盡墨。「大有」卦〈象傳〉曰：「順天休命」，就是要順命，強求不得，是盡人事聽天命。〈象傳〉曰：「正位凝命」，是鞏故政權，也是盡人事聽天命。

此卦是好的開始是成功的一半。是改朝換代，新朝成立。是顛覆過去，勇於創新，是標新立異，氣象一新。是分享，是論功行賞。利於為官。是八面玲瓏，手腕靈活。是聰明絕頂。是另結新歡。

初六：鼎顛趾，利出否，得妾以其子，無咎。
象曰：鼎顛趾，未悖也。利出否，以從貴也。

「顛」，倒也；〈雜卦傳〉：「大過顛也」墜落也，跌也，震折也。

「趾」，腳也，足也，鼎之足也。

「鼎顛趾」，是鼎顛倒而足斷折。

「鼎顛趾」，就是要先破後立，要將過去的積弊用力去除。初爻緊跟著「革」「去故」而來。震為足，為趾；震象失變為巽，巽下斷，為隕落，故曰「鼎顛趾」初六與九四分居上、下卦之下，因此皆以足趾為喻。如「乾」九四為淵，初九為潛。

「否」，惡也，不善也，沉在鼎底陳年污穢。《集韻》：「惡也」。《正韻》：「穢也」。

「利出否」，利於傾倒出陳舊汙穢之物。

「鼎顛趾，利出否」，是要將過去的積習用力除去才能灌注新的生命力。「鼎」為「取新」，欲取新必先除去舊惡。

「顛趾」與「出否」相對。九四「折足」與「覆餗」相對。

又「否」，聞一多讀「陪」。陪者，副貳也。《左傳》昭公五年：「宴有好貨，殮有陪鼎。」杜預注：「陪，加也。加鼎所以厚殷勤。」陪鼎為正鼎之副貳也。「鼎顛趾，利出否」，正鼎折足，宜用副鼎。這與下文「得妾」相關連，謂正妻如正鼎，妾如陪鼎，是副貳。正妻無出而妾有子可以代正妻。換句話說要有備案。妾副取代了正宮。

又「鼎顛趾，利出否」，以喻夫妻，正鼎折足一如夫妻失和，正室夫

人被罷黜出妻。《孟子·離妻下》：「出妻屏子，終身不養焉。」

「得妾以其子」，娶妾，以其生子。就是取（娶）新，就是新的創造力與延續力。兌為妾，九四居兌卦。四來應初故「得妾」。

「妾」，是卑賤奴僕。古代臣、妾都是奴隸。

「以」，與也。「小畜」九五：「富以其鄰」之「以」也讀為「與」。

「子」，是貴子。

「出否」，是去故，將污穢清除。「得妾以其子」，是取新。

〈小象〉曰：「以從貴也」。謂初六前從二陽，故曰「從貴」，陽為貴。「屯」初九「以貴下賤，大得民也。」初九為陽即貴。

「悖」，逆也。初陰順陽，故曰「未悖」。

「未悖」，雖然顛倒過去，顛覆傳統但未違背常理。出妻而娶妾，稍有遺憾，但得貴子也是好運。初承陽應四，故曰「從貴」。

此爻承「革」卦而來，新朝建立先去舊，但布新時不稱「妻」卻稱「妾」或有不正之事。

鼎 ䷰ 大有

此爻變為「大有」，「鼎」差一點為「大有」，初陰在下如「姤」是，是后，是主婦，是內部失和。陽爻居初得位，陰爻失位，故為妾。

初爻失位，一開始就不正皆非吉事。

《夢溪筆談補》：「古鼎中有三足皆空，中可容物者，所謂『鬲』也。煎和之法，常欲孚在下，體在上，則易熟而不偏爛，及升鼎則濁滓皆歸足中。「鼎」卦初六：『鼎顛趾，利出否』謂濁惡下，須先瀉而虛之。九二陽爻，方為鼎實。今京師大屠善熟豵者，鉤懸而煮，不使著釜底，亦古人遺意也。又古銅香爐，多樓其底，先人火於爐中，乃以灰覆其上，火盛則難滅而持久。又防爐熱的席，則為盤薦水，以漸其趾，且以承灰礜之墜者。」錄之可以參觀。

九二：鼎有實，我仇有疾，不我能即，吉。
象曰：鼎有實，慎所之也。我仇有疾，終無尤也。

「鼎有實」，是鼎鑊之中充滿實物。《廣韻》：「誠也，滿也。」乾

為實，九二居乾體，故曰「鼎有實」。初六清出穢物，九二重新填滿。

「鼎有實」是自信滿滿，充實、有實力。

「仇」，匹敵，配偶。《詩經‧周南‧關雎》：「關關雎鳩，在河之洲；窈窕淑女，君子好逑。」亦曰「好仇」。《爾雅‧釋詁》：「仇，匹也。」這是說九二與六五，陰陽相逑，匹敵相配也。因為九二、六五相應。

「疾」，病痛，困難，疾病。

「即」，到。《說文解字》：「就，食也。」亦通「祝」。即，帛書作節，節制，控制。

「我仇有疾」，二想匹配五但有困難，不能相配，或是有疾病。

六五乘陽勢逆，不能即二，故曰「有疾」。「豫」六五乘剛曰「貞疾」。與此同。

「我仇有疾」，是我的配偶有疾病，不能相配。夥伴中有人不稱職。

「不我能即，吉」，不能影響我的意願。雖有疾病，但我能控制病情。最終是吉祥的。

初至五為大坎，坎為疾。「我仇有疾，不我能即」，謂二欲往五相應為三、四所疾害不能與五相應。但二、五終必相應，而「吉」。

「慎」，謹慎小心，考慮清楚。

「之」，往也。九二往應六五也。

九二前臨二陽，陽遇陽則窒，故〈小象〉曰：「慎所之」要謹慎小心地去應六五，因為九三、九四的阻礙。

「鼎有實，慎所之也」，九二有實力，但「鼎」是新，是陌生，是新建立的政權，雖有實力也要小心謹慎才能發揮。

「尤」，害。

二、五正應，終能相應匹配，故曰「終無尤」。

「鼎有實」，是吉詞。

䷶鼎䷷旅

此爻變為「旅」，「貞吉」，遠行前往，不慌不忙，堅守必吉。先憂

後喜，經過一番波折之後終於如願。

九三：鼎耳革，其行塞，雉膏不食，方雨虧，悔，終吉。
象曰：鼎耳革，失其義也。

「革」，改也，更也，變也，就是壞掉了，不能發揮功能。聞一多說革讀「輒」，《說文解字》：「輒，急也。」輒通亟，也與极、急相通，如口吃之吃，《楊子・方言》：「極，吃也。楚語也。或謂之軋，或謂之澀。」《說文解字》：「澀，不滑也。」也可讀為「靸」，《說文解字》：「靸，小兒履也。」靸通亟，也與极、急相通，今字作「擠」，意思是「狹小也」狹小則扛鼎的鉉或稱之槓子、桁子，無法穿過鼎耳，無可施用。

坎為耳，三為陽爻，坎形失，故曰「耳革」。鼎之耳是舉鼎的施力處，今耳革，失去施力的地方，鼎之食不能分享他人。

「鼎耳革」，是功能不彰，有力無處可施。

「塞」，阻塞不通。諸葛亮〈出師表〉：「不宜妄自菲薄，引喻失義，以塞忠諫之路也。」也可以為讀為乾澀之澀，鼎耳洞太小。

「行」，桁也，橫楗。《玉篇》：「屋桁，屋橫木也。」其實橫木都可以稱為桁。鼎耳有洞用桁貫穿以抬鼎，《說文解字》：「鼏ㄇㄧ丶，以木橫貫鼎耳而舉之。」一般經文多用扃ㄐㄩㄥ，也稱鉉。《說文解字》：「鉉，舉鼎具也。」虞注：「貫鼎兩耳」。

「鼎耳革，其行塞」，是鼎之耳狹小艱澀，桁楗阻塞不能進，不能退，無法舉鼎，鼎下火燒不停，鼎中之食將燒壞，無法享用，故下曰「雉膏不食」。

「行」也可以解釋為鼎耳之洞，通行桁鉉之處。

「其行塞」，謂鼎耳洞阻塞不能容納桁鉉，不能搬動了，是心有餘而力不足。鼎不能移，而鼎下火燒不停。危難將至。但鼎足還在，基礎還是穩定的。九三承乘皆陽，陽遇陽則窒，故曰「其行塞」。

鼎器的運用全在耳，耳塞不能運用，鼎之功用不能發揮，如政令不通，號令不行，上下交往的聯繫阻塞了。所以〈小象〉說：「失其義」，失去功用沒有意義。

「膏」，肥美之肉；《說文解字》：「膏，肥也。」《國語·晉語》：「夫膏粱之性難正也」。韋注：「膏，肉之肥者。」就是肥肉。

「雉膏」，肥美的雉肉野雞羹。九三陽爻，陽為實，在鼎為食。

「雉膏不食」，鼎無耳欲食鼎內美餚，但無處可以施用，雉羹被煮膏，美食雖當前，無從染指。一鍋美食只能看得將燒壞，不能食用，惋歎也。有才不能顯，好意無從施展。

「虧」，缺也。

「悔」，晦也。

「方雨虧悔」，即方雨晦冥，大雨方下天色陰暗。司馬相如《子虛賦》云「岑崟參差，日月蔽虧。」

「方雨虧悔」，天降大雨，天色晦暗。降雨以厭鎮火勢，歷經一陣子混亂暗昧之後「終吉」，可能是鼎耳修好了，或是火滅了，但沒有壞了一鼎的食物。

「義」，宜也。

鼎之能用全在耳，今耳革失其用，故曰「失義」。

此爻鼎耳洞小窄澀，不能穿槓抬舉，火太大鼎內野雞羹燒成了膏，不能食用了。正好遇到下雨，未釀大災，勿恨惜，最終吉。

「悔」，困厄恨惜也。詳見「乾」上九。

此爻先言悔之困厄，再言吉，意謂先困厄後終歸於吉。

 鼎 ䷿ 未濟

此爻變為「未濟」。還好遇雨，久了不變，鼎下之火不是燒壞了一鍋雉羹美食，就是將鼎燒壞了。

九四：鼎折足，覆公餗，其形渥，凶。
象曰：覆公餗，信如何也。

一鼎三足，鼎要站著才有用，「折足」則不能站立，這是凶象。

四爻是陰位，宜為陰爻，而陽居，四居上卦之下故為足。又居互兌之中，兌為毀決，故曰「鼎折足」。

「覆」，是傾覆，打翻了。

「餗ㄙㄨˋ」，是鼎內食物。就是九二的「鼎有實」，九三的「雉膏」。九二、九三陽實，故為食。《韻會》：「餗，鼎實也。」孔穎達《正義》：「餗，糝也。八珍之膳，鼎之實也。」鄭玄：「糝，謂之餗。」餗，粥之異體字，就是鬻ㄩˋ字，《說文解字》：「鬻，鍵也。」《註》今俗作粥。

四爻為卿，為近臣，三公之位，三公當調和鼎鼐，而「鼎折足，覆公餗。」鼎足折，其功能喪失，或是鼎足不能勝任；鼎翻倒傾覆，鼎內烹調之羹湯粥糜，調和不成；是不能勝任之凶象。這在新創的政權，顯示內部有極大的矛盾。

「其」，指「公」或是「鼎」。

「形」，刑也。

「渥」，沾汙，厚漬。《說文解字》：「沾也」。《廣雅》：「渥，濁也。」

「渥」同「沃」，一字兼二義，既是澆灌，也是厚重肥沃。《說文解字》：「沃，灌溉也。」

「其形渥」，即滿身為羹湯粥糜沾汙，是凶象。

又「渥」，聞一多先生讀作「剭」，重刑。《廣韻》：「剭，誅也。」《博雅》：「剭，刑也。」《前漢・班固・敘傳》：「底剭鼎臣」。注：「服虔曰：剭者，厚刑之謂。」

「其形渥」即「其刑剭」，受重刑。三公執政調和陰陽，猶如鼎之調和五味，如今鼎足折，餗覆於鼎外，不能食用，功能不彰。猶三公不勝其任，而負天子所託，故受重刑。四爻身居初到五互的「大過」，大凶之象，故刑重。《周禮・秋官・司烜氏》：「邦若屋誅」。鄭司農曰：「屋誅謂夷三族」。鄭玄謂屋讀「如其刑剭」之「剭」。互兌為毀決，為斧鉞，亦是重刑。〈齊策四〉：「是故無其實而喜其名者削，無德而望其福者約，無功而受其祿者辱，禍必握。」「禍必握」，謂禍必重。

「信如何」，言行為如此，失於信，無法被信任。〈繫辭下〉：「子曰『德薄而位尊，知小而謀大，力小而任重，鮮不及矣』。」

此爻有自不量力，無法勝任之象。志大而才疏，負荷太重以致折足。

「鼎」之大義為新，面對新局，既陌生又新鮮，是個生手。本該穩紮

穩打，但九四身居「大過」，動的過大，下應初六亂了根基，基礎不穩，無法負荷折足而鼎毀，故被誅而凶。

此爻鼎足折斷，傾倒了鼎內祭祀用的粥品，弄髒了祭品也毀了祭祀儀式。受到重罰，凶。

☰☰鼎☶☴蠱

此爻變為「蠱」，「蠱」是積久不變，要變法維新（不是革命）才能「去故」，九四去舊除故太急切，吃緊弄破碗。「蠱」為鬼迷心竅，聽不得勸，看不清情勢，被蒙在鼓裡。

六五：鼎黃耳，金鉉，利貞。
象曰：鼎黃耳，中以為實也。

「黃耳，金鉉」，比喻堅固與貴重。蓋今之銅古人稱「黃金」。五爻離中，故曰「黃耳」。居乾故曰「金鉉」。

「鉉」，以木橫關鼎耳而舉之。《說文解字注》段玉裁云：「關，以木橫持門戶也。」門之關，猶鼎之鉉也。此以木為之，而字從金者，係於鼎而言之也。抑《易》言金鉉，則鍵有金飾之者矣。」「鉉」與「扃」同。「黃耳，金鉉」，就是鼎耳，是鼎上的環，可以插上裝飾著金的木棍用來扛鼎。《士冠禮》：「設扃鼏」。注：「扃今文鉉」。《經典釋文》：「扃，鼎扛也。」《疏》「所謂貫鼎耳而扛之」是也。六五得中，下與九二有應，故「利貞」情況積極。

此爻青銅鼎黃澄澄的鼎耳，堅固可靠，貴重信實，是吉象。

☰☴鼎☰☴姤

此爻變為「姤」，是遇，是新的際遇。六五的「耳」與「鉉」是革舊更新之後的「耳」與「鉉」。「姤」是陰伏於下。「鼎」之佈新到此以算完成，內部的奸伏也油然而生。

上九：鼎玉鉉，大吉無不利。
象曰：玉鉉在上，剛柔節也。

「玉」比「金」更高貴。金鼎鑲玉耳，裝飾著金玉的木棍用來扛鼎。高貴之象。

乾為玉，上九陽為直，故象「玉鉉」。

上九以玉鉉舉鼎，運用自如，無有滯礙，故「大吉無不利」。此與「大畜」上九「何天之衢」義同。

〈小象〉解釋曰：「剛柔節」。剛柔相節止，即能調和之象，所謂「調和鼎鼐」，故「大吉無不利」。上九之陽得六五陰所承，故曰「剛柔節」。

此爻不僅尊，更貴。故大吉無不利。鼎新大功告成。

此爻變為「恆」，新政權已經站穩而突破瓶頸，可以長久。

第51籤 震卦 震為雷

震 ：亨，震來虩虩，笑言啞啞。震驚百里，不喪匕鬯彳尢丶。
象曰：震亨，震來虩虩，恐致福也。笑言啞啞，後有則也。震驚百里，
　　　驚遠而懼邇也。出可以守宗廟社稷，以為祭主也。
象曰：洊雷震，君子以恐懼修省。
序傳：革物者莫若鼎，故受之以鼎。主器者莫若長子，故受之以震。
　　　震者動也。物不可以終動，止之，故受之以艮。艮者止也。
雜傳：震起也，艮止也。

甲骨文　籀文　小篆　漢隸　虞世南

　　「震」字，從雨，從辰。雨字好理解，先民造字極為聰明，甲骨文
「雨」字，畫的就是下雨，是動詞。上面一橫是蒼穹天空，下面是雨滴點
點。後來到了小篆多了一橫，可能只是為了好看而已。

甲骨文　金文　籀文　小篆　漢隸　北魏

　　每年第一聲雷響為春雷，是伴著春雨一起大作。雲積到一定程度之後
雨下雷作，雷字在《說文解字》中寫作「靁」，「雷」是漢以後隸書簡
化出來的。甲骨文「雷」字的折線像閃電形，金文加上了「田」字形，象
球形閃電，俗稱滾地雷。或說「田」字形像是車輪，以車輪滾動的隆隆之
聲，作為聲符。從金文、籀文來看，我以為球形閃電之意較甚車輪滾動，
許慎老夫子的《說文解字》云：「靁，陰陽薄動，靁雨生物者也。從雨、
畾，象回轉形。」甚是。小篆還保留滾地雷的味道，到了隸書就失去了原
味。你看與「雷」一體兩面的「電」各體字形。

金文　古文　籀文　小篆　石鼓文　漢隸

為何用滾地雷而不直接用「之」字形或是折線形的閃電呢？因為滾地雷更讓人驚駭，而「電」字被閃電給奪去，所以造出了「震」字。您看《說文解字》：「電，陰陽激燿也。從雨從申。」金文「電」字就是做閃電形，雨字下的申即為閃電，可證。

震 籀文　震 小篆　震 漢魏　震 北魏　霆 小篆

甲骨文沒有「震」字，後起的「震」字強調的是大的雷電給人造成的震撼與驚嚇，《說文解字》：「劈歷，振物者。從雨辰聲。《春秋傳》曰：『震夷伯之廟』。」《說文解字注》：「震，劈歷振物者。劈歷、疾雷之名。釋天曰。疾靁為霆。倉頡篇曰。霆、霹靂也。然則古謂之霆。許謂之震。」段玉裁說的甚是。《水經注‧河水》：「雷奔電泄，震天動地。」所言大雷電震撼天地。《詩‧小雅‧十月之交》：「燁燁震電，不寧不令。」《毛傳》：「震，雷也。」《世說新語‧雅量》：「時大雨，霹靂破所倚柱，衣服焦然。」《藝文類聚‧雷》：「《穀梁傳》曰：陰陽相薄，感而為雷，激而為霆。《五經通義》曰：震與霆，皆霹靂也。公羊注曰：雷疾而甚者為震，震與霆，皆謂霹靂也。雷謂電之先。」《廣韻》：「霆，疾雷。」《爾雅‧釋天》：「疾雷為霆霓」。《詩‧大雅‧雲漢》：「兢兢業業，如霆如雷。」《淮南子‧天文訓》：「陰陽相薄，感而為雷，激而為霆。」《淮南子‧兵略訓》又曰：「疾雷不及掩耳，疾霆不及掩目。」〈繫辭上〉：「鼓之以雷霆」可證雷霆、霹靂為即曰震。震為巨大駭人的霹靂疾雷。

辰 籀文　辰 辰小篆　辰 北魏　振 振小篆　娠 娠小篆

「震」卦，帛書作「辰」，「辰」字出現當早於「震」字。「辰」的金文、籀文像一種蛤蚌類的大貝，即「蜃」的初文。遠古農具未發達時，被用作耕田除草的器具。《說文解字》：「辰，震也。三月陽氣動，靁電振，民農時也，物皆生。」《白虎通‧五行》也說：「辰者，震也。」震卦後天卦為東方，〈說卦傳〉云：「萬物出乎震。震，東方也。」東方也是春季象徵，萬物勃生之時；春季最顯著的就是春雷，故為震。也有說是像「耨」一類用來清除草木的農具，相當於現在的短柄鋤，無論各家不

一，但「辰」是早年先民的農具總錯不了。

　　春季是春耕之時，故以辰為震，為振，為農，為耕。「辰」字後借來表示時間的辰時。

金文　籀文　石鼓文　小篆　漢隸　褚遂良

　　統言之震、雷不分，析言之，震是聲，雷是電。電字從申，神也，就是閃電。金文申作閃電狀是「電」的初文。

　　我們在看〈說卦傳〉云：「震為龍」。《說文解字》云：「龍，春分而登天，秋分而潛淵。」春分是二十四節氣之一，在每年三月二十一日前後，古又稱「日中」、「日夜分」蓋日夜均半。相對秋分在九月二十一日前後。「分」的意思就是半，日夜均半。「春分」離「驚蟄」的三月五日或六日，相差不遠。萬物的甦醒皆是因為「驚」而「啟蟄」，這驚就是春雷，就是震。龍音隆，就是雷聲。驚雷象徵大地由寒冬轉變為春暖，《論語·鄉黨》：「孔子曰：『迅雷烈風必變』。」震之疾雷，巽之疾風，都是變化之先兆。

　　《說文解字》中的龍「春分而登天，秋分而潛淵」指的是天上二十八星宿中的東方蒼龍。一周天二十八星宿分為東西南北四大部分，東方蒼龍七宿，南方朱雀七宿，西方白虎七宿，北方玄武七宿。震為東方，為龍，辰為星辰，故為東方蒼龍星座。《楚辭·遠遊》：「奇傅說之託辰星兮」。王逸注：「晨星、房星，蒼龍之體也。」《春秋》昭公十七年：「冬，有星孛於大辰。」孔穎達《正義》：「大火謂之大辰。李巡云：『大辰，蒼龍宿之心，以候四時，故曰辰』孫炎曰：『龍星明者，以為時候，故曰大辰。大火也心，在中，最明，故時候主焉』。」《爾雅·釋天》：「龍星明者以為時候，故曰大辰。」又「大辰，房、心、尾也。」統言之就是蒼龍座，析言之是蒼龍七宿的房、心、尾三宿。

　　總之，八卦中的震，統言之是雷，細分的話是巨大的霹靂。霹靂巨雷叫人驚駭，《全唐詩·觀田家》：「微雨眾卉新，一雷驚蟄始。」《朱子語類·天地下》：「先立春，次驚蟄，次雨水，次春分，次穀雨，次清明。」可見立春之後歷經驚蟄到清明時節雨紛紛，春與伴著雷聲驚駭大地。「震」字從雨，從辰，十二地支辰為龍。震字上雲雨，下辰龍，如龍穿梭於雲雨之間，這字造的好，活靈活現的龍正在行雲佈雨，伴著隆隆巨

321

雷，一震接著一震。驚駭著滋潤著從寒冬中甦醒的萬物，萬物承受水潤蓬勃的茂生。「震」是大雷降雨，是暴風雨。互坎為雨。震一陽於二陰之下，雷總生於雲雨之下。

震為霹靂巨雷，驚醒沉睡中的大地萬物，《國語・周語上》：「玩則無震」。韋昭注：「震，懼也。」《詩・小雅・常武》：「如雷如霆，徐方震驚。」是震亦有駭人驚懼之義。

從卦辭上看「享，震來虩虩，笑言啞啞。震驚百里，不喪匕鬯彳尤丶」說的是祭享時的進薦祭品。震是動，是出，故為進薦；震仰盂像是個敞口的器皿。震也是雷聲霹靂，震。也說的是驚駭，突然來的雷聲嚇人一跳。合而言之說的是祭享時發生的情況。卦辭的意思是長子主持祭享時，雙手持著祭器盛著祭品，進薦奉獻於神，突然接二連三的霹靂雷電大作，雖然受到驚嚇但鎮定的言笑如常，這雷霹靂大作驚嚇之振傳聞百里，手上祭祀用的禮器（匕，湯匙）與所盛的鬯酒並為失手。受驚嚇而鎮定也，處變而不驚也。

有人以為此卦說的是地震，其緣出自《國語・周語上》：「幽王二年，西周三川皆震。伯陽父曰：『周將亡矣！夫天地之氣，不失其序；若過其序，民亂之也。陽伏而不能出，陰迫而不能烝，于是有地震』。」震卦象二陰在一陽之上，故曰：「陽伏而不能出，陰迫而不能烝（升），于是有地震。」沒錯地震更讓人驚嚇，餘震連連一樣下壞人，但威力要達到百里的不多見。若是達百里恐怕手中的祭器和主祭的人、物皆非。所以，「震」雖有地震之意，但絕非毀人屋宅，天崩地裂的大地震。主要說的還是連續的驚天霹靂嚇人一跳而心生恐懼。災禍大的地震當為「大過」卦。

「震」上下兩卦接震，是一震接著一震，震為動，為變動，為憾動、震憾，為轟動武林，驚動萬教，晴天霹靂一波又一波。為改變現況，為處於變動的時代。

「震」是動而遇險，互坎為險。互「艮」為靜，互「蹇」是急躁，是當動則動，當止則止。才能出險。「震」是聲，震是波動，是一波未平，一波又起，與「坎」卦習坎相似。「震」是危機。震為變，互坎為險，是變故危機。「震」卦中充滿了危機、危險。

「震」互艮為止，為靜，是當動則動，當靜則靜，靜若處子，動若脫

兔，動靜有常。動靜要有智慧。「震」為奮力而為，為勤奮。一陽曲居於二陰之下，奮力掙脫而出。

「震」是主動，積極，先聲奪人，先發制人。〈彖傳〉曰：「驚遠而懼邇」就是先聲奪人，先發制人，遠者驚而近者懼。

「震」是嫡長子，是繼承者，是欽定接班人，是主權的維續，是香火的繼承。〈序卦傳〉說：「主器者莫若長子，故受之以震。」〈雜卦傳〉：「帝出乎震」。〈象傳〉曰：「後有則也」。「震」之前為「鼎」，為國家權力的象徵，經過「革」卦力戰經營之後政權鼎定，這時進入政權維續下去的瓶頸，接班問題的穩定與否自古以來是政權延續的重大課題。秦始皇有胡亥、漢高祖有呂后，唐高祖有玄武門，宋太祖有其弟太宗趙匡義，明太祖朱元璋有靖難，清朝入關後到康熙乾脆秘密建儲。可見政權初立的接班問題是一個劫，一個瓶頸。

古以嫡長子主祭，象徵繼承大統。震就是嫡長子。「鼎」是「取新也」是政權新創，但要永續經營必慎選接班人。「震」是薪火相傳的嫡長子。「帝出乎震」是主宰，是上帝。「震」為繼承大統者必要延續下去，曾國藩說辦大事以找替手為第一要務，可見接替者之重要。

「震」卦說的是真龍是繼承者，但不是開創者。故〈彖傳〉曰：「出可以守宗廟社稷，以為祭主也。」互艮是宗廟社稷。

「亨」，即享，祭祀也。

「虩虩」，恐懼驚警的樣子。帛書作「朔朔」，《履》卦九四之「愬愬」，帛書亦作「朔朔」，即「肅肅」。《詩·周南·兔罝》：「肅肅兔罝，椓之丁丁。」《毛詩注疏》：「肅肅，敬也」或作「索索」、「縮縮」。鄭玄：「足不正也」意謂恐懼畏縮貌。

又「虩」字從隙省了阝，是代表這字的發音，為聲符。又從虎。這虎不是老虎，是壁虎。壁虎趴於牆壁上以全身接受震波，來判斷威脅故而反應快速。另一為蠅虎。晉崔豹《古今注·魚蟲》：「蠅虎……形似蜘蛛而色灰白，善捕蠅。」亦同。

「震來虩虩」，是面臨突然來的變動驚嚇，如壁虎般震慄恐懼，心生誠慎恐懼，小心奕奕，反應迅速。但不是膽小怕事。

「啞啞」，出聲大笑。

「震來虩虩，笑言啞啞，後有則也」，「虩虩」是突然一震初始驚懼，而後鎮定而「笑言啞啞」。因為驚懼而謹慎自勵，後能轉危為安，故「笑言啞啞」。一轉眼後立馬談笑生風。就是處變不驚，從容以對。

另一解「笑言啞啞」者，笑即嘯，如啞然失笑，亦即長嘯之嘯。

「言」，音也。

「笑言啞啞」，謂雷聲迴盪而悠長，如祭祀時神之降臨，祭祀者恐懼誠敬而後和樂大笑以為求神而得感應。

「百里」，諸侯封地也。《墨子・七患》：「桀、紂貴為天子，富有天下，然而皆滅亡於百里之君者，何也？」《白虎通德論・爵》：「《春秋傳》曰：『王者之後稱公，其餘人皆千乘，像雷震百里所潤同』。大國稱侯，小者伯、子、男也。」《王制》曰：「公、侯田方百里，伯七十里，子、男五十里。伯者百也」。震為侯，為百里。

「震驚百里」，決非小事，是熱鬧轟轟，喧然大波，聲勢浩大，震驚於全國；如「豐」，如「大壯」。

「驚遠而懼邇也」，遠者受打擊而驚，近者引以為戒則知懼。也是敲山震虎。是聲東擊西，另有所圖。

「震」是接班過程接受挑戰與考驗，好事多謀。「恐致福」是變動來襲要戒慎恐懼來應變才能致福，不然必凶。掉以輕心必凶。

「震」為動，為變，是靜若處子，動若脫兔。是說變就變，變臉如翻書。要當心。

「虩」，也是壁虎，是蜥蜴的一種，壁虎獵食戰戰兢兢，不動時靜若處子，甚至能隨環境改變膚色以融入環境，能隱伏欺敵。一有動靜立即反應，不是獵物入口，就是逃逸無蹤。逃不掉時也會犧牲尾巴自割以求生。詳初九爻辭。

「震」卦互艮，艮為止；如壁虎般，靜若處子，動若脫兔。只要能保護自己，該犧牲就犧牲，絕不含糊。該棄卒保帥，甚至棄車保帥，是犧牲打。因為震為主權，政權，嫡長子。

「恐」，是驚駭，一波波震驚而來，是震憾式的打擊，故恐。是誠慎恐懼如壁虎。

「致福」，謂若如壁虎般的誠慎恐懼，來應付變動，能化解危機為轉機，不但無害更可以得福。

「後有則也」，下次變動再來，就有前路可循，有經驗可依，有應付危機的原則。是為後來者立下標竿，可以依循。

「震」為行，互艮；「艮」為止，互震。「震」、「艮」相綜，震行艮止，當行則行，當止則止。在變動中，不可一意孤行躁動，而要鎮定從容。「震」為動靜皆宜，能動能靜，進退有據，不失禮節。互坎，為心，為孚，信心十足。

「匕」，是象湯匙的用具，一名柶ㄙˋ，匙也。是從鼎中把食物取出來，然後放到俎板上以便取食。

「鬯ㄔㄤˋ」，是古代祭祀、宴飲用的香酒，用郁金草合黑黍釀成。即秬黍之酒，其氣調暢，故謂之鬯。《說文解字》：「以秬釀 艸，芬芳攸服，以降神也。」《周禮·春官》：「鬯人掌共秬鬯而飾之」。《註》：「鬯，釀秬為酒，芬香條暢於上下也。」

「震驚百里，不喪匕鬯」，是臨危不懼，處變不驚，氣定神閒，不動聲色。故可為「出可以守宗廟社稷，以為祭主也。」是威武不屈，泰山崩於前面不改色，臨危不懼，不失常態。

「震」是娠，是懷孕得子之兆。互「解」是開刀剖腹產。「屯」為胎，也是懷孕姙辰之象。「震」互「蹇」是前途艱苦，要以智取。「解」是藉重外力以求解。「震」為征，為動，為積極，主動，大張旗鼓，堂堂正正。互「解」是能化險為夷，突破困難。但要知懼應變才行。

「洊ㄐㄧㄢˋ」，再也。《廣韻》：「洊，水荒曰洊亦再也，易曰洊雷震。」「震」上下皆震，一震未平，一震又起。一波打擊未定，另一波打擊又至。既是慌又是再，可見慌連著慌，〈大象〉用「洊」字可見「震」也是有災一波波而來。

乾為天，震為雷，「无妄」是晴天霹靂，古人以為天象示警，不可妄為，「震」卦〈大象〉曰：「洊雷震，君子以恐懼修省」即是此意。從此也可知「震」卦是恐懼，是驚懼，是震驚，是突如而來的震驚變動產生的驚嚇恐懼。《左傳》昭公十八年：「將有大祥，民震動。」楊伯峻《春秋左傳注》：「震動猶震驚也」甚是。

「震」為驚懼，互艮為修身反省。受驚知懼知返省是好的開始。互「蹇」卦，只有好的開始但後續就難了。

震為木，上下震是雙木為林，森林可以養物。木生火，官符如火、新官上任三把火，利於為官。伏中有坎，坎為水，利木之生長。

「震」雖是多事之秋，但終將揚眉吐氣，轉惡勢為光明。聲勢如雷，是領導力的發揮。

但是，氣勢強壯之人多得理不饒人。

《歸藏》此卦作《釐》，震為喜樂，為福。《豫・大象》：「先王以相樂崇德」即以震為樂。「釐」同「僖」。《廣韻》：「釐，理也，一日福也。」《說文解字》：「釐，家福也。」《史記》「僖」全都作「釐」。蓋「震」雖是變動，是恐懼，是驚嚇，也是生，是姙娠，是積極，是行動，是繼承，是「萬物出乎震」故也是喜福。〈象傳〉：「震來虩虩，恐致福也。」因為變動震驚來臨知恐懼者能修身反省而得福。

此卦是奮力而為，積極參與。先聲奪人，先發制人。是迅雷不及掩耳。是繼承者，是欽定接班人。是薪火相傳。是誠慎恐懼，小心奕奕。是一波未平，一波又起。是聲東擊西，轟遠打近。也是說嫡長子在祭祀之時，雷電大震，內心恐懼誠敬，但處變不驚，雷電象徵天神降臨與神之交感通亨，轉而笑聲和樂。

初九：震來虩虩，後笑言啞啞，吉。
象曰：震來虩虩，恐致福也。笑言啞啞，後有則也。

初九爻辭與卦辭相若，只多了「後」、「吉」二字。〈小象〉又與〈象傳〉同。這在三百八十四爻中絕無僅有的。可見初九為全局重心，為卦主，這爻體現了大部分的卦義。

爻辭「震來虩虩」之前省了「先」字，這是說先「震來虩虩」而後「笑言啞啞」，有如「同人」九五所說的「先號咷而後笑」。

「震」，是突然而來的變動驚懼，如霹靂般又急又大，亦是戒慎恐懼的意思。

「虩虩」，是恐懼畏縮，小心謹慎貌。《玉篇》解釋「虩」是「蠅虎蟲」，今謂壁虎（或謂為蜘蛛一種），是非常容易受到驚嚇，警覺性很高的動物。而且壁虎全身貼在牆壁上討生活，牠的警覺性全是經由吸收牆壁

傳來的震動作判斷。震動波經由牆壁傳遞快速，壁虎收集訊息與反應也快速，所以《唐韻》解釋「虩」是「虎驚貌」，故「虩虩」的意思是如牆上壁虎受到變故驚嚇而知戒慎恐懼而反應快速的樣子。

「（先）震來虩虩」，遭遇突然而來的大變故、大變動，能夠保持戒慎恐懼的態度；是慎重其事，高度警戒，並快速做出反應。

「後」，之後。先「虩虩」戒慎恐懼，快速反應之後則「笑言啞啞」從容以對。就是處變不驚。

「啞啞」，出聲大笑。

「震來虩虩，笑言啞啞，後有則也」，「笑言啞啞」，是一開始驚懼而「虩虩」，後鎮定而「啞啞」，因為驚懼而謹慎自勵，後能轉危為安，放聲大笑。

「笑言啞啞」，渡過危機後談笑生風。

另一解「笑言啞啞」，笑即嘯，如啞然失笑，即長嘯之嘯。

「言」，音也。

「震來虩虩，後笑言啞啞」，謂霹靂雷聲突然而來先是教人驚懼，其後餘雷迴盪如長嘯之音悠長不絕。

「後笑言啞啞」，是震動變故之後能笑言以對，從容自如，是驚而不懼，不慌不亂，有如泰山崩於前而不懼；此人壓的住陣腳。有如「屯」初九「磐桓」根基穩固。

初九在下如「屯」，是生機立命之所，是全局重心，是嫡長子，是君侯，是根本，故能安定自如。

「恐致福」，是要戒慎恐懼修省才能致福。粗心大意，不當一回事，大而化之是不會致福，反而遭禍。《老子》：「聖人之不病，以其病病」即謂唯有正視自己的缺失並加以改進，才能免除缺失。

「虩」，是壁虎，是生活在牆上的蜥蜴，是變色龍，極易受驚，牠常處於高度的警戒之中，一遇強敵，即作出反應，敵不過則「自割」去尾，以求自保。斷尾求生是也。

「後」，也是尾。初爻為「尾」，如「遯」初六曰：「尾遯」。

「後」，後代。「不孝有三，無後為大」的「後」。震為長子為繼

承，後繼有人的「後」。

「後有則」，是去尾自救，是犧牲小我，保存大我，是該捨的要捨去，為的是保存生機，延續生命，繁衍後代。在受到變故時，保存實力，延續生命，是第一要務。留得青山在不怕沒柴燒。

又震為生，為萌，是「元氣」，是「續命丹」。

「則」，原則，規則，是不可變的。也是法則，效法。《孟子‧滕文公上》：「惟天為大，惟堯則之。」

「後有則」，是延續生命，保存元氣、生機，使之有後是最高指導原則。震為生，為繼。「後有則」是給後來的、後代的，一代傳一代的，有依循的規則。震為道，為則。

「震」卦與此爻所說的就是「壁虎功」以壁虎為師。

此爻處變不驚，是危機處理的最高指導原則。

初九以陽居陽得位為正，「震」卦惟此陽爻得正，亦惟此爻最佳，故「吉」。

初九在下為庶民是基層的百姓，在身處變動的「震」卦處理危機時，能如卦所言變動而不失其常，反應與回復生機的能力最強。

初九有如「屯」初九「磐桓」，能深耕基礎，在劫後餘生之後快速的展現生命力。初九能面對現實。初九是「潛龍勿用」不可以有大動作，大作為。以穩定人心，保存元氣，延續生命為首要。

此爻詞與卦辭同。也是說嫡長子在祭祀之時，雷電大震，內心恐懼誠敬，雷電象徵天神降臨與神之交感通亨，轉而笑聲和樂。

☳☵ 震☶ 豫

此爻變為「豫」，是預見先機，知微見著，能預先準備，並針對問題而提出反應，壁虎斷尾求生就是對策，就是豫。「豫」也是和樂。

六二：震來厲，億喪貝，躋于九陵，勿逐，七日得。
象曰：震來厲，乘剛也。

「來」，復也。由外而內謂之來。

「厲」，危厲，引申為猛烈，如雷厲風行。《廣韻》：「厲，烈也，

猛也。」《禮記・表記》：「不厲而威」。《廣雅・釋詁》：「厲，危也。」《周易集解》引虞翻曰：「厲，危也。」

「震來厲」，可見這雷震既來的快又猛烈。突然而來的變動既猛又烈。故〈小象〉說「震來厲，乘剛也。」乘剛，說的是六二乘初九之剛。這樣的爻位多凶。「屯」六二〈小象〉說：「六二之難，乘剛也。」「豫」六五〈小象〉說：「六五貞疾，乘剛也。」《竹書紀年》武乙三十五年：「周公季歷伐西落鬼戎。王畋於河、渭，大雷震死。」

六二所受的變故震驚比初九更大、更危。達到危厲的程度。

「億」，臆也，臆度推測，估量。帛書亦作「意」。意、億、臆古文相通。《禮記・少儀》注：「意，度也。」《釋文》：「意，本作億。」《左傳》襄公二十五年：「不可億逞」。杜預注：「億，度也。」《論語・先進》：「億則屢中」。《釋文》：「億，度也。」「意」、「億」音同而義通。

「億」，也作「噫」，為語氣詞，有嘆惜之意。《經傳釋詞・卷三》記載：「《禮記・文王世子》注曰：『億可以為之也』《釋文》曰：『億，本又作噫』。」蓋處於危厲之時，宜敬慎小心。

「喪」，失去。《老子》十二章：「五味令人口爽」。爽、喪古通。

「貝」，古時以貝為貨幣，《說文解字》：「貝，海介蟲也。古者貨貝而寶龜，周而有泉，至秦廢貝行錢。」引申為財貨。《廣雅・釋詁》：「貝，貨也。」

「億喪貝」，臆度財貨的損失。作最壞的打算，該犧牲就犧牲，該割捨就割捨，損失的只是錢財身外之物。又嘆息財貨之損失。

六二乘剛故危厲，前又承陰，既不通，前途也不明，故做最壞的打算。六二中正，資質條件具備，可以衡度緩急輕重得失，故能應變。初九得位但不中又力薄故傷及身。二爻為地方士紳，頗有基礎，財又多，是大戶，角頭，財團。

「貝」，有版本作「敗」。「喪敗」，同義字連詞，損壞嚴重，摧枯拉朽。

「億喪貝」，噫！驚呼，因為霹靂之雷又快又猛烈，摧枯拉朽，造成損傷。

「躋」，升、登。《說文解字》：「躋，登也。」《爾雅・釋詁》：「躋，升也。」《詩・秦風・蒹葭》：「遡洄從之，道阻且躋。」《小雅・斯干》：「君子攸躋」。《毛傳》皆注：「躋，升也。」

「九」，多也。汪中《述學・釋三九》：「凡一二之所不能盡者，則約之三。以見其多。三之所不能盡者，則約之九，以見其極多。」九謂數量極多不能勝數也，如「九重天」也。

「九陵」，重重層層之丘陵也。高遠深處而安全之所。漢揚雄《太玄・銳》：「上九陵，崢岸峭陁。」震為丘，為虛，為陵。上下兩震象丘陵重疊之形。

「躋于九陵」，是登高山峻嶺，重巒疊障之地避難以求安；登高望遠，眼光才看的遠，不只顧近利；登高是客觀；是飄然遠去，脫於世外，靜觀其變。

「逐」，一釋為追，反之為逃也。甲骨文从「止」从「豕」，人追趕（豕）動物之意，於人是追，於獸是逃。此釋為尋求。《國語・晉語》：「厭邇逐遠。遠人入服，不為郵矣。」韋昭注：「逐，求也。」「既濟」六二云：「婦喪其茀，勿逐七日得。」義同。

「七日得」，就是「復」卦：「反復其道，七日來復。」「既濟」九二也說「七日得」。

「七日得」，就是所喪之貝，失而復得；不僅是七日之後失而復得，也是經過一個循環後失而復得。

「七日」，不多久的意思。與「既濟」六二：「婦喪其茀，勿逐，七日得。」相同。與「睽」初九：「喪馬勿逐，自復。」相類。

又「得」，定也。

此爻霹靂大雷突然疾來，既猛且烈，摧枯拉朽，驚訝之聲四起，有所損壞。登高山避禍，但勿逃遠，過七日之後可以安定。

䷲震 ䷵歸妹

爻變為「歸妹」，「征凶，無攸利」，故不可積極的征，只能消極的避，歸於暗昧。

失而復得故不言吉，變故來時損傷身外之物，未傷及自身就算是吉

了。

〈小象〉言「乘剛」的還有「屯」六二、「豫」六五、「噬嗑」六二、「困」六三；

「困」六三乘坎中之剛，其餘皆乘震之剛。

乘剛皆危屬中有轉機，或暫時不好而終轉好，過成難後轉為安，屬而不凶。所以說「乘剛多難」。

六三：震蘇蘇，震行，無眚。
象曰：震蘇蘇，位不當也。

「蘇蘇」，驚懼不安也。《韻會》：「蘇蘇，氣索索貌。」也作索索，肅肅。死而更生亦曰「蘇」，《戰國策・楚策》：「右濡其口，勃然乃蘇。」

「蘇」，也是舒緩，復甦。《尚書・仲虺之誥》：「后來其蘇」。《淮南子・時則》：「蟄蟲使動蘇」得以喘息而復甦。雖復甦但依然驚恐不安。

「震蘇蘇」，是大雷突來嚇的半死，剛得以喘息，餘雷不停。亦可解釋為地震突來，嚇得半死，剛剛回神過來，餘震又來了又來。

「震蘇蘇」，是嚇的半死，嚇的七魂少了六魄，以致委靡不振，意氣頹喪，無能為力。

六三居下震之極，受到極大的震動，驚嚇最大。又以陰居陽失位無應，不比初九得位在下比較穩固，僅能自保；六二也得位，更中正，才質俱佳，條件最好，可以應變。六三陰質體弱，又失位，是所處的位置又不好。好像雷當好打在頭上，受不了強大的變故而昏厥過去，才又復甦，甦醒過來。真是連滾帶爬，屁滾尿流的趕緊離開！

無小篆 𣚊

「無」，亡滅也。小篆無字從亡，作𣚊。《說文解字》：「無，亡也。從亾𣚊聲」古籍中「無」常作「无」或「亡」。

「眚」，災也，是疾病，是妖物，妖精。《說文解字》：「眚，目病生翳。」「眚」字從生，從目。會眼睛長出東西，防礙視力，為目疾之

意。引申為過失，災疾。是眼花撩亂。《前漢・外戚傳》：「中山小王未滿歲有眚病」。孟康注：「妖病也」。又蘇林曰：「名為肝厥，發時唇、口、手足、指甲皆青。」大蓋都是驚嚇過度，心臟負荷過度的後遺症。

「震蘇蘇，震行無眚」，句謂大雷突來，嚇的半死，剛得以喘息，但後續餘雷不停，雖不得安寧，但霹靂已過並未留下後遺症。

這爻差點被震垮，也僅能自保，不死也去了半條命。

「震」本是「變」，「震行」就是變六三為九三。

☳震☱豐

爻變為「豐」，「多故」之象，雖振奮而行前途一樣多難。此爻災難多，有自暴自棄，欲振乏力之象。

九四：震遂泥。
象曰：震遂泥，未光也。

「遂」，隊也，隧也，墜也。《說文解字》：「隊，從高隊也，失也。」《列子・仲尼》：「矢地隧而塵不揚」以隧為墜。《荀子・禮論篇》：「入焉而隊」隊，古墜字。

「泥」，土中帶水之泥淖，引申為滯待。「需」九三：「需於泥」。《爾雅・釋丘》：「水潦所止泥丘」互坎為泥。

「震遂泥」，震雷落於泥中，是大雷打到泥中也。所以「未光」。

「震遂泥」，是地震之後的土壤液化而墜於泥淖中。古人不知其理也。

「震遂泥」，是受變故驚嚇，震動而陷入泥淖之中，陷入困境，不能自拔。

九四居坎體，坎為陷為泥，故曰「墜入泥」。

「震」卦辭一開始就說「亨」，「震遂泥」是「震亨」的相反。是震而不能亨。

在「震」卦受變故驚嚇時要戒慎恐懼才能「亨」，又震仰盂有武人之象（震為馬，馬者，怒也，武也），「震」要求「亨」還要果敢，如初去尾，二去財，但九四居坎，坎為疑，為陷，為束縛；故有猶疑之象，故陷

入危機之中。

九四是近臣，是宰輔，在「震」卦又前臨重陰，本當有所作為，但失位，身居坎，被四陰小人所包圍，縱有無限抱負，卻不能前進半步。初九與九四都是一陽在震之下，皆不中，卻有天壤之別，蓋初得位，九四失位又居坎陷於四陰之中，陷的太深，欲振乏力。

受四陰之制的還有「謙」也不好，「豫」當時較好，還有「小過」卦中二陽，互「大過」，有脫險的能力，但也僅小過而已。「震」九四是不可能過濟的。此爻事急從權，不可拘泥。震為雷，為急，錯並巽為權。權宜者，「反經而合於道者」，是「離經不叛道」。

震復

爻變為「復」「潛龍勿用」，最好不要動，還可以保存生機，躁動必凶。

333

〈小象〉說「未光」就是因為九四身在坎，不能施展。「屯」九五亦曰「未光」。

六五：震往來厲，億無喪有事。
象曰：震往來厲，危行也。其事在中，大無喪也。

六二乘剛故「厲」，六五亦乘剛，故亦曰「厲」。不同的是六二在下卦，故曰「震來厲」，六五在重震之上，故曰「震往來厲」，多一個「往」字。這比六二高明一些，表示六五在任何情況下都能保持戒慎恐懼之心。「震」之義如〈象傳〉所言「恐致福」，因戒慎恐懼而致福，掉以輕心則有禍。

「震往來厲」，六五往外得敵，來內乘剛，故往來皆危厲。是往亦厲，來亦厲，躲不掉，避不了，無可推卻，責任在身；一波未平，一波又起，情況危急的不得了。

六二「喪貝」與六五「無喪有事」亦不同。

「事」，事故，事變。《左傳》成公十三年：「國之大事，在祭與戎」，「事」就是祭祀與兵戎之事。這在先秦才能稱得上是「事」。

震為嫡長子，為繼承者，為主祭者，五爻又是天子之位，所言之「事」就是祭祀之權，

也是主政之權。六五所面對的是政權保衛戰。

「無喪有事」，不喪失祭祀宗廟社稷的權力，能保有政權。

「震」是變故，六五下乘九四之剛，九四欲飛龍在天，取而代之，挑戰六五的君權。可是九四自陷於泥淖無法自拔。六五雖受驚，但能保有政權，是虛驚一場。

六二是臣居下卦「喪貝」是失財、事敗；可復得，可先凶後吉；六五是君，守的是宗廟社稷，政權不可失，失則不可復得。政權如何能臆度要喪失多少呢？

「億無喪有事」，即「噫！無喪有事」，句謂有事不可有差失也。六五乘剛，身居互坎，危厲而行，故不能有過錯。

「行」，道也。

「危行」，是六五乘九四之剛，身又居坎，坎為危，震為行。

「危行」，是在危險中行動，在危中行道，是危機處理。

「中」，衷也。

「其事在中」，心中自有定論，自有丘壑，在掌握之中，了然于心。坎為心。五為中。

因「其事在中」才能「大無喪也」。

「大無喪」，即「無大喪」，無大的損傷。

「中」，則不大不小，在可控制的範圍內。「中」也是「內」。皇宮稱禁中、大內。所以，是自家事，關起門來，發難的挑戰者為自家人、好朋友。

此爻霹靂大雷突然疾來，既猛且烈，摧枯拉朽，驚訝之聲四起，但無有損壞，有驚無險。

☳震☳隨

爻變為「隨」，六五要隨機應變，放下身段，才可轉危為安。又「隨」如「萃」九四、九五相爭，九四必備除去。

上六：震索索，視矍矍，征凶。震不于其躬，于其鄰。無咎，婚媾有言。

象曰：震索索，中未得也。雖凶無咎，畏鄰戒也。

「索」，懼也，絞痛也。《釋文》：「索，懼也。」《小爾雅》：「大者謂之所索，小者謂之繩。」《急就篇》注：「索總謂切撚之令緊者也」。索本義是多股繩絞成的粗繩。

「震索索」，霹靂之雷既急又大，又突然，上六受驚太大，嚇得腳都軟了，心如繩絞一般，神魂消散幾之不存。俗說「嚇的打哆索」、「心痛如絞」、「揪心之痛」。

六三在下震之上，「蘇蘇」不安。上六「索索」亦同，但在全卦之上故這比「墜如泥」、「蘇蘇」、「虩虩」的震都大。

它爻不言「視」，此爻言「視」。「視」，眼光也，在此引申為霹靂雷電之光。也是「示」，《說文解字》：「示，天垂象，見吉凶，所以示人也。從　。三垂，日月星也。觀乎天文，以察時變。示，神事也。凡示之屬皆從示。」謂天象垂示。在簡帛文獻中，「示」多寫作「視」，即表示、顯示。《馬王堆‧老子甲本》：「邦利器不可以視人」。《老子乙本》作「邦利器不可以示人」。《漢書》也多以「視」為「示」，古字通用。

矍 小篆

「矍矍ㄐㄩㄝˊ」，驚慌的目光失神左顧右盼也。矍字上從雙目，中從隹，下從手。《說文解字》：「隹欲逸走也。從又持之，矍矍也。」《說文解字注》：「隹欲逸走而未能。矍矍然。」徐注：「左右驚顧也，一曰視遽貌。」本義是鳥被捉住而欲脫逃的驚慌眼神。

「視矍矍」，是驚惶失措，眼神渙散，目光無神。一臉的驚慌失神無措。

「震索索，視矍矍，征凶」，是大雷霹靂一波接著一波，閃電一閃接著一閃，嚇著驚慌失措。不宜外出。此爻宜靜不宜動。

上六在重震之上霹靂連連，受驚太大以致驚懼如此，不宜有所舉動，故「征」必「凶」。

「躬」，上六自身。

「鄰」，近于上六者，是鄰居，也是友伴。

「震」是起，是作為。上六不可無措施，必須採取積極的作為才行，怎麼做？

「震不于其躬，于其鄰，無咎」，是大霹靂未傷及自身（只受到驚嚇），而傷及旁鄰，無須害怕。是變故、震波尚未及於自身，而僅及于其鄰伴之前，先採取行動應變。就是「恐致福」，未及於自身要未雨綢繆，事先準備，先行掌握，就可「無咎」。沒有災害。

「震不于其躬，于其鄰」是「驚遠而懼邇」之意，故不及於自身而及於鄰。上六依然是知恐知懼而能無咎。

「婚媾」，是妻子，是姻親，是親戚，是親近於自己的人。

「有言」，是責難，嫌言嫌語。「言」，聞一多讀為「愆」，即災愆，就是有災殃。但終究只是小麻煩。「需」九二：「小有言」。「困」：「有言不信」。「震」上六：「昏姤有言」皆是。

「婚媾有言」，是上六自身可以預見變故震波將至而事先準備，作出反應，而核心周圍的親近鄰伴眼光不及於此，故有責難之言，遇到一些麻煩。

「婚媾」，是因嫁娶產生的關係，就是親戚。聞一多《古典新義》以「婚媾」為親戚，「鄰」就是親戚朋友。「婚媾有言」，是未傷及自身而波及親戚鄰伴，故親戚朋友有災殃。

震卦本有婚之意，「震」卦上下兩震有重之意，「婚媾有言」有重婚、再婚之意。

「驚遠懼邇」，「鄰」被震到，近於身旁的被嚇到，故發出責難。

上六得位，為所當為，不為所動，不必理睬。

「中未得」，上六處境不好，主要的是過中，行之太過，但它能見鄰之戒而在未及之前先行改變。

「畏鄰戒」，是見鄰之災而知畏戒。是使鄰畏而知戒。

䷲震 ䷔噬嗑

爻變為「噬嗑」上六雖預先處理，要咬緊牙關才行。又「噬嗑」是人吃人，是武赫。

此爻不宜動，變動則為「噬嗑」，輕則牢獄之災，重責性命之憂。

第52籤 艮卦 艮爲山

艮 ：艮其背，不獲其身，行其庭不見其人。無咎。
象曰：艮，止也。時止則止，時行則行。動靜不失其時，其道光明。艮
　　　其止，止其所也。上下敵應，不相與也。是以不獲其身，行其庭
　　　不見其人，無咎也。
象曰：兼山，艮；君子以思不出其位。
序傳：革物者莫若鼎，故受之以鼎。主器者莫若長子，故受之以震。震
　　　者動也。物不可以終動，止之，故受之以艮。艮者止也。
雜傳：震起也，艮止也。

艮小篆　　隸書　　《古篆文部首》　　見《說文古籀補》　　337

　　小篆

　　「艮」字本義是轉頭向後看。金文中的「艮」、「見」相互參看很
容易領會；《說文解字》：「艮，很也。從匕、目。匕目，猶目相匕，不
相下也。」許慎老夫子將「艮」字解析為從目、從匕。的確，小篆「艮」
字作「艮」。「目」沒問題，就是一隻眼睛之形的，「匕」許老夫子將之
解釋為比鄰的比，意思是兩人的眼睛相互狠狠瞪著對方，所以說「不相下
也」清代的段玉裁注解時說：「目相匕即目相比。謂若怒目相視也。」與
許慎是一致的。我們就當這是「艮」的第一義，由此有了狠、恨諸字。

甲骨文　籀文　小篆　　隸書

　　甲骨文、金文的「見」字，《說文解字》說：「見，視也。從儿從
目。」是一個站立的人頂著一隻大目，正往前看呢！上部是一「目」下部
是一「人」。籀文與小篆也沿襲此造形一直到隸書，一看就明白。

　　但是到了清末甲骨文出土眾多之後發現「艮」字下部的「匕」，不是
比鄰的比的省筆。而是「人」的反寫。　甲骨文　金文　（古篆文
部首）換句話說「見」字是一人向前看，「艮」字是一個人轉頭向後看。

康殷先生在《古篆文部首》云：「艮，金文相人轉身回眸反顧之狀，其人身於向前而眼後顧……我以為此艮，即可能即回顧之故的本字。」唐蘭先生也持相同看法，他在《殷墟文字記》云：「其實艮為見之變，見為前視，艮為回顧，見艮一聲之轉也。艮為回顧之義，艮顧亦雙聲也。《易》曰：『艮其背，不獲其身，行其庭，不見其人，亡咎』艮其背者，反顧其背，〈象傳〉引作『艮其止』，誤也。後世假借爲很，為限而本義湮晦也。」高亨先生也同意，在《周易古經今註》說：「從目從匕，匕即人之反文，則艮即見之反文明矣。故余謂：艮者，顧也，從反見。顧為還視之義，引申為注視之義。艮亦為還視之義，引申為注視之義，本卦艮字皆當訓顧，其訓止者，當謂目有所止耳。」即眼光停留止於某人、某物之上。

震艮兩卦相綜，一正一反，震為出，為動；艮為止，為靜；震艮相綜，震出往前而動，到了界限則停止而轉身返回，故艮為迴轉；又「艮，東北之卦也，萬物之所成終而所成始也。」到了界限就是終，反轉而回就是始，後天八卦，坎居北為冬，艮居東北為一年之終，是除夕，一夕之間由年終變為震之始，是大年初一，故艮是立春。震為反生，也是因為艮能迴轉相綜。這是解釋得通的。所以「艮」字的意思是反顧。

顧 小篆 𦣞 首籀文

《說文解字》：「顧，還視也。從頁雇聲。」《說文解字注》：「還視者、返而視也。檜風箋云。迴首曰顧。」從頁，頁是人首，籀文不但有一隻大眼還有茂密的頭髮，到了小篆下部多加了「人」成「頁」，這與「見、艮」字一樣。「雇」是聲符，從隹，但也隱含字義，或許是貓頭鷹之類的鳥，頭可以迴轉，專家說至少可以轉270度。《玉篇》：「瞻也。迴首曰顧。」《詩・小雅・蓼莪》：「長我育我，顧我復我。」《箋》：「顧，旋視也。」都說顧是回頭看。

又說「目」是一隻眼，「眼」是兩隻眼的合稱。《集篆古文韻海》是宋人杜從古的著作，所收的「眼」之古文，從目從匕，是分明就是艮字。《集韻》：「眼，古作𥃟。」明人趙撝謙的著作《六書本義》卷五《人物中篇・目部》云：「𥃟，目也。從目匕為意，取二目相比並也。亦倫眼，輪艮。」兩目相鄰並列就是雙目。又《廣韻》：「𥃟，望遠也。」

「眼」是雙目，但《釋名》云：「眼，限也。瞳子限限而出也。」意

謂目是眼睛，眼是限制眼珠奪眶而出的眼眶。

「艮」字不是「顧」，就是「眼」，與「視」「看」之義是脫不了干係了，都是從「目」字的衍伸來詮釋。「視」字從示，從見。是上蒼神鬼顯示吉凶，所以「視」字是注視，是恭敬的行注目禮，「艮」字沒有從示的，看事物的眼光不恭敬，扭身回首輕蔑而視，不是輕狂，就是不屑一顧，就是眶眥相瞪而恨，絕非恭敬的注視。古人造字細節如此。《左傳》桓公元年：「（冬）宋華父督見孔父之妻于路，目逆而送之，曰：『美而豔』。」「目迎而送之」意謂是迎面而來注視著，既過，則以目送之。這是既向前看又隨著身影轉身扭頭而繼續盯著不放。這眼光一直停在「孔父之妻」的身上，可見其貌美，今稱回頭率。第二年一開春華父督就殺了孔父，搶了其妻。這位孔父就是孔子的祖先。此故事可以參觀。如此「艮」字又多了恨、很、狠諸義。

〈象傳〉、〈說卦傳〉、〈雜卦傳〉的解釋，都說艮為「止也」，這可用千年以上吧！〈說卦傳〉：「震為動，艮為止。」震艮兩卦相綜，就是翻轉一百八十度，就是相反。「震為足，艮為手。」足以動之，手以持之，艮是因為手能抓持緊握，手也可以持武器捍衛或攻擊以防止外在的侵略，所以「手為止」其實「艮為狗」，狗是人的忠臣，狩獵的夥伴，是看門狗，能看家護院，小者狗可以防禦之，大者狗可以狂吠提出警告，或是嚇退入侵者。《說文解字》就是以狗吠之聲提出示警來作解釋其云：「狗，孔子曰：『狗，叩也。叩气吠以守』從犬，句聲。」狗就是警，「苟」字金文作一狗蹲踞於地豎起雙耳作警戒狀，到了小篆「苟」耳朵變成了頭上的角 又添加了一「口」作為聲符。 而「狗」字在小篆加了犬旁，是畫蛇添足了。而原本的「苟」字就不是狗了。但狗原意留給了「敬」字，《說文解字》：「敬，肅也。從攴、苟。」「儆，戒也。從人敬聲。」《釋名》：「敬，警也。」從「攴」，字也作「攵」，這是一隻右手拿著一根棍子，可不是向狗致敬，而是提棒警戒以防狗，或是與狗一起警戒，所謂狗仗人勢也。《詩·大雅·常武》的「既敬既戒，惠此南國。」即以敬為儆戒。再看《說文解字》：「儆，戒也。從人敬聲。」段玉裁注：「與警字音義同」。可見許老夫子是清楚的。隸書後人將豎起的苟耳訛作為艹頭甚至竹頭。

〈說卦傳〉：「艮為止，為山，為手，為狗，為門闕，為閽寺。」為止，從卦象上看一陽在二陰之上，上無可上所以為止，這是指停止而言。為山，是遇山難以翻越所以到此為止；也是山體不動而靜止。為手，是因為手可以持物，物則止；也是手持棍棒武器以捍衛而止外物，在甲骨文、金文中有大量的 「攴（攵）」字，象一右手持棍棒武器狀。《說文解字》：「攴，小擊也。從又卜聲。凡攴之屬皆从攴。」《廣韻》：「攴，擊也，凡從攴者作攵同。」《集韻》：「或作撲扑」。「攴（攵）」就是扑字的初文，後來又有了撲字，「攴（攵）」就用做了偏旁，如啟、教、敲、救、敚、敗、寇、收、攻、敲、牧等。為狗，古人養狗除了協助狩獵，更可以守衛家園，發出示警，防止外敵入侵。為門闕者，從卦形上看一陽在上是門楣，二陰在下是雙扇門板，又陰虛為空可以進出，相錯的兌為缺口，就是開啟門扇的出口。籀文 門字作雙戶，小篆 字是單扇的門。《說文解字》：「戶，護也。半門曰戶。象形。」戶字音義皆為護，門戶既是進出的缺口，更是提供家宅保護的設施。《釋名》云：「所以謹護閉塞也」甚確。為閽寺者，負責看守門戶的奴隸小臣，就是看家護院的打手；所謂何來，止敵入內，防內外出，這都是止義的引申義。《稗編》引開封耿氏曰：「周官閽人掌王宮中門之禁止，物之不應入者。寺人掌王之內人及宮女之戒，令止物之不得出者。皆為阻於前而衞內之柔者也。」閽字，從昏，是因為黃昏之後就要關閉門戶，《說文解字》：「常以昏閉門隸也」。而古人常用奴隸小臣充當門衛看守門護。《禮·祭義》：「閽者，守門之賤者也。」《周禮·天官》：「閽人掌守王宮中門之禁」。《註》：「言閽人者，使守門閽人守王宮中門耳。」一直到清末為官者之衙邸都有看門的下人，而一概俗稱「二爺」，可見守護門闕的雖是賤役卻也不可小覷。詳可見高陽先生的小說《胡雪巖》等著作。

艮為止，有名詞，如山，如門闕；有動詞，如手持物之扑擊，如狗隻吠咬，如閽寺之賤役。「艮」卦之艮，是靜止不動的山，還是以手持物捍抗使人而止呢？有一「扺」字，《說文解字》不見，是一個後起字，「艮」卦之艮是初始字，古字不多假借通用頻繁不絕，隨著社會發達，造字用字到了漢代之後可謂日臻完備，漢之後的晉才有了書聖王羲之。回來說「扺」字，扺ㄏㄣ´者，拉也，牽引也。《廣韻》：「扺，急

引。」《集韻》：「或作艮。又作掀。」《韻會》：「急引也」。《博
雅》：「掀攎，引也。」王念孫《廣雅疏證・卷一下・釋詁》：「掀，引
也。」《說文解字》：「攎，挐持也。」《增韻》：「吳楚俗謂牽引前卻
爲掀挌」。掀有時寫作根，《朱子・語類》：「《漢書》『引繩排根不附
已者，今人誤讀掀爲根。掀挌猶云抵拒擔閣也，引繩排根，如以繩扞拒
然。」原文如下：《漢書・灌夫傳》：「夫家居，卿相侍中賓客益衰。及
竇嬰失勢，亦欲倚夫引繩排根生平慕之後棄者。」顏師古註：「孟康曰：
『根者，根挌，引繩以彈排擯根挌之也』師古曰：孟說近之。根音下恩
反。挌音下各反。言嬰與夫共相提挈，有人生平慕嬰夫，後見其失職而頗
慢弛，如此者，共排退之，不復與交。譬如相對挽繩而根挌之也。今吳楚
俗猶謂牽引前卻為根挌也。」「牽引前卻」意謂抓住不使向前而退後，亦
「止」之義。

再看「掀」字，《說文解字》：「掀，舉出也。从手欣聲。《春秋
傳》曰：『掀公出於淖』」。《左傳》成十六年：「乃掀公以出于淖」。
孔穎達注：「一曰掀，引也。」可見使用掀字時是用力地牽拉。

掀字加了扌，把「艮為手」的意思明確了。抓之，扯之，以止之，
才不失「艮為止」也。「孚」字從爪，義為俘虜，爪就是手，從艮覆碗的
卦形上看也是一陽在上眾陰在下。「隻」字是「獲」的古字，下半部的
「又」也是手，而且是右手。

隻 小篆 孚 小篆

追根溯源慢慢爬梳，出土的幾策重要的《周易》艮卦的卦名，用字又
各有千秋。上博簡本、阜陽漢簡本、清華簡四《筮法》都相同作「艮」，
馬王堆帛書本作「根」，《歸藏》作「狠」。不難看出都是以「艮」當字
母孳乳出的後起字。倉頡老夫子的後起之秀常常用此法創造新字，隨便翻
一下字典就可以看出，例如兌字孳乳出銳、剝、悅、挩、涗、 脫、梲、
毨、敓、稅、帔、睨、蛻、粗、說、跀等，大部分的字義都脫離不了兌的
意義。兌上缺為毀決，破裂的缺口所以尖銳，石器時代就是以石相互敲擊
出尖銳的利口以為工具、武器。蛇蟲蛻皮殼而現，人言出口而為說，所藏
伏之物被奪而見為敓，這都是隨檢而得的例子。那以艮為字母孳乳的字亦
當如是。艮、剮、艱、佷、垠、墾、詪、峎、很、恨、旭、掀、限、峎、

浪、狠都是。艮為賢臣故為良，艮為終，故為冬末春初，為石故艱難，止於邊界山海之涯故為限，很、狠古同字，從犬，犬止人獸故兇狠，不勝枚數。

出土帛書此卦作「根」，今日傳世版本作「艮」。〈彖傳〉、〈說卦傳〉、〈雜卦傳〉的解釋，都說艮為「止也」。《說文解字》云：「止，下基也。象艸木出有址，故以止為足。」《淮南子・原道訓》：「萬物所生而獨知守其根」。高誘注：「根，本也。」止、本意近，根音從艮，但根非艮之本義。樹之本為根，人之本為趾（腳掌）。這都是受了《易經》影響的後見之明。但樹根是樹之基，也能為樹木抓住泥土，使樹木牢牢的止於土地上。這也沒錯。

《說文解字》：「目，人眼，象形。」又《釋名》：「眼，限也。瞳子限限而出也。」目是眼睛，眼是限制眼珠奪眶而出的眼眶。這時就以「艮為止」了。《左傳》襄公九年記載中有論及魯成公的母親、魯宣公的夫人穆姜，因為與叔孫宣伯私通又干預政事，想廢掉魯成公而以叔孫宣伯為魯君，終被軟禁於東宮。她占了一卦：「穆姜薨於東宮。始往而筮之，遇艮之八，史曰：『是謂艮之隨，隨，其出也。君必速出』姜曰：『亡！是于《周易》曰：『隨，元、亨、利、貞，無咎。元，體之長也。亨，嘉之會也。利，義之和也。貞，事之幹也。體仁足以長人，嘉德足以合禮，利物足以和義，貞固足以幹事。然，故不可誣也，是以雖隨無咎』今我婦人，而與於亂，而有不仁，不可謂元；不靖國家，不可謂亨；作而害身，不可謂利；棄位而姣，不可謂貞。有四德者，隨而無咎。我皆無之，豈隨也哉？我則取惡，能無咎乎？必死於此，弗得出矣！』。」「遇艮之八」就是占到「艮」之「隨」。所以執掌占卜的「史」說「是謂艮之隨」「隨」是跟隨，跟著他人之後，所以「隨，其出也。君必速出。」但穆姜不以為然，而認為「必死於此，弗得出矣！」可見在春秋時已經以「止」釋「艮」了。所以「弗得出矣」。

穆姜想出而不得出，當然是因為受到當時禮法約制。從卦辭、爻辭中言「艮其背」、「艮其趾」、「艮其腓」、「艮其限」、「艮其身」、「艮其輔」中，「艮」字明顯是個動詞。從穆姜的例子來看應該是被拉住、拖住使之不能出，若僅是禮法約束不了穆姜，以一國君之母為何不能出？更不需要啥「元亨利貞」了。故「艮」之「止」，當是欲出（震）而

受約束不得出（艮）故止也。

「背」，北也。《韻會》：「身北曰背」。《釋名》：「背，倍也，在後稱也。」中原古代先民座北朝南，南面而居為正位，為常態。「背」字從「北」即背後朝北的意思。震為前，為南；艮為反震，艮為北，為背。

「艮其背」，反顧向背後看，向北看也。也有反觀自身，反求諸己的意思。「艮其背」亦謂，伸手牽引拉住其背。回頭反顧只見到背卻看不到臉，看不到正面。或是此人正背離而走之故，故曰「不獲其身」。

「獲」，得也，抓住也。艮為手，為獲。

「不獲」，不得也，不得則無欲。也是沒有抓住。

「不獲其身」，不得我身，看不到自己。無身則無己，意謂無我，無我則無欲，無欲則無禍患。《老子》：「無所以有大患者，為吾有身；苟無吾身，吾何患乎！」意謂無自私之心，無私、無我則無患。震為生，為欲；艮為止，為無欲。「不獲其身」，亦謂伸手沒有抓住其身。

「庭」，停也。艮為止，為門，為停。又門內至大堂階梯前的院子為庭。

「行其庭」，停止腳步反身回顧北（背）面，即觀視門內之庭。

「不見其人」，庭內空虛無人。震為行，艮為止；震為向前，艮為向後；震為人，艮為無人，故「不見其人」。艮為見之反，故「不見」。

「艮其背，不獲其身，行其庭不見其人」，謂回頭只看到背面，卻看不到面貌與身體，走到庭院也看不到人。這是欲見而不得見，引申為欲進不得進，停止腳步，反身向後。謂欲求不得而反求諸己，捨人事順天道也。也可以說是反過身來欲抓其身而不得。跟著上前行經庭院卻不見其人。看守門戶的閽寺，見人欲闖，故禁止其出而，其人欲逃，反身入內，閽寺伸手抓人不得，跟進入庭而人不見。艮覆碗，艮有隱藏之義。卦爻也是以「欲行不得故止」為出發，初六：「艮其趾」、六二：「艮其腓，不拯其隨，其心不快。」九三：「艮其限，列其夤，厲薰心。」六四：「艮其身」。六五：「艮其輔，言有序。」上九：「敦艮」，足腓腰身嘴都有動之義，所以初至四爻都是欲進而止，五是欲言先止，上爻則就全體而言，通體欲動則後止之。《左傳》襄公九年的「「艮」之「隨」」隨為

出，艮為止，也是欲行而不得，欲進而止。

「艮其背，不獲其身，行其庭不見其人。」亦謂為伸手抓住、拉住其背，但沒有抓住，沒能控制其身體，行走到庭院，也看不到人。是欲止而不得止，欲見而不得見，欲望不得滿足。如此沒有災禍。

「止」不是空無一物，而是震動的停止，是靜止。〈雜傳〉：「震，起也；艮，止也。」〈序傳〉：「震者動也。物不可以終動，止之，故受之以艮。艮者止也。物不可以終止，故受之以漸。漸者進也。」清楚說明艮是震動之後，是動之後的停止，再由停止漸漸而動。一如果樹之終，成為果實；果熟落地待春裂殼發芽漸漸再成長為樹木而結果。故〈象傳〉曰：「時止則止，時行則行。動靜不失其時，其道光明。」艮為止，為靜，為時；互震為動，為道。《論語・憲問》：「曾子曰：『君子不思其位』。」與〈象傳〉：「兼山，艮；君子以思不出其位。」相同於《論語・泰伯》中所說的：「不在其位，不謀其政」之義，就是所思不出所在之位。亦是「止其所止」。艮為止，為靜，為思。

從出土的帛書《易傳・衷》來看：「歲之義始於東北」，艮卦後天八卦居東北，是一年之終，也是一年之始，於時為立春，故雖是歲末亦是歲首。又〈衷〉云：「謹者，得之代阱也。」「謹」即「艮」；「代」為更迭、遞嬗；「阱」即是井，法則也；這是說「艮」卦為萬物更替之理。萬事萬物到了「艮」就要終了完成靜止，過了之後再漸漸成長。可見得「艮」卦是「靜止中有動」，「艮」之止不是停止於無動於衷，而是由動而抑止，靜止中有動的原力，蓋「艮」三四五爻互為震，故「時止則止，時行則行。動靜不失其時。」由時機、時節、客觀情勢，決定是動，還是靜止。時候到了就該靜止，反之就該動。

「上下敵應，不相與也。是以不獲其身，行其庭不見其人」，六爻相敵不相應，無有交集，所以不得獲，亦不見其人。既無交集，各安止於其位；《警世通言》：「各人自掃門前雪，莫管他家瓦上霜。」無有作為，必須依時而作，故「無咎」。

「震」是出，「艮」是退，是反。「震」是出動，「艮」是靜止。震仰盂是向前出動，艮覆碗是向後轉彎再向前進，就是轉進。「艮」是停止，停下來休息；一旦起心動念之後要壓抑停止心中的念頭就是止；要管得住自己。口袋有錢，花了是震，存著不動是止。該用則花，該省則止，

就是要知道何時該花用，何時該省著點。

「艮」是止，是終，是成，是靜思一得。止而後能定，定而後能靜，靜而後能安，安而後能慮，慮而後能得，得而後能成。就是要鍛鍊自己的功夫，能力。

「艮」是「反顧」要靜下心來反省自身。「蹇」〈大象〉曰：「反身修德」即反求諸己。《禮記·大學》：「是故君子有諸己而后求諸人，無諸己而后非諸人，所藏乎身不恕，而能喻諸人者，未之有也。故治國在齊其家。」

「艮」〈大象〉曰：「兼山」是兩重山，是深山，是重巒疊障。一重艱難又一重艱難橫在眼前，怎能不停止，靜思而後動才是上策。

「艮」卦互坎為雲霧山嵐，互「蒙」是濛也是矇矇朧朧，是「雲深不知處」，故止。

「艮」為徑，是山中小路，險峻曲折艱苦難行，故止而後行動，要一步一腳印，不能衝動，要慢慢來。

「艮」是艱難，坎是危險。艱難，是不良於行，是受山阻不能行，就是難行。

「艮」是艱忍，是狠。是忍辱負重。艮為背，為負；互坎為忍。

「艮」是懇，是誠懇篤實，老老實實，是堅持，是不投機，是老實的像個石頭，實實在在。

「艮」是靜，是安，有安重堅實之象，是君子不重則不威。

「艮」為止，為靜，為關，是閉關靜修打坐修煉，不動如山，不為外在環境所動。

「艮」為重山，高山，為根，為成，為終，為祖宗，古人以山為神聖的象徵，為祖山，為祖先的發祥地，為祖先終老的埋骨墳葬之所。例如秦始皇之驪山，漢代後稱為陵，如漢高祖的長陵。漢以後皇帝之墓皆稱陵。所以古人有拜山、崇山的習俗。《史記·周本紀》記載周朝人以「岐山」為祖山：「古公亶父復脩后稷、公劉之業，積德行義，國人皆戴之。薰育戎狄攻之，欲得財物，予之。已復攻，欲得地與民。民皆怒，欲戰。古公曰：『有民立君，將以利之。今戎狄所爲攻戰，以吾地與民。民之在我，與其在彼，何異。民欲以我故戰，殺人父子而君之，予不忍爲』乃與私屬

遂去豳，度漆、沮，止於岐下。豳人舉國扶老攜弱，盡復歸古公於岐下。及他旁國聞古公仁，亦多歸之。於是古公乃貶戎狄之俗，而營築城郭室屋，而邑別居之。民皆歌樂之，頌其德。」《集解》：「駰案：皇甫謐云『邑於周地，故始改國曰周』。」又《正義》：「因太王所居周原，因號曰周。」《詩經·正義》：「《箋》云：廣平曰原。周之原地，在岐山之南。」又《莊子·讓王》：「民相連而從之，遂成國於岐山之下。」《說苑·至公》：「遂居岐山之下。邠人負幼扶老從之，如歸父母。三遷而民五倍其初者，皆興仁義趣上之事。」《孟子·梁惠王下》：「孟子對曰：『昔者大王居邠，狄人侵之，去之岐山之下居焉』。」《說文解字》：「《春秋國語》：『周之興也，鸑鷟鳴於岐山』。」「鸑，鸑鷟，鳳屬，神鳥也。」《抱朴子·對俗》：「白狼知殷家之興，鸑鷟見周家之盛。」《釋名·釋州國》：「周，地在岐山之南，其山四周也。」古人對山的崇拜也可以由嵩字，崇字，岳字，泰（太）山之名可窺一二。

艮為山，為鼻，為祖。所以「艮」為鼻祖，祖先，為根源。

「艮」是止，互震為動，是適可而止，是當行則行，當止則止，就是節制。「艮」是止所以要以靜待時而動，要耐得住。

「艮」是止，不是禁止而是節制，是節欲不是絕欲。「頤」也是節，上艮下震「頤」〈大象〉曰：「慎言語，節飲食。」「損」也是節，上艮下兌《損·大象》曰：「懲忿窒欲」。

「節」是節，上坎下兌《節·大象》曰：「制數度，議德行。」「艮」也是節，《艮·大象》曰：「不出其位」。就是不在其位不謀其政，不要越廚代庖，不要雞婆，所行、所為不可超越自己的本分。要有制度分寸。

「震」、「艮」皆互坎，皆有口舌之災，要知節。「艮」是自我安止，是自修知節。「畜」是以外力制止。一內一外，不同。

「艮」是堅持，堅定不移，不動如山，要有始有終，堅持到最後一分鐘。「艮」是完成，是止於至善。艮為止，為成。〈說卦傳〉：「成言乎艮」。「艮」是退隱山陵，是高士。為閉，為關，是閉關自修。為堅，是堅守。是堅持不出關。「艮」是靜，是節，故為止欲，為僧，為道。「艮」是退隱山林，得道成仙，修成正果。

「兌」是脫胎換骨。「升」是得道升天。「蠱」是羽化，脫胎換骨。「艮」是得道成仙，修成正果。是不見可欲其心不亂。

「背」，後背，艮覆碗是向後看，人體在後的就是背，往後看是「不見所欲，使心不亂。」最不受欲望驅駛影響的就是背了。所以「背」就是「止」，就是無欲。

「艮其背」，是回顧，是背向，背道而馳，是迴避，是避不見面。震為出，艮為退，為反。震是面對，艮是背對。「艮其背」，是止其所當止，止得其所，止的場合要恰當。

「不獲其身」，是不得其身，不見其身，是藏身於深山之中，只聞其身不見其人，是莫測高深。「艮」卦兩重山，是深山，是重巒疊嶂。互坎為隱，是隱於山陵之中。互震為聲。是只聞其聲不見其人。是迷路於深山之中。

「不獲其身」，是「菩提本無樹，明鏡亦非台，本來無一物，何處惹塵埃。」是靜心打坐，修煉入定，忘去外在的形骸。是無身、無我、無欲。無身則無欲，僧尼的去髮薙渡就是因為髮為煩惱絲，去髮象徵無身。

「行其庭不見其人」，是不見其人，是行無痕跡，這是上乘輕功。艮是痕，是足跡。行不見人，走而無跡，故是上乘輕功。

「行其庭不見其人」，是無我、忘形，是止於至善，得道成仙。是覆隱其形，是真人不露像。《爾雅·釋宮》：「堂上謂之行，堂下謂之步。」「行其庭」，是進入殿堂之中，深入堂奧，進入內理，有所領會。

「艮」是反樸歸真，回到元本。「艮」是限，重艮是大限已至，歸返仙庭。

「艮」是對峙，相應不理，各做各的，是自掃門前雪，是安靜無為。

「艮」互「解」，是尸解，是解脫，是得道升天，有死亡之象。渡過了這關節，由寒冬轉春暖，故亦是艱難解除，雲消霧散，柳暗花明，豁然開朗。

「艮」卦不言「元亨利貞」僅言「無咎」，艮為靜止不動，為閉關自修，無有作為，故無吉凶，故言「無咎」。〈繫辭下〉：「吉凶悔吝者生乎動者也」。「艮」不動，故無「吉凶悔吝」但要艱難自守。

「艮」、「震」相綜。「震」是施與，是付出。接班人要多施恩惠於

眾，是公益。「艮」是索求，亦是反求諸己，是只為自己，自掃門前雪，不管他人瓦上霜，是自私。「震」是繼承大統，故要動，要行政，要勤政。「艮」是避退，是隱藏，是反求諸己，是內省自修，自我修養，故不可妄動。「震」是入世，「艮」是出世。「震」是進入風塵俗世，「艮」是退隱山陵，清高自娛。震為少，艮為老。震是日出，艮是日暮。「震」是初出社會，意氣風發，蓬勃朝氣。「艮」是年邁退修，腰彎背駝，暮氣沉沉。

此卦盡是修練之道，「艮其背，不獲其身」是「無我」也。「行其庭，不見其人」是「無人」；「無我」者，靜中之止；「無人」者，動中之止；《朱子語類》：「艮其背，不獲其身。」只見道理所當止處，不見自家身已。不見利，不見害，不見痛癢，只見道理。如古人殺身成仁，捨身取義，皆見道理所當止處，故不見其身。「行其庭，不見其人」只是見得道理合恁地處置，皆不見張三李四。《河南程氏遺書》卷六：「看一部《華嚴經》，不如看一「艮」卦。」又卷十一：「周茂叔謂一部《法華經》，止消一「艮」卦可了。」

艮者止也，關也，避也，背也，寡欲也，「艮」卦修練「不見可欲其心不亂」也，「不見可欲」者，閉關修行，如達摩閉關面壁。再者「見不可欲」。《管錐編》引《紅樓夢》第十二回「風月寶鑑」面為美婦，背為骷髏。詳見錢鍾書《管錐編》。竊不曾讀《華嚴經》，但每讀「艮」卦都想起《六祖壇經》中幡動，風動，心動的故事。

初六：艮其趾，無咎。利永貞。
象曰：艮其趾，未失正也。

「趾」於《易經》中數見，爻例在初爻稱趾。如「鼎」初六：「鼎顛趾」、「夬」初九：「壯於前趾」、「大壯」初九：「壯於趾」、「賁」初九：「賁其趾」。

甲骨文 小篆

「步」字甲骨文、金文、篆文皆從二「止」，其字取形於人走路時左右兩腳一前一後前進之狀，本義是步行。《釋名·釋形體》：「趾，止也。言一進一止也。」即步行之義。「趾」，是後起字，是腳趾、腳步、

腳掌，是行動初發的跡象，是初動的徵兆。

「艮其趾」，止動於初發之端，即尚未行動就制止，制止於發動之前。

腳掌位於人體之下端，也代表著根基，若能止於開端發軔，穩定根基，站穩腳步便可「無咎」，無有災害。〈繫辭上〉：「無咎者，善補過也」，又「吉凶悔吝者，生乎動者也。」此爻未動但有跡象要動，也算動。但是有過而能改故「無咎」。初爻動必不大，尚可制動。

又「趾」，根也，基也，止也，靜也。於人是腳掌，於事物是根基，「艮其趾」，亦即穩定根基於初動之前。艮為成，為終，為結果，為終而復始。冬為終，為一年之末。如樹木於年終，冬季果落葉凋，根基則止而不動，待春臨復始。

「艮其趾，無咎」，穩固靜守其根本，則無災害。

「艮」，根也。「艮其趾，無咎」，牽引抓其住腳掌，根基，不使向前，無有災害。

「永」，長久。《說文解字》：「永，長也。」

「貞」，固也，正也。

「利永貞」，利於長久正定也。要長久安于不動，要保持靜止。《周禮·大祝》：「掌六祝之辭，以事鬼神示，祈福祥，求永貞。」鄭玄注：「永，長也。貞，正也。」〈小象〉：「未失正也」就是解釋「貞」為「正」。

初六趾是動之初，初動就止之，是「慎始」之義。要穩定基礎之後再動，所以「利永貞」。要保持堅守的住。

初六失位不正，是不容易堅持下去的，如「坤」初六：「履霜堅冰至」，「姤」初六：「繫于金柅，貞吉。有攸往，見凶。羸豕孚蹢躅。」瘦弱飢渴貪食的豬，綁也綁不住的躁動。所以「艮」初六之趾有欲行躁動之徵兆。故戒之永貞。

蓋初六失位，無應，又遇敵，故其貴於無為。「利永貞」，雖失位但不失正道。故〈小象〉云：「未失正」。剛剛開始要好好的管住自己，墊好根基。

又「艮」者，反顧觀注也。「艮其趾」，是觀察其腳掌，這是可不可以工作行動的第一步。也是回顧觀察其過去之舉止作為教訓，反省自己的行事可以無災，利於長久的堅持。

此爻牽拉制止於腳趾，在要動未動之前就要制止，也容易制止。謹守教訓，靜守根本，則無咎災。這是反省修身，也是修道的第一步，更要長久堅持下去。

☳☶ 艮 ☶☲ 賁

爻變為「賁」，賁張之行，鮮衣怒馬，是入世的花團錦簇。與「艮」之靜止，歸元反虛，完全相反，必凶。

此爻是修練的第一步，只是起手式，蹲好馬步，站穩腳步以面對重重艱難考驗。

「艮其趾」，是在自己的行為上下功夫，慎始是修身，尚未至修心的階段。此爻慎止於初，戒之在動。此爻只見其腳，判斷沒有病害，並無深入必要。

六二：艮其腓，不拯其隨，其心不快。
象曰：不拯其隨，未退聽也。

「腓」，小腿肚，也稱「腓腸肌」。「咸」六二：「咸於腓」。《說文解字》：「腓，脛腨也。」《廣韻》：「腓，腳腨腸也。」《正字通》：「脛後肉，腓腸也。」

「腓」之動比「趾」之動要大要明顯要深入。表示已經行動。小腿在腳掌之上，對於行止亦有關鍵的作用，擅走之人小腿肚特別發達。《莊子·天下篇》：「禹親自操橐耜，而九雜天下之川，腓無胈，脛無毛。」帛書「艮」卦六二爻辭作「肥」，小腿肚肥大也。楚簡本作「足」。

六二以陰爻居陰位，得位而中正，正好處於足趾腳掌與臀股中間。又〈繫辭下〉：「二與四同功而異位，其善不同，二多譽，四多懼，近也。」兩者一應五，一比五，都是輔佐五爻天子的要臣。二、四都得位，二比四優越，因為居中而且相距五甚遠，可以折衝。

「腓」之功用在行走。「艮其腓」，是止住小腿就不能行動。六二中正居要害。初爻是止於發動之發端，「艮其腓」，是止於動之後。「艮

其腓」，是觀察其小腿肚可知其是否善走，是否勤勞。《莊子‧天下》：「禹親自操槀耜而九雜天下之川，腓無胈，脛無毛，沐甚雨，櫛疾風，置萬國。」《韓非子‧揚權》：「腓大於股，難以趣走。」

𢶍 小篆

「拯」，舉也、救也。謂六二不隨初六之趾而動。又陸明德《經典釋文》：「拯，拯救之拯。」艮為手，為根，故曰「拯」。這裡作救援解。如「明夷」六二：「用拯馬壯」。

「不拯」，是不能救援，不能「舉」到，沒有牽制到小腿。

「隨」，是腿，隨著小腿向上到大腿。俞樾說：「竊疑『隨』乃『骽古ㄨㄟˇ』之叚（假）字。古無『骽』字，故以『隨』為之。」骽，就是大腿，接近臀部。《說文解字》：「骽，股也。」從語意上來看這是可從的。

「不拯其隨」，就是「不拯其骽」，就是手未觸動其大腿、臀部。

「隨」，墮也；出土的《上博簡本》作「隓」，隓、墏、墮、陊古字本通用。《說文解字》：「陊，落也。」《集韻》：「墮，墜也。」

「艮」，垠也。《博雅》：「垠，崖也。」

「艮其腓，不拯其隨」，一手抓住其之小腿，但沒能將其從高崖處救下，而墜落跌倒墜落下去，故「其心不快」。又是欲止而不能止。腳已經邁出，但受到牽絆所以摔倒，故「其心不快」。

又「隨」是屈而不伸也。《文選‧七發》：「四支委隨」李善注：「隨，不能屈伸也。」

「艮其腓，不拯其隨」，是小腿被止而不能屈伸，因不能動故被制止的心不愉快。

六二上承九三，以陰隨陽，六二要隨陽而行，但在「艮」止之時，所以「不拯其隨」。不隨九三而上，堅守其位。《易》以陰順陽為大義，九三陽剛過中又在震卦，止不住；六二陰順陽，隨著九三動也止不住，都不合艮止之義。

六二力弱不能拯救九三的錯誤，只能跟隨著九三前進。六二既不可動，又要隨陽，不能自主，故「其心不快」。小腿是控制行動的主要關

鍵。初爻「艮於趾」是止於未動之前，而「艮於腓」則是起動而後止之。然而，六二以陰承九三之後，止而不能隨陽動，既無法前行又不能退止，故「其心不快」，心裡不痛快，悶悶不樂。坎為心，為憂，故「其心不快」。六二的修為尚不地道，道行尚淺。

二三四互坎，二居於坎下故僅「不快」，三爻在坎中，更厲，故「危薰心」。

「聽」，靜也，從也。與「需」六四：「順以聽」的「聽」為等待相同。《釋名・釋姿容》：「聽，靜也。靜然後所聞審也。」

「未退聽」，是行止不能動，但心動不能靜止，故「其心不快」。

「未退聽」是「未退也未聽」，九三未聽六二之勸，雖「拯」而「不隨」；九三未聽六二之勸，也未退返靜止。

此爻小腿已經動了而被抓住，要多花功夫，多費手腳，比初爻「艮其趾」要艱難。已經動而要止之，可以止，但擾的心中有所不平。

初爻趾，二爻腓，都是行動之初兆，也是修練靜心的初發階段，心還靜不下來，尚待修練。

「艮」，注視也。

此爻觀察其小腿可知其是否善走，以供驅使，但未觸及其大腿，心中不快。觀察不完全。初爻見其趾，判斷無病害。二爻見其小腿，雖未及大腿、臀部等要害，但比初爻要深入，少女心中不快，可見不痛不癢，未搔到癢處。

☶艮☴蠱

爻變為「蠱」，積久不變而亂也、惑也；短期間心不快，長久必亂。

初爻止於未發之前，故「無咎」。二爻已經行動被止，變為「蠱」，受到感情迷惑，最好躲藏起來。陰積久不變而糜。「蠱」是閉關修練。

九三：艮其限，列其夤，厲薰心。
象曰：艮其限，危薰心也。

「限」，是界限，於人身體是腰。《玉篇》：「限，界也」是內外上下之界限。在人的身體上是腰部，正是束腰帶的腰間。

初爻止於初動之發端，容易；二爻小腿已動但未大動，要止也不難。

三爻已經動到整體的關鍵了，是身體已經動了，要止就不容易了。

「艮其限」，止其腰也，是將腰部用束帶束緊，身體上下不通，腰部不能伸屈。這比「艮其腓」需要更多制動的力量。腰之動，是大動，是大腿以下都動。要抱住腰，才能攔住而制止其動。這是大費手腳，大動干戈了。

「列」，裂也；上下、左右分開，不相從屬，不相交通。《說文解字》：「列，分解也。」段注：「列之本義為分解」。《廣韻》：「列，列殺，字從歹。」《管子·樞言》：「先王不貨交、不列地，以為天下。」《荀子·哀公》：「兩驂列，兩服入廄。」楊倞注：「列與裂同」列最初的意思分割、分解、撕裂骨與肉。

「夤一ㄣˊ」，夾脊肉，脊梁骨也。《說文解字注》：「馬云。夤、夾脊肉也。虞亦云。夤、脊肉。王弼云。當中脊之肉也。按夕部。夤、敬惕也。周易假為胂。故三家注云爾。」《說文解字》：「胂，夾脊肉。」是背中間的脊梁骨。腰是身軀上下彎曲之關鍵，脊梁是行動的關鍵。九三居坎，坎為脊，又上下正反震，故分裂之象。

九三正當上下卦的中界，相當於身體的腰部，以陽剛之爻居陽位，又不在中，是拼命三郎的個性，過於剛強偏激，好像腰部受到束縛，不能屈伸而不動，也更為掙扎。「謙」九三之象同此，但「謙」為「兼而有之」故未言分裂。「艮」為止，又互震為動，一上行，一下退，故分裂。

「夤」，何新先生謂即「陰」也，即「也」。《說文解字》：「也，女陰也。象形。」《說文解字注》：「（也）女侌也。此篆女陰是本義。」

「艮其限，列其夤」，抓住腰身，分開其陰，即觀其腰身，張開其女陰。這是比初爻、二爻觀察的更仔細。何新先生以為是古代揀選女奴。是可以參觀的，要是腰的初文，先有要字後有腰字。小篆和古文很清楚「要」字從女，像一個女子雙手插腰的樣子。俗話說：「男子頭，女子腰，不是夫妻不要掏。」女子的腰有其尊嚴的意思。所以是「重要」的，後來造「腰」字區分重要之要。閩南語至今正式妻子稱「牽手」，稱「攬腰」則其狀極為親密，而非正式稱謂。《說文解字》中有🔲字即古文

要：「𦥔，身中也。象人要自臼之形。从臼，交省聲。，古文要。」

小篆育毓要小篆隸變

九三處於上下正反震，震是生，是育。育字篆文上部是倒寫的子即「厶」，音凸。「毓」是「育」的本字，甲骨文从「女」从倒子「厶」，「子」在「女」下，義為產子，「子」旁數點象母親之羊水，故本義是生育，是「育」字的異體字。九三觀察腰身或是察其生育的能力，至今尚有臀大易生之說。

「薰」，熏也，灼燒。《詩・大雅・雲漢》：「我心憚暑，憂心如熏。」《毛詩注疏》：「熏，灼也。」《漢書・敘傳》：「薰胥以刑」。注：「謂相薰蒸」艮為火，故曰薰。

又「心」，讀為鮮。

「厲」，猛烈。

「厲薰心」，是危厲如火燒灼其心，是危厲之極狀，痛苦極了。閉門修練至三爻心魔之關畢現。

「艮其限，列其夤，厲薰心」，是觀察深入其陰，發現烈氣薰薰，即有婦女病。

「艮其限，列其夤，厲薰心」，是牽拉其腰，卻撕裂分解了其背脊肉，心中如火猛烈的燒灼。

「薰心」比「心不快」更加艱難。《焦氏易林・艮之无妄》：「欲避凶門，反與禍鄰。顛覆不制，痛薰我心。」坎為心，心在火上故「厲薰心」。

古代有腰斬酷刑。腰是人體上的軟肋，因為沒有骨骼保護。

九三肉裂、心灼，危厲之極，本當停止，但過剛前又遇陰，急於向前，互震心欲不止，身也不願停下來，違逆「艮」止的大義，不知止其所止，故招致危厲。九三過剛妄動不知止退，故危厲。

「限」也是阻，《說文解字》：「限，阻也，一曰門榍。」艮為節，為關；九三居下卦之終，正是修道的關鍵；要不再上，進入上卦有另一番境界，要不走火入魔，小則傷身，大則喪身。正是突破關卡的關鍵。

「艮其限」，有妄動不知止的意思，需要外在更多的限制才能止住，九三正在進入下一關卡中的門檻，關鍵。當止息思慮之後再進，無奈以陽居陽，過剛，停不下來。

「厲薰心」，是走火入魔的臨界點。過了上登仙界，不過，到此為止，緣分不夠，資質不足。

九三身兼震、坎、艮，又在上下卦之間，卡在中間，進不得，退不是，過剛過中，是無有耐心的拼命三郎，居艮又居震，想靜靜不下，想動動不了，欲在不之如何是好之境；故有分裂之象。正是心如火燒，痛苦極了。

九三不能立定目標、志向，猶疑不能決定，容易受外在影響，無法堅持到底。管不住自己。

此爻抱住腰才能攔住不動，比「艮其腓」更加艱難，更加費力，反身牽拉其腰，卻將其背脊撕裂，更加艱難痛苦，故曰「厲」，心如火燒也比「其心不快」更加難受。初爻剛剛起心動念就被阻止，二爻剛剛邁出一小步也被阻止，三爻幾乎全身大動就更難阻止了。

艮 剝

此爻變為「剝」，是登入天外天的仙界修成正果。「剝」為爛，若是此關節熬不過去，一時的風光燦爛，換來的秋盡葉落。

九三陽剛過激，心中不能諧調，於個人有疾病，於事業眾叛親離，於修道走火入魔。要知變。九三不知止於當止之處，可惜。

六四：艮其身，無咎。
象曰：艮其身，止諸躬也。

「身」，是上半身，即身軀。《說文解字》：「身，躬也。象人之身。」段注：「躬謂身之軀。主於脊骨也。」《九經韻覽》：「身，軀也。」初六為趾，六二為腓，九三為腰，六四則是上半身軀幹。

在中國傳統建築朝南的面牆上，其牆身分為六堵，由下至上「櫃臺腳」、「裙堵」、「腰堵」、「身堵」、「頂堵」一如人身體與「艮」卦爻位一般。「身堵」就是上半身了。

六四進入上卦，越過胯腰，故為上身，是人身體的軀幹、腹部，是人

體的重心。身動的比下半身少，只是前曲後仰，比較不容易動，比較容易控制。

「艮其身，無咎」，是伸手掌握拉住其上身，等於制止了整個人，故無災害。初爻牽拉腳掌因為尚未動故無咎；二爻牽拉其小腿，是已經走動所以墜落摔倒；三爻牽拉其腰是抓住了軟肋要害關鍵，雖然抓住了但造成傷害；四爻抓住了身體就掌握住了整體重心，所以無咎。

六四以陰爻居陰位，不像九三過剛，故不會躁動妄為，是止所當止而安分守常。六四得位而安，止於當止之處，能謹慎於行為，穩住重心，故如初「無咎」。六四控制得當，不會亂止、亂動，止於當止，自我約制，適可而止，故沒有災難。

此爻居坎，坎為心，艮為身。心靜身安之象。《大學》：「知止而後有定，定而後能安，安而後能慮，慮而後能得。」靜思一得，故能反躬自省。

艮為反視，「艮其身」是反視自身，反身修省之意。六四能「三省吾身」故「無咎」。

「躬」，自身也。《說文解字》：「躬或从弓，身也。」六四讓身軀該止時止，適得其所，休養生息，自我修持，自我反省約束。

「止諸躬」，止於自身，是自己解決自己的問題，求己不求人，管得住自己。

金文「身」字

「身」，有身，懷孕有身也。金文身字如人挺大腹還有肚臍眼。虞翻注：「身，腹也。或謂姙身也。」閩南語懷孕稱「有身」。「艮其身」是觀察其是否有身孕，是觀察其身體有無損傷病疾。「無咎」，是無疾病。

此爻說的是軀幹腹部，這是大大的動，但被靜止不能伸屈，就是整個人被禁止。這是反身修己，欲望節制，不再衝動之意故「無咎」。不動則無咎災。

艮 旅

此爻變為「旅」，可小事不可大事。

此爻修煉已進入另一階段，已可窺其堂奧。出外行腳歷練後突破自我，終反自家。

六五：艮其輔，言有序，悔亡。
象曰：艮其輔，以中正也。

「輔」，本意是面頰，即顴骨以下，嘴角兩旁；引申為口。《說文解字》：「輔，頰車也」；又字同「酺」，《說文解字》：「酺，頰也。」「輔」在口上不動，「車」在口下動。人口頰言語時則動，不言則不動，故「艮其輔」即「艮其口」。

「艮其輔」，是止於口。艮為止，不是禁止，是靜止，是控制得宜，言所當言，止所當止，動靜得宜，不是緘默不語，是當言則言，不當言則不言。管的嘴即「慎言」。六五以陰居陽又得中，知道管得住自己的嘴，當言則言，當住嘴則住嘴，故「言有序」。

「艮其輔」，是手拖著臉頰，意思是人在靜下心來思考撫拖著臉頰，好像唐朝盧延讓〈苦吟〉中所說「吟安一個字，撚斷數莖鬚。」這是人苦思的習慣動作。因為經過思考後所言則有條理，故「言有序」。艮為止，為靜，《大學》：「大學之道，在明明德，在親民，在止於至善。知止而後有定，定而後能靜，靜而後能安，安而後能慮，慮而後能得。物有本末，事有終始，知所先後，則近道矣。」此爻近乎得道。

「序」，次也。上四爻互「頤」卦，牙齒排列有序，故曰「輔」、曰「言」、曰「序」。

「言有序」，是輕重緩急，中節不亂，有條不紊，口不亂言。言行乃君子之樞機，時言則言，時止則止，有序如此，故「無悔」。

六四「艮其身」是不妄為，六五「言有序」，不妄言。可見止其口比止其行更難。艮之修煉到六五卻也只得個「悔亡」而不言「吉」，「悔」是小過失，可見「艮」不到最後不會有吉。艮也是關節，六五修煉至止尚未得正果，正是九轉成丹前的一霎那。

「序」是按部就班，急不得。

「悔」，困厄麻煩。

「貞吉，悔亡」，謂筮得此爻，靜守吉，小過失可以彌補而順利。

「悔亡」，先悔後亡，小過可以補正就不算有過，以前有困厄麻煩如

今順利；〈繫辭下〉：「悔吝者，言乎其小疵也；無咎者，善補過也。」小疵得以亡去就無瑕疵。

六五以口為喻，可見要止住口是不容易的，俗語「看破不要說破」說的容易做到難，要管住嘴不是容易的事，管住嘴就是管住心，這比管住身更為重要；〈繫辭下〉：「吉人之辭寡，躁人之辭多，誣善之人其辭游。」《抱朴子・交際》：「口為禍福，得之則排冰吐華，失之則當春凋悴。」《大戴禮記》：「機之銘曰：『皇皇惟敬，口生垢，口戕口』」明陶宗儀《輟耕錄・磨兜堅箴》：「磨兜堅者，古之慎言人也，善於自防者哉，金華宋濂為著箴曰：『磨兜堅，慎勿言，口為禍門，昔人之云』。」

六五以陰爻居陽位是失位，而〈小象〉云：「以中正」，是因為六五之言行中而不過，是其德如中正。蓋禍由口出，言可殺人，也可活人，六五口不妄言則其行亦不妄為；當行則行，當止則止；居中行正，故能「悔亡」。此爻心口如一都被管住，故可以「悔亡」。小過失可以補正。

初六「無咎」，六二「心不快」，九三「厲薰心」，六四「無咎」，六五「悔亡」。無一言吉。「艮」不到最後不會有吉。

此爻「艮其輔，言有序」，是觀其面相，察其言語，有理得序，談吐得當。也是觀察牙口，看其是否健康。「悔亡」，不會逃亡。艮為臣，兌為妾。此卦於古時或是揀選奴隸之事。

艮 漸

爻變為「漸」，雖然已經在五爻，還差一步就可以成就得道，達到終點，仍必須按部就班。不然「漸」字從「斬」，為鬼，不是走火入魔，就是前功盡棄。按部就班，一步一腳印的修煉可以修到「悔亡」，但要修成正果，就要靠天了。

上九：敦艮，吉。
象曰：敦艮之吉，以厚終也。

「敦」是質樸敦厚，既大且厚，是從下慢慢累積上來而終成敦厚，是一步一步的經驗累積，是一階段一階段的磨鍊出深厚的功力，非一朝一夕之功。

艱 小篆　臺 籀文

「敦」字从「享」从「右手持利器形（攵）」。「享」即「烹」字，楊樹達先生《積微居小學述林》認為「敦」本意是今言的「燉」，小火慢煮，需要的是時間和火候，無法一蹴而成。敦字金文作「臺」，《說文解字》：「臺，孰也。从亯从羊。讀若純。一曰鬻也。」臺，篆文「臺」上半部「亯」即享，「羊」即供在廟前地犧牲，意思為以燉熟的羊祭祀之意。所以，「敦」也有美、善的意思。中國字从羊的字多有美、善之義。

「敦」，也是止，功夫累積到最後燉化成熟就要停止了，是止於至善了。

所以「臨」上六「敦臨」，「復」六五「敦復」皆在最上窮究的五、上之爻才曰「敦」，在下四爻不可能有「敦」象。

「敦」，也是蹲，蹲下身體是卑微之象，也是「無我」、「無身」之意。

「敦艮」，是止於至善。上爻已經不用身體的部位來詮釋，可見管的住嘴多重要。而也不用「首」、「頂」，因為至此已經修成正果了。

後天八卦，艮為東北，為終，為成；所以「敦艮」有修成正果之象。如「剝」上九「碩果不食」。艮為山，為仙，「敦艮」是止於至善，修成正果，得道成仙。

艮為艱，為阻，為關，為終，為成，為冬，再來就是震的春，故上六「敦艮」為一年冬末的最後一爻，再來就是春暖花開，大地一聲春雷了；終於歷經艱辛，一山一山，一阻一阻的熬，苦盡甘來，鐵杵磨成繡花針，終成善果之象，是善終。

艮為關，為階，上爻為天外之天，「敦艮」是另一階段開始，是深入宇宙，得道飛入仙境，超然化外。

「艮」，讀為根，義為牽引。「敦根」，即美根，善根，意謂善意的牽引，制止而使之退卻而返，吉祥。

「厚」，是山陵之厚，《說文解字》：「山陵之厚也」。「敦」，也

359

是墩，積厚也。沒以堅固的基礎堆不出高墩。《集韻》：「墩，平地有堆者。」

「終」，是死。

「厚終」，是厚葬，善終。墩，如墳堆。

此爻得善終，是「五子送終」，是自然死亡，喜喪。

艮為山，古人「山」就是墳，秦始皇的墳就叫「驪山」，漢以後稱為「陵」，漢武帝的墳叫「茂陵」。

曰「敦」曰「厚」有止於至善，不超過，不過頭，恰到好處，恰如其分之象。

初爻曰：「艮其趾，無咎，利永貞。」是慎始，上爻「敦艮，吉。」是善終。九三位居下卦之上，但止的太早，在不可止的時後止，修練尚未得道，未入堂奧，又居坎，故危厲。心如火燒，有走火入魔之象。上九在全卦之終，止於當止之時，故修得正果而吉。

六十四卦中上爻得吉者不多，尤其是上九，因為亢龍之故。但上卦為艮的上九爻詞皆稱吉，如「大畜」、「蒙」、「艮」、「頤」、「蠱」、「賁」、「剝」、「損」因位居艮卦而知「止」而「不亢」故吉。

此爻至高，初爻到五爻已經從腳到頭都看了一遍，上爻則繞圈子再仔細看一遍，反省一遍，無有差錯，敦厚圓潤，吉祥也。蓋「敦」有團、鈍之意。兌有尖銳之意，艮為兌之反，故有鈍、圓、團之意。敦、團古音近，團為周圓。《說文解字》：「團，圜也。」《釋名·釋形體》：「膞，圍也，因形團圓而名之也。」上九本當亢但也有迴旋反視之義，如《履》上九：「其旋元吉」。

「敦艮」，上下周圓，回身反顧，仔細打量觀察也。艮為反顧，故有旋回之義。「艮」上九不但知止而更能回身反顧，故吉。

「敦」，迫擊；《說文解字》：「𣪚，敦本字。」金文敦字從攴、𦎫聲。從攴，謂督責、敦促；𦎫聲，表示聲符。《說文解字》：「敦，怒也。」《通義》：「敦，迫也。」《宗周鐘》：「王敦伐其至」。《詩·大雅·常武》：「鋪敦淮濆」「鋪敦」相當於「搏敦」即攻擊撲打。

「敦艮」，謂急迫牽拉制止，強力的制止，以戰止戰，故吉。

☷ 艮 ☶ 謙

爻變為「謙」，謙而不顯，善而知隱，包容並畜，有而不居，修練至高境界。

艮為反顧，有注視，觀察，檢查之義。「觀」卦就是一個大艮。又艮為閽寺，為狗，為臣。《說文解字》：「閽，常以昏閉門隸也。」《禮・祭義》：「閽者，守門之賤者也。」《廣韻》：「寺者司也」。《詩・秦風・車鄰》：「寺人之令」。《毛詩注疏》：「內小臣也。令，使也。」可知閽寺就是看門的低賤小臣奴隸。而「艮」卦就是觀察揀選奴隸的過程，從腳觀察到首。初爻、二爻觀其腳、小腿，此乃工作行動的必須。三爻是觀察是否有性病。四爻是觀察身體是否強壯。五爻是觀察其面貌有無瑕疵，口齒是否完整，應對是否伶俐。上爻為求慎重，回頭再檢查審視一遍。

漸　：女歸吉。利貞。

彖曰：漸之進也，女歸吉也。進得位，往有功也。進以正，可以正邦
　　　也。其位，剛得中也。止而巽，動不窮也。

象曰：山上有木，漸。君子以積賢德善俗。

序傳：艮者止也。物不可以終止，故受之以漸。漸者進也。進必有所
　　　歸，故受之以歸妹。得其所歸者必大，故受之以豐。豐者大也。

雜傳：漸，女歸待男行也。

小篆

「漸」本為河流之名，《水經注・漸江水》：「漸江，山海經謂之
浙江也。」「漸」字從斬，斬是車裂之刑，表示切成許多小的部分。從水
（氵），表示分水導流。

虞翻云：「巽為進」，「升」為登，下卦巽，〈大象〉曰：「積小以
高大」就是「積高而上升」。「漸」卦上巽為進，下艮為止，順序而有節
止，漸進之象也。《廣雅・釋詁》：「漸，進也。」《釋名・釋書契》：
「槧，漸也，言其漸漸然長也。」《列女傳・鄒孟軻母》：「君子謂孟母
善以漸化。」《易經正義・漸卦》：「漸者，不速之名。凡物有變移，徐
而不速，謂之漸。」

「坤」卦〈文言〉：「積善之家，必有餘慶；積不善之家，必有餘
殃。臣弒其君，子弒其父，非一朝一夕之故，其所由來者漸矣，由辨之不
早辨也。」故「漸」讀為「積」，是一點一點積少成多，是一步一步的向
前進。巽之進意思是侵蝕般的漸漸前進。

「漸」是按部就班，依次而行，不急而徐，是緩進，是有次序的一步
一腳印的緩進，不可急。上卦巽為遜為順，下卦艮為止，為節。順進依禮
而行故曰「漸」。

「漸」是浸蝕，滲透，是滴水穿石。巽為無孔不入，為滲透；互坎為
水，為穿，為間隙；艮為石，為堅。故為滴水穿石。《廣韻》：「漸，入

也，漬也。」又「漸，漸次也，進也，稍也，事之端先覩之始也，《地理志》有漸江今之浙江也。」「漸」是潤漬，先近而密，密而後變，變而後得。是循序漸進，穩紮穩打。

巽為順，艮為止，外順內止，三四五爻互為離，為明，是外順內明，知其所止，不暴進也。《說文解字》：「漸，浸淫，隨理也。」徐曰：「隨其脈理而浸漬也」。這是坤六斷的德性，「理」的本義是順勢而為，《說文解字》：「理，治玉也。」《說文解字注》：「《戰國策》：『鄭人謂玉之未理者為璞，是理為剖析也』。」都未說及要害，《通訓定聲》：「順玉之文而剖析之」。這就對了。這就是說水見縫就鑽、乘隙插足、慢慢滲透，以求扼其主機，就是漸進。俗語說：「火到豬頭爛。」

「漸」是冰凍三尺非一日之寒。「坤」〈文言〉：「非一朝一夕之故，其所由來者漸矣。」

「漸」是久。《國語·晉語》：「底著滯淫」。註：「滯，廢也。淫，久也。」滲透之功本費時曠日，所以久。

「漸」是依禮節一步步而執行。《小爾雅》：「男女不以禮交謂之淫」。「漸」是進，是漸進，是按部就班的進。古代嫁娶有「六禮」就是按部就班下聘、問名等，這是明媒正娶必須的過程；《儀禮·士昏禮》：「昏禮：下達，納采用雁。」鄭註：「達，通達也。將欲與彼合昏姻，必先使媒氏下通其言，女氏許之，乃後使人納其採擇之禮。用雁為摯者，取其順陰陽往來。《詩》云：『娶妻如之何，匪媒不得』昏必由媒，交接設紹介，皆所以養廉恥。」古人以雁為婚禮的禮品，取的就是雁是候鳥隨著陽氣而居，冬來南飛，春至北往，隨陽而處，好像婦人從夫，以陰隨陽的意思。《禹貢》注云：「陽鳥，鴻鴈之屬，隨陽氣南北。」這就是「積賢德善俗」，反之不依禮而結合的婚姻即「非賢德善俗」，而且「賢德善俗」是一步步教化而得。

卦辭：「女歸吉」。「歸」，《說文解字》：「女嫁也」。歸、嫁古音相通。就是女子出嫁歸於夫家，是吉祥的。古代婚禮不經過一步一步「六禮」程序的婚姻都是非禮的，古人以為不合禮的婚姻為「淫」。《儀禮·士昏禮》說「六禮」云：「納采、問名、納吉、納言、納徵、請期、迎親。」《詩·齊風·南山》云：「取妻如之何？匪媒不得。」這是說古人的婚禮必由媒人仲介，為的是以養廉恥。六禮中除了「納徵」之外都要

用雁為禮品。雁是候鳥，象徵順著陰陽往來，雁木落則南飛避冬，冰融則往北飛，且飛行時呈人字形代表人倫。《儀禮·士昏禮》說：「夫為陽、婦為陰，今用雁者，亦取婦人從夫之義，是以昏禮用焉。」結婚一定要經過媒合、六禮，為的是要培養廉恥，《儀禮·士昏禮·疏》說：「解所以須媒及設紹介者，皆所以養成男女使有廉恥也，使媒通之、媵御沃盥交之等，皆是行事之漸，養廉恥之義也。」《中國婚姻史》中提到：「所謂『六禮』，指成婚的六個步驟：納采、問名、納吉、納徵、請期、親迎。」至今或許略有簡約但習俗依然。由此可知卦名為「漸」是依古婚姻「六禮」按部就班之意，所以是明媒正娶。

「漸」是循禮合義，一步步的來，要男方主動，經合媒仲介才行。《禮記·曲禮上》：「男女非有行媒，不相知名，非受幣，不交不親。」政府並設有官專管此事，《周禮·地官》中有媒氏，「掌萬民之判，凡男女自成名以上，皆書年月日名焉，令男三十而娶，女二十而嫁，凡娶判妻入子者，皆書之。」又《士昏禮·注》說：「昏必由媒交接」。這些多是由上古知母不知父的野合，轉為守禮有份的文明也。所以古人極重婚禮。男家要送女家一對鹿皮為「納徵」，就是下聘。這鹿皮就是「皮幣」，以皮幣代替大量的貝幣，比較方便。就是今日的聘金。這六禮中每一道程序都是由男方送禮給女家。「納徵」，給女家一大筆錢財，也叫「納成」，就是交納財物，如此婚姻便成了定局。這時女子頭上就要插戴上「纓」飾，表示自己已經有歸屬。《禮·曲禮》：「女子許嫁，纓。」這「纓」要到洞房花燭夜之時才由新郎親自脫下，《士昏禮》：「主人入，親脫婦之纓。」這所以一步步來的繁複手序都是慎重其事之意，就是「漸」。

女子于歸是人生重要大事，俗語女怕嫁錯郎，男怕選錯行。千萬錯不得，此乃終身大事也。行六禮就是謹守正道，「漸」就是要謹守禮儀，要「利貞」如此可以獲吉。

「漸」三至上互為「家人」卦，男三十有室，女二十出嫁，故曰「女歸吉」。嫁到夫家，要外順內止，要知其所止，謙遜知禮也，所謂「洗手作羹湯，未識翁婆性，先請小姑嘗。」

「漸」錯、綜為「歸妹」，兩卦是完全相反的，所以「歸妹」卦陰陽男女合之不正，未依「六禮」，非明媒正娶，是為野合，為淫。淫，所以約之以禮，但非一日可盡其功，所以「漸」。

「漸」是邪，所言鬼事。「歸」者，終也、鬼也。《禮・王制》：「志淫好僻」。漸字从斬，古有風俗書寫「虀」字，貼於門版之上，用以趨鬼，是鬼死曰鬼病去。《聊齋志異》：「人死為鬼，鬼死為虀ㄐㄧ。」《酉陽雜俎・續集》：「俗好於門上畫虎頭，書虀字，名陰刀鬼名，可息瘧癧也。」當時俗于門上畫虎頭，書虀字，謂陰府鬼神之名可以消瘧癧。

　　「漸」互「未濟」，本卦所講是事緩則圓、按部就班。急則未濟，事則不圓。既是按部就班，浸蝕滲透，那就是「還早呢！」急不得，這是一定要再參看所占的爻位了。既然還早，可能變化很大而未能濟事。

　　「歸」是女子出嫁，《說文解字》：「歸，嫁女也；从止，从婦省。」「婦，服也。从女持帚灑掃也。」《釋名・釋親屬》：「婦，服也，服家事也。」「婦」字為女子手持掃帚做清理狀。古人以夫家為女子之歸宿，所以「歸」字从止，阜為聲符。循序漸進，步步為營，一步一腳印，隱縶隱打，全不急躁，所以卦辭曰「利貞」。「貞」是守正而堅固。「貞」字金文作「鼎」狀，由金銅所鑄，有堅定不移之意。「利貞」也是「利征」，一步一腳印，從容依禮，利於出行。

　　「漸」言「吉」、言「貞」。「歸妹」則言「征」言「凶」。「歸妹」不依禮，是少女情竇初開，是情欲蒙蔽了理智，失禮躁進必凶，所以卦辭曰「征凶」。

　　「漸」卦之前為「艮」卦，「艮」為艱難阻止，兩山相重，互不相讓，勢均力敵，坐壁上觀，兩不往來，如此之勢不會永久，總會漸漸往來，慢慢侵蝕，冰山也會有融解的一天。「艮」卦也是挑選奴隸，可能是揀選女奴，也可能是古人揀選婦人的習俗。

　　〈彖傳〉曰：「漸之進也」。〈序卦傳〉：「漸者進也，進必有所歸。」「晉」卦〈彖傳〉亦曰：「晉，進也。」〈序卦傳〉：「物不可以終壯，故受之以晉。晉者進也。」「漸」、「晉」都是「進」但進的方式不同，「漸」之進是按部就班依禮而行，「晉」之進則為旭日東昇跳躍直衝，所以「漸」之進有歸宿，「晉」之進太衝而有傷。「升」卦也是進，是往上登升，「積小以高大」時候到了自然就晉升。

　　「歸妹」互「既濟」是已成好事，「漸」是理性重於感性，互「未濟」是好事多磨，是緩則圓，所以，〈雜傳〉說：「漸，女歸待男行

也。」女子待男子按「六禮」求親而行婚禮，又說「歸妹女之終也」可見「歸妹」也是女子定終身的方式，只是非明媒正娶。

「漸」是正常禮儀的男女婚嫁故「吉」，「歸妹」則是非正常故「凶」而「無攸利」。

「歸妹」不合於禮，故為私奔，為淫。「漸」是依禮而為，明媒正娶。

「漸」是循序漸進，穩紮穩打，步步為營，故吉。「歸妹」是情欲蒙蔽了理智，躁進而凶。「歸妹」燥進故凶，「漸」緩進則吉。「歸妹」是一拍即合，「漸」是日久生情。

講到男女婚姻關係的卦很多，「臨」卦一五互為「歸妹」，嫁娶之象。

「睽」卦互為「歸妹」，兩女不宜同居，兩女相處有如夫婦，不宜。

「節」卦互為「歸妹」，卻是守節，主女子失其夫。征凶。

「臨」卦初九，「咸臨，貞吉。」〈小象〉曰：「咸臨，貞吉，志行正也。」「咸」是指男女相合，是利於婚姻。

〈彖傳〉曰：「進得位，往有功也。進以正，可以正邦。」依禮而漸進可以移風化俗，上行下效，故「可以正邦」。「漸」之進在於要得位，得位之後功效才會發揮。得位以正，才「可以正邦」整治國家。這就是說修身、齊家、治國、平天下了。第二步，取得初步位子目的是「往有功」。第三步，乘隙插足，站穩腳步。第四步，掌握機要。第五步，反客為主，取而代之。「進以正，可以正邦也。」

《易卦》中間四爻極為重要，可以推演出互卦，是觀察大局未來發展重要參考。「漸」卦中間四爻得位，九五陽剛中正，所以卦辭說「貞」，〈彖傳〉曰「得位」，「剛得中也」，「正邦」，〈大象〉曰：「君子以積賢德善俗」。「漸」卦是「積德」之後化改風俗為「善俗」。改變社會風俗，風向。艮為賢。

卦象內艮止不妄動，外巽遜順知權變，其目的為得位以正邦，不妄動知所節制而能權宜，永不會遭困厄，這如水的個性一般。初到四互「蹇」卦，「蹇」是水行於山中受山壁深谷的約束，委曲婉折而行，軟則蝕之，堅則曲之，阻則溢之，外實則內伏之，積小溪而成大河，總流於海洋，則

不變，此「漸」也。

《水經》：「漸江即浙江」。浙江之浙字從折，就是取其曲折委轉之意。《史記・始皇本紀》：「至錢塘，臨浙江。」註：「浙者，折也；蓋取其潮出海曲折而倒流也。」《集解》引晉灼曰：「其流東至會稽山陰而西折，故稱浙。音折。」

「漸」是迂迴前進，知權宜變通。要迂迴前進，知權宜變通，皆因波折太多。互「蹇」卦，水在山中行。又坎、艮皆難，難行所以屢生波折。

「漸」也是浸，浸蝕也。「晉」是如日初的躍昇。「升」是如小積大水漲船高，墊著往上踏的升高。「漸」則是按部就班的一步步，慢慢侵蝕。

〈大象〉：「山上有木，漸」與《升・大象》：「地中有木，升」是不同的。「山上之木」是大木，神木，積而長之時間較長；「地中有木」，是木破土而出，生命勃發也。

「升」是「君子以順德，積小以高大。」是積沙成塔，積掖成裘。

「漸」是「君子以積賢德善俗」是潛移默化，移風易俗。內艮居位，是賢德，「乾」九三「君子終日乾乾，夕惕若。」是只問耕耘不計收穫。外卦巽風，是風氣，風俗，教化，是君子之德風，小人之德草。故云「積德善俗」。「漸」是疏導暢通，〈彖傳〉曰：「漸之進也」，「動不窮也」，「漸」是漸進不求近功，一步步不停地慢慢來，久必有功，動而不窮則有功。

「漸」之進與「晉」之進不同，「漸」是依次漸進，滲透潤漬；「晉」是插隊，躍進。如麥克阿的跳島戰術。

「漸」是辛苦勤勞，坎、艮皆為艱，坎為勞。

〈彖傳〉曰：「止而巽，動而不窮」，艮為止，巽為入；先止再入；先停下腳步觀望再進入。這樣按部就班小心翼翼的動才為一直進步而不窮盡。不動就會窮，「漸」是勞碌命。

「窮」是探求，尋求，「漸」是追根究底，窮追不捨。「窮」是困窮，動才能不窮，不動則窮，所以「漸」是「未濟」「止而巽」是不可大張旗鼓，只能暗地搜所，密密探求，是「上窮碧落下黃泉，動手動腳找資料」，是穩紮穩打。是「漸」卦有深探之意。

初六：鴻漸于干，小子厲，有言，無咎。
象曰：小子之厲，義無咎也。

「鴻」小篆　「雈」小篆

「鴻」，本義是大鳥，甲骨文和金文作「雈」，字從工，從隹；工音宏。「雈」就是宏大的鳥。篆文從江，當是以為可以渡過大江大川的大型鳥類，即鴻鵠，大雁也。相對小鳥稱為雀，或燕雀。《史記・陳涉世家》：「陳涉太息曰：『嗟乎，燕雀安知鴻鵠之志哉！』。」《說文解字》：「雈，鳥肥大雈雈也。從隹工聲。」《說文解字》：「鴻鵠也。從鳥，江聲。」《玉篇》：「鴻，雁也。」《管子・形勢解》：「將將鴻鵠，貌之美者也。」

鴻雁是婚禮的必備伴手禮。《說文解字》：「雁，鳥也」，註：「徐鉉曰：『雁知時鳥，大夫以為摯，昏禮用之。故從人、從隹』。」又《說文解字》：「鴻，鵠也。」段玉裁注：「經傳鴻字，有謂大雁者，如《曲禮》『前有車騎則載飛鴻』，《易》『鴻漸於磐』是也。」《詩・邶風・新台》：「魚網之設，鴻則離之。」鴻鳥捕魚為食，是水鳥，象徵陰，與「漸」卦「女歸吉」言女出嫁相呼應。「漸」卦六爻皆言「鴻」，因為雁之飛行如人有序不亂，象徵人倫有秩序。《禮・曲禮》鄭註：「鴻，取飛有行列也。」《禮・王制》：「父之齒隨行，兄之齒鴈行，朋友不相踰。」

「漸」是「女歸」之卦，古人婚禮之「六禮」雁是婚禮中男方下聘的禮物。故爻辭以「鴻雁」為喻。「六禮」：納采、問名、納吉、納徵、請期、親迎中除「納徵」用兩張鹿皮之外，皆用雁為贄禮；《儀禮・士昏禮》：「下達納采，用雁」，「賓執雁，請問名；主人許，賓入授」，「納吉用雁」，「納徵玄纁、束帛、儷皮」，「請期用雁。主人辭，賓許，告期」，親迎時「賓執雁從」。雁成為古代婚禮中不可缺少的重要部分。又「雁知時」，《呂氏春秋・正月紀》：「候雁北」。《藝文類聚》九十一引鄭眾《婚禮謁文讚》云：「雁候陰陽，待時乃舉，冬南夏北，貴有其所。」《古今詩話》云：「北方白雁，秋深乃來，來則霜降，謂之霜信。」《白虎通・嫁娶篇》載：「用雁者，取其隨時南北。」《禹貢》注云：「陽鳥，鴻鴈之屬，隨陽氣南北。」雁為候鳥，寒秋避冬南飛而春暖

則北返，順應自然節律，男女的婚姻結合也是順應自然生理的，要不失時。

「漸」，是漸進；是鴻雁降臨棲息。〈彖傳〉曰：「漸之進也」。

「干」，水涯也，水邊，河岸。干者，岸也、圻也，庠也，崖也，涯也，皆相通，即河畔也。《詩‧魏風‧伐檀》：「坎坎伐檀兮，寘之河之干兮。」《毛詩注疏》：「干，崖也。」《史記‧春申君列傳》：「吳見伐齊之便而不知干隧之敗」。《索隱》：「干，水邊也。」

「鴻漸于干」，句謂鴻雁自上天飛降棲息于水邊。

「厲」，嚴厲、疾病。《漢書‧嚴安傳》：「草木暢茂，五穀蕃孰，六畜遂字，民不夭厲，和之至也。」顏師古《註》：「厲，病也。」

「小子」，小孩子。「小子厲」，是小孩子患疾生病。

「小子」者，初六失位在下，年幼無知，目光短淺，只看眼前不顧往遠，好高騖遠，不合于「漸」卦進之義，故「厲」而「有言」。不知按部就班的重要性。也是「萬事起頭難」。初六艮體，艮為少男，故為「小子」。

「有言」者，爭訟困難之意；受到責難，受人讒言，就是遇到困難，但困難不大，是小麻煩。震為言，艮反震，是敗言，故曰「有言」。「言」通「愆」、「殃」。聞一多說，「言」讀作「愆」，災害，災愆，即災殃。但是小災，小麻煩。所以最後轉為「無咎」，「需」九二：「小有言」，「困」：「有言不信」，「震」上六：「昏姤有言」皆是。

「無咎」，無災。

「小子厲，有言，無咎」，初入陌生之地故「厲有言」，艱難而有小災、小難，但終究無災，故無須畏懼。「萬事起頭難」鼓勵勇往向前。

初六在下，所以要進，陰居陽，所以不燥；上無應，無人援引，想要高飛一蹴而成不可能的，所以只能按部就班的漸進，初爻力弱，要受到一些考驗，但合于「漸」之義；故〈小象〉曰：「義無咎」。

䷴漸䷤家人

爻變為「家人」，初爻雖往外前進但未出家門，等於未進、未動，故「無咎」。

初爻在下無應又遇敵，非「潛龍」而能「勿用」，合於義理，故「無咎」。

若依小子之言則躁進用剛，就違背了「漸」義而「有屬」、「有言」；又初爻艮體故不宜躁進。

初六只待在水邊，離家不遠，一樣可以顧家，但已經心癢癢想往外發展了。

「漸」是女子出嫁，變「家人」，嫁為人婦，離家不遠。

六二：鴻漸于磐，飲食衎衎，吉。

象曰：飲食衎衎，不素飽也。

「磐」，大石也，既安又穩。「屯」初九也是「磐」。《廣韻》：「磐，大石也。」《太玄經・堅》：「初一，磐石固內，不化貞。」《荀子・富國》：「國安于盤石」。艮為石，為安，故「漸于磐」。

初六只棲於水邊，六二稍進，進於水邊的大石之上。再進可上岸登林，退可以入淵；可進可退，故安穩。卦初爻與二爻常相似，如「需」初九：「需於郊」、九二：「需於沙」。

「衎」、「衍」古通。《小爾雅》：「澤之廣者謂之衍」。

「衎衎ㄎㄢˋ」，是寬衍和樂之象。《說文解字》：「衎，行喜貌。」《爾雅・釋詁》：「衎，樂也。」

「飲食衎衎」與「需」九五「需于酒食」，相似；與「困」九二「困于酒食」相反。

六二當位得中應九五，故有此吉象。

鴻雁棲息築巢於于水邊大石之上，比水畔更進一步，水邊大石進可得食，退可安身，離窩不遠，既安且穩，故曰「飲食衎衎」，酒食安樂。六二是安康之足，食祿豐盛，家庭婚姻和樂之象。六二以陰居陰，柔順中正又有與九五天子相應，條件比初六更好，故「漸于磐」沒有危險。

「素」，空、白、樸。

「素飽」，即《詩・魏風・伐檀》所說的：「彼君子兮，不素餐兮。」《毛詩注疏》：「素，空也。」《箋》云：「彼君子者，斥伐檀之人，仕有功乃肯受祿。」

「不素飽」，是說不是白吃白喝不幹事。

此爻好風好水，家庭和樂，飲食康豐，安家吉祥之象。

漸 ䷴ 巽

爻變為「巽」，為入，為伏；不顯山，不露水，鴨子游水之象。可進可伏，故安樂。

初爻二爻都照顧家庭，是好家長。

九三：鴻漸于陵，夫征不復，婦孕不育，凶。利禦寇。
象曰：夫征不復，離群醜也。婦孕不育，失其道也。利用禦寇，順相保也。

「陵」，山陵；在此指小丘、小土山；《廣韻》：「陵，大阜曰陵。」《玉篇》：「陸，厚也。」《爾雅・釋丘》：「後高陵丘」有版本作「鴻漸于陸」與「麓」通，山麓高地。《說苑・辨物》：「山川汙澤，陵陸丘阜。」陵、陸義同。三四爻半震為丘陵。艮為山亦為陵。

九三居艮山之上。三爻高于初爻的水邊，二爻的大石，飛進棲息於陸上的高丘，故曰「鴻漸于陵」。鴻是近水之鳥，離水愈近愈好，如今樂而忘憂，離巢太遠登於高丘，真是離巢又遠，目標又明顯，必凶。離家出走，不顧家庭。好比龍不離淵，虎不離山，鳥不離林。出了自己的地盤，危險就近了。故曰「夫征不復」。

「夫」，是男子。

「婦」，是主婦。

「夫征不復，婦孕不育，凶」，男人出征不歸，婦人生子夭折，凶象。九三前臨一陰，身居坎，陷入危險之中。

「征」，行也，往也。

「復」，返也。「鴻漸于陵，夫征不復，婦孕不育」，如公鳥離巢不返，巢中母鳥與幼鳥失去依靠、保護，是不祥之兆。猶如丈夫出征，家中妻子、幼兒無人保護、養育，處境孤獨危險，只能聯合起來抵禦外侵以求生存。「夫征不復」是凶辭，不是被囚虜，就是戰死沙場，或是有了外遇不歸，就是有去無回。「婦孕不育」，妻兒不保，故凶。

「群醜」，群眾。《詩・小雅・出車》：「執訊獲醜」。《箋》：

「醜，眾也。」高亨注：「周人稱異國敵人為醜」，所以《詩經》句指俘獲敵眾。

「離群醜」，離群失類，孤獨索居。鳥類以群居為常，可以相互警戒照應。

「孕」，妊娠。懷子曰孕。《說文解字》：「孕，褢子也。」《廣運》：「孕，懷孕。」

「育」，毓也，母產子。《禮・中庸》：「發育萬物。」《註》：「育，生也。」《說文解字》：「育，養子使作善也。从去肉聲。《虞書》曰：教育子。毓，育或从每（人母）。」育字上為「子」之反「去」，象徵嬰兒出生；下「月」象徵母體，整體觀之是一子由母體出生狀。毓字更清楚，毓是育的本字。甲骨文、金文均是一「女」人身後生出一頭朝下的「子」形。四周小點即羊水，正是婦女生產的樣子。小篆的「毓」字也表達了生育的形狀：左邊的「每」字从「人」从「母」，頭上的「屮」是頭飾，今文俗稱「每」，是「人母」的會意字；右邊是頭朝下，流有羊水的倒「子」形狀。

育 毓 小篆 育 小篆

「婦孕不育」，孕婦不能生子，或生子不能育成，夭折也；似《左傳》僖公十七年：「梁嬴孕，過期。」過十月不產。《孔子家語》：「人十月而生」。「婦孕不育」是功虧一簣，是已孕而未產下胎兒，不是流產，就是夭折。「夫征不復」、「婦孕不育」是「鴻漸于陸」的結果。

「漸」之大義說的是男婚女嫁，如今登於陸，離巢已遠，離家已遠，婚姻難以為緒，老公在他鄉已登陸，是有外遇，所以不復。留在家中的「婦」也不甘寂寞。《管錐編》引：註：「『夫征不復，樂於邪配，則婦亦不能守貞。』正是身疏而心亦遠，不復敦夙好。」

「夫征不復」是老公出遠門有外遇，「婦孕不育」是老公不在而有孕，是老婆在家偷漢子，紅杏出牆。既然「不育」是流產，將小孩送人等。

男子得此爻仕途不順，遠行不歸，生意不利。女子得此爻，有被棄之憂。此爻樂而忘憂，「漸」是滲透、鴨子游水，動之於下；九三離淵登

於高陸，太顯眼了。故凶。鴻雁離了巢穴家庭，離開了自己的地盤，家裡巢中母幼失去保護，必受他人的覬覦，故「漸于陸，夫征不復，婦孕不育。」孤立無援，陷入險境，是凶兆。震為妊娠，為孕；《左傳》昭公元年：「武王邑姜，方震太叔。」九三居艮，艮為覆震，故「不育」。

「利禦寇」，是不宜進取，宜防守；謹慎防範，小心戒備；加強內部管理，團結一致，抵禦外辱，不可招搖。九三以陽居陽，是拼命三郎，過剛失中，不合「漸」卦進之義，上又無應援，躁進必凶。

巽為伏，故為寇；寇在外；艮為堅，為守；守禦在內，使外寇不入，故「利禦寇」。「禦寇」為當時之常用語。《左傳》襄公十年：「姜氏問繇，曰：『兆如山陵，有夫出征，而喪其雄。』姜氏曰：『征者喪雄，禦寇之利也。大夫圖之！』衛人追之，孫蒯獲鄭皇耳於犬丘。」謂主動出擊者喪其雄主，防禦者獲其利。

又「群」，是類。「醜」，也是類。「群醜」，是群類，是伙眾。

「離群醜」，是被叛了自己的同類。水鳥離群棲息於山丘，九三離經叛道，一意孤行，走自己的路。

九三上為六四，陰上陽下是逆，故兩相合不正。不合「漸」卦陰陽合之正的道義，背於「女歸」之義故凶。

九三的行為不光明正大，故「婦孕不育」是「失其道」，就是野合、外遇、私奔。

「順相保」，是木已成舟，事以致此，順勢而為，以求自保。

此爻老公外出不歸，老婆不能孕育，夫妻失和，婚不成婚之象。

䷑ 漸䷓觀

爻變為「觀」，「大觀在上」太過招搖；要靜觀反省，不可進取。這爻妄為肇禍，生米煮的半生不熟，夾心生硬的飯也得吞下去。九三初入人世，涉世未深，所以不可征，只能自保。

《詩‧豳風‧九罭》與此相似可以參觀：

九罭之魚，鱒、魴；我覯之子，袞衣繡裳。

鴻飛遵渚，公歸無所，於女信處。

鴻飛遵陸，公歸不復，於女信宿。

是以有袞衣兮！無以我公歸兮！無使我心悲兮！

「渚」，小洲，水中的小陸地。《詩·召南·江有氾》：「江有渚」。《毛詩注疏》：「鴻不宜循渚」。《箋》云：「鴻，大鳥也，不宜與鳧鷖之屬飛而循渚。」

「陸」，非鴻鳥所處之地。《毛詩注疏》：「陸非鴻所宜止」。《詩經通論》：「或以為鴻不宜在渚、陸，或以為鴻當在渚不當在陸。」「公歸無所，於女信處。」、「公歸不復，於女信宿。」謂去而不復返，失其所處。

此篇二、三章「鴻飛遵渚」、「鴻飛遵陸」都是分離不安之象，與六二、九三相仿。

六四：鴻漸于木，或得其桷，無咎。
象曰：或得其桷，順以巽也。

「木」，是陸上之樹木，是高大的樹林、山林；比九三的「陸」更高出許多。鴻雁是水鳥，腳趾間有蹼，適合滑水，不適合握抓樹枝，本不能棲於樹上。

「漸于木」，是前進到了不該到的地方，處境不好，情況不利。愈往上，爻義也愈危險。

「桷ㄐㄩㄝˊ」，是方形的木頭；《說文解字》：「椽方曰桷」。《進學解》：「夫大木為宗，細木為桷。」桷，意謂大樹的橫枝。至今建築上用的方形木椽還是稱「桷材」。「或得其桷」，是說雖高而危但「桷」方平，僅得安穩。鴻本意為大鳥，大鳥棲息於樹木橫枝，得安息之處。

「桷」，角也，聞一多以為即鳥喙。就是鳥嘴。見《詩經新義·角》。

「或得其桷」，是鳥以喙擊木築巢。

六四得位但無應援，又以陰爻乘九三陽剛之上，是站不穩、立不安之象。雖不安不順，但不幸中有幸，得平穩橫枝暫棲，但也夠驚險了。這是因為九四也有好的一面。上承九五，有九五強而有力的支援，可以轉危為安，故「無咎」。所以〈小象〉說：「順以巽」，往下乘剛凶，往上承陽

吉。六四當位承陽，故「無咎」。《易》例陰爻下乘剛、上承陽者多先危而後安。

「無咎」，僅能自保，離吉還有段距離。

▤▤ 漸 ▤▤ 遯

爻變為「遯」，隨時保留要溜的打算。最好早點脫離此種尷尬處境。

「順」是順上，也是順勢而為。巽為權，權衡輕重，權宜之計，不是長期打算。要借力使力，靈活運用。此爻不可拘泥，一定要靈活。

此爻如三爻「鴻漸於陸」離巢已遠但能得暫憩之所。「漸」是男女婚姻，卦辭說「女歸吉，利貞。」「利貞」者合於婦德，從三爻開始鴻鳥離水登岸，如婦人離家，不貞之象，問婚姻有離婚逃家之象。

九五：鴻漸于陵，婦三歲不孕。終莫之勝，吉。
象曰：終莫之勝吉，得所願也。

「陵」，高崗；比六四的「木」更高，越高就離家越遠，就越危險。巽為高，為陵；「同人」九三：「升其高陵」也是以二三四爻互巽為高，為陵。「陵」，是居高臨下，九五為君故曰「陵」。比「鴻漸于陸」更深入山陵。四五半震為陵。

九五與六二是中正之應，合於「漸」卦婚姻正合之義。但是九五與六二之間隔著坎水（二至四）又互「未濟」（二至五）想要配成雙，眼下是不成的；而且「漸」講的就是要按部就班有一定的過程，故曰：「婦三歲不孕」；這與「屯」六二：「女子貞不字，十年乃字」義同。「漸」按部就班，「屯」是「剛柔始交而難生」；一「三歲」，一「十年」。

「三歲」，是多年，意謂著時間很長，不僅是三年。汪中《述學 · 釋三九》：「凡一二之所不能盡者，則約之三。以見其多。」

「婦三歲不孕」，是說九五、六二三年之久也無法相應，成婚三歲而不孕，不能繁衍後嗣，故急。

「屯」六二言「字」是屋中得子；「漸」九五言「孕」，是身中有子，都是產子。

九五、六二正應，總有一天得應，故曰「終莫之勝」。

「終莫之勝」，是終究不能得逞而得孕。中間的「坎」、「未濟」終不能阻礙九五、六二的相合，故「吉」。此爻遷居他地成家室，有身懷孕艱難，但終能如願。〈小象〉說「得所願」，就是九五終能應六二而有孕。

☳☶ 漸 ☶ 艮

爻變為「艮」；為山，為艱，為終，為修練，為終，為成。雖艱難而終有成。

上九：鴻漸于陸，其羽可用為儀，吉。
象曰：其羽可用為儀吉。不可亂也。

「鴻」，大鳥，有說是鳳凰，有說是鶴；其羽毛可以用為禮儀必是長尾大鳥。聞一多先生《詩新臺鴻字說》說：「《說文》：『鴻，鴻鵠也』《史記・留侯世家・索隱》：「鴻鵠一鳥，一曰鳳凰。」又陸機毛詩義疏：『鴻鵠羽毛光澤純白，似鶴而大』。晉曹毗〈雙鴻詩序〉：「近行東野，見有養雙鴻者，其儀甚美，又善鳴舞。」所以聞一多先生說：「以羽為儀，是以雉羽為冠飾，為首飾。」《春秋經》隱公五年：「考仲子宮，初獻六羽。」《公羊傳》何注：「鴻，羽也；所以象文德之風化疾也。」

這個「陸」與九三相同，各家說法不一，但依卦義爻位來看似不確；《易經》講「進」的尚有「晉」卦與「升」卦。「晉」上九：「晉其角，維用伐邑。」是進無可進，該退了。「升」上六「冥升」是升到頂點以至昏冥，只進不退必凶。「漸」上九至高，該下、該退、該返。返，則吉。不下、不退、不返則凶。而「其羽可用為儀」是「吉」占，〈小象〉又說：「不可亂」，可見上九是至高知返，秩序不亂。如此，這「陸」字便有疑問，故從近代學者高亨之說作「陂」字來讀。

「陂ㄅㄟˋ」，池也。《說文解字》：「阪也。一曰池也。」《風俗通義》：「陂者，繁也。言因下鍾水，以繁利萬物也。今陂皆以溉灌。」《書・禹貢》：「九澤既陂。」《禮・月令》：「毋竭川澤，母漉陂池。」《註》：「畜水曰陂」。

「鴻漸於陂」，是上九至高而返下，復歸於池中棲息，返其所該棲息之地，故吉。如龍游大海，虎歸深山，飛鳥入林，蛇入草叢，遊子歸家。

聞一多讀「陸」為「阿」，《玉篇》：「水岸也，邸也。」

「羽儀」，古代典禮儀式上舞者手持的舞具羽飾。如祭孔時八佾舞者每人手持雉尾。《藝文類聚》晉成公綏〈海雁賦〉曰：「夫鴻漸著羽儀之歎，小雅作于飛之歌，斯乃古人所以假象興物，有取其美也。」《周禮·地官·舞師》：「舞師掌教兵舞，帥而舞山川之祭祀；教帗舞，帥而舞社稷之祭祀；教羽舞，帥而舞四方之祭祀；教皇舞，帥而舞旱暵之事。凡野舞，則皆教之。」鄭注：「鄭司農云皇舞、蒙羽舞。玄謂皇折舞彩羽為之，亦如帗。」帗，五采繒帛製成的舞具。此「羽儀」是用鳥類羽毛所製作的羽帗。又《周禮·春官·樂師》：「有帗舞，有羽舞，有皇舞，有旄舞，有幹舞，有人舞。」鄭注：「鄭司農云：皇舞者，以羽帽覆頭上，衣飾翡翠之羽。皇雜之彩羽如鳳凰，持以舞。」亦同。古人文舞，舞者手持羽帗，另有武舞，則手持干戈。《禮》：「春夏干戈萬舞以象武」、「秋冬學羽籥之舞，所以象文。」

「羽儀」，既是古代禮儀上的裝飾，居上爻，或為帽冠的裝飾。上爻為頂，為首。孔穎達疏：「處高而能不以位自累，則其羽可用為物之儀表，可貴可法也。」手持之羽或是文武，武舞則將羽戴在頭冠之上。「豫」本是舞樂、武舞，此羽當是戴在頭冠之上，已顯儀容威武。

「其羽可用為儀」，是說羽毛鮮潔，可用以為儀飾，象徵家庭婚姻美滿和樂。

「其羽可用為儀」，是大方雍容，潔身自愛；「時時勤拂拭，不使惹塵埃」的高潔之象。

「其羽可用為儀」，是將走好運，可以登入廟堂之上；升官晉爵之象。

「不可亂」，是儀態萬方，秩序井然不紊。

這與「革」上六：「其文蔚」類同。

此爻鴻雁大鳥羽毛光潔艷麗，可以做為禮儀的裝飾，比喻婚姻和樂可以為典範。跑得再遠終歸是要回歸家庭的。

䷴漸䷦蹇

爻變為「蹇」，不知返而進必蹇難而凶。「蹇」是寒冬，鴻雁是候

鳥，故遷返于陂池中，羽儀甚美，謂飽食健康和樂。

上九和九三都言「鴻漸於陸」，但九三涉世未深，只能自保；上九由人入天，涉世已臻，達至化境，故吉而不亂。

「漸」說的是明媒正娶，除了初六、六二之外，九三、六四、九五都有離家夫妻失和之象。

歸妹：征凶，無攸利。
象曰：歸妹，天地之大義也。天地不交，而萬物不興。歸妹，人之終始也。說以動，所歸妹也。征凶，位不當也。無攸利，柔乘剛也。
象曰：澤上有雷，歸妹。君子以永終知敝。
序傳：物不可以終止，故受之以漸。漸者進也。進必有所歸，故受之以歸妹。得其所歸者必大，故受之以豐。豐者大也。
雜傳：歸妹女之終也。

䫀 小篆 䫀 籀文 㛪 小篆 㛪 籀文

《說文解字》：「歸，女嫁也；以止，以婦。」歸、嫁古音通。「歸妹」卦所說的是女子出嫁，歸於夫家，所以言「歸」。古人名「歸」者多以「家」為字；春秋時鄭公子歸生、魯公孫歸父、齊析歸父、蔡公孫歸生都是以「子家」為字。「婦」字為女子手持掃把做清裡狀。《說文解字》：「婦，服也。从女持帚灑掃也。」古人以夫家為女子之歸宿，所以歸字从止，𠂤作為聲符。《公羊傳》隱公二年：「其言歸何？婦人謂嫁曰歸。」《春秋公羊經傳解詁》：「婦人生以父母為家，嫁以夫家為家。故謂嫁曰歸，明有二歸之道。」歸夫家，即嫁，曰歸妹（女）。歸母家，曰歸宗，又稱大歸。故歸亦有回歸之義。

「妹」，少女，妹妹。《說文解字》：「妹，女弟也。」下卦的兌，就是少女。〈雜傳〉說：「歸妹，女之終也。」這「歸」是由母家出嫁，即震仰盂；「妹」指的是兌上缺的少女。

「歸妹」的意思是「嫁妹」，但卦義並非如此。女既嫁為「婦」，此不言「婦」，言「妹」，直要細細嚼味。

「歸妹」是媵一ㄥˋ，是古代的一夫一妻多妾的婚姻制度，是姊妹共嫁一夫，其中的一個作為陪嫁女，即名之「媵」。《儀禮·士昏禮》鄭玄注云：「古者嫁女必娣姪從之，謂之媵，姪，兄之子，娣，女弟也，娣尊姪卑，若或無娣，獨先媵客之也。」這是古代以姪、娣（妹）陪嫁，以

「妾」的身份與姑姑、姊姊共事一夫。《尚書·堯典》：「昔堯釐降二女於媯汭，嬪於虞。」《史記·五帝本紀》：「於是堯妻之（舜）二女，觀其德於二女。」《索隱》引《列女傳》云：「二女長曰娥皇，次曰女英。」《正義》：「二女，娥皇、女英也。娥皇無子，女英生商均。舜升天子，娥皇為后，女英為妃。」《正義》的作者是唐朝張守節，他以後人的眼光替古代聖人塗胭脂抹粉，但堯一次嫁二女給舜，就是娶了姊姊有妹妹陪嫁，妹妹就是娣，就是媵。可見二姊妹同嫁一夫的娣媵制度由來已久。發展到了春秋時諸侯結婚，一次要娶九女的制度，《公羊傳》莊公十九年：「媵者何？諸侯娶一國，則二國往媵之，以姪、娣從。姪者兄之子也；娣者何？（女）弟也。諸侯一聘九女。」在我國很早就知道近親不利於繁殖，所以同姓不婚，《國語·晉語四》：「男女同姓，其生不蕃。」《魏書·高祖紀》載：「夏殷不嫌一姓之婚，周制始絕同姓之娶。」可見到了周代這制度已經建立。諸侯娶另一國之女為妻，為嫡夫人，女方為了確保子嗣昌盛而以正宮嫡夫人的姪、妹隨嫁稱為「媵」。另外還有兩個與女方同姓的諸侯國也將其女送來陪嫁，是為正媵，她們也各自帶來姪或娣，如此是「國三人，凡九女。」所以，諸侯結婚一次聘娶九女。

「歸妹」就是正室夫人之外的陪嫁媵妾。「歸妹」與「漸」卦既相綜又相錯，可謂是完完全全的相反。「漸」卦辭：「女歸吉」，說的是嫁女，《易經》以陰陽相合為吉。但〈彖傳〉著重於「漸之進也」，意思是依照婚禮（六禮）一步不錯的舉行，這是明媒正娶正式娶正宮夫人的規矩禮儀。「歸妹」則反之，是陪嫁的媵，是偏房小妾。所以卦辭說：「征凶，無攸利。」警告不可「征」，「征」就是「伐」；《韻會》：「征，伐也」。《正韻》：「征，取也。」是大張旗鼓，正正式式，《左傳》莊公二十九年中說：「凡師有鐘鼓曰伐，無曰侵，輕曰襲。」意即陪嫁的妾媵大事張揚超越了正室夫人那是無所利的。

但在更古遠的時代「歸妹」本是野合，可不是明媒正娶依禮的婚姻。在上古時代知母不知父的婚姻習俗，下兌少女追上震長男，是女追男，講的是上古人類「知母不知父」的婚姻狀況。是上古時代母系社會時的婚姻方式。這婚姻方式一直到春秋戰國之後，至少到漢朝都盛行著。至今雲南走婚制度即此遺留。

震為春，為出，為動，為奔。《周禮・地官・禖氏》曰：「仲春之月，令會男女，於是時也，奔者不禁。」注曰：「嫁娶而禮不備曰奔」。又《禮記・內則》有云：「聘則為妻，奔則為妾。」又《禮記・坊記》：「子云：『夫禮，坊民所淫，章民之別，使民無嫌，以為民紀者也。故男女無媒人不交，恐男女之無別也。以此坊民，民猶有自獻其身。詩云，伐柯如之何，匪斧不克，取妻如之何，匪媒不得。藝麻如之何橫從其畝，取妻如之何，必告父母』。」可見「歸妹」主要說的是不依明媒正娶的禮儀而行的婚姻行為，包括權宜的私奔。仲春是春季的第二個月，正是春暖思春之時，適婚年紀男女，甚至無法由正常管道找到伴侶的男女皆在這時利用「奔者不禁」的時候結為連理。雲南瀘沽湖畔的「走婚」可窺一二；引申於現代「歸妹」是非禮的不正常婚姻，不正常的男女關係。

《左傳》昭公十九年：「鄖陽封人之女奔之，生大子建。」楊伯峻注云：「女不依禮曰奔，猶近代姘居。」《孔叢子・廣義》：「男女不以禮交，謂之淫。」《小爾雅》：「男女不以禮交謂之淫」。說的就是「奔者不禁」是另類的解決方案，所以，〈象傳〉曰：「天地不交，而萬物不興。歸妹，人之終始也。」講到「天地交」的是「泰」卦，陰陽「交」萬物生，「不交」則萬物何以生？所以「歸妹」也是陰陽相交以興萬物，只是「歸妹」不是正式婚禮，是正式婚禮以外的其他權宜方式。《史記・孔子世家》記載：「紇與顏氏女野合而生孔子」。這是說孔子的爸爸叔梁紇與母親顏氏野合而生了孔子，在春秋之時恐怕這也是婚禮的一種形式了。《索隱》引《孔子家語》云：「梁紇娶魯之施氏，生九女。其妾生孟皮，孟皮病足，乃求婚於顏氏徵在，從父命為婚。其文甚明。今此云『野合』者，蓋謂梁紇老而徵在少，非當壯室初笄之禮，故云野合，謂不合禮儀。故《論語》云：『野哉由也』，又『先進於禮樂，野人也』，皆言野者是不合禮耳。」《左傳》昭公四年：「初，穆子去叔孫氏，及庚宗，遇婦人，使私為食而宿焉。」叔孫穆子是魯國大夫，出奔前往齊國時在半道的庚宗這地方，不期而遇一婦人，婦人私自給叔孫穆子食而共宿，後來還生了個兒子名為豎牛。這就是不依禮的結合。可知野合、私奔在春秋時依然盛行。《左傳》此類故事甚多。

兌為澤，澤泊之地水草豐盛，叢林茂密，為古人男女幽會之所。兌是巫，為祭，是享祭，為社享；社就是土地之神，所謂社稷也。古人於春耕

祭社以祈求豐收。秋收之後，祭社稷還願；也是男女相交往之場所，在祭祀時，載歌載舞，飲酒歡樂，兩情相悅，潛入密林，行其好事。也是曠男怨女尋覓伴侶的好時機。《詩經・大雅・生民》說的就是此種情況。

兌為秋分，震為春分，是日夜各半，氣候宜人。適合「奔」。

震為春，兌為花，是桃花舞春風，桃花遍地開，是命犯桃花，人緣極好，人際關係極好也。

「歸妹」是非正式的婚姻關係，細姨、私奔、出軌、外遇。所以不宜大張旗鼓，故曰「征凶」，換句話說「不征」就「不凶」，低調、偷偷摸摸就不凶。「漸」則是「征」是大張旗鼓，正正當當，明媒正娶；「歸妹」是細姨，私奔，暗通款曲，偷偷摸摸，故「征凶」。

中間四爻皆失位不當，嫁為人婦，又失位不當，必是行為有過失，不安於室之象。又上下卦皆是陰乘陽，有欲望蒙蔽了理智之象，夫妻失合之象。「歸妹」上震下兌，是女追男隔層紗。「隨」是男追女隔座山。「歸妹」是無法制止。是陷入情欲中，無法自拔。內互「既濟」，是已成好事。

「歸」是回家，是歸心似箭。「歸妹」不合於禮，是女追男。震是長男，是嫡長子，是一個相貌堂堂的男子。兌是少女，是十八姑娘一朵花。震上兌下，是情竇初開的少女追隨於相貌堂堂的男子之後，是女追男之象，不合於禮。

「妹」也是「昧」，《釋名・釋親戚》：「妹，昧也。謂日始入，歷時少，尚昧也。」《廣雅・釋訓》：「昧，昧暗也。」「歸妹」是說太陽剛落入地平線之下而暗昧。所以「昧」從日，從未。「歸昧」，震為日出，兌為暗昧，日薄於西，冥冥暗昧，故卦名「歸妹（昧）」。「歸昧」，歸於暗昧，日落西山，天色冥昧，出行有凶，無所利。故「征凶，無攸利。」又「歸」者，藏蔽也。「昧」者，冥暗也。卦陽為陰所蔽，如人死則埋藏於地下，入於冥界之中。卦名「歸昧」，隱含著凶亡之義，是不祥之兆。上卦震為警，為懼；下卦兌為毀折，斧鉞，三四五爻互坎為險，下二三四爻互離為兵戈，此卦危機四伏，有殺身之禍，不可妄動，故卦辭云：「征凶，無攸利。」

《呂氏春秋・報更》高誘注：「歸，終也。」《荀子・大略》：「蔽

公者謂之昧」。「歸妹」卦中二、三、四、五爻皆失位，以柔乘剛，如佞臣欺君蒙蔽君主，國祚將終，故〈大象〉云：「歸妹，君子永終知敝。」「永終」，用中、守中也。《論語・堯曰》：「四海困窮，天祿永終。舜亦以命禹。」「中」，密也。守密故曰「知敝」又中、終古音義相通。《春秋繁露》：「中者，天下之終也。」《禮記・鄉飲酒義》：「冬之為言中也。中者，藏也。」故「永終知敝」即守中知藏敝。為何嫁妹要守中藏密？因為「歸妹」綜、錯都是「漸」，「漸」是依禮一步一步循規蹈矩的婚禮，「歸妹」則是未有禮儀前的婚姻，是遠古無禮的婚姻，是未按禮儀而成的婚，是正式婚姻之外的外室，是權宜不合禮的婚姻。當殷末周初禮儀規範健全之時，未按禮節規範的婚姻就成了「歸妹」。所以，「漸」：「女歸吉」，「歸妹」：「征凶，無攸利。」

　　〈彖傳〉曰：「歸妹，天地之大義也。天地不交，而萬物不興。歸妹，人之終始也。」這句話有點矛盾，既然天地陰陽相交是天地之間的大義，為何又說「天地不交，而萬物不興」；其實應該是這麼說「天地陰陽不交則萬物不興，但有許多人與物無法在正常的情況下交往，而以兩性相吸引交合之天性，所以有例外方式，以免萬物不興。」「歸妹」既是陪嫁的媵娣，也是兩性交合的一種形式，在正宮夫人之外的如夫人、侍妾；如今一夫一妻的社會「歸妹」就是小三、外遇、細姨、野合了。顧頡剛在《中國古代的男女關係》中結論說到：「可見在春秋時代，非禮的男女關係和婚姻，無論在貴族或平民間都是盛行著的。」

　　「泰」〈彖傳〉曰：「天地交而萬物通也」。「咸」〈彖傳〉曰：「天地感應而萬物生化」都是用正面的語氣解說，而「歸妹」〈彖傳〉是用反面語氣解說：「歸妹，天地之大義也。天地不交，而萬物不興。歸妹，人之終始也。」可見「歸妹」也是天地陰陽相交大義的一種現象。

　　「咸」也是男女婚姻，且合於禮。《禮・曲禮上》：「男女非有行媒，不相知名，非受幣，不交不親。」「咸」卦少男在少女之下，也是情竇初開，合於男追女，所以卦辭說：「取女吉」。「歸妹」女追男不合於禮，是偷偷摸摸的，不能大張旗鼓，故曰「征凶」。

　　「征」就是震，是堂堂正正，大張旗鼓，鬧的大家都知道。如此必凶。

　　「征」是震，是急於，是躁動，是情欲蒙蔽了理智。如此必凶。

「歸妹」雖是嫁娶的一種形式，但不是正常婚姻，故為男女私情，故「征凶」。「恆」是天長地久，是婚後男女之情。上震下巽，長女從長男，合於《易》理故卦辭曰「利有攸往」。「歸妹」卦少女從長男，與「恆」同義。也是女從男卻曰：「征凶無攸利」？「恆」卦下巽，巽為遜，陰遜承陽，與上震無一爻不相應，故「利有攸往」。兌為少女，長男受制少女，故「無攸利」。反之長男受制於長女卦成「恆」，卦辭曰「利有攸往」。「歸妹」震上兌下，兩卦以陰乘陽，初、三失應，兌為現，震為動，兩卦均有主動積極之意，故任性的少女追著激動長男且有以陰制陽之象故「征凶」。

又巽為「利市三倍」，覆巽為兌，故「無攸利」。兌為毀決，故「無攸利」。又中間四爻皆不當位，失位之爻，貞靜自守，尚恐有咎，妄動則悔吝必生，故不宜征，征必凶。

下兌九二以陽爻居陰位，是陰性而陽動，有女子主動之象，不合禮，為私奔。上震六五，是陰爻居陽位，是男子被動之象，是私情。此情不正故凶。

「歸妹」之「凶」是因為「征」，「不征」就「不凶「所以要克制情欲，理性客觀。〈彖傳〉曰：「說以動」是兩情相悅，是激情。兌上缺，有脫口而出，爭鋒愛現衝動之性。「隨」〈彖傳〉曰：「動而說，隨」，感而後動。「歸妹」卦上震下兌，震為長男，兌為少女，以少女從長男。上動下悅，是男女相悅之情狀。所以〈象〉曰：「悅以動」。「悅以動」是情慾，是感性勝於理性，雖有一時之快但長久必不利，故〈大象〉曰：「君子以永終知敝」。要將眼光放遠，求長遠打算，以理智、智慧瞭解未來的弊端。

「訟」〈大象〉曰：「作事謀始」。「歸妹」〈大象〉則說：「永終知敝」。「作事謀始」是早之如此何必當初，「永終知敝」是激情長久必生敝端。「歸妹」有敝，故需「知敝」，「永終」謂時間長久可能管不住。

〈大象〉說「知敝」就是說「歸妹」本是正當之行為，但要能「永終」如「恆」卦，無奈兌卦毀決，不能長久，而有「敝」。知此「敝」要改為「永終」才好。

〈象傳〉曰:「無攸利,柔乘剛也。」以陰柔乘騎陽剛之上,有丈夫受制婦人之象,故「無攸利」。上震二陰敝一陽,下兌一陰敝二陽,皆是「柔乘剛」。

「隨」下震上兌震為東為春,是萬物之萌生。兌為西為秋,是萬物之育成。是放任其隨時自由發展,能生能成,如「大畜」卦、「隨」卦皆無為而治也。牲畜動物之生皆野合,故〈象傳〉曰「歸妹,天地之大義也。天地不交,而萬物不興。」人類本也是如此,故〈象傳〉曰「歸妹,人之終始也。」既是野合不正之情,故〈象傳〉曰「征凶,位不當也。」非正室故位不當,所以六爻所言皆非正常之婚姻狀況。互坎,互離,震春,離夏,兌秋,坎冬,四時俱備,故曰「天地之大義」。所以「歸妹」欲吉,必須「與四時合其序」,違時失序必凶。「征凶」,所以不可以正大光明,只能偷偷摸摸。互為「既濟」,「既濟」是「初吉終亂」,所以「歸妹」要小心預防。所以「永終知敝」。

「漸」是說循序漸進,慢慢來。「歸妹」就是一躍三步,超過了頭。「漸」是「積賢德善俗」移風易善俗,「歸妹」是風俗野蕩,不受禮教所羈縻,是不合於禮教。「歸妹」與「漸」,二卦相綜、相錯,其中吉凶成敗一在於循序漸進,守正知禮。一躁動妄行,失禮無序;一理性,一感性;一知分,一衝動;一寧靜致遠,一躁動制凶。

震為雷,兌為雨,為澤,為滋潤,是打雷下雨;震為春,兌為秋,是春秋二季大雨潤澤萬物。所謂「雷霆雨露,莫非王恩。」「臨」互「歸妹」,「臨」者君臨天下,有才大顯,受民眾愛戴,是犯桃花也是人緣極好。如「泰」、「大壯」皆是,「臨」、「泰」事小,「大壯」就有自己招惹之象。「節」也互「歸妹」,卻是守節,女子主失其夫,寡婦門前是非多。

「遯」、「否」皆互「漸」,都是女待男。〈雜傳〉:「歸妹女之終也」,「歸妹」也是女嫁終身大事。「漸」其綜為「歸妹」,不合於禮,故為奔,為淫。「漸」是合於禮。

「歸妹」是陪嫁的媵,這媵不僅是姪娣,也包括奴隸臣妾。秦國著名的大夫百里奚本是虞國大夫,晉國滅虞國虜得百里奚「以為秦繆公夫人媵於秦」,可見陪嫁之媵有許多臣妾,即嬰也。

「歸妹」也是天上之星宿，「女星一名嫛女。嫛。女之卑者也。以織婦女工之卑。故名。石氏（星經）又名婺女。」《史記・天官書・正義》：「須（嫛）女四星，亦婺女……須女，賤妾之稱，婦職之卑者，主布帛裁制嫁娶。」此星一名鬼母子。

此卦是私奔，是女追男隔層紗，是出軌，外遇。是衝動，欲望蒙蔽了理智。是偷偷摸摸吉，大張旗鼓凶。是夫妻失和。是始亂終棄。是縱情失禮，貪一時之快，而有缺憾。不吉。

初九：歸妹以娣，跛能履。征吉。
象曰：歸妹以娣，以恆也。跛能履，吉相承也。

「歸」，嫁也。

「妹」，少女也。

「娣」，正宮嫡妻之女弟，就是正妻的妹妹，或是姪女，即陪嫁之「侄娣」。《六書故》：「古之嫁女者，以姪娣從，自嫡而下凡謂之娣。」嫡夫人以下都統稱作娣。《爾雅・釋親》：「女子同出，謂先生為姒，後生為娣。」郭璞注：「同出謂俱嫁事一夫」。《廣韻》：「姒，長婦曰姒，幼婦曰娣。」《康熙字典》：「長婦謂稚婦為娣婦，稚婦謂長婦為姒婦。」若是侄娣年紀還小，待長大成年後再送去夫家。

古代有姊妹共侍一夫之俗，《詩・大雅・韓奕》：「諸娣從之，祁祁如雲。」《毛詩注疏》：「祁祁，徐靚也。濡雲，言眾多也。諸侯一取九女，二國媵之。諸娣，眾妾也。」句謂諸娣眾妾從嫁多如雲，蓋諸侯一次娶九女。《左傳》成公八年：「凡諸侯嫁女，同姓媵之，異姓則否。」《公羊傳》莊公十九年：「媵者何？諸侯娶一國而二國往媵之，以侄娣從；侄者何？兄之子也；娣者何？弟也。諸侯一聘九女。」古人貴族婚嫁除了正室嫡夫人外要以妹妹、姪女陪嫁。

「歸妹」所言非明媒正宮之婚嫁，故六爻全部皆非正妻而是陪嫁的「姪娣」。《儀禮・士昏禮》：「媵御餕」。鄭玄《注》：「古者嫁女必姪娣從，謂之媵。姪，兄之子。娣，女弟也。」為何古有此俗？《釋名》說：「侄娣曰媵。媵，承也，承事嫡也。」娣媵是正宮嫡妻的輔佐，輔佐何事？晉代何休在莊公十九年《公羊傳解詁》云：「必以侄娣從之者，欲使一人有子二人喜也，所以防嫉妒，令重繼嗣也。」為的是要輔佐正妻以

廣嗣後也。

初九處兌卦之下，兌為少女，為妹，為妾，故曰「娣」。

娣小篆 姨小篆

「娣」，帛書作「弟」，通娣，即姨，妻之姊妹稱為姨。至今稱「小姨子」（台語稱小老婆為「細姨」或是出於此）《說文解字》：「娣，女弟也。」《爾雅・釋親》：「妻之姊妹同出為姨」。《左傳》莊公十年：「蔡哀侯娶于陳，息侯亦娶焉。息媯（息侯之妻）將歸，過蔡。蔡侯曰：『吾姨也』。」可證。又同出者，即同嫁也。

「歸妹以娣」不是「歸妹以嫡」，不是正妻而是陪嫁的姪娣。句謂女子出嫁以小姨子為陪嫁。初九在下得位，是一個賢慧守節又卑柔的娣，如「兌」初九曰「和兌」。

「恆」，常也。「恆」卦是老夫老妻，恆常廝守。「歸妹以娣，以恆也」，這是恆守之禮。

「跛」，是缺腳，不良於行，有殘疾，是不足之象。《篇海》：「足偏廢」。《說文解字》：「行不正也。从足皮聲。」

「履」，是行禮。《史記・孔子世家・索隱》引《孔子家語》：「梁紇娶魯之施氏，生九女。其妾生孟皮，孟皮病足，乃求婚於顏氏徵在，從父命為婚。」孟皮是孔子（仲尼）的庶出長兄（孟），足有病（跛），不能承繼家業，是跛而不能履。若是陪嫁就無所謂，故「跛能履」。跛腳而能行禮，故曰「征吉」。謂出為陪嫁為媵娣而吉。

「履」也是利祿。《爾雅・釋言》：「履，祿也。」

「跛能履」，陪嫁的娣媵如跛者有輔佐而能行禮，如跛者也能行。正宮夫人得娣媵的輔佐而更能長久，故「征吉」。出嫁陌生家庭有娣媵相陪輔佐，如跛腳得輔助而可行得吉。或謂足疾得癒之後再送去與夫家成婚。時間上雖有推遲，但足傷小疾可以痊癒，故「征吉」。

「跛能履，征吉」，陪嫁的娣媵雖跛足行不正，但知禮而得利祿賞賜，出嫁得吉。

「履」，是禮，娣媵安於禮，故「征吉」。「征」是大張旗鼓，是出行，也是出嫁。《易經》言「征」多與婚嫁有關。

「歸妹」卦詞「征凶」，是不合於禮故凶。初九娣媵「征吉」是因為安於身份則吉。

〈小象〉曰：「相承」是上承九二，九二與六五正應，是正式夫妻，初九隨九二上應六五而吉。

初九無應，前有二陽為阻，不可能前進，只有凶無有吉。但順承輔佐接著九二，跟著九二而嫁，故吉。

「相」，輔佐。《集韻》：「相，助也。」「泰」〈大象〉：「輔相天地之宜」。但《說文解字》解釋說：「省視也。从目从木。《易》曰：『地可觀者，莫可觀於木』。」相字从木从目，甲骨文相字是目上一木，本義是木匠觀察一段木料，為揀選可用之材，而不是觀看一株樹。引申為觀視，如伯樂相馬，婚配相親，術士相面，堪輿相地。主子找人代為視事也稱相，即輔佐主子也。如婚禮上的儐相。詳見《白魚解字》。又《廣韻》：「相，視也，助也，扶也，仲虺爲湯左相。」《荀子・成相》：「人主無賢，如瞽無相。」《史記・晉世家》：「十二年，孔子相魯。」

「承」，下承上。《增韻》：「下載上也」。「坤」〈象傳〉：「萬物資生，乃順承天。」

「相承」，就是輔佐上主，是姪娣，是陪嫁，不是正主。〈小象〉即以「相承」輔佐解釋「跛能履」。

「跛能履」，很可能是陪嫁來的臣妾奴隸。媵的意思包括了隨著出嫁的臣妾財物，就是今日之嫁妝。《史記・秦本紀》：「吾媵臣百里奚在焉，請以五羖羊皮贖之。」男子稱媵臣，女子稱媵妾。《史記・殷本紀》：「阿衡欲奸湯而無由，乃為有莘氏媵臣，負鼎俎，以滋味說湯，致于王道。」《列女傳・周主忠妾》：「周主忠妾者，周大夫妻之媵妾也。」《後漢書・馮衍傳下》：「衍娶北地女任氏為妻，悍忌，不得畜媵妾，兒女常自操井臼。」《朱子語類・祭》：「蓋古者只是以媵妾繼室，故不容與嫡並配。」《漢書・平帝紀》：「其出媵妾，皆歸家得嫁，如孝文時故事。」顏師古注：「媵妾，謂從皇后俱來者。」

歸妹 解

爻變為「解」。

跛足之象為「蹇」，是寒冬，閉塞足不出戶；「跛而履」是突破寒冬而為「解」的春暖花開。此爻要小心謹慎，要有耐心、恆心、守份安常，則可突破困難，柳暗花明又一村，別有新境。

九二：眇能視，利幽人之貞。
象曰：利幽人之貞，未變常也。

九二省了「歸妹以娣」四個字，因為「眇能視」與「跛能履」是相同的意思。這在《易經》是常見的，如「同人」初九：「同人於門」六二：「同人於宗」。門是家、宗是族。

初九「跛能履」、九二「眇能視」都是比喻「娣」的。

跛而能履，行不正，力也弱，故需要輔佐；眇而能視，視不正，看不清，也需要輔佐。《荀子·成相》：「人主無賢，如瞽無相。」有輔則賢。

「眇」，瞇著一眼也。《說文解字》：「一目小也」瞇著一隻眼利於聚集光線。

「眇能視」，瞇著一眼看，謂黑暗中瞇著眼而能看見弱小火光而能明視，故下接「利幽人之貞」。九二剛中，堅強貞定。

「歸妹以娣，眇能視」，句謂眼疾痊癒復明，可以隨著陪嫁為姪娣。

幽小篆　北魏

「幽」字甲骨文从火从幺，幺者小也。篆文錯寫从絲从山。隸書則从山从幺，幺即么。幽字本義是小火。火小故暗。「幽人」，即身處冥暗之人。引申為受囚之人。

「幽人」，自古以來解釋多不能一，有謂陰人、婦人、幼子、幽囚之人。《左傳》僖公二十八年：衛成公與大夫元咺爭訟於霸主晉國，衛侯不勝「執衛侯，歸之於京師，寘諸深室。」楊伯峻注：「其室深幽，故曰深室。」此即《荀子·王霸》：「公侯失禮則幽」。高誘注：「幽，囚也。」《正韻》：「幽，囚也。」《呂氏春秋·驕恣》：「欒書中行偃，劫而幽之。」《左傳》襄公十七年：「遂幽其妻」。《焦氏易林·歸妹之兌》：「延頸望酒，不入我口。深目自苦，利得無有，幽人悅喜。」又《剝之剝》：「行觸大諱，與司命忤。執囚束縛，拘制於吏，幽人有

喜。」皆以「幽人」為囚徒。

「利幽人之貞」，被幽囚之人光線冥暗，僅能瞇著一隻眼瞅著，需要藉友人之助，還是可以識清事物。此爻當是「歸於暗昧」，故曰「幽人」。

孔子有一位庶出的兄長叫孟皮，是個跛子，不能承繼家業，所以孔父年近七十才在求婚於顏家後生下孔子。可知庶出不正者，又有缺陷者，不可承繼家業。九二比初九要好一點，因為九二剛中，是一位意志堅定的賢慧女子。初九在下無應，註定是一位卑下的娣。

九二剛中上應六五，身居兌體，以陽向上攀應陰，這叫「反類」以陽去應陰有巴結討好之意，這比不應更糟。兌卦本身就有主動獻殷勤的意思。這顯示九二雖應六五，六五陰柔不是一個稱職的夫君，時時刻刻有遭遺棄的可能。

「幽人」，是被囚禁之象；不是被打入冷宮，就是被幽禁。也可以引申為身陷困境，處於劣勢之人。

「利幽人之貞」，九二剛中上為陰爻所覆，雖被幽禁但能堅定意志至死不渝。九二居兌，兌為暗，故為幽。幽囚之人占得此爻則利也。

「未變常」，即「以恆」，是雖然變動經懼但不失常，意志堅定。九二剛中故不失常。

「未變常」，是雖受冷落，身分未變。

此爻身處冥暗，要瞇著眼而視小小火光，但得人之助，而能識清。利於處於幽禁、困境、劣勢之人脫困。此爻不言吉凶，但爻辭皆是吉的意思。

▤▤歸妹 ▤▤震

爻變為「震」，受驚嚇，生活在恐懼之中。時時會變動。但由「歸昧」變「震」是由幽暗中出來而光明。

九二由如驚弓之鳥，雖能處變不驚，但是心理壓力很大。此爻不好受。

六三：歸妹以須，反歸以娣。
象曰：歸妹以須，未當也。

六三以陰居陽是失位，下乘二剛，不中不正，又無應，這樣的條件要出嫁是不容易的，也是非禮的。

此爻不言「歸妹以娣」而言「歸妹以須」，帛書作「嬬」，《說文解字》：「嬬，弱也。一曰下妻也。」下妻就是妾，比陪嫁的姪娣娣位再次一等的「媵」。清代俞正燮《癸巳類稿・釋小補楚語笄內則總角義》：「小妻曰妾，曰嬬……曰下妻，曰少妻，曰細君，曰姑娘，曰孺子，曰小妻，曰小婦，曰小夫人，或但曰小。」

「須」，同嬃，即嬬，是賤妾。比姪娣（媵）還要卑賤。《史記・天官書・正義》：「須女，賤妾之稱，婦職之卑者，主布帛裁制嫁娶。」《屈原・離騷》：「女嬃之嬋媛」。汪瑗《楚辭集解》說：「須者，賤妾之稱。」朱熹《楚辭集注》也以嬃為「賤妾之稱」。

又「嬃」是有才之稱，《周禮正義・疏》：「須，才智之稱。天文有須女，天文有須女，屈原之姊名女須，彼須字與此異者，蓋古有此二字通用，俱得為有才智也。」意思是須與胥同音古通用。《周禮注疏》：「胥，有才智也。」張舜徽《說文解字約注》云：「女之有才智者謂之須，猶男之有才智者謂之胥耳。」又胥是臣吏小官，《周禮・地官》：「胥師，二十肆，則一人皆二。」《註》：「胥及肆長，市中給繇役。」《集韻》：「胥，助也，待也。」《前漢・楚元王傳》：「二人諫不聽，胥靡之。」《註》：「胥，相也。」如宰相，儐相。

又「嬃」是古代稱美女的意思。《漢書・揚雄傳・反騷》：「資嫻、娃之珍髢兮，鬻九戎而索。」韋昭曰：「嫻當作嬃，梁王魏嬰之美人曰閭。」顏師古曰：「嫻、娃，皆美女也。」呂后名雉，其妹名嬃；雉，美麗野雞；嬃，美麗妹妹。

又「嬃」有娶的意思，「閭嫻」，《戰國策・楚策四》作「閭妹」，《集韻》引作「閭娶」。也作「閭嬃」，故「嬃」有「娶」之義。綜合以上可知「須」，是一位容貌美麗，才智能幹但是身分卑下的賤妾。這是姊姊出嫁陪嫁的是賤妾即媵，而陪嫁的妹妹即娣被退了回來。

又「嬃」，南方楚地方言義為「姊」。《屈原・離騷》：「女嬃之嬋媛」。《說文解字》：「嬃，女字也。《楚詞》曰：『女嬃之嬋媛』賈侍中說：楚人謂姊爲嬃。从女須聲。」嬃是姊姊，娣是妹妹，兩相對文。如

此，姊姊被留了下來，妹妹被休出返歸娘家。

　　要知「漸」與「歸妹」既相綜又相錯，是徹底相反的兩卦。「漸」是按部就班，明媒正娶的嫡夫人，除此之外的婚姻都是「歸妹」不僅是姪娣，此爻的「須」身分當比「姪娣」更卑下，當是媵妾之屬。

　　古人婚姻結為連理因為是人倫之重典，所以極為重視禮數。「歸妹以須」當是禮數周全，雖有才幹美貌但身分卑下，依然為人輕賤故曰「須」。「反歸以娣」的「娣」當作「第」，就是初生萌芽幼嫩的白茅。南唐徐鍇編纂的《說文解字》鍇本作茦。他哥徐鉉編纂的《說文解字》作「第」。是本一字。又《康熙字典》引《玉篇》云：「第，始生茢也。」茅草是古代祭祀與典禮不可或缺之物，甚為重要。《左傳》僖公四年，齊桓公還拿來做為伐楚的理由。《詩經》中也有以白茅包裹禮物做為男子慎重求愛的象徵，《詩·昭南·野有死麕》：「野有死麕，白茅包之；有女懷春，吉士誘之。」就是以白茅草包裹鹿麕向心儀的女子求歡，當然婚姻大典也是少不了用茅草。《詩·邶風·靜女》：「自牧歸荑，洵美且異。匪女之為美，美人之貽。」這裡的荑就是婚姻大典用的。「第」與「茅」的區別在於第是初生的茅，荑有時也指的是長成的茅，因為初生的第幼美嫩白也用來形容女子的美貌；《詩·衛風·碩人》：「手如柔荑，膚如凝脂。」《詩經正義》：「以荑所以柔，新生故也。」又「傳以茅則可以供祭祀之用。荑者，茅之始生，未可供用，而本之于荑者，欲取興女有始有終，故舉茅生之名也。言始為荑，終為茅，可以供祭祀，以喻始為女能貞靜，終為婦有法則，可以配人君。」

　　「反歸」，夫家遣歸。《春秋公羊經傳解詁》：「婦人生以父母為家，嫁以夫家為家。故謂嫁曰歸，明有二歸之道。」《左傳》中出嫁之女子被夫家遣歸者多有。文公十八年：「夫人姜氏歸於齊，大歸也。將行，哭而過市，曰：『天乎，仲為不道，殺適立庶。市人皆哭。魯人謂之哀姜』。」因為魯文公夫人姜氏母家齊國是姜子牙的封國，故稱夫人姜氏。文公薨而其叔父大夫東門襄仲殺文公大子惡及其弟公子視，而立文公次妃敬嬴之子倭為魯宣公。後夫人姜氏歸於母國，後諡為出姜。出者，休棄之妻。

　　「歸妹以須，反歸以娣（荑）」，句謂雖然許嫁為媵妾，但是未經正式的下聘媒妁，所以為人看不起而為輕之為賤妾，後來趕緊補辦手續，反

歸以白茅包裹禮物下聘，聘禮之美猶如初萌之白芽，也象徵女子的貞節能幹美麗。

可知此爻雖非明媒正娶但是個貌美有才之婢妾。古代陪嫁的媵，除了姊妹姪娣以為婚嫁之外還有許多奴隸臣妾為陪嫁。輔佐秦穆公的百里奚就是被晉國滅掉的虞國大夫，被擄為奴隸，隨著晉獻公女兒陪嫁到秦國的「媵」。《史記‧秦本紀》：「晉獻公滅虞、虢，虜虞君與其大夫百里奚，以璧馬賂於虞故也。既虜百里奚，以為秦繆公夫人媵於秦。」不單是陪嫁的奴隸臣妾稱媵，就是陪嫁的嫁妝器皿也稱媵，「陳侯作王嬀媵簠」。這簠上的銘文記載著陳侯為其嫁給周王的女兒所作的媵器。可見「歸妹以娣」，是見陪嫁來的媵中有一婢女賤妾美貌有才智，娶之，而將陪嫁來的娣送還給母家。故〈小象〉曰：「未當」。於禮未當也，但於常理未失。

此爻嫁妹而陪嫁的媵妾，或是才貌出眾，或是嫡妻之姊，能力強幹，而陪嫁的娣被休出而返歸母家。

☳☱ 歸妹 ☳☰ 大壯

爻變為「大壯」，此女如「姤」：「女壯，勿用取女。」是一個「女壯」之人。

「大壯」是「利貞」，故此爻是「不貞」，行為有缺失檢。

九四：歸妹愆期，遲歸有時。
象曰：愆期之志，有待而行也。

「愆」，《說文解字》：「愆，過也。」

「愆期」，過期，延期。

「愆」字從「衍」，「需」九二〈小象〉曰：「需于沙，衍在中也。雖有小言，以吉終也。」也有延遲之意。《詩‧衛風‧氓》：「匪我愆期，子無良媒。將子無怒，秋以為。」《毛詩注疏》：「愆，過。」《箋》：「良，善也。非我以欲過子之期，子無善媒來告期時。」

兌為妾，為缺。所以下三爻皆有缺陷，而嫁為妾。

九四出兌入震，震為時，互坎，為陷；時陷於坎中，所以「愆期」。又不中無應，是時過未嫁。

「歸妹愆期」，婚禮延期了。

「遲」，《說文解字》：「遲，徐行也。」

「時」，待也，等待時機。〈雜傳〉：「大畜，時也」，待天時也。

「有時」，可以等待，時機未到，延期而已。

「遲歸有時」，高亨謂《穀梁傳》隱公七年傳晉范寧注引作「遲歸有待」。

「待」，備也。〈繫辭下〉：「重門擊柝，以待暴客，蓋取諸豫。」

此爻意謂婚嫁之期已過，那是因為沒有好的媒人，另外擇時有備再嫁，終究會嫁。但以《春秋穀梁傳註疏》隱公七年「七年，春，王三月，叔姬歸於紀」，叔姬是伯姬的妹妹，是伯姬的娣，伯姬在隱公二年就嫁往紀國，叔姬六年長大後才歸嫁。王弼云：「愆期遲歸，以待時也。」

九四陽爻前臨重陰本利往，但居坎受陷故遲愆。但震為動、為歸，雖遲必動而歸嫁。

「行」是震，是「歸妹」出嫁這件事，「有待而行」是有所等待而嫁。

此爻婚期延遲是等待陪嫁的姪娣在母家長大，一起與嫡夫人陪嫁而行。總之就是好事多磨，只是時間推遲，而非毀約，故言「志」。《焦氏易林・隨之小畜》：「奮翅鼓翼，將之嘉國；愆期失時，反得所欲。」可以參觀。

歸妹 臨

爻變為「臨」，臨幸也，故必嫁。「臨」也有待之意，「于八月有凶」就是等待到八月而有凶。震是春，「八月」是秋，是待秋就可以嫁。古人於春秋二季行嫁娶之禮。

六五：帝乙歸妹，其君之袂，不如其娣之袂良，月既望吉。
象曰：帝乙歸妹，不如其娣之袂良也。其位在中，以貴行也。

五爻是天子，說的也是君王的婚事，「泰」六五也說「帝乙歸妹」，也可泛指貴族、上階層嫁女。蓋乾坤為天地君后也，為的是君王攏絡臣下諸侯地方霸主。

「帝」，是天子，君主。夏稱后，商稱帝，周稱王。震為帝，故曰「帝乙」。

「帝乙」，就是商紂王之父，帝乙湯。《史記·殷本紀》：「帝乙崩，子辛立，是為帝辛；天下謂之紂。」

「歸妹」，嫁女也。

「帝乙歸妹」，在歷史上真有其事；顧頡剛認為《詩·大雅·大明》：「文王嘉止，大邦有子。大邦有子，俔天之妹。文王厥祥，親迎于渭。」就是描寫此事。帝乙嫁妹為文王之妻。周文王為帝乙之子商紂王的姑丈，周武王與商紂王為表兄弟。為的是攏絡安撫西伯即後來的周文王。

「君」，是尊稱，君夫人也，指的是正室、嫡妻。五爻為天子，帝乙之妹故為嫡妻。《左傳》莊公二十二年：「癸丑，葬我小君文姜。」文姜是魯莊公之母，魯桓公之妻而稱小君，又魯隱公葬母聲子也稱君氏，是諸侯之夫人也稱君。宋趙彥衛《雲麓漫鈔》卷一：「周制諸侯曰國君，妻曰小君。」《穀梁傳》莊公二十二年：「小君非君也。其曰君何也？以其為公配，可以言小君也。」《論語·季氏篇》：「邦君之妻，君稱之夫人，邦人稱之曰君夫人，稱諸異邦曰寡小君。」諸侯稱君，夫人稱小君，兩相匹敵的意思。

「袂」，袖口、衣袖，這裡指的是衣服的裝飾。《詩·鄭風·羔裘》：「羔裘豹祛」。袖口裝飾以豹紋。「祛」即袂，缺也。衣袖是衣之缺口，故袂字從夬。

「良」，朗也，明亮也，《說文解字》：「朗，明也。」引申為善也，美好也，華麗也。

「袂良」，是說漂亮的服飾。

「袂」，或借為「妜」，容貌美也；《說文解字》曰：「妜，鼻目間貌。從女，夬聲，讀若煙火炔炔。」《集韻》：「妜，音玦。美貌。」

「其君之袂，不如其娣之袂良」，是說正室嫡妻的服飾尚不如陪嫁的偏房侍妾的衣飾華麗。以尊屈卑，正室夫人的衣著上不及陪嫁娣媵的華麗。這正與「坤」卦六五〈小象〉所說的「文在中也」相類，是貴而不驕的意思。六五是有教養的貴族小姐。但這也是陪嫁的媵娣爭寵於正室嫡妻；《韓非子·外儲說左上》：「昔秦伯嫁其女於晉公子，為之飾妝，從

衣文之媵七十人。至晉，晉人愛其妾而賤公女。此可謂善嫁妾，而未可謂善嫁女也。」

說明天子之女下嫁給臣屬的西伯（周文王）為妻，以尊屈就卑。而且其服飾還不如陪嫁的娣華麗。〈小象〉解釋說：「其位在中，以貴行也。」句謂處尊位而不爭，是一種美德，比美麗的服飾高貴。這是夫人的嫁粧尚不如陪嫁的媵娣來的豐厚，有喧賓奪主之意，有寵愛陪嫁的娣媵而輕賤嫡妻之意。古人衣服穿著有一定禮制，陪嫁的媵娣位卑，服制不應該僭越超過正室夫人，今娣之服飾超越正室夫人，不是正室謙讓就是娣媵僭越，因為娣媵得寵。當然也可解釋為嫡夫人之容貌不如陪嫁的姪娣美貌。

「月」，月亮。這裡是指「君」正室。也是指「陰」。

「既」，幾也，幾乎、將近。《經典釋文》：「幾，荀作既。」幾既二字古通用。

「望」，十五月圓之日之後。望，旺也，滿也，言滿月也。《釋名》：「望，月滿之名也。月大十六日，小十五日。日在東，月在西，遙在望也。」《尚書·胤征》注疏：「以月初為朔，月盡為晦，當月之中，日月相望，故以月半為望。」《鶡冠子·天則》：「弦望晦朔，終始相巡。」朢是望的異體字，《說文解字》以朢為滿月：「朢，月滿與日相朢，以朝君也。從月從臣從壬。」臣是張目而視，壬字甲骨文是一人立於土堆作遠望狀，即挺之古文。金文朢、望即指滿月。臣為亡代替為聲符，不參與字義。

望小篆 朢小篆

「月既望」即「月幾望」，周朝曆法用的是太陰曆，將月分為四個月相來訂定時間。初吉、既生白（霸）、既望、既死白（霸）。每一個月相七日，共二十八日為一月。初吉，是新月出現之日即初二或初三。既生白，也單稱霸，或魄，正是上弦月時，為初八或前後一、二日。既望即望日，滿月之日小月在十五，大月在十六。再來既死白，為下弦月時，廿三、廿四前後。故「月既望」，是滿月望而將消，陰盛將消，不與陽爭，謂富而不驕之意。如「坤」上六：「龍戰于野，其道窮也。」陰雖滿但不可與陽爭；六五滿而將消，有盛陰之德，無滿盛之弊，故吉。

「歸妹」本「征凶」，「征」是大張旗鼓，志得囂張之象；六五可「征」而「不征」故吉。《呂氏春秋・察微》引《孝經》所謂「滿而不盈溢，所以長守富也。」又月滿望，比喻得時。六五爻有得位之利，又有得時之利。「吉」是此時趨吉，可以得福。

于省吾先生讀「袂」為「玦」，「其君之袂，不如其娣之袂良。」謂其君之玦不如其娣之玦良。蓋古人無不配玉。可以參觀。

☲☳ 歸妹 ☱ 兌

爻變為「兌」，皆大歡悅。「兌」也是秋季，立秋之時；此爻正是中秋月圓之時；兌為花，花好月圓。

上六：女，承筐無實；士，刲羊無血，無攸利。
象曰：上六無實，承虛筐也。

🐟 小篆

「女」，此指出嫁為人婦即歸妹之妹。

「承」，是恭敬的用雙手捧著。《說文解字》：「承，奉也。」又《增韻》：「下載上也」。「坤」〈象傳〉：「萬物資生，乃順承天。」

「筐」，是竹筐，是祭祀時盛祭品的器具。《篇海》：「盛物竹器也」。《詩・召南・采蘋》：「于以盛之，維筐及筥。」《毛傳》：「方曰筐，圓曰筥。」

下卦兌為「女」；上卦震為「筐」。女在下，筐在上，故曰「女承筐」。

用「筐」不用「尊（酒樽）」，因為「尊」是尊貴之象，可見用「筐」也是不正不尊簡陋之象。

「承筐」，歡迎賓客也。《詩・小雅・鹿鳴》：「我有嘉賓，鼓瑟吹笙。吹笙鼓簧，承筐是將。」《毛詩注疏》：「筐，篚屬，所以行幣帛也。」朱熹《集傳》：「承，奉也。筐，所以盛幣帛者也。」

「無實」，是筐內空虛無物。震仰盂，故為筐，上六為陰，故〈小象〉曰：「虛筐」。

「承筐無實」，筐內虛空，無有祭品、幣帛，無以祭祀、待客。震

為長子，為主祭者故震亦為祭祀進獻。上震下坤「豫」：「雷出地奮，豫。先王以作樂崇德，殷薦之上帝，以配祖考。」即以震為「作樂崇德，殷薦之上帝。」《詩・小雅・鹿鳴》說的是「燕群臣之詩」。《詩序》：「〈鹿鳴〉，宴群臣嘉賓也。既飲食之，又實幣帛筐篚，以將其厚意，然後忠臣嘉賓，得盡其心意。」可知「承筐無實」意謂不能盡心，亦非厚意，也是不祥之兆。是虛有其表，名存實亡，是假的不是真的。

「無實」，即空也，無果實，即無後之象。

「士」，未婚男子；兌為女，震為男故曰「士」，是男子；震為長男，是主祭者，是家中主人。《詩・召南・野有死麕》：「有女懷春，吉士誘之。」

「刲ㄎㄨㄟ」，《說文解字》：「刺也、割也。」《廣雅・釋言》：「屠也」。

「刲」是从「圭」从「刂」，「圭」的起源是有孔石斧，後來「圭」也由武器演變為禮器信物。

「羊」，為祭祀的犧牲。兌為羊。古人主祭者要親自操刀宰殺犧牲以祭神主，以示誠敬；家大業大之後，才由「宰」來協助，故後來協助君王處理政務的也稱之為「宰」。《禮・雜記》釁廟之禮云：「雍人舉羊升屋，自中，中屋南面，刲羊，血流於前，乃降。」古代於重要禮節慶典活動時常以血祭，有用人牲也有用畜牲。

何謂血？先說「血食」，古代祭祀殺牲取血以祭稱為「血食」，《康熙字典・食部》：「祭曰血食。《史記・陳涉世家》：『置守冢三十家碭，至今血食』。」《新書・大政下》：「諸侯即位享國，社稷血食，而政有命國無君也。」《韓詩外傳・卷十》：「為宗廟而不血食邪？」所以「血食」是祭祀的代稱，也是香火延續的意思。反之，「不血食」，猶言斷了社稷祖先之祭祀。亡國之謂。《左傳》莊公六年：「若不從三臣，抑社稷實不血食，而君焉取餘？」《漢書・高帝紀下》：「故粵王亡諸世奉粵祀，秦侵奪其地，使其社稷不得血食。」顏師古注：「祭者尚血腥，故曰血食也。」可知古人祭祀祖先用犧牲的重點在要取血以祭。古人認為鬼神要享用犧牲的血腥。《禮記・郊特牲》：「郊血，大饗腥，三獻爓，一獻熟；至敬不饗味而貴氣臭也。」又《禮記・祭義》：孔穎達疏：「謂鸞刀刲割牲體，又取血及腸間脂。血以供薦，而膋以供炙肝及藝蕭也。」可

見祭祀時用犧牲是「血以供薦」而「貴氣臭也」這血腥之氣重要可知。釁鐘鼎、歃血為盟等都要用血。「士刲羊，無血。」可見這是不吉利的凶事，故曰「無攸利」。

《禮制·王制》中稱「大夫無故不殺羊」。《公羊傳》桓公八年：「冬日烝」何休注：「天子諸侯卿大夫，牛羊豕凡三牲，曰大牢；天子元士、諸侯之卿大夫，羊豕凡二牲，曰少牢；諸侯之士特牲。」單用一隻犧牲祭祀曰「特牲」。此爻以羊為犧牲殺而祭之，但羊無血，非吉兆。

「士刲羊無血」，宰羊祭祀無血，也是虛有其表，與「女承筐無實」相對。無血之羊或是已經死亡多時不當作為犧牲祭品，但不得用而用之。不是貧就是不敬不誠，皆是凶兆。祭祀時得此凶兆，是所祭非人之故。

「女承筐無實，士刲羊無血。」是說此女虛有其表，所居非位，祭祀時不為神主所接受，神不授福，皆所求無獲，是一個壞徵兆。上六以陰居陰得位，在震之極，不合「坤」「先迷後得」之德性，又與下無應，陰陽不能相合。故雖祭祀而神無應故「無實，無血，無攸利。」實，一如果實，「無實」無果實，就是無有子嗣，「無血」無有血脈，故「無攸利」。此爻謂此女子不得生養無有子嗣。

上六與六三其位相值，一陰一陽乃為相應，上六、六三俱是陰爻，是為無應，動而無人應之，所求無獲，故下刺羊無血，上承筐無實。若祭祀不得神回應。

「歸妹」本非正室，亦非正禮，上六雖得位，卻虛有其表，是以卑假尊；又與下無應，得不到祝福，故「無攸利」。

這與卦詞「征凶，無攸利」是一樣的。「征」是大張旗鼓，正正式式，而上六所言為祭祀，也是上了台面有取代正宮之意，故「無攸利」。

此女不能受神祇降福，即不能受孕之意，故不利娶為婦。

《左傳》文公二年：「凡君即位，好舅甥，修昏姻，娶元妃以奉粢盛，孝也。」楊伯峻《春秋左傳注》：「古人謂娶妻所以祝祭祀，故云奉粢盛。」粢盛者，古代盛在祭器內以供祭祀的穀物。此爻言「女承筐無實」即「無粢盛」，即不孝也。亦通。

《左傳》僖公十五年：「初，晉獻公筮嫁伯姬于秦，遇『歸妹之睽』，史蘇占之曰：『不吉。』其繇曰：『士刲羊，亦無盉也。女承筐，

亦無眈也。西鄰責言，不可償也。『歸妹之睽』，由無相也』。震之離，亦離之震，為雷為火，為嬴敗姬，車說其輹，火焚其旗，不利行師，敗于宗丘。『歸妹』、『睽』孤，寇張之弧，侄其從姑，六年其逋，逃歸其國，而棄其家，明年其死於高梁之虛。」「歸妹之睽」為占到「歸妹」上六，爻變為「睽」的意思。

「歸妹」卦辭：「征凶，無攸往」，本不利於征。晉獻公之子晉惠公有負於秦國更是理虧。

「衁ㄏㄨㄤ」：血也；《說文解字》：「衁，血也。」

「貺ㄎㄨㄤˋ」，賜也；《說文解字》：「貺，賜也。」《吳越春秋》：「生男二，貺之以壺酒、一犬。生女二，賜以壺酒、一豚。」

《焦氏易林·歸妹之睽》：「刲羊不當，女執空筐。兔跋鹿踦，緣山墜墮，饞佞亂作。」謂神明不降福而有災禍，可以參觀。

☳☱歸妹 ☲☱睽

此爻變為「睽」，外也；是外室、偏房；非正非嫡，以外室居祭祀正位之象。

「睽」為孤。單獨寂寞之象。婚姻不成，不得孕。

「漸」卦按部就班，富於理性、冷靜，「歸妹」不尋常規，富於感性、衝動；「漸」在漸，「歸妹」在驟。驟雨暴至，來得急去的也快。

第55籤 ䷶ 豐卦　又名雷火豐

豐　：亨，王假之。勿憂，宜日中。
彖曰：豐，大也。明以動故豐。王假之，尚大也。勿憂宜日中，宜照
　　　天下也。日中則昃，月盈則食，天地盈虛，與時消息，而況於人
　　　乎，況於鬼神乎。
象曰：雷電皆至，豐。君子以折獄致刑。
序傳：漸者進也。進必有所歸，故受之以歸妹。得其所歸者必大，故受
　　　之以豐。豐者大也。窮大者必失其居，故受之以旅。
雜傳：豐多故，親寡旅也。

䷶豐 小篆　ᖚᖚ 籀文　豆 豆籀文　豆 小篆

「豐」本義是大鼓，鼓聲彭磅引申為盛大的意思。金文「豐」字從
壴，丰聲，象擊鼓之聲，本義是鼓聲的象聲詞，引申為大、滿。〈序卦
傳〉：「得其所歸者必大，故受之以豐。豐者大也。」〈彖傳〉：「豐，
大也。明以動故豐。」都是解釋「豐」為大也。

另一說「豐」字下部為豆，豆是一種有蓋子的高足食器，上部一橫
象蓋子，中間象豆體，下部象柱足及底座，後來成為祭祀禮器。「豐」則
是一種大腹的豆器，容量甚大。豐的古音為ㄆㄤ，故有豐富、豐大，豐胖
之義。流沙河說今胖字，當作胖。丰，即豐。這兩說都解釋豐為大。《禮
記·曲禮下》：「凡祭宗廟之禮……韭曰豐本。」李時珍《本草綱目·菜
一·韭》：「《禮記》謂韭為豐本，言其美在根也。」謂其根部肥大。

于省吾先生認為豊、豐二字在古籀文中沒也區別，是同一字。《說文
解字》：「豐，行禮之器也。從豆，象形。」《六書正譌》：「豐，卽古
禮字。後人以其疑於豐字，禮重於祭，故加示以別之。」《易經新證》：
「豐，豆之豐滿者也。」《經典釋文》：「豐是腆厚光大之義。鄭云：豐
之言腆，充滿意也。」

綜之「豐」字有豐盛、充滿、禮器之義。上卦震仰盂像是器皿盛物，
〈說卦傳〉：「震為玉」所盛之物為祭神之玉器。下卦離中虛，像是豆器

之形。

　　以盛滿的玉器置於豆器之中行祭祀之禮，其中或有鼓聲樂聲，當是豐字的本義。于省吾先生舉〈大豐簋〉銘文云「『王有大豐』即王有大禮。猶古籀祿之作彔，祀之作巳，祖之作且。」所言甚是。

　　上卦震為帝，上巽下震之「益」卦六二：「王用享於帝」虞翻注：「震為帝」《荀子·強國》：「百姓貴之如帝，高之如天。」楊注：「帝，天神也。」連邵名《帛書周易疏證》謂：「眾神之大者，莫過於天，故卦名曰豐。」於神祇天至大，於人君王最大，故卦辭曰：「王假之」。蓋震為帝，故曰王。

　　〈說卦傳〉：「帝出乎震」崔憬注：「帝者，天之王氣也。」天神懸象著明，莫大乎日月，卦象日月順時而動，交相輝映，故〈彖傳〉曰：「日中則昃，月盈則食，天地盈虛，與時消息。」謂日之運行至中天而西下，月之滿盈則缺食，天地之盈虛，隨時節而消長。《史記·范睢蔡澤列傳》：「語曰：『日中則移，月滿則虧』。物盛則衰，天地之常數也。進退盈縮，與時變化，聖人之常道也。」當出於此卦。有段與「豐」卦極似，可以參觀。又《釋名·釋天》：「未，昧也。日中則昃，向幽昧也。」「豐」卦在《歸妹（昧）》卦之後。

　　豐，也是古代一種祭禮。「豐」卦是日蝕之卦。上震為藩籬，下離為日，若日光被藩籬所遮蔽，為日蝕之象。古有設祭祀救日食之禮。《穀梁傳》莊公二十五年：「救日以鼓兵，救水以鼓眾。」范寧註：「救水以鼓眾者，謂擊鼓聚眾也，皆所以發陽也。」救日以鼓，符合「豐」卦擊鼓之義。《左傳》文公十五年：「日有食之，天子不舉，伐鼓于社。」《周禮·地官·鼓人》：「救日月，則詔王鼓。」鄭玄注：「救日月食，王必親擊鼓者，聲大異。」卦辭謂「日中見（北）斗」即日蝕之象。此天象在古代很早就有記載。如《史記·六國年表》周貞定王二十六年（秦厲公三十四年），「日有食之，晝晦，星見。」

　　豐，豐也，就是大房屋，社廟。《說文解字》：「豐匸乚，大屋也。从宀豐聲。《易》曰：『豐其屋』。」即今字「房」。《禮記·明堂位》：「俎，有虞氏以梡，夏后氏以嶡，殷以椇，周以房俎。」鄭玄注：「房謂足下跗也，上下兩間，有似於堂房。」《詩·魯頌·閟宮》：「籩

豆大房」。《毛傳注疏》：「大房，王飾俎也，其制足間有橫，下有柎，似乎堂后有房然。」房，即大社。大社亦稱夏（大也，廈也）屋。杭世駿《訂譌類編》引《商書》：「夏屋，大俎（祖）也。大祖即社。」

豐，也是星名，即二十八宿之東方蒼龍星座之房宿，有星四顆，為蒼龍之腹。古人也稱之為「天駟」，取龍為天馬和房宿有四顆星若四馬駕車之意。《爾雅·釋天》：「天駟，房也。」注：「龍為天馬，故房四星謂之天駟。」

豐，亦為西周地名，乃周文王宗廟所在。《史記·周本紀》：「而作豐邑，自岐下而徙都豐。明年，西伯崩。太子發立，是為武王。」《史記·魯周公世家》：「成王七年二月乙未，王朝步自周，至豐，使太保召公先之雒相土。」《集解》引馬融曰：「周，鎬京也。豐，文王廟所在。」周文王從岐山下遷都至豐，死後廟立於豐。岐山是周人之祖山，豐是周人祖廟所在。

「豐」卦上震，震為雷，為刑罰。《淮南子·天文訓》：「太陰所居，日為德，辰為刑。」知震亦有刑之義，風俗中至今以為雷公劈擊壞人。下卦離為明，犯行明確。故〈大象〉曰：「君子以折獄致刑」謂斷決獄訟，施以刑罰。

「豐」是大，是富，是盛大而美麗，是事業昌盛，華廈廣宅，豐功偉業，資源豐富，高高在上，日正當中，達到頂端之象。

「豐」二三四五爻互「大過」，「大過」是棟樑，是中流砥柱，是極；為官者貴，為商者富，是事業達到巔峰。然福禍相倚，至高必下，故〈彖傳〉曰：「日中則昃，月盈則食，天地盈虛，與時消息。」應當見好就收，急流勇退，不然「折獄致刑」有牢獄之災，不是受人忌妒得罪小人，就是囂張跋扈惹禍上身。又「大過」是大禍，是顛倒；〈雜卦傳〉說：「多故」，人怕出名豬怕肥，人紅是非多。這「多故」是因為事業的高峰將下，大廈將傾。當心落井下石，牆倒眾人推。

「豐」卦是戲，聲光俱至，有如電影，皮影戲等。都是虛物假象。卦辭說：「享」，是祭祀獻享，是豐收後獻貢祭祀。也是事業攀達頂峰的演戲以酬神。更是天狗食日救日的擊鼓儀式。

「王假之」，王弼說：「王假之，王之所至。」即「假」，《說文解

字》：「假，至也。」句謂大王你往何處去。「假」，降臨；「王假之」亦謂大王親臨主持祭祀。詳見「萃」。「豐」互「大過」，是大過之才，是棟樑，是中流砥柱的王。

「勿憂」，是不用擔心。「師」卦為「憂」，「豐」卦為「勿憂」。「日中則昃，月盈則食，天地盈虛，與時消息，而況於人乎，況於鬼神乎。」此自然定律，順而應之，故「勿憂」。

「豐」卦雷電皆至，故聲勢浩大。上下卦相反，上離下震是「噬嗑」〈大象〉說：「先王以明罰敕法」。「明罰敕法」是嚴明刑罰，整頓法度。「折獄致刑」是決斷獄訟，施用刑罰。兩卦都強調執法用刑的重要。「噬嗑」：「明罰敕法」是警示先再施以刑法，是王道。「豐」卦：「折獄致刑」是決斷訟獄以伸張刑罰，是明罰在後，是吏治。是用霹靂手段。《抱樸子‧用刑》說：「《易》稱明罰敕法，《書》有哀矜折獄，爵人于朝，刑人于市，有自來矣。」《禮記‧王制》：「刑人于市，與眾棄之。」皆以震為刑。「噬嗑」是市集，故施刑罰於市，殺罪人於市集，即「明罰敕法」。「賁」卦初爻到五爻互「豐」卦，但上卦為艮，艮為掩蓋，又上艮為回顧，審視，需要深入探究，故不敢斷決訟，故曰「無敢折獄」。

「大壯」卦辭說「利貞」，是利於貞守，見好就收，已免莽撞過度。「大壯」之後即為「夬」，潰決之卦。「利貞」也是「利征」，實力強壯故利往。見事拿捏，不可拘泥一義。

「豐」卦也是大，震雷電光閃爍，但已經到了巔峰，故曰「日中則昃，月盈則食。」而辭說：「王假之」，是假借名義，借題發揮。「豐」是假象，日月之蝕，皆是假象。故借題發揮，借機發揮，所以消失的快，沒有持續力。「豐」是來的急去的快，互「大過」，很快就過。日月之蝕亦是如此。

「豐」是澎風，是虛有其表的假象，是海市蜃樓，是狗仗人勢，狐假虎威，是先聲奪人，威赫嚇人。同樣見好就收。不然真相拆穿，會穿梆的。

「豐」是假，是代理，是攝政，是篡奪，是一時的權宜。如周公攝政，如秦始皇時嫪毐為假父。是曹操「挾天子以令諸侯」，嚴刑峻罰。

「王假之」，是君王出遠門去巡狩，主人不在故代理攝政。互「大過」，是乾陽為陰鎖遮。「王假之」，是以庶子、養子攝政，非以嫡子攝政。

「豐」是憂危之卦，根基不隱，表面假象，德不足以正其位，才不以濟其難，故危憂。

「大過」社會倒懸，就是危憂。二、五兩爻皆陰，陰柔用事，雖名為「豐」，實虛有其表。「豐」是聲勢浩大，威力猛強，是暴發戶，是「一朝得位，急吼大呼。」「大過」為君王之過、之禍，君王崩天故以「假子」、「假王」攝政暫代，是權宜之計，等待另繼者，故為時不久。若久假不歸必有禍事。魯隱公就是，但十一年之後為魯桓公所弒。

「大過」為坎，坎為隱為鬼神，「豐」是「日中見鬼」。

「王假之，尚大也」，尚是入贅，是入贅「大」家，有狗仗人勢之象。「尚」，也是賞、償，是得酬賞有援助。

〈雜卦傳〉：「豐多故，親寡旅也。」「豐」是資源豐富，聲勢浩大，是在上位者，所以人脈充沛，親朋故舊特別多。位高，勢大，錢多，有資源，難免志得意滿得罪人，將盛極而衰，事故特別多。「旅」卦旅行在外，飄泊不定，所以親寡。「豐」是在位者，聲勢威怒，「旅」卦艮為求，是寄人籬下，人在屋簷下怎能不低頭，強龍不壓地頭蛇，窮家富路，花費大，故寡。「旅」錯為「節」，節是收斂、節制，知道分寸。多與寡相反，「旅」、「豐」兩卦相綜，故相反。「豐」卦資源豐富，樹大招風，得位不正，虛有其表，根基不隱，所以，覬覦者眾，故多故，禍事多。互「大過」為災禍，為事故。

「日中」，是日正當中。互「大過」，大坎為脊，為極，即日正當中。離為日。二爻中正得位，所以說「日中」。再往上走就是日偏西，故曰「日中則昃」。三四五爻互兌，兌為月，為缺，故曰「月盈則食」。

「豐」為盛極而將衰，「日中」就是盛極之象。「日中則昃，月盈則食」，將走下坡。

「豐」卦是氣運昌隆，志得意滿，資源豐富之時，應思如何持盈保泰之法，不然盛極而衰，氣運稍縱即逝，家破人亡禍不小。

「豐」互「大過」，是過豐，是富貴病。是大勢將去。外表是豐僅是

假象，內在是過，是明修棧道，暗渡陳倉，是挾帶。

「宜日中」之「宜」，有二解。一是適宜，卦辭「享，王假之。勿憂，宜日中。」句謂獻享祭祀以驅除天狗食日，大王降臨親自主持，不必擔心，日中之後歸復。「宜」另一解讀為「曀一`」即翳，《釋名·釋天》：「曀，翳也。言掩翳日光使不明也。」日光被掩陰沉昏暗也。《詩·邶風·終風》：「終風且曀，不日有曀。曀曀其陰。」陳奐《詩毛氏傳疏》：「猶暗暗也」。《孔叢子·廣詁》：「幽、曀、闇、昧，冥也。」說的就是日蝕天色昏暗之象。則卦辭句謂在幽暗的日中之時，歸來。不用擔心，因為日蝕來的急去得快。

「豐」卦之後為「旅」卦，「豐」是虛有其表，虛張聲勢，長久必被揭穿，存身不住，故遠走他鄉，流亡在外。由「豐」後「旅」是家道中衰，寄食他處。互「大過」，為災，為禍，為顛，是遇災而中落，局勢倒轉，陡然下坡。豐功偉業之後，局勢顛轉，一下由雲端墜下只得遠走他鄉流亡。「豐」卦的根基是不穩的，有得意忘形，權力腐化，囂張跋扈，小人纏身之象。

「豐」錯為「渙」，「渙」亦曰「王假」。

〈大象〉曰：「雷電皆至，豐。君子以折獄致刑。」「折獄」就是決斷獄訟。互兌為毀折，是判死刑，互「大過」為死。「致刑」就是用刑。無論如何在此有大轉折，「大過」為「顛」。

「豐」與「明夷」僅差在第四爻。「明夷」是君主被夷就是君主被難，九四一動由「明夷」之滅變成豐大之局，變化大的叫人難相信。可見關鍵在九四，九四是近臣，是宰輔，是王公貴族，六五陰柔「明夷」被誅滅而以九四代行攝假君政，九四是受六五之託，「明夷」之危尚在，九四受命於危難之際，獨撐此危局，要營造有利的情勢，打腫臉充胖子，製造假象。這與「賁」卦粉飾太平異曲同功。

「豐」〈大象〉曰：「折獄致刑」。「賁」〈大象〉曰：「無敢折獄」。可見「賁」是真假難判，「豐」則斷然手段。

就政治而言，「豐」互「大過」，政權顛倒，朝不保夕。有前功進棄，局勢翻轉，陰溝裡翻船之危。

初九：遇其配主，雖旬無咎，往有尚。

象曰：雖旬無咎，過旬災也。

「遇」，不期而遇，知遇，合也。《穀梁傳》隱公八年：「不期而會曰遇」。古人禮儀齊備約好日期的見面叫「會」，禮儀簡約的會面稱「遇」，就是非正式的會面稱作「遇」。《穀梁傳》隱公四年：「遇者何？志相得。」雖是不期而遇，但雙方志趣相投，是知遇，故「遇主」。

「配」，出土帛書作「肥」，是肥大、寬厚，仁厚之象。《戰國策‧秦策》：「肥仁義」。注：「肥猶厚」。《韓非子‧揚權》：「厚酒肥肉」也是以肥為厚。

「遇其肥主」，就是遇見貴人，得貴人相助。

「配」，是配偶，如交配、配合，就是妃，就是妻。古人之妃，就是配偶。《史記‧五帝本紀》：「是為嫘祖為黃帝正妃，生二子」。《詩‧大雅‧皇矣》：「天立厥配」。《經典‧釋文》：「配，本作妃。」《經典釋文》：「其配如字，鄭作妃，云：嘉耦曰配。」妃、配古通。《儀禮‧少牢饋食》：「以某妃配某氏」。注：「某妃某妻也」，初九前往與六二相遇合，是陰陽相配。所以下文接著說「往有尚」。

主，主人。如旅途中之得主人而有寄住之所，如此則安。《左傳》昭公三年傳：「豐氏主韓氏」。杜注：「豐氏至晉，舊以韓氏為主人。」近人楊伯峻《春秋左傳注》：「主，住於其家也。」

「雖」，同唯。聽隨也。《左傳》僖公十五年：「唯所納之，無不如志。」《莊子‧說劍》：「然臣有三劍，唯王所用，請先言而後試。」《詩‧齊風‧敝笱》：「其魚唯唯」。《疏》：「唯唯，行相隨順之貌。」

「旬」，巡也。《經典釋文》：「旬，通巡，巡行。」《詩‧大雅‧江漢》：「王命召虎，來旬來宣。」于省吾《雙劍誃詩經新論》云：「順，旬古並與巡通。」另一說：「旬，姰也，寵幸也。王雖幸之，無咎。」《說文解字》：「姰，鈞適也，男女併也。」謂男女均等相配。

「尚」，當也，值也。

「尚」，也是「上」、「賞」，初九之上為六二。配主謂六二，陽遇陰也。陰陽相遇則通，所以說「往有尚」。

此爻謂遇到寬厚有力的靠山（或是遇到妃偶），隨其出巡，無有災，

得到償賞。

「尚」，也是男求女，也是「配」是入贅；是找一個強而有力、寬厚施仁的靠山結為婚配。

「旬」，十日，甲乙天干共十日一旬。十為盈數，滿盈則變，所以這爻之吉凶是有時間性的。

這與「月幾望」的月盈則蝕，是相類的。

「尚」，嘉尚。

「雖旬無咎」，是十日之內可遇貴人相助，求得婚配。要把握。

「往有尚」，是前往可以得到好處報償。〈大象〉說：「折獄致刑」，好結果恐是遇赦。

初九爻辭不言「豐」，因為初九尚未達到「豐」的程度，所以需要靠山。

「配」，偶也，也可以說得到好伙伴可以幫助，也就是卦辭所說的「王假之」，或是「利見大人。」

「豐」是「雷電皆至」，有來的急，去的快之意。要把握住機會。

「雖旬無咎，過旬災也」，是說要好好把握時機，不可拖延，不然好運稍縱即逝，接下來就會災禍臨頭。

此爻前遇陰則通，如遇貴人相助，但要及時把握，不可拖延，則有所獲。

☰☰ 豐 ☰☰ 小過

爻變為「小過」，「可小事，不可大事」、「不宜上，宜下，大吉」；卑柔可吉。

「小過」初六「飛鳥以凶」就是因為以陰遇陰不通而不能過。「豐」初九可以通、可以過故吉。

六二：豐其蔀，日中見斗。往得疑疾，有孚發若。吉。
象曰：有孚發若，信以發志也。

「豐」，大也。

「蔀」，草簾。《廣韻》：「蔀，小席也。」是用來遮蔽陽光的簾

子。王弼曰:「蔀覆曖鄣光明之物」,即蔽障光明之物。《後漢·申屠蟠傳》:「甘是堙曖」。《註》:「曖猶翳也」。《晏子·春秋》:「星之昭昭,不如月之曖曖。」《廣韻》:「曖,日不明又晻曖暗貌。」當是蓆棚之類,古人於夏季日照天熱時搭棚於屋上以遮避陽光防日曬,名曰天棚。至民國初年北京尚見。

「豐其蔀」,是以草蓆編的碩大的天棚為遮陽之物。〈說卦傳〉:「震為蒼筤竹,為萑葦,為藩籬。」故為草席。

以草編的簾席做為遮蔽之物是簡陋之象。〈大象〉說「折獄致刑」。故「豐其蔀」也是牢獄之象。「坎」上六:「係用徽纆,寘于叢棘」是被叢棘所陷也是牢獄之象。坎為盜、為獄故罪刑重。「豐」是「折獄」故量刑輕。六二乘初九之剛,處境不利。

「蔀」,即傘蓋、壺蓋頂端突出的部分。聞一多先生所著《周易義證類纂》對此爻有論述,首先古人有以天象來比喻車,這在《周禮·冬官·考工記·輈人》有敘述:「軫之方也,以象地也。蓋之圜也,以象天也。輪輻三十,以象日月也。蓋弓二十有八,以象星也。龍旗九斿,以象大火也。鳥旟七斿,以象鶉火也。熊旗六斿,以象伐也。龜蛇四斿,以象營室也。弧旌枉矢,以象弧也。」這裡的「蓋」是車上之傘,用以遮陽避雨。「蓋之圜也,以象天也。」可見傘之形狀圜,似天體,〈說卦傳〉:「乾為圜」就是以天體的星宿繞著北極星周轉,其中最明顯,最容易觀測的就是北斗七星。而且北斗七星環繞天體一周天剛好是一年。《鶡冠子·環流》云:「斗柄東指,天下皆春;斗柄南指,天下皆夏;斗柄西指,天下皆秋;斗柄北指,天下皆冬。」此外外圍的二十八星宿也是繞著天體周轉,如此,內有北斗七星,外有二十八星宿,形成一個大如傘蓋的天體。這是以車之傘形容天體。

在內的北斗七星,斗柄朝外,斗杓最內的第一顆星,轉動的最小,好像傘的中心軸,所以齊名也稱為「天樞」,意思就是天之軸,《太平御覽》卷二引桓譚《新論》:「天之卯酉,當北斗極天樞。樞,天軸也,猶蓋有保斗矣。蓋雖轉而保斗不迻。天以轉周匝,斗極常在,知為天之中也。」可見天體最中心天軸的天域也稱為「保斗」,聞一多先生以為「保斗」也稱「葆斗」即「蔀斗」。也是傘蓋最頂中心部分。《漢書·司馬相如傳》顏師古注曰:「葆者即今之所謂蠹頭也」可證。《周禮·冬官·考

工記・輪人》：「信其桯，圍以為部廣。」鄭眾注曰：「部，蓋斗也。」蓋斗就是蓋頭之斗，也稱作蓋葆。《論衡・說日篇》：「極星在上之北，若蓋之葆矣。」統言之，蓋葆就是蓋斗；分言之，葆即斗。也就是葆即部。車蓋之顛極即部，如天之顛極即斗。這就是以車蓋比喻天體。

「斗」，星斗也，即北斗七星。細言之則「天樞」星。北斗七星居天際中是大而明亮的星座，黑夜間極易觀察。震仰盂，像斗形；震又為辰，故為星辰北斗。二爻居離中，離為日。中四爻互「大過」大坎也，坎為棟，為極，為雲雨，為隱。故離日被蔽隱，依稀見上卦震斗之象。

「日中」，是日正當中。離為日，六二居離中，故曰「日中」。

「日中見斗」，謂北斗星常居北極星附近，位居天極。是坎象，坎為極，故為北極。

「豐其部，日中見斗」，是天體圜如傘蓋，好像車上有傘蓋一般，遮住了天體，但見「部」而已，即傘蓋中心之尖軸，一如天體之北極星，或是北斗星。

「豐其部，日中見斗」，意謂日光受到大雨雲層如傘蓋遮蔽，所以日正當中之時也看的見北斗星。也是日蝕之象，所以晝日也可見到北斗星。也是離明被遮蔽，昏矇、目眩、不智之象。

這與九三「豐其沛，日中見沬。」相對文，「沬」是非常小的星，所以九三更為黑暗。

六二前臨重陰本當利往，往則陷入大坎之中，必不利，故曰「往得疑疾」坎為疑，為疾。往必遭猜忌、受傷。

「往」，罔也。往、罔相通。罔，無也。《爾雅・釋言》：「罔，無也。」

「罔得疑」，無須疑。

「疾」，疾病。

「疑疾」，謂黑暗昏矇，猶疑憂心不定之象。

六二中正雖受疑疾，前途堪慮，但陰遇重陽畢竟是可以前往的。北斗星光尚可指引方向。

「有孚」，是有徵兆跡象，「日中見斗」就是徵兆。

「發」，是撥，是除去。《廣雅・釋詁二》：「發，去也。」除去蔽障，讓日光重現，除去暗晦，撥雲見日。

「若」，是語助辭，然也。《文字析義注》：「經傳用若為語詞，義同乃而然如諸字者。」

「發若」，是發然。帛書「發若」作「泘若」，古代放血療法也。

「有孚發若」，有徵兆顯示一切遮蔽障礙都會除去，光明重現，困境可解，轉為吉利。

「往得疑疾，有孚發若，吉」，無須懷疑，疾病若日蝕，若密雲遮日，很快遮蔽也將很快重現光明，若疾病發散除去而痊癒，吉。

「豐」互「大過」，動的大，也有來的急去的快之意；「大過」為龍捲風，「豐」為「多故」，震為災，此象可能是突然而至的狂風暴雨，飛沙走石，遮蔽陽光，又忽而轉去，光明重現。「信以發志」是堅定志向，雖遇險阻不能動搖。心中充滿自信不可懷憂喪志。

☵☲ 豐 ☳☲ 大壯

爻變為「大壯」，雖聲勢浩大，但來得急去得快，「大壯」：「利貞」，要堅持自信，利於出征，不可猶疑。

九三：豐其沛，日中見沬。折其右肱，無咎。
象曰：豐其沛，不可大事。折其右肱，終不可用也。

「豐」，豐也，大房廈。《說文解字》引《易經》此爻字作「𡬝」，「大屋也」即今字「房」。《說文解字》云：「大屋也。從宀豐聲。《易》曰：『𡬝其屋』。」此爻如進入大屋，房內陰暗漆黑。

「沛」，作「斾」，為旌旗旛幔，《說文解字》：「斾，繼旐之旗也，沛然而垂。」九二如傘蓋，九三如旗幔。皆為車上之裝飾。這是以車上的旗幟形容天象。

「見」，現也，顯現。《漢書・禮樂志》：「神所見」顏師古《集注》：「見，顯示。」

「沬」，小泡沫；陸羽《茶經》：「凡酌置諸碗令沬均」。注：「華之薄者曰沬」；「華」是湯華，就是小泡沫。或作「昧」，《儀禮・子夏傳》云：「昧，星之小者也。」薛氏曰：「（北）斗之輔星」。輔星，古

代北斗九星之一，《宋史·天文志》：「第八曰弼星，在第七星右（弼星），不見，《漢志》主幽州。第九曰輔星，在第六星左，常見，《漢志》主并州。」《史記·天官書》稱：「輔星明近，斥小，疏弱」，輔星離北斗第六星開陽星非常近，是大臣之象。弼、輔二星小，常不見而偶現。這裡指的是天上不甚明亮的小星。《六十四卦經解》：「沬，斗杓後小星也，星之小者如魚沬。」王弼注：「微昧之明也」。是北斗七顆大星後面的微明小星。《字林》：「昧，亡太反，斗杓後星。」

「豐其沛，日中見沬」，是日中黑暗如進大室不見天日，顯見北斗星旁之微小輔星。

「沬」，旆也，旗幔長而垂，尾分岔而飄然，若彗星拖著長尾。聞一多先生釋為彗星。旗之長者為之旆，星之長者謂之彗。馬王堆帛書慧星名蚩尤旗。《呂氏春秋·明理》：「有其狀若眾植華以長，黃上白下，其名蚩尤之旗。」《晉書·天文志中》：「（妖星）六曰蚩尤旗，類彗而后曲，象旗。」宋代洪邁《容齋五筆·丙午丁未》：「武帝元光元年為丁未，長星見，蚩尤旗亙天。」漢揚雄《獵賦》：「曳慧星之飛旗」。注引《河圖通帝紀》：「彗星者，天之旗也。」

「豐其沛，日中見旆」，是日中黑暗如進大室不見天日，但見彗星長尾如旌旗橫亙於天際。這是凶兆。

六二「日中見斗」天雖暗而未黑，故可見北斗這七顆明亮大星。九三「日中見沬」天色更黑，連北斗旁微明的小星也看的見了。九三的情況比六二更嚴重。六二如日未全蝕，僅可見北斗大星；九三猶如日已全蝕連無名小星也看的見。離為日，九三為下卦之終，如日之終；「乾」九三「終日乾乾」相同。故如黑夜、黑暗之極。

九二如日蝕很快就過去了，故撥雲見日；九三則天有彗星，這是凶兆。

「肱」，手臂。《詩·小雅·無羊》：「麾之以肱，畢來既升。」傳：「肱，臂也。」

「折其右肱」，斷其右臂。

「折其右肱」，右臂斷如失佐輔，雖未危及性命，但不可有所做為，亦無所作為。人之作業處事以右手臂為主，右臂斷折故無可作為。故〈小

象〉曰：「不可大事」「終不可用也」。

「無咎」，無災；不作、不為故「無咎」，條件不足，環境不利，犯難冒險必有災咎。

「折其右肱，無咎」，折斷右臂雖無災害，但不可為大事。與「噬嗑」初九：「屨校滅趾，無咎」類同。

「不可大事」，蚩尤星為災星，災多夜暗，前途茫茫，故不可行大事，能自保就很好了。

「終不可用」，是犯難而為，必有損傷，事終不成。九三前遇九四，陽遇陽則窒，故不可行。

☷☳ 豐 ☳☳ 震

此爻變為「震」，震為雷，為變動，為災。一波未平，一波又起，受到驚嚇。

九四：豐其蔀，日中見斗。遇其夷主，吉。
象曰：豐其蔀，位不當。日中見斗，幽不明也。遇其夷主，吉行也。

「豐」，大也。

九四取象與九二同，皆曰「豐其蔀，日中見斗。」

「豐其蔀，日中見斗」，句謂好大的北斗星像個大斗杓掛在天上。

「幽」，小火光。幽字從幺即么，微小也。從山非山，甲骨文作火。意思是小火光，火光小故轉為幽暗之義。日蝕天暗，北斗星光如小火光閃耀，故曰「幽不明也」。

「幽不明也」，即昏暗中閃爍不明亮。日蝕故昏暗不明，但星光閃爍如幽幽小火。但依然可以指導方向。

主，主人。

「遇其夷主」與初九「遇其配主」亦相同。

《穀梁傳》隱公四年：「遇者何？志相得」雖是不期而遇，但雙方志趣相投，故「遇主」。

「夷主」與「肥主」意相近，《詩·小雅·節南山》：「君子如夷，惡怒是違。」《毛傳》：「夷，易也。」陳奐《傳疏》：「易，和易

也。」初九、九四的「主」都是六五。都是配偶，即妻也。二三四爻互巽，巽為妻。

「夷」字在古文字與「尸」字同，尸是古代祭祀時的神主替身，古人祭祀祖先時以備祭拜者的孫輩作為替身接受祭拜，這替身就叫做「尸」。「夷主」即「尸主」。

六二在離卦之中，為陰爻故有「豐其蔀，日中見斗」之象。九四陽居陰，上承重陰故也有此象。

九四失位故不「豐」而有「豐其蔀」之象，是不能受用，不能光大，不可施展；只有與五爻合作「遇其夷主」才能吉。故〈小象〉曰：「吉行」。

九四前臨重陰，陽遇陰則通，故「吉行」。

「位不當」，是說九四失位，又居震卦，好動之象。

此爻處於幽暗之中，生不逢時，但未絕望能得遇貴人，故吉。三爻天現蚩尤旗狀的彗星，是凶兆，故「終不可用」。

䷶ 豐 ䷇ 明夷

爻變為「明夷」，日初出之象失，由黑暗將進光明，故可行。

六五：來章，有慶譽，吉。
象曰：六五之吉，有慶也。

「來」，是由外往內。「往」，是由內往外。

「章」，是「彰」，光明、彰顯，是美事。

「來彰」，是往內就彰。是六五往內遇二陰故可通，往外遇陰則窒則不通。

六五「來章」是脫離黑暗，迎向光明。月遮日的日蝕幽暗消去，光明來臨。一切陰霾掃去。

六五「來章」猶如「坤」六五「黃裳元吉」。

又震為動，九四動往上，〈象傳〉曰「尚大」，六五爻往下，則卦成「既濟」。故曰「來章」。

「章」，聞一多以為讀「麞」，即像小鹿的獐子。古人婚禮納徵以

麗為贄，「《儀禮‧士婚禮》：『納徵，玄纁束帛，儷皮』注：『皮，鹿皮』崔駰《婚禮文》：『委禽，奠雁，配以鹿皮』《說文解字‧鹿部》：『鹿……从鹿丽聲。《禮》：麗皮納聘。蓋鹿皮也』然以《野有死麕》篇證之，上古蓋用全鹿，後世簡而易之為鹿皮。」儷皮，是兩張鹿皮，或許是古代的高價值的皮幣。

「來章」，獵獲鹿麕，是吉兆，顯示有吉慶之事發生。「來麕」與「有慶」相對。

「來章」，是內章，是謙虛之象。

「來章」，即賜予玉璋，于省吾謂「即釐璋，與金文之稱錫璋、賞璋詞例一也。」「璋」，是玉器，形似半珪。《說文解字》：「璋，剡上為圭，半圭為璋。」《周禮‧春官‧大宗伯》：「以赤璋禮南方」。《廣韻》：「璋半珪曰璋詩云乃生男子載弄之璋」。《詩‧小雅‧斯干》：「乃生男子，載寢之床，載衣之裳，載弄之璋。」「乃生女子，載寢之地，載衣之裼，載弄之瓦。」故後人已生男為弄璋，生女弄瓦。又《焦氏易林‧需之井》：「珪璧琮璋，執贄見王。百里甯戚，應聘齊秦。」震為玉，故為璋。

六五爻辭不言「豐」是因為五爻為一卦之上「豐」卦達到高峰，之後為上爻則為「豐」之頂端，「豐」就走下坡了。故六五不言而自「豐」。五爻為天子要持盈保泰。六五是「豐」卦之主，卦辭說「王假之」，就是此爻。蓋震為嫡長子，為主祭者。也正是「勿憂，宜日中」得維持日中之正不使西偏。二、五居中都吉。

慶小篆　　麟小篆

「慶」，《說文解字》：「慶，行賀人，从心从夊。吉禮以鹿皮為贄，故从鹿省。」聞一多不同意這種說法。甚是。以為這是「據小篆而釋不足為說，殆不可信。」但慶字與鹿有關，無可否認。又「其字卜辭則為麐之初文。是慶與麐古為同字。《爾雅‧釋獸》：『麐，麕身牛尾一角』……麐與麟同，鹿類之中，莫尊於麐，故古禮納徵用贄，麐為最貴，因之麐遂孳乳為慶賀字。」慶可能就是傳說中的麒麟，故為喜慶，慶賀。

「來章有慶」，謂得到麕麟是祥瑞之象而喜慶。「慶」，喜只及於個

人，慶則及於天下，普天同慶也。

「有慶譽」，由言有譽令也。即有美好名聲。

「慶」，也可讀為「麟」，為祥瑞之獸，天下太平之象徵，也是聖君出世的象徵。《逸周書・王會解》：「規規以麟，麟者，仁獸也。」《新序・雜事四》：「萬民必應而感移，堯舜之誠，感於萬國，動於天地，故荒外從風，鳳麟翔舞，下及微物，咸得其所。」《淮南子・繆稱訓》：「文情理通，則鳳麟極矣。」《春秋》哀公十四年：「春，西狩獲麟。」可見當時尚有麟之物。

「吉」，有聲譽美稱又吉，就是元吉、大吉。天子之豐，就是天下之豐，故曰「有慶，譽吉。」

此爻脫離黑暗，迎向光明，聖人出，天下平，得男孩，要大肆慶祝，大吉。

䷶豐䷰革

此爻變為「革」，去除陰蔽障礙，重現光明。事物、政局大變革。

上六：豐其屋，蔀其家，闚其戶，闃其無人。三歲不覿，凶。
象曰：豐其屋，天際祥也。闚其戶闃其無人，自藏也。

「豐」，大也。或作「豐其屋」，即大屋。《廣韻》：「豐，大屋。」《說文解字》：「豐，大屋也。從宀豐聲。《易》曰：『豐其屋』。」

「屋」，幄也，帳幄。《禮記・雜記》：「諸侯素錦以為屋，士輤葦席以為屋。」《註》：「小帳覆棺者」。《釋名・釋牀帳》：「幄，屋也，以帛衣板施之，形如屋也。」是幄以象屋而得名。又徐灝曰：「古宮室無屋名。古之所謂屋，非今之所謂屋也。」

「蔀」，遮蔽陽光之物，天棚也。古人於夏季炎熱之時搭天棚以遮炎日。

「家」，家室。或謂家族。諸侯封地稱國，大夫有采邑稱家。

〈序傳〉說：「豐者大也。窮大者必失其居。」也是以「居」來解釋「豐」卦。《左傳》宣公二年：「問其名居，不告而退。」居者，居所也。

艮為屋，為家，為戶。上震覆艮，上六由外往內視，震亦艮也，也可謂覆艮。

「豐其屋，蔀其家」，好大的棚架，帷幕遮避著大屋。或謂好大的房舍覆蓋庇蔭著家族。

「窺」，視也，偷窺也；《說文解字》：「閃也，謂傾頭門中視也。」《廣韻》：「小視」。

「觀」六二「窺觀，利女貞。」從門中歪著頭竊視，偷偷的看，既不正大也不光明。

「闃〈ㄩˋ〉」，靜也；《說文解字》：「闃，靜也」；《玉篇》：「靜無人也」。《說文解字》徐注：「按《易》窺其戶，闃其無人；窺，小視也。臭，大張目也；言始小視之雖大張目亦不見人也。」解釋得好生動。

「無人」，是不聞人聲。

「闚其戶，闃其無人」，從門戶中偷看驚覺房宅中寂靜空虛無有人聲。

「覿」，見。

「不覿」，是不見人跡。

居屋遮蔽，是牢獄災禍之象，主大凶。

「闚其戶，闃其無人」，是空室無人，不安之象；〈小象〉說「自藏」是離群逃家，自絕於人，不與人交。上六居震之極，震為出，又在化外之地，是出遠門，離家出奔之象。

「三歲」，三年，即多年。

「三歲不覿」，是多年不見人跡，不聞人聲，家中無人，被囚、逃難之象。屋室高大但無人出入門庭寂寥，三年不見人影。故凶。

上六以陰居陰，孤立於化外，自絕於人，如在天飛翔一般，遠遜之意。

「豐」之後為「旅」，此爻在「豐」至上，過於豐，正是〈序卦傳〉所說：「窮大者必失其居」。由高官厚祿，豐功大業，大廈深宅，轉眼成空，不是入獄，就是四逃。

又〈大象〉說：「折獄致刑」，六二、九三、九四、上六皆言「豐」，皆因豐而受獄刑之象上六居室無人，也有離家受囚之象。

「祥」，亦有作「翔」。

「天際」，以五、六為天，上爻在五爻之外故曰「天際」。

「祥」，是徵兆，《說文解字》：徐鉉曰：「凡吉凶之見其兆者，皆曰祥。」

「天際祥」，天降下惡兆也。

《管錐編》引揚雄〈解嘲〉：「客徒欲朱丹吾轂，不知一跌將赤吾之族也！……炎炎者滅，隆隆者絕；觀雷觀火，為盈為實。天收其聲，地藏其熱，高明之家，鬼瞰其室。」李光地說此解「豐」卦之義勝余傳、註多矣。

「炎炎」，離火也；「隆隆」，震雷也。「豐」卦雷在上，是「天收其聲」；火在下，則是「地藏其熱」；「豐其屋，蔀其家，闚其戶，闃其無人。」即所謂「高明之家，鬼瞰其室。」

「瞰」，窺視。

「鬼瞰其室」，意謂謙受益，滿招損。揚雄〈解嘲〉：「高明之家，鬼瞰其室，攫挐者亡，默默者存；位極者高危，自守者身全。」劉良註：「是知高明富貴之家，鬼神窺望其室，將害其滿盈之志矣。」

「赤族」，言誅滅、盡殺無遺。「赤」，赤身露體，赤貧，赤地千里，精光之義。《左傳》宣公六年言此爻為：「無德而貪，弗過之矣。」意謂德不稱位，其家室不過三年必定滅亡。

此爻猶言屋宇高大，身貴名顯，卻為架棚掛簾所遮蔽而不見天日，而門庭寂靜，三年不見其人，不聞人聲，大凶。

上六以陰居窮極之位，在卦之最外，深處幽隱之地，絕跡深藏也。

䷶豐 ䷝離

爻變為「離」，上爻不能再上，翔于天際，不是遠遯就是升天，故凶。

第56籤 ䷷ 旅卦 又名火山

旅　：小亨。旅貞吉。

彖曰：旅，小亨。柔得中乎外而順乎剛，止而麗乎明，是以小亨。　旅
　　　貞吉也。旅之時義大矣哉。

象曰：山上有火，旅。君子以明慎用刑，而不留獄。

序傳：豐者大也。窮大者必失其居，故受之以旅。旅而無所容，故受之
　　　以巽。巽者入也。入而後說之，故受之以兌。兌者說也。

雜傳：豐多故，親寡旅也。

金文　籀文　小篆

　　甲骨文、金文旅字作一群人跟在一位手持飄揚旗幟的人之後，像是
眾人在軍旗指揮下出兵行軍；《說文解字》：「軍之五百人為旅。从㫃从
从。从，俱也。」古之軍隊以五百人為一旅，二千五百人為一師。《司
馬法·仁本》：「天下既平，天子大愷，春蒐秋獮；諸侯春振旅，秋治
兵。」至今旅依然是軍事單位。

　　但「旅」卦用的是引申的意思，指旅人、旅客、商旅。《博雅》：
「旅，客也。」《左傳》莊公二十二年：「羈旅之臣」。《註》：「旅，
客也。」《呂氏春秋·促秋》：「來商旅」。高誘注：「旅者，行商
也。」《禮記·月令》：「來商旅」。鄭玄注：「商旅，賈客也。」《周
禮·考工記》：「通四方之珍異以資之，謂之商旅。」鄭玄注：「商旅，
販賣之客也。」《前漢紀·孝文皇帝紀上》：「商旅議於市」。《周易正
義》孔疏：「旅者，客寄之名。失其本居而寄他方，謂之為旅。」《左
傳》莊公二十二年：「齊侯使敬仲為卿，辭曰：『羈旅之臣……敢辱高
位？』。」杜預注：「羈，寄；旅，客也。」「旅」卦疏：「旅者，客
寄之名，羈旅之稱，失其本居而寄他方，謂之為旅。」「復」〈大象〉：
「商旅不行」即是以「旅」為商旅。蓋古代行商至外地，賈旅皆結伴而
行，行止進退有如軍旅，以兵法部勒，紀律嚴明，更以武力防禦盜匪，半
道遇到小商旅，大商旅可能就成為強盜，吃下小商旅。如近代的馬幫，此
為「旅」卦本義。到了東周時期，各類旅行有了更清楚的分類，以「旅」

稱行商之旅，以「征」稱行軍，以「歸」稱婚嫁，以「巡」稱天子出巡，以「遷」稱遷徙。

旅即爐，艮為止，離為火；艮止紮營休息，生爐火以煮食。又艮覆碗，如帳篷，似今之蒙古包。《漢書・班固敘傳》師古曰：「旅，陳也。臚亦陳也。臚旅聲相近，其義一耳。」《儀禮・士冠禮注》：「古文旅作臚」。臚、爐相通，旅字有了火爐、營帳，營帳頂上有旗幟。

旅，一為商旅，是做生意的。一為外交官，古稱「行人」。《左傳》襄公二十年：「鄭行人公孫揮如晉聘」。昭公元年：「晉侯有疾，鄭伯使子產率行人如晉。」《史記・吳太伯世家》：「王闔廬元年，舉伍子胥為行人而與謀國事。」戰國時屈原曾經當過楚國的「左徒」之官，即是「行人」。《周禮・秋官・大行人》：「大行人掌大賓之禮及大客之儀，以來諸侯。春朝諸侯而徒天下之事，秋覲以比邦國之功。……時聘以結諸侯之婦……若有四方之大事，則變旗幣，聽其辭，凡諸侯之邦交，歲相問也，殷相聘也，世相朝也。」大行人，即當今之外交部長。小行人，即是大使。「旅」錯為「節」。節，是使節出行所持的符節；《周禮・地官・掌節》：「掌節，掌守邦節而辨其用，以輔王命。凡通達于天下者，必有節以傳輔之。無節者，有幾則不達。」《註》：「以王命往來，必有節以爲信。」又《周禮・秋官・小行人》：「小行人掌達天下之六節：山國用虎節，土國用人節，澤國用龍節，皆以金爲之。道路用旌節，門關用符節，都鄙用管節，皆以竹爲之。」「旅」是使節，旅為寄居，行旅，故為使節，駐節他鄉。《漢書・李陵蘇武傳》：「武帝嘉其義，乃遣武以中郎將使持節送匈奴使留在漢者，因厚賂單于，答其善意。」《漢書・藝文志・諸子略序》：「縱橫家者流，蓋出於行人之官。」劉師培《論文雜記》：「詩賦之學，亦出行人之官……行人之術，流為縱橫家。」戰國之縱橫家即外交戰略家是也。「是故《詩》每為行人所誦矣，蓋采風侯邦，行人之舊典。」

「旅」有軍旅、商旅、眾人、伙伴、外交官之義，引申為寄居外地、羈旅、飄泊、旅行遠地、僑居在外之意。尚秉和云：「卦二陰隨二陽，一陰隨一陽，陽前陰後，有若伴侶。」

古以五百人為「旅」，這比「師」者眾也，人數要少。再少是五家為比的「比」卦。

「旅」外卦離為附麗，有附著，依附之意；下卦艮為止，不得行，為室為居，故有羈旅、飄泊之義。「旅」在外地，是寄人籬下，是在人屋簷下怎能不低頭，是在家時時好，出外處處難，是虎落平陽，龍游淺灘。

上卦為離，離者麗也；麗字从鹿，《說文解字》：「麗，旅行也。鹿之性，見食急，則必旅行。」下卦為艮，艮為止也；旅行而止居，寄居於外。所以卦辭曰：「小亨」要「小」才會「亨」。處處要小心賠不是，低頭哈腰，是不可能大大發揮的，是有才不顯也。內艮為止，就是節，要知所分寸，行為要節制，守禮節，知退讓，用「貞」才會「吉」。

「旅」是寄居之地，是旅館，旅舍，旅店，是移民、僑居，寄人籬下，客居他鄉。是居無定所，周遊遍地。〈序傳〉說：「旅而無所容」是困頓辛勞。艮為艱難。是流離顛沛，流離失所。互「大過」為「顛」。

「旅」二至上互「鼎」，鼎是爐加上鍋的合體，也是炊器，適合野炊。在「旅」卦是寄食，或是自立之後有立足之地而無憂民生。

「旅」是貿易商。行商坐賈，「旅」為行故為商。古之買賣經商，統言之商賈不分，細分則「行商坐賈」，《說文解字》：「賈，市也。一曰坐賣售也。」《周禮・天官・大宰》：「商賈阜通貨賄」。《註》：「行曰商，處曰賈。」《尚書・酒誥》：「肇牽車牛，遠服賈用。」孔〈傳〉：「載其所有，求易所無，遠行賈賣。」如此「商人」是要旅行外出，賣有買無。「旅」是出遠門的貿易商人。

「旅」卦在「豐」卦之後，〈序卦傳〉說：「豐者大也。窮大者必失其居，故受之以旅。旅而無所容。」但「旅」卦辭說「小亨」，「旅」雖「失其居」但未至於「困」，只是暫時落腳，故可以「亨」。

「小亨」，是少烹宴。旅行在外資源缺乏，收斂節藏不可大肆宴享。小也是卑，旅居在外，姿態低，身段軟，才能求亨通。

「貞吉」，是征吉，出行吉。也是貞定，將在外君命有所不受，要知貞定，則吉。

「旅」互「鼎」，鼎為鍋，是烹煮之器，求食無有問題。「鼎」是新，身處新而陌生的領域。「大過」是棟材，才幹也無問題，但太過陽剛容易僨事。

「鼎」〈象傳〉說：「巽而耳目聰明」是八面玲瓏，手腕靈活，聰明

絕頂。又說「柔進而上行」不是攀附就是裙帶巴結。

「旅之時義大矣哉」，古時出外依時節而動。艮為冬為止，離為夏為明，離為儷為夥伴，夥同結伴而行。

「旅」〈彖傳〉也說：「柔得中乎外而順乎剛」，是要得陽剛之助，「旅」才能「亨」。又曰：「止而麗乎明，是以小亨。」是麗明而止，文彰聰明被止，有才不能大顯，有道不能行，僅能小亨，不能大亨。這與「賁」〈彖傳〉曰：「文明以止」是相同的。

〈雜傳〉說：「豐多故，親寡旅也。」「旅」是離家失親。「豐」是富，富在遠山有遠親，貧在都市無近鄰。故「旅」無親，多指的是出外的夥伴。

「旅」是失其君父，「大過」是君父之過，君父死故寡。「旅」是孤臣孽子，姥姥不疼舅舅不愛，親朋故舊少。「旅」為客卿，是顧問也是商量、建議。「旅」是客不是主，故為客卿。「旅」是不在其位，故不謀其政。「旅」是在家有才不顯，遠離家鄉才會彰顯，戰國時代是客卿、縱橫家，外交策略家大顯的時代。

「旅」之為官非正官，「旅」是將仕而非仕，似仕而非仕，非正祿之官。是古之師爺。

「旅」為客，為參謀，為客卿，為賓相，為士，為顧問，承上啟下而不為主。「旅」互「大過」，「大過」為坎，坎為險陷，有大才遭忌，處境危厄之象。「旅」有「萃」象，「旅」為卿，為大夫、九四正合其位。「旅」有逼君之象，「旅」是鵲佔鳩巢。九四上承六五，六五乘剛非吉象。「旅」是死期將至，「大過」為死。「旅」為聚財，互「萃」為聚，互「漸」為滲透，「萃」是首腦。故「旅」有滲入首腦，進入核心之象。

「旅」錯為「節」。「旅」是使節，「旅」為寄居，行旅，故為使節，駐節。「旅」在外要知節制，行為態度要節制低調，花用也要節。「旅」是窮家富路，要作充份的準備。「旅」要節用，資源少故要知節。「旅」要知節故不豐，「旅」綜為「豐」，故「旅」不豐。財不可露白。「旅」是私生子，「旅」錯「節」，「旅」是不節，故為私生子。

「旅」卦要「行節用小」才會「亨」。強龍不壓地頭蛇；在人屋簷下不能不低頭；窮家富路，量入為出。皆陰柔卑遜之意。「旅」互為

「巽」，巽為權宜，要知權變。巽為順，要順路，要順人，要順時，即看天氣。「旅」以柔順為吉，但也僅得「小亨」。

離為明，艮為止，是外明內不動，保守也。上陰下陽，故亨。六五居中故亨。陰為小故曰「小亨」。行旅在外，前途難測。所以說「窮家富路」以備不時之需。所帶之多，然用的少，節儉，低調才能亨。

「旅」之道要順時、順路、順風。旅行之人希望安全，不宜妄動，遇事不招惹，所謂「強龍不壓地頭蛇」。「旅」互為「大過」卦，外離火，內艮止，是燥進則大過，止，則小亨。

此卦以止靜貞守為主。凡離卦在外卦者，以內卦為主。如坤卦在離卦下為「晉」卦，以順為主；兌卦在離卦下為「睽」卦，以兌為主。

此卦旅行者謙降柔和，以求自保，不然招擾禍害。互「大過」，不宜問疾。久居在外而無音訊者，不吉。

「旅」是在家靠父母，出外靠朋友。「旅」是眾，是軍旅，是駐軍在外。「旅」是眾，「師」也是眾。「旅」是旅行，古人行遠路從是貿易多結伴而行，人多勢眾，相互照應。人多則行止進退必有領導以兵法部勒，故亦有「師」卦行軍作戰之意。

火在山上燒，是旅行之人，找一處風水之地紮營，炊煙裊裊之狀。行旅如行軍，紮營夜宿，必是水源之地，然野獸必多，低濕卑下之所，遇大雨易為水淹沒，故近山之高地，多為理想的設營之所。《墨子》：「古之民就陵阜而居。」春秋時依然有許多地名如商丘、曲阜。都是指近水的高地，水是指湖泊河流，地則是高臺丘陵。

行旅之人最重火，上離下艮皆為火，有火災之象。艮上離下為「賁」卦，是「旅」卦之反。艮止在外，離明在內，是雖聰明但外在環境無法發揮，有才不用，所以不能有所作為。「旅」卦則離明在外，而艮止在內，是知其所為而有所收斂，不放縱。清楚明白而謹慎從事。

「旅」之行，是途中親朋舊故少，全靠自己，資源有限，勢單力薄，縱有亨通發達之事，也僅於自己無法擴大戰果，只能貞而小亨。

〈大象〉曰：「君子以明慎用刑，而不留獄。」「用刑」就是判決，「留獄」是拖延不決。李鼎祚《周易集解》引侯果云：「火在山上，勢非長久，旅之象也。」「旅」有羈縻之意，故要速判不可延宕不決。雖速判

但要「明慎」不可輕忽失察。「強龍不壓地頭蛇」，「旅」時興訟是不智的。「旅」是逆旅，是旅社，是送往迎來之所。「旅」互「大過」是有才不顯，是動的太多居無定所。「大過」顛也，不是大好就是大壞。「旅」為軍旅，為動的不停，互「咸」為速，是兵貴神速，是騎兵，是裝甲兵，是機動部隊。艮、離皆為甲。商旅生意貴在消息靈通。「咸」為速，是無心之感，是默契，是心靈敢應，是通訊靈活，是如臂使指，機動靈活。「師」卦重謀略，「旅」卦重戰術。互「鼎」為炊爐，故為伙伴。互「睽」為外，「旅」是外人，所以很難打入核心，是客家人，外省人。互「漸」：「女歸吉」是因婚而僑居旅外。

初六：旅瑣瑣，斯其所，取災。
象曰：旅瑣瑣，志窮災也。

「瑣瑣」，高亨讀為「惢ㄙㄨㄛˇ惢」，是心疑貌。瑣、惢二字古文通用。《說文解字》：「惢，心疑也，从三心。讀若鎖。《易》旅鎖鎖。」多心故多疑。疑心生暗鬼。

又「瑣瑣」，細小。《爾雅‧釋詁》：「瑣瑣，小也。」

又「瑣瑣」，疲弊貌。《詩‧小雅‧節南山》：「瑣瑣姻婭」。蓋往來猥瑣，勞弊不安也。馬融說：「鎖鎖，瘦弊貌。」故「瑣瑣」是鄙猥瑣細，智謀偏淺，疲累多疑之貌。

「旅瑣瑣」，意謂旅人行至陌生環境下既疲累又多疑，小心謹慎，猥猥縮縮，只求近利，不能深謀遠慮。

「斯」，離也。《釋言》：「斯，離也。」《爾雅》：「斯、誃，離也。」《疏》：「釋曰：斯，析。誃，張。皆分離也。孫炎曰：『斯，析之離』。」

「斯其所」，離其所居，所安之地。

「災」，天火為災。《說文解字》：「災，天火也。」

「旅瑣瑣，斯其所，取災」，句謂旅人疲累多疑，目光淺短，又遠離根本之地而自取其災。庸人自擾，自作孽不可活。自取災禍也。二三四五爻互「大過」為災。

初六失位在「旅」之初，不能安分而躁進，意志柔弱，心中多疑，目光淺視，只顧眼前小利、鎖事，不能識大體。欲往上進而與九四相應，但

前有六二遇敵則窒，欲進而不能進，欲應而不能應，故多疑而志窮，故有災患。

此爻宜靜不宜動。初六在艮卦，艮為止，故不宜動。

初六往應九四得敵而窒，故沒有夥伴，又無經驗，故膽小恣恣多疑。當知通塞以不進為宜，若強而進之而離其所，則取災也。

「志窮」，器量狹小也。初六失位，前得敵，無應，故曰「志窮」。此困居之象。

「窮」，多用於上爻，如「姤」上九〈小象〉曰：「姤其角，上窮吝也。」「旅」之初六即言「窮」，可見「旅」之難。此爻即所謂「在家時時好，出外處處難。」口袋空空不宜遠行，何況做生意。底氣不足，人窮志短。是凶卦。

▤旅▦離

此爻變為「離」，離為火，為災。此爻不宜動，動，則變為「離」，為災。可見目光淺短不能視及。又離為儷，為依附，為夥伴。失「離」為「旅」，即失夥伴。

六二：旅即次，懷其資，得僮僕，貞（吉）。
象曰：得僮僕貞，終無尤也。

「即」，就也。《廣韻》：「即，就也。」

「次」，止也，舍也，旅館、客舍。《禮記‧月令》鄭注：「次，舍也。」「師」六四：「師左次」義同。《左傳》莊公三年：「凡師，一宿為舍，再宿為信，過信為次。」兩天以上的屯駐都稱為「次」。六二居艮卦，艮覆碗，為屋宅，為居舍，故曰「次」。

又「次」，肆也，市場也。《大戴禮記‧曾子疾病》：「如入鮑魚之次」。王聘珍《解詁》：「次，若今市亭然。」《孔子家語‧六本》：「與不善人居，如入鮑魚之肆，久而不聞其臭，亦與之化矣。」

「旅即次」，言在旅途中有舍館可住，有所依附，有安身之所，或有居停，有人招待，可以安頓。也可以進行買賣做生意。

「旅」本不安之象，「旅即次」是不安之中得其所安。初六失位故「恣恣」而有災，六二得位居中安於艮止，故「旅即次」。

「懷」，懷藏。《論語・陽貨》：「懷其寶而迷其邦」。

「資」，財貨也。《說文解字》：「資，貨也。」

「懷其資」，懷中藏有錢，有財貨可以花用買賣。不安之中得其所安，又有錢財路費可用，真是好運。巽為利，居中，故曰「懷其資」。「窮家富路」，旅人多懷錢財，不可露白，以免被劫盜。

「懷其資」或作「懷其資斧」如九四；「資斧」即錢財貨幣，旅費盤纏與用具。

「僮僕」，即童僕，古時的奴僕也，童僕可供使喚，也可以買賣。《說文解字》：「童，男有皋曰奴，奴曰童，女曰妾。」「僮，未冠也。從人童聲。」《篇海》：「男有罪為奴曰童使」。《前漢・貨殖傳》：「童手指千」。《註》：「童，奴婢也。」《韻會補》：「童，奴也，幼也。今文僮幼字作童，童僕字作僮，相承失也。」艮為少男，為臣，為小臣，故曰童僕。

「得僮僕」，有人陪伴，有伴侶，有部屬可供差遣。艮為僮僕，二得位承陽，故「得童僕」。

「貞」，固守堅貞。

「得僮僕貞」，得到僮僕忠心可役使，有伴侶的真誠可以照顧。所謂「在家靠父母，出外靠朋友」旅人最重伙伴。

「旅」有行師之義，蓋古人遠行結伴，行止如軍隊部勒；「得僮僕」是有旅眾，有權威，能行權之謂。

「貞」字之下宜有「吉」字。「貞吉」與九三的「貞厲」相對文。謂出行商旅得吉。

六二居中以陰承陽故「吉」。

此爻出外可得安居，做生意於市集中，賺得錢財，買得童僕，有隨從共行，勢力大增，吉。

「旅」有旅外他地，販賣生意之義，這爻有生意得利之象；僮僕奴隸在古人也是資產。

「尤」，《康熙字典》：「甚也，過也。」初六有災，則此「尤」亦當為「災」。

「終無尤」是本來有「尤」，後來終「無尤」。

☷☶ 旅 ☰☶ 鼎

爻變為「鼎」，烹煮之器；既可煮食宴饗，也是重寶財貨。「鼎」也是權力之象。到了新地方有飯吃，有錢財用，可以立足。「鼎」九二〈小象〉亦曰：「終無尤」，可見居「中」的重要。

九三：旅焚其次，喪其僮僕，貞厲。
象曰：旅焚其次，亦以傷矣。以旅與下，其義喪也。

此爻與六二相反。一個「終無尤」，一個「貞厲」，危險、危險。因為九三過剛不中。六二得位，九三也得位，都在艮卦，都有「次」象。但六二中正故吉，九三在艮之極，由安居變為無居，又艮光輝，為火；故六二「旅其次」，九三「旅焚其次」；六二「得僮僕」，九三「喪其僮僕」。

「焚」，火燒。也可以解釋為「覆敗」，上九「鳥焚其巢」亦同。艮陽在外為明，為火。

「焚」，棽也，《說文解字》：「棽，林木棽錯也。」即分也，離也。艮離皆為火。

「旅焚其次」，安身之所被燒毀，居所覆敗，無處安身，流離失所，打道回府吧！

「傷」，損也，痛也。事業生意未成半途而廢也。《諡法》：「未家短折曰傷」。

「亦以傷也」，居所被焚，人有受傷。只傷而已，未喪其元氣。三四五互兌，兌為毀決，故傷。

「喪其僮僕」，伙伴奴僕喪亡，又失財貨，旅途流離之象。

「以旅下也」之「下」是僮僕。九三過剛不中又有「旅焚其次」之傷，所以僮僕也不忠誠了，流離失所，失去伙伴，處境危厲。也是權威盡失，權柄下喪。領導力出了問題。

人於客居旅外之時最重要的就是伙伴與財資，九三剛暴，眾夥伴叛離而去，責任在九三不在夥伴。

「以旅下也」，是將童僕當作外人，不是當作伙伴，喪失了當伙伴的道義。

九三高傲不識時務，不能下民如「屯」初九「以貴下賤，大得民也。」不適合為夥伴，也不適合為領導者。

☰☰旅☰☰晉

爻變為「晉」。「旅」是寄居在外，不動；「晉」是進，當動；此爻失「旅」變為「晉」是要挪地方，失去外放，回家鄉。另得他處。圖東山再起。

九四：旅于處，得其資斧，我心不快。

象曰：旅于處，未得位也。得其資斧，心未快也。

「于」，往求、尋求。《詩・周南・桃夭》：「桃之夭夭，灼灼其華。之子于歸，宜其室家。」傳：「于，往也。」《爾雅・釋言》：「于，求也。」

「處」，止也，居處、住處；與「次」同。《詩・召南・江有汜》：「江有渚，之子歸，不我與。不我與，其後也處。」《毛詩注疏》：「處，止也。」《廣韻》：「處，留也，息也，定也。」

「旅于處」，往求旅途中之休息住處。

「資」字從「貝」，古人以貝為錢幣，就是財。

「斧」字從「斤」，如刀、戈等器具，皆為金屬為之，也可以當錢使用。

「資斧」，資財與器用；也指旅費盤纏，商旅的獲利。

「旅于處」，在旅途中求住處，是旅中得安居之象。但不安居，故後面說「我心不快」。

「得其資斧」，是身上懷有錢財，是得財獲利之象。

「我心不快」，是身懷財資於旅途中，是危險之象。旅途在外，財不露白是常識，既擔心強梁打劫，也擔心樑上君子，故「心不快」《說文解字》：「快，喜也，從心夬聲。」《廣韻》：「快，稱心也，可也。」二三四五爻互大坎，坎為加憂，為心病，故「我心不快」。

六二得位中正而有居所，故懷其資斧而貞吉。九四失位不及中，故雖有居所，雖得資財而心中不快。

〈小象〉解釋的很清楚「未得位」，此爻所居之處不定、不如意，雖得財而心不快。

≣ 旅 ≣ 艮

此爻變為「艮」，為居，為安，象失故不安。

此爻雖然得資斧但是心中不痛快，又爻變為艮止，當是阻力過大。心不甘情不願的事必不會長久。

六五：射雉，一矢亡，終以譽命。
象曰：終以譽命，上逮也。

「旅」六五與他爻不同。五爻為君位，君不可旅外，君之旅外就是出亡，如第二次英法聯軍攻陷北京，咸豐避難至熱河承德，稱為「巡狩」。故不言「旅」。

六五居中有柔順之德，是「旅」的恰到好處。

「雉」，野雞。離為雉。明代李時珍撰《本草綱目·釋名》曰：「雉，飛若矢，一往而墮，故字從矢。雉，南北皆有之。形大如雞而斑色繡翼，雄者文彩而尾長，雌者文暗而尾短，其性好鬥，其鳴日鷕鷕，音杳。」

「矢」，箭矢。《說文解字》：「矢，弓弩矢也。」

「亡」，失也。如亡羊補牢。

「一矢亡」，一射未中，喪失一枝箭矢。

𩾏 隹籀文 𩾏 鳥小篆

「雉」從「矢」，從「隹」；《說文解字》：「隹，鳥之短尾總名也」恐怕不確，隹鳥同義，籀文，小篆這兩字極相似。流沙河先生認為只是各地方言稱呼發音不同。

「射雉，一矢亡」，一箭射在鳥身上，當是未被豢養的野雞。射中了所以喪失了一枝箭。未中，矢沒入林中也是喪失箭矢。但從「終以譽命」來看，當是一箭射中野雉，但喪失了箭矢，或損折了箭矢。

離為鳥為雉，三四五互兌為毀折，為銳，故曰射雉。射必以矢，坎為矢，離現坎伏不見，故曰「一矢亡」當時的箭矢為青銅所鑄，可當作貨幣。見「噬嗑」卦。

此爻雖失去價值一矢的代價，但射到雉鳥，所費不貲，所得與所失相差很大之義。也就是俗語說「賠了夫人又折兵」「偷雞不著蝕把米。」

「終」，既也。

「以」，有也。

「譽」，稱譽、美譽。

「命」，名聲也，上對下的稱譽。《增韻》：「大曰命，小曰令。上出爲命，下稟爲令。」

「終以譽命」，終必獲有好名聲。

這爻說到「譽」，雉鳥野雞與名譽何干？《史記·五帝本紀》說祭祀時「士」用的禮品；韋昭云：「贄，六贄：孤執皮帛，卿執羔，大夫執雁，士執雉，庶人執鶩，工商執雞也。」

《集解》馬融曰：「摯：二生，羔、雁，卿大夫所執；一死，雉，士所執。」不但執「雉」還是死雉。為何「士」是用「死雉」？鄭玄注《周禮·大宗伯》云：「羔，小羊也，取其群不失其類也。雁，取其候時而行也。卿執羔，大夫執雁。」案：「羔、雁性馴，可生爲贄。」但「士」不一樣，該死時要死，要守節，馬融云：「一死雉，士所執也。」案：「不可生爲贄，故死。雉，取其守介死不失節也。」又漢代劉向撰《說苑·修文篇》：「士以雉為贄，雉者不可指食籠狎而服之，故士以雉為贄。」失矢射雉的目的是為了做為贄之禮，象徵守節不失，五爻天子旅（巡狩）時狩獵得雉以為守節之象徵。

此爻既獲利又有聲譽。先捨後得，投資獲利。

「逮」，及。《廣韻》：「逮，及也。」

「上逮」，及於上。是晉升上位，聲望、地位皆高。

此爻是紅頂商人。

☲☶ 旅 ☶☶ 遯

此爻變為「遯」，商人得此大位不祥。

上九：鳥焚其巢，旅人先笑後號咷，喪牛于易，凶。

象曰：以旅在上，其義焚也。喪牛于易，終莫之聞也。

「旅」是寄人籬下，出遠門，是「在人屋簷下怎能不低頭」，故爻以柔和得中比較好。初六雖柔但失位，故有災。六二柔得中位故有得；九三過剛、過中故「焚」又「喪」；九四居柔而有得，失位不中故「不快」；六五失位故亡，柔中而得且「有譽」。

上九也是過剛，比九三更甚；因為處在全卦之上，是亢窮之位。在「旅」卦中最為不利。既陽剛不能低頭又不知柔順，棲處於高亢之地本是危境故曰「鳥巢」。離為鳥，離中虛，為巢。

鳥之巢在高枝之上，孤窮無助，易受損傷之象。可謂草包遇火，霎那間灰飛煙滅，無蹤無影。

離為枯槁，中空可為巢。居離卦，離為火、為災故曰「焚」。「離」九四：「突如其來如，焚如，死如，棄如。」〈小象〉曰：「突如其來如，無所容也。」可以參看。

艮為山林，為高。離在艮山之上，故有「鳥焚其巢」之象。

「巢」，鳥棲止于山林巢中，如旅人止於館次；「鳥焚其巢」，如旅客之居所被焚，無處可居，居其中之旅人被災，這是大凶之象。

又「鳥巢」多為枯枝樹葉築成，「鳥焚其巢」即摧枯拉朽，灰飛煙滅，毀滅於一瞬之間。大凶。

又「焚」，覆敗也。《左傳》襄公二十四年：「象有齒以焚其身，賄也。」杜預：「焚，斃也。」服云：「焚，讀曰僨，僨，僵也。」《正義》曰：「焚是燒也。象不燒死，故訓為斃。」這「鳥」是接著六五的「雉」而來，所以也是「雉鳥」。雉鳥多生活於林木草叢之間，今卻高居於亢窮之地，正是高亢不知低頭，冒險之象。《國語‧周語》：「高位實疾僨」注曰：「僨，隕也。」《大學》：「此謂一言僨事」。注：「僨猶覆敗也」。所以，「鳥焚其巢」即「鳥覆其巢」為災異之象。《漢書‧五行志》：「成帝河平元年二月庚子，泰山山桑穀有焚其巢歟？」

「旅」互「大過」為颱風、地震、死葬；災禍大動，也是大凶。「大過」是「顛」，災禍都應在此爻。

「先笑」，上九居亢自鳴得意，有粗心大意，冒險犯難之意。旅居在

外當以小心警慎為戒，如此冒險犯難，粗心大意故有禍災。

「號咷」，謂有災變呼號告神以求福。詳見「同人」九五：「先號咷而後笑」。

「後號咷」，樂極而悲，先喜後悲。與「同人」九五：「先號咷而後笑」剛好相反。「同人」是同道、同志相扶持故有難而能脫離。「旅」也是伙伴，但是行商做生意，有利益的糾葛，又上九孤亢，勢單力薄，無人可施援手故「凶」。

「牛」，是六五；六五離中柔體；「離」卦「畜牝牛吉」，以離為牛。「畜牛」就是牧牛、畜養牛隻。

「牛」在古代農業社會中是生財工具；也是祭祀中的主要牲品，是太牢，《說文》：「牛，大牲也。」「喪牛於易」是喪財之象。

此爻旅居在外失其居所，又喪其財貨，也是大凶之兆。

「牛」也是事理，《說文解字》：「牛，件也；件，事理也。」「喪牛於易」是「先迷後得主」，是陽變陰，是沒有事理，不合常理，是意料之外。

「大壯」九四：「喪羊于易，無悔。」與此爻所言雷同。「羊」是羝羊，謂「大壯」之時喪失公羊的剛強之性，故無悔。陰柔陽剛相濟之義。

「大壯」衝勁十足，本當「利貞」，喪羊是失其狠，所以「無悔」；「旅」寄人籬下本當「貞吉」，喪牛是失其順，不順，所以凶。

「旅」時要低頭，上九不知「強龍不壓地頭蛇」怎可失其順而用剛，故凶。

上爻是化外窮荒之境，旅行至此又無內應，亢陽過剛，在別人的地盤上撒野，故大凶。大凶者何？商旅行之在外多有伙伴同結而行，故其「旅人」必不只一人。

「喪牛於易，凶。」與「大壯」九四：「喪羊于易，無悔。」說的是殷商之祖先，畜養牧牛的肇始者王亥的故事。王亥開始馴服牛隻，使牛駕車，可以遠途行商貿易。《尚書‧周書‧酒誥》中所言：「妹土，……肇牽車牛，遠服賈用。」「妹土」即商族，「肇牽車牛，遠服賈用。」就是指王亥，是畜牧的創始者，也是商業的肇始者，故王亥被後世尊為商業之祖，所謂「商祖王亥，商聖范蠡，商聖白圭，商道管仲，儒商鼻祖子貢，

謀商呂不韋。」商王亥畜養牧牛，貿易行旅外地，在有易氏部族被其國君臣綿所殺害，後來王亥之子上甲微為父報仇，借用河伯之軍隊，滅了有易氏部族，殺了臣綿。

王國維在《殷卜辭中所見先公先王考》一文中與顧頡剛在《〈周易卦爻辭〉中的故事》中都考實了此事。王亥是殷商自契以後的第七位先祖。此事蹟記載於古代各文獻中。茲錄於下：

《山海經·大東荒經》：「有困民國，勾姓而食。有人曰王亥，兩手操鳥，方食其頭。王亥託于有易，河伯僕牛。有易殺王亥，取僕牛。河念有易，有易潛出，為國於獸，方食之，名曰搖民。帝舜生戲，戲生搖民。」郭璞注：「王亥託于有易，河伯僕牛。」又云：「河伯、僕牛皆人姓名。託，寄也。見汲郡竹書。」

「僕牛」即是「服牛」〈繫辭下〉：「服牛乘馬」就是以牛駕車的意思，郭璞以為是人名是誤會了。

郭璞注引古本《竹書》：「殷王子亥，賓於有易而淫焉。有易之君綿臣殺而放之。是故殷主甲微假師於河伯以伐有易，滅之，遂殺其君綿臣也。」又於「名曰搖民」。注云：「言有易與河伯友善，主甲微殷之賢王，假師以義伐罪，故河伯不得不助滅之，既而哀念有易，使得潛化而出，化為搖民國。」

《竹年紀書》：「（帝泄）十二年殷侯子亥賓于有易，有易殺而放。」

《世本·作篇》：「胲作服牛」胲就是王亥。

《路史·後紀五》注曰：「胲，黃帝臣也，能駕牛。」

《初學記》：「胲，黃帝臣也，能駕牛。」「少昊時人，始駕牛。」

《呂氏春秋·勿躬》：「大橈作甲子，黔如作虜首，容成作麻，羲和作占日，尚儀作占月，后益作占歲，胡曹作衣，夷羿作弓，祝融作市，儀狄作酒，高元作室，虞姁作舟，伯益作井，赤冀作臼，乘雅作駕，寒哀作御，王冰作服牛，史皇作圖，巫彭作醫，巫咸作筮，此二十官者，聖人之所以治天下也。」王冰就是王亥，可知王亥是馴服牛隻進行畜牧駕牛的創始人。

《史記·殷本紀》：「契卒，子昭明立。昭明卒，子相土立。相土

卒，子昌若立。昌若卒，子曹圉立。曹圉卒，子冥立。冥卒，子振立。振卒，子微立。」振即亥也。

《管子・輕重戊》：「殷人之王，立皂牢，服牛馬，以為民利，而天下化之。」皂，是養馬；牢，是養牛；服，是馴服牛隻拉車；可見王亥養馬也養牛。

《楚辭・天問》：「有扈牧豎，云何而逢？擊牀先出，其命何從？恆秉季德，焉得夫朴牛？何往營班祿，不但還來？昏微遵跡，有狄不寧。何繁鳥萃棘，負子肆情？」亥是兄長，恆則是其弟。「鳥」是商人的圖騰，殷人祖先契的母親簡狄吞嚥卵生了契，《史記・殷本紀》：「殷契，母曰簡狄，有娀氏之女，爲帝嚳次妃。三人行浴，見玄鳥墮其卵，簡狄取吞之，因孕生契。契長而佐禹治水有功。……封于商，賜姓子氏。」《集解》引《禮緯》曰：「祖以玄鳥生子也」。

《詩・商頌・玄鳥》：「天命玄鳥，降而生商。」鄭玄《箋》說：「天使鳦下而生商者，謂鳦遺卵，娀氏之女簡狄吞之而生契。」這玄鳥就是鳦，也稱乙，也稱 （音軋），今稱家燕，喜歡在屋簷下築巢。

《說文・乙部》：「乙，玄鳥也。齊魯謂之乙，取其鳴自呼，象形也。」

鳥是商人的圖騰，爻辭「鳥焚其巢」意謂殷商部族的大凶徵兆。

此爻之凶，可以從王亥之死狀窺知一、二。日本學者小川琢治說《山海經・海內北經》所載：「王子夜之屍，兩手、兩股、胸、首、齒，皆斷異處。」記述著王亥之死狀，「夜」字為「亥」字之誤，王亥慘遭有易之君殺戮分屍。王亥被商族後人尊稱為高祖王亥，並且在其名上加了一個商人族徽「玄鳥」以視尊重。

此爻先樂後凶。死狀悽慘，屍骨無存。不宜外出。

☳☶ 旅 ☳☳ 小過

爻變為「小過」，知順用柔「宜下不宜上」低頭服小，不宜躁進犯難，就可度過此劫難，用強行剛故凶。「旅」卦「小亨」，即用卑陰柔順而能亨通。

巽 ：小亨，利有攸往，利見大人。

彖曰：重巽以申命，剛巽乎中正而志行。柔皆順乎剛，是以小亨。利有
　　　攸往，利見大人。

象曰：隨風，巽。君子以申命行事。

序傳：旅而無所容，故受之以巽。巽者入也。入而後說之，故受之以
　　　兌。兌者說也。

雜傳：兌見而巽伏也。

巽古文 巽 并 巽小篆 弈 并小篆

巳甲骨文 金文 巳小篆

選小篆 算 算 筭小篆 弄小篆

　　巽字金文、小篆都從二卩從丌，像兩人跪坐於丌台上，卩字甲骨文、金文像雙手置於膝上，一跪跽人形的側面。膝蓋即是關節，是節字初文。《玉篇》：「卩，古文節字」像伏服之形，表示順服。伏服的跪在丌台上。《說文解字》將字寫作「巺」：「巺（巽），具也。從丌吅聲」。〈雜卦傳〉說：「巽，伏也。」《廣雅・釋詁》：「巽，順也。」「巽」字今日用的不多，上古之意已失，還好有出土的馬王堆漢墓帛書《周易》將此卦作為「筭」，而慢慢爬梳出其本義。

　　筭就是算的古字。巽、筭、算、選古音相通，《論語・子路》：「噫！斗筲之人，何足算也。」《漢書・車千秋等傳・贊曰》引作：「斗筲之徒，何足選也。」《正韻》：「筭，亦作算，通作笇。」

　　「筭」是何意？算也，古人計數用籌，用竹枝草莖為之。也可用於卜算。古人以一根根的籌碼計數，是算盤的先祖，大概在漢朝時就出現。筭、算都從「竹」從「廾」，《說文解字》：「筭，長六寸，計歷數者，從竹從弄，言常弄乃不誤也。」又「算，數也，從竹從具，讀若筭。」《說文解字注》：「筭爲算之器。算爲筭之用。二字音同而義別。從竹

具。从竹者、謂必用筭以計也。」古人以籌碼計數，以避免算錯。故有籌算一詞。

　　如此，巽為筭、算、數、籌算；算者，計謀、謀策、籌劃也，故有廟算一詞。《史記・留侯列傳》：「張良對曰：『臣請藉前箸爲大王籌之』。」《集解》張晏曰：「求借所食之箸用指畫也。或曰前世湯武箸明之事，以籌度今時之不若也。」又《康熙字典・十一・籌》：「楚人謂折竹卜曰籌ㄓㄨㄟ。《屈原・離騷》索瓊茅以筵篿。《註》瓊茅，靈草。筵，竹算。楚人結草折竹卜曰篿，蓋本竹算，用之以卜，故因謂卜爲篿，猶今人以籌算數畫也。」可見其由來古遠。《孫子兵法・始計》：「夫未戰而廟算勝者，得算多也；未戰而廟算不勝者，得算少也；多算勝，少算不勝，而況於無算乎？」《鄧析子・無厚》：「廟算千里，帷幄之奇，百戰百勝，黃帝之師。」《越絕書・外傳記軍氣》：「軍無氣，算於廟堂，以知疆弱。」《文選・弔魏武帝文》：「長筭屈於短日，遠迹頓於促路。」注：「筭，計謀也。」「長筭」，長於謀算、謀劃，出謀劃策也。巽為繩，為筭，或許是古人結繩計數的遺留。〈繫辭下〉：「上古結繩而治，後世聖人易之以書契。」

　　筭是計數，亦即選，《集韻》：「選，數也。」《尚書・盤庚》：「世選爾勞，予不絕爾善。」〈傳〉：「選，數也。」《左傳》昭公元年：「弗去，懼選。」《註》：「懼數其罪而加戮」。《類篇》：「數，枚也。」《羣經音辨》：「計之有多少曰數」當是以籌算記數。「旅」之後為「巽」，「旅」是出外做生意，故「巽」精於算計，長於謀策，量入為出，營商獲利。〈說卦傳〉：「巽，為近利市三倍。」蓋巽為主婦，女主內，主家計，故巽為入，為財。後天八卦居東南方，此即財位所在。北京城的四合院座北朝南，門開東南稱為「坎宅巽門」，坎，北也，背也。台灣早期傳統合院建築也是如此。

　　又巽者，遜也，順也。《集傳》：「巽遜古通用」。孔穎達云：「巽者卑順之名」。〈說卦傳〉云：「數往者順，知來者逆，是故易逆數也。」故知「算」可通「巽」。籌筭弄卜，這與兌為巫兩卦相綜同義。但筭、算、數都是衍伸出的意思，不是巽的本義。

　　〈說卦傳〉：「巽，為風。」風者，風俗也；《漢書・地理志》云：「民有剛柔緩急，音聲不同，系水土之風氣，故謂之風。好惡、取舍、動

靜，隨君上之情欲，故謂之俗。」俗者，欲也；《釋名》：「俗，欲也；俗人所欲也。」《詩經》有風、雅、頌。《朱熹‧楚辭‧集註》：「風則閭巷風土、男女情思之詞。」陳子展《詩經直解》代序注：「男女情思之詞為風」。此「男女情思之詞」即男女淫奔之詞的省稱，蓋淫詩者為「風」；江永《群經補義》云：「《尚書‧費誓》、馬牛其風，《春秋僖公四年》、《左傳》、風馬牛不相及，皆以牝牡相誘為風。」《正義》引賈逵曰：「風，放也，牝牡相誘謂之風。」這是解釋牝牡發情時賀爾蒙隨風而散，彼此相誘吸引之事，亦即男女相悅之辭，皆可謂之「風」。則巽本義為原始男女、牝牡、陰陽相合淫之事。「風」，即鄉間民謠，《聞一多全集》：「謂鳥獸與人誘至其異性之同類者稱為媱；《廣雅‧釋詁》：『媱，婬也』媱就是以淫行誘人。今呼妓女為媱子，是其義。《山海經‧中山經》曰：『姑媱之山，帝女死焉，其名曰女尸，化為䔄草，……服之媚於人』。」可證，巽為風，為俗，為歌謠，為淫。巽錯為震，震一陽入陰，為娠，陰陽交合也。巽亦相同。但震為出，為正大光明；巽為入，為伏，為奸，偷偷摸摸，找個隱匿之處姦淫，故為「秘戲」。又〈說卦傳〉：「巽為伏」。《前漢‧趙廣漢傳》：「發奸摘伏如神」。奸、伏並舉，巽亦為奸也。《說文解字》：「奸，犯婬也。」

回過頭來仔細探究「巽」字，古作「𢍍」 ，《說文解字》：「巽，具也。從丌聲 𢁘，古文巽。」篆文作巽 。𢁘又作𢁙。《說文解字注》：「丌，二卪也，巽從此。」像兩人同向跪坐之形。卪丩一せ′，古跽字。甲骨文、金文象一跪跽人形的側面。其實「巽」字像二人跽伏而交合之形。《康熙字典》𢁘：「《廣韻》：『巽作𢁙。』按《說文》巽從丌。丌，二卪也。《廣韻》因篆文從二弓，遂書作𢁙。」這「弓弓」比「丌」更清楚。又「姤」卦詞：「女壯，勿用取女。」〈彖傳〉：「姤，遇也，柔遇剛也。」〈雜卦傳〉：「姤，遇也。」《戰國策‧秦策》：「王何不與寡人遇」。注：「遇，合也。」此義甚明。何新說：巽、姤音通義同。

《說文解字》：「姤，男女併也。」；併古作并，小篆作 ，即姘也，陰陽交合也。《廣韻》：「併，合和也。」《說文解字》：「姘，除

也。漢律：『齊人予妻婢姦曰妍』。」「巺」字像兩人同向跪坐之形而其下有丌，古人席地而坐，而臥，牀其實就是一個丌，可見「巺」字象兩人伏交於丌上。相交合必覓隱暱之處，故巽為伏藏。

又巽即選。選，亦舞也、戲也。《詩・齊風・猗嗟》：「舞則選兮」。《古今圖書集成》謂「選」，旋也，還舞也，即團團轉也。故巽者，旋也，戲也。《漢書・霍光金日磾傳》：「日磾子二人皆愛，為帝弄兒，常在旁側。……其後弄兒壯大，不謹，自殿下與宮人戲。日磾適見之，惡其亂淫，遂殺弄兒。」戲即淫亂，性亂之隱語也。又何新說：「蓋仰交為逆，伏交為順也。」從巽的字形上來看是正確的。

《韻會》：「巽，入也。柔也，卑也。」《釋文》：「巽，讓也。」《史記・仲尼弟子列傳》：「邦巽字子斂」，可見在春秋時巽字的涵義已經有收斂遜順之義。

李鏡池《周易卦名考釋》曰：「（巽）篆文像二人跪在几上，順伏之意。《說文》有 字，作巺，巽從此，闕。」巽之本字，像二人同跪，跪即順服，故巽亦作伏、服。〈說卦傳〉：「巽，入也。」《說文解字》：「入，內也。」《玉篇》：「入，進也。」《孟子・藤文公上》：「三過其門而不入」，則「入」是進入，不是出去而是往內進入，不是震的前進、上進，而是由外入內，由上入下，是往下深入，是探求。《說文解字》：「探，遠取之也。」探字與深字同源，《通訓定聲》說：「遠取猶深取也」。《約注》說的也很清楚：「今俗稱以手深入而摸索之曰探」。

〈雜卦傳〉：「兌見而巽伏也」。兌上缺，缺口現於外，顯而易見。巽下斷，缺口藏於內，隱伏不見。《增韻》：「巽，沒也。」兌是直腸子心中藏不住話，巽是見不得人，藏著掖著，城府很深，精於算計。〈雜卦傳〉說：「家人內也」「內」，就是裏，是中。上巽為長女，為主婦，故女主內。《韻會》：「房室曰內，天子宮禁曰內。」「姤」卦，為遇合，交媾。故「內」有交合、女陰之意。如工匠營造木構，兩木相接常用公母榫頭。震為出，為凸，為公；巽為入，為凹，為母。這與兌為口，為穴，義同。《周禮・冬官・考工記》註：「調其鑿內而合之」，這與巽字古義相合。卦辭說：「小亨，利有攸往，利見大人。」古義是謂秘戲，但祭祀時不要豐盛要低調，如此進行順利，利於拜見大人。

巽衍伸為遜、柔、卑、讓、探、入、內。「巽」卦辭說：「小亨，

利有攸往」，是說要「小」才能「亨」，要「小」才能「利有攸往」。這「小」是細心，細節，是隱密，是深入探求而來的隱私。〈說卦傳〉：「巽為風」，風無孔不入。「巽為工」。《說文解字》：「工，巧飾也，象人有規矩也。」《廣韻》：「工，巧也。」《玉篇》：「工，善其事也。」《韻會》：「工，匠也。」《正韻》：「工，事任也。」可見「工」是巧匠，是職業達人，是專業深入探求鑽研以後的熟能生巧，進而對其專業產生了下意識的直覺，俗稱第六感。《莊子·徐無鬼》：「郢人堊慢其鼻端若蠅翼，使匠人斲之。匠石運斤成風，聽而斲之，盡堊而鼻不傷，郢人立不失容。」又《養生主》的庖丁解牛：「今臣之刀十九年矣，所解數千牛矣，而刀刃若新發於硎。」此即「小亨，利有攸往。」郭台銘說魔鬼藏在細節裡，與此同義。

巽古文 并小篆

「巽」字可以繼續探求其義，巽字古作覞，又作𢍱、𢍠。《說文解字》：「𢍠（巽），具也。从丌𠑹聲。覞，古文巽。巽，篆文巽。」《說文解字注》：「𠑹，二卩也，𢍠从此。（覞）古文𢍠，从𠑹。从丌。」从覞、𢍱、𢍠字也都像兩人同向跪坐之形。卩ㄐㄧㄝˊ，古跪字。甲骨文、金文象一跪跽人形的側面。小篆从二卩、从丌，上半部卩是兩人相跪坐，或是相臥之形下半部是一個丌，這有兩個解釋一個是几，古人席地而坐而臥，沒有桌椅，桌椅在中國的出現要等到宋朝以後，這是中國生活方式的一大改革。另一個解釋是牀，古人的牀像是一個大几，是讓病人躺著休養，字形與丌很像。

「牀」字是從「爿」即「丌」，《說文解字》：「牀，安身之坐者。」恐怕不及《釋名·釋牀帳》：「人所坐臥曰牀」解釋的正確。古人席地坐，席地而臥，韓日兩國遺風尚存。但生病的人是臥於牀上的，所以，病痛等字从爿。

甲骨文 小篆 汗簡 牀小篆

疾籀文 疾小篆 病小篆

「疒」這字就念ㄔㄨㄤˊ，甲骨文作人仰躺牀上。小篆从疒的字都與疾病相關。可見巽字本義是人躺在牀上是沒問題的。另有異體𢍠字，上部

從弓，弓是人側臥之形，不論從卩或從弓都是成雙，為何？《康熙字典》云：「《廣韻》：『巽作㸓』按《說文》巽從𠄔。𠄔，二卩也。《廣韻》因篆文從二弓，遂書作㸓。」這「弓弓」比「𠄔」更清楚，像兩人伏於丌牀之上交合。何證？「并」字小篆 𢆉 與巽字古文 𢆉 相同。孳乳出併、姘。《廣韻》解釋：并與併都是「合和也」。《說文解字》：「姘，除也。漢律：『齊人予妻婢姦曰姘』。」《廣韻》：「蒼頡篇曰：男女私合曰姘。」這說出了真相，巽字從二卩，㸓字從二弓，其實是兩人相交合於丌牀之上。是巽之本義男女秘戲苟且交合。

巽的德性既有牝牡相誘、男女相悅之義，故「姤」卦為合，其義甚明，陰陽、牝牡、男女相合也。故「巽」卦之後為故「兌」卦，兩相愉悅也。

「㸓」字像兩人同向跪坐之形而其下有丌，古人席地而坐，而臥，牀其實就是一個丌，可見「㸓」字象兩人伏交於丌上。在古代，「寢」與「臥」是兩種不同的睡法。《孟子・公孫丑下》：「坐而言，不應，隱几而臥。」焦循《正義》：「臥與寢異，寢於床，《論語》『寢不尸』是也；臥於几，《孟子》『隱几而臥』是也。臥於几，故曰伏。」上乾下巽「姤」全卦一陰伏於五陽之下，一陰與五陽交合，故「女壯，勿用取女。」〈彖傳〉〈序傳〉〈雜傳〉都將「姤」解釋為「遇」，而且是「柔遇剛」遇，是不期而遇，《廣韻》：「遇，不期而會也。」《穀梁傳》：「不期而會曰遇」沒有約好半道上不期而遇，不期就遇合，其苟且可知。又在全卦之最下，伏而藏匿，行苟且自然要覓隱匿之處。上巽下巽「巽」九二「巽在牀下」意思是伏藏於牀下交合。以巽為伏，為苟且秘戲。兩人相交合必覓隱暱之處，故巽為伏藏。〈雜卦傳〉說：「兌見而巽伏也」。巽下斷，一陰伏藏於二陽之下。相綜的兌上缺，一陰顯現於二陽之上，故兌為見。見，現也。

「巽」卦的德性中「小」最重要。「巽」卦是「陰柔用事」，用「小」而能「亨」，故曰「小亨」。

「巽」卦上下皆巽，巽卦為一陰伏於二陽之下，順服之意，故曰「柔皆順乎剛，是以小亨。」就是「先迷後得主」是服順謙讓，不要強出頭。「巽」為服遜，是乖乖牌。但陽剛在中，是自有主見只是深藏不露。

「兌」為見，則喜怒形於色。〈說卦傳〉：「兌為口」，直口脫出不經大腦。「兌為斧鉞，為尖銳，為毀決。」利嘴傷人更勝斧鉞刀劍。

巽一陰在下故有「入」之意。「入」者，隱伏也。〈雜卦傳〉：「巽伏也」「入」是無孔不入，卑微、柔順、深入基層，是在內不是在外，是收斂而不發出，隱沒而不彰顯，是潛移默化，是鴨子滑水，不動生色，在肚子裡作文章，深藏不露，莫測高深，城府很深。

「入」是只進不出，是納，是儉約內斂；是訥，只聽不說，是爛在肚子裡；是慎密，是，謹守分寸與機密，是「括囊」。

巽是風，既是「薰薰如春風」也是「橈萬物者莫及風乎」，又是「無孔不入」，切不可小覷。「巽」上下皆巽，是陣風襲襲，也是風波不斷；下四爻互「大過」：「棟橈」是颶風、颱風、暴風也是風暴。風勢風潮大起不可以硬擋死撐，只能用「小」、用伏、用順，不可逆勢而為，要順勢而為、要識時務。「風」也是風潮流行，要知權順變，才能引領風騷。

「巽」是巧匠，是專業的達人，是有專業敏銳度的先知，可以從細微的變化中嗅到變化而探知未來趨勢，故能得先機而獲財富。上巽下離「家人」六四：「富家大吉」巽為「近利市三倍」故富。上巽下震「益」：「利有攸往，利涉大川。」上巽下坎〈繫辭下〉：「刳木為舟，剡木為楫，舟楫之利，以濟不通，致遠以利天下，蓋取諸渙。」都是以巽為利。

「巽」是「伏」是偷偷的鴨子滑水，不動生色的匍匐前進，不驚動，不引人注意。巽為風，風是陰柔之物，摸不到，看不見，無形無體，難以捉摸，但「風生雲起」知風者，能知氣候風向的變化；知變化而能定行止，故〈說卦傳〉：「巽為進退」巽是彈性柔軟，韌性極大的，該用「小」時絕不遲疑而到位。

「巽」是權衡輕重，能知進退，不逞強，重觀察打探，深入各個層面收集資料研判情況，如風之無形無影，無孔不入，作出決定行動起來便如「橈萬物者莫及風乎」有摧枯拉朽之勢。巽之「小」在於情報資訊收集，是刺探消息。所以「巽」是間諜、內間，深入敵營，潛伏，待機而動。「巽」不露生色，見縫就鑽，臥底暗樁，機警靈活，叫人無法防備。

「巽」卦是能伸能屈，是先屈後伸，就是知權衡變通。卦辭說先「小」而後「亨」通，而後能「利有攸往，利見大人。」〈大象〉曰：

「申命行事」，申就是伸。

「申」，重複也。《尚書・堯典》：「申命羲叔」。〈傳〉：「申，重也。」「申命」即今語叮嚀也。孫星衍《集解》引陸績曰：「巽為命令。重命令者，欲丁寧也。」

「巽」是命令。風是君子之德，「君子之德風，小人之德草，風行草偃。」也是君王之命令，君王之命令如風，萬民如草，風行草必偃。巽口朝下，錯為震，是上對下的命令。風無孔不入，君王之命令如風周行天下，如風行之速。「申命行事」是臣子接承命令，依命令執行政事，就是順服。

巽為風，為風土民情，為風俗。要深入風俗接地氣，才能廣為流傳。宋人平話小說《馮玉蘭團圓》開篇有句說：「話不風俗不傳遠，事不關風莫動人。」所以能「利有攸往」。

〈彖傳〉曰：「重巽以申命，剛巽乎中正而志行」，〈大象〉曰：「君子以申命行事」。「巽」卦上下皆巽故曰「重巽」，居上位者讓而柔，在下位者卑而順；上位者再發令，下位者承命而順行。「申」者，再也。上位者發令而重申，一波又一波，下位者不疑而順命而為。故曰「申命行事」。

令籀文　令小篆　命籀文　命小篆

命字從令字而來，流沙河先生說「古代搖鈴招集村民開會，宣講政策法令，所以鈴字從令。看令的甲骨文，上面口字倒置，表示由上向下宣講，下面是人坐著聆聽（古代跪就是坐）令的複詞是命令。令再添個口變成命字了。」甚是，巽下斷，就像是口朝下發布命令。

君王之命，行之不得輕易更變，所以施行時一定要有力量，但又不能如軍令一樣，一個命令，一個動作。要如春風般使民和悅樂行，也要堅定實行到底，所以「剛巽乎中正而志行」。巽是風俗，是基層，但風潮起來之後是不可擋，由柔弱之微風變成颶風、颱風。

九二，九五居中，故曰剛中，陽中為志，志隱伏於胸中，所以坎、巽皆有「志」之義。「坎」卦也是九二、九五剛中，卦辭曰：「有孚維心亨行有尚」。〈象傳〉曰：「維心亨，乃以剛中也。」

坎、巽兩者有許多相似之處，科學上將水與空氣共稱為「流體」。兩者皆不達目的絕不終止，力量可大可小，不拘形勢，變話多端。有兩條河相約在大海相見，其中一條流經沙漠，心想必枯槁於沙漠，因而哭泣。天神問其何哭之？告曰原由，神曰可變為雲，飄然而過。是巽、坎本為一物也。亦可知「巽」卦知權變、因地制宜、不居形勢的德性。

〈大象〉曰：「隨風，巽。君子以申命行事。」隨，相繼也。隨風者，風一陣一陣相繼而行也。風行無阻，無孔不入，遍及無處，如君王之命深入各地各處。

〈序卦傳〉將「巽」卦置於「旅」卦之後，「旅」是飄泊不定，最需要的是受人接納，要融入當地社會也要順應環境，入境問俗，還要隨俗，要卑順行「小」才能亨而無往不利，所以繼之以「兌」卦。

「巽」卦中四爻互為「睽」卦，巽為主婦，女子善妒，小心家中不和睦。

巽為寡髮，此人禿頭；震則髮華茂密。巽為不果，此人多疑，不決於行。巽為近利市三倍，為富。問財得利。巽為長女，為婦人。故利女，不利男。

巽為木，木多為森林，中互為離火，木生火，利為官。兌為澤、為悅，是草木叢生之所，是萬物生機之地。

巽為工，為巧，「小」是細心，注意細節，觀察入微，小心奕奕，深入基層接地氣。上巽下坤「觀」卦，巽為風，君子之德。巽為深入，坤為地方，為庶民，故觀察入微。

「小」雖好，太小可不好。小氣、小器就不好了。偶而偷個機，取個巧，無傷大雅，若習以為常，積非成是，就變成藏汙納垢，老奸鉅滑。

「巽」為「德之制」，因事、因時、因地制宜，圓潤融通。「巽以行權」、「巽稱而隱」，懂得衡量輕重，善於變化，彈性寬容，站在幕後，不彰顯，不露形跡，讓人看不透，識不破，謀定而後動，一切恰到好處。

「巽」為「無孔不入」，是鑽營，是刺探，是情報，是資訊，是消息靈通，自然「利市三倍」獲利豐厚。《履》為禮是「德之基」，腳踏實地，一步一腳印，禮儀是一切的基礎。

初六：進退，利武人之貞。

象曰：進退，志疑也。利武人之貞，志治也。

此爻無有「巽」字，但說的是「巽」之計謀籌算。

「退」，退卻；《說文解字》：「退，卻也。一曰行遲也。从彳，从日，从夊。」

「進退」，若進若退，時進時退，經過權衡籌劃，該進則進，該退則退。〈說卦傳〉：「巽，為進退，為權。」帛書作「進內」。

「進退」，重點在「退」不在「進」。是說欲進不進反而退，反而收斂保守。〈說卦傳〉：「巽為入」，「入」即是卑伏收斂、退守藏拙之意。巽為進退，為不果，故為疑。

「退」字在《易經》凡三見；「觀」六三「觀我生，進退。」「大壯」上六「羝羊觸藩，不能退。」及此。「觀」上巽，「大壯」上卦震與巽相錯。

可見巽與艮有相同之義；蓋艮為止、為返、為退，與「遯」義近。上乾下艮「遯」卦大象為巽。「大壯」上六居震之極故「不能退」，取震綜為艮，艮為退。艮覆而震現故「不能退」。陰在上爻亢窮之位居先而迷，本該止而返，不然必不利，故「坤」上六陰爻強與「乾」陽爭而有「龍戰于野其血玄黃」之傷；又如「乾」上九「亢龍有悔」；故上九之爻居艮卦者，皆知止、知返不亢，故多吉；如「大畜」上九〈小象〉曰：「何天衢，道大行也」；「艮」上九：「敦艮之吉，以厚終也。」「剝」上九：「碩果不食」。

「進退」，是不進而退，是猶疑不定而退縮；「巽」卦是要「申命行事」的，怎麼可以退縮不前。如何能「申命行事」？蓋「巽為伏，為進退，為不果」，初六在下，太過卑遜，故伏而不前；是意志恐畏、柔弱不決之人。蓋兌為決，綜為巽，故疑而不決。若「姤」初六則非，瘦弱肌餓的野豬，躁動欲前，因為應九四；而「巽」初無應，故不進反退。

初六前臨重陽，故宜於進，且初六未有躁進之性，如「姤」初六：「有攸往，見凶。」六四無應援，是「朝中無人」無人提攜，故進而無主，猶疑不定。「進退」是不能決斷，故〈小象〉曰：「志疑」。〈說卦傳〉：「巽為進退」猶疑不決也。

初爻柔弱志疑不能斷，不是長久之計，畢竟前臨重陽利往；要怎麼辦？要「利武人之貞。」

「武人」，將帥軍人、武斷之人。《詩・小雅・漸漸之石》：「漸漸之石，維其高矣。山川悠遠，維其勞矣。武人東征，不皇朝矣。」《箋》云：「武人，謂將率也。」《國語・晉語六》：「武人不亂，智人不詐，仁人不黨。」《抱樸子・行品》：「奮果毅之壯列，騁干戈以靜難者，武人也。」

「貞」，征也，行也。

初六前臨重陽，故宜進，但無應援，無有幫手，無有靠山，故疑而退。必須權衡輕重，謀劃籌算，則不躁進而可進可退，該進該退，利於武士出行。故先疑而退，謀策後釋疑而進。故〈小象〉釋曰：「志疑」、「治志」，疑者，六四無應也。先疑後治，故往。

孔子的學生仲由字子路，剛勇好鬥。冉求字子有，個性謙遜，故《論語・先進》：「子曰：『求也退，故進之；由也兼人，故退之。』」初六言「進退」是多疑之象。又初六懦弱要濟之以剛勇，巽錯為震，震為進、為武人；要變陰柔為陽剛，〈小象〉說「志治」，由「志疑」變為「志治」，由巽變為震；蓋巽為稱、為權，權宜籌劃知變通。

初爻志向不堅定，太過軟弱，故陰疑不定，所以要「志治」，治理志向，堅定志向，則利武士出行。

言「治」不言「固」就是要「改」要「變」；「蠱」卦下卦也為巽，「蠱」為「飭」，比「治」更難。

䷸ 巽 ䷈ 小畜

爻變為「小畜」：「密雲不雨」氣氛極悶，事尚未成。因為退而斂藏所以無吉凶，變為「小畜」事亦不成。變初、二兩爻為「家人」卦，「申命行事」僅於自家，不及於外，也不成事。一定要下卦三爻全變，由巽為震，卦為「益」則「利涉大川」這才管用。所以言「治」要改變，也要大費周章，大動手腳。但也是下卦變，是人事可為；「蠱」要上爻變為「升」才「南征吉」，意謂成事在天。

九二：巽在牀下，用史巫紛若，吉，無咎。

象曰：紛若之吉，得中也。

巽古字作「巺」字，像兩人同向跪坐之形而其下有「丌」。古人席地而坐，而臥，牀其實就是一個丌，如此「巺」字象兩人伏交於丌上。「牀」字是從「爿」即「丌」。《說文解字》：「牀，安身之坐者。」恐怕不及《釋名·釋牀帳》：「人所坐臥曰牀」解釋的正確。「巺」是兩人密戲交合與「姤」義通，皆交合也。《說文解字》：「姤丅凵ㄥˊ，男女併也。」併，姘也，即陰陽交合。《廣韻》：「併，合和也。」《說文解字》：「漢律：『齊人予妻婢姦曰姘』從女幷聲。」可見這是非正式男女關係。故《倉頡篇》云：「男女私合曰姘」。又巺者，戲也，嬉戲也。戲、巺一音之轉。小篆姘字從幷，幷字與巺字甲骨文相似，《說文解字》中收有古巺字巺，即與幷字相類，從叩，從幵。段玉裁認為「小篆則省幵作巺」甚是。

「牀下」，是家中最黑暗的角落，是伏藏的秘密隱匿之處。

「巽在牀下」，是秘戲苟合伏匿於床下，既是苟合自然要找一個隱匿的地方。也是深入角落，藏污納垢，見不得人，臭不可聞，見不得光的偷情。巽為風、為入、為汙。

《說文解字》：「尼，從後近之。從尸匕聲。」尸的本義是人，甲骨文像人蹲踞而似高坐的樣子。匕字本義是女人倚臥的樣子，一男人從後面親近一女人，尼字本義是男尸（人）在女匕上親熱。昵字晚生即親暱，《說文解字》：「昵，暱或從尼。」《尚書·說命》：「官不及私昵」。〈傳〉：「昵，近也。」先說從「日」，「日」非太陽之日頭而是聲符，也參與字義，是一句粗鄙鄉語，日、肏、尻、幹都是性交的意思，只是各地方言不同而已。「昵」也是男女交合，引申出親暱一詞，又同於藏匿，「暱」字從匿字得其字義，而且得其聲。所以也是秘戲苟合，故要找一個隱密的地方。可以參看。

「史」，本義是古代掌管記載史事的官吏，《說文解字》：「史，

記事者也。」但周朝之官有大史、小史、閃史、外史、御史、女史。其屬又各有府史、胥徒史，主造文書者亦稱史。故解為「侍者」。《周禮‧春官‧宗伯》：「司巫：中士二人；府一人，史一人，胥一人，徒十人。」

「巫」，舞者。《說文解字》：「巫，祝也。女能事無形，以舞降神者也。象人兩襃舞形。」襃，是盛裝的意思。《周禮‧春官‧宗伯》：「司巫：掌群巫之政令。若國大旱，則帥巫而舞雩。」

「史巫」，祝史和巫覡，古代史巫職司相似，「史」、「巫」不分。孔穎達疏：「史，謂祝史；巫，謂巫覡：並是接事鬼神之人也。」《漢書‧地理志下》：「好祭祀，用史巫，故其俗巫鬼。」史掌卜筮，卜筮占吉凶；巫掌袚禳，消災除害。二三四爻互兌為史巫。

「紛若」，紛然，盛而多的樣子。《漢書‧禮樂志》：「其盛若林，芬然眾多。」

「紛若吉」，多吉也。

此爻或是古時奔淫求子之祭祀。《詩‧大雅‧生民》：「厥初生民，時維姜嫄。生民如何？克禋克祀，以弗無子。履帝武敏歆，攸介攸止。載震載夙，載生載育，時維后稷。」此詩記錄著古代祈禱助孕求子的祭祀。聞一多〈姜嫄履大人跡考〉：「神尸舞於前，姜嫄尾隨其後，踐神尸之跡而舞，其事可樂，故曰「履帝武敏歆」猶言與尸伴舞而心甚悅喜也。……蓋舞畢而相攜止息於幽閒之處，因而有孕也。《論衡‧吉驗篇》：『后稷之時，履大人跡，或言衣帝嚳衣，坐息帝嚳之處，有娠』。」可以參看。依照聞一多的說法是主祭的神尸，裝扮成上帝的樣子。在「克禋克祀」時「以舞降神」，神尸舞之於前，姜嫄依節拍拌合于後，舞步跟著舞步走，即「履帝武敏歆」舞完了情緒高漲，也舞累了，便要「攸介攸止」什麼是「攸介攸止」？林光義以為「介」就是「愒」（音憩）息也。就是祭舞完畢二人相攜至幽靜伏藏的隱匿之處歇息交媾而有孕。可以參觀《故宮月刊》第六十四期。

九二無應往前又遇敵而窒，伏而不能前，但居中而吉。

「巽在床下」，是深入最黑暗的角落，去掃除藏污納垢之處，是「申命行事」陽光也照不到的地方，探求深入最基層。

此爻是苟且秘戲於床下，用巫師跳舞祭祀繽紛。吉。無憂。

☰☴巽☶漸

此爻變為「漸」，滲透、按部就班；掃除黑暗汙穢要深入，也要按部就班。又「漸」：「女歸吉」，是明媒正娶，「漸」失為「巽」，則是權宜非正式婚合。

九三：頻巽，吝。
象曰：頻巽之吝，志窮也。

初爻為始，二爻為壯，三爻為究；初爻在巽卦之初故伏弱不敢行事；二爻壯，勇於深入行事，探求真相；三爻為究，其勢已老，其技已窮，又〈說卦傳〉：「巽究為躁卦」，九三過於躁動冒進。故曰「頻巽」。

「頻」，是頻繁，是躁動。《玉篇》：「頻，急也。」又「頻」是「并」。《國語・楚語下》：「日月會于龍尾，土氣含收，天明昌作，百嘉備舍，群神頻行。」韋昭注：「頻，并也。」《廣韻》：「并，合也。」

「頻巽」，急躁、頻繁的交合。

此爻急躁頻繁的作樂嬉戲淫亂，不利。

九三前有六四遇而相合，在《易經》這是吉象，但頻躁於樂故有吝。

「頻」，蹙也，憂蹙的樣子。志窮故「吝」而不利，但尚未及災難。

「吝」，遴也；《說文解字》：「遴，行難也。」《孟子・題辭》：「然於困吝之中」。焦循注：「吝之義為難行」。《廣雅・釋詁》：「遴，難。」謂難行不進，或是遭遇到困難而事難成。猶今言「累」。

「志窮」是「玩物喪志」，是「技窮氣短」之象。巽為伏，為志。居三爻故「志窮」。

「志窮」與初之「志疑」不同。「志疑」是拿不定主意，猶疑不決。「志窮」是無有實際的辦法，窮途末路。「志疑」可改，故「利武人之貞」可以「志治」。「志窮」是鑽入牛角尖，不容易改，要改也沒有法度。

☰☴巽☵渙

爻變為「渙」，不能繫縛人心而渙散。不受節制而渙散，久之必有病端。

六四：悔亡，田獲三品。

象曰：田獲三品，有功也。

「悔亡」，是本來有悔，後來無悔，悔亡去也。也是無有逃亡。六四下乘二剛，乘剛多難，處境不利，故本當有悔。但六四也有得利的一面；六四承九五；陰承陽多利；又陰爻遇陽爻得通，故利。〈小象〉說：「有功」就是「吉」。

六四先乘剛再承陽，先難後利，先有「悔」而後「悔亡」。

六四的情況比初六好，初六先進後退，因為「志疑」；剛開始不知前進好不好，故「疑」；六四不會疑，因為不進就一直乘剛，必不利，非向前不可。

「田」，田獵，也是行軍作戰，是興利除敝；這不是深入探求而已，這是掃蕩、是「征」，是「申命行事」了。

「田獲」，田獵獲得，是「申命行事」得到功效；興利除敝獲得成功。

「三」，是多、是眾。金甲文中常見「三」的影子，如「又」字本意是右手，只畫出三隻手指，代表全部手指。森、淼、壘、磊等多有多、眾的意思。汪中《述學‧釋三九》上：「凡一二之所不能盡者，則約之三。以見其多。三之所不能盡者，則約之九，以見其極多。」

「品」，是多，也是品類，是宴客充庖廚的各種禽類。《說文解字》：「品，眾庶也。從三口。」「口」是人口，本義為人。一說「口」是祭祀用的器皿，字從三口，意思是祭品種類眾多。于省吾先生說：「古人稱人物之類數，每以品計。」〈穆公鼎〉：「錫玉五品」。《尚書‧禹貢》：「厥貢惟金三品」。《論衡‧驗符》：「金有三品」。《史記‧夏本紀》：「貢金三品」。

「三品」，言三種品類也，就是獵獲豐富。

互「鼎」為烹器，有三牲，是烹而祭享又得上應，故利。

「田獲三品」，田獵收獲很多，大有斬獲；所以〈小象〉解釋為「有功」。「解」九二「田獲三狐」亦同。

六四為何能「有功」？因為承九五中正之陽，得君之助。六四前遇二

陽而通，得位不失，故有所獲。此所以吉也。

「悔」，所遭遇的惡況比凶咎災要輕多了，僅困厄，麻煩。

「悔亡」，以前有困厄麻煩如今順利。

六四乘剛有如強敵壓境，但只要順上尊君，找對了靠山依然可以扭轉危局，反敗為勝。

「悔亡」又「有功」就是反敗為勝，更能擴大戰果。亦可見巽卦擅於權變，謀策計算。

此爻出行吉，無逃亡。狩獵，獲得禽獸多種。

☰☰ 巽 ☴ 姤

爻變為「姤」，為合，雖往下有缺，但往上有據，故有一翻新的際遇。互「睽」為外，往外有意外，承陽得意外之助而有功。

《焦氏易林·巽之姤》：「隨風乘龍，與利相逢。田獲三倍，商旅有功，憧憧之邑，長安無他。」

九五：貞吉，悔亡，無不利，無初有終。先庚三日，後庚三日，吉。
象曰：九五之吉，位正中也。

「貞吉」，征吉，出行吉。九五為卦主，中正得位；巽為風，為變化，君主則不宜變的太快，故曰「貞吉」。「貞」，定也，守也。「巽」卦是謀策計算，九五之君，謀定而不躁動，穩定如山。「貞吉」，是不變才吉，謹守中正才吉。

九五「貞吉」的好處是「悔亡，無不利」，這比六四更進一層。

此爻出行吉，無有逃亡，無有不利，這是大吉。〈象傳〉：「剛巽乎中正而志行」就是此爻。九五居中而正，不伏而出，故吉。

九五是「申命行事」的發號命令者，故不可亂變動。如此，下屬受命則不疑而能貫徹命令，故能「悔亡，無不利。」「巽」卦柔弱要剛陽來助濟才能成事。九五上承上九，陽遇陽則窒，故「有悔」，能堅持貫徹，中正不移，故「悔亡，無不利。」〈繫辭上〉：「悔吝者，憂虞之象也。」

「貞」，是堅持固守，時間久了局勢必變。但上爻亢窮之地更易變，上爻變為「井」，則通，故「無不利」。

「悔」，困厄麻煩。

「貞吉，悔亡」，謂筮得此爻，以前有困厄麻煩如今順利。

「無初有終」，是先厲後吉，與「訟」：「中吉，終凶」，「蠱」：「終則有始」同。「蠱」卦「先甲三日，後甲三日。」「巽」卦言「先庚三日，後庚三日。」周人以七日為期。二十八日為一月，用的是太陰曆也。

「先庚三日」，丁、戊、己。「後庚三日」，辛、壬、癸。古人以十天干（甲乙丙丁戊己庚辛壬癸），循環計日。前後三日加上庚則為七日。其義謂此七日為吉日。

「庚」，是更改、更新之義。《說文解字》：「庸，用也。從用，從庚。庚，庚事也。」

「庚」，通「賡」，量度，籌劃。《廣韻·庚韻》：「賡，經也。」《詩·大雅·靈台》：「經始靈台，經之營之。」〈傳〉：「度也」與巽卦之謀算義同。

「先庚三日」，是先前的策劃準備，要深入研究、醞釀、發酵，造成風氣。

「後庚三日」，是先試行，不是一蹴可成，要長時間的推動。先幹三日再圖更新之。《說文解字·庸·段注》：「先庚三日者、先事而圖更也。」

「三」字之義與「蠱」卦「先甲三日，後甲三日」的意思可以解釋為「屢」，是個約略之詞，「三日」即數日。詳見「蠱」卦。

「先庚三日，後庚三日」言「申命行事」要慎重。這與「貞」是相對照。可以說是解釋「貞」。

此爻堅定不移則吉，雖有過失可以改過而消失。一開始有些困難，沒有甚麼不好。事前要多籌劃謀算，事後要權宜更改修正，就會吉利。而利於出征執行。《孫子兵法·始計》：「多算勝，少算不勝，而況於無算乎？」《三國演義》：「勢弱只因多算勝，兵強卻為寡謀亡。」焉能無算！

䷸巽䷑蠱

爻變為「蠱」，這爻與「蠱」一線之隔，若不能貫徹貞正，變化無

常，必陷入「蠱」迷而亂。

「巽」卦是變化，是權宜，是藏汙納垢，要謀策計算，也是移風易俗的改革、中興，但不是改朝換代的革命，推翻舊制的變法；巽為風，為潮流風氣，是順勢而為，順應民情的維新，也是移風易俗的新生活運動。

上九：巽在床下，喪其資斧，貞凶。
象曰：巽在床下，上窮也。喪其資斧，正乎凶也。

「巽在床下」這句與九二同。是苟合秘戲於床下。

九二居下卦之中，故偷情秘戲於適可不過，看起來是經過謀劃的，所以「吉，無咎。」

上九陽剛而亢，又在巽卦之上、全卦之上，更甚於九三之躁進；且上爻是化外之地，不受教化卻求之太深、太嚴、不知權變、輕重緩急，欠缺籌謀劃策，故「貞凶」。

上九乃化外之地，窮鄉僻壤，是風教不及的地方，失之急躁，故凶。

「資斧」，是錢財貨幣；斧比箭矢要大得多，故比「噬嗑」九四：「得金矢」價值高多了，是大財。巽為納，為近利市三倍，故為財。

「喪其資斧」，是破大財，遭偷失竊了錢財，是「偷雞不成蝕把米」，是要付出大代價的。遮羞費？仙人跳？還是夜渡資？或是遇到樑上君子？

「貞」，是卜。《說文解字》：「卜問也。從卜，貝以為贄。」

「貞凶」，卜問得凶兆。

「貞」，也是定，固執不知權變。《釋名》：「貞，定也。」

「貞凶」，固執不知變化，故凶。

「喪其資斧」，是先提出警告，尚可挽回，還不改而堅持，必凶。躁動欠謀，必凶！

☴☵井

爻變為「井」，深入黃泉之象，上爻是天外天，一變墜入地中地，有性命之憂。巽為入、為納，聚斂納稅太多、太苛；變為「井」，往上不通，往下通；要鴨子游水慢慢來。

第58籤 ䷹ 兌卦 又名兌爲澤

兌　：亨，利貞。
彖曰：兌，說也。剛中而外柔，說以利貞，是以順乎天而應乎人。說以
　　　先民，民忘其勞。說以犯難，民忘其死。說之大，民勸以哉。
象曰：麗澤兌，君子以朋友講習。
序傳：旅而無所容，故受之以巽。巽者入也。入而後說之，故受之以
　　　兌。兌者說也。說而後散之，故受之以渙，渙者離也。
雜傳：兌見而巽伏也。

兌 小篆　敓 敓小篆

　　《說文解字》：「兌，說也。从儿，㕣聲。」段玉裁注：「說者今之悅字」。兌字从人，从㕣，象有口言說之形。甲骨文、金文表示人在張口說話，本義是說話。一說㕣象人笑時口兩旁有八字之形，今稱法令紋。照鏡子看看，張大嘴笑就可以看見，拉長板著臉就不容易看見。兌字即人愉悅張口大笑的樣子。古文中說、脫、悅不分，都寫作說字。

　　今本作「兌」卦，兌字从心為悅，从言為說，从肉為脫，从手為挩，从人為侻，从禾為稅，从金為銳，从攵（武器）為敓。基本上从兌為字根衍伸出來的字大都有殺戮之氣。「脫」，本義為肉剝皮去骨。《禮記・內則》：「肉曰脫之」。〈雜卦傳〉：「兌見而巽伏也」。脫去皮肉而骨現也。又《廣韻》：「挩，除也。」又與奪同，《集韻》：「挩音奪。義同。」又銳，《廣韻》：「利也。《左傳》成公二年「銳司徒免乎」。《註》：「銳司徒，主銳兵者。」又稅，收割禾穀以納稅，《急就篇》注：「斂財曰賦，斂穀曰稅，田稅曰租。」

　　又奪、兌古音義皆近。《康熙字典》：「敓，古奪字，兌卽敓之省文。」《禮記・檀弓》鄭玄注：「奪或為兌」。「兌」卦帛書作「奪」，《尚書・呂刑》：「（蚩尤）罔不寇賊，鴟義奸宄，奪攘矯虔。」《說文解字》則作「敓」：「敓ㄉㄨㄚˊ，彊取也。《周書》曰：『敓攘矯虔』从攴兌聲。」可見敓、奪通用。「敓攘」，即奪攘，搶奪之意。金文中有

〈屬羌鐘〉：「攽（奪）楚京」，攽用作本義，表示奪取。攽字从攴，同攴，甲骨文象右手持棍棒或兵器之形狀，《說文解字》：「攴，小擊也。」表示持杖擊打。奪、攽古同字。《廣雅·釋詁》：「攽，取也。」《淮南子·本經訓》：「子之與奪也」。高誘注：「奪，取也。」奪、攽、兌古代經典通用。《中山經》：「其草多薤韭，多藥，定奪。」郭注：「奪，脫也。」《清史稿》：「潮俗故悍，械鬥奪攽以為常。」

奪、捝、攽通假，即兌也，兌是攽之省文。《廣韻》：「攽，強取也，古『奪』字。」朱駿聲《說文通訓定聲》：「攽，經傳皆以奪為之。」《唐韻》《集韻》《韻會》《正韻》：「音姦。彊取也。」《說文解字》：「奪，手持佳失之也。」《說文解字注》：「奪，引伸爲凡失去物之偁。凡手中遺落物當作此字。今乃用脫爲之。而用奪爲爭攽字。」有奪有失，失者為人所奪也。「攽」字為「奪」字取代。

「兌」「隧」古字相通用，即通道之意。《左傳》襄公二十三年：「杞植、華還載甲夜入且於之隧。」《禮記·檀弓》鄭注引之云：「隧或為兌」。《廣雅·釋室》：「隧，道也。」《左傳》文公元年杜注云：「隧，徑也。」《老子·第五十二章》：「知者不言。言者不知。塞其兌。閉其門。挫其銳。解其紛。和其光。同其塵」，「塞其兌」謂塞其道徑也。兌與門相對（艮為門戶），兌、門都是路徑、通道。又兌與閱、穴通。目耳口鼻之類皆為通穴。朱駿聲《說文通訓定聲》：「兌，叚借為閱，實為穴。」《老子·第五十二章》：「塞其兌，閉其門。」注：「兌，目也」；《淮南子·道應訓》：「塞民於兌」。注：「兌，謂耳、目、口、鼻也。」耳、目、口、鼻都是感官欲望之通道也。《詩·大雅·緜》：「行道兌矣」。傳：「兌，成蹊也。」《史記·李將軍傳》：「諺曰：『桃李不言，下自成蹊』。」「成蹊」，指形成小路，通道也。《博雅》：「蹊，徑道也。」《釋名》：「蹊，步所用道曰蹊。」

又「兌」是「無言之說」，〈雜卦傳〉：「兌見（現）而巽伏也」不說就現，就明白，是眉目傳情，默契十足，不必言語，便知心意，兩情相悅。也是直腸子，喜怒形於色。是「無肉之脫」，不用脫去皮肉就見骨，不用脫去外衣就見肌膚，這是坦誠相見。兌為少女，也是少女情竇初開的青春氣息與風情。是「無心之悅」，直白不假思索的將內心的喜悅感情全寫在臉上，既不敷衍也無妝飾，是真心的愉悅。〈雜卦傳〉：「兌見」見

兌

即現，兌現也。由內心的隱藏（巽為伏）而現於外。艮覆碗為掩，為蓋，錯為兌，全不掩飾，展現於外，衝動不假思索，盡露底牌，衝動也。

「兌」卦上下皆兌，兌是少女，是美麗佳人，是花，是賞心悅目。互艮為狐，是狐媚撩人。五、二剛中，是媚而不迷。兌為妾，「兌」是以婦妾之道侍人，不能長久，終究渙散。所以「兌」之後為「渙」卦。兌是悅，「兌」是衷心喜悅，滿心歡喜。上兌下兌，內外皆喜，皆大歡喜，兩情相悅。

「亨」，是亨通。也是祭享。「利貞」，利於出征，利於出外。因為出外爭奪有獲而悅喜。有所獲故祭享。

「利貞」，也是「利於貞固」，是適可而止，不要樂昏頭，樂極生悲，要低調。「兌」為現，衝動又高調。「兌」互「大過」為死，是樂極生悲。兌為毀折，是夭折，是死亡。

「兌」卦是小兩口，是好朋友，是歡聚。是雙贏。內外皆悅，彼此皆悅，皆大歡喜，故為雙贏。是辯才無礙。兌是口舌，是說，是悅，是說而能悅。「兌」是說服力強，是長於辭令，擅於解說，講解；是巧言，花言巧語；是說客，是翻譯官。

〈象傳〉曰：「勸」，就是勸勉而讓人心悅誠服。《說文解字注》：「按勉之而悅從亦曰勸」。互「大過」是棟樑大才，死的也說成活的。互「大過」是獨立不懼，是舌戰群雄，力挽狂瀾。「大過」為死，要「利貞」不然多言賈禍。花言巧語可以亨通一時，但是空口無憑，要能常久還是要真憑實據，故曰「利貞」，就是要適可而止。

兌為說，「兌」是學校講堂，私塾書院。兌為澤，古代各國諸侯學校多設於水邊稱為「泮宮」。所以〈大象〉曰：「講習」。「兌」互「家人」，「亨」是祭祀，也是家廟祠堂，也是學堂。《說苑‧脩文》：「是故聖王修禮文，設庠序，陳鍾鼓，天子辟雍，諸侯泮宮，所以行德化。」《太平御覽》：「五年正月，起泮宮，增高門學生五百人。」

「講習」，講授研習。是教與學的互動，是高興的學與教，是得天下英才而教之。「大過」為坎，坎為習，兌為口舌，為講。

「朋友」，互離卦為火伴，為朋友。「朋友講習」是共樂樂，是切磋砥礪，是競爭。兌為剛鹵，為礪。亦是溝通，商議。

「兌」為巫祝，是廟祝，也是算命先生。「兌」言「亨」就是與神交通。「亨」是祭祀，是祭祀時與鬼神溝通，是能通鬼神。祝字甲骨文从示，右旁是一人跪著大口朝天，象人跪於「示」前有所祝禱的樣子。《說文解字》：「巫，祝也。女能事無形，以舞降神者也。象人兩褎舞形。與工同意。古者巫咸初作巫。」可見巫祝古時不分，《周禮・大祝》：「大祝掌六祝之辭，以事鬼神示，祈福祥，求永貞。」巽亦為舞。

　　「先民」，就是祖先，鬼神，互「大過」坎為鬼，人死為鬼故曰「先民。」「說以先民」就是祭享鬼神，與鬼神溝通得鬼神回應。「順乎天應乎人」就是能通鬼神，皆大歡喜，如願遂志，順心如意。「民忘其勞」是不以為苦，甘之如飴，因為皆大歡喜，順心如意，所以不以為苦。「民忘其勞」「說以犯難」是心甘情願。說「勞」說「難」是說「兌」有許多波折要克服。互「大過」為坎為勞，為難。「民忘其死」是雖死猶生，是精神不死長相左右。互「大過」為死。「民忘其死」「說之大，民勸以哉。」是死諫，以死相勸。是犯大錯而知改過。是付出極大代價。「說之大」就是大悅，歡天喜地。「兌」卦是歷經波折，不屈不撓的樂觀派。

　　兌是巫，是算命，雖能通鬼神，斷吉凶，知未來，但命運操之在我，自我不努力是不會真成功的，就算有所收穫也不能常久，來的容易去的也快，所以要「利貞」。

　　「兌」是恩澤，是施恩於眾人，取悅眾人。恩澤下施，所以〈象〉曰：「民忘其勞，說以犯難，民忘其死，說之大，民勸以哉。」施恩惠，取悅他人皆要知適可而止，不然味可養大了變成尾大不掉，不是折損就是毀決。

　　「兌」是逢迎巴結，嘴巴甜，以諂媚之言悅人。「巽」是五體投地，是服順，藏於內心。「兌」是禮多必詐。為脫，為歡悅，是舒脫，為口交。為少女，為妾。為巫，為口舌，為言，為詛咒。「兌」為醫生，古之巫祝也是醫。「兌」為毀折，為說，是毀謗，是口密腹劍，是缺口德，利口傷人更甚於刀。

　　「兌」互「大過」，兌為澤，「大過」是「澤滅木」，是洪水氾濫。「兌」互「大過」，兌為口舌，「大過」是太過，故「利貞」，是「防人之口甚於防川」。「兌」是剛滷，是勇猛；為羊，是莽撞。

〈雜卦傳〉說：「兌見而巽伏也」。「兌」是顯而易見，「巽」是偷偷摸摸。「兌」是喜怒哀樂全展在臉上。「巽」是鴉子游水，不動生色。

「兌」是終於浮現。「巽」是伏，是進入，是躲藏。「兌」是脫去外殼，離穴而現。「兌」兌是脫胎換骨，由伏而現，是鋒茫盡露，是大顯神通，更上一層樓。

「巽」之後為「兌」，之後為「渙」。如昆虫由蛹脫去外殼，蛻變成虫，鼓翅欲飛，但

不可鋒茫太露，不然黃雀在後，變成曇花一現，所以要「利貞」。

初九：和兌吉。

象曰：和兌之吉，行未疑也。

「和」，平和，和諧。《廣韻》：「順也，諧也，不堅不柔也。」《說文解字》：「和，相應也。从口禾聲。」《左傳》成公十六年：「和同以聽」。本義是樂器音聲相應和。同龢字，《廣韻》：「龢，諧也，合也，或曰古和字。」《說文解字注》：「經傳多假和為龢」。

龢字象編管而成的樂器，三口會吹奏各管之意，引申為協和、調和。《說文解字》：「鼎，和五味之寶器也。」

「兌」為「敓」，即奪也。

「和兌」，即和悅互相協調不相爭奪，相處以和悅，故吉。

兌為無心之悅、為顯而易見，是衝動直爽之象。「和兌」，是平和而不衝動，自然的喜悅，故「吉」。兌為口舌，為言語，為尖銳，為毀決，為商議，《抱朴子‧交際》：「口為禍福，得之則排冰吐華，失之則當春凋悴。」明代陶宗儀《輟耕錄‧磨兜堅箴》：「磨兜堅者，古之慎言人也，善於自防者哉，金華宋濂為著箴曰：『磨兜堅，慎勿言，口為禍門，昔人之云』。」《佛報恩經‧卷三‧論義品》：「一切眾生，禍從口出。夫口舌者，鑿身之斧，滅身之禍。」今人謂「利刀割體痕易合，惡語傷人恨難消。」「好話一句三冬暖，惡語傷人六月寒。」初九「和兌」調和溝通商議而不失當，故吉。

初九在下是「勿用」之地，能夠不衝動而行平和之道，不會表錯情，

故曰「和」。

又兌是悅，是情欲；初九往上無應，又前遇九二之陽，陽遇陽則窒，沒有對象相悅以情，又受阻不能前，只能安於現狀，沒有往外的衝動，能以和為悅，故吉。

初九得位甘於「勿用」，故〈小象〉說「行未疑」，初九的行為沒有可疑慮的。相錯的「巽」初六〈小象〉說「志疑」。巽為伏，為志，為不果，故「志疑」。兌為現，為毀決，故「行未疑」。

☱兌☵困

爻變為「困」，衝動不和必困。不好好的商議溝通，就會變為困的局面。兌為見，為現；初九在下不愛現。初九尚幼養在深閨，尚未被發覺。

九二：孚兌吉。悔亡。
象曰：孚兌之吉，信志也。

「孚」，是信而可徵，是徵兆。兌為見，為現，「孚兌」，是徵兆明顯，可以得見。

兌為悅，為說；「孚兌」，是說話算數，言而有信，信而可徵，就是兌現。就是說實話能兌現。

兌為奪，「孚兌」，是不需爭奪。九二剛中不會衝動，誇大其辭，誠實不妄，說話兌現。

「悔」，困厄麻煩。

「悔亡」，謂筮得此爻，以前有困厄麻煩如今順利。是先有悔，後來悔亡去，沒有失亡。九二雖剛中但上有陰，受陰蒙蔽，也有說錯話，表錯情的時候，故「有悔」；但終究居中不會過分，可以改正，不失其真誠，故「悔亡」〈小象〉說「志信」，心中之志堅定是可信的。

此爻說話算數能兌現，相處持中不衝動而悅，也不需爭奪，故無失亡，故吉。九二上承六三，以剛中不阿之性，比鄰小人，故受疑而有悔，好在剛中不失而能悔亡，得「吉」。

☱兌☳隨

爻變為「隨」，隨機應變，知錯能改；在所犯之錯尚小的時後就改，

故吉。二爻居中不過也可以算是「和兌」。初爻尚弱故不愛現，二爻以壯故能現、愛現，又失位故而有悔，居中不過份，故「悔亡」。

此爻知過能改善，能適宜調節，故吉。

六三：來兌凶。
象曰：來兌之凶，位不當也。

六三失位乘二剛，又居兌之缺口，尖銳的刀口上，大凶。

「來」，有「申」之意，伸手來搶奪。三爻為究，在兌是成熟又勇於表現，有主動招惹，公然拉客之意，故曰「來」。來字本義是麥，後來甲骨文、金文借用做來去之來，可能是因為麥非中原土產，是外地引進中原來的。故來字常假借由彼至此、由遠到近。《爾雅·釋詁上》：「來，至也。」

兌為見，為現，為情，為衝動；「來兌」，是衝動的招惹，故凶。「來兌」，是有人來爭奪，故凶。

六三已經成熟而主動招惹拉客，是不忌葷腥好壞，以致有凶。六三陰柔不中，以陰爻居陽位是失位，在四陽爻之中，四陽皆欲求兌於六三，外招內惹求於兌，過於愛現，有不故廉恥之象。六三主動招惹拉客求兌，是招風引蝶，爭風吃醋，不打成一團才怪。兌為衝動，初九在下得位、九二居中皆能抑制調和，行為不過分，故初九吉、九二悔亡；六三乘剛失位過中，又居下卦之先，故有衝動不加深思之象；兌為銳，為暗，為缺，為毀決；昏昧無知故「凶」。「震」九四：「震遂泥」一陽在四陰之中，故無法自拔，亦同。

兌 夬

爻變為「夬」，去也、快也、決也，決死一鬥，凶也。

九四：商兌未寧，介疾有喜。
象曰：九四之喜，有慶也。

「商」，是商量、商議、衡量以使之和宜，商人做生意，談條件總要雙方同意，要雙贏。九四居互巽為稱、為權，為謀算；兌為口舌。又互「中孚」，故曰「商」。「中孚」〈大象〉：「議獄緩死」就是「商」，商議、商量。

「兌」，說也，對也，答也。《詩・大雅・桑柔》：「大風有隧，貪人敗類。聽言則對，誦言如醉。」《毛詩注疏》：「對，答也。」可以參看。

「商兌」，商議對答，互相溝通，結果是希望達到「和兌」，故「商兌」就是「和兌」與初九同。

四與初爻義多雷同，「乾」初曰「潛」四則曰「淵」，「鼎」初曰「趾」四則曰「足」。

為何不言「和兌」？九四失位，近比於「來兌」的六三，受六三招惹難免心動，但陽剛能守，故曰「未寧」。

「商兌未寧」，是一對一答，爭議不停，不得安寧，這句是言語間的相互爭奪。九四「商兌未寧」皆是因為失位又近比於六三。

「介」，同「豫」六二「介于石」的「介」，是介乎其中，是夾在中間，是身處其中，一來一往之意。《易經》言「介」，皆非安逸之象。

「疾」，病也，難也。《說文解字》：「疾，病也。」

「介疾」，是處於疾難之中。與「豫」六二「介于石」同義。

「介疾有喜」，有疾有喜，有難有悅，往來爭奪不寧，有人因難而疾呼，有人因喜而心悅。但先難終喜，故「有慶」。

「有喜」，病癒，難除，憂解。「有喜」也是懷孕生子之象。不孕症終得痊癒得子。

「巽」六四「悔亡」，「兌」九四「有喜」同。

九四安溺不戒慎必遭六三招惹受其邪害；然陽剛之爻底子好，雖有「疾」卻能因為謹慎而痊癒。

九四失位，又無應，前又遇陽，似乎不吉，然而「有喜」者，因為下乘陰也。「小畜」九五曰「有孚」。《履》九四曰「志行」皆以下遇陰而吉。此與之同。〈小象〉更解釋為「有慶」，因為九四獨乘六三，乘陰有喜，故曰「有慶」。

䷹兌 ䷻節

爻變為「節」，可見九四本不知節而溺於六三的情慾之中；轉而知節

度自制而終有喜而得慶。不知節制，樂極生悲。

九五：孚于剝，有厲。

象曰：孚于剝，位正當也。

「剝」，是陰剝陽。是陰盛陽衰，小人得道之象。「剝」與「仆」古同字，《廣韻》：「仆，前倒。」傾覆也。兌為毀折，故為傾倒。九五又居三四五上互「大過」顛也，故危厲。

「兌」卦為斂、為奪，此「孚」是俘虜。古之俘虜也是財產，戰利品。

「孚于剝」，是俘虜被剝奪，被割裂，傾覆在地。是情況危厲，是警戒之辭。

「厲」，危厲，災難。

九五上承上六，為陰邪小人所據，包藏禍心是要侵犯九五；在「兌」卦爭奪之時，上六的花言巧語蒙蔽了九五，九五情況危厲，但不致於凶，還可以挽救。

461

又「孚」是徵兆。是跡象明顯而且可以信，有結果的徵兆，不是無影的捕風捉影。兌為祥，為徵兆。《說文解字》：「凡吉凶之兆皆曰祥」。徐鉉曰：「祥，詳也；天欲降以禍福，先以吉凶之兆審告悟之也」《前漢書·五行志》：「妖孽自外來謂之祥」。

「孚于剝，有厲」，是徵兆顯示將割裂而剝離，有災難。九五因為中正所以雖危厲而未要命，但也不好過。主要是因為上六陰爻蓋住的九五。

陽遇陰則通，故九二、九五皆孚于六三、上六。但是吉凶不同，因為兌為秋，六三當正秋，萬物成熟之時，故九二孚之而吉。上六則為深秋，已經凋寒，其卦為「剝」，正當萬物荒落，陽氣將盡之時，九五在孚於上六，則必被剝落，故曰「有厲」。

九五為君上承陰被遮蔽有未光之象，故厲。「夬」九五〈小象〉曰「中未光也」，「咸」九五〈小象〉曰「志末也」，「屯」九五〈小象〉曰「施未光也」皆同。

九五正當深秋凋寒萬物剝落之際，故曰「孚于剝」。以人事而言，上六處悅之極，是小人佞倖之尤，九五當人君之位，而與之親比，暱近此小

人，必有禍患。〈小象〉曰「位正當」，是說正當人君之位，不可與上六陰邪小親近。

　　兌　　歸妹

爻變為「歸妹」，「征凶，無攸利。」「歸妹」是陪嫁的媵，是庶非嫡，九五受庶妾讒佞爭寵。「歸妹」是歸於闇昧，天子歸於暗昧，是天威不彰之象。九五有外遇不尋常，情欲太重。

上六：引兌。
象曰：上六引兌，未光也。

「引兌」帛本作「景敓」。

「景」，影也，陰影也，即隱也，隱藏於陰影之中。與「引」同音通假。《詩·邶風·二子乘舟》：「二子乘舟，汎汎其景。」《毛詩注疏》：「景如字，或音影。」《周禮·地官·大司徒》：「以土圭之灋測土深，正日景。」《經典釋文》：「景本或作影」。

「敓」，敓也，奪而強取也。《說文解字》：「敓，彊取也。」

「引兌」者，隱奪也，即暗中奪取、陰謀奪取。隱奪之術如《老子》云：「將欲取之，必先與之。」《東周列國志》第二十九回〈盟召陵禮款楚大夫·會葵邱義戴周天子〉：「管仲曰：『吾君好勝，可以隱奪，難以正格也。夷吾今且言之矣』。」〈小象〉說「未光」即解釋「引兌」之義。物極必反，兌現反為隱伏。

「引」字的本義是張弓欲射的樣子。《說文解字》：「引：開弓也。從弓、丨。」徐鉉曰：「象引弓之形」。這裡也引申為「大」的意思。

「引兌」是「大兌」，是囂張的兌，囂張的奪取。

兌是見，目標明顯，上爻是「兌」之極，極為顯目，故為「大」，這與六三的「來兌」都有主動招搖之意；這在「兌」是不吉的。故〈小象〉說「未光」但爻辭不言吉凶。兌也是闇，「兌」錯為「巽」，為伏，「引兌」不僅是大兌，也警告說凶已伏於其中了。「豫」是和樂，「豫」上六「冥豫」，過於豫樂以致於「冥昧」。

《老子》說：「五色使人盲」，上六「引兌」張弓欲射，是表面的動作，真的目的隱於胸中未現，是包藏禍心。兌為悅，為口舌，以巧言悅

色包藏胸中真正的目的。「引兌」就是動作已現，心中的目的清楚明顯。爻辭不言吉凶，是因為真正的手段尚未浮現，如「司馬昭之心，路人皆知。」如「項莊舞劍，意在沛公。」但尚未真的採取行動。六三「來兌凶」、上六「引兌」亦當凶。

上六乘剛，以陰居一卦之先，是犯了坤陰「先迷」的大忌，「兌」既是悅，則樂過頭。「兌」也是奪，醒目顯眼，人必防範，故陰奪之。

☱兌☲履

爻變為《履》，「履虎尾」如走剛索一般，也是凶象。此爻接著為「渙」，是大也是光彩，也是迷幻。

渙卦　又名風水渙

渙　：亨，王假有廟。利涉大川。利貞。

彖曰：渙亨，剛來而不窮，柔得位乎外而上同。王假有廟，王乃在中
　　　也。利涉大川，乘木有功也。

象曰：風行水上，渙。先王以享於帝立廟。

序傳：說而後散之，故受之以渙，渙者離也。

雜傳：渙離也，節止也。

繫辭：刳木為舟，剡木為楫，舟楫之利以濟不通，致遠以利天下，蓋取
　　　諸渙。

渙渙 小篆

「渙」字本作「奐」，後加水旁為「渙」。「渙」卦《歸藏》就作
「奐」。在古籍中多表示眾多、盛大的意思。《說文解字》：「奐，取奐
也。一曰大也。從廾，夐省。」《玉篇》：「奐，眾多也。」《禮記・檀
弓》：「美哉輪焉！美哉奐焉！」鄭玄注：「輪，輪囷，言高大。奐，言
眾多。」解釋為眾多而燦爛的樣子。《康熙字典》將「奐」解釋為「文采
粲明貌。」即「煥」。

清末民初尚秉和先生云：「卦坎為赤，震為玄黃，巽為白，而風行
水上，紋理爛然，故為文也。」也將「渙」解釋為文采燦爛。上卦巽為
風，下卦坎為水，風行水上波紋瀾瀾，象文彩昭然，燦爛奪目，故名曰
「渙」。

又「渙」，可解釋為「渙散、離散。」〈雜卦傳〉說：「渙，離
也。」〈序卦傳〉說：「說而後散之，故受之以渙，渙者離也。」都是以
「渙」卦為離散之意。《詩・周頌・訪落》：「繼猶判渙。」《毛詩注
疏》：「渙，散也。」

又「渙」有大洪水之意。《說文解字》：「渙，流散也。」又渙
渙，水盛貌。《詩・鄭風・溱洧》：「溱與洧，方渙渙兮。」《毛詩注
疏》：「渙渙，春水盛也。」《箋》：「仲春之時，冰以釋，水則渙渙溱

與洧，方渙渙兮。」說的是春天回緩寒冰溶化河水中滿流之狀。引申為水大盛氾濫，分奔離散之意。

「渙」卦上巽為風，下為坎水，卦辭曰：「利涉大川」，〈象傳〉曰：「利涉大川，乘木有功。」〈繫辭〉曰：「舟楫之利以濟不通」。可見「渙」卦有河流大水之意。這與「恆」卦為「洹」相類。又《詩·鄭風·溱洧》：「溱與洧，方渙渙兮。」《毛詩注疏》：「渙，呼亂反，《韓詩》作『洹』。」「恆」卦上震下巽，震為動，巽為入，動而入，故「亘」為「回」之異文，《說文解字》：「亘，求亘也。從二從囬。囬，古文回，象亘回形。」而有迴旋轉返之意。而「渙」卦巽為入，坎為險，為陷，河中之陷，亦有漩渦之意。「大過」卦為大坎，「過」即「渦」，若大的漩渦，如颶風。故「渙」卦假借為循環，而有還、環、班還、返還、班師之意。

〈繫辭〉：「刳木為舟，剡木為楫，舟楫之利以濟不通，致遠以利天下，蓋取諸渙。」卦象風行水上，巽為風，為木；坎為水，為河流，風行水上若風吹行船隻，利於航行，故言「渙」，即「航運」。蓋「舟楫之利以濟不通，致遠以利天下。」亦有遠離家鄉，出外貿易之象，「旅」是陸運，「渙」則為航運。

〈大象〉曰：「風行水上，渙。先王以享於帝立廟。」上巽為舞，為祭禮。下坎為水，為法。互艮為祖，為宅，為祖廟；互震為帝；享祭先王，禮儀盛隆，禮法渙然大備，神廟巍峨，故卦名曰「渙」。「渙」是禮儀、神廟大而盛美，祭享先王、上帝必隆重盛大。

「渙」與「節」相綜，「節」是約束、節制；故「渙」是放蕩，不受約制。一個文采風流不受禮教約束的大文豪，如李白是也。

「亨」，祭祀獻享。

「假」，降也，到也，至也，降臨也。《說文解字》：「假，一曰至也。〈虞書〉曰：『假于上下』。」《正韻》：「假，至也。」

「王假有廟」，大王親自降臨於宗廟舉行祭祀。王之祖廟即一國之宗廟。此同「家人」九五：「王假有廟」，是說君王降宗廟中祭祀。這在流傳的青銅禮器的銘文常見。〈十月敔簋〉：「王各於成周大廟。」〈同簋〉：「王在宗周，格于大廟。」〈善夫克鼎〉：「王才宗周，旦，王各

465

（格）穆廟。」〈免簋〉：「王各于大廟，昧爽。」〈師酉盤〉：「隹王元年正月王才吳各大廟」。〈無叀鼎〉：「王各（格）于周廟。」于省吾先生認為「假」即「格」解釋為「至」沒有疑問。九五為天子，所以言「王」。震為帝，故為王。又震為薦享，為祭。「萃」卦也說「王假有廟」還要「用大牲」祭祀。

「利涉大川」，利於渡涉大江大河，即古代之黃河。古人以涉川比喻度過困難。《詩·邶風·匏有苦葉》：「匏有苦葉，濟有深涉。深則厲，淺則揭。」《疏》：「如遇水深則厲，淺則揭矣。」「渙」是「乘木有功」、「舟楫之利以濟不通」當謂乘舟濟渡大川也。

「利貞」，利征，利於出行。

「渙」是離散，離心離德。〈雜卦傳〉：「渙，離也。」風吹水散，木漂於水面皆是「渙」。「渙」是刮風下雨，巽為風，坎為雨；是風雨飄搖。「渙」是人心浮動，分崩離析，社會動盪。「解」是施外力以解散，「渙」是內部分崩離析往外擴散。「渙」也是流行病。巽為風，為病；坎為疾。「解」是解釋，是春雷驚蟄，大地解凍，春暖花開。「渙」是春暖冰釋，大水氾濫，渙然離散。《老子》曰：「渙若冰將釋」，所以需要「舟楫之利以濟不通」。「渙」是大，是水勢盛大，如颶風洪水，拔木折枝，漂流水上。

「渙」是渙散，「解」是支解，「井」是打洞。「渙」是煥，文彩煥然。風吹水上，波紋煥然。〈雜卦傳〉說：「渙離也」。離為火，為文，故為煥。「渙」是五彩繽紛，文采風流。上巽伏為鬼，震為神，故巽為鬼。下坎隱亦為鬼。「渙」為風流倜儻，文采煥然，是鬼才，如李白。互「頤」為安養，是一個大名士，如袁枚、唐伯虎。「渙」是放浪形骸，倫理不羈的名士，如晉時的「竹林七賢」。「渙」是囂張跋扈，目中無人，恃才傲物，又驕又傲。「渙」是大，此人才大，「大過」是棟樑之才。

「渙」是向陌生之地遠行。《抱朴子·仁明》：「後舟楫以濟不通，服牛馬以息負步。」原本不能到達相通濟之處也因舟船的發達而有了交通往來。典出「張騫乘槎」，見於《荊楚歲時記》：「漢武帝令張騫使大夏，尋河源，乘槎經月，而至一處，見城郭知州府，室內有一女織，又見一丈夫牽牛飲河，騫問曰：此是何處？答曰：可問嚴君平。織女取槙機石與騫而還。後至蜀問君平，君平曰：某年某月客星犯牛女。槙機石為東方

朔所識。」

「渙」是換，是交易，是作生意。「渙」也是「益」，「渙」二至上爻互「益」，「益」生意營利。「渙」是海外貿易，是濟，是利，是貨暢其流。

「渙」是病，是瘓，是精神渙散，魂魄飛散，死亡之象。「亨，王假有廟」，獻貢祭祀，魂魄入廟之象，此卦不宜問生死、求病情。

《易經》「王假有廟」共兩見，即「萃」與「渙」。「萃」卦上兌下坤，兌為秋，為澤，是秋天雨水頻繁，澤水匯聚，故卦詞曰：「亨，王假有廟，利貞，用大牲，吉。利有攸往。」與「渙」卦詞近。

「渙」是風流。巽為風，為秘戲，為病；坎為水，為流，為疾。風流過度精神不濟。陽氣不足，精氣不聚，故「渙」，是陽寒之疾。

「渙」是癱瘓，《正字通》：「癱瘓，四體麻痺不仁，皆因風寒暑濕所致。」互「頤」，是要靜養，死不了，花大錢，是富貴病，是活死人。

「渙」是放縱，是百無禁忌，無有約束，資本主義的自由經濟。風險大，利潤高。「渙」是涉險犯難。所以說「利涉大川」。風吹水面，風急浪大，俗語「無風三尺浪」，風險很大。「渙」是「乘木有功」正是風行水上，建立功業之時。天下渙散時機正好。建立功名發達於遠外。是英雄豪傑大顯身手的時機，故「渙」也是「煥、換」，有中興之望。

「利涉大川，利貞」，是說要風雨同舟，要團結一致，才能渡過險難，利於出征。

「利貞」，「渙」是鬆散渙散，「貞」是堅守、固守，要堅持凝聚才能「利涉大川」、「乘木有功」，不然前功盡棄，不能盡其功。

震為神，巽為伏，也為鬼，下坎隱亦為鬼。「渙」為鬼靈之卦，是鬼神靈氣，渙散不安，故立廟舉行大祭祀以安先祖鬼神，故曰「王假有廟」。故〈大象〉曰：「先王以享於帝立廟」。廟是假借以安先祖鬼神之所。巽為木，坎為鬼，艮為祖，為屋，為廟，震為宗。立木主以安先祖鬼神。諸侯貴族建立宗廟，庶民百姓不建廟而安木主牌位於家中。

「渙」說立廟是要安先祖鬼神，安人心，要建立中心思想，共同信仰，以凝聚人心。「萃」為聚亦同。

「亨」，祭享獻貢，也是與先祖鬼神溝通，得到回應，有求有應。與

人心交通，亦得到認同，故可「利涉大川」。「亨」是亨通，發展，有前景。「亨」是能通鬼神，能通幽明。「王假有廟」為的是要建立領導權威與中心思想，要有共同的信念。

「渙」卦是遠離家鄉，離心離德，分崩離析，人心渙散，所以要建立中心思想以凝聚眾人。如「萃」卦。臺灣、澎湖、金門每一村落之中心都有一座宮廟，以為全村落之中心，多是媽祖廟。

「渙」的時候最重要的就是要建立共同的理念。眾志成城之後才能「利涉大川」，突破萬難，建立功業，故「乘木有功」。「王假有廟」，是假借神靈之力。

「渙」與「節」相綜。〈雜卦傳〉說：「渙，離也；節，止也。」「節」是節儉，斂而求聚，是畜。「渙」是散，是鬆，是往外散，是不畜。「節」愈聚愈多，「渙」愈散愈少。「節」是勤儉持家，「渙」是淌開來花，是敗家子。「豐」是財大氣粗。「節」是節省，節制，調節。「渙」是粗線條，不吝惜，慷慨大方。「節」是謹守分寸。「渙」是文采風流，風流倜儻，不受約束。「節」是勞，但不傷不害，「渙」是勞，但又傷又害。傷了身體，損了錢財。「渙」是散才童子，「節」是節儉本分。「渙」是人心渙散，分崩離析，土崩瓦解，愈遠；「節」則加以約束，調和，節制管束，以防止惡化。「節」是管制的，「渙」是放縱的，「豐」是高壓的。「渙」互「頤」，是炫爛歸於平淡；「豐」互「大過」，是爬得高摔的重；「節」互「頤」，是小富由儉。「節」是一步一腳印，節節高升。「渙」是行船的人，風險大，獲利高。「豐」是迅雷不及掩耳。「渙」是放縱不羈無人管。「節」是受管訓約束知禮節。「豐」是喝斥，刑獄多警告。「節」是重倫理，「渙」則理教廢弛，「豐」則附庸風雅。「渙」是分崩離析，又是五采斑然，如春秋戰國，天下渙散，但能人志士，卻能不受約束大顯其能，故有百家爭鳴，百花齊放的光輝燦爛。天下大亂，機會大好各路英雄好漢，個顯神通，出人頭地。如楚漢，三國。

「渙」是幻，是假的，是虛幻。「渙」錯為「豐」，「豐」也是虛假，「渙」是浮光掠影，是幻影，幻覺，也是假的。「豐」是假象，卦辭曰「王假之」所以是假的，「渙」亦曰假。「渙」為大，「豐」亦為大，為幻，是瞞天過海。「豐」卦「多故」是多舊故，「渙」是離，是眾叛親

離。「豐」是資源豐富，「渙」是散財童子，「節」是節儉積畜。「渙」以消吝，「節」以防驕。

「剛來而不窮」，是以陽剛之才下到二之人位，是以貴下賤，以身作則，深入民間，撫慰百姓；深入基層，穩定基礎。

「柔得位乎外而上同」是六四，六四宰輔承九五，是領導階層，同心同德，合作無間，以穩定中央首腦。

「剛來而不窮，柔得位乎外而上同」，是上下一同，雙管齊下，才能力挽分崩離散之危機，才能「亨」，才能全局穩定下來，危機不再擴大。

「渙」雖是分崩離析，渙散之象，也隱含再創新生之機。「利貞」是說要堅定信心，要努力不懈，才能轉「渙」之離散為「亨」。

「渙」是雲為風所吹散，天氣轉好。離於遠行。若是春季「渙」是洪水氾濫。

「渙」卦「王假有廟」是王的神主牌位入廟安神。有死亡之象。

「渙」互「頤」，是退休安養天年。

「豐」與「渙」相錯皆言「王假」，「豐」是在位掌權資源豐富，「渙」是推位讓國，退休頤養，樹倒猢猻散。

初六：用拯馬壯吉。
象曰：初六之吉，順也。

「拯」，乘也，升也，舉也。又救助也，《左傳》昭公十一年：「是以無拯，不可沒振」。杜注：「拯猶救助也」。

「拯馬」，猶如《詩·大雅·綿》：「來朝走馬」。《箋》云：「『來朝走馬』，言其辟惡早且疾也。」

「用拯馬壯，吉」，得強壯之馬的援助，速走可以避難，脫離險境故吉。

「拯」，帛書作「撜」，《儀禮·子夏傳》作「抍」，皆為升乘、高舉、騎乘之義。《呂氏春秋·察微》：「子路拯溺」。《淮南子·齊俗訓》作「子路撜溺」。漢代高誘注曰：「撜，舉也。抍出溺人。」《說文解字》：「抍，上舉也。從手，升聲。《易》曰『抍馬壯吉』。撜，抍或從登」，撜、抍二字為異體字。二三四爻互震為馬。初六上承之，故曰

「拯馬」就是承陽。

初爻是大水初來，所以乘騎健壯的馬速速離去可以得吉。「明夷」六二「夷于左股，用拯馬壯吉」與此同。

「初六之吉，順也」，是要順才吉；順勢而為，順流而下，都是「順」。也是說初六陰順九二陽，以「順」來解釋「拯」之義。

又「用」，殺犧牲用於祭祀，如「萃」卦：「用大牲」之「用」；《左傳》僖公十九年：「己酉，邾人執鄫子用之。」注：「養之曰畜，用之曰牲，其實一物也。」

又「撜」同「登」，《說文解字》：「抍，上舉也。从手升聲。《易》曰：『抍馬，壯，吉』撜，抍或从登。」「上舉」者，其義引申為「進獻」，「升」如「登」，《呂氏春秋・孟秋紀》：「是月也，農乃升穀，天子嘗新，先薦寢廟。」《禮記・月令》：「農乃登麥」爻辭之意謂進獻來的健壯馬匹為祭祀犧牲，吉利。「王假有廟」就是舉行祭祀典禮。

古有殺馬祭祀之禮，但皆用於非常之時，《左傳》襄公九年宋國預防天火之災「祝、宗用馬於四墉。」《正義》曰：「用馬祭城非禮」。可見常禮不用馬，非常之時才用馬牲祭祀。《史記・呂太后本紀》：「王陵曰：『高帝刑白馬盟曰『非劉氏而王，天下共擊之』今王呂氏，非約也』。」《戰國策・魏策一》：「刑白馬以盟于洹水之上，以相堅也。」《吳越春秋》：「禹乃東巡，登衡山，血白馬以祭。」可見「渙」為狂風大水非常之災，故用馬為牲而祭祀。

承小篆　丞小篆

初六上承九二，以陰承陽，則順，多吉。「拯」亦可讀為「承」古文字「丞」、「承」字形義相近。「承」字从卩，象人跪跽、从雙手象高舉捧上一人之形。「丞」字亦同。但「承」字下部又有一手為義符。「丞」字下部為一「凵」，象雙手在上拯救坑中之人，取拯救之義。「用拯」，即用以承祀；「用拯馬壯」，即以強壯之馬為祭品，得吉。如《詩・魯頌・閟宮》：「龍旂承祀，六轡耳耳。」

「渙」是大水氾濫則需強壯之馬騎乘以迅速脫離險境。初爻才具不足需要強而有力的外援才可以脫險。「渙」是班師，眾人離心，亦須強壯之

馬迅速脫離戰場。也是以壯馬為犧牲祭祀，祈求平安而得吉兆。

䷸渙䷼中孚

爻變為「中孚」，「孚」是徵兆以明，所以要趕緊離去，〈雜傳〉：「渙為離」。又「中孚」之「孚」也是「浮」，大水中可以浮故吉。

九二：渙奔其机，悔亡。
象曰：渙奔其机，得願也。

帛書作「渙賁其階」。

「奔」，就是奔逃，急行，急走。《詩・周頌・清廟》：「駿奔走在廟，不顯不承，無射於人斯。」賁、奔同義。

「渙奔」，班師回奔也。

「机」同「機」，時機，見機，時宜，際會，就是及時。

又「機」，階也，高也。階，階梯，階梯用以升屋堂，故為高。《禮記・喪大記》註：「階，所乘以升屋者，梯也。」《釋名・釋宮室》：「階，梯也，如梯之有等差也。」

「悔」，困厄麻煩。

「悔亡」，謂筮得此爻，以前有困厄麻煩如今順利。

九二要及時快跑才能脫險而無有失亡。大水淹來至二爻水勢已大，見機及時往回奔逃，但已比初爻晚所以僅得「悔亡」。九二得中遇陰，故「悔亡」。

「机」也釋為「几」，几筵之「几」是几案，也是台基，用以承物，大水漫來有几案為踏腳階以登高助逃。也是進身之階，也是貴人。

「得願」，得其所願，九二奔逃有几案之助，安而無害，居中據陰得其所願。陽遇重陰利於行，故得願。這是吉辭。

「奔」，是不合禮的，是私奔，是出奔，不可以常禮、常規視之。「渙」有不羈之意。大水、大難來時顧不得禮節，權宜行事。苦海無涯，回頭是岸。

䷸渙䷓觀

爻變為「觀」卦，「觀」是高台，得台階登高台避水，故得願而悔

亡。「觀」宗教性極強，得神諭以奔。初爻要強而有力的外援，二爻時機已到，進身之階也需要強而有力的外援。

六三：渙其躬，無悔。
象曰：渙其躬，志在外也。

「躬」謂「自身」，如事必躬親。杜預《春秋左氏傳》序：「身為國史，躬覽載籍」三四五爻互艮，為躬。

「無悔」就是「無咎」，無有災害。

「渙其躬」，是說大水將淹及自身，但終無患害。

六爻中僅六三爻有應，上九居巽卦，巽為木；六三有木舟可以應援，故濟險無害。

「志在外」，就是說有上九支援。巽為志，在外。

「躬」，謂親自去做，「渙」卦「王假有廟」謂求祭要親自舉行。

「躬」，假借為「宮」；「宮」，即家。秦以前，貴族、庶民之家皆可稱宮。《儀禮·士昏禮》：「父送女，命之曰：『戒之敬之，夙夜毋違命。』母施衿結帨，曰：『勉之敬之，夙夜無違宮事。』」

《康熙字典》：「古者貴賤所居，皆得稱宮，至秦始定為至尊所居之稱。」

「渙其躬」，回轉歸家，無有失亡。大難將至返回其家，無有災難。

☲☵渙☴☴巽

爻變為「巽」卦，巽為伏，返家就是伏。卦辭「小亨，利有攸往，利見大人。」是吉利的。這爻桃花很重。

六四：渙其群，元吉。渙有丘，匪夷所思。
象曰：渙其群元吉，光大也。

「群」，為眾。坎為眾，為群。如「師」卦下坎。

「渙」，是光彩，是「腹有詩書氣自華」，是賢才。

「渙」，也是渙散，是亂世，亂世出英雄，如楚漢、三國之時人才輩出。

「渙其群，元吉」，良才賢佐眾多，大吉。

又「群」，領頭羊也，君也。《白虎通‧三綱六紀》：「君，羣也，君下之所歸心也。」《逸周書‧謚法》：「從之成羣曰君」。

「渙其群，元吉」，回還其族群，眾人同心有君領導，抵禦災難。眾志成城，故大吉。

小篆

「丘」，是山丘高地。在大水的「渙」引申為大水中的沙洲。古人築宅建村落多選擇水邊高地。丘是丘陵高地。丘之本義是四周高中間窪的小盆地。四周高利於防禦、排水、避水，中間窪平利於耕種。整個中國風水觀念都與四周高中間窪有關，這與後來的建築數千年來都是合院建築有關。古籍中注「丘」字都不得其義，《史記‧孔子世家》：「紇與顏氏女野合而生孔子，禱於尼丘得孔子。魯襄公二十二年而孔子生，生而首上圩頂，故因名曰丘。字仲尼，姓孔氏。」《索隱》：「圩音烏。頂音鼎。圩頂言頂上窳也，故孔子頂如反宇。反宇者，若屋宇之反，中低而四傍高也。」這是解釋「丘」最能得其義的了。二三四互震為丘。

「渙」，是大水，洪水，也是回轉。《詩‧鄭風‧溱洧》：「溱與洧，方渙渙兮。」《毛詩注疏》：「渙，呼亂反，《韓詩》作『洹』。」「亘」為「回」之異文，《說文解字》：「亘，求亘也。從二從囘。囘，古文回，象亘回形。」而有迴旋轉返之意。

「渙有丘」，是歸返離開大水，得處於山丘高地或水中沙洲，脫離大水得安居之所。六四居互艮，艮為山。又互震，震仰盂，故為丘。艮為居，為室，為安。上承九五之陽故元吉。

「夷」，平也，常也。

「匪夷所思」，是意料之外，是一般所料想不到的，不可以常理來度思。

又「夷」，人也。《說文解字》：「夷，平也，從大從弓。大，東方之人也。」又「羌，西戎牧羊人也。……唯東夷從大。大，人也。夷俗仁，仁者壽，有君子不死之國。」關於「君子不死之國」，《山海經‧海外東經》：「君子國在奢比之尸北，衣冠帶劍，其人好讓不爭」；《大荒東經》：「有君子之國，其人衣冠帶劍。」聞一多認為古字「夷」、「人」不分是對的。羌，既是西方之人，夷是東方之人，故羌、夷都是

「人」，在古代，「人」字和「夷」字是相同的字。王獻唐先生說：「最初之人即夷，夷即人。」；「人夷一字」。

「匪夷所思」即「匪人所思」，非常人所能料想。或非一般低下卑賤之人所能料想得到的。帶有貶意。此亦迴轉之義，與常態迴異而非常態也。

六四離坎險遇艮止，逃過一劫，艮為艱難而今遇大水艱難之境，回轉而遇山丘變成救命之居，是出乎意料之外。故大吉。

艮也為宗廟，神靈附體等匪夷所思之事。

☵☵ 渙 ䷅ 訟

此爻變為「訟」，「訟」象失，原本爭訟而離散，如今得高丘而安，轉危為安之象。既是匪夷所思自然爭論不休。

聞一多《周易義證類傳纂》引《詩·小雅·何草不黃》：「哀我征夫，獨為匪民。」以「匪民」為罪民。「民」之本義就是罪人奴隸。「匪人」就是「匪民」。就是罪人。古時有罪之人服勞役，征戰時為役伕，故自稱「匪人」。「匪人所思」，即罪人之思。「訟」失，是訴訟得勝也。可以參觀。

九五：渙汗其大號，渙王居，無咎。
象曰：王居無咎，正位也。

「汗」，流汗，《說文解字》：「汗，人液也。」

「渙汗」，是大量出汗，是辛勞憂懼之象，九五辛勞抱病大出汗，勞累以求。

「渙汗」，澔汗也。也是形容水勢浩大的意思。

「渙汗其大號」，高亨注：「當讀為『渙其汗，大號』。」意思是身體大量發汗，汗出如漿也。這是身體大病，精神渙散，大量流汗。故大號。汗出燒退而病癒，故「無咎」。巽為號令，為大號。

又「渙汗」，是號令既出如汗不能返也。《漢書·劉向傳》：「《易》曰：『渙汗其大號』言號令如汗，汗出而不反者也。今出善令，未能逾時而反，是反汗也。」顏師古注：「言王者渙然大發號令，如汗之出也。」《北堂書鈔》引王肅《易》注：「王者出令，不可復反，喻如身

中汗出不可反也。」唐代元稹《論追制表》：「今陛下如綸之令朝降，反汗之詔夕施……臣竊恐陛下之令未能取信於朝廷，而況於取信天下乎！」《明史・張翀傳》：「陛下詔墨未乾，旋即反汗，人將窺測朝廷，玩侮政令。」以汗出而不能反喻令出不能收。後因以「反汗」指反悔食言或收回成命。

「渙」是大洪水。「渙汗」，是大水來臨，救災時大夥的辛勞而流大量的汗。漢王褒〈聖主得賢臣頌〉：「胸喘膚汗，人極馬倦。」即以汗為勞累之義。而「勞」字從二火，從冖，從力，《說文解字》：「勞，劇也。從力，熒省。熒火燒門，用力者勞。」也將勞解釋為救火災大出力而勞。勞與澇同，災字從水火。可見救水與救火一樣需要在短時間內出大量的勞力而出汗。

「大號」，大聲呼號也，颶風的呼號聲，可見巨浪狂風猛烈，處境危險。九五居巽，巽為號令。也是身體不適而呼號。皆指情況的危厲。

「渙汗其大號」，是大聲疾呼嚴行號令也。巽為誥命，見「姤」〈大象〉：「后以施命誥四方」。

「渙王居」，大水淹到了王居所，急令大家救災，可以「無咎」。是呼應九四的「丘」。王居處於高地故得無咎。九五居艮卦之上。與六三「渙其宮（躬）」同。「王居」處高地，無懼於狂風大水，雖辛勞但「無咎」。

九五位中正，故曰「正位」。五無應，然「無咎」者，因為得中。〈小象〉多以爻位來解釋卦義。

九五正位主持祭典，大聲呼號，以喚神靈。

此爻面臨大難，雖處於危境，卻身居高安之地，號令聚眾救災，可謂險中得安，危難中有大幸，故「無咎」。

☵☴ 渙 ☶☵ 蒙

爻變「蒙」卦，有蒙汗藥，蒙著棉被以身體大量發汗來救疾。

上九：渙其血，去逖出，無咎。
象曰：渙其血，遠害也。

「血」，古「恤」字，憂患。

「逖」，古「惕」字。

此言大水之憂已過，但要時時警惕方可長保無咎。

「遠害」，離下卦坎險已遠，將出險而未出。

又「渙」即「瘓」，巽為風，為傳播，風字從虫，為病菌，為傳染之媒介。坎為疾。

九五之疾病而發汗大號，是流汗疾病之象。「小畜」六四：「血去惕出」與此爻同。

「逖」，古「惕」字，同「瘝」，是狂疾之症。《漢書·王商傳》顏師古注：「逖古惕字，憂也。」怳惕也。憂也，懼也。《吳語》：「一日惕」。《註》：「疾也。疾速之疾。」又「惕」同「瘝」，疾病也。《廣雅·釋詁》：「瘝，病也。」《國語·吳語》：「員不忍稱疾辟易」。韋《注》：「辟易，狂疾。」此「易」即「瘝」，《韓非子·內儲說》下篇：「公惑易也」「惑易」即「辟易」。患此狂瘝之疾既恐懼又憂慮也。巽卦為進退不果，為躁卦。躁急不安亦狂疾之象也。又《說文解字注》：「（疾）病也。析言之則病爲疾加。渾言之則疾亦病也。按經傳多訓爲急也。速也。此引伸之義。如病之來多無期無迹也。」所謂「病來如山倒，病去如抽絲。」疾病之疾，取其速來無跡可尋也。

「渙其血」，謂流其血，是放血治病。是將手術後的血水稠膿清除乾淨。

「渙其血，去逖出」，謂流血而疾病的憂慮可除，故曰「無咎」，無災害。或是古時放血療疾之法。《漢書·李廣蘇建傳》：「（蘇）武謂惠等：『屈節辱命，雖生何面目以歸漢？』引佩刀自刺。衛律驚，自抱持武。馳召醫，鑿地為坎，置熅火，覆武其上，蹈其背，以出血。武氣絕，半日復息。」《史記·扁鵲倉公列傳》記載扁鵲用針灸之法救虢國太子：「扁鵲乃使弟子子陽厲針砥石，以取外三陽五會。有間，太子蘇。」

「遠害」，即病去而癒。

䷝渙䷜坎

爻變為「坎」，坎為險陷，居「坎」之上其勢將出坎險而未出也。

九五辛勞出汗，上九更激烈以「血」求祭，如乩童之自傷。

節　：亨。苦節，不可貞。

象曰：節亨，剛柔分而剛得中。苦節不可貞，其道窮也。說以行險，當
　　　位以節。中正以通，天地節而四時成。節以制度，不傷財，不害
　　　民。

象曰：澤上有水，節。君子以制數度，議德行。

序傳：渙者離也。物不可以終離，故受之以節。節而信之，故受之以中
　　　孚。有其信者必行之，故受之以小過。

雜傳：渙離也，節止也。

𥱊《說文古籀補》𥱊 小篆

上艮下震「頤」卦 卦象就是像竹子一節與一節之間的樣子。故〈大
象〉曰：「君子以慎言語，節飲食。」艮卦就是節，「頤」卦就是一正一
反的艮。《說文解字》：「節，竹約也。」說的就是植物的成長必是一節
一節的生長。凡節之處必堅硬，節與節之間受到節的約束，生長了一段必
有一節，有節才能再繼續生長。又植物在有節的地方才會發芽生新枝，故
曰「枝節」。〈說卦傳〉：「艮為堅多節」。「節」卦三四五爻互為艮，
二三四爻互為震，〈說卦傳〉：「震為蒼筤竹」。艮、震皆有竹象，竹多
節也。故卦名為「節」。《史記·龜策列傳》：「竹，外有節理，中直
空虛。」「節」卦互「頤」卦，「頤」卦象口，是節制飲食言語欲望，
「節」卦，坎水為法，是節以制度禮法。

　　節字從竹，從艮，從卩。竹是物，艮是義，卩是音。《說文解字》解
釋為「从竹即聲」。

　　節是約束，節制，節操，而不放蕩散渙。《廣韻》：「節，操也，制
也，止也，驗也。」

　　「節」綜為「渙」，「渙」則大水不受約束而氾濫。「節」則水約束
於岸涯之中，受到節制，故卦名「節」。〈雜卦傳〉曰：「渙離也，節止
也。」就是此意。「節」也是節閥，用以約制水的流量去處，互艮為關，

為關節，符節，故為驗。也是節操，用以約束人的行為。

又「節」卦乃節以制度、號令。〈大象〉「制數度」，是節以制度。「議德行」，則是禮節、節操。《釋名·釋兵》：「節者，號令賞罰之節也。」《荀子·強國》：「內節於人」。楊注：「節謂限禁」節，法度也。《荀子·成相》：「言有節」。楊注：「節為法度」。《禮記·曲禮》：「是以君子恭敬撙節退讓以明禮」。疏曰：「節，法度也。」

「節」者，止也，制也。《禮記·王制》云：「凡制五刑」。鄭玄注：「制，斷也。」《廣雅·釋詁》：「制，折也。」〈說卦傳〉：「兌為毀折，為附決。」下卦兌有決斷之象，如「夬」卦。上卦坎，為法，卦象人君以法制事，故卦名為「節」。

「節」卦也是符節。使節所持之亦曰「節」。《說文解字》：「節，竹節也。」古代符節多以竹為之，一剖為二，兩者符合乃可行事。上互艮與下互震相對而合，如符節之形。《周禮·秋官·司寇》：「達天下之六節：山國用虎節，土國用人節，澤國用龍節，皆以金為之。道路用旌節，門關用符節，都鄙用管節，皆以竹為之。」《周禮·地官·序官》：「掌節，掌守邦節而辨其用，以輔王命。凡通達于天下者，必有節以傳輔之。無節者，有幾則不達。」鄭玄注：「節，猶信也，行者所執之信。」《左傳》文公八年：「司馬握節以死。」杜預注：「節，國之符信也。」〈序卦傳〉：「節而信之。」以節為信用，符節之象。互「頤」卦，口中的牙齒交錯，好像兩片符節相互配合。

「節」是權杖。使節所持之節，即權杖，也是權力之象徵。《史記·呂太后本紀》：「乃令持節矯內太尉北軍。」〈大象〉：「君子以制數度。」即權力之義。

「節」卦是止也，節拍、節奏也。《爾雅·釋樂》：「和樂謂之節。」《疏》：「八音克諧，無相奪倫，謂之和樂，樂和則應節。」即各種樂器演奏皆和節拍也。

「節」卦是行走之節度，節奏，《禮·玉藻》：「凡君召以三節，二節以走，一節以趨。」《註》：「隨事緩急，急則二節，故走。緩則一節，故趨也。」走即今日之跑，趨則為小步快走。《釋名》云：「疾趨曰走。走，奏也。促有所奏至也。」《四庫全書本·半軒集·佩韋齋記》：

「夫剛則必急，柔則必緩，勢之固然也；急則易以敗，緩則易以弛，又不能無偏失焉；故琴瑟之張也，過急則絕，過緩則不成聲。車馬之行也，過急則顛覆，過緩則不前。緩急之間固當有道矣！」聞一多《周易義證》說：「案節謂車行之節度。」車行有節則安，無節則苦。《呂氏春秋‧知分篇》曰：「晏子授綏而乘，其僕將馳，晏子撫其僕之手曰：『安之！毋失節。疾不必生，徐不必死』。」《韓詩外傳》：「安行成節，然後去之。」《史記‧司馬相如傳》：「案節未舒。」《索隱》：「案節言頓轡也。」案：按抑其轡，則馬行遲而車安，是「案節」即「安節」。《莊子‧天道篇》曰：「斲輪，徐則甘而不固，疾則苦而不入，不徐不疾。」《釋文》引司馬注曰：「甘則緩也，苦者急也。」《淮南子‧道應訓》：「大疾則苦而不入，大徐則甘而不固。」高注：「苦，急意也，甘，緩意也。」急行則節奏亂顛簸而苦，安行則節奏合拍緩和而甘。

坎為水，為陷，為深穴，為孔竅，孔竅發聲故為音律，「師」初六：「師出以律」亦以坎為律。律者，音律，律動，節奏也。牛馬駕車，行車有節奏則乘者安，若無節奏而亂了步伐，顛簸不安則苦。

「節」是竹節，《說文解字》：「節，竹節也。」也是竹鞭，用以鞭策牛馬。《左傳》僖公二十八年：「晉侯三辭，從命，曰：『重耳敢再拜稽首，奉揚天子之丕顯休命』受策以出，出入三覲。」策，《說文解字》：「策，馬箠也。」文公十三年：「晉士會行，繞朝贈之以策。」《註》：「策，馬撾。」《禮記‧曲禮》：「君車將駕，則僕執策立于馬前。」

「節」卦是竹節，是約束，是節制，是禮節，是節省，是調節使之維持。互「頤」卦也是節，節飲食，節欲望。老人宜養要知節。「節」卦也是調節，調和得宜不使偏枯。上卦坎，坎為水，為平，「節」卦有水平，有標准。「節」是節制使之不過，是以制度來約制使之不過。坎水在澤之中，受到岸涯的約束。相綜的「渙」是大水渙然不受堤岸約束而氾濫。「節」是節省，「節」是數量有限，要量入為出，不超過，不缺乏，求得平衡。「節」是節制，不使過分，是合情合禮。「節」是調節，剛柔相濟，恰到好處。《中庸》說：「喜怒哀樂之未發，謂之中；發而皆中節，謂之和。」「節」是守中不超過。超過，太過都是不「節」。「節」就是貞，貞節。中就是貞，「節」是守中，就是守貞，是貞節。「節」是節

操。「節」為窮，時窮節乃現。「節」是守節，是夫死，夫死婦守節。

《履》是行禮時誠慎恐懼之心，「節」是禮儀制度，正當行為。「賁」是繁紋縟節。「節」是名節，艮為譽，為名，為臣。艮又居坎，坎為陷；陷于節之中，故為「苦節」，不是王寶釧就是蘇武。

「節」有合之義，但不苟合，只合於一，只合於禮。故曰「守節」。合於節度，不踰越禮制，正正當當就是信。信是人之言，禮是人之行。《漢書・宣帝紀》贊嚴師古注：「信，讀為申，古通用字。」先天八卦坎為西方，後天八卦兌為西方，「節」卦是兩重西方，西方為秋，為金，為肅殺，可見「節」有嚴肅，肅殺的一面。

「節」是關節，關卡，海關，關鍵。也是閥，調節水流。也是堤壩，用以約束水流。「節」是吃力不討好，節是閥，水的調節壓力全在閥上，故吃力不討好，故苦。「節」是時節，逢年過節，是告一段落，是要調節，要休息。所以《雜傳》說：「節止也。」《廣韻》：「止，停也，足也，禮也，息也，待也，留也。」

「節」是過節，人與人相交要知節，不然會有過節。「大過」就是不知節而為過於節。節哀順變就是不過節。「小過」則過於節，《小過・大象》曰：「行過乎恭，喪過乎哀，用過乎儉。」「節」為不過，「大過」為不節，動的超過，過動故不知節。

「節」互「頤」，「頤」為節，錯為「大過」，「大過」為不節。所以為「過節」。《春秋繁露・保位權》：「故聖人之制民，使之有欲，不得過節；使之敦樸，不得無欲。無欲有欲，各得以足。」「大過」〈大象〉曰：「獨立不懼」只顧自己不受其他約束，放手大幹。「過節」也是逢年過節。「節」為關，過節如過關，不好過。因為古人逢三節收賬。

「節」是關節，「節」錯為「旅」，商旅要過關，要打通關節。「節」卦如「益」，兌澤是窪地如碗。坎為險，為塞，是險要的關卡隘口，是天險，是設關卡的好地方。是天險要塞之地。商旅要打通關節，「益」是生意也要打通關節。「益」互「頤」，「頤」為「節」。

〈雜卦傳〉說：「渙，離也；節，止也。」上坎為冬，下兌為秋，秋冬為萬物閉藏的時候，故為「止」。「節」互「塞」，行之不順，故止。「節」互「損」，故要調節損失，以為平。「節」互「頤」，是要知彈性

運用，故「苦節不可貞」。

「節」是節度，要知緩急輕重。「節」互「頤」，量雖少但量入為出能調節不缺乏，故能養能安。「節」不過份故能安。「頤」是「自求口實」，「節」是求人不如求己，都是天助自助者，要靠自己。「頤」〈大象〉曰：「慎言語，節飲食。」「損」〈大象〉曰：「懲忿窒欲」。「節」〈大象〉曰：「制數度，議德行」都是要節制欲望行為，重內在的修養，約束自我。

「節」是心甘情願，外坎險難艱苦，內心愉悅不以為苦，甘之若頤，不然就苦。「節」是廉節，《諡法》：「好廉自克曰節」。「節」是困，困於險中故要節。「困」卦是失節，上兌下坎，與「節」相反。「困」互「大過」，「大過」是不知節止，不知節故困。「困」與「節」多苦，要「大過」才能脫困、才能過關節。是關於生死名節的大關，不容。

「節」錯為「旅」，是夫旅行在外，婦在家守節。是王寶釧苦守寒窯。是蘇武北海牧羊。「節」是止於內，「旅」是行於外。在外守節那是使節。「旅」為不節，失節，中女出艮門，故不合禮節；又「旅」互「大過」，「大過」為不節。

「節」卦辭曰「亨」，祭享也；也是節節上升之亨通。節節上升是一步一腳印，慢慢的升，所以「節」有「漸」之意。

〈彖傳〉曰：「節亨，剛柔分而剛得中」就是要調節，要中，要公平。調節得宜資源雖少也能亨通發展。「得中」就是不過，過則顛，顛則倒，倒則窮。「苦節不可貞，其道窮也。」守不住中則窮。過而不知節，則資源很快就消耗殆盡，盡則窮。「說以行險，當位以節。」上險下兌，以愉悅恭敬之心行險，要節。九勿、九二剛中，行險不會過，才能亨。其中九五中正最重要。「節以制度」就是節要以制度訂之，要公平。「不傷財，不害民」，不但要公平還要合於情理，合於社會公義，不能害民傷財。

「節」卦要知調節，不然就苦。〈說卦傳〉：「兌，其於地也為剛鹵。」兌為澤，澤水枯竭則為鹹鹵之地。《說文解字》：「鹵，西方鹹地也。」過鹹則苦。《爾雅·釋言》云：「滷，苦也。」郭璞注：「滷，苦地也。」「節」是要調節，不然止而不動則苦。苦者，疾病也。《呂氏春

秋‧貴卒》：「皆甚苦之」。注：「苦，病也。」《莊子‧天道》：「徐則甘而不固，疾則苦而不入。」「苦」謂疾切過分，「甘」謂調和適中。「節」止也，不知調節約束太過故苦。水流動則味甘，不動則味苦。

「苦節」，是艱難之節，急切不合禮之節。是寡婦之節。是行節太過，太急，太苦。「節」是止，是安，不能太過，太過則凶。「苦節」是受困於節，是窮困，困苦，是時窮節乃現。是勞苦。非常人也，如蘇武，王寶釧。

「苦節不可貞」，是太苦守不住節。也是太苦不要守，另闢其他路徑。「節」不可過了頭，要適度。過頭則苦，苦則守不住。

〈大象〉曰：「制數度，議德行。」是訂制度，行法度，是操行，品德。「節」是精於算計。「節」是調節，要公平，所以要計算。

「漸」是滲透，進的太慢多失於急；「節」是節制，資源少，約束多，多失於貞苦。

「節」是資源少，是水少而止，水為滋潤，為甘霖，為財，是財少，資源少，故不吉。「節」綜為「渙」。做人有節，不易陷己於危厄。財物有節，則不虞匱乏。過儉則不通人情則苦，過於奢侈，則散漫不足。

講到男女婚姻關係的卦很多，「臨」卦一五互為「歸妹」，嫁娶之象。「睽」卦互為「歸妹」，兩女不宜同居，兩女相處有如夫婦，不宜。「節」卦互為「歸妹」，卻是守節，主女子失其夫。「咸」是指男女相合，是利於婚姻。「漸」卦為明媒正娶，錯為「歸妹」是陪嫁，是外室，不是正宮夫人。

此卦節以制度則難關可渡，但約束過頭則「苦」不宜死守不放。

初九：不出戶庭，無咎。
象曰：不出戶庭，知通塞也。

「戶」，是單扇小門。「門」與「戶」有別；單扇扉的稱為「戶」，雙扇扉的稱為「門」。

《說文解字》：「戶，護也，半門曰戶。」《釋名‧釋宮室》：「戶，護也；所以謹護閉塞也。」

門是大門，在屋院的外緣，主院落的出入；戶是小門，在屋院的內

裡，主房間的出入。是大門內的小門。《一切經音義》：「在於堂屋，曰戶。」出口與門都可以稱戶。門戶是出入之通道，也是保護門戶內家園的防禦。故〈小象〉曰：「知通塞」。

「庭」，院子、內室，門戶內空地。

「戶庭」，古代屋堂前之庭院。

「不出戶庭」，是待在家中不動，是大門不出二門不邁，是絕對的謹言慎行，自我約束。

初九與六四相應，六四互艮，艮為庭，為戶。但為九二所阻，故不宜出。陽遇陽則窒，故阻塞不通，當節制慎守不要硬闖，如此，可以「無咎」。

初為內，初九得位，是「潛龍勿用」之地，在「節」之時，是知節守分之象，能自我約束、節制。是節所當節，止所當止，故「無咎」。〈繫辭〉：「吉凶悔吝生乎動。」初九節制不動故無「吉凶悔吝」而無有咎災。

「塞」，阻塞也；《廣韻》：「塞，滿也，窒也，隔也。」

「通塞」，是通路被塞，是節止不能前。與「巽」初六：「進退」同，重點在「塞」。

「知通塞」，是能通能塞，知道自我約束，因為不通，所以不會蠻幹。

九二亦陽，遇敵，故不能應四，故曰「塞」。

「節」是調節，不是一昧的止，當行則行，當止則止才是節。俗語說「知深淺」、「知好歹」、「知所節制」，拿捏調和得節度。

此爻不出門戶，是守節。接著「渙」而來，「渙」是不知節，初九知節故「無咎」，無災也。

䷴節 ䷜坎

爻變為「坎」，知節而止則「無咎」，躁動不知節止則深陷坎。此爻不宜問婚喪。兌為少女，是在深閨知節之女。

節

九二：不出門庭，凶。

象曰：不出門庭凶，失時極也。

「門」，是靠外的大門，比「戶」靠宅院之外，但也尚未出家門。《說文解字》：「門，聞也，從二戶。」段玉裁注：「聞者，謂外可聞於內，內可聞於外，可知門是分隔內外之限者，門在外也。」三四五爻互艮，艮為門，為庭。初九居下為內，為「戶庭」，如四合院的廳堂內埕。九二較初九更朝外進一步故曰「門庭」。初爻、二爻的用詞常近，如「同人」初九「同人於門」，六二「同人於宗」。

「門庭」，宅院大門以內的空地。《一切經音義》：「在於宅區域曰門。」「門庭」者，第一進內的落院，閩南語稱為埕。

初九室內之戶，守節在家不利出門；九二止於廳堂也是「不出門庭」而有「凶」，是不利在家，利出門。但初九得位，前遇阻，當止則止；九二失位，前遇陰則通利於進，但卻「不出門庭」是不當止而止，故「凶」。〈小象〉說「失時極」就是說九二不知行止。

「極」，中也。《說文解字》：「極，棟也。」棟居屋脊，當屋之中，故「極」為中。北極星居天體之中。「失時極」，是失時之中。九二居中無應當節卻不知節，故曰「失時」。

「極」，是極端，就是不節，調節是不會走極端的，極端就是「苦」，是「苦節」。

九二「見龍在田」，本當大顯身手卻悶坐在家，故「失時極」。

九二為何不出？九二失位與九五無應為敵，是失節不知所為，故當行而未行。初九知，九二無知。初九知節，九二不知節。

初九「不出戶庭」與九二「不出門庭」是一樣的都是節止，但所處之位不同而所用之法相同，也可說一用再用，就是不知節；「老狗玩不出新把戲」，招式用老了。

此爻出不了門庭，止於不該止之時、之地，凶。

☱☵ 節 ☳☵ 屯

爻變為「屯」，「屯」為止，為難。故變則止而難，不變又凶。此爻身在家中坐，禍從天上來。

六三：不節若，則嗟若，無咎。

象曰：不節之嗟，又誰咎也。

「不節」，是不知節制，處事行為不合節度。

「若」，語助辭。

六三失位乘初、二之剛，前遇敵，居兌卦之缺口這是不吉的，又無應，是「失節」之象。

「嗟」，是嘆息聲，哀號聲，傷嘆聲。比「號」要小，是自知反悔，知錯之意。《釋名·釋言語》：「嗟，佐也，言之不足以盡意，故發此聲以自佐也。」「離」九三：「不鼓缶而歌，則大耋之嗟。」與此爻義同。六三無應，只能順九二之剛，故「無咎」。兌為口舌故為嗟。

〈小象〉說「不節之嗟」是因為不知節制而失意的嘆息，是反悔自責故曰「無咎」。知悔而「無咎」可見節失的不大，過錯不大，所以無災害。「知錯能改善莫大焉」別人也不忍苛責，六三所犯之錯也非大錯，可不像九二自負不知悔改故「凶」。

下經·60·節

485

☴☳ 節 ☵☱ 需

爻變為「需」，不前而知止，也是節象，故「無咎」悔改能需止故無咎。初九在兌澤之下，澤水尚低，知節不溢。九二在中失位，不知節，在陰爻下為闇，溢而不自知故凶；九三在澤之上，居缺口，澤水必溢，但在兌上顯而易見，易於防範。

六四：安節亨。

象曰：安節之亨，承上道也。

六四得位，如「坤」六四「括囊」，又在二三四爻互艮，艮為止，為安，故知節能安，故曰「安節」。

「安節」，是安于節，是安居樂業，安貧樂道，安於現況不勉強。守節是辛苦的，卻能安於守節。可見其知節制，能調節。

聞一多認為「安」是徐，緩慢，從容不迫，安於節奏、節拍。也稱「案節」即頓轡，謂抑制其車駕馬轡，使車行緩而有節奏。聞一多《周易義證》說：「案節謂車行之節度」。《呂氏春秋·知分篇》：「晏子授綏而乘，其僕將馳，晏子撫其僕之手曰：『安之！毋失節。疾不必生，徐不

節

必死。』」《晏子春秋‧雜上篇》「安之」作「徐之」又曰「按之成節而
後去」蓋車行有節則安，無節則苦。《韓詩外傳》：「安行成節，然後去
之。」《史記‧司馬相如傳》：「案節未舒」，《索隱》：「案節言頓彎
也」。案：按抑其彎，則馬行遲而車安，是「案節」即「安節」。節而能
安，調節適當如宋代宗澤〈早發詩〉：「眼中形勢胸中策，緩步徐行靜不
譁」故「亨」。

「亨」，亨通，六四前遇九五故通。亨，祭享也，饗也；有平安之
義。從容不迫必然亨通平安。

「承上道」，六四前遇險故不往而安于位，又上承九五，陰順陽，也
是順于節。

此爻安服於節度，可以亨通。

☷☱ 節 ☶☱ 兌

爻變為「兌」，心安理得，皆大歡喜。安于位又知節制就是吉。九四
是宰輔，是近臣，能安守臣子之道。

九五：甘節吉，往有尚。
象曰：甘節之吉，居位中也。

「甘」，調和得當，不急不徐。是甘草，可以調和苦味，使苦藥不
苦，主要為改善口感「調和諸藥」。「甘」是味之中，味之和，就是適中
之美。《晏子春秋》：「晏子曰：『此所謂同也，所謂和者，君甘則臣
酸，君淡則臣鹹。今據也甘君亦甘，所謂同也，安得為和！』。」

「甘」字從口，為指事符號，表示口中所含之物。字象口含一物，
是「含」的初文。故「甘」，含也，藏也；《釋名‧釋言語》：「甘，含
也，人所含也。」《國語‧楚語》：「土氣含收」。韋昭注：「含，藏
也。」《釋名‧釋飲食》：「含，合也。合口亭之也，銜亦然也。」

「甘節」，是適中而和的節，是無過也無不及的節。就是含藏於口而
知節止。也是「和節」，是調和各種滋味使之適中，不僅是自己節也調和
他人的苦，使大家都「甘」。

「甘節」，是對節甘之若飴，因為甘之若飴不以為苦，故能得福而
吉。九五居中所以能調和適中而「甘」。

聞一多認為「甘節」也就是「安節」，又九五之「甘」與上六之「苦」相對。《莊子‧天道篇》：「徐則甘而不固，疾則苦而不入。」《釋文》引司馬注曰：「甘者緩也，苦者急也。」《淮南子‧目應篇》作「大疾則苦而不入，大徐則甘而固。」高注曰：「苦，急意也；甘，緩意也。」「苦節」、「甘節」即「疾節」、「緩節」。

九五為卦主，居中正之地，故能調和而甘。《說文解字》：「鼎，和五味之寶器也。」九五有調和鼎鼐之功。九五中正不僅自節也能使天下節，影響力很大，功效很大，又前遇上六，故曰「尚往」。「往有尚」，即尚往。

「尚」，賞也。

此爻節度調和適中得當，吉。出行得賞，得有收穫。

☰☱ 節 ☷☱ 臨

爻變為「臨」，是君臨天下，調和鼎鼐，受天下愛戴。

487

上六：苦節貞凶，悔亡。
象曰：苦節貞凶，其道窮也。

「苦」，疾也，急也。《類篇》：「苦，急也。」《博雅》：「苦，恨也。」郭璞曰：「苦而為快，猶以臭為香，治為亂，反覆用之也。」急行則節奏亂顛籤而苦，安行則節奏合拍緩和而安。謂催促疾行亂了節奏，出行有凶，有所亡失。《莊子‧天道篇》曰：「斲輪，徐則甘而不固，疾則苦而不入，不徐不疾。」《釋文》引司馬注曰：「甘則緩也，苦者急也。」《淮南子‧目應篇》：「大疾則則苦而不入，大徐則甘而不固。」高注：「苦，急意也，甘，緩意也。」

「節」最重中道，過與不及皆失，上六居全卦之終，亢窮之位，節已過中而窮叫人不堪忍受，故曰「苦節」。

「苦節」，是不能忍受之節，以節為苦。又以行節為苦，粗魯也。雖說良藥苦口，苦到不能入口，良藥也無可用。

「貞凶」，長此以往必凶。

卦辭說「苦節，不可貞。」長此以往節必不能守，故曰「貞凶」。但若回歸到中道也可以「悔亡」。

節

「悔」，困厄麻煩。

「悔亡」，謂筮得此爻，以前有困厄麻煩如今順利。

「節」發展至此「苦節」已是窮途末路了。若是窮途知變則可轉困厄麻煩而順利。

此爻苦於節度，承受不了，出行凶。歸而有亡。不能貞守的苦節，千萬不要堅持。上六以陰居陰，乘剛，坎為隱，故冥昧不知節，太過于節。

節 中孚

爻變為「中孚」，是知節之卦；上六不知調節一味的節制故苦。知變、知反、知中道，

變為「中孚」可以「利涉大川」脫離「苦節」此爻緊接著就是「中孚」卦。

第61籤 ䷼ 中孚卦 又名風澤中孚

中孚：豚魚吉。利涉大川，利貞。

彖曰：中孚，柔在內而剛得中。說而巽，孚乃化邦也。豚魚吉，信及豚
魚也。利涉大川，乘木舟虛也。中孚以利貞，乃應乎天也。

象曰：澤上有風，中孚。君子以議獄緩死。

序傳：節而信之，故受之以中孚。有其信者必行之，故受之以小過。

雜傳：小過過也，中孚信也。

小篆 小篆

「中」為「衷」，是中心，內在，心中，包含其中。為何言「中」？
是六三、六四兩陰居整卦之「中」，錯卦為「小過」，「小過」大象為
坎，坎為陷，陷入其中。坎為脊，為龍骨，為脊椎。「衷」字為「衣」與
「中」兩字合一。艮為衣，為表面，陽在外，如卦象。互卦為「頤」，
正、覆兩艮。

「中」，內也。「坤」六五〈小象〉：「黃裳元吉，文在中也。」

「中」亦為「得」，《周禮・地官》：「師氏掌國中失之事」。
《註》：「故書中爲得。陸德明云：中，杜音得。」「中失」就是「得
失」。

「孚」，一般解釋為「信」，然「信而可徵」更深切。《左傳》莊公
十年：「小惠未偏，小信未孚。」很清楚指出，信要可徵為「孚」，不能
徵信的只是小信，即不足信。

「孚」為孵，鳥禽孵卵，將卵包覆其中以孵，故「孚」有包裹之意。
《廣雅・釋詁》：「包，裹也。」《漢書・禮樂志》顏師古注：「包，含
也。」「泰」九二：「包荒」虞翻注：「在中稱包」。「姤」九二：「包
有魚。」虞翻注：「在中稱包。」巽為伏，鳥禽孵卵，伏藏以為安全。

孚字從爪從子，爪是鳥禽之爪，子為「雞子」就是卵。母雞孵蛋，
以腹加溫，以爪翻蛋，就算趕也趕不走，堅持衛護卵以固守，就算取走
雞卵，母雞依然堅守崗位，伏於雞窩中不停。所以孚引申為信。母雞孵

卵二十一天，雛雞啄蛋殼而出現裂縫，如龜卜之兆痕，《說文解字》：「兆，灼龜坼也。」故為信，因為徵兆已現，故要「信而可徵」才叫作「孚」。《說文解字》：「孚，卵孚也。从爪从子。一曰信也。徐鍇曰：鳥之孚卵，皆如其期不失信也，鳥褱恆以爪反覆其卵也。」但甲骨文卜辭內，孚作俘用，未見有作孵用的。流沙河先生確信孚就是孵，甚是。即信而可徵。

「孚」為信而可徵，為孵，雛鳥將出以喙啄卵殼而裂開，如兌上缺，卵殼已裂幼雛將出，信而可徵。《爾雅‧釋詁》：「孚，信也。」〈雜傳〉：「中孚，信也。」「中孚」互「頤」，為竹節之象。又上下正反兩兌，兌為缺，為口。象兩竹缺裂口口相對而合，符節相合之象，故為信。亦為各自兩塊符節，未合則各藏之，出而合之則孚合以為信。尚秉和云：「節，信也。節何以為信，以中爻兩竹相合。中孚初至五象與節同，仍兩竹相合。而在中四爻，故曰中孚。」

「中孚」是真心的誠信，是至誠至信。錯「小過」，大象為坎，坎為孚，為信。用的是大象，故是大信。

「孚」為浮，「中孚」大象為離中虛，卦外實而中虛，似空腹，中虛故可浮。上巽為木，下兌為澤水，如「渙」上巽為木，下坎為水，〈繫辭下〉：「刳木為舟，剡木為楫，舟楫之利以濟不通，致遠以利天下，蓋取諸渙。」即浮，故卦辭曰：「利涉大川」，離為大腹。卦辭「豚魚」即河魨，俗稱「雞泡魚」，受到刺激即大腹鼓脹如球，有劇毒，俗語「拚命吃河豚」，宋人孫奕〈示兒編〉中記蘇東坡謂其味美稱：「也值得一死！」該魚生活於海河交際之處，如果天氣轉變大風將起，江豚會露出水面，頭朝著起風的方向「頂風」而出，長江漁民稱之為「拜風」風吹而起，合於上卦巽風，下卦兌現。漁民見此狀知風起而信之。來知德《周易集註》云：「如豚魚知風，鶴知秋，雞知旦，三物皆有信，故中孚取之，亦以卦情立象也。」「中孚」大象為離，離為大腹，中虛故浮，故為河魨。《管錐篇》云：「『豚魚』當指一物，即有毒之河豚魚。」

另一說為江中豚魚，或曰「豚」，〈江賦〉曰：「魚則江豚海豨，叔鮪王鱣。」《南越志》曰：「江豚似豬。」《臨海水土記》曰：「海豨，豕頭，身長九尺。」郭璞《山海經》注曰：「今海中有海豨，體如魚，頭似豬。」江豚，為祭祀時常用作祭獻之物。王引之《經義述聞》說：「豚

魚乃禮之薄者，然茍有中信之德，則人感其誠而神降之福。故曰：『豚魚吉』，言雖豚魚之薦亦吉也。」豨，即豬，吳楚地區稱豬為豨。

毛公鼎魚 魯籀文

闻一多先生則以為「豚魚」當讀為「屯魯」，並謂「豚」通作「屯」猶「豚」一作「㹠」。而魚、魯在古文中本同一字。並舉出金文中一字「上魚下口」而仍為「魚」字。卜辭之中常出現「屯魯」一詞。〈叔夷鐘〉：「其萬福屯魚。」〈秦公鐘〉：「以受大福，屯魯多釐。」〈士父鐘〉：「康右屯魯。」〈邢未鍾〉：「尋屯用魯永終于吉。」「屯」，大也，滿也，盈也。「魯」，讀為「嘏」，福也。《廣韻》：「嘏，大也，福也。」

「屯魯，吉。」即大福，厚福，故吉。

「孚」亦為保，鳥禽孵卵，卵在其中被保護，母禽保護卵也。故孚也有保護的意思。

「孚」亦為俘，俘獲也。卦象上下兩兌，一正一反，兌為斂，為奪。孚字，從爪從子。一把爪子既有保護之義，也有抓擄之義，故為「俘」。從爻辭六三「得敵」九五「有孚攣如」都指的是「俘」。《左傳》襄公十年：「以偪子歸，獻於武言，謂之夷俘。」「中孚」大象為離，離錯為坎，「中孚」錯為「小過」，「小過」大象為坎。「中孚」取象多用錯卦之象。「隨」九五：「孚於嘉。」虞翻注：「坎為孚。」「大壯」初九：「征凶，有孚。」虞翻注：「坎為孚」。「家人」上九：「有孚，威如。」虞翻注：「謂三已變，與上易位，成坎。坎為孚。」可知卦名曰「中孚」者，以其中虛似坎坑陷人而俘獲之象。可謂從坎中得取俘擄，故坎陷象失而為離之網羅，束縛之象。這是用錯象。你可以想像為陷阱坎已經將獵物陷入，而獵人將獵物取出後陷阱又空虛了。

「孚」為交，信用必須經過交往溝通商議逐漸而成，相互交信，即講。「中孚」上下兩兌相對，兌為現，為口舌，為悅，故為交往商議溝通而悅。菁字甲骨文像兩條魚嘴對嘴狀。《說文解字》：「講，和解也。從言菁聲。」段玉裁注：「和當作龢。不合者調龢之、紛糾者解釋之是曰講。」

「孚」亦為稃，為甲，為外衣，如蛋之殼、蟬之殼，蠶之繭，甲衣蛻

去浮出真相。真相為陽，陽在外，故言「孚」。《說文解字》：「稃，
也。徐曰：「稃卽米殼。草木之華房爲柎，麥之皮爲麩，音義皆同。」段
玉裁注：「謂孚甲始生而未合時也。古借孚爲稃。」《廣韻》：「稃，穀
皮。」

「解」卦也有解甲、解釋、解脫之意，兩卦義近。「解」〈象傳〉：
「雷雨作而百果草木皆甲坼。」

「中孚」大象為離，故《歸藏》此卦曰：「大明」與「小過」相對。
離為日，為明，「大明」即大離。離中虛，像刳丂ㄨ木為舟，故卦辭云：
「利涉大川」。「大明」即真相大白，即心中之想法藏而浮現，即雛鳥裂
殼而出，即種籽脫甲稃而現。「中孚」上下兩兌相對，兌為現，故為浮
現。又大象為離，離為光明，中虛故浮。

「中孚」之前為「節」卦，節為符節，就是信，是以竹相剖一分為
二，合而為信物。「中孚」也是信。蓋兩卦初至五爻相同，故義近。「中
孚」是以「中」為名，強調誠信發於心中，心中充滿誠信。「中孚」卦
《歸藏》作「大明」，誠信於中者自信滿滿。坎為勞，為陷，為憂，為
隱，皆取其外陰，守節者苦勞憂隱，甚至銜冤莫明。但終有真相大明之
日，如蘇武北海牧羊。如貞節牌坊，皆是彰顯守節之功的。而能守節之人
必心中充滿信實，堅忍負重。冤獄平反了。

「中孚」上巽下兌，在上者性順，是順應自然的生長，是不違背自
然，是無為而治。

「中孚」內虛外實，上下兩正覆巽，巽為風可大可小，為權宜，故
「中孚」是一個極有伸縮空間卦。如彈簧，是彈性極大的一卦。但是二、
五皆陽剛，雖有彈性但不失原則，行為要合於中道，故曰「利貞」。

彈性太大失去原則就濫，沒有彈性緊抱原則不知變通，則死。「中
孚」是行於中道有彈性不失原則。權宜就是離經不叛道。巽為權，權宜
者，離經不叛道也。

三四為陰在內而虛，巽為教化，是虛心受教之象。二五兩爻陽剛居
「中」，是自信之象。內虛則不欲設立場，客觀而有彈性。「中」實則自
有原則，不偏不倚，不會人云亦云。上下二陽在外，堅實則外在的威脅利
誘不入。所以「中孚」是一個誠信自信之卦。

「中孚」在「節」之後，以《中庸》所言：「喜怒哀樂之未發謂之中。發而中節謂之和。中也者，天下之大本也；和也者，天下之達道也。致中和，天地位焉，萬物育焉。」「中孚」就是「中庸」，是天下之達道。

「中孚」錯為「小過」，是欲求中而小小超過。心中充滿自信之人才能知道要超過多少算是小過。內互「頤」，上下兩正、覆兌口；或上下兩正、覆巽；兌為口舌，巽為誥命，皆口，但以誠信為基，是一言為定。

〈雜卦傳〉說：「兌為見」，為兌現，「中孚」為信，是說的出，作的到，一言既出，駟馬難追。巽為風，為木，震亦為木，震仰盂如舟，坤為大川，故曰「利涉大川」。浮於水面故「利涉大川」。一人內心充滿誠信則「雖蠻貊之邦行矣」，若無誠信雖「州里行乎哉！」能行誠信故能「利涉大川」。

〈象傳〉說：「利涉大川，乘木舟虛也。」上下兩巽相對，巽為木，為風。大離為虛。亦是船舟之象。這與「渙」〈象傳〉：「利涉大川，乘木有功也。」雷同。

「中孚」是真相大白，「中孚」錯「小過」，「小過」是陽陷於陰中，真相受陰包圍隱而不現。有含冤莫辯，真相沉埋之意。「中孚」則內陽浮出外表，又大象為離，離為光明，故為真相大白。巽為深入探求，兌為見，故真相大白。

「中孚」互「頤」，頤為養，為頤養天年，真相大白之日，也是頤養天年之時。真相大白獲得安養。

〈大象〉曰：「中孚，君子以議獄緩死。」議是商議，商量討論。錯「小過」大象坎，坎為獄；過小故可以「議獄緩死」，也是真相大白。過大則極刑無可議。

「中孚」上巽下兌，巽是向下命令，兌口向上是口舌，又是兩相對的口舌，有言語相爭之象。如「頤」上下正覆兩震，震為言，故〈大象〉曰：「君子慎言語，節飲食。」又如「謙」九三上為震，下為覆震，故「謙」為「讒言、流言、嫌言嫌語、中傷。」「中孚」之義為誠信，故不言「爭」，不言「讒」，是商議，是充分討論，以求真相。「中孚」如「解」卦，〈雜傳〉說：「解緩也。」緩者，暫緩，緩衝，彈性也。「中孚」是一極有彈性的卦，所以說「緩」。

「緩死」，是緩刑，是緩慢行刑，是在必死的罪行中找出可以不死的因素。「議獄緩死」就是力求真相。有福故不死。

《易經》說到「獄」的有好幾卦：

「噬嗑」卦辭：「利用獄」，〈大象〉曰：「電雷噬嗑；先王以明罰敕法。」

「豐」〈大象〉曰：「雷電皆至，豐。君子以折獄致刑。」

「旅」〈大象〉曰：「山上有火，旅。君子以明慎用刑，而不留獄。」

「賁」〈大象〉曰：「山下有火，賁。君子以明庶政，無敢折獄。」

「解」〈大象〉曰：「雷雨作，解。君子以赦過宥罪。」

「中孚」〈大象〉曰：「澤上有風，中孚。君子以議獄緩死。」

這些卦都有離、艮（覆震）、震之象； 離為火，為明，震為威怒，為用獄之象，故「噬嗑」卦辭曰「用獄」。「噬嗑」為離震，警告性強，故「明罰敕法。」

「豐」卦震離，雷為擊打為折，故曰折獄，折，斷也，就是判決之象。

「賁」為欺，故不敢折獄。真相不明故不敢折獄。

「旅」為行，故不留獄。不是流放，就是外役。

「解」是釋，故為赦過宥罪，大赦天下。

「中孚」是求得真相，故議獄緩死。獄中空無人，是「刑期無刑」之意。

大象為離，離為目，為辨，為光明，故能真相大白。不是冤曲獲得平反，就是沒有冤上下兩正覆巽，是由上往下探求，亦由下往上探求；也是正覆兩兌，巽、兌都是言，正反兩面，反覆審辨，求真相大白。

「中孚」互為「損」卦，錯為「小過」。這都是先吃虧後得利之意。吃虧是有限度的，不能一味吃虧到底，故曰「利貞」該止則止也。

「中孚」是已有身孕，「中」者腹中，坤為腹，離為大腹；離包容亦有腹之意。「孚」者孵也，育。互震為娠，為孕。

「中孚」為言之有物。「中孚」為商議，為實，故言之有物。「中

孚」是中道之孚。

「孚」字是鳥孵蛋之象，要以耐心、愛心、期望來孵蛋，故孚就是信、望、愛。

「孚」不一定合於中道，故必「中孚」。

巽為風，為始。《詩經‧關雎》序：「風之始也」。風動雲移而知氣候變化，故風為始，為萌。「中孚」卦「豚魚吉，利涉大川。」豚魚能知風向改變故「利涉大川」；蓋「中孚」兩相對巽。震為孚，為徵兆；「中孚」是隱伏之徵兆以顯，是真相大白。「中孚」錯「小過」，就是小小的震動；大象為坎，坎為隱伏，就是隱伏於中（衷、裏）的震動已浮現。「中孚」大象為離，離中虛為卵象，卵中在動，是鳥禽將要破殼孵出的徵兆。

「小過」大象為坎，隱伏之象失故為離，為明，為大白。「中孚」為「利涉大川」，「小過」為過，為渡過。「中孚」互正覆震，震動於內，雛將孵出之象。又兌為缺，為裂口；卵殼已破之象。

「豚」，讀為「圂」，《說文解字》：「圂，廁也。从口，象豕在口中也。會意。」非本義。「从口，象豕在口中也。」象養豬在圈裏之形，本義當是豢養豬隻的地方。《玉篇》：「圂，豕所居也。」在此有捕獲之義。

「魚」，漁也，捕魚也。

「豚魚吉」，獵捕獲豚魚，吉。高亨《周易大傳今注》斷句「中孚豚魚，吉。」意謂有人在渡大川時射中浮水之豚魚，筮得此卦則吉。似季風來臨可探知季節更迭之物候，如秋季食蟹，春季食韭。此時捕獲豚魚以祭祀，故吉。

初九：虞吉，有它不燕。
象曰：初九虞吉，志未變也。

「虞吉」，帛書作「杅吉」。

「虞」，通無。「虞吉」，當讀作「無吉」。

又「虞」是預先預備，即思度，處度；同「屯」六三「即鹿無虞」。

「虞吉」，是深思熟慮則吉，「渙」〈象傳〉說「利涉大川，乘木舟虛。」是行船遠行之象，故要深思熟慮。「中孚」同。

初九陽遇陽窒礙不通，不宜動；這與「節」初九相同「不出戶庭，無

咎。」是以不動為安無有災害。

中 小篆

「它」，是蛇，引申為意外之患。《說文解字》：「它，虫也。本作它，從虫而長。上古艸居，慮它，故相問無它乎。」謂上古先民龍蛇雜處，不意為蛇所噬，故見面相問有無意外遭蛇吻。「大過」九四：「棟隆，吉。有它吝。」亦同。

「燕」，是安寧。「不燕」，不得安寧；《詩·小雅·鹿鳴之什》：「我有旨酒，以燕樂嘉賓之心。」《毛詩注疏》：「燕，安也。」帛書作「不寧。」義同。

「有它不燕」，是有意外之患發生不能安寧。捕魚遇蛇故不安。

初九心浮氣燥勇於浮現而遇到意外之患必凶，能針對徵兆，深思熟慮，預度可能發生的意外之患則可以轉危為安。

「它」，謂六四，四居巽體，巽為隕落，為蛇。

「有它」，謂不安於初位，不顧九二之阻，而往應六四，如此則「不燕」。

「志未變」，言安於初而不應四則安，但初九志欲往應四。

「中孚」也為自信。六爻皆以不應不繫為「孚」，為自信。所以六爻無應者為吉，有應者為凶。但初九與六四應，本來是應該凶的。但是初九得位，安於位。且陽在下，為潛藏，能遁世無悶，安於現狀，無有他求，故能吉。

「虞吉」，就是遁世無悶，安於現狀，不妄想，不妄動，無有他求。

「有它不燕」，若有他求就是庸人自擾，不得安寧。

「志未變」，就是自信滿滿，志向堅定，不會人云亦云，受外力動搖。

簡單的說能「虞」就能「燕」，「不虞」就「不燕」。

此爻不吉，遇蛇而有意外之患，不得安寧。但未大傷而凶，但麻煩惱人。

䷼ 中孚 ䷺ 渙

爻變為「渙」卦。「渙」為放縱不知節制，是囂張跋扈，目中無人，

恃才傲物。力弱用「渙」必不能「利涉大川」。又「利涉大川」是艱辛之象，要大費一翻手腳，就不能「燕」。又曰「利貞」是遇到困難不死心，堅持下去終可以「利涉大川」而得「吉」。

九二：鳴鶴在陰，其子和之。我有好爵，吾與爾靡之。
象曰：其子和之，中心願也。

互震為鳥，為鶴，為鳴，為子。

「鶴」，是長壽善鳴之鳥。互「頤」為老。隼是陰鷙小人，鴻是守人倫秩序，鶴是清高長壽之象。《詩·小雅·鶴鳴》：「鶴鳴于九皋，聲聞于天。魚在于渚，或潛在淵。」《詩經正義》：「鶴者善鳴之鳥……其鳴高亮，聞八九里。」《禽經》：「鶴，以聲交而孕。雄鳴上風，雌承下風，而孕。」

「陰」，是背面；山南水北為陽，山北水南為陰；山南水北為朝太陽之面日照多，山北水南在背面日照少，故為陰。《穀梁傳》僖公二十八年：「水北為陽，山南為陽。」；《說文解字》：「陰，暗也；水之南，山之北也。」《元和郡縣誌》：「山南曰陽，山北曰陰；水北曰陽，水南曰陰。」艮為山，為陽，錯兌為陰，故曰「山陰」。

「陰」，也可解為「蔭」亦通，即樹蔭。《說文解字》：「蔭，草蔭也。」

二爻至五爻正反兩震，如「頤」卦；下震之鶴，在艮山之下，鳴於山陰。三至五反震，如聲之回答。如此，若然相合之象，故曰「其子和之」。

「鳴」，是共鳴，回響，是有來有往。不是自鳴得意。

「鶴鳴」，是由衷而發，至誠至信之象，不是回音，回音是虛的，鶴鳴是真誠的。

「子」，幼鶴。

「和」，相應也。《說文解字》：「和，相應也。」《廣韻》：「和，聲相應。」

「鳴鶴在陰，其子和之」，是老鶴在山背面鳴叫，小鶴聞聲附和。一鳴一和，相互呼應，是得同志，是得友伴，是一唱一和，相互感應。和樂

之象。

「中孚」是信，九二剛中，是真誠浮現之象。

「好」，聞一多讀為「玉」；「好爵」，即「玉爵」。

「爵」，是禮器，用以裝酒，即酒杯，此謂裝著酒之爵；《說文解字》：「爵，飲器，酒尊也。」震仰盂，故為尊，為爵，為嘉。故曰「好爵」。

「靡」，共也。虞翻注：「共也」。正覆震相對，故曰「吾與爾靡之」言九二與九五共此爵。

「靡」，聞一多讀為「揮」，《爾雅·釋詁》：「揮，盂，歇，涸，竭也。」皆「水竭之名」。「吾與爾靡之」，猶言「我與爾飲而盡此爵之酒。」是說共同分享一杯美酒，其情暢快的乾了這杯。《禮·曲禮上》：「飲玉爵者弗揮。」注：「震去餘酒曰揮。」《左傳》僖公二十三年：「懷嬴奉匜沃盥，既而揮之。」「弗揮」是避免玉爵損傷。揮則是失禮的行為。

「爵」也是身分的象徵，震也是嫡子，是繼承人；所以「我有好爵，吾與爾靡之。」有交棒之意。

「中心願」，就是誠，是真心的。

君子之交，有來有往。九二居中與九五無應，但在「中孚」浮現之時，雖遠相敵而能應聲。又展現居中的優勢。

〈繫辭上〉：「『鳴鶴在陰，其子和之。我有好爵，吾與爾靡之。』子曰：『君子居其室，出其言善，則千里之外應之，況其邇者乎？居其室，出其言不善，則千里之外違之，況其邇者乎？言出乎身，加乎民；行發乎邇，見乎遠。言行，君子之樞機。樞機之發，榮辱之主也。』言行，君子之所以動乎天地也。可不慎乎。」

☰☰中孚 ☰☰益

爻變為「益」，相互增益，誠信是生意之根本。可以「利涉大川」。

六三：得敵，或鼓或罷，或泣或歌。
象曰：或鼓或罷，位不當也。

籀文　 小篆

這爻與二爻所得相反，一得友伴，鳴而有和；一個剋敵得俘，有泣有歌。

「得」，克也。《玉篇》：「得，獲也。」《韻會》：「凡有求而獲皆曰得。」又「得」通「德」，本義為以弓繩擄獲俘虜。得字甲骨文从彳从貝从右手，本義是行於路上拾得錢貝。《說文解字》：「得，行有所得也。从彳㝵聲。」小篆表示右手的「又」字加一點成寸字，引申為得到。

「得敵」，克敵，得敵。也是遇到可以匹敵的對手。九二遇六三得知音，六三前遇六四，得敵手。六三「得敵」非友即敵。

「或」是不定辭，如「乾」九四「或躍在淵」。

「鼓」，是鼓聲隆隆，是進軍擊敵的訊號。震為動，為聲，為鼓。「中孚」大象為離，離中虛，為大腹，亦是鼓象。

「罷」，帛書作「皮」，即鼙ㄆㄧˊ，小型戰鼓也，為中軍大鼓的補助小鼓。《說文解字》：「鼙，騎鼓也。」《釋名・釋樂器》：「鼙，裨也。裨助鼓節也。」《周禮・夏官・大司馬》：「旅帥執鼙。」「中冬教大閱，中軍以鼙令鼓。」《禮記・樂記》：「鼓鼙之聲讙，讙以立動，動以進眾。」

「或鼓或罷」，謂大鼓小鼓齊聲共響，進軍擊敵，殺聲震天。

「泣」，是哭泣，憂傷之象。

「歌」，是唱歌。

「或泣或歌」，或哭泣，或歡歌；意謂有獲敵得勝者歡樂而高唱凱旋之歌，失敗者被俘虜而哭泣。故為吉辭。

「中孚」，得俘也。故〈小象〉曰：「得敵」，即戰勝得俘。「中」讀為「得」，聞一多《周易義證類纂》：「中、得聲轉通用。」引《周禮・師氏》：「掌國中失之事。」注曰：「故事中為得，杜子春云：『當為得』。」《呂氏春秋・至忠篇》：「射隨兕中之。」《說苑・立節篇》：「射科雉得之」。「孚」讀為「俘」，故此爻「中孚」讀為「得俘」。

「位不當」，蓋三不當位，遇敵，雖是艱難之象，但應上九而有吉。

此爻遇逆境而有應援故吉。

≡≡ 中孚 ≡≡ 小畜

爻變為「小畜」，鬱悶難耐，所獲不多。三爻「夫妻反目」也是「遇敵」。

六四：月幾望，馬匹亡，無咎。
象曰：馬匹亡，絕類上也。

「月」，月亮，又稱太陰，是陰的代表。這裡指的是月相。

「幾」，近也，將近，幾乎。《韻會》：「幾，將及也。」《爾雅·釋詁》：「幾，近也。」也作「既」，已也。

「望」，是朔望之「望」，即旺，是滿月。《爾雅·釋天》：「望，月滿之名也。月大十六日，小十五日，日在東，月在西，遙相望也。」王國維《觀堂集林·生霸死霸考》：「既望，謂十五六日以後至二十二三日。」

「月幾望」是「月既望」，農曆十四、十五左右，月將滿、已滿之後。《水滸傳》第一○六回：「此時正是八月中旬望前天氣，那輪幾望的明月，照耀的如白晝一般。」盈則損，滿則虧，陰盛則將損，陽將復甦。六四以陰居陰，故有陰盛之象。如「亢龍有悔」是陽盛將失之象。「月幾望」是月盈滿將蝕缺之象，是陰滿將虧。

六四「月幾望」有「孚」的太過之象，就是失「孚」，太過必有所失。

六四為近臣，為中央大員，陰滿必會敵陽，不是權臣就是陰謀已成將發動抗九五，以臣敵九五中正之君，禍敗必至。六四得位上承九五，本是「括囊」而能「無咎」，但「中孚」是浮現，故不藏匿。

《周易》爻辭中「月幾望」句共出現過三次。

「小畜」上九：「既雨既處，尚德載。婦貞厲。月幾望，君子征凶。」

「歸妹」六五：「帝乙歸妹，其君之袂不如其娣之袂良，月幾望，吉。」

此爻信用過濫，失信之象。

「馬匹亡」是丟失馬匹，「無咎」是破財消災。

「匹」，是匹配，陰盛欲匹配但未能求得匹配對象，所以「絕類上」。

「馬」是財富之象，也是地位身分的象徵，可見六四損失不小。

震為馬，為動，馬是乘行的工具，馬失則不能行，不吉；想行而不能行，行則有災，止息則安，能免災。

「馬」也是剛武之象，《說文解字》：「馬，怒也。武也。」六四陰盛則欺陽，太望了要除去其剛躁之性，可以無咎。

「小畜」上九「月幾望，君子征凶」義同，「歸妹」六五「月幾望吉。」是陰盛但不欺陽故吉。

又「睽」初九「悔亡，喪馬勿逐，自復。」與此爻相類。

馬也是古人田獵、出巡、婚嫁等重要典禮的乘具，故此爻不可為大事。

此爻夜月滿圓光亮如晝，馬匹雖失亡，但無以伏藏故能得獲，無須畏懼，無有災咎。

「絕」，是斷絕，絕交；是不相應，不相和。

「類」，是同類；相應的同類。

「絕類上」，是斷絕自己的同類而上。是往上逼君無人響應，轉而順承九五之君，故能「無咎」。

▤▤中孚▤▤履

爻變為《履》，「履虎尾」故要小心。

六四為近臣、宰輔；九五為君；處在伴君如伴虎的位置。「月幾望」是臣的氣勢力量太望了，臣盛則逼君，「馬」是爭鬥之象，是臣將不臣；變為《履》是要守禮不可以踰越君臣之分，不然有凶。

九五：有孚攣如，無咎。
象曰：有孚攣如，位正當也。

九五中正故曰「有孚」。「有孚」，是信，中正之信。

「有」，取也。《廣韻》：「有，取也，質也。」有字从手从肉；象右手持肉之形，表示持有、擁有。取字从耳从右手，象右手持耳形，本義為取得。古代戰爭取敵之耳以記戰功，《說文解字》：「捕取也。从又从耳。《周禮》：『獲者取左耳』，司馬法曰：『載獻聝。聝者耳也』。」

此「孚」當是俘虜，「有孚」，獲有俘虜也。與「得敵」同義。但在用字上「得敵」是辛苦多了。

「攣」，拘係，一個係著一個，綁著緊緊的。《說文解字》：「攣，係也。」《論語注疏・公冶長》：「紲，攣也，所以拘罪人。」帛書作「論如」。「論」，綸也。「綸」，繫繩也。《詩・小雅・采綠》：「之子于釣，言綸之繩。」《毛詩注疏》：「綸，釣繳也。」《說文解字》：「綸，青絲綬也。」都將綸釋為繩。《焦氏易林・訟之兌》：「執玉歡喜，佩之解攣。危詳及安，使我無患。」巽為繩，故為係，為攣。

「如」，然，的樣子。

「攣如」，相牽繫而不絕。意謂以繩索繫縛的樣子。

「有孚攣如」，是將俘虜一個接著一個，綁的緊緊的。

但九五中正卻僅「無咎」而不言吉，是因為巽體下缺之故。可知五爻被四爻挑戰，自己也有所缺失。六四「絕類」只能單幹故不成功；九五則數個綁在一起幹；九五得民心地位穩固不容六四挑戰，故「無咎」。

九五天子得位居中，下據六四、六三重陰，獲得之俘虜豐富，被繩索繫縛，無懼無災。

≡≡ 中孚 ≡≡ 損

爻變為「損」。雖得俘獲勝，自必有損傷。

上九：翰音登于天，貞凶。
象曰：翰音登于天，何可長也。

「翰音」，是雞之別名；《禮記・曲禮下》：「凡祭宗廟之禮：牛曰一元大武，豕曰剛鬣，豚曰腯肥，羊曰柔毛，雞曰翰音，犬曰羹獻，雉曰疏趾，兔曰明視。」蔡邕《獨斷・卷上》：「凡祭宗廟禮牲之別名：牛曰一元大武，豕曰剛鬣，豚曰腯肥，羊曰柔毛，雞曰翰音，犬曰羹獻，雉曰疏趾，兔曰明視。」《文選・張協七命》：「封熊之蹯，翰音之蹠。」呂

延濟注：「翰音，雞也。」羽毛豐美，體健肥大的雞隻被選為祭祀的牲品以後稱為「翰音」。

巽為雞，為高。上爻居巽卦之上又居全卦之極上，上爻為天，故曰「翰音登于天」。

「貞凶」，是凶兆。

「音」，聲也，鳴也。《說文解字》：「音，聲也。」禽類中雞猶擅鳴能報曉。

「登」，升也。

「翰音登于天，貞凶。」為祭祀時以雞牲為祭品薦饗，忽然雞隻振翅高飛而去，還引吭高歌，這是凶兆。故「貞凶」。〈說卦傳〉：「巽為雞，巽究為躁卦。」〈雜卦傳〉：「兌見而巽伏也」。雞伏藏則安，今飛身於天並高鳴，露現蹤跡，將被擒獲，故「貞凶」，雞隻高飛必不能持久，故「何可長也」。窮上失位，下又虛缺，故不可長久。

「翰音登于天」，是唱高調，是困獸猶鬥急躁的最後哀鳴。是名與實不相符，是虛有其表。

又「翰」為羽毛，為高飛。高飛之音，音飛而實不至。居卦之上，華美外揚，虛聲無實，故不可長久。

九五中正之位僅言無咎，也是因為居巽下缺，根基不穩也。上九為巽之上，又在亢窮之地，巽究而躁，故浮動現身，高飛長鳴而有凶。

上九是天外之天，是老天爺，老天爺凶，恐禍及天下。「中孚」大象為離，離中虛，上九正是虛空的表象。離為災，離為兵戈，大離為大災，大動干戈。

䷼中孚䷻節

此爻變為「節」，「翰音登于天」是失節之象；此爻能守節，知節制則可必免災禍，若非，將禍及天下。逢年過節殺雞祭祀，雞隻飛走鳴於天際，這節慶與祭祀，舉行不成了。

初爻剛開始無以配合，二爻雖隔山也能相和配，三爻得敵無法配，四爻陰盛欺陽也不得配，五爻攣如得配對，上爻曲高寡合也不能配。

小過：亨，利貞。可小事，不可大事。飛鳥遺之音。不宜上，宜下，大吉。

彖曰：小過，小者過而亨也。過以利貞，與時行也。柔得中，是以小事吉也。剛失位而不中，是以不可大事也。有飛鳥之象焉，飛鳥遺之音，不宜上，宜下。大吉，上逆而下順也。

象曰：山上有雷，小過；君子以行過乎恭，喪過乎哀，用過乎儉。

序傳：節而信之，故受之以中孚。有其信者必行之，故受之以小過。有過物者必濟，故受之以既濟。物不可窮也，故受之以未濟終焉。

雜傳：小過過也，中孚信也。

繫辭：斷木為杵，掘地為臼，臼杵之利，萬民以濟，蓋取諸小過。

　　有「小過」卦也有「大過」卦，小與大相對，兩者之間的差異，可以幫助我們探求難懂的「小過」卦。

　　「大過」、「小過」大象都是大坎，但「大過」之大坎比「小過」之大坎要大，坎為險陷，「大過」之險陷比「小過」要大得多。學生時代在學校犯了過錯、過失，過失小則記「小過」，過失大則記「大過」，三個「小過」相當於一個「大過」，三個「大過」則要打包退學了，沒想到這「小過」「大過」竟然出自於數千年前的《易經》。

　　小是陰，是卑，是柔，一卦中最重要的二五兩居中之爻，都是陰柔，所以卦曰「小過」。而陽爻九三、九四卻居全卦中間之位。看起來又像一卦的中間主幹，這有君弱臣強之象。臣為小，所以卦曰「小過」。

　　「大過」、「小過」都是「過」，是渡過、超過、過動。但也各有不同，「大過」之「過」是禍，「小過」之「過」是過失。「小過」二三四五爻互「大過」，這是「小過」多了也會累積成「大過」那就是禍事，就不是過失、差錯而已。禍事是凶的。

　　「大過」卦《易經》取象用了「棟橈」容易了解。「小過」取象用了「飛鳥遺音」不易清楚明白。〈象傳〉說：「大過，大者過也。」「小過，小者過而亨也。」「大過」大開大闔，要大大的超過才能渡過。「小

過」則是要「小」才會渡過。「大過」才是高飛的大大超過，「小過」則是低空掠過，不能高飛超過。所以兩卦都是渡過、超過、越過，能過之後才有「亨」。〈大象〉說：「澤滅木，大過。君子以獨立不懼，遯世無悶。」「山上有雷，小過；君子以行過乎恭，喪過乎哀，用過乎儉。」「大過」是棟樑，棟樑乘載大大超過的負荷，故「棟橈」意思棟樑都彎曲了，九四：「棟隆，吉。」是可以頂住負荷，所以是「獨立不懼」，雖面對大災禍依然可以承受抵擋。若是超過負荷，無法抵擋則棟樑毀折，九三：「棟橈，凶。」就是如此。但是「小過」是可以矯正的小過失，小差錯，好像彎曲的木枝施外力使之以正。〈說卦傳〉：「坎為水，為矯輮，為美脊。」矯正以為直如水平（坎也是矢，也是直）。「小過」是小木枝而不是大棟樑，所以「小過」是可以施小力矯輮以求正，就是矯枉過正。「大過」是大棟樑，所受的負荷可大了，能頂住則吉，不能頂住就毀折。棟樑是不可以「矯輮」的，因為「獨立不懼」。

「大過」是棟樑，「小過」是木枝。所以「大過」是大事，要不「獨立不懼」不畏艱難災禍，要不「遯世無悶」潛沉如「潛龍」。「小過」只能處理小事，故「可小事，不可大事。」如此「不宜上，宜下。」的意思是不宜高飛、高傲、高調；宜低調、卑下、收斂，如此才「大吉」。可見就算是低調的低空掠過，也是渡過，渡過了就是「大吉」。

「飛鳥」，高調之象。這不合「不宜上，宜下。」之義，是凶象。震為飛，艮為山，為宅。震飛越過高山屋宅，高調越過也。

「遺音」，哀聲也。孔穎達《周義正義疏》：「遺，失也。鳥之失聲，必是窮迫未得安處。」《論語·泰伯》曰：「鳥之將死，其鳴也哀。」震為聲，艮為覆震，向下的哀聲。故曰：「飛鳥之遺音」。

帛書此卦作「少過」。甲骨文小、少兩字古相通。後來小字作三點，少字作四點。金文少字从小从丿。《說文解字》：「少，不多也。从小丿聲。」「少過」即「小過」。

「過」者，失其度也。過失，誤也。《廣雅·釋詁》：「過，誤也。」「大過」是大大超過其度，是過度，是禍。「小過」只是小小失其度，是過失，是失誤。

「過」者，逾越之意。連劭名說：「下艮為止，上震為動，本當依

勢而止，今乃越而行之，故曰過。」「過」者，超過，越過，過失，過錯，災禍，責備，過去。《詩・鄘風・載馳》：「許人尤之。」毛傳云：「尤，過也。」《禮記・中庸》：「上不怨天，下不尤人。」孔穎達疏云：「尤，過也，責也。」「大過」超過太多，不是大大越過而得吉，就是大大失誤不能越過而成禍，極端之卦；「小過」僅是失其度是小錯，還稱不上禍；也僅是低空掠過，不是大大超過，也是過而非禍。「大過」大象為大坎，「小過」大象也是大坎。但「大過」得大坎比「小過」大得多。我覺得這是最重要的。「大過」在上經倒數第三卦，「小過」在下經倒數第三卦。

「小」者，陰也，細也，微也，輕也，卑也，柔也。

「小過」就是小小的過失，小小的超過，低空掠過，小的災禍，小的過分。因為過錯小所以可以矯正。矯正一時之小過也。人難免犯錯，過小而改是矯揉糾正而使得中正，故吉。若過大不能改就成禍了，所以「大過」為禍。「大過」很極端，要不「遯世無悶」，如「潛龍勿用」（〈文言〉言「乾」初九：「不易乎世，不成乎名，遯世無悶，不見是而無悶，樂則行之，憂則違之，確乎其不可拔，潛龍也。」）要不「獨立不懼」是大災禍來臨的中流砥柱。所以卦辭、爻辭皆曰「棟」。

「小過」所言為過失、過分、越過於中道、罪過、災過。過小所以可以改。是小小的受傷，不斷嘗試錯誤，得到教訓，可以糾正。故「小過：亨，利貞。」「小過」，過小，可以矯正，可以改；「大過」為死，過大不可以改。小過不斷，則積小過為大過，「小過」互為「大過」，小過積少成多變大過，就無藥可救了。人禍積多了就成天災。

又六五為上互坎之上爻，六二為下互巽之初爻，皆當中位。六五乘九四之剛，這是逆。六二承九三之剛，這是順。故〈象傳〉曰：「柔得中，是以小事吉也。」九三、九四居全卦之中，但是九四「剛失位而不中，是以不可大事也。」

〈大象〉曰：「行過乎恭，喪過乎哀，用過乎儉。」都是小事，都是矯枉過正。但不及壓力過大而折斷的「大過」：「棟橈凶」是負荷大得超過限度連棟樑都折斷，所以「大過」是災禍，「小過」僅是過失。但都有超過的意思。「大過」：「獨立不懼，遯世無悶。」可大可小，不鳴則已，一鳴驚人，天翻地覆，不是一枝獨秀得生，就是轟轟烈烈得死。「小

過」：「行過乎恭，喪過乎哀，用過乎儉。」只是矯枉過正，僅是小懲罰，糾正而已。

「過」，是通過，經過，因為用陰、用小可以過，故曰「小過」。小為陰，為自我，是個人；陽為大，為團體，為國家。「小過」是個人之過，是自己的過。「小過」就是陰太過，陰過所以曰「小過」。

「小過」陰盛陽弱，實力不足，不足故不能直直的衝過，要用陰小卑柔，委轉曲折的過。小是陰，是臣，是佐貳。故「小過」有「臣過君」之象。九四為宰輔，九三為諸侯，一是權臣，一是強藩。臣過於君也。六五乘剛，不利於君，有臣弒君、下逼上之象。

「小過」言「亨」，是「小過」以求「亨」。「小過」是要「小」的方法以求通過，故要放低姿態，委曲求全，要以和為貴。所以要懂的吃虧才能大事化小，小事化無。吃虧就是佔便宜。

「小過」是用陰柔之法以求過而能亨，因為是用陰柔之法，陰多則慌則亂，故要「利貞」，要知守正，要知節制，適可而止。不然「小過」衍變成「大過」。三四五爻互兌為悅，為奪，過悅則巴結逢迎，再過伸手去奪則毀決；二三四爻互巽為伏遜，過巽則刺探無孔不入，防不勝防，再過則蔽陋，根基盡失而百病叢生。又巽為權宜，過則濫權無有法度，再過則篡權奪位。故過只可小不可大，更要知止。所以〈象傳〉曰：「過以利貞，與時行也。」當過則過，當止則止，是「小過」的充分條件。

「小過」是「矯枉過正」，大象為坎，坎為矯輮。是以陰柔之法矯之以過，以而使之能正。「行過乎恭，喪過乎哀，用過乎儉。」就是矯枉過正。為何「矯枉太過」，因為要「求正」。「小過」者小小的過於中道也。受矯正之人、物必會反彈，因為過度而又反彈回正。但小事可以，大事不可以，自己的事可以，眾人之事不可以。過程重視「小」要細，要微，要輕，要有技巧，不可求之太剛，太過，要適可而止。

「小過」錯為「中孚」，「中孚」信也，是一個充滿自信的知曉分寸，心中有尺度之人才能行「小過」以求亨，才能不濫不過而知止。故君子為求恭而過恭，求哀而過哀，求儉而過儉，皆是修身之道。

「小過」是小過失，過錯小，所以得到「教訓」，可以改過，矯正。「小過」是凡事要調整，要小，不要大，幅度不宜大。不然內互「大

過」，調不好就變成大禍。

「小過」互「漸」卦，「漸」是浸蝕滲透慢慢來。矯正曲木，可用水沁潤使軟，亦可用火烤加熱使軟在施力矯正，但都不宜過分。「小過」不可急，急則凶。內互「大過」，「小過」只可從小事，若要作大事，大刀闊斧，大排場，大躍進則力有不逮，一定會有大禍。

「矯正」時要用智慧，要抓住時機，當過則過，當止則止。〈象傳〉曰：「與時行也」就是此意。「小過」六二、六五居中，陰柔用事，故只能行小事，不能行大事。卦辭曰：「可小事，不可大事。」〈象傳〉曰：「柔得中，是以小事吉也。」是「小過」遇小事吉，大事凶。九三、九四居臣位，一多凶，一多懼，行臣之事，故曰小事吉，大事凶。小事為事，是一般日常之事，是自己個人之事。大事為政，是眾人之事，是國家大事。外震內艮，外威而內靜，威猛不足，虛張聲勢，力道差了點，後繼無力。所以只可以小不可以大。修身、齊家可以，治國平天下可不行。意思在上位者因過遷其職位，因為陰柔包住陽剛，是過於懦弱。懦弱，不能與大事，只能持賤役。故宜下，不宜上。

「小過」過於中道，過於平常之事，是非常也。二陽之卦位於天，就是「觀」卦，「觀」為非常也。《左傳》成公十三年：「國之大事惟祭與戎」。大事不可過。

「小過」大坎，坎為智，「小過」者，小聰明也，聰明反被聰明誤也。「小過」只可以從小事，不可以從大事。小事糊塗過失小，大事糊塗過失大。

「小過」「不宜上，宜下」，就是可小，不可大。「不宜上，宜下。」是「小過」的方向，向下求己可以小過，向上求神、求人，不可小過。祭祀向上則過奢，過慢則凶。向下過儉，過恭則吉。

「小過」是過猶不及，就是正。三四兩陽爻居中，三不及中，四已過中，故為過猶不及。六五、九四居上卦皆失位，九三、六二居下卦皆得位，故「不宜上，宜下。」往上失位不順為逆行故凶，往下得位而順行故吉。是在上位者不吉，在下位者吉。震口朝上，艮為覆震口朝下，震為言，兩言相背，有爭吵之象，有人說長論短，有人中傷。要用小來解決，不然成大禍。

「小過」大象坎。坎為險、為陷；是險在其中矣。因為險陷故可釀成大禍，因為陰多所以不明顯。因為陰多所以蘊釀的時間長。是愈長禍愈大。若因過小而行險，則將來禍、過就愈大。「小過」卦過小但害大。如風氣之敗壞，風氣所及，不覺害大，於是同流合污，媚世俗以取悅。雖不見大惡，而惡深，是德之賊也。為君之道，如日月皎皎。雖有陰晴圓缺，但眾人皆可見，易改正也。小人之過，如木之蠹，積久腐敗，只見小瘡而爛自內，不易察覺。等到察覺，其惡以彰，則事敗已不可收拾矣。得此卦要防微杜漸，「與其失之過當，不如不及。」外動內止，裡外不一，行之失度也。

「飛鳥遺音」，震為飛，艮為鳥，震為口，為聲；艮為覆震，口朝下，故曰「遺音」。

「遺」者，失也。「飛鳥遺音」者，鳥之哀鳴也。謂飛鳥受到窘迫，不能安處而哀鳴。《論語・泰伯》曰：「鳥之將死，其鳴也哀。」義同。鳥本欲高飛，但「不宜上，宜下。」所以不能高飛，易受網羅飛矢之害，不能安處。反之順勢而為，低飛則吉。總之，順勢卑下不逆勢而為則吉。矯枉過正的時候需要順勢不可逆之太過才能亨通。

「小過」是由「升」卦而來，「升」為凌虛騰空之象，所以「小過」以飛鳥為喻。「飛鳥遺音」鳥飛不高，低空掠過，故「小過」。飛之不高，故「不宜上，宜下。」飛之不高，故「可小事，不可大事」，能力不足，要知過錯，要順勢。「飛鳥遺音」是比喻過之不遠，往者已逸，來者可追。

「小過」上震下止，這與「頤」卦上艮下震相反。「頤」卦像「節」，上下二陽為節，中四陰為莖。「小過」是「過節」，是下莖過節到上莖。「過節」是越過關節，越過關卡，過了劫難，更上一層樓，柳暗花明，故「大吉」。「大過」也是，是大大超越了劫難關卡，要不躍飛升天，要不滅頂入漩渦。

「頤」卦上止下動，是上位者靜止不妄為，充分授權，下位者勤勉奮力，努力施為之象。「小過」是上震動，下艮止，是上位者勤勉奮力，以身做則，事必躬親；下位者，艮止以待，因循怠惰，得過且過，正是上有政策，下有對策。

「小過」上震下艮，一口朝上，一口朝下，南轅北轍，各說各話。部屬與領導唱反調。艮為掩，為迷，為欺，部屬敷衍塞責，欺騙蒙蔽，與上位領導大玩捉迷藏。大象為坎，組織形勢如此，必陷入坎險般危機重重。太平盛世尚能夠苟安，在艱難環境下，必漏洞百出，無法與人競爭。

「小過」「可小事，不可以大事。」平常看不出來「小過」有什麼影響，但大事臨頭，艱苦歲月時「小過」是撐不過的。競爭激烈時就無競爭力了。

「小過」之前為「臨」，「臨」二陽在下根基厚實，但前臨重陰，為荒，為亂，還是要小心從事，要以臨事而懼之心來面對挑戰，不可以吊以輕心。若妄行躁進則卦成「升」，是凌虛騰空，一時飛升在天，但如氣球，隨風而飄，前途不能自主，根基下陰，又缺斷，如斷線的風箏。若按部就班，就成「泰」局，一切都安。得此卦寧可失之於小，與其傲慢不如謙卑，與其鋪張不如誠敬，與其奢侈不如節儉。

「大吉，上逆而下順也」，六五乘九四之剛是逆，六二上承九三之剛是順。上下卦的中爻重要可知。

「小過」者，過也，跨過一步而進也。〈繫辭下〉：「斷木為杵，掘地為臼，臼杵之利，萬民以濟，蓋取諸小過。」《易纂言》卷八：「杵以春，臼以容，用之搗去粟殼而得米，其利便萬民，亦猶渡水之得濟也。小過橫面觀之，中二奇畫象，木杵，內外四偶畫象地臼。」《說文解字》：「臼，春也，古者掘地為臼，其後穿木石。」「濟」，益也，指古人加工穀物全民獲益。震為動，艮為止；上震動擊而有聲觸下而止，有如持杵搗穀之象。此指古人茹毛飲血，進入游牧、農耕，更進入加工使穀物去秠而精緻，是一種進步，一種躍進，故曰「小過」。「小過」錯「中孚」，「中孚」為現，為浮，為秠。去秠甲而穀仁現。「小過」者，小小加工。「鼎」者，大大加工，改變成為新的物品。

初六：飛鳥以凶。
象曰：飛鳥以凶，不可如何也。

「小過」是「不宜上，宜下」之卦；不然就是「過錯」而必有「禍」。

「飛」，是往上求過，如「乾」九五「飛龍在天」，是大大的高飛，

完全不合「小過」之義，也不合初爻之位。

「飛鳥」，「小過」大象如坎，一陽為鳥身，上下二陰為羽翼，故坎為飛鳥之象。震為動，為飛。下卦艮為覆震。飛鳥之意，即上飛，這與「不宜上，宜下」相違背，不知收斂低調。初六陰爻得位力弱，不能審度其時，逞強而飛躍，逾越太過，所以凶。初六失位上應九四，必須超過為敵的六二，及想攔截的九三，故高飛逾越而有凶。

與這爻相似的有「旅」初爻「旅瑣瑣，斯其所取災。」又「離」初九「履錯然，敬之，無咎」；又「豐」初九「遇其配主，雖旬無咎，往有尚。」皆前遇「大過」。初爻力弱皆不能涉過此「大過」故非凶及災。

初六在艮卦之下，力弱本不當動，前又遇「大過」之災。「小過」又是「不宜上，宜下」之卦，初爻竟然動而且是大動高飛，也不能越過「大過」，故必凶無疑。

「高飛」，是昧時、昧勢、昧力，自不量力，無可避禍，逞強妄動之象。

「飛」，也是說一發不能止，初六自己也不能止。故〈小象〉說「不可如何」，這是不可救藥，自作孽不可活了。

「以」，有也。

「飛鳥以凶」，鳥高飛曝露了蹤跡必有凶。小過失變成了災禍。大象坎為陷，為隱。錯「中孚」大象為離，為網羅。這飛鳥不是遭矰矢之禍，就是網羅之災。

此爻以飛鳥為喻，鳥高飛，有違「不宜上，宜下」之卦義，故鳥高飛即預兆凶。即進而遇險，退無可退，不上不下。故凶。

▤▤ 小過 ䷶ 豐

爻變為「豐」，「多故」之卦。

六二：過其祖，遇其妣。不及其君，遇其臣，無咎。
象曰：不及其君，臣不可過也。

「過」，過錯，過失，其義在失也。

「祖」，為陽，為祖父，男性之祖。艮為祖，六二承九三故「過其

祖」。「祖」亦為祖廟。艮為祖，為宗，為屋宅，故為祖廟。

「妣」，為陰，先妣，為祖母，為一族女性之祖。巽為長女，為婦，為妣；六二位當巽之初，故為妣。《詩・小雅・斯干》：「似續妣祖，築室百堵。」鄭玄《箋》：「妣，先妣姜嫄也；祖，先祖也。」蓋生曰母，死曰妣。《釋名》：「母死曰妣」。楊伯峻《春秋左傳注》：「春秋之世，以祖之匹配為妣……『生曰母，死曰妣』，乃後起之變義。」

「遇」，逢遇，獲得。與過失、錯過相反。

「過其祖，遇其妣」，是失去祖廟，而遇六五之陰的死去之母。或謂祭祀時先祖之神未降臨而其母降臨。始祖在前，先妣居後，「過其祖，遇其妣」者，雖失其祖而得其妣，並未僭越。

「及」，見也。

「君」為六五，「臣」為初六，初六位卑，居艮卦，艮為臣。

「不及其君」，不見其君；不得君之賞識，不得其時。

「小過」「不宜上，宜下」故雖然逢遇六五，但不能匹配，而退回往下得臣。

此爻大失小得，是高攀不成，不可好高騖遠，要腳踏實地實際點，初爻就是好高騖遠而有凶。六二得位故能不妄動。

「臣」，為奴僕，相對「君」是小。「臣」也是資產，「旅」六二「得童僕」同。又「臣」也是堅定，《白虎通・三綱六紀》：「臣者堅也，厲志自堅固也。」

「臣不可過」，臣不可妄過其君也；臣子不僭越其位，而謹守臣位。

六二前有九三、九四二陽，可以往前遇合，但與六五無應，所以雖然可以超過往前，但不會超過六五。是過而不過，是過小不過大。能權衡，知分際，守臣節。

此爻至其祖廟，遇逢其先母（妣）。不見其君，遇其臣僕。無憂。

此爻謹守分際，僅小得。

此爻言「遇」，是可遇不可得，不可預期，不可抱太大的希望。謂君子不遇其時，當自勵堅貞。則可無咎。

☳☶ 小過 ☳☶ 恆

爻變為「恆」，恆為常，依常規、平常。所以臣不越君。

九三：弗過防之，從或戕之，凶。
象曰：從或戕之，凶如何也。

「弗」，無也。

「過」，災禍。三爻陽剛過中，其過已非過失、差錯而是禍事。

「防」，蔽障、防禦。《國語‧周語》：「不防川。」韋昭注：「防，障也。」艮為止，為門，為戶，為防護。

「弗過防之」，無有災禍，但要退而防守。

九三在艮卦之上，艮為止，為禦，為防，又遇九四敵故弗過，下又有群陰承之，故利於防守，故曰「弗過防之」。「漸」九三、「蒙」上九「利禦寇」，義同。

初爻妄動不安，故凶；二爻居中知過能改，故無咎；三爻陽剛過中，若躁進也必有凶。

「從」，放縱也。高亨《周易古經今注》說：「從讀為放縱之縱。」

臧 臧小篆 戕 戕小篆

「戕」，傷也、害也、殺也，由外來的殺害。《集韻》：「戕，音殘。義同。」《詩‧小雅‧十月之交》：「曰予不戕。」《箋》云：「戕，殘也。」《左傳》宣公十八年：「凡自虐其君曰弒，自外曰戕。」帛書作「臧」，「臧」通「藏」，甲骨文臧字從戈從臣，楊樹達《積微居小學述林‧釋臧》：「周金文有〈伯臣戈父鼎〉，臣戈字亦從臣從戈，按此皆臧之初字也。」意思是用戈刺瞎俘虜的眼睛使之為奴隸，《方言》：「臧，奴婢賤稱也。荊、淮、海、岱、雜齊之間，罵奴曰臧。」《荀子‧天論》：「繁啟蕃長於春夏，畜積收藏於秋冬。」巽為入，為伏，為藏。二三四爻互巽卦。《補注黃帝內經素問‧天元紀大論》：「地以陽殺陰藏。」唐人王冰注：「藏殺者，地之道。」

「或從戕之，凶。」九三以陽居陽，過剛又過中，放縱超過，招來禍事，這已經不是小過而是大過，是禍；不知防制必受傷害而有凶。亦謂有

過失不願接受矯正而妨礙阻障排斥，則戕殺之，凶。過失已變成禍事，放縱其戕害無法矯正，必招來殺害，凶。

「凶如何」，即言其凶也。

此爻無有災禍，但要提防制止。若是放縱必招來禍事而有傷害，有凶。抵擋矯正亦凶。此爻必須守中不可超越「小過」範疇，若太積極進取超過「小過」為「大過」就有凶，故只能消極防禦。

☳☶ 小過 ☳☷ 豫

爻變為「豫」，是預先、是防預；「重門擊柝，以待暴客。」沒有預先防禦而有禍事。

九四：無咎，弗過遇之，往厲必戒，勿用永貞。
象曰：弗過遇之，位不當也。往厲必戒，終不可長也。

「無咎」，無須畏懼。開始就說「無咎」，可見九四不犯過失而致禍，因為九四以陽居陰，沒有九三剛猛，僅可自守，不會太超過。故曰「弗過」。

「遇」，是不期而遇，這裡是期望有所遇合。六二想與五遇，但相敵，九四也想遇合六五。九四身在震卦又前臨重陰，利於往，故「無咎」。

「弗過遇之」，是不要犯錯過，即無禍遇之，無禍事降臨。

「弗過遇之」，也是好高騖遠之象，不要奢望。

「往」，前往，由如九三的「從」。

「戒」，警戒提防，猶如九三的「防」。

「往厲必戒」，前往必危厲，故必要警戒，不可往，要提防。

九四前遇重陰又居震卦本利往而無咎，但「小過」大義是「不宜上，宜下」還是不宜前往。就是前往也不宜長久。宜靜而自守，則無咎。妄動則危厲。

「用」猶「利」也。

「勿用永貞」，是此種情況不是長久之計，故不利占問長久之事。

「勿用永貞」，是不可遠行，不可輕舉妄動，要謹守中道。其往遠行

則「終不可長也」。

「位不當」，是說九四失位。是說九四恐有不臣之象。

䷽小過䷎謙

爻變為「謙」乃「有而不居」九四這宰輔只是兼差代理的。不求有功但求無過，得過且過。故「無咎」。

六五：密雲不雨，自我西郊，公弋取彼在穴。
象曰：密雲不雨，已上也。

「密雲」，烏雲也。

「雨」，下雨。《春秋元命包》：「陰陽和爲雨。」六五前遇上六，無陽可交和，故「密雲不雨。」

「郊」，《爾雅・釋地》：「邑外謂之郊。」

「密雲不雨，自我西郊」，如「小畜」卦辭，「密雲不雨，自我西郊。」是烏雲密佈，自西向東飄過，遮住我城之西郊，是鬱悶不暢，大事將臨之象。中國西方乾旱故西方吹來的雲不會下雨。古有諺語：「雲往東，一場空。」是功虧一簣，是竹籃打水。

六五居震，故「密雲不雨，自我西郊」是說向上求則無所得。「不宜上，宜下」烏雲在天上，下不來。故不宜。

「公」，是指六五，就是得此爻的占卦人。公是臣位之最高者，君王之下就是公卿。「小過」「不宜上，宜下」故曰公，不曰君王。

「弋」，是射。帛書「弋」作「射」，射弋也。統言之射、弋無別；析言之則「弋」是矰矢，是繫著絲線的箭矢。此當指善射之意，《呂氏春秋・功名》：「善弋者下鳥乎百仞之上。」高誘注：「弋，繳射之也。」

「取」，獲取之。

「彼」，是所射的禽獸，是目標。

「穴」，洞穴，指六二。在上者為巢，在下者為穴，隱伏於穴中。三四五爻互兌，兌為穴。

「公弋取彼在穴」，王公善射弋，趁禽獸正在洞穴中獲取之。這也是「不宜上，宜下」，往下則有獲。

六五乘九四之剛是逆，六二承九三之陽是順。故六五往下是矯逆為順，六二能自守無越過而無咎。

「已上」，是六五已在九四之上，陰承陽無有相交可能，不能成雨。往上是上六陰則窒，也不可能成雨。此爻陰陽不諧，故不能成雨。

☶ 小過 ☱ 咸

爻變為「咸」，衝動之象，情投意合。

上六：弗遇過之，飛鳥離之，凶。是謂災眚。
象曰：弗遇過之，已亢也。

「弗遇」，無所遇，無所得。

「過之」，太過了，超過太遠、太高了；上六處全卦之極，行為太過而亢。

「過」，也是過錯，不宜上而居上窮之位，這禍可大了，故為凶，而有災眚。

「離」，是網羅；引申為遭遇也；《揚子‧方言》：「羅謂之離」。此爻鳥高飛遭遇網網羅被擒。帛書作「羅」。《爾雅‧釋器》：「羅罟謂之羅。」《說文解字》：「羅，以絲罟鳥也。从网从維。」

「弗遇過之，飛鳥離之，凶」，是自己行為太過，變成了禍事，如鳥高飛必遭飛矢網羅之害。

「弗遇過之，飛鳥離之，凶」，禍從外來，災由己生。

「是謂災眚」，這是咎由自取，是自投羅網，自作孽不可活。

「亢」，太過，是鳥伸長脖子振翅高飛狀。如「乾」上九「亢龍有悔」。王先謙《詩三家義集疏》云：「《說文》：『頏下云，直項也，从頁，吉聲。亢下云，人頸也，从大省，象頸脈形。』頏之、亢之者，鳥大飛向前，則項直而頸下脈見，此狀其于飛之貌。」古人射獵雁禽多以矰矢，就是箭矢上繫著絲線，以利射出後可回收。《玉篇》：「矰，結繳於矢也。」《三輔黃圖》：「佽飛具繒繳，以射鳬鴈。」注：「箭有綸曰矰，繳即綸。」而且是絲線繞纏鳥脖子，不是直射鳥身。湖北省博物館考古學專刊《中國田野考古報告集‧考古學專刊‧曾侯乙墓》引宋兆麟先生《戰國弋射圖及弋射溯源》：「這兩幅圖描繪的都是行弋的場景，弋者一

手持弓，一手拿一物正在仰射飛鳥，矰矢穿過鳥頸，矢與繳已將鳥牢牢栓住……射中的鳥尚在振翅掙扎，弋者一手握矰繳，正將鳥往下拉。」

「已亢者」，言飛鳥罹災而下也。這也是「不宜上，宜下」，飛鳥高飛曝露行蹤，故被弋射網羅擒獲而凶。

☷☶ 小過 ☶☲ 旅

爻變為「旅」，鳥離林、虎離山、龍離淵，故凶。

既濟：亨小，利貞，初吉，終亂。

彖曰：既濟亨，小者亨也。利貞，剛柔正而當位也。初吉，柔得中也。
　　終止則亂，其道窮也。

象曰：水在火上，既濟。君子以思患而預防之。

序傳：有其信者必行之，故受之以小過。有過物者必濟，故受之以既
　　濟。物不可窮也，故受之以未濟終焉。

雜傳：既濟定也。

籀文　金文

「既」字甲骨文、金文字形，左邊是食器的形狀，右邊旡字象一人吃
罷打嗝之形，就是嚼字的古寫。本義是吃過，吃罷。羅振玉曰：「即，象
人就食；既，象人食既。許訓既為小食，義與形不協矣。」（許慎《說文
解字》：「既，小食也。」）既然已經吃飽了引申出完成、已經。

「既」，定也，盡也，已也。《方言》：「既，定也。」《玉篇》：
「既，已也。」《博雅》：「既，盡也。」《春秋》桓公三年：「秋，七
月，壬辰，朔，日有食之，既。」杜預注：「既，盡也。」《公羊傳》桓
公三年：「既而日」注：「事畢也」《穀梁傳》桓公三年：「既者，盡
也。」《管子・輕重甲》：「孟春既至，農事且起。」

籀文　齊　隸變　濟　小篆　籀文　涉　小篆

「濟」字從「齊」字而來，濟字訓為渡。先看「齊」字，籀文、金文
像是薺菜開小白花，花謝了之後結小莢果呈三角形。流沙河《白魚解字》
說：「薺菜可度春荒，衍出濟度一義。救濟一詞，與源字齊（濟）。」

「濟」，渡也。《揚子・方言》：「過渡謂之涉濟。」《詩・邶風・
匏有苦葉》：「濟有深涉。」《毛詩注疏》：「濟，渡也。」《廣韻》：
「濟，渡也，定也，止也。」《爾雅・釋言》：「濟，渡也。」《左傳》
定公十三年：「則我既濟水矣。」濟渡過大川河流小溪都是濟，涉字從水

從兩止，是徒步涉水，濟字則只要是渡過了都可以稱濟，範圍就廣了。濟，也有已經完成的意思。

卦名「既濟」，謂萬事都已經濟，都已經渡過，都已經安定。一卦六爻，每爻都陽爻歸陽位，陰爻歸陰位，各安其位也。

又「濟」、「霽」相通。霽者，雨下停止也。《尚書‧洪範》：「擇建立卜筮人，乃命卜筮，曰雨，曰霽，曰蒙，曰驛，曰克，曰貞，曰悔。凡七，卜五，占用二，衍忒。」《史記‧宋微子世家》：「稽疑：擇建立卜筮人。乃命卜筮，曰雨，曰濟，曰涕，曰霧，曰克，曰貞，曰悔，凡七。卜五，占之用二，衍貣。」《史記‧宋微子世家》將「霽」作「濟」《廣韻》：「濟，渡也，定也，止也。」《爾雅‧釋天》：「濟，謂之霽也。」《註》：「今南陽人呼雨止爲霽。」《疏》：「濟，止也。」《說文解字》：「霽，雨止也。」「霽」，即雨止天晴也。尚秉和云：「上坎為雨，下離為日出，故曰既濟。」其說讀既為霽。上卦為往，下卦為來，故有雲消雨霽之象。「既濟」者，大雨停止也。險難故渡過也。「既濟」是雨過天晴。坎水在上，離日在下，雨過日出。

「濟」，止也，正也。俞樾《讀書餘錄卷二》：「齊，正也。」《風俗通‧山澤篇》云：「濟者齊，齊其度量也。」《詩‧小雅‧小宛》：「人之齊聖，飲酒溫克。」《毛詩注疏》：「齊，正。」《詩‧鄘風‧載馳》：「既不我嘉，不能旋濟。」《毛詩注疏》：「濟，止也。」「既濟」者安定而止也。

帛書《易說》：「天地定位。（山澤通氣），火水相射，雷風相搏（簿）。」今本作「水火不相射」應該是錯的。今按〈說卦傳〉：「故水火相逮，雷風不相悖，山澤通氣，然後能變化，既成萬物也。」「水火相逮」即「水火相射」也。卦上坎下離，六爻皆正，六爻陰居陰，陽居陽，各定其位，故卦曰「既濟」，萬事盡濟，全部安然渡過。

又「既」者，盡也。又「濟」，祭也。「既濟」者，終祭也。

「既濟」是出險得安。上坎為險，為艱難，九五之君身陷危難，六二以陰柔相濟，才能出險。「既濟」是已經渡過，是完成，是險難已出。是各定其位，有秩序，是安定。反之《未既》是錯綜複雜，亂七八糟。「既濟」是各爻安定，是鬥爭已止。「既濟」是一定，六爻確立其位，無有疑

問。「既濟」是已經決定，已經完畢。六爻歸定其位，變動已盡。安然渡過，是已經完成，是已經停止，是功成業就。

上坎水，下離火，水受火轉為蒸氣，變為動力，能烹煮食物，也使力量倍增。水火相輔相成，故稱「既濟」。

「既濟」如「泰」卦，上下交流，相輔相成，要藉助眾人的力量。上坎下離，火炎向上，水潤向下，上卦往下，下卦往上，是互動交流，相輔相成。

「濟」是調劑，陽濟之以陰，急濟之以緩，是要藉重外力。「既濟」是調和得利。調和的好兩相獲利，調和不好兩相抵消。《未既》是無法調和。「既濟」是受人接濟，受外力支援，也是拔刀相助。「既濟」是人際關係親密，太親密可能會產生矛盾，而疏離。

「既濟」是六爻得位，是全體協調，各爻定位。是同舟共濟。

「亨」，亨通。又通享，祭享。

「小」，亨通小，祭祀小。何義？「既濟」是大小剛柔，各當其位，皆得其所，是已經安定，所以安逸懈怠，缺少積極性。

「利貞」，利於出征，也是利於貞定。剛柔陰陽皆各定其位，所以邪不勝正，要堅定立場。這是戒辭。

「利貞」，利於出行。也是要固守，已經成功，更要維持。創業惟艱，守成也不易。守住才有利，守不住連「亨」也沒了。

或曰「亨小」，小者亨通，大者亦必亨通。《周易正義》：「既萬事皆濟，若小者不通，則有所未濟，故曰『既濟，亨小』也。小者尚亨，何況於大！」萬事皆濟，凡是皆定。故曰小者都通，何況於大者也。

「初吉終亂」，初吉，是六爻皆定位，萬事萬物都渡濟，故吉。終亂，謂六爻各歸其位一切安定，進無可進，已達窮終之勢，要持盈保泰，進德修業而不停止，終就是止，停止則亂。

「初吉終亂」，是好的開始，讚！但只成功一半，最終六爻又失位而大亂。既然已經渡過而安然，再進到底則亂，這也是窮則變，由既定而而安而亂。《朱子語類・既濟》：「『初吉終亂』，便有不好在末後底意思。」「訟」卦：「中吉，終凶。」義類。

「既濟」是已經完成，又靜止不動，所以「初吉終亂」如「蠱」卦積久不變故為亂。所以「既濟」已達頂峰其必終亂，「初吉終亂」整個過程，由喜轉憂，由安定轉為混亂，所以要小心處理。

「初吉」是「既濟」之初，無事不吉。「終亂」是最後不吉會亂。「終亂」是發展到某一程度會亂。不要讓他發展到會亂的程度就不會亂。「終亂」是因為人在「既濟」安定之時會懈怠，鬆懈怠惰久了必亂。「初吉終亂」，是人謀不臧，不只是時運不濟。

水火相濟，互動相成，初期可以成功，故曰「初吉」；但水火的個性終究相異，相處久了，兩者間的矛盾會變成水火不容，兩相為敵，終又歸於散亂，故曰「終亂」；所以整個看來亨通是有限的。

「既濟」「初吉終亂」是可以同苦，不可共甘。如勾踐。九五身陷危難，坎為忍，不堅忍待時、待援者不能濟險。坎為心病，為疑，為智，是雄猜之主。六二是臣，離為明，為乾卦，是聰明強幹之大臣；上濟九五，兩相調濟終可出險，建立功業。但水火難容，能保持距離，六二無覬覦大位之心則可以安保無事，如曾國藩。若六二受提拔進入權力核心，有失臣節必受株連，如年羹堯。所謂「狡兔死走狗烹，飛鳥盡良弓藏。」「既濟」要保持距離，保持機動。所謂君子之交淡如水，要功成身退。如張良辟穀，范蠡遠走。水火之間隔著九三，有如火燒開水中間隔著鍋子，一水一火之間要保持間隔，保持距離。「既濟」是水火相濟，但水火無情，使用不得當就會成災；「災」字就是上「水」下「火」的會意字。大意不得。可見「既濟」與否全在距離與屏障。

「既濟」此卦，若處於下位低處，為防止被水消滅，要立即設一道屏障，保持距離，才能策保安全，如此火可以藉水氣騰空而反居上位。既趨「初吉」又可以避「終亂」若。處於上位高處，則要掌握屏障，在適當時機撤除，才能「先吉終不亂」。居上居下都不可死抱佛腳，要客觀分析，保持機動，才能永續。若狀況不明，掌握不住，那就先賺眼前的小吉，小亨，不要抱太大希望，隨時準備抽腿，全身而退。

「既濟」要掂掂自己的分量，要保持機動，不可好高騖遠，切忌眼高手低。

〈象傳〉：「初吉，柔得中也。」說的是六二以柔居下卦之中，上應

九五剛柔相濟才能渡濟，相輔而成，故吉。反之未言明而意以道出的「終亂」是因為九五中正之剛，「終止則亂，其道窮也。」這是警戒之辭。止則亂，不進德修業，積極努力，終止則亂。「既濟」就不可沉溺於安定，否則亂亦隨之而來。「既濟」是先安定，後混亂，所以要預防將來之患亂。「其道窮也」，第六十三卦已達窮終之地，努力邁向目標的過程是天堂，目標的達成就是地獄。目的達成就是終點，就是道路之窮，就是地獄。沒有目標故窮。

「既濟」是功成業就，要知功成身退，不但要退，還要退的無聲無影。「終止則亂」六爻定位，一切演變「終止」。也是說不可停止，「既濟」是目的已達成，功業已成就，要訂立新的目標，新挑戰，再接再厲。

「終止則亂，其道窮也」，進入上卦坎險，由下卦光明進入黑暗，窮途末路。

〈大象〉：「思患而預防之」要未雨綢繆，居安思危，「既濟」時不可忘記「未濟」，人無遠慮必有近憂。「豫」卦是預先，預備，預防，〈繫辭下〉：「重門擊柝，以待暴客，蓋取諸豫。」「既濟」要防災亂，「豫」要防敵防匪。義類也。「既濟」是大勢抵定，功成業就，穩穩當當，各安性命，靜止不動，不動則窮，窮則亂，故要預先防範。六二救濟九五，九五功成，大位已定。君臣名份已定。成功中隱含失敗，失敗也是成功之母。

〈雜卦傳〉說：「既濟定也」。是安分守己，大勢已定。「定」是不再變動，是已窮盡，全部搞定了，沒有創意，沒有未來，沒有理想，不再進步，到了天堂就是地獄。

初九：曳其輪，濡其尾，無咎。
象曰：曳其輪，義無咎也。

「曳」，牽也，拖也；《說文解字》：「曳，臾曳也。」「臾，束縛捽拽為臾曳，從申從乙。」《說文解字注》：「曳字各本無，今補。束縛而牽引之謂之臾曳。」意為困頓也，拖住不前。初六車輪受困不能向前，欲濟渡而不成。

「輪」，帛書作「綸」，連綿不絕也；《爾雅·釋詁》：「貉，縮，綸也。」郭璞注：「綸者，繩也。謂牽縛縮貉之。」郝懿行《爾雅義疏》

曰：「貉縮，謂以縮牽連綿絡之也。……又變為落索，《顏氏家訓》引諺云：『落索阿姑餐』落索蓋綿聯不斷之意，今俗語猶然。」離為網羅，亦為繩，為連綿。又陶憲曾《廣方言》曰：「讎怨曰落索。」

「曳其綸」，是以繩子拖住努力使車向前，小心翼翼，但受牽連不能全濟，心生讎怨也。

「濡」，是沾濕。「濟」，是霽，是雨過天晴，所以道路泥濘難行。《說文解字》：「霽，雨止也。」

「尾」，尾巴，末也。

「濡其尾」，馬匹沾濕了尾巴，雨過泥濘，行路困難，濟渡不成，連綿拖拉，尾巴都沾溼了。當心「尾大不掉」，回到岸邊，抖去水珠，心生讎怨。但無災咎。此爻未能濟渡。

「曳其輪，濡其尾，無咎」，謂大雨初晴，滿路泥濘，行路困難，以致馬尾沾濕，牽拽其車輪，濟渡難為而未濟，但無有災患。

「濡其尾」，是受到小傷、困難，損失不大，學一次乖，小挫敗，小阻礙，付出小代價，留有遺憾。

初九功力不足，本當「潛龍勿用」，但在「既濟」時必須進而求濟，是自不量力，失於急躁，故渡濟不成，於大局之下必須既渡，實難捨棄。

「濡其尾」，本當有咎，但初爻幼小力薄，能小心、冷靜、節制而無咎災。

「義無咎」，是說道理上應當如此，大局上必須如此。

初六應在九四，九四居坎卦，坎為陷，為曳，為輪，為濡。九四居坎下，故曰曳，曰尾。所有之象皆在應爻。「曳濡」當有咎，得位故無咎。得位有應，其義當然「無咎」。

☳☲ 既濟 ☵☶ 蹇

此爻變為「蹇」卦，「蹇」為內阻外險的跛腳象，但沒要命。

六二：婦喪其茀，勿逐，七日得。
象曰：七日得，以中道也。

離為中女，故為「婦」。《左傳》昭公五年：「火，水妃也。故離為

坎之婦。」

「喪」，失也。

「髢ㄈㄨˊ」，高亨說髴即髢之音轉，即假髮。帛書作「發」，即髮；《詩‧小雅‧蓼莪》：「南山律律，飄風弗弗。」《毛詩注疏》：「弗弗，猶發發也。」《左傳》哀公十七年：「（衛莊）公自城上見巳氏之妻髮美，使髢之，以爲呂姜髢。」杜預注：「髢ㄊㄧˋ，髮也ㄅㄧˋ」《說文解字》：「髢，鬄也。」《博雅》：「髮謂之鬄」。《儀禮‧少牢‧饋食禮》：「主婦被錫衣移袂」。《註》：「被錫，讀爲髲鬄。古者或剔賤者，刑者之髮，以被婦人之紒爲飾，因名髲鬄焉。」即今謂之假髮也。古人很早就戴假髮。又《詩‧鄘風‧君子偕老》：「鬒髮如雲，不屑髢也。」《詩經正義》：「髢一名鬄，故云『鬄，髮』也。《說文》云：『鬄，益髮也』言己髮（髮）少，聚他人髮益之。」

「髴」，也可解釋為頭上之珠寶首飾。

「婦喪其髴」，言婦即已有夫也。妻婦之假髮首飾喪失，意謂有他人入侵，受到阻礙，一如濟渡時受損傷。「既濟」是協同而成其功，六二之失當有他人相助，如相應的九五。六二雖有損傷，但比初九要小，未傷其身，損失的是身外之物。

「逐」，尋求也。「震」六二云：「躋于九陵，勿逐」義同。

「勿逐」，不要追逐入侵之賊盜，「既濟」時邪不勝正，勿追丟失之物，不可以戀戰，不可窮追求，要知捨，知止。

《易經》中的「逐」皆有逐利之意。「震」六二：「震來厲，億喪貝，躋于九陵，勿逐，七日得。」亦同。兩皆六二在下卦之中。因為六二當位居中就是中正，實力條件比初九「潛龍勿用」要好。

「勿逐，七日得。」是暫時失去而已，等待時機，必可失而復得。二三四互坎為險陷，六二前臨險陷，故「勿逐」。

「七日得」，就是復，「七日來復」。「家人」六二：「無攸遂」。「睽」初九：「悔亡，喪馬勿逐，自復，見惡人，無咎。」亦同，皆暫時之象。

「七日」，不多久的意思。與「震」六二：「勿逐，七日得。」相同。

六二守中居正，行為不偏故不失。

☵☲ 既濟 **☵☰** 需

此爻變為「需」，等待之象。初「曳輪濡尾」，二「喪茀」，皆有小失。

九三：高宗伐鬼方，三年克之，小人勿用。
象曰：三年克之，憊也。

「高宗」，當是指殷商之高宗，就是商王武丁。

「方」，方國也，古代的部落。甲骨卜辭常見「方白（伯）」一詞，即指稱方國的首領。在殷商時代有許多小國都稱「方」，例如：土方、呂方、苦方、龍方、馬方、蜀方、盂方等。

「鬼方」，國名。王國維《鬼方、昆夷、玁狁考》以為鬼方即昆夷、玁狁、匈奴。是同一民族在不同時期的不同稱呼。《詩‧大雅‧蕩》：「內奰于中國，覃及鬼方。」《毛詩注疏》：「鬼方，遠方也。」《漢書‧西羌傳》云：「殷室中衰，諸侯叛，至高宗伐西戎鬼方，三年乃克。」今本《竹書紀年》：「武丁三十二年伐鬼方，次於荊。三十四年，王師克鬼方，氐羌來賓（服）。」《朱熹集傳》：「鬼方，遠夷之國也。」干寶曰：「高宗，殷中興之君。鬼，北方之國也。」《左傳》定公四年：「懷姓九宗」王國維《鬼方、昆夷、玁狁考》則認為懷姓即媿國，「此媿國者，殆指晉之西北諸族，即唐叔所受之懷姓九宗，春秋隗姓，諸狄之祖也。原其國姓之名，皆出之於古之畏方。案《春秋左傳》，凡狄女稱媿氏而見於古金文中，則皆作媿。」懷或為媿姓之一支。

「三年」，三載，多年也。

「三年克之」，征戰多年，終於剋勝。意謂勉強勝利，慘勝，有如日俄戰爭，日本得勝但付出極大代價，故〈小象〉說「三年克之，憊也。」是陷入泥淖之中，脫不了身，是決策錯誤的結果。要知武王伐紂也只花了一天的時間。

「憊」，疲極也。《廣韻》：「憊，羸困也。」《一切經音義》引《通俗文》：「疲極曰憊。」「遯」〈小象〉九三：「係遯之厲，有疾憊也，畜臣妾吉，不可大事也。」九三居下卦之終，其勢已末而衰，故雖能

濟渡而力盡而疲憊。九三處離卦之上，是初窮之末，光明之盛將衰而勢甚衰憊，不能立即克敵。

此爻謂殷高宗武丁由南往北攻伐鬼方，由下卦離（南也）之光明、文明之地，進入之坎（北也）的黑暗，由文明進入遊牧，由光亮領域進入魔鬼境界，師久得功，弄的疲憊不勘。但也成殷商中興之局，但其勢已衰。

「小人勿用」，是說不可任用小人；小人不稱職，但又不能不用，只能虛其位不可掌實權。雖困難君子可以既渡，小人則不能。英主武丁可以中興殷商，小人不可，弄不好還要喪邦失國。

「小人」，謂上六。「復」上六：「反君道」。「比」上六：「無首凶」。「師」上六：「小人勿用」皆為上六反君道。

「小人勿用」，可能是在戰役中用錯人，故提出警語。〈小象〉說「三年克之，憊也。」道盡艱辛。

上六以陰乘九五，是小人之尤。「夬」〈小象〉九五：「中未光也」就是因為被上六小人所據。今三應在上，故預先告戒以預防之。

既濟 屯

此爻變為「屯」，難也。開疆闢土，屯兵駐紮，建立灘頭堡。

六四：繻有衣袽，終日戒。
象曰：終日戒，有所疑也。

「繻」，濡也；王弼注：「繻宜曰『濡』。衣袽所以塞舟漏也。」帛書作如「儒」，《說文解字注》：「儒者，濡也。」濡，即霑，沾濕也，雨水也。坎為水，為濡。

「袽」，破舊的衣服。《玉篇》：「袾袽，敝衣也。」王弼注：「衣袽，所以塞舟漏也。」

「衣袽」，《京房易》作「絮」，《子夏傳》作「茹」。《說文解字》：「絮，敝緜也。」即敗絮。濟渡舟漏有敝衣塞漏而得濟渡，亦預先防範之義。

「衣袽」，或以亂麻為之，即早年農夫所穿的簑衣也，用以擋雨之衣。音若「襦」，《說文解字》：「襦，短衣也。」或曰「有袽衣」，衣內有絨絮，可以備用於冬日禦寒。

「戒」，備也。《廣雅》：「戒，備也。」《廣韻》：「戒，愼也，具也，備也，警也，易注云洗心曰齋，防患曰戒。」「萃」〈大象〉：「除戒不虞」即整治軍戒以備不虞也。

「終」，冬也。台語讀年終為年冬。坎為冬。

「終日戒」，整日警戒不可放鬆。

此爻下雨有褻衣，到了冬日而脫去。或內穿著絨絮絲棉可以備冬日之寒。皆謂有所準備可以避禍，渡過困難。如〈大象〉：「思患而預防之。」

☵☲ 既濟 ☱☲ 革

此爻變為「革」，去故改革也。「既濟」是「初吉，終亂」，四爻初入上卦，尚未「終」故改革可以避免「終亂」，再就來不急了。所以五爻變為「明夷」，時機已過。

九五：東鄰殺牛，不如西鄰之禴祭，實受其福。
象曰：東鄰殺牛，不如西鄰之時也。實受其福，吉大來也。

「濟」，祭也。「既濟」，已祭。

「禴」，古同「礿」也。是殷商時代春季的祭祀，是祭品少薄的祭祀。《禮記・王制》：「天子、諸侯宗廟之祭，春曰礿，夏曰禘，秋曰嘗，冬曰烝。」《疏》：「礿，薄也，春物未成，祭品鮮薄。」《論衡・祀義》：「《易》曰：『東鄰殺牛，不如西鄰之礿祭』夫言東鄰不若西鄰，言東鄰牲大福少，西鄰祭少福多也。今言鬼不享，何以知其福有多少也？。」

「實」，食也。又「實」者，終也。《呂氏春秋・務大》：「其實無不安者。」高誘注：「實，猶終也。」

「受其福」，食祭品，故謂：「受福」。福通富，《釋名・釋言語》：「福，富也。」

《孟子・滕文公》：「湯居亳，與葛為鄰。葛伯放而不祀。湯使人問之曰：『何為不祀？』曰：『無以供犧牲也』湯使遺之牛羊，葛伯食之，又不以祀。湯又使人問之曰：『何為不祀？』曰：『無以供粢盛也』湯使亳眾往為之耕，老弱饋食。葛伯率其民，要其有酒食葛伯率其民，要其有

酒食黍稻者奪之，不授者殺之。有童子以黍肉餉，殺而奪之。」此辭似記其事。

「東鄰」，葛也。

「西鄰」，湯也。

另說「東鄰」是殷商紂王，「西鄰」是西周文王。說的是周文王與商紂王之間的戰爭。

「殺牛」是太牢，以牛為犧牲是最盛大豐厚的祭祀；大肆鋪張，打腫臉充胖子。

「禴」，是薄祭，「祭品鮮薄」儉約的祭祀，與「殺牛」的太牢相對。句謂鋪張的祭祀不如儉約心誠的祭祀，所受的福大。

九三打的民窮財盡，疲憊不堪；九四功臣也只能錦衣夜行，九五也要儉約，不可鋪張。

《風俗通·祀典》曰：「《易》美西鄰之禴祭。蓋重祀而不貴牲，敬寶而不求華也。」

「不如西鄰之時也」，祭祀鬼神在於合時，不在於豐盛。

「來」，來年，以後。在卜辭中「翌」表示不久的將來，而「來」表示較久遠的將來。

「實受其福，吉大來也。」終得大福，既富且吉，而且可以流傳後世。此爻有預先防範之義。

此爻謂超過限度反而遭災害，不如簡約誠心反受其福報。

䷾ 既濟 ䷷ 明夷

此爻變為「明夷」，受傷後要返家修身養息，不可大肆鋪張。

《焦氏易林·益之否》：「東家殺牛，聞臭腥臊。神怒不顧，命衰絕周。」謂殺牛是最豐厚的祭祀，但祭品腥臊不潔，義即心不誠敬，故曰「神怒不顧，命衰絕周。」此林記殷商為周所滅。

上六：濡其首，厲。
象曰：濡其首厲，何可久也。

籀文 小篆

〈象傳〉所言「終亂」者，此爻也。

「濡」，沾濕也，雨水也。《禮記・祭義》：「春雨露既濡」。

「首」，頭也。《說文解字》：「首，百同。古文百也。巛象髮，謂之鬌，鬌卽巛也。」「百，頭也。象形」「頁，頭也」首、百、頁都是頭，从頁之字多與頭有關，如顆、顏、顧、顛、頂、額、頰、領等皆是。

「濡其首，厲」，即頭已經被雨水所沾濕，離滅頂也差不多了，危厲之極也。故曰「何可久也」上六居上爻雖身處高位，居頂顛之地，而被濡濕，不久必當覆滅，故曰「何可久也」。五爻為君，一國之首，上六乘九五，踩在九五頭上，這是叛逆之象，必凶厲。

此爻水浸於首，身尚未沾濕，被水淹沒，但有被沒之險。離「大過」卦「滅頂」有立即之凶稍差一點。但也差不了多久。雨大水洪，渡濟不成，危厲之象。要趕緊處理，不然有滅頂之災。

既濟 家人

此爻變為「家人」卦，居家在內不出才可避災。「家人」是「內」，是「嚴」；家有賢妻夫不闖禍，可居內不可在外、在上，故「何可久」。

既濟

䷿ **未濟**卦 又名火水未濟

> 未濟：亨。小狐汔濟，濡其尾。無攸利。
> 彖曰：未濟亨，柔得中也。小狐汔濟，未出中也。濡其尾無攸利，不續
>   終也。雖不當位，剛柔應也。
> 象曰：火在水上，未濟。君子以慎辨物居方。
> 序傳：有其信者必行之，故受之以小過。有過物者必濟，故受之以既
>   濟。物不可窮也，故受之以未濟終焉。
> 雜傳：未濟男之窮也。

「未濟」與「既濟」兩卦相綜、相錯。

「既濟」六爻皆當位，止其當所而不動，故曰「既濟」。「未濟」六爻皆不當位，失位之動而不止，故曰「未濟」連劭名《帛書周易疏證》說：「六爻當位，靜止不動，曰既濟。六爻皆不當位，變動不息，曰未濟。」此說甚是。又說：「《廣雅‧釋詁》云：『未，續也』易道剛柔相推，變化無窮，無止無息，周而復始。「既濟」止而不動，其道乃窮。故「未濟」相續而動之，循環往復，以盡周流之意。」〈繫辭下〉云：「日往則月來，月往則日來，日月相推，而明生焉。寒往則暑來，暑往則寒來，寒暑相推，而歲成焉。」卦上離為日，下卦坎為月，上互坎為月，下互離為日，卦象日月運行，寒暑相因，一往一來，未有窮極，故卦名曰「未濟」。

「未」，昧也，暗也。《釋名‧釋天》：「未，昧也。日中則昃，向幽昧也。」未處西南，當坤之位，日過午則陽漸消，其光漸弱，近於昧暗。上離為日，下坎為西，正日昃之象也。（先天八卦離為東，坎為西）〈大象〉曰：「未濟，君子以慎辨物居方。」即言「未」，昧也，暗也。故必須「慎辨」。

「未」，莫也。《玉篇》：「未猶不也。」

「濟」，渡也。《爾雅‧釋言》：「濟，渡也。」帛書作「涉」，同義。

「未濟」，未能濟渡也。《史記·宋微子世家》：「楚人未濟，目夷曰：『彼眾我寡，及其未濟擊之』。」謂楚軍尚未渡河，半渡而擊之，這是軍事的基本常識。

「濟」，霽也，雨過天晴。《說文解字》：「霽，雨止也。」

「未濟」，雨下不停，所以天色晦暗。既是未濟、未停，引申為「未靖」，六爻皆亂天下未靖，不得安寧。

「未濟」每一爻都不當位，是天下混亂，是亂七八糟，無有秩序，內部失諧，是亂象。「未濟」是六爻各正其位之後，又顛覆、打破從來。「未濟」六爻皆不當位動亂不歇所以是尚未完成、功未成業未就。

「濟」是相互調劑；「未濟」卦上離火下坎水。火上炎，水下潤，兩不相交，相互間沒有交集，沒有溝通，沒有調劑故不相濟。水火兩卦個性相違，有如「否」卦之不通。

「濟」，祭也。「既濟」，已祭。「未濟」，未祭。未祭則神不降福，事則不能濟。

「濟」，盡有，終也。「濟」是渡過，故有終盡之意；「未濟」是未能安渡，事不成，功不就，業不畢。

《易經》常見「利涉大川」一詞，意思是邁向、渡過艱苦困難，「既濟」是已安然渡過。「未濟」則艱難初始，未能安渡。

「未濟」為亂續，才薄力弱，不能建立功業，除難渡險。

「未濟」之成功寄望於未來。又如國畫的留白，不可盡用，保留可以迴轉的彈性空間，食而有餘也。

「大過」、「小過」、「既濟」皆可過，「未濟」則是不過。

「未濟」是等待實力、經驗充實後再渡過，故「未濟」可以「亨」，「既濟」則「亨小」。

「未濟」混亂故不安，為疑，為擔憂。「既濟」已定故不疑。

「未濟」是未得接濟，沒有救濟，沒有援助，是孤立無援。

「未濟」是還在進行，尚未安定，騷動不安。

「濟」是調劑，「未濟」是尚未完成，是內部混亂，是亂七八糟，所以要藉重外力來調和。

「既濟」是調和得利。調和的好，兩相獲利。調和不好，兩相抵消。「未濟」是尚未調和。是不能調劑，是投藥無門，虛不受補。

　　「未濟」是最後終於可以濟。「未」也是「末」，是最後；「未濟」是最後一卦；所以是「初亂終濟」、「初亂終吉」。

　　「未濟」外離為麗，光亮文明，內坎為險，深沉險惡；是外貌美麗內心險沉也。

　　「既濟」內離明外坎險，先明後險，所以「初亂終吉」；「未濟」外離明內坎險，先險後明，若能不冒險、涉險則前途光明，可以稱為「初亂終吉」。當「未濟」要保存實力，等待時機，不可逞強。

　　「未濟」不能安渡，危難未解，要如何在險中求生？保持實力以待，再求濟渡。一千零一夜的故事就是險中求生的好例子。

　　「需」卦險在前，故要等待迂迴求進，而終於有功。「訟」卦險在乾之後，瞻前不顧後，終有凶。「既濟」也是險在前而能濟險安渡，「未濟」險在後亦不能渡涉。「未濟」是續濟，現在雖亂了續，但可重新開始，有無限的可能，故「亨」。

　　狐性多疑，《史記·呂太后本紀·索隱》：「狐性亦多疑，度冰而聽水聲，故云『狐疑』也。」「小狐」是說能力薄弱，經驗不足；渡河涉冰的實力經驗不足。古人此卦以小狐為喻，因為小狐喜愛在水邊玩耍，《詩·衛風·有狐》：「有狐綏綏，在彼淇梁。」「有狐綏綏，在彼淇厲。」「有狐綏綏，在彼淇側。」反之，以雄狐為雄主的代稱，《左傳》僖公十五年：「『千乘三去，三去之餘，獲其雄狐』夫狐蠱，必其君也。」楊伯峻注：「古人喜以雄狐喻君。」《焦氏易林·既濟之咸》：「雄狐綏綏，登上崔嵬，昭告顯功，大福允興。」出典於《詩·齊風·南山》：「南山崔崔，雄狐綏綏。」

　　此卦古有記載，《戰國策·秦策四》：「楚人有黃歇者，……使於秦……（說頃襄王）：『臣恐有後患。《詩》云：『靡不有初，鮮克有終』《易》曰：『狐濡其尾』此言始之易，終之難也』。」《韓詩外傳》：「官怠于有成，病加於小愈，禍生於懈惰，孝衰于妻子，察此四者、慎終如始。《易》曰：『小狐汔濟，濡其尾』《詩》曰：『靡不有初，鮮克有終』。」《左傳》宣公二年晉國士會勸諫晉靈公曰：「人誰無

過，過而能改，善莫大焉。《詩》曰：『靡不有初，鮮克有終。』，夫如是，則能補過者鮮矣。」《晉書‧卷五三‧愍懷太子傳》：「信惑姦邪，疏斥正士，好屠酤之賤役，耽苑囿之佚游，可謂『靡不有初，鮮克有終』者也。」《論語注疏‧子張》：「言人之學道，靡不有初，鮮克有終，能終始如一，不厭倦者，其唯聖人耳。」「靡」，無也。「初」，始也。「鮮」，少也。「克」，能也。意謂有好的開始，而能有善終者少。即虎頭蛇尾，不能有始有終。「未濟」者不能善終也。

「汔」，將近，幾乎也。《詩‧大雅‧民勞》：「民亦勞止，汔可小康。惠此中國，以綏四方。」鄭玄《箋》：「汔，幾也」小狐幾乎要渡濟，正在半渡將濟之中。

「小狐汔濟，濡其尾。」謂不能繼續於終了，頭過尾不過。小狐力弱，經驗不足，躁進渡濟，但力弱不能渡水。《朱子語類‧未濟》：「『不續終也』，是首濟而尾濡，不能濟。蓋不相接續去，故曰：『不續終也』。狐尾大，『濡其尾』，則濟不得矣。」《史記‧春申君列傳》：「臣恐其有後患也。《詩》曰『靡不有初，鮮克有終』。《易》曰『狐涉水，濡其尾』。此言始之易，終之難也。」《正義》：「言狐惜其尾，每涉水，舉尾不令濡，比至極困，則濡之。譬不可力臣之。」又《左傳》：「末大必折，尾大不掉。」《賈子‧大都篇》：「本細末大，弛必至心。」狐身小尾大，尾濡而重，拖累了小狐。自不量力！

「汔濟」，是幾乎渡過，可見小狐首、身、尾都在水流之中。「小狐」是實力不足，經驗不夠，不能慎辨而躁動，真是頑固，所以「未能濟」。

「濟」，是涉水渡河，這在古代是艱難大事，就是「利涉大川」的「大川」，古時大川即黃河。《詩‧邶風‧匏有苦葉》：「匏有苦葉，濟有深涉。深則厲，淺則揭。」《毛詩注疏》：「濟，渡也。由膝以上為涉。」「遭時制宜，如遇水深則厲，淺則揭矣。」意謂涉水要依深淺權宜，不可一意孤行。

「小狐汔濟，濡其尾。」小狐涉川渡河，要虛心謹慎，不可強渡。意謂經驗不足，不暗成功之道，以致功虧一簣，無法達到預期目標。

「未濟」資源少，力量弱，環境困難，只能保存實力，不可逞強，要

沉的住氣，這是說來日方長，留得青山在，不怕沒柴燒；孤注一擲，生機折損，那就糟了。

「既濟」是大小皆亨，無事不亨。「未濟」是小的不亨，大的亨。老狐經驗豐富，力量充足，又戒慎恐懼，涉水時唯恐陷溺，故舉起尾巴，可以濟渡。小狐則不知畏懼，勇於涉水，看來就要濟渡了，但不知舉起尾巴而濡其尾，到底未能濟渡，僅「濡其尾」雖未喪命，算不幸中之大幸，更無有利。所以「未濟」是「老狐」能亨，「小狐」不能亨；大的能亨，小的不能亨。老謀深算的老狐狸能亨，薑是老的辣能亨；嘴上無毛的嫩薑、小狐狸不能亨。

「濡其尾」，是有始無終，輕浮冒進。〈象傳〉：「小狐汔濟，未出中也。」是陷在下卦坎水險陷之中。「不續終也」，是有始無終，虎頭蛇尾，是不能持續、不能堅持下去，後繼無力，自不量力，顧首不顧尾，無法堅持到終點。「雖不當位，剛柔應也」，六爻雖失位，但皆相應，是活力無限，互補合作的空間很大，未來的空間很大。

〈象傳〉：「君子以慎辨物居方。」六爻失位紊亂，所以要「慎辨」。《說文解字注》：「慎，謹也。言部曰。謹者，慎也。」「慎」，是小心謹慎。「辨」，是分辨清楚物品的性質、條件等因素，使之各得其位。也是從挫敗中領略經驗；有經驗才能辨別。處在「未濟」之時，要謹慎分辨所處的地方，所用的方法。所居之方決定勝敗。「同人」〈大象〉：「君子以類族辨物。」孔穎達《疏》：「辨物謂分辨事物各同其黨，使自相同不間雜也。」類似，一說人，一說物。如此辨物使各居其所，使「未濟」轉變為「既濟」。

未是昧，「未濟」是昏暗不能濟渡，「慎辨物居方」是說天下昏暗不明，混亂不安，故要「慎辨」，要小心謹慎分辨，不可妄動，要等待。「訟」〈大象〉曰：「君子以作事謀始。」就是防微杜漸。「未濟」「慎辨物居方」是要搞清楚客觀大環境和自己的身分、實力、分量；要量力而為。《孫子》說：「多算勝。」

「濟」，也是益，「未濟」是無益、無利，是無法注益，是不聽勸告，是自以為是。

「狐」，是鬼魅之物，是狐仙，是藉於人與神鬼之間。「既濟」是超

渡，「未濟」是不能超渡。「狐」是邪，不是正；是旁門左道。小狐是尚未修成正果，法力尚弱，故不能濟渡。「未濟」是混亂不安，以旁門左道之法求濟，可惜小狐力弱不能濟渡，要用經驗豐富，道行高深的老道士才能濟。

〈序傳〉：「有過物者必濟，故受之以既濟。」此「物」指的是所有人、事、物。「未濟」是無以為濟，不能繼續、不能延續。〈雜傳〉「未濟男之窮也」，是不能繼承香火，是斷子絕孫。「男窮」是說陽爻皆陷於坎中，所以不利，故「未濟」有男窮之象。「不續終」無有後也。「男窮」是家中男子繼承中斷了，絕後之意。「男窮」就是「不續終」是不得善終。「未濟」是最後一卦，可見要善終是不容易的。

「既濟」三陽皆承陰，內剛外柔，與「泰」理同，故不窮。「未濟」三陽皆居陰前，內柔外剛，與「否」理同，故窮。《焦氏易林‧蒙之師》：「小狐渡水，汙濡其尾。利得無幾，與道合契。」可以參觀。

初六：濡其尾，吝。
象曰：濡其尾，亦不知極也。

初六身處「未濟」之初，既失位又居坎險之下，陰爻力弱難以渡濟。而且此爻承續「既濟」上六「濡其首」而來，「首」已經沾濕還不知返，非要往前應九四，故身陷於險難而不能回頭返岸，固執急躁，故「吝」。〈繫辭下〉：「悔吝者，言乎其小疵也。」可見並未溺斃。

「濡」，沾濕也，雨水也，河水也。

初六在下故曰「尾」，如「遯」初六「遯尾」「尾」，是末端，比喻勢態之終末。《詩‧邶風‧旄丘》：「瑣兮尾兮，流離之子。」《註》：「瑣，細。尾，末也。」這「尾」當是狐尾。狐，似犬而小，體瘦，尾大而長，生性多疑，渡河涉川大尾巴沾水而濡濕成了累贅。渡濟當膽大心細，小狐勇於濟渡，不能細審故沾濕其尾而不能濟渡。

「濡尾」，言初渡容易，但實力不夠，自不量力，逞強莽撞，道行不夠，最終收尾難。

「濡尾」，是頭身雖過但已沾濕，尾則更濕。此句謂小狐沒能渡過河川坎險。

「尾」是末，是終，「濡尾」是收尾不利，到了最後收尾的階段無法

完成。《左傳》昭公十一年：「末大必折，尾大不掉。」

　　許多動物都會斷尾求生，如石龍子、蜥蜴等，尾也是儲藏養分以備不時之需，石龍子、草蜥要過冬時就是如此。尾既是枝末，養大了就會傷到幹本，夏季颱風來臨之前，要將樹枝修除以免受風太多將樹吹倒，如此則傷其幹本，故曰末大必折，不折傷及本；尾本可斷以求生，尾太大斷去會傷其本身，故不可去掉。

　　又「掉」《說文解字》解釋為「搖」，小狗搖尾乞憐，尾大不能搖，不受控制也。小狐尾本就大，沾濕後形成拖累，終不能濟。

　　《史記・春申君列傳》：「《詩》曰「靡不有初，鮮克有終。」《易》曰「狐涉水，濡其尾。」此言始之易，終之難也。」《正義》：「言狐惜其尾，每涉水，舉尾不令濕，比至極困，則濡之。」小狐渡濟尾大而濕更顯沈重，尾大不掉之象。

　　「吝」，遴也；《說文解字》：「遴，行難也。」《孟子・題辭》：「然於困吝之中」。焦循注：「吝之義為難行」。《廣雅・釋詁》：「遴，難。」謂難行不進，或是遭遇到困難而事難成。猶今言「累」。

　　「極」，《說文解字》：「極，棟也。」坎為極，為棟。棟就是棟樑，居屋中脊，故極者中也。句意，狐狸愛惜尾毛，涉水過河，高舉尾巴以避免沾濕，但涉濟至中，困累而沾濕其尾。故不利，有後遺症。

　　「亦不知極」，不知道極限、限度，貪得無厭也。言初六在下失於中，不知用中道，不知時。不知自己的極限。《左傳》文公十八年：「貪于飲食，冒於貨賄，侵欲崇侈，不可盈厭，聚斂積實，不知紀極，不分孤寡，不恤窮匱，天下之民以比三凶，謂之饕餮。」《後漢書・楊震傳》：「無厭之心，不知紀極。」《管子・樞言》：「諸侯假之威，久而不知極已者殆。」《太平廣記・李湯》：「盤繞山足，尋不知極。」《周易正義・孔穎達疏》：「聚斂積實，不知紀極，謂之饕餮，言謂休已也。」初六陰爻失位，迷茫不知，真頑固啊！

　　☲☵ 未濟 ☲☲ 睽

　　此爻變為「睽」，叛逆小子，不聽老人言吃虧在眼前。「睽」者乖也，意外頻出，終不如願。

參考《史記・春申君列傳》：

王若能持功守威，紬攻取之心而肥仁義之地，使無後患，三王不足四，五伯不足六也。王若負人徒之眾，仗兵革之彊，乘毀魏之威，而欲以力臣天下之主，臣恐其有後患也。《詩》曰「靡不有初，鮮克有終。」《易》曰「狐涉水，濡其尾。」此言始之易，終之難也。何以知其然也？昔智氏見伐趙之利而不知榆次之禍，（《索隱》：「智伯敗於榆次也。」）吳見伐齊之便而不知幹隧之敗。此二國者，非無大功也，沒利於前而易患於後也。（《索隱》：「謂智伯及吳王沒伐趙及伐齊之利於前，而自易其患於後。後即榆次、幹隧之難也。」）吳之信越也，從而伐齊既勝齊人於艾陵。還爲越王禽三渚之浦。（《正義》吳俗傳云：「越軍得子胥夢，從東入伐吳，越王即從三江北岸立壇，殺白馬祭子胥，杯動酒盡，乃開渠曰示浦，入破吳王於姑蘇，敗幹隧也。」）智氏之信韓、魏也，從而伐趙，攻晉陽城，勝有日矣，韓、魏叛之，殺智伯瑤於鑿台之下。（《集解》：徐廣曰：「鑿台在榆次。」）今王妒楚之不毀也，而忘毀楚之彊韓、魏也，臣爲王慮而不取也。

九二：曳其輪，貞吉。
象曰：九二貞吉，中以行正也。

「曳」，牽也，拖也。《說文解字》：「臾，曳也。」又《說文解字》：「束縛捽抴爲臾曳。」段玉裁《說文解字注》：「束縛捽抴爲臾曳。……束縛而牽引之謂之臾曳。」又《禮記・曲禮下》：「行不舉足，車輪曳踵。」意謂其行動，起前帶後，緩行平運，足跟不離地，前後連繫，相呼牽引，努力不懈。

「曳其輪」，牽繩拉其車輪。謂渡河時辛苦牽引推拉車輪，即渡河艱難辛勞之狀，但尚可前進渡河。九二陽剛居中，身處坎險，與六五相應，可以拯救危難渡濟。

輪者，車也，所以行也。本爻以陽剛居下卦之中，上有六五之應，其行急矣。當「未濟」之時，乃以曳其輪之象爲喻，表示其行之阻也。其行既阻，於「未濟」之時則卜問得吉，可以濟渡。

「貞吉」，出行吉。雨下不止，拖著車輪尚可前進。九二居中，知輕重不強求但堅韌。

「中以行正」，不貪求，不抄捷徑。初爻不知守中故吝，二爻居中行正故吉。

未濟晉

此爻變為「晉」。小心駛得萬年船。

六三：未濟，征凶。利涉大川。
象曰：未濟征凶，位不當也。

「未濟」，濟渡而為未全濟，尚未濟渡，即半濟，渡了一半，也稱半渡。大雨未停、濟渡於半。三爻又居卦之半。

「征」，征戰。是大張旗鼓，是強渡關山，是逞強，勉強，孤注一擲，沒有奧援。

六三陰柔力弱又不當位，身居坎險，前又遇險，無法自濟又如何上前征戰，若欲前進求濟，必喪其身，故「未濟，征凶。」

「未濟，征凶。」濟渡一半，不能涉濟，故不得征戰。半渡而擊乃兵家常識。《孫子兵法·行軍篇》：「絕水必遠水，客絕水而來，勿迎之於水內，令半渡而擊之利。」《吳子·料敵》：「涉長道後行未息可擊，涉水半渡可擊，險道狹路可擊。」《史記·項羽本紀》：「士卒半渡，漢擊之，大破楚軍，盡得楚國貨賂。」《舊唐書·列傳·張亮薛萬徹》：「萬均請精騎百人伏於城側，待其半渡擊之，破賊必矣。」

此爻曰「利涉大川」，但上下文意思反背不諧；「利涉大川」前當有一「不」字。當作「不利涉大川」。

未濟鼎

此爻變為「鼎」，陌生的新領域，本不可以用強。

九四：貞吉，悔亡。震用伐鬼方，三年有賞于大國。
象曰：貞吉悔亡，志行也。

「貞」，筮問。

「悔」，困厄麻煩。《易經》吉、凶、悔、吝、厲、咎多見。《說文解字》：「悔，悔恨也。從心每聲。」《玉篇》：「改也，恨也。」《詩·大雅·雲漢》：「敬恭明神，宜無悔怒。」《毛傳》：「悔，恨

也。」《論語・為政》：「多見闕殆，慎行其餘，則寡悔。」悔亦恨惜之義。故言悔者，如今語困阨恨惜也。〈繫辭下〉：「悔吝者，言乎其小疵也。」可知悔非災僅困厄而已。

「貞吉，悔亡」，謂筮得此爻，以前有困厄麻煩如今順利。

這爻辭與「既濟」九三「高宗伐鬼方，三年克之，小人勿用。」相呼應，其實是同一爻，說的是相反的不同之事。清朝人李光地在《周易折中》中就直接說「此『伐鬼方』亦與「既濟」同」。

「方」，方國也。古代部落。甲骨卜辭常見「方白（伯）」一詞，即指稱方國的首領。在商朝有許多小國都稱「方」，例如：土方、呂方、苦方、龍方、馬方、蜀方、盂方等。

「鬼方」，國名。王國維《鬼方、昆夷、玁狁考》以為即昆吾、玁狁、匈奴。《詩・大雅・蕩》：「內奰于中國，覃及鬼方。」《毛詩注疏》：「鬼方，遠方也。」《漢書・西羌傳》云：「殷室中衰，諸侯叛，至高宗伐西戎鬼方，三年乃克。」今本《竹書紀年》：「武丁三十二年伐鬼方，次於荊。三十四年，王師克鬼方，氐羌來賓。」《朱熹集傳》：「鬼方，遠夷之國也。」干寶曰：「高宗，殷中興之君。鬼，北方之國也。」《左傳》定公四年：「懷姓九宗。」王國維《鬼方、昆夷、玁狁考》則認為懷姓即媿國，云「此媿國者，殆指晉之西北諸族，即唐叔所受之懷姓九宗，春秋隗姓，諸狄之祖也。原其國姓之名，皆出之於古之畏方。案《春秋左傳》，凡狄女稱媿氏而見於古金文中，則皆作媿。」懷或為媿姓之一支。

此爻「震用」二字不太清楚，要搞清楚不容易。「震用」二字可能是人名，或是商王稱號，這與「高宗」用法類似。「高宗」，是殷商武丁。那「震用」是何人？何王？應該也是周國某王之號或名。高亨認為「『震』疑人名」，很可能是周王，當時周還是殷商下的地方王國。爻辭的意思為殷高宗武丁率兵伐鬼方，命周王震也率師同伐，三年之後攻克鬼方，周王震受殷商高宗嘉賞。

何新先生在《易經新證・天行健》中認為「震」即「旅」卦之王亥。又名胲，一作振、大振、大辰。並云：「『用』，戎也。王亥亦名戎亥』。」王國維先生在《殷卜辭中所見先公先王考》云：「余讀《山海經》、《竹年紀書》乃知王亥為殷之先公，並與《世本・作篇》之胲、

《帝系篇》之核、《楚辭‧天問》之該、《呂氏春秋》之王冰、《史記‧殷本紀》及《三代世表》之振、《漢書‧古今人表》之垓實係一人。」並未提及「戎亥」，不知何據。又說「振，即王亥之名，死為雷震之神，稱大辰、王亥、上甲微，亦名契、少昊也。」又云「震戎」，即祝融。可惜未詳言出自何處，存之以待賢者釋疑。

又「用」，疑為「周」之訛，「震用」即「震周」乃殷末之方國，小諸侯，震國和周國。爻辭說殷高宗率震與周兩個小諸侯國攻伐鬼方三年之後得勝，受到殷商高宗的賞賜。

廖名春先生以為「用」為「周」之訛是對的，但「震」當讀為「岐」，《尚書‧無逸》：「治民祗懼」。《史記‧魯周公世家》作「治民震懼」。王念孫《讀書雜誌》：「祗之言振也；振，救也。言救人之死，救民之死，非敬死之謂也……祗與振聲近而義同，故字亦相通。」《墨子‧兼愛》中：「以祗商夏蠻夷醜貉」。孫詒讓《閑詁》：「祗，當讀為振……此謂得仁人以拯救中國及四夷之民。」「復」卦「無祗悔」。《釋文》：「鄭云：『當爲坻，小丘也』。」既是小山丘，所以「震」可為「岐」，也是山。如此「震用」即「岐周」，是周人的自稱。岐字從山，「岐山」，是周朝的發祥地，為周王朝的祖山，周太王古公亶父遷都於岐山，岐山之南有周原，故國名為周。《史記‧周本紀‧正義》：「因太王所居周原，因號曰周。」《集解》引徐廣曰：「山在扶風美陽西北，其南有周原。」岐山之名是因為山有分岔，《一統志》云：「山有兩岐，故名。」意思是有分岔的山峰，山形險峻。這也正是震仰盂的卦形。古籍屢見岐周為周人代稱。《論語注疏‧堯曰》：「文王、武王居岐周而王天下，故曰周家。」《商君書‧賞刑》：「昔湯封於贊茅，文王封於岐周，方百里。」《孟子‧離婁下》：「文王生於岐周，卒于畢郢，西夷之人也。」《墨子‧非命上》：「昔者文王封于岐周，絕長繼短，方地百里。」《呂氏春秋‧慎大覽‧貴因》：「武王使人候殷，反報岐周曰：『殷其亂矣』。」此即是以「岐周」稱周人。如此，爻辭的意思是周人伐鬼方，歷經三年苦戰終得勝利，受到殷商的賞賜成為西伯，為西方諸國部落的霸主。

震與岐，都合震卦之象，但「未濟」並無震卦，所以有學者認為這是半象即六五下乘九四，這兩爻是震卦的一半。留之存疑。

「三年」，多年也。

「賞」，嘉賞。《說文解字》：「賞，賜有功也。」王引之說：「賞，助也。」

「有」，得也。

「大國」，強大的宗主國。指的是殷國，卜辭中周人常常稱殷商為「大邦」而自稱「小邦」。周常稱殷為「大國殷」、「大邦殷」，《周書・召誥》：「皇天上帝改厥元子，茲大國殷之命」、「天既遐終大邦殷之命。」

「有賞於大國」，受到殷商大國的賞賜。

此爻所言為歷經艱辛終於得勝而受封賞，是一個吉辭。

此爻或是當時諸侯周文王之父季歷以小國攻打鬼方，經過三年才獲勝而得到大國殷商的賞賜開拓了疆土，爾後周成了西伯。

「既濟」九三「高宗伐鬼方，三年克之，小人勿用」是高宗親征，雖戰勝卻未能盡除，應了「初吉，終亂。」「未濟」九四終於克勝，周人也因此興盛崛起。

「震」，振動，大大的行動。也是震驚、震恐的冒險行動。

「震」，是「雷」，是以雷霆般的威勢鎮嚇征伐。

「震用伐」，大張旗鼓的堂堂之師，全國的總體力量，是用威力嚇阻。

用「震」不用「征」，震有封侯之意。

殷商大、岐周小，鬼方侵入岐周地，岐周震驚恐懼的以小國剋勝鬼方，辛苦三年方擊敗鬼方，受大國殷商的賞賜。因為是以小國擊敗鬼方故曰「震」，驚恐也。

「貞吉」，卜問吉也，出征吉利。

「志行」，就是得志，是有功業。

此爻已經是全經之末，可說是《易經》中大澈大悟的最後一戰；「坤」上六「其血玄黃」是《易經》中的第一戰。

六三「征凶」，六四由坎之險陷黑暗進入離之光明，至此，利空出盡；又有如小狐經過歷練，功力大增，可以大顯神威。

☲☵ 未濟 ☶☵ 蒙

此爻變為「蒙」。「蒙」六四：「困蒙」。此爻「困蒙」失，脫困之象。

六五：貞吉，無悔，君子之光有孚，吉。
象曰：君子之光，其暉吉也。

「貞吉」，出行吉。占問得吉。

「無悔」與「悔亡」不同。「無悔」根本沒有悔，「悔亡」是悔亡去，瑕疵可以補救。處理的好故「無悔」，即無有困厄失亡。

「之」，有也。

「君子之光」，是君子有光，有的是君子之光，是溫暖不刺眼的，圓融的。

「暉」，《說文解字》：「暉，光也。」《正韻》：「暉，日旁氣也。」是太陽旁的光，溫緩而不刺眼。《左傳》文公七年：「酆舒問於賈季曰：『趙衰，趙盾孰賢？』對曰：『趙衰，冬日之日也；趙盾，夏日之日也』。」杜預注：「冬日可愛，夏日可畏。」可以參觀。

「孚」，俘也，「有俘」者，軍伍得勝而獲俘虜財貨，故有光耀榮譽而吉。

「有孚吉」，是徵兆顯露，跡象明白，如「需」卦「光亨」。「有孚吉」，也是有福，吉祥。此爻圓融寬緩，最高境界。

☲☵ 未濟 ☵☰ 訟

此爻變為「訟」九五：「訟元吉，以中正也。」

上九：有孚于飲酒，無咎。濡其首，有孚失是。
象曰：飲酒濡首，亦不知節也。

「孚」，福也，喜事也。也為罰，一字常有正反兩義。

「飲酒」，是飲宴，是慶功宴。

「于」，於也，而也。

「有孚于飲酒」，有喜事而飲酒歡宴慶祝。

「無咎」，無災害。

「有孚于飲酒，無咎」，高興的慶功飲宴，雖無災咎。用「咎」字提醒不可以樂過頭。

「濡其首」，沁濕了頭，將頭埋在酒中，是樂過了頭，失節忘儀了。

「是」，食也。郭沫若、白川靜認為「是」為「匙」的初文。

「是」，也讀為「則」，《玉篇》：「是，是非也。」

「濡其首，有孚失是」，過份的樂昏頭，失去食，失去節制，弄得滿頭是酒食。

初爻「濡其尾」不能濟渡，狼狽不堪，但未重傷；上爻「濡其首」則有性命之憂。雖未滅頂，但不死也脫一層皮。可見渡河濟涉，當戒慎恐懼而不妄進。

「失是」，是失去中道，失去是非，失去正道。「是」字從日、從正。六爻皆失位，故「失是」。

「日正」為「是」，六五為日正之象，上九則失去日正，失正則不可知，是非則又來了。一切又將重新來過。《說文解字》：「是，直也。」失直即失正，過正，就是不知節制，失去節度。

此爻有喜事而飲酒慶祝，無有災害，不須懼怕，喝酒弄昏了頭，喝得滿頭滿臉都是。本是好事，反而失誤，喝醉了發酒瘋。過了頭則又起不測，未來是不可測。脫離《易》之理則「失是」不可測。

中國人重視善終，六十四卦最後一爻不能善終。「不知節」就是失節不受約束，所以各爻又散渙要重新來過。

䷿ 未濟 ䷧ 解

此爻變為「解」，放鬆過度，過了頭，就是懈怠。「解」也是春雷驚蟄，重新開始。

國家圖書館出版品預行編目資料

周易探究, 下經 / 王春元著, -- 初版 -- 臺北市：蘭
臺出版社, 2021.08
　　面；　公分. --（易經研究 7）
　　ISBN：978-986-99507-7-0 (平裝)

1. 易經 2. 研究考訂

121.17　　　　　　　　　　　110002495

易經研究 7

周易探究（下經）

作　　　者：王春元
主　　　編：盧瑞容
校　　　對：周運中 楊容容
美　　　編：凌玉琳
封面設計：凌玉琳
出 版 者：蘭臺出版社
發　　　行：蘭臺出版社
地　　　址：台北市中正區重慶南路1段121號8樓之14
電　　　話：(02)2331-1675或(02)2331-1691
傳　　　真：(02)2382-6225
E—MAIL：books5w@gmail.com或books5w@yahoo.com.tw
網路書店：http://bookstv.com.tw/
　　　　　　https://www.pcstore.com.tw/yesbooks/
　　　　　　https://shopee.tw/books5w
　　　　　　博客來網路書店、博客思網路書店
　　　　　　三民書局、金石堂書店
經　　　銷：聯合發行股份有限公司
電　　　話：(02) 2917-8022 傳 真：(02) 2915-7212
劃撥戶名：蘭臺出版社 帳號：18995335
香港代理：香港聯合零售有限公司
電　　　話：(852)2150-2100 傳真：(852)2356-0735
出版日期：2021年 8 月 初版
定　　　價：新臺幣1200元整（平裝）
ISBN：978-986-99507-7-0